イギリスと日本
マルサスの罠から近代への跳躍

Alan Macfarlane
The Savage Wars of Peace
England, Japan and the Malthusian Trap

アラン・マクファーレン＝著
船曳建夫＝監訳
北川文美・工藤正子・山下淑美＝訳

新曜社

Alan Macfarlane

THE SAVAGE WARS OF PEACE

England, Japan and the Malthusian Trap

First published 1997 by Blackwell Publishers Ltd., 108 cowley Road, Oxford OX4 1JF, UK
and by Blackwell Publishers Inc., Commerce Place, 350 main Street, Malden,
Massachusetts 02148, USA.

Japanese translation rights arranged with
Blackwell Publishers Limited, Oxford, England
through Tuttle-Mori Agency, Inc., Tokyo

タク（Thak）の
ディルマヤ・グルン（1953-95）
の想い出に

我ら白人の責務——
平和の裡の戦いに赴き
飢えを食物で満たし
病いを根絶やしにせよ

——Rudyard Kipling, *The White Man's Burden.*

日本語訳への序

アラン・マクファーレン

この序を始めるにあたって、私は、船曳建夫教授と北川文美さん、工藤正子さん、山下淑美さんからなるチームが、本書を日本語に翻訳するという骨の折れる仕事を成し遂げてくださったことに、感謝の気持ちを捧げたいと思います。また、船曳教授並びに彼の同僚たちが、私を一九九七年の秋に三ヶ月間、東京大学文化人類学研究室に客員教授として招いてくださったことにも謝意を表します。その期間、私は非常に恵まれた待遇のもと、日本についてより深く知り、本書もその一部である大きなテーマについてさらに考えを発展させることができたのです。

＊　＊　＊　＊

日本の読者の方々は、他と比べるにはあまりにユニークな存在であると思われている日本が、こんなに徹底的に、他の文明と比較され、論じられていることに驚きをもたれるかもしれない。そこで、私は、こうした日本とイングランドの比較研究をするに至った、過去二〇年を超える私の研究計画全般の経緯について、お話をしておこうと思う。

この本はある意味で、私が一九七八年に出版した *The Origins of English Individualism*（邦訳『イギリス個人主義の起源』南風社）で考え始めた謎について、答えを出そうとするものである。その本のなかで私は次のように四つの問いを立てた。なぜ産業革命はイングランドで最初に起きたのか？ いつ頃からイングランドはヨーロッパの他の地域と違うようになったのか？ その違いとは主としてどんな点にあったのか？ イングランドのそうした変革は、今日の第三世界の社会にとって、どこまで有益なモデルとなるのだろうか？

『イギリス個人主義の起源』で、まずは、ヨーロッパのすべての社会は、おおよそ同じような発展の段階を経たが、イングランドはなぜかわからぬ理由で、十六世紀から十八世紀にかけて、そうした社会同士の競争の先頭に立つこととなったという、よく言われている過程についてあらまし述べた。しかし、十三世紀にまでさかのぼって、イングランドの、地方にあるデータや他の記録を再調査してみると、そうした考えは神話にすぎないのであった。たとえば、十三世紀以降、イングランドに、大陸におけるようないわゆる「農民（peasantry）」が存在した証拠はない。また、十六、十七世紀に「資本主義的革命」や「大転換」があった、という証拠もまた無いのだ。同じような基礎条件から出発しながらも、近代の早い段階でイングランドが革命的な「飛躍」を遂げた、という普遍的な発展の一般モデルは、事実に裏打ちされていないのだ。

こうして、その研究では、イングランドの特異性はすでに十三世紀に始まっていることを提示した。しかし、それは研究の始まりにすぎなかった。もし、近代の、個人主義、自由、平等、財産、といったものの起源が十五世紀以降のイングランド社会の激動のなかに見出せないとすると、それはいったいいつ始まって、何が原因であったのだろうか？ 私は同書にそのときまでに考えていた限りを尽くして書いたが、その後もしばしばその問題について立ち戻って考えていた。一九八七年の *The Culture of Capitalism*（邦訳『資本主義の文化』岩波書店）のなかのいくつかの論文で、その疑問を再び取り上げてみた。私はその第六章「革命――社会経済革命と近代世界の起源」のなかで、「近代という世界」がどんなに風変りなものであるか、そして、トクヴィルやアダム・スミスなどの人たちが、当時、イングランドとそこから分かれ出たアメリカにおいて、個人主義、自由、平等、財産から成る、新しい文明が生まれつつあることを、どれほど驚異の目で見ていたか、ということを指摘した。私はこの文明が法的、社会的、技術的、経済的、人口学的、そして親族関係、といったシステムの、特異な諸特徴にもとづいていることを示した。そしてこうした変化が、十六世紀、または十七世紀の革命的な展開の結果ではなく、少なくとも十三世紀にまで遡ることができる、ということを明らかにした。とはいうものの、この論文は、『イギリス個人主義の起源』で残された謎をさらに大きく、深くしただけであった。イングランドは他の国々と違っていて、十三世紀以来違ったやり方で発展してきた、ということは明らかになった。しかし、そうした相違がどこから起きて、何がその違いを持続させることになったのだろう?

『資本主義の文化』のなかの第七章「資本主義――資本主義の揺籃・イングランドの場合」では、マルクス以来の、イングランドにおける資本主義の特異な出現に関するさまざまな理論を再検討してみた。ウェーバーはいくつかのヒントを与えてくれている。そして何人かの歴史家はかなり役立つ議論を行っている。しかし、こうした議論の多くはその資本主義の出現を封建制の進展に関連づけていて、私には有効と思えなかった。なぜなら、西ヨーロッパの大部分は「封建的」段階を経過したのだが、イングランドでは少々違ったことが起きていたからだ。そのことを解き明かすのに、私は、イングランドの封建制は特殊な「中央集権的」なものであり、その点で、国家的な封建制が早くに解体してしまったフランスや、中央集権的な絶対主義がその全土を覆うようになったヨーロッパの大陸部とは、はっきり異なる、ということを証明した。私は、資本主義的産業文明が発生するには、地勢、技術、キリスト教といったものに加えて、通常とは違った政治・経済システムが必要なのだ、と結論づけた。

このなかなか解けない謎に関して、私は一九八六年の *Marriage and Love in England*（邦訳『再生産の歴史人類学』勁草書房）では別のアプローチを試みた。私は、イングランドの特殊な結婚のシステムは、イングランドにおける産業の進展と、その宗教改革以前にまで遡ってみられる、イングランド人の特殊な資本主義的精神とに関連している、と論じた。そしてこの結婚のシステムは、早くは十三世紀以来の、イングランドの特殊な政治形態とも関連しているのだ。これはおそらくキリスト教とゲルマン法とに関係している。しかし、ここに新たな問題が出てくる。五～六世紀に、大陸からのキリスト教とゲルマン人の侵入にさらされた、ヨーロッパ北西部の小地域であるイングランドが、どうしてヨーロッパの他の全地域と、かくも違う社会としてできあがっていったのか、という難問である。

この問いを解くために、私は別の角度から切り込んでみた。この問題の「根元」は非常に古い時代の、おそらくゲルマンからの影響にある、としつつも、考えるべきことは十二世紀以降に大陸との差異が広がっていく点にあるであろう。十二世紀から十六世紀にかけて、北ヨーロッパのほとんどでは、改新されたローマ法が再び広まることとなったが、イングランドだけは異なり、慣習法を保持した。それによって、十六世紀までに、イングランドは、ローマ法に席巻された大陸から離れて、唯一、ゲルマン法を続けている島国、ということとなった。このことが経済、親族関係、人口統計上にもたらした結果は、はなはだ大きなものであった。たとえば、イングランドでは個人所有という概念が、再び登場したローマ法によって呑み込まれてしまうことはなかった。この概念は資本主義的な政府にとって必要な、私有財産の基礎であり核となるものである。また、宗教も大陸から離れて独自の道を進み、最後にはプロテスタント（英国国教会）となった。三番目の、広がりつつあった差異は政治システムであった。イングランドは立憲君主制を保持したが、大陸ではどこでも絶対主義の時代へと入っていった。私は、イングランドだけには、巨大な常備軍も、中央集権的官僚システムも、壮大な宮廷も、王を法の上に置くような考え方もなかったと論じた。結果的に、それ以前にヨーロッパの広くをおおっていた伝統が、イングランドに生き残ることとなった。

かくして一九九〇年になると私は、産業革命とそれに関連するさまざまな近代性の諸特徴の起源を説く鍵は、ヨーロッパ大陸から離れたある島国に見られた、経済と政治と親族関係と宗教の、不思議な組み合わせの内にあるだろうと結論するに至った。

そうした私の近代の産業文明の発展に関する謎を解く探求は、思いがけなくも、私が過去一〇年のあいだに日本を知るようになって得た経験と考察によって、深く影響されることとなった。長いこと私は、日本とイングランドという大陸の沖合にある島国の間の、興味深い類似性から研究のヒントを得ていた。それゆえ、一九九〇年と一九九三年に日本を訪れる機会を得たとき、イングランドがヨーロッパ大陸から次第に異なるようになった理由の一部はその島国という条件にある、という考えを発展させるよいチャンスだ、と考えたのであった。私はすでに日本とイングランドの、親族関係、資本主義の始まり、慣習と法、労働と財産といったことへの考え方や制度に関するいくつかの論文で、この二つの島国が経た歴史のなかに、興味深い類似性があることを発見していた。また、近年出版された、六巻組の *Cambridge History of Japan*（ケンブリッジ版日本史）は、そうしたことをより広い経済、政治のコンテクストのなかで考察することを可能にしてくれた。

こうした研究はすべて、日本の歴史に、イングランドと同じ発展の軌跡があることを示唆している。日本の歴史を検討すると、中国からの影響の波――八世紀の行政、政治、法律、文化、言語、宗教、都市計画、などの広範な分野における――は日本を、少なくとも表面的には、中国化したように見える。これはイングランドで言えば「ローマによる征服（Roman Conquest）」の段階に当たるであろう。すべては規矩正しく、単一で、原則的で、儒教的で、絶対的であるという点で。しかし、ほぼ九世紀から以降になると、中国からの影響は（文字や文化のある部分は除くとして）次第に成立してきた真正な封建制度によって反故にされ、日本各地の地域によって異なる生態環境にもとづく社会制度の差異というものが許容され、十三世紀のイングランドと日本の間には、類似性というものが生まれることとなった。イングランドはその社会の内側に独自のダイナミズムを作り出し、それは大陸の圧倒的な文化によって押しつぶされることがなかったのだが、日本もその点では同様であった。もちろんこの二つの島国の間の相違というものも、後に日本が徳川時代になって国を閉ざすようになって、いくぶんか中国に逆戻りすることで生まれるのだが。それは、十七世紀におけるヨーロッパ大陸の、ある一部の地域に似ていたとでも言おうか。しかしながら、後の歴史が証明するように、日本はそれ以前の社会のダイナミズムの、大部分を保ち続けていたのだった。

私の日本との出会いは偶然であったが、日本の物質と人口論に関わる世界が、イングランドと興味深い類似性をもつことで私の関心はより深まっていった。一九九三年の二回目の日本訪問の後、私は日英両国が、共に、出生率と死亡率を通常より低く抑えるような奇妙な「マルサス的」人口システムをもっていた、という謎についての考察を始めた。本書はある長期的な研究プロジェクトの部分的成果であるが、そのなかで私は、この二つの島国の、物質文化と人口論に関わる文化を、過去千年にわたって徹底的に比較してみた。そのことは私が『イギリス個人主義の起源』で探求を始めたイングランドのもつ人口論的特異性を、どのように解き明かしてくれるのだろうか？

比較を行ううちに、ある一つのことがはっきりと浮かび上がってきた。それは二つの島国の社会・人口論的な歴史は他の文明と比べると非常に特異でありながら、二国間ではじつに似通っている、ということであった。たとえば、日本とイングランドで、戦争と飢饉と疫病を、歴史の早い段階で防止することができたというのは、二国間に共通する諸特徴の原因でもあり結果なのだが、それはとりもなおさず、他の国々との際立った違いになっているのだ。また、いろいろな点で日本とイングランドの物質環境――たとえば、家畜飼育の程度――は異なっているのだが、構造のより深いレベルでは、両国それぞれが持った巧みに調節された人口論的環境は、けがれに対する態度、自然環境のコントロールなど、多くの点についての両者の共通した態度と姿勢から生まれているのだ。

もう一つ、私の仕事がはっきりさせたことは、この両国が他との間に持つ際立った相違は、究極的にはこの両国が島国である、という事実に戻ってくる、ということであった。私たちが、膨大な偶然的ことがらや、意図されなかった帰結や、因果の複雑な連鎖を細かく調べ上げた後に、この本の最後に得た結論は、もしイングランドと日本が大きな島国でなかったら、二つの国がこうした特徴的な道筋をたどることはあり得なかった、というものであった。この島国性というのは厳密には決定的なものではないが、非常に強力な要因として働いた。たとえば、ある一つの重要な因果の連鎖が島国であることから生まれる。すなわち外国からの征服やそれへの恐れがないことから、二つの島国には特殊な政治・社会的な構造が生まれる。そして、このことはまた人々に、それぞれの大陸に見られるヒエラルキーや絶対主義に向かう傾向を忌避しようという気持ちを強める。なぜなら彼らは、戦争や、巨大な常備軍で自分たちを守ろうといったことを避けよう、とするからである。これは一つの重要な例にすぎない。また、軍隊の略奪や破壊といったことから二つの島国が数百年の長きにわたって逃れることができたことは、経済的な蓄積と、社会に対する信頼を醸成するのに大いに役立った。このように、日本についての研究が、両国の類似性を数々示したことは、私の、数世紀かけてイングランドが大陸から相違するに至ったことについての仮説を補強してくれることとなった。さらに、両国の比較を押し進めることで、私自身の文化（イングランド）のいくつかのことがらについて、より明らかに理解することができるようになった。私はこの比較法という、社会科学の理論家たちによって長く実践されてきた方法が、読者自身の偉大な日本文明を、新たな光の下に見出すことを手助けしてくれることを望んでいる。

付記

・著者による日本とイングランドの比較に関する論文

'On Individualism' (a comparison of English and Japanese kinship systems) in *Proceedings of the British Academy*, vol.82, 1992.

'The Origins of Capitalism in Japan, China and the West: the work of Norman Jacobs', *Cambridge Anthoropology*, vol.17, no.3, 1994.

'Law and custom in Japan: some comparative reflections' *Continuity and Change*, vol.10, no.3, 1995.

'Work and culture: some comparisons of England and Japan' in Penelope Gouk (ed.), *Wellsprings of Achievement : Cultural and Economic Dynamics in Early Modern England and Japan* 1995.

'"Japan" in an English Mirror' (review of four volumes of the Cambridge History of Japan), *Modern Asian Studies*, vol.31, no.4, 1997.

'The mystery of property: inheritance and industrialization in England and Japan', in C. M. Hann (ed.), *Property Relations, Renewing the Anthropological Tradition*, Cambridge, 1998.

謝辞

私の日本への関心にはじめて火をつけたのは、北海道大学の中村研一さんと敏子さんだった。二度にわたる日本滞在の際に、私を親切に迎え入れてくれた。二人の友情と、そして彼らが辛抱強く何百もの私の質問に答えてくれたおかげで、私は日本を理解しようとする試みを始めることができたのだった。

日本に関しては、波平恵美子さん、落合恵美子さん、渡辺浩さんが、初期の草稿や背景となった資料を読み、意見を述べてくれた。速水融さんはいくつかの重要な考えについて私と議論をしてくれた。斉藤修さんは、本の全体を読んだ上で、日本の人口学と経済史について計り知れない指針を与えてくれた。訪日に際してはブリティッシュ・カウンシル、北海道大学、日本の文部省による親切な資金提供があった。

医学的・科学的背景に関してはH・B・F・ディクソン、デリク・ベンドール、ニコラス・マーシー＝テイラーに感謝したい。パトリシア・バイディンガーは、特定の病気に関する章を快く読んでくれた。ケンブリッジ大学の社会人類学科とキングズカレッジの学生と同僚は、いつも刺激と支援を与えてくれた。

ブラックウェル出版のジョン・デイヴィはいつものことながら励ましを惜しまず、そこここの冗長さから本を救ってくれた。じつは草稿は一二回も書き直していて、最長、現在の二倍に達した。そのほとんどをタイプしてくれたのはペニー・ラングで、彼女が私の走り書きした思いつきを注意深く読み取ってくれたおかげで、この本を生み出すことがそもそも可能になったのである。彼女は注の確認もしてくれた。

アイリス・マクファーレンとマーク・トゥリンは本全体を読み、さまざまな直すべき点を指摘してくれた。チェリー・ブライアントは二度も本書を通読し、表現の仕方や論証の進め方に関して計り知れない貢献をしてくれた。

多くの点についてゲリー・マーティンが助けてくれた。彼は何冊かの重要な本を提供してくれ、多くの考えに私の目を開かせてくれた。そしてテクストを二度通読し、有益なコメントをくれた。さらに広い意味で、彼の支援とルネッサンス・トラストの支援には計り知れないものがあり、私はその友情と親切に深く感謝したい。また、ヒルダ・マーティンにも多くの刺激的な議論を提供してくれたことを感謝したい。

いつものように、もっとも深い感謝はサラ・ハリソンへ向けられる。多くの議論は、彼女との話し合いのなかから発展したもので、最終的に生み出されたものは、さまざまな点で、共同成果といえるものになった。

ネパールへの頻繁なフィールドワークは、経済社会研究協議会（ESRC）とケンブリッジ大学からの資金により可能になった。タク（Thak）における私の「もう一つの家族」に対し、もう一つの世界に私が入り込む機会を与えてくれたこと、そして彼らの数え切れないほどの親切に感謝をしたい。

この本の多くは女性の役割について、とくに子育てや授乳、そして家庭や野外での過酷な労働によって女性の体に加わったストレスを中心に議論が展開されている。女性の貢献の重要さについて、私がよく理解できるようになったことの多くは、私の「妹」ディルマヤ・グルンとの会話や、彼女を撮影したり観察することによって得られた。一九九五年四月、まだ四二歳であった彼女の悲劇的な死は、女性をめぐるテーマの多くを実際に示すものであった。本書を、その自己犠牲と才能とが私の思考の多くをかたち作ってくれた、このすばらしい人物に捧げたい。

目次

装　幀——加藤光太郎デザイン事務所

引用等の方法と計量システムについての覚え書き

通常、人類学のモノグラフで取り扱われる研究資料の多くは、自分自身の手によるものであろう。しかしながら、この本は統合から成っていて、私の知っていることの多くは他の人の学問的仕事から学んだものである。こうした場合、彼らの仕事を消化吸収し、自分の言葉に置き換え、簡単な謝辞をつけてすますこともできたのだが、ここではそうしないことに決めた。

一つの理由は、この本で扱われている多くの領域における私の能力によるもので、発言の根拠はいったい何なのかと、読者は尋ねてしかるべきものだからである。たとえば、私がイングランドについての歴史家として訓練を受けているということがあまりにも自明である以上、日本の歴史に対する私の見解というものを、真剣に受け入れてもらえるであろうか。むしろ、読者にできる限り、事実や考えのもともとの表現を見ていただくほうがよいだろう。結果として本書は引用と事例とをつぎはぎした作品となり、スタイルにもそれに伴う影響が見られるようになった。その一方で私は、多くのオリジナルな一次資料が議論を豊かにしてくれることを期待している。

引用中の傍点は、とくに注意書きがされている場合以外は、原典にあるものである。

引用中の括弧（　）は、原典の著者によるもので、私の挿入は角形括弧［　］に入れてある。［本書を訳する上で付けた訳注は［　］であらわした。翻訳する上で参考にした邦訳書で加えられていた注については［　*］であらわした。］

注には、簡略化した書名と、ページが入れてある。通常、著者名、短いタイトル、そして巻数がある場合は、その巻数（ローマ数字の大文字）、掲載ページの順である。引用した著作の完全なタイトルは、巻末の文献表にあり、注において用いた省略名の対照表も付してある。

一つのパラグラフにおいて、同じ著者によるいくつかの引用がなされている場合、最後に引用したものの後に、参照箇所が示されている。それぞれの引用の参照ページが繰り返しになる場合も、それが示されている。

計量システムについて

［質量と液体容量、距離については日本で主に使用されるグラム、リットル、メートル単位に直した。］

■金銭価値　四ファージングが一ペニー。一二ペニーが一シリング。二〇シリングが一ポンド。十七世紀における一ポンドは現在（一九九六年）の価値の四〇倍に相当した。

頻繁に引用される過去の著者

十五世紀から二十世紀初頭にかけての以下にあげる著者の観察は頻繁に引用される。引用がなされた著作名は文献表にあげられている。

日本

■オールコック：ラザフォード・オールコック（Sir Rutherford Alcock）　イギリスの外交官。一八五九〜六四年の間に二度訪日。多くの地方を旅する。

■ベーコン：アリス・ベーコン（Alice Bacon）　アメリカ人で十九世紀終わりに日本を訪れた。

■バード：イザベラ・バード（Isabella Bird）　イギリス人旅行家。一八七八年に日本中部から北部にかけ七カ月間旅した。

■チェンバレン：バジル・ホール・チェンバレン（Basil Hall Chamberlain）　イギリス人教師。一八七三〜一九一一年にかけてのほとんどを日本で暮らし、広く旅行した。

■ジェフリー：セオデイト・ジェフリー（Theodate Geoffrey）　一九二〇年代に日本を訪れたアメリカ人。

■グリフィス：ウィリアム・E・グリフィス（William E. Griffis）　アメリカ人教師。一八七〇〜七四年に日本を訪れ、さまざまな場所を旅した。

■ハーン：ラフカディオ・ハーン（Lafcadio Hearn）〔日本名：小泉八雲〕　両親はそれぞれアイルランドとギリシアの

出身。著作家、教育者。一八九〇～一九〇四年の大部分を日本に滞在する。

■**井上**：井上十吉　日本人著述家。日本だけでなくヨーロッパでも長く過ごした。

■**ケンペル**：エンゲルベルト・ケンペル（Engelbert Kaempfer）ドイツ人、オランダの東インド会社に船医として雇われる［商館付医師の資格で日本に来朝］。熱心な植物学者でもあった。一六九〇年九月～九二年一一月の間に日本を訪れる。主として長崎に居住するが、江戸（東京）を二度訪ねた。

■**キング**：F・H・キング（F.H. King）　米国農務省の土壌管理局の元局長。日本、韓国、中国を一九〇〇年代初期に旅した。

■**モース**：エドワード・L・モース（Edward L. Morse）　アメリカ人動物学者で美術の専門家。一八七七年と一八八三年の間に三度にわたり日本を訪れ、広く旅行した。

■**長塚**：長塚節　日本の作家。『土』は一九一〇年に書かれ、東京から約七五キロメートル西北［茨城県］の集落を舞台にしている。

■**オリファント**：ローレンス・オリファント（Laurence Oliphant）　エルギン卿［日英修好通商条約に調印したイギリスの外交官］の個人事務官で、エルギン卿使節団の一八五七～五九年の訪日記録を書いた。

■**ポンペ**：ポンペ（Pompe van Meerdevort）　オランダ人、オランダ東インド会社に医師として雇われる。一八五七～六三年にかけ、主に長崎に滞在。

■**佐賀**：佐賀純一　日本人医師。東京の北東［霞ヶ浦］地域のおよそ一八九〇～一九三〇年にかけての口述史を収集し、出版。

■**シッドモア**：イザベラ・シッドモア（Isabella Scidmore）一八八〇年代終わりに日本を訪れたアメリカ人。

■**トゥーンベリ**：カール・ピーター・トゥーンベリ（ツュンベリー）（Carl Pieter Thunberg）　スウェーデン人。東インド会社に医師として雇われる。熱心な植物学者でもあった。一七七五年八月～七六年一一月まで日本を訪れた。主に長崎に居住し、江戸を一度訪問した。

■**シーボルト**：フィリップ・フランツ・フォン・シーボルト博士（Dr. Philipp Franz von Siebold）　東インド会社に医師として雇われる。一八二三～三〇年、一八五九～六二年に日本を訪れた。主に長崎にいたが、江戸も訪問した。

■**ウィリス**：ウィリアム・ウィリス（William Willis）　イギリス人の医者。一八六二～七七年まで日本に住み、さまざまな地域を旅行した。

イングランド

■ブラック：ウィリアム・ブラック（William Black）　十八世紀後期の医者、統計学者。

■ブレイン：ギルバート・ブレイン卿（Sir Gilbert Blane）　十九世紀初頭の医者。

■ボード：アンドリュー・ボード（Andrew Boorde）　十六世紀の医者。

■バカン：ウィリアム・バカン（William Buchan）　十八世紀中葉の医者。

■チャドウィック：エドウィン・チャドウィック（Edwin Chadwick）　十九世紀中葉の公衆衛生の改革者。

■クライトン：チャールズ・クライトン（Charles Creighton）　十九世紀後期の医療史家。

■カルペパー：ニコラス・カルペパー（Nicholas Culpepper）　十七世紀中葉の薬草学者、医療に関する作家。

■ド・ソシュール：セザール・ド・ソシュール（Cesar de Saussure）　スイス人旅行家で一七二五～三〇年にかけて何カ月にもわたりイングランドを訪れた。

■ラ・ロシュフーコー：フランソワ・ド・ラ・ロシュフーコー（Francois de la Rochefoucauld）　フランス人哲学者で、一七八四年にイングランドを訪れた。

■フォーテスキュー：ジョン・フォーテスキュー卿（Sir John Fortescue）　高等法院裁判所の判事、一四六〇年代にフランスにおいて英国法と社会に関する記述を執筆。

■フランクリン：ベンジャミン・フランクリン（Benjamin Franklin）　十八世紀のアメリカにおける科学者、執筆家。

■ゲージ：ウィリアム・ゲージ（William Gauge）　十七世紀初頭の清教徒の聖職者。

■ヘバーデン：ウィリアム・ヘバーデン（William Heberden）　十八世紀後期の医者。

■ケイムズ：ケイムズ卿（Lord Kames (Henry Home)）　十八世紀中葉のスコットランドの判事、哲学者。

■マルサス：トマス・マルサス（Thomas Malthus）　十八世紀後期の経済学者、人口学者。

■モリソン：ファインズ・モリソン（Fynes Moryson）　十七世紀初頭の旅行家。

■プレイス：フランシス・プレイス（Francis Place）　十八世紀後期、十九世紀初頭の社会改革家、分析家。

■スタッブズ：フィリップ・スタッブズ（Philip Stubbes）　十六世紀後半の清教徒の作家。

イングランドと日本の主な時代

イングランド	西暦	日本
	700	
		710　奈良
		794　平安
	800	
	900	
	1000	
1066　ノルマン朝		
	1100	
1154　プランタジネット朝		
		1192　鎌倉
	1200	
	1300	
1348　ペストの大流行		1336　室町
1399　ランカスター朝	1400	
1461　ヨーク朝		
1485　チェダー朝		1467　戦国
	1500	
1534　イギリス宗教改革		
1600　東インド会社設立	1600	
1603　スチュアート朝		1603　江戸
1640～60　清教徒革命		
1649　共和制時代		
1660　王政復古		
1714　ハノーバー朝	1700	
18C後半　産業革命		
	1800	
1820　ウインザー朝		
1840～42　アヘン戦争		
1854～56　クリミア戦争		
1856～60　対清朝戦争		1868　明治
19C　第二次産業革命		
	1900	
		1912　大正

イングランドの高地地方と低地地方

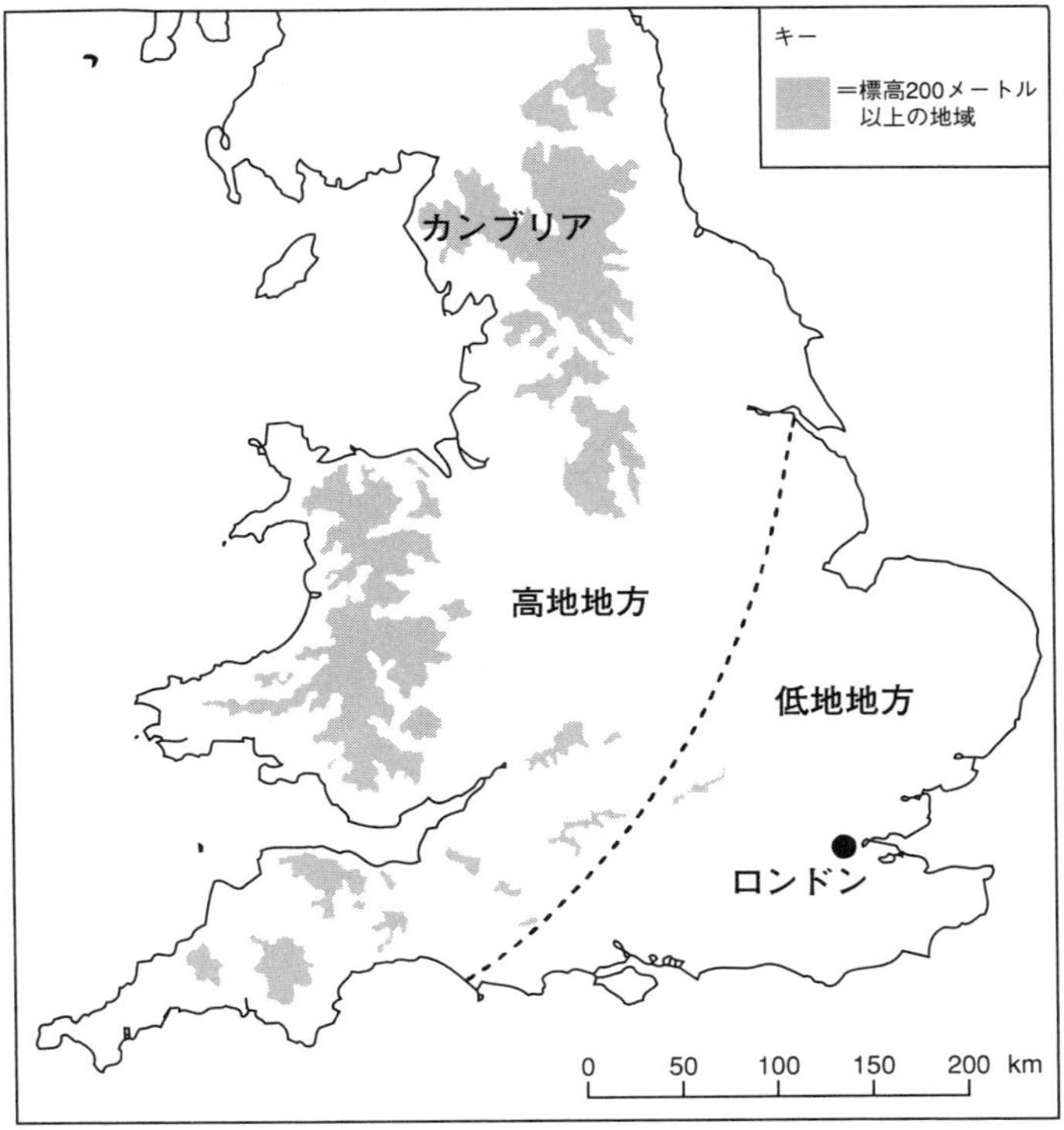

まえがき

本書は、三〇年以上私の頭にとりついてきた問題の一部なりとを、解明しようと試みたものである。産業革命の起源という問題、そしてとくに人口と経済発展の関係に、私が本格的に関心をもった最初の記憶は、オックスフォード大学で歴史を専攻していた学部生のときであった。当時私はイングランドにおける産業革命の原因に関するエッセイを書いていた。イングランドで十八世紀中葉から見られた人口の上昇を招いた原因が、出生率の上昇だったのか、あるいは死亡率の低下であったのかについての議論を概観してみると、学者たちの意見は、人口増加をどの程度イングランドにおける産業革命の原因と見なすか、あるいは結果と見なすか、そしてその人口増加自体何によってもたらされたのか、という点において、ほぼ二分されていた。当時のもっともすぐれた歴史学者たちにとっても明らかに謎である問題を見出して、興奮を覚えたのを、私は今でもはっきりと記憶している。

死亡率が低下していたのは明白であったが、なぜこの低下が起こったのかを説明する理論はすべて、明らかに不十分であった。「より高い生活水準」は重要に思われたが、それが何を示すのかは漠然としたままであった。特定の医学的変化のなかでは、ペストの消滅について言及されても、なぜそれが消滅したのかは明らかではなかった。シラミの習性の変化、栄養状態の改善、戦争がないこと、衛生状態の改善、医療の改善、病気の毒性の変化までも、念入りに調査された。学者たちは大きな問題のまわりを巡ってはいたが、それを解決することはできないでいた――せいぜい理論を次々に打ち崩すだけで、組み立てることはできなかった。私は学部生だったが、ペストの減少はもっとずっと以前に起こった（急速な人口増加が起こる二世代ほど前にペストは消滅した）ということ、ウィルスの変化に関する証拠はなかったということ、天然痘の接種は例外として、医学の改良は微々たるものであったということ、栄養面の改善は衛生面の改善と同様、非常に疑わしいということを、示すことができた。

次に、出生率に関しても、同様の謎があった。右とほとんど同じ数の学者たちが、出生率を決定的な変数であると考えていた。だが、出生率の上昇を引き起こしたのは何であろうか。同じく生活水準の上昇により、おそらく人々がより若い年齢で結婚することが可能になったため、出生率に影響があったというのが、説明された唯一の理由であった。だがやはり、議論と証拠は弱く、決定的ではないように思われた。

困難の一部は、死亡率、婚姻率、出生率に関するデータがとても乏しいという事実から生じているように見えた。というのは、それらのデータは総量の分析（教区登録帳による洗礼、結婚、埋葬数の合計）にもとづいていたからである。私は当時、フランスの人口学者が「家族復元法」という新たな手法を開発していたことを知らなかった。それは、婚姻出生率、乳児死亡率、そして結婚年齢に関するより正確な統計を与えることで、過去に関する理解を変容させるであろうものだった。この手法を最初にイングランドのデータに応用したのは、E・A・リグリィで、デヴォン州のコリトンの研究に適用した。ピーター・ラスレットによる初期の住民の名簿作成の研究とともに、この研究は六〇年代半ばから後半にかけてイングランドの歴史人口学を非常に活気づけた。生態学的、人口学的問題への関心が世界的規模で高まっていることにより、こういった学問的研究は実用的な意味あいを与えられたのだった。

これらの新たな発見がもたらしたいくつかの結果については、私の最初の出版物である、『ニュー・ソサイエティ』（一九六八年一〇月一〇日）掲載の論文に要約されている。そこに私は次のように書いた。「スチュアート朝イングランドには産児制限があったこと、ヨーロッパには高年齢での結婚と、一度も結婚をしない人々の高い割合が結びついた『独自の結婚のパターン』があったこと、産業化以前には西欧のほとんどの場所で小規模の『核』家族が支配的であったこと、資本蓄積を可能とし、それによって十八世紀後半の産業の拡大を可能にした主要因は遅い結婚と、その結果としての遅い人口増加――それはおよそ、産業化前の二〇〇年間において、年間四分の一パーセントであったこと、等々を私たちは発見しつつある」。

新たなデータと枠組みにもかかわらず、一九六〇年代初頭に私が出会った問いは、まだ未解決のままであった。産業化と人口の関係に関する大きな問題を解き明かすためにさらに前進するには、ヨーロッパにとどまっていては困難であるように思われた。これは、一九六五年にジョン・ヘイナルが ヨーロッパ型の結婚のパターンについての論考を出版して示した、偉大なる一歩から得られた教訓である(1)。西ヨーロッパの結婚に関するデータを東ヨーロッパとアジアのデータとともに並べることで、彼は西欧の主要な特性(晩婚と選択的な結婚)と、そこにある種のシステムないしはパターンがあるという事実の両方を見出すことができた。より限定された規模において、他の多くの人口学者たちがヨーロッパ内部の対照を行った。たとえばリグリィは、フランスとイングランドとスカンジナビアの差異を明らかにした。このように、より広い対照法によってしか、イングランドの人口学的過去の中心的特徴を目に見えるかたちで表わすことは、できないのである。

私は自分の思考枠組みを比較へと広げるために、一九六八年一二月、ネパールにおもむいて、一五カ月滞在し、人類学者としてグルンと呼ばれる人々のなかで調査をした。

このときの経験、そして一九八六年~九五年にかけてネパールをさらに九回訪れたことが、イングランドの過去へのアプローチを変える上で、いかなる効果をあげたかをはっきりさせるのは難しい。その影響の多くは、深いレベルにおける認識の転換であり、証拠を調べる際に抱く疑問や頭のなかでの比較を変化させるものであった。

山地の共同体における疾病という永続的な問題、衛生上の設備、幼い子供たちの不健康、水を確保する困難、ハエやぜん虫、過酷な労働、自然との闘いなどを目撃することによって、本、あるいは映画でさえも決してできないやり方で、イングランド人と日本人が歴史を通じて直面してきた現実のあるいくつかの側面が私には明らかになった(2)。もちろんそれは同じではない。それぞれの文化は違うのだ。しかし、人々が少ないエネルギーと医療、そこにあるインフラでいかにやりくりしているかを、血と心で感じ、自分の眼で見ることで、多くのことに気づかされるのだ。この経験なしに、私はこの本を書くことはできなかったと思う。二十世紀後半の西欧の豊かさにとらわれていては、歴史を通じて、大多数の人類にとって重要であったことの多くを感じたり、知ったりすることは不可能であろう。人類学の研究というものがすべてそうであるように、ある村を何年にもわたって観察し、研究することは、ものごとがいかに結びつき連関しているのかということ、社会への全体的視点というものに深く気づかせてくれるのである。

この経験を強調しておくのは重要である。なぜなら、イングランドと日本を検討しているときに私が目にした多くのことは、ネパールという背景に照らすことによって初めて見えるようになったにもかかわらず、この本のなかではネパールについての言及はほとんどないからである。かつてトクヴィルは次のように説明した。「私のアメリカに関する著作において……私はフランスについてほとんど触れていないが、私がフランスのことを考えずに書いたページは一ページたりとてなく、フランスがあたかも目の前にあるかのように考えていた」(3)。ネパールは日本の事例を理解する際に助けとなり、それについてはもうすぐ述べることとなる。また、日本はイングランドを全体的に理解する助けとなった。直接的な二方向の比較、イングランド・ネパール、あるいは日本‐イングランドの比較では十分ではなかっただろう。

理論的なレベルでは、ネパールの経験はイングランドを、そして事実上、西ヨーロッパ全体を外側から眺めること、そしてその人口学的、経済的特性をより明確に見ることを可能にしてくれた。私は自著『資源と人口』の最終章において、ヨーロッパの歴史人口学者の研究と私のネパールにおけるデータとを取り入れるモデルを開発して、これらの特性を明確にしようと考えた。このモデルは本書の第一章においてさらに修正され、次の二つを区別した。一つは私が「危機」レジームと呼ぶもので、過去のネパールのように、過去一〇〇年以上にわたる急速な人口増加が、戦争や飢餓、流行病がなくなったことによって起こる場合。もう一つは「動的平衡」レジームと呼ぶもので、かつてのイングランドのように、人口増減の波が主に出生率の変化による場合である。

まったく新たなデータを持ち帰ったとき、イングランドの歴史的世界は異なって見え始めた。リグリィ、ラスレット、その他の人々の研究が刺激となって、私は謎を解き明かすために自分自身で家族復元法の研究に着手した。しかし、人口統計はより広い経済的社会的文脈に埋め込まれていることが明らかであったため、サラ・ハリソンと私は「完全復元法」という手法を開発し、共同体の残存する記録をすべて用いた(4)。これによって、私たちはアールズ・コーン教区と、程度においては劣るが、カムブリアのカービー・ロンズデール教区を、復元することができたのだ。この方法により、多くの事実にもとづく疑問を解決し、前進することが可能になった。

多量のデータ収集と分析作業、そして人類学を教え始めるというプレッシャーが重なって、やっと息がつけるようになったのは一九七七年であった。そのときになって初めて、私は自分のイングランドの歴史に関する理解が完全に変わってしまったということにはっきりと気づいた。比較人類学的枠組みを用いることによって、イングランドの歴史を理解するために一九五〇年代以降に開発された理論の多くは修正が必要ではないかと思うようになったのだ。

一九七七年に、私は長い間あたため続けていた結婚、家族、出生率というテーマから離れて、『イギリス個人主義の起源――家族・財産・社会変化』[邦訳一九九〇年]を書かねばいられない気になった。それはネパールでの経験と、その頃ますます入れ込んでいた比較人類学に照らして、イングランドの歴史のいくつかの側面を再評価したものである。ところが、この本の主要な部分を書き上げるやいなや、私は、イングランドの過去についての私の解釈に舞い戻った。とりわけ、イングランドの出生率の問題が、出生率に関する人口学的な謎に対する私の理解にどんな影響をもたらしたのだろうかと考えながら。

振り返って見ると、イングランドの個人主義に関する私の本は、私自身の思考の行き詰まりを打開するのを助けてくれた。リグリィとヘイナルはイングランドの状況では、結婚と生殖の側面がとても重要であったという事を示した。しかしこのような例外的な結婚のパターンがなぜ存在したのかという謎は残された。農民であること、すなわち家族的生産様式は、高い出生率と低い結婚年齢とに深く結びついていると思われている。しかし、イングランドはこのような型にはあてはまらなかった。通常の人類学的な意味においてイングランド人が「農民」であったと見なすのは間違っていたようだ。高い出生率と農民を結びつける一般理論は存続したが、イングランドは例外であったのかもしれない。

なぜ出生率がしばしば低く、なぜそれがイングランドの市場経済の必要にしばしば合致していたのかを、私は理解しはじめていた。家族的生産様式にもとづいた真の「農民」社会においては、家族の規模を拡大することは合理的なことであった。だが、イングランドにおいては、私有財産と個人の権利

という概念が歴史の初期からあり、子供を持つことはかなりの「コスト」がかかることを意味していたのだ。このような考えを拡大して、私は『再生産の歴史人類学――一三〇〇~一八四〇年英国の恋愛・結婚・家族戦略』(一九八六 [邦訳一九九九] 年) を発表した。私はイングランドの通常とは異なる人口学的歴史がなぜ起こったのか、とりわけ出生率が抑制されていたのはなぜか、という理由を説明しようと試みたのだ。

ヘイナルの研究以来、問題の鍵はヨーロッパ型の結婚のシステム、とくに、経済と複雑に関係して変化する、高年齢で選択的な結婚パターンにある、ということは明らかであった。私は、トマス・マルサスが『人口論』の第二版において「予防的制限」を議論する際に認識していた、システムの背後にあるさまざまな圧力を探求した。最終章において、私は結婚がいかに経済成長と結びついているのか、を示そうとした。そしてそれがいかに初期資本主義的個人主義をもつイングランド社会 (これについては『イギリス個人主義の起源』で述べている) から生まれたものであるかを示そうとした。この本とともに、私はリグリィが認識した難問に自分が取り組み始めたということを感じていた。すなわち、結婚というシステムはいかに働き、それに相関するものは何であったかという問題である。

問題の反面である死亡率に関することはまだ緒についてい

なかった。私は、イングランドの死亡率のパターンは歴史的に見て異例と思われる、と以前述べたことがある(5)。しかしながら、人口統計に関する謎の、この半分に関しては、私の分析に進歩は見られなかった。その原因の一端は、死亡率の分野における問題を解決するのは、出生率に関する問題よりもさらに困難であったからである。出生率に関しては、西ヨーロッパにおいてある水準を維持するメカニズムが、ヘイナルの論文によって明らかになっていたが、死亡率の場合、十八世紀中葉以降のイングランドにおける突然の死亡率の低下を説明しようとするどんな議論も、説得力がなかった。私たちは死亡率の低下が起きたことは知っていたが、どのようにして、そしてなぜ起きたのかについてはわからなかったのである。出生率に関しては、目に見える人間の動機や諸制度を扱えばよいという点で、だいたいは表面に出ている。死亡率に関しては、問題の解答は認識しにくく、数多くの、人間、あるいは人間でない何かに影響された細菌や病原菌の複雑な連鎖を含んでいるのである。

ネパールにおける経験は、イングランドの事例とアジアの事例との大きな相違を示すことによって新鮮な問いをたてることができる、ということ以外に、解決の助けにはあまりならなかった。十九世紀半ばからのネパールの急速な人口増加は、人口増加が起こるために医療の改善は必要でなかったということを立証した。戦争と飢饉が取り除かれるだけで、自然の生殖によって各世代ごとに人口の倍増を引き起こすのには十分だということを示しているのである。しかしこのことはイングランドの謎を解く助けには、まったくならなかった。私は乗り越えることのできない障害にぶつかっていた。そして一九九〇年にたまたま日本に招かれたことから、この問題に取り組むための別の道が開かれることになったのだった。

私はイングランドと日本の類似性を長い間気にかけていた。両方とも島国であり、ともに真の「封建」時代を経ており、ともに世界的宗教の厳格な作法で知られていた。そして、両者とも、それぞれの地域の産業化で先駆者となったのだった。一九九〇年代に日本を研究し、また再訪してみて、イングランドと日本の人口グラフの形が似ていること、そして両者がともに、早くから生産(production)と再生産/生殖(reproduction)とを分けていたように見える、という事実は、この類似をもっと考えてみる価値があるかもしれない、ということを示唆していた。

とくに心を動かされたのは、いまや二つの事例が、ネパールによって示されているような「通常の」人口のパターンに対する、例外としてあらわれてきたということだった。この二つの事例を並べて検討することにより、歴史家や人口学者を依然として当惑させていた問題のいくつかを解決することが可能になるのではないだろうか?

この問題に関する真の前進の可能性は、イングランドと日本双方における社会と人口統計についての知識を急速に得たことにより強まった。イングランドにおいて起こったことの全体像は、とくに一九八一年にリグリィとロジャー・スコィールドの『イングランド人口史』の出版によってより明確になりつつあった。さらに多くの日本人や外国人学者による研究により、はじめて本当の比較が可能になった。彼らはヨーロッパの人口学の方法を大量の日本の記録に応用したが、とくに速水、斉藤、ヤマムラ、ハンレー、トマス・スミス、そしてより近年においては疫病に関するジャネッタの研究によるところが大きい。

本書において、私はまず、解決されるべき主要な問題を見ることから始める。すなわちどうしていくつかの国家は戦争や飢饉、そして病気といった、マルサスの罠から免れることができたのか。戦争と飢饉は明らかに考察を始めるべきポイントである。なぜならそれらを封じ込めることが、すべての持続的な発展を築く基礎であるからだ。もしある国が戦争の被害を被っているか、つねに飢饉で荒廃しているか、あるいはよくあることだが、その両方が起きているとすれば、次なる脅威である流行病に打ち勝つことが可能な水準まで進むことはほとんどないのである。

イングランドと日本とが、島国であることによって、戦争と飢饉という互いに結びついた災いから逃れることができたと考えることはそれほど困難ではない。このことは両者を有利にしたけれども、二つの国がどのようにして次第に流行病を避けることができたのかを解明するのは依然、非常に難しい問題である。十七世紀後半からイングランドにおいて多くの病気が減少したということ、そしてそれが数世紀早く日本においても起こったということは知られていたが、その減少を説明する根拠はどれも説得力があるようには見えなかった。

死亡率の低下の原因が、医療の改善、環境の変化、病気の媒体がもつ毒性の変化、はては栄養の改善であるなどと信じる根拠はないように見えた。根拠はいずれも不十分であると証明することのほうが、ずっと簡単であった。これらのいくつかを組み合わせたとしても、その低下を説明することはできなかった。

説明を見つけるために、私はいくつかの戦略を用いた。戦争と飢饉とを死亡率に影響を及ぼす二つのパターンとして分けた上、私は病気の方をいくつかの種類に区別しようと決めた。病気はその伝染方法によって明白に区別される。これに関して私はマクファーレン・バーネットの分類に従い、伝染病を大きく三つに区分した。水と食物により伝染するもの、昆虫や他の媒介生物により運ばれるもの、そして空気感染するもの(6)。

それぞれの病気の分類をイングランドと日本で平行して検討することにより、私は一組の新たな問題が現れるのに気がついた。たとえば、日本でのある種の病気の有無から、イングランドの状況に光を当てることが可能になり、またその逆の場合もあった。それらの相違は、環境の物質的また文化的特徴の結果であることが明らかになってきた。こうした相違から衝撃を受けて、一つの文化領域の内部にとどまっていては見えないままであったろう環境の多くの局面に向かって、調査は進んでいくことになった。

私は、進むべきは、環境のどのような要素が病気の大きな分類と結びついているのかを見ることであると感じた。このようなアプローチは、動物の飼育や衣服、食事、洗濯などのありようといった、人々の生活習慣に直接影響される細菌性の病気に関してはかなりうまく機能した。しかし、ある環境的な要因の組み合わせがなぜ病気の増加もしくは減少を生じさせたかを説明できたときでさえ、さらに説明が必要となる文化的な習慣の問題が出てきてしまった。病気に関する最後の部分では、私は説明がもっとも困難な病気、すなわち空気感染の流行病を扱った。それについては、環境に直接アプローチするのはあまり有効であるようには思えなかった。

死亡率の低下はマルサスの罠からの脱出の一部分でしかなかった。死亡率を最大値より下げることを達成した後、国は第二のマルサスの罠、急騰する人口増加に直面したのである。マルサスは、人間がたまたま得た資源や新たな技術を通じて、一時的に、一世代か二世代であれば、死亡率の低下を達成することがあるということを予見していた。しかし、高い出生率が持続するために、これはすぐに急速な人口増加により相殺されることになろう。人間は次に、戦争や飢饉、新たな種類の病気に直面することになる。この第二の罠はいかにして避けられるであろうか?

富が増加している際にも長期間にわたり、イングランドと日本の出生率は理論的最大値をかなり下回った状況を続けていたことを立証した後、私はこれが達成されえた三つの筋道を検討した。まず、性交、すなわち、男性と女性とを結びつける結婚と性的関係のパターンを明らかにすることから始めた。次に、受精の障害となるもの、言葉を換えていうと、生物学的要因(病気、仕事の緊張、授乳期)と、そもそも受精を妨げる避妊技術とを見た。次に第三の領域、望まない受胎をどのように扱うかということ、とりわけ中絶と嬰児殺しに目を向けた。しかし二つの国において用いられた、低い出生率に結びつく異なるメカニズムを立証したときにおいてさえも、動機の問題が依然として残された。それに関しては相続との関係において議論する。

研究することとそれを一冊の本として書くこととの違いから生まれる矛盾について、読者は理解しておいたほうがよいだろう。研究を進めるにつれ、私がますますはっきりと意識したのは、私が研究していたすべての面には、共生的な関係があるということであった。異なるタイプの病気間の関係、たとえば生物媒介の病気と水媒介の病気に関してこのことが当てはまる。死亡率と出生率の関係についてもそうであり、たとえば幼児をどのように養うかという問題は、その両方に重要であった。戦争、飢饉、そして病気との関係も同様に強いものだった。住宅、衣類、そして衛生とのつながりと、それらが互いに与え合う影響はとても強い。私の中心的テーマは、これまでは見たところ間接的にしかつながっていないと思われていた現象間の、複雑なつながりに関するものとなった。

しかし、本というものは「バラバラ殺人」をしなくてはいけない。順序立てて読まれるために、まずはいろいろな連鎖や関係をバラバラにしなくてはいけないのである。結論に至ってはじめて、現在のわれわれのまわりにその効果が見られる、意外な結果をもたらした因果関係の連鎖を考察することで、すべての筋道をまとめることが可能になるのである。私は、これまでの展開が提示するものが、意識的に計画されたものなのか、それとも偶然によるものなのか、の度合いについていくつか推量してみた。別の言葉でいうならば、それらがどの程度、ダーウィン的な「盲目的変異と選択保持(blind variation and selective retention)」という過程を示すものなのかについてである。このようにして、われわれはマルサスから始め、ダーウィンにたどり着いたのだった。

I

罠

1 マルサスの罠

「民は民に、国は国に対して立ち上がるであろう。あちこちにききんが起こり、また疫病や地震があるであろう。これらはすべて、悲しみの始まりにすぎない」(1)。福音書の言葉を借りれば、人類はこうした状態にあったのだ。

逃れ出ることは、不可能だと思われていた世界。一七八八年、エドワード・ギボンは大著『ローマ帝国衰亡史』を完成させ、翌年、ギボンは自らを取り巻く世界を概観した。過去二千年、世界をめぐる状況に改善はほとんど見られないように思われた。「地球の大部分には野蛮状態や奴隷制度が一面に拡がっており、文明社会でさえ最も数の多い階級は無知と貧乏に陥って動きがとれぬ有様である。……新たに生れた嬰児が満五〇歳まで生き延びない確率は略々三対一である」(2)。

ギボンの描いた当時の世界は、人口が一〇億人に満たなかった。それからたった二〇〇年と少しの時を経ただけの二十世紀末、地球上には当時の七倍を上回る数の人々が住んでいる。それにもかかわらず、今日われわれが目にする世界では、多数の人々が日常的な戦争や飢饉、病気から免れている。ヨーロッパやアメリカ、アジアの各地に住んでいる恵まれた人々の場合はとくに、過去の文明に生きたほとんどの人々が夢に描くこともなかったような富と安定があるのだ。

このような変化は必然的に起きた、と考えることはたやすい。実際に起きた現象というものは、起きるべくして起きたものなのだ、と。しかしながら、いぜん貧困や病気、戦争の恐怖というものに苛まれている多くの人々がいることを考えるとき、そして比較的安全な世界への脱出というものが、短期間にして起きたのだということを思い起こすとき、これは当然の結果とは言えないということに気づかされる。

過去二〇〇年に起きた事柄が、いかにありそうもないことだったのか、ということを読者に実感していただくために、ちょうど過去の世界と新しい世界との移行期間に立ち合ったひとりの人間の著作に立ち戻ってみることにしよう。一七九八年、ギボンの『回顧録』から九年後のことであるが、トマス・マルサスは『人口論』を出版した。この短いエッセイのなかでマルサスは、農業文明がなぜ悲惨な状態から永久に抜け出すことができないように見えるのか、その理由を明らかにしてみせた。アダム・スミスの『諸国民の富』とともに、マルサスの考察は、アンシャン・レジーム下の諸社会の構造的傾向性と、それらの社会が内在的に抱える成長への限界をもっとも明快に分析した著作といえる。

『人口論』の第二版において、マルサスは自身の見解に修正を加え、強固な法則という言葉ではなく、強い傾向性という表現を用いている。さらに今日から見ると、マルサスの予見のいくつかは誤っており、また他のことは目下のところまだ不確かである。まさにこの点こそが、本書の主題の一つなのである。しかしマルサスの「進歩」観やその鉄則に関する主張のいずれにも同意するものではないとしても、それでも彼の初期の見解を詳細に描き出していくという作業は必要である。そういう作業を経て初めて、実際に起こった諸変化が、いかにありそうもないことだったのかを理解することができるであろう。

マルサスは三つの事実に注意を喚起された。第一の事実とは、人間は性欲によって非常に強く動機づけられているということである。「両性間の情欲は、いつの時代にもだいたい同じように思われるので、代数の用語を用いれば、それはつねに一定量と考えてよい」(3)。他のすべての条件が同じであるとすれば、思春期を過ぎた男女はできるだけ早く性交を行うことになる。結婚によってのみこのような性交が許されるとするならば、「とくに若い人々においては結婚志向がきわめて強いので、もし家族を養う困難が完全に除去されれば、二二歳で未婚にとどまる人はほとんどいないであろう」(4)。

第二の事実とは、人間の出生率の高さである。高い出生率と適当な死亡率が組み合わさると、若年の頻繁な性交は急速な人口増加につながる。マルサスは二〇年あるいはそれ以下で人口が倍増した事例をあげている。だがじつのところ、彼の議論は意識的に控えめである。アルフレッド・ソーヴィが指摘しているように、「避妊を行わず、今日の医療科学の恩恵を受けていない人口集団の場合、極端な場合には人口は一三年で倍増しうる」(5)。これは、人間の自然な多産性によるものである。「夫婦が思春期に一緒になり、妻の月経閉止に至るまで別れず、しかも避妊に頼らないとしたら、平均の子供数は一〇人におちつくであろう。もしある人口が可能なかぎりよい条件で生活するならば、世帯当たりの平均子供数はほぼ一二人にさえなるであろう」(6)。このように、人口は各世代ごとに容易に倍増しうる。これは、莫大な数の人口が急速に形成されるということを意味する。

第三番目の事実とは次のようなものだ。人間の労働力に大きく依存する農業経済に基盤をもつ社会においては、経済的資源、とくに食糧生産がこのような人口増加に追いつくことができない。これは、限界収益逓減の法則によるものだ。もっとも、農業成長率が年間三〜四パーセントにものぼる期間もあり、そうした場合、食糧生産は一世代で倍増するという計算になるのだが、このような期間というのが数十年以上持続するということはありえない。

このような事実の結果として、人口が資源を上回る傾向が強くなる。「人口は、制限されなければ、等比数列的に増大する。生活資料は、等差数列的にしか増大しない。数学をほんのすこしでも知れば、第一の力が、第二の力にくらべて巨大なことが、わかるであろう」。「わたくしの公準が承認されたものと考えて、わたくしは次のように述べる。人口増加の力は、人間のための生活資料を生産する地球の力よりも、かぎりなく大きい、と」。マルサスはこうしたことを喜ぶべきこととは考えなかった。「社会の何らかの大きな改善の途上にある大きな障害が、われわれが克服ののぞみをもちえない性質のものであることは、うたがいもなく、われわれをもっとも落胆させる考察である。生活資料をこえて増加する人類の不断の傾向は、変化を期待しうる理由のない動物界の一般法則のひとつである」(7)。

マルサスは、人口増加に対して二種類の制限（checks）が働く可能性を指摘した。一つは「予防的」制限、すなわち「道徳的抑制」としての結婚の遅延あるいは非婚で、そしてもう一つは「悪徳」であり、この言葉でマルサスはあらゆる人工的産児制限をさしている。二つ目は、マルサスが「積極的」制限と呼ぶもの、すなわち死亡率を高める要因がある。これらもまた「悪徳」的な人為的災害と、「自然」災害とに区別される。両者の区分は以下のようなものである。「これらの積極的制限のうち、自然の法則から生ずるように見えるものは、もっぱら困窮と呼んで差支えないし、また、戦争、あらゆる種類の不摂生といったわれわれ自らしでかすもの、およびわれわれの力でさけることのできるその他多くのものは、混合的性格のものである。それらは悪徳によってもたらされ、その結果は困窮である」。マルサスは、非常に広い範囲の死亡原因を積極的制限のなかに含めている。「人口の積極的制限は、人間一生涯を何らかの方法で早期的に短縮する傾向をもつすべての原因、つまり、不健康な職業、季節ごとの厳しい労苦試練、貧困から生ずる粗悪で不十分な食物と衣服、まずい育児、あらゆる種類の不摂生、大都市と工場、よくある病気と流行病の全連鎖、戦争、嬰児殺し、疾病および餓死、といったようなものを意味している」(8)。これらの「積極的」制限は、そのいくつかが同時に影響し合うことが多かった。「人類の諸悪徳は人口減少の積極的かつ有能な使臣である。それらは破壊の大群の先駆であり、またしばしば、それらだけでおそるべき仕事を完了する。しかし、もしそれらがこの絶滅戦に失敗するならば、疫病の季節、流行病、伝染病および災厄が、おそろしい勢いで前進し、数千万人を一掃する。成功がなお不完全であるならば、不可避の巨大な飢饉が背後からしのびより、強力な一撃をもって、人口を世界の食糧と同水準にする」(9)。

マルサスは、人々が「道徳的抑制」という方針、すなわち結婚を遅らせるか結婚しないままでいるか、に従わないかぎり、他のあらゆる方策は無駄骨に終わるであろうと信じていた。たとえば、貧困をなくそうとするあらゆる努力に希望はないだろうと考えた。「貧民の永久的、全般的な境遇改善が予防的制限の増大なしに達成されえないことは当然である、そしてこれが起こらなければ、……貧民のために行われるすべての事柄は一時的で部分的にならざるをえない。現在の死亡率低下は将来における死亡率の増大によって相殺されるであろう」(10)。同様に、戦争であれ、飢饉であれ、病気であれ、ある特定の不幸を撲滅しようとする試みは、単に死亡率を他の「回路」にそらすという結果になるだけであろう。

マルサスにとって、「回路（channel)」というのは重要な概念だった。マルサスは、ヘバーデンからこの概念を借用したと思われる。「ウィリアム・ヘバーデン博士は、つい最近、ロンドンの死亡統計表（London bills of mortality）から引き出されたいくつかの貴重な観察を発表した。彼は序文のなかで、この死亡統計表に触れて次のようにいう。『死亡統計表が示す特定の疾病の緩慢な変化は、死亡の大きな流れが絶えず貫流する回路のなかで早晩発生することがわかっている変動に対応している』」。したがって、特定の回路に手をわずらわすのは、時間の無駄である。「いまもしわれわれがこれら回路のどれかを塞ぐならば、死亡の流れがより大きな力をもって他の回路のいくつかを通り抜けるにちがいないことはまったく明瞭である。換言すれば、もしわれわれがいくつかの疾病を撲滅すれば、他の疾病が比例的にさらに致命的になるであろう。この場合、そうなった唯一の明白な原因は、死亡の必然的な捌け口をせき止めたことでしかない」。このことから次のようにいうことができる。「われわれは猛威を振う疾病に対して特効のある治療法を退け、また特定の病気の根絶計画を考案することによって、人類に奉仕しつつあると考えている、慈悲深いが大いに間違っている人々をも退けなければならない」(11)。

この結果、マルサスはボールディングの言葉を借りるならば「陰気な定理（Dismal Theorem）」から「徹底的に陰気な定理（Utterly Dismal Theorem）」へと行き着いた。「資源と人口の均衡を保つのは災難と不道徳、あるいは災難もしくは不道徳である。そして人口は入手しうる生活資料（subsistence）の限界まで増加する傾向にある。ということは、食糧生産が増加するような改善があるとすれば、それにつり合って人口も増加し、その結果、おそらく人間の災難と不道徳も増加することになるだろう」(12)。マルサスは半ば真剣に、このことの帰結を考察した。もし人々が予防的制限を行わないならば、災難を減少させるためには「積極的」制限をできるだけ早く機能させるよう働きかけなくてはならない。「それゆえ一貫した行動をとるために、われわれはこの死亡率をもたらす自然の作用を阻止しようと愚かにも空しい努力をする代りに、この作用を促進すべきである。そして、もしわれわれが恐ろしい形態の飢饉があまりにも頻繁に襲来することを恐れるならば、われわれは他の形態の破壊手段をひたすら奨励して、その使用を自然に強要すべきである」。「貧民に清潔を奨励する代りに、それと反対の習慣を奨励すべきである。わが国の都会では、街路をもっと狭くし、家屋にもっと多くの人を詰め込み、そしてペストの再来を招くべきである」(13)。

これはまさに「徹底的に陰気」に相違ないが、マルサスの以下のような議論から直接導かれたのであった。すなわち、予防的制限がなければ、「困窮と貧困とは、それらを救済するための資金に比例して増大していく」(14)。マルサス自身も、これは受け入れがたいことであろうと認めた。しかしこれらの事実から逃れようとすることには意味がない。「この困難の考察は、人類の改善に努力を傾けている賞賛すべき人々には、落胆すべきものに違いないけれども、それを軽く見すごしたり、あるいは背景におしやる努力をしても、それからなんらかの利益が生じうるとは考えられない」(15)。

農業社会が困窮から抜け出すことができないと説いたのは、マルサスだけではなかった。マルサスの考えは他の多くの古典経済学者や社会科学者と完全に軌を一にするものであった。実際に起こっていた状況を正確に分析し始めたのは、おもに一七四〇年～九〇年にかけてスコットランドで活躍した優秀な政治経済学者たちであった。名前をあげると、ファーガソン、ミラー、ケイムズ、ロバートソン、ヒューム、そしてスミスなどである。これらの思想家たちには、資源よりもつねに人口が上回るという、人類が抜け出すことのできない罠にはまっているという事態は明らかなことであった。デヴィッド・ヒュームは以下のように指摘している。「家族を維持しうると思う男子はたいてい家族をもつものであるが、もしこの比率で増殖する場合には、人間は各世代ごとに二倍以上になるであろう。植民地や新しい開拓地ではどこでも、人間はきわめて急速に増加している」(16)。人々がより多く働き、技術的に優れていればいるほど、それだけ人口は増す。ファーガソンは次のように書いていた。「人々が、同等のつつましさで生活すると仮定して、もし勤勉さを増し、工夫をこらすならば、人口はそれに比例して増加するに相違ない」(17)。

もっとも強力な議論を行ったのは、アダム・スミスである。彼が著した『諸国民の富』は、新たな時代への青写真であり、「富の自然増加」を示唆するものだった。しかし、彼の主張は首尾一貫していない。というのは、人口の法則との関係から、経済成長を持続するのは不可能であるとスミスは感じていたようである。農業社会は、すでに埋め込まれた矛盾のなかで罠にはまり、永遠に困窮状態から脱することはできなかった。「あらゆる種類の動物は、その生活資料に比例して自然に増殖する。そしてどんな種類の動物も、これを超えて増殖することはできない」ということは明らかであった。人類も、この点において例外ではない。「人類も、他のすべての動物と同様に、生活資料に応じて、自然に増殖する」。スミスは、富の増加は一般人の死亡率の低下につながり、その結果多くの子供が生存して人口は増す、と指摘した。同様に、賃金の増加を通じて富が増加すると、出生率も増す。「それゆえ豊かな労働の報酬は、富の増大の結果であるが、同じくまた、人口の増加の原因でもある」。あるいは欄外に書き付けたように「高い賃金により人口が増加する」のである(18)。

E・A・リグリィは、古典経済学の立場を要約してこう述べた。スミスに関しては、「一般的成長に関するスミスの見解は、実質賃金の長期的、あるいは本質的な改善を過小評価し、労働者の最終的な環境は最初に比べて悪化すると危惧する結果となっている」。スミスの後継者たちは、「実質賃金への世間一般の期待についてスミスが示した悲観主義を強化する議論を展開した」。そして、「将来にわたっても、彼らは重要な改善の兆しはありそうもないと見て、何らかの逆行の危険性を見たのである」。彼らが描いた資本主義は「今日産業革命と呼ばれている変化を生み出すとは期待されていなかった」。彼らは生産の増加は予想していたが、「生産の増加分は人口増加によりほぼ相殺され、両者の比率はほとんど変わらないと考えていた」からだ(19)。別の言葉でいうならば、困窮の循環から抜け出す方法はないと考えられていた。問題はただ、国が「罠にはまる」均衡が低いか高いか、すなわち人口密度が低いか高いかという違いだけだった。リグリィが述べているように、「前工業化社会は、定義によれば、負のフィードバックの内にあった。経済成長のそれぞれの時期も、それが持続的かつ発展的となる地点に達する以前に、結局は突然中断されてしまうのであった」(20)。

マルサスの『人口論』の第一版では理論を証明する議論はほとんどおこなわれず、これはかなり分量を増した第二版においてなされた。しかしながら、マルサスの分析は十九世紀以前のほとんどの文明社会の記述として広く支持された。ほとんどすべての農業社会は彼の予知に合致した。資源が増加しても、高い出生率と死亡率の減少による急速な人口増化によりすぐに相殺されてしまうのである。その結果、人口密度は上昇し、死亡率が高まるという負のフィードバックを起こす。このような循環により、長期的な経済成長の持続は阻止された。デイヴィッド・ランデスはこうした証言を要約して、「生活そして生存条件の改善と経済機会の増大に続いてつねに人口増化が起こり、やがてはそれが、達成した成長を食いつぶしてきた」(21)と言う。

リグリィは、マルサスが描いた世界を次のように述べる。「出生率と死亡率が高く、人口は利用できる資源に比して大きく、成長はおもに積極的制限により制御される」(22)。実際、死亡率が人口成長を妨げるうえでもっとも重要な働きをすることの多かった長い期間には、二つの明確なパターンが見られた。伝統的な人口理論は、「人口推移」にいたる何千年もの間、死亡率と出生率は明らかに均衡がとれていたのだから、「恒常的な栄養不足と日常的な病気」によりこのような状態が達成されていたのだと考える。すなわち年々、死亡率と出生率はともに高いレベルを保ち続けていたと考える(23)。リグリィは、このような状況を「病気になった時の環境が非常に悪かったため、死亡率はいつも高かった。……このような観点からいうと、高い死亡率が、高い出生率を『招いた』ともいえる」ものとして描いている(24)。

しかしながら、記録されている歴史のなかでこのような状況は非常に稀である。より多く見られたのは人類学者ピーター・クンスタッターが記述しているような、死亡率の劇的な危機状況である。「前近代の人々のほとんどが経験した人口状況のより正確なモデルは以下のようなものであろう。すなわち出生率は高く(通常、人口減少分を補うために必要なレベルを上回った)、死亡率は低いか中程度であった。時折または定期的に死亡率の変動が見られたが、それは、自然災害(洪水、地震、気候変動……)、害虫による疫病、作物の不作……など)および、おそらくより近年においては流行性の病気に起因するものであった」(25)。このような状況においては「病気の環境はそれほどひどくはなかったが、社会的慣習により、早期の結婚が一般に義務づけられた。この結果、出生率は高く、急速な人口増加は一時的なものでなければならないため、死亡率もまた高くなった」(26)。リグリィが言いたいのは、死亡率はいまや異なった形態をとったということである。死亡率は恒常的に高いのではなく、ほとんどの年において、出生率よりもかなり低かった。だが数年に一度、あるいは数世代に一度、増加する人口は「危機」に直面する。それは一つないし二つ以上の、マルサスがいう積極的制限、すなわち戦争や飢饉、病気であった。

ほとんどすべての農業文明を特徴づけるものは、通常高いレベルで推移する出生率に対し、定期的に死亡率が危機的に上昇することで均衡が保たれるという状況であった。カルロ・チポラはこのようなモデルとその証拠を提示した。「利用可能な資料によれば、いかなる農業社会も――十六世紀のイタリアにせよ、十七世紀のフランス、または十九世紀のインドにせよ――出生率と死亡率との動きが、ある一定のパターンの組み合わせに従う傾向がある。全体を通じて粗出生率は非常に高く、千人あたり三五人から五〇人の間にあり、……死亡率もはなはだ高いが、平常は出生率よりも低い――千人あたり約三〇から四〇の間を推移していた」。このような通常の数値の結果、「年に、〇・五から一・〇パーセントというのが農業社会に特有な正常人口成長率である」。この成長率が意味するのは、長期的に見ると、人口が膨大に増えるということだ。たとえば、紀元前一万年以降このように人口増加が起こったと仮定すると、地球の人口は「今日の世界人口は直径何万光年にもおよぶ巨大な生体の球塊を形成し、なおもそれが、……光速度の何倍もの早さで膨張しつづけていることになる」[27]。

明らかに、このような継続的な人口増加は起こっていない。それは死亡率がつねに高かったからではなく、定期的に起こる「危機」の結果であった。人口増加が回避されたのは「農業社会の人口史を通じて、死亡率の水準が千人当たり一五〇または三〇〇、あるいは五〇〇もの高さをもつ突発的な劇的ピークを繰り返す顕著な傾向が見られるからである」。このようなピークは戦争、流行病、飢饉の結果であり、チポラによれば、それは「生存人口の大きな部分を消し去った」のである。「こうしたピークの激しさと頻度」とが「農業社会の人口規模を決めた」[28]のである。

一九六〇年時点において、チポラは農業社会に関する詳細な人口学的記録は依然として「乏しい」と述べている。それに続く数年間で、資料がとても充実してきて、その多くは一九六九年にT・H・ホリングスワースの『歴史人口学』にまとめられた。彼がインド、中国、エジプトその他の主な農業文明について集めた証拠資料は、チポラが概観した状況を全面的に支持するものであった。

中国の歴史はこうした農業社会のもつ困難を示す古典的事例である。ジョセフ・ニーダムと彼の共同研究者らが示したように、一七〇〇年において中国は技術面においてヨーロッパと十分互角の水準にあった[29]。当時の中国の人口は一億六千万人であった。清朝における平和と安定に加え、さらに広範囲にわたる流行病や風土病が明らかに存在しなかったことで、急速な人口増加が起こるというマルサス的傾向が生じた。一八〇〇年に至る一〇〇年間で人口はおよそ三億一千～三千万人へと倍増し、一八五〇年までには四億二千～四千万人へと増加した[30]。多くの論者によれば、その結果、人口の大半はますます困窮に陥った。人々はますます厳しい条件で働かなければならなかった。「人口と食糧供給の多大な伸びにもかかわらず、帝国の後期において、農業における労働者あたりの生産性は低下していった」[31]からである。

マルサスは以下のように記している。「イエズス会士プレマールは、同会の一友に宛てた便りのなかで次のようにいっている。『私は君に一つの事実を語りたい。それは逆説のように思われるかもしれないが、まさしく真実なのである。それは世界でもっとも豊かなもっとも繁栄した帝国が、それにもかかわらず、ある意味でもっとも貧しく、もっともみじめな国だということである。この国土が、いかに広大かつ肥沃であるとはいっても、その住民を養うには十分でない。彼らを安楽にするためには四倍もの領土が必要であろう』」(32)。ジェームズ・ナカムラとマタオ・ミヤモトによると、「国民一人当たりの収入が生存維持のぎりぎりのレベルまで押し下げられ、その結果マルサスの罠から逃れる道はなかった」という傾向が見られた(33)。「危機」は飢饉と十九世紀中葉の太平天国の乱による荒廃というかたちで訪れ、その結果、多数の人口が失われた(34)。

　西欧に目を向けてみると、ヨーロッパの多くの地域がマルサスの指摘する限界につきあったのは十六世紀後半のようだ。ヨーロッパの人口に関する研究は、人口に影響をもたらす普遍的で破壊的な危機の性質を証拠立てている。フェルナンド・ブローデルは「生物学的アンシャン・レジーム……出生と死亡の均衡、非常に高い乳幼児死亡率、飢饉、不断の栄養不足、悪性の流行病」がもたらした影響について述べている。彼は次のようなことに気づいた。十六世紀の終わりにかけて「人々の進歩こそが重荷となり、それが結果として再び貧困をもたらしたのである」。そしてその原因は「おそらく西欧世界全体において再び人口密度が高くなりすぎたためだ。あの単調なものがたりが新たに始まり、人口増加のプロセスは逆転する」(35)。ヤン・ド・フリースは次のような問いを立てた。「十七世紀初期においてヨーロッパの経済は限界に達し、人口と食糧のあいだの脆弱な均衡は、不十分な収穫にいつも脅かされていたのだろうか？」　彼はこの問いに対してイエスと答え、以下のような事実を指摘をした。「アイルランド、ドイツ、ポーランド、デンマークそして地中海諸国では、疫病や慢性的な戦争、世情不安などのさまざまな組み合わせにより、人口が相当減少している」(36)。諸事実のより近年の検証では、マッシモ・リヴィ‐バッチも同様な説明を行っている。「さまざまなヨーロッパ諸国の状況はシエナの状況とそう隔たってはいない。十六世紀、十七世紀、そして十八世紀の初頭において、生存維持の危機が特徴として見られる。それに付随する結果として人口の逆行が起こり、それは一世紀あたり二回か三回、あるいはそれ以上にもなった」(37)。

　イタリアは、とくに劇的な事例である。「一六二〇年から三〇年にかけてのイタリアでは長期的な経済の減退が起こり、それは十八世紀中葉まで続いた。その間、生活水準は著しく低下した」(38)。おもに病気が原因であったが、「十七世紀前半にイタリアの人口は一三〇〇万人から一一〇〇万人にまで減少した。ヨーロッパの工業の中心地であった北イタリアだけみると、その人口の四分の一が失われた」[39]。フランスも同様の苦境に立たされた。「一七〇〇年におけるフランス王国の領内をみると、人口全体でみても、年齢グループでみても、その数は振り子のように最小値と最大値のあいだを激しく揺れ動いている。そのあいだには一種の均衡点があり、それはおそらく人口一九〇〇万人前後であった。一七〇〇年頃においては、人口は最大値よりも最小値に近かったと思われる」。十八世紀初頭のフランスはいつも、戦争、飢饉、流行病による正のフィードバックの罠にかかっていたのかもしれない。「フランスにおいて決定的な変化は十八世紀の前半には、そしておそらくは十八世紀の終わりまでずっと起こることはなかった」[40]。繁栄を誇っていたオランダでさえ、十七世紀中葉に何らかのかたちでマルサスのいう限界につきあたっていたようだ[41]。ヨーロッパの地中海岸では、たとえばスペインの各地において、教区台帳の記録によると「危機的死亡率 crisis mortality が十九世紀になっても依然、重要な問題であり続けていた」ことが示されている[42]。

「積極的」制限がどの程度強力なものであったかを示すのは、困難なことではない。まず第一にもっとも破壊力が強かったのは戦争である。なぜなら、戦闘のみならず、さらにより重要だったのは、戦争による崩壊状態から生じた飢饉や疫病が死をもたらしたからである。飢饉による悪影響はかなり後まで続いた。十七世紀終わりの人口学的状況はK・F・ヘレイナーにより明らかにされている。「この期間の人口状況に関する限り明らかであるのは、差し迫った変化を予告するものは、ほとんど何もなかったということだ。人々は周囲の環境の慈悲にすがって生きていたのである。一六九〇年代になっても、ヨーロッパのほとんどすべての国が、不作か中程度の収穫が続いたため深刻な生存維持の危機に見舞われていた。よって、人口は増加するどころか、あちこちで減少しており、南はカスティリヤから北はフィンランドまで、西はスコットランド高地から東はアルプス山麓に至るまで、食糧不足と飢餓とが忍び寄った」[43]。このような飢餓は結果として病気をもたらしたであろう。

トマス・マキューンは、多くの病気が人口密度に依存していると指摘している。「地質学でいう更新世の始まりからおよそ一万年前に至るまでの人類生存の初期段階においては、微生物による伝染病で、人類という種に限定的に適応したものは、ほとんど存在しなかった」[44]。アルフレッド・クロスビーによれば、「狩猟民や採集民にも彼らなりの害虫がいた。シラミやノミや体内寄生虫である。だがこうした漂泊の民は一箇所にかなりの人間が長期間滞在することがないから、汚物が大量に集積して大型小型のネズミやゴキブリ、イエバエ、虫などが大量に発生して悩まされるようなことはなかった。だがまさに農夫たちはそうだった」[45]。あるいはケニス・キップルが書くように、「人間が少人数の孤立したグループを成して生活している場合、彼らが直面した病気による困難は、おもに感染性の低い慢性的伝染病に限られていたであろう」[46]。

紀元前およそ一万年に定住型農耕が確立し、紀元前四千年には都市型文明が成長し始めると、新たな病気が広がった。「伝染病の歴史の再構築を試みるほとんどすべての研究が示しているのは、人間が文明化した生活形態に適合するにつれ、伝染の心配は減少するどころか、むしろ増加していくということである」[47]。このことはある程度、汚物と貧困が増加したことの結果である。「栄養状態のよくない住民が大量に集まることにより、微生物の繁殖と伝播が可能な条件が生じ、病気の原因および死因としての伝染病が蔓延したのである。この結果、死亡率が高まり、人口増加率は押さえられたのである」[48]。しかし何よりも、人口密度の上昇により、まったく新しい病気の生態環境があらわれたのである。「八〇〇〇年から一万年前の中東において植物や動物の飼育が行われるようになったが、そのとき、新たな病気がいくつも発生し、それにより病気の生態系に変化が生じたのである。このような変化は今日なお続いている」。これらの新しい病気は、さらに他のものにより補充された。それは人類最初の文字を有する都市型文明の出現により、人口密度が十分に上昇し、ウィルスをはじめ他の病気が定着する条件が整ったことによる。「天然痘やはしか、さらにインフルエンザ、水ぼうそう、百日ぜき、おたふくかぜ、ジフテリア、その他の多くの病気は人口の増加とともに発生した。これらの病気は人から人へと急速に直接伝染し、中間媒体を必要としない。言葉を替えていうならば、これらは文明の病気となったのである」[49]。このようにして経済と健康の間に基本的な矛盾ができ上がっていく。

国の富と商業が成長すると、これらを人口密度の高い地域、街や都会に集中させることが、多くの場合、経済的にはもっとも合理的である。経済という点で考えればこれは効率がよく、「空間的な不都合」を克服し、労働分業や規模の経済といった観点から見てもさまざまな利益をもたらす[50]。十六世紀以降の西ヨーロッパにおける大都市の成長についてド・フリースは次のように要約している。「一五七〇年代におけるパリ、ロンドン、ランドスタッドはあわせておよそ三七万人の人口であった。一七世紀にはそれぞれが四〇万人を越える人口となった。一七〇〇年までにはこれらの都市の総人口は一五〇万人となった」。一六五〇年までにパリとロンドンの人口はいずれも五〇万人に近づきつつあり、それは「西ヨーロッパにおいては前代未聞のこと」であった[51]。

同時に、「都会の人口の死亡率は高かった。なぜなら、都市は混み合い、不衛生であり、河川は産業廃棄物や人間の汚物で汚染され、空気は木材や炭の煙でスモッグがかかり、道路はゴミであふれていたからだ」[52]。ロンドンについてマルサスは十七世紀中葉のグラントの統計を引いて、ロンドンはその人口の不足分を補うために、年間六千人の人口流入を必要とした、と述べている[53]。リグリィとスコフィールドの推定によれば、ロンドンでは死亡者数が出生者数を上回っていたが、国民人口に占めるロンドンの人口の相対的割合から考えると、それが国民人口に決定的影響を与えたのは主として一六二五年と一七七五年の間の期間であったと考えられる。十七世紀の後半七五年間においてロンドンは人口増加の抑制剤の役割を果たし、「十八世紀においてもロンドンは他の地域における人口余剰の情け容赦ない排出路としての役割を担い続けていた。一七二五年から五〇年という後の時期においてさえもなお、洗礼を受けた国民人口の余剰のうちおよそ半分がロンドンで相殺されていた」。イングランドは人口増加が停滞する緩衝域に突入したかのようだった。「比較的高いレベルの均衡における罠のための条件が、十七世紀終わりのイングランドにおいて明らかになり始めていた」[54]。

都市人口が増加していた他の文明圏でも同様のマルサス的フィードバックが見られた。十七世紀まで日本の人口密度は非常に高かった。ケンペルが日本を訪れたとき、以下のように述べている。「この国の人口の多さは筆舌に尽くしがたく、国土はこれ以上大きくはないのだから、これだけの数の住民の生命を維持し支えていくことがそもそもできようとは、ほとんど誰も思うまい」。彼は多くの都市や街について、「その規模、巨大さ、住民の数は、世界有数である」と述べている。首都の「江戸」、のちの東京は、「非常に大きく、あえて言うならば、これまで知られたなかで最大の街だ」[55]。実際彼の指摘は正しく、江戸はおよそ一〇〇万人の人口を擁した地上最大の都市であった。日本の歴史人口学者が同様の負の影響を発見していたとしても驚くにはあたらない。速水融は次のように論ずる。「都市における死亡率が高かったこと、周辺地域の窮乏を逃れて都市にやってきた労働者が多かったことで、関東地方と近畿地方（江戸、京都、大阪を含む）は負のフィードバックが機能するところとなり、その人口は停滞したのである」[56]。この主張はスーザン・ハンレーとコウゾウ・ヤマムラによって支持された。「証拠はようやく出はじめたばかりであるが」、それらは「速水の以下のような――また前近代ヨーロッパにかんするE・A・リグリィの――仮説を確固たるものにしている。すなわち、都市は周辺の農村人口を吸収し、したがって都市のすぐ周辺にある地域の人口増加率を、マイナスとする」[57]。

ここに来て私たちは謎に行き当たる。いかにして死亡率、出生率ともに高い通常の世界から「偉大な変容」が成し遂げられ、いかにして「諸国民の富」が達成されたのか、という点である。罠から逃れるためには、諸社会はその生産力、すなわち農業や生産業による富を増加する必要があった。同時に、急激すぎる人口増加および、人口密度の上昇により必然的にもたらされると考えられた積極的制限、すなわち戦争、飢饉や病気の蔓延が起こるのを避ける必要があった。人類の歴史において、狩猟採集から初期の文明形態を経て、近代初期に至る過程で、病気と栄養不足による重荷が増していたことは、マーク・コーエンによって描かれている(58)。ケニス・キップルは、農業文明の高い人口密度に伴った流行病の増加について調査を行った(59)。ブローデルが指摘したように、「十八世紀になるまで、人口は、ほとんど実体のつかめないような円に囲い込まれていた」。このときはじめて、「不可能であった境界を越えることが可能になり、それまで乗り越えられなかった人口の限界を越えることができた」のである(60)。

このような変化の達成が困難だったことは、ロナルド・リーが明らかにしている。一方では「より高度な楕円周へ入るのは唯一、人口密度の上昇と、前代の技術を最上の方法で発展させた技術水準によってのみである」。他方、「中国のように、人口が中程度の技術を有する農業体制に組み込まれている場合、人口密度が先んじて高いことから、産業経済への移行は容易ではないだろう」。中国がたどった運命のある種の変型は多くみられ、「多くの人口が比較的低レベルの均衡にとどまり、それ以上の進歩が見られない。素朴で、安価な技術発展は起こるだろうが、より大規模で集合的な投資、より高い生活水準を必要とする技術開発は起こらないだろう」(61)。

非常に例外的な環境においてのみ、さまざまな負のフィードバックの作用を回避することが可能であった。「生殖、余剰の抽出、そして余剰の使用を統べるもっとも有利な制度に恵まれた人口集団のみが、双曲線の頸部を通り抜け、より高度な次の技術体制へと移行を続けることができる」。たとえば、「人口成長や人口抑制が起きるのが早すぎたりすると、人口がひとつの安定した均衡からより高度の均衡へと移行する可能性はせばまってしまうのである」(62)。すべてはバランスの問題であり、そのバランスを成立させる要因は多く、またそれらは微妙な関係にある。重要なのは、それらを操作する余地が非常に少ないということである(63)。

どの要因が重要であり、そしてどのような方法でバランスが達成されたかを確定するために、マルサスのいう罠からの回避が確実に起こった事例を検討する必要がある。一つの事例の検討から、かなり可能性の高いヒントを得ることはできるかもしれない。しかし、その文化と地理的位置づけの大きく異なる二つの事例、しかも歴史的に見て独立性の高い二つの事例を見出すことができれば、ありえそうにもなかったある特別の人口学的パターン出現の必要かつ十分な原因を、より深く考察することができるであろう。

2 二つの島

マルサスの罠からの脱出を最初に遂げ、しかも、それがもっともよく記録されているのが、島国のイギリス、とりわけイングランドである。イングランドの人口の特異性が歴史学者たちの目に次第に明らかになってきたのは、「人口史・社会構造史に関するケンブリッジ・グループ」の研究者たちが、一九六〇年代半ばにイングランドの人口史を体系的に再構成したときであった。「イングランドについて詳しく調べるほど、その特異性はいっそう鮮明に浮かび上がってくる」(1)。どうしたわけかイングランドは、十八世紀に工業化が始まるかなり前に、戦争・飢饉・疫病により定期的に危機に見舞われる状況から、死亡率と出生率が、はるかに低く安定したレベルで釣り合う状況へと移行していたことを、リグリィ、スコフィールド、ラスレットといった研究者らが示したのである。

この時期に見られる主な特徴は、人口が、死亡率だけでなく、出生率の低下によっても抑制されたことであった。イングランドは、高死亡率によって高出生率の均衡がとられるというマルサス理論のパターンに当てはまらない、もっとも克明に記録され、またかなり前から確証された例外であった。このような人口と資源の均衡状態は、「死亡率が突然、急激に上昇することによってでなく、出生率が大きく、しかも静かに変動することで」達成され、「死亡率が他の工業化以前の社会の水準としては低いままであったにもかかわらず、出生率の変動が下降段階にあるときには、出生率は人口増加が停止する地点にまで下げられた」。これは、「工業化以前の社会ならどこでも一般的に存在すると見なされることのある」、「死亡率優位の均衡状態」とはまったく対照的であり、イングランドは、「出生率優位の」システムを「経験した」という意味で他に例を見ないものであった(2)。

マルサスは、イングランドの死亡率に意外で特異な要素があることに早くから気づいていた一人だった。彼はまず第一に、農業社会は非常に不健康で病気がはびこるものという見方に反し、イングランドはそうでなかったことを示唆している。いくつかの教区では、驚くほど健康状態が良かったのである。「リー博士が二〇年間の全死亡者の年齢について行った非常に厳密な計算によると、ヨークシャーのアックワース教区では、住民の半数が四六歳まで生存するように思われる」。彼は、地方の村落における年間死亡数は、人口千人当たり約二〇〜二五人の間だと考えた(3)。これを含めたいくつかの数値を根拠に彼は、「もっとも明白な証拠にも示されているように、わが国の大部分の教区はきわめて健康的である」と結論づけている(4)。

さらに意外なのは、都市が成長する一方で、死亡率は低下していたらしいことである。「一八一一年の『人口条令』報告には、驚くべき結果が歴然と示されている。それによると、都市の増加と工業に従事する人口比率の上昇にもかかわらず、人口増加率が非常に加速し、国民の健康状態が大幅に改善されたのである」。マルサスによると、『人口条令の結果に関する諸観察』には、「イングランドの平均寿命が一七八〇年以降、一一七対一〇〇の比率で伸びてきたようだと記されている」。「このような短期間にこれほど大きな変化があったことは、それが事実であれば、きわめて驚くべき現象であろう」。マルサスはいくぶん懐疑的に、この変化は、移住や軍役により海外で死亡するという要因にもよるのではないかと考えた。その一方で彼は、「一七八〇年以降の人口増加は異論の余地なきもので」あることを認め、「また現在の死亡率は異常に低いので、私はなおもこの結果の大きな要因は健康の増進によるものと信じたい」(5)としている。

マルサスは、こうした現象の背景として、十八世紀にある大きな変化があったと考えた。「われわれは、一七〇〇年以降イングランドに何らかの異常な死亡率が発生したという事実をまったく知らない」(6)。特定の病気による死亡は減ったが、他の病気による死亡は増えた。マルサスは、「ペストの消滅」を一つの大きな変化としてあげている。もう一つは、「赤痢による死亡数が大きく減少した」という変化である。また、その一方で、「結核、中風、卒中、痛風、精神異常および天然痘はさらに致命的なものとなった」(7)。しかし、全体的なバランスから言うと、死亡率は低下へと向かったのである。

当時、マルサスの他に三人の研究者も、この予想外の変化に注目している。その一人はギルバート・ブレインである。彼はロンドンの一六九三年と一七八九年の平均余命を比較した一覧を発表し、そこで、五歳時の平均余命が四一年から五一年にまで伸びたことなどを示した。「これを見る者は皆、驚きと満足の入り混じった感をもって、われわれが生きる時代に寿命が著しく向上したことを見てとるであろう」。彼は、平均寿命がほぼ一・三倍強の割合で伸びたと考え、さらに、ある集団では状況がとくに大きく改善されたことに注目した。「一七二八年以降、死亡表に、年齢別死亡者数の統計が記録されてきたが、二歳未満の死亡数を見ると、一七五〇年までは年間九千〜一万人であったようだ。十九世紀後半になると、その数は六千人から七千人の間を推移し、今世紀に入ってからは平均で五五〇〇人以下である」。たんに乳幼児の死亡が減っただけでなく、「産褥で死亡する数も目立って減少した」。そして、ロンドンで初めて出生数が死亡数を上回ったのは一七九〇年であったようである(8)。

フランシス・プレイスも、ブレインと同じようなデータを提示しながら、ロンドンについて、「十八世紀は、十七世紀よりも健康状態が良好」で「その健康状態は、全体として一〇〇年以上前から、向上の一途をたどっている」ことを示している。プレイスは、この変化が一七四〇年〜一八〇〇年の間でとくに著しかったと考え、こう書いている。「ロンドンの健康状態は、とくに過去六〇年の間に大きく改善されたようだ。十九世紀の前半くらいまでは、死亡率も人口増加と多少なりとも歩調をそろえていた」。彼は、この変化が「全国に」ひろがっていったと考えた(9)。

トマス・ベイトマンは次のように書いている。

十七世紀の『死亡統計表』や、シデナム、モートン、ウィリスによる研究と並べて現在の『死亡統計表』や医師が作成した資料を検討し、病気の種類や、それらがふるう猛威の程度について比較してみると、……致死率が著しく低下してきたこと、そして、もっとも脅威的であった病気のなかには完全に消滅したものもあり、他の病気も比較的珍しくなったことが一目でわかる。現在の年刊『死亡統計表』を見ると、……ロンドンの健康状態は、とくにここ五〇年間で向上したようだ。この期間に健康状態は、その程度と人口の面でともに急速に上向いてきている(10)。

十八世紀に入ってからの死亡率低下は、それまですでにあった特異な状況をさらに際立たせたにすぎなかった。リグリィとスコフィールドによる近代初期のイングランドの死亡率パターンに関する調査結果は従来の予想に反して、おおむね十六世紀から十九世紀のイングランドの死亡率が、工業化以前の社会にしては低かったことを示している。粗死亡率は千人当たり二二・五人から約三〇人の間を変動していたので、リグリィとスコフィールドは、千人当たり約二五人という一定の率を想定することができた。これは、過去のほとんどの農業社会のものとして予想されるであろう数値と比較して、およそ一五〜二〇も低かった。

このように死亡率が比較的低いことによって、平均余命もある程度まで伸びた。たとえば、一五六六〜一六二一年の間には出生時の平均余命が三八年を超え、一五八一年には四一・七年というピークに達していた。一八二〇〜七〇年の間ですら、十六世紀末と十七世紀初期に比べ出生時の平均余命は、わずかに約二年伸びたにすぎなかったのに。予想に違わず、死亡者はほとんどが、一歳未満の乳児や子供で占められていた。この初期段階を無事乗り越えれば、「イングランド史のエリザベス朝とヴィクトリア朝にまたがる時期の大部分において、二〇歳を迎えた若い男女は、平均三五年から四〇年の余命を期待できた」。

高死亡率を免れたというイングランドの特異性は、ヨーロッパ大陸の近隣諸国と比べるといっそう鮮明になる。フランスでは、十八世紀末期に至るまで、年間の粗死亡率は千人当たり約四〇人だった。出生時の平均余命は約二八年で、それはイングランドと比べると最高で八年短い。ボーヴェ地域に関するジャン - ピエール・グベールの研究やその他の研究が示しているとおり、フランスは、「人口と資源の均衡を維持するメカニズムとして、主に『積極的制限』のサイクルが働いた」国であった。フランスには、「人々の大半を貧困と悲惨な状況に陥れるような形で人口と資源との均衡が維持される」という特徴があった。

マルサスは、一七〇〇年以降「異常な大量死亡」が見られないことに注目したが、これはかなり以前からの特徴であった。「比較的安定していたイングランドの死亡率が極端に変動した時期も……短いが何回かあった。……しかし、そうした変動は、おそらく他の西ヨーロッパ諸国と比べてそれほど一般的ではなく、深刻でもなかった」。また、「他の国々が実際に経験した危機の多く」をイングランドは免れていた。リグリィとスコフィールドは、「イングランドが、北西ヨーロッパの国々が共有する経験から逃れ得た珍しい例であること」に注目している[11]。しかも、南および東ヨーロッパは、そうした北西ヨーロッパよりさらにひどい状態にあったことを示す数多くの証拠がある[12]。比較的状況がよかった国々のなかでも、イングランドは例外的だったのである。ビセット・ホーキンズは一八二九年に次のように述べている。「イギリスの都市や病院における死亡率は、ヨーロッパのどの地域に比べても格段に低い。……イギリスの寿命の長さは、特定の地域や階級に限られたものではない……イングランドおよび、その諸都市における平均死亡率が、ヨーロッパ諸国のなかでもっとも低いことに異論の余地はない」[13]。

こうした研究結果は、直観的にも、また感情的にも、すんなりとは受け入れ難いものである。ロジャー・スコフィールドとデイヴィッド・リーハーは、次のように考察している。

一五八〇年代の四一歳という平均余命は、その後は一八七〇年になってやっと見られるほど高い数字である。当然ながら、こうした意外な研究結果は懐疑の念を引き起こした。人々の健康状態に大きな転換が起こる以前の、遠い過去とも言えるような時代に、平均余命が十九世紀後期のレベルに達したなどということが本当にあり得るのだろうか。もしそうならば、われわれは、一般的に死亡率低下の第一段階と関連づけてきた諸要素についての見解を根本的に検討し直す必要があるのではないか(14)。

メアリー・ドブソンは、「十六世紀から十八世紀の間、いくつかの教区では出生時の余命が、国全体では一九二〇年頃にようやく達したほどに高かった、ということは、驚きの念を引き起こすかもしれない」と述べている(15)。ピーターセンの言うように、「産業主義初期の、あの悪臭の満ちた都市の数々が、平均寿命が伸びる舞台であり得たなどという考えは、自然詩人やエンゲルス、そして、チャドウィック、ラスキン、ウェッブ夫妻といった人々のみならず、多様な政治的志向をもつ十九世紀イギリスの非常に幅広い層の人々にとっても、賛同しかねる見解であったと言える」。しかしながら、「現代の研究者は一般に、平均余命は産業システムが発展している間にかなり伸びた、と考えている」(16)。さらには、寿命はその前から短いものではなかった。つまり、極度な惨状から、まあまあ悲惨な状況へと移行した、というのではなかったのである。次のようなことが推測される。少なくとも十六世紀後期までに死亡率が比較的低くなり、十七世紀にはいくぶん上昇した。そして、その後、上昇し続けるのではなく、少なくとも十八世紀中期以降は再度下降したのである。ここで、説明を要する二つの問題が現われる。一つは、十八世紀以前の死亡率が基本的に低かったこと、もう一つは、人口が急速に増加し、人々が都市や工場にあふれ込むにつれて、死亡率はいっそう低下したということである。

問題は他にもある。その一つに、いつからこのように死亡率が例外的に低いのかという問いがある。リグリィとスコフィールドの示す証拠は、一五四一年まで遡るにすぎない。その時点で死亡率が比較的低かったことが明らかにされたわけだが、これは、さらにかなり時代を遡ってもはっきりとした特徴としてあったようである。たとえば、デイヴィッド・ロウシュキーとベン・チルダーズは、「現存する史料から、十五世紀と十六世紀早期に死亡率が大幅に低下したことを読み取ることができる」と論じている(17)。エルスペス・ムーディは、もっと早い時代からの変化を示唆して、「リグリィとスコフィールドは、近代初期には、国全体での高死亡率危機は、従来考えられていたほど頻繁でも深刻でもなかったことを明らかにしたが、これは十四世紀後期や十五世紀についても言えそうだ」と述べている(18)。

同様に議論を呼んでいるのが、十八世紀に死亡率がよりいっそう低下したことに関する、時期の特定をめぐる問題である。現在の一般的な見解としては、死亡率の大きな低下は、リグリィとスコフィールドの研究にもとづき、一七四〇年代か一七五〇年代に始まって、一八三〇年代まで持続し、そこで一旦停止した後、十九世紀後期には再度進行した、とされている(19)。しかし、アルフレッド・ペルノウドの主張するように、「死亡率が新たに変化し始めたのは十七世紀末にかけてであり、もっと細かく言うと、一六九〇年代頃であった」可能性もあるのである(20)。

死亡率低下について注目すべき側面は他にもある。その一つは、状況改善のかなりの部分は、都市で、とりわけ、乳児や低年齢の子供の間に起こったということである。この点は、マルサスが、乳児の間に赤痢が減少したことを述べる際に指摘している。M・W・ビーヴァーは、一七三〇年〜一八二九年の間にかけて、子供および乳児の死亡率が「顕著に減少」したことを明らかにしている(21)。ジョン・ランダーズは、一七四〇年から百年の間に乳児死亡率が五割以上低下したことを示しながら、一六八〇年〜一八二〇年にロンドンで乳児死亡率が低下したことについて分析している(22)。十九世紀までに、イングランドは最初の都市化そして産業革命の影響を受けていたにもかかわらず、乳児死亡率はヨーロッパでもっとも低かったのである。次に、一九〇三〜〇八年頃に低下が始まるまで、一八三〇年あたりからの乳児死亡率には大きな変化はなかった(23)。よって、われわれは、「乳児や子供の数を大幅に減らす原因となるような病気（とりわけ赤痢やマラリアをはじめとするさまざまな腸管感染症）の死亡率がなぜ低下したかを説明しうる、当時起きた革新」が何であったかを見きわめる必要がある(24)。

二つめとして、病気の発生率よりむしろ、その致死率のほうが変化したのだということが論じられてきた。「ライリーの研究結果が示しているのは、こうした寿命の伸びの要因として、人々がかかる病気の数が減ったことよりむしろ、死亡に至るケースが減少したことが考えられることである」。これは、この減少をどう説明できるかを考えるとき示唆的である。致死率の低下は、「生活水準の向上からの説明と非常に整合性の高い現象」(25)なのである。

日本は、一見しただけでは、マルサス理論の例外であるようには見えない。一九六〇年代までは、マルクス主義や粗雑なマルサス理論モデルにもとづく従来の歴史学的方法論によって、死亡率を規定する体制（morality regime）に焦点を当てた分析が行われた。マルサス自身もまた、日本の人口パターンは、人口が戦争、飢饉、疾病に支配された中国のそれと一致するものと考えていた(26)。この見方は、また、より最ン・トイバーによる定評ある日本人口史にも、近ではカール・モスクにも支持されている(27)。

しかしながら、日本の一般的な人口パターンをもう少し詳しく検討する価値がある。総人口の推計数で、現在わかっているもっとも古い時代から始めるとすると、「六四五年の日本の人口は、約三〇〇万から五五〇万人であり、当時のヨーロッパの諸人口よりもはるかに多い」ことが示唆されている(28)。日本の人口は、八世紀から十一世紀にかけて、とりわけ飢饉や疫病といったマルサス理論の「危機」的時代を通過したようである。W・ウェイン・ファリスは、この時期が、出生率・死亡率が千人当たり約五〇人という非常に高い時期だったと考えている。しかし、彼は、データに矛盾がかなりあるため、自ら行った計算に対して懐疑的であることを認めている(29)。「沢田吾一は、八世紀の日本の人口を六〇〇万人と推定しており、人口が一〇五〇年までに大きく増大したとは考えにくい、とする」(30)。岩石が多く、どちらかと言えば不毛で、かつ自然災害も少なくない島国であることを考えると、八世紀初頭に約六〇〇万人という人口はすでに、どんな基準からしてもきわめて高密度だった(31)。その後、人口は大きく変動した。ある推計では、一一八五～一三三三年には九七五万人であったのに対し、一五七二～九一年には一八〇〇万人であった(32)。後者は信頼性が非常に低く、数字があまりに高すぎることはほぼ確かである。一般的には、人口は十七世紀の初期までに、一〇〇〇～一八〇〇万人の間の数にまで増加したと考えられている(33)。

十六世紀と十七世紀に農業が改良され、行政が進歩したり、政治的に安定したことも作用して、十七世紀初頭に日本の人口は増加した。「速水の推計によると、十七世紀初頭の時点で人口はたった一千万人だったのが、その数は一七二〇年までには三千万人まで急速に増加し（典拠とするものの信頼性が低いため、速水は推測数に上下五〇〇万人の誤差をとっている）、一世紀以上にわたって、〇・八パーセントから一・〇パーセントの間の年間平均伸び率を維持した」(34)。より最近には、「当時、正確な統計はとられていなかったものの、一五五〇年から一七〇〇年の間に、人口が年間〇・七八パーセントから一・三四パーセントの割合で増加したとする人口学者や歴史学者もいる。……日本の全人口は、およそ一二〇〇万人あたりから、幕府の人口調査が行われた一七二一年には、約二六〇〇万人から三〇〇〇万人にまで増加した」(35)。いずれの値をとるにしても、日本の人口が十七世紀に急速に膨れ上っていたことは疑う余地がない。都市のインフラや農業の目覚ましい発達がこうした人口増加を引き起こしていたとしても、それは、あたかもマルサスの罠に陥るべく突き進んでいるかのように見えたのである。

以上のように、一七二〇年の日本は、一六二〇年のイングランドの状況に非常に似ていた。おそらく、一世紀あまりで人口が倍増し、その後、急激に抑制が働いたのである。イングランドでは、一六二〇年代にヨーロッパを広く襲った後退現象のなかで、食料が不足し、死亡率が上昇した。日本では、一七三二年にいくつかの地域で深刻な飢饉が起こっていた。その後、日本では、イングランドの場合とまったく同様に、一世紀以上にわたって人口増加が停止するという状況が見られた。

統計の大づかみな輪郭はかなりはっきりしている。「一七二一年には、人口は二六一〇万人で、一八四六年には二六九〇万人であった」。また、その間に大規模な変動はまったく見られなかった。「これらの調査結果のうち、最高値は二七二〇万人で、最低値は二四九〇万人である」(36)。実際には、十七世紀末以前にパターンが変化したようである。速水は、日本の人口は一六七一〜一八五一年の間、ほとんど同じ水準であったと論じている(37)。またさらに、アーン・カーランドとジョン・ペダーセンは、「少なくとも一六九〇年以降は、性比の不均衡が示すように、人口は自由に増加するにまかされていたのではなかった。したがって、人口のコントロールが早期から導入されていた」と述べている(38)。ナカムラと宮本は、「人口成長は、十七世紀中期あたりから、いくつかの藩で減速し始め、この変化は、その後一〇〇年の間に日本全体に広がっていった」と結論づけている(39)。

国レベルではこうして安定した状況が見てとれるが、その裏側で地域的にはかなりの多様性があった。とくに、人口は東日本で減少した一方で、西日本では増加したのである。「全般的に見て、関東と東北地域ではだいたい人口は減少し、九州、四国、中国地域では増加傾向にあった。中央日本で見ると、近畿地方では人口はわずかに減少し、北陸では増加が見られた」。速水は、これらが経済的影響によることを示唆している。東の関東地域では商業経済がすでに限界に達しており、そのために人口も停滞状況にあった。瀬戸内海地方の「発展途上の」地域においては、「この時期は農村工業や、農民の副業としての雇用が発展していた段階であり」、こうした状況が、緩やかな人口増加を可能にしたのである(40)。

死亡率はどうかと言えば、十九世紀後期の日本の産業革命以前は、他の農業社会に多く見られるように高死亡率だったと長い間考えられてきた。しかし、一九六〇年代以降の詳細な研究から、死亡率がそれまで考えられたより、はるかに低かった可能性を示す証拠が出現し始めた。こうした社会では高死亡率が強く予想されていたがために、当初、これらの証拠は誤りとして拒否された。日本の人口についての西欧の研究者による最初の主要な文献はトイバーによるものだが、そこでは「諸記録から引き出されるこの推論の妥当性にとってはまずいことになるのだが、死亡、出生の両率とも信じられないほど低い。徳川時代の日本全体で『通常』の粗死亡率が千人当り三〇人であったなら、その死亡水準は福井県や石川県で一九二五年から一九三〇年に達成されたのと同じくらい低かったことになる」と述べられている[41]。一九八〇年代の段階でさえ、「これらのサンプルからの推定平均余命は、多くの研究者には信じ難いほど高いのである」[42]。

日本に存在する非常に優れた人口調査と人別帳《にんべつちょう》［江戸時代の戸籍簿］を使って、多くの研究者は、出生、結婚、死亡をつなぎ合わせる「家族復元法」を適用してきた。その結果は、十八世紀および十九世紀前半に関して、イングランドの事例よりさらに極端な状況を示している。粗死亡率で見ると、速水の研究では、横内村［現長野県］で一六七一～一八七一年にかけて、年間千人当たり一六・四～二五・五人の間を上下し、この期間全体の平均は千人当たり二〇人であった[43]。トマス・スミスによるナカハラ村［実際の村は、現在の岐阜県大垣市南部に位置し、この「ナカハラ」は仮名］の研究によると、粗死亡率は千人当たり一八人と三一人の間を変動し、平均値の平均は二六・五人であった[44]。四カ村を対象とした三番目の研究例によると、「農村の粗死亡率は、筆者たちの事例では、千人当たり約二五から、一八ないし一九の範囲にあり、これらの平均には飢饉年も含まれている」。ハンレーとヤマムラは、これら死亡率は「前近代社会としては非常に低いと思われる」と述べている[45]。

死亡率が非常に低かったことを考えると、平均余命が予想外に高かったことがわかってもそれほど驚くにあたらない。十八世紀と十九世紀初頭の日本の二つの村では、出生時の平均余命は三〇年から七五年の間を上下している[46]。スミスによると、一七一七～一八三〇年の間のナカハラ村において、一歳時の平均余命は、男性は四六年で女性は五一年であった。他の村々では、三四～六〇年の間でさまざまであった[47]。

この研究結果から、徳川時代の後半期の死亡率は、同時期のイングランドよりさらに低かったという印象を受ける。人口が約四万五千人であった十八世紀の高山［現岐阜県］では、粗死亡率は、千人当たり二七～三一人であった[48]。

これらの研究結果を有効なものとして受け入れるには、さまざまな点で検討の必要があろう。まず第一に、明らかに大きな地域差が存在した。たとえば、アン・ボウマン・ジャネッタが寺の人別帳をもとに詳細な研究を行った飛騨北部は僻地で経済的にも遅れた地域であり、その死亡率は明らかに大幅に高かった。しかし、そこでさえ、「十八世紀後期から二十世紀中期にかけて、出生時の平均余命が、ほぼ一定して三〇年から四〇年の間であったという驚くべき結果が得られた」のである[49]。

第二に、時代を通じた変差も非常に大きい。これまでの研究成果でもっとも興味深い点の一つに、かの有名な十九世紀後期の転換が起こるかなり前から、イングランドの死亡率は低下していたらしい、ということがあげられる。しかし、イングランドの場合には、十五世紀から十六世紀の間と、その後の十八世紀という、少なくとも二つの波でこの変化が起こったのに対し、日本ではもっと早期に起こっていた。

八世紀から十一世紀中期にかけては、絶えず疫病が発生した。ファリスは、「八世紀には三四回、九世紀には三五回、一〇世紀には（この時期に関する史料数は著しく減っているにもかかわらず）二六回、そして十一世紀には、一〇〇〇年から一〇五二年の間に二四回の疫病の発生を」あげている。その後、疫病の熾烈さは緩和されたようである。「一〇五〇年から一二六〇年は、日本で病気がそれまでほど問題ではなくなった時代と言える。その二一〇年間に五五回の疫病が発生し、発生の平均間隔は四・二年であった。これと比較して、七〇〇年代には二・九年ごとに疫病が発生し、史料は乏しいものの、九〇〇年代にも、三・八年ごとに起こっていた」。こうして、「一二六五年までには、疫病、飢饉、戦争のいずれもが、日本の人口成長を制限するものではなくなっていたのである」(50)。初期の西欧の研究者が示唆しているように、人口が再び急増した十七世紀までは、世界でもっとも高い人口密度でありながら、人々は、比較的病気の少ない環境で生活していたようである。死亡率に関する徳川時代後期のきわめて低い数値は、こうしたプロセスの末期の状況をわれわれに垣間見させてくれるものと言える。

しかし、これらの数値には、まだ注意が必要である。データの多くは、非常に幼い乳児の死亡を無視した記録をもとに算出されている。また、復元研究では、公式記録の帳簿上の人口と実際の人口を区別することは難しい。これら二つの理由から、速水は、その他の研究者と同様に、ハンレーとヤムラやスミスが示す平均余命を「あり得ないほど高い」(51)として、死亡率をいくぶん引き上げている。速水は、実際には二〇パーセント前後の乳児は生後六カ月までに死亡した可能性があることから、乳児死亡率を千人当たり最大二〇〇人と推測しており、結果的には、同時期のイングランドと同レベルになっている(52)。斎藤修は、一七五一～一八六九年の中部日本の三つの村で、千人当たり二七九人という数字を算出している(53)。

しかしわれわれが、二〇人台の低い数字から高い数字へと死亡率を引き上げたとしても、それはなお、ふつう見られないような状況であり、説明が必要である。日本は、イングランドやオランダと同じく、農業社会としては、通常の死亡率が低い国のグループに属することになる。とくに日本は、地方でも人口密度が高かったことや、都市や町の規模が大きかったことなどを考えあわせると、よりいっそう驚くべき事例なのである。日本が、一六〇〇年までに、その後二十世紀中期まで変わらなかった死亡率を達成したことは、かなりの快挙と言える。イングランドと日本はいずれも、何らかの方法で高死亡率の「危機」を乗り越えたのである。

イングランドと同様に日本も、およそ六世代の長い期間にわたり人口が変化しなかったという、例外的な人口パターンをもっていたことがはっきりしてきた。スペンサーがかなり前に述べたように、徳川時代の人口は「世界の他のほとんどの地域で人口が急増していた時代に」安定し、「これは世界史上、人口学的にかなり顕著な出来事である」[54]。ホリングスワースも同様に、「いつもながら、日本は例外的である……。ここでは、人口が安定し、しかもそれは、前工業化期においてのことであり、その上、きちんと記録されているという意味で非常に珍しい一例である」と指摘する[55]。

日本の人口に関する近年の成果で次に重要なのは、日本における人口増加率の調整が、イングランドの場合と同様、死亡率だけでなく出生率も変動した結果であったことが示唆されたことである。これは、出生、結婚、死亡の登録やその他の人口学的な史料を日本でも綿密に調べた結果、明らかになった。それによって起きた変化については、トマス・スミスが次のように述べている。「十七世紀に、日本の人口が急速に増加し、その後の一七〇〇年から一八六七年にかけてはほとんど停滞していたことは、歴史学者により長年、大きな関心がもたれてきた。そして、この点についてつい最近までは、ほとんど例外なく、マルサス理論からの説明が行われていた[56]。しかし現在では、カーランドとペダーセンにより、その安定した人口は、「高死亡率ではなく、むしろ低出生率の結果であった」ことが示唆されているのである[57]。

これは、イングランドと同様、日本でも、低出生率という「予防的制限」が働く「自己調整的パターン」が徐々に発達していたことを示唆している。十八世紀に見られたように、出生率は引き下げられた。しかしながら、経済的な条件が急速に変化すると、出生率は上昇することができた。イングランドと同様に、プロト工業化が発達していくにつれて、出生力の抑制が弱まり、人口は再度膨らみ始めた。人口は、「十九世紀初期から増加し始め」、「一八二〇年代以降、この安定した増加傾向は事実上、すべての地域について言えるようになった」のである[58]。この増加はしかし、十九世紀の中期までは緩やかなものであった。その後、「幕末期、そして、明治維新の後、人口増加は加速した」[59]。イングランドの場合と同じく、これは死亡率の落ち込みだけではなく、「主として、出生率の上昇による」ものであった[60]。

近代初期の日本において、人口が主に高死亡率によって抑制される状態から、低出生率によって抑制される状態へと移行するような、いわゆる「人口転換」は存在しなかったのである。スーザン・ハンレーは、「十八世紀と十九世紀の人口パターンは、現代の日本のパターンに多くの点（たとえば、比較的高度な都市化、小規模の家族、社会的慣行や産児制限による周到な人口抑制、比較的低い出生率……成人の低死亡率など）において類似している」と述べている[61]。そして、ハンレーとヤマムラは、「高出生率、高死亡率から低出生率、低死亡率に移行するという意味での『人口転換』の概念は日本には通用しないものとして捨て去るべきである、と考える」と論じている(62)。

どのような変化が起きたかというと、イングランドと日本ではいずれも、工業化の始まりとともに出生率は伸びるにまかされたのである。その後、工業化が達成されたとき、均衡状態も変化し、出生率は再び制限された。イングランドでは、この制限は、産業革命が始まって約一〇〇年を経た一八七〇年代に起きた。日本では同じことが、急速な産業の成長が始まってから、およそ八〇年後である一九五〇年代に見られた。日本においては予防的制限の力は、このとき明確に示されたのである。「一九五〇年代が終わったとき、日本人は二十世紀の国家のなかで空前絶後の快挙を成し遂げた。すなわち、一九四七年には千人当たり三四人であった粗出生率を、一九五七年には千人当たり一七人と、一〇年間で半分に引き下げ、以降もこのレベルを維持しているのだ」(63)。

II

平和時の戦略

3 自然環境・文化・人の労働

イングランドと日本において戦争、飢え、病気という「マルサスの制限」がどのように制御されたかを理解するためには、両国の地質的特徴、地理、工業技術について何らかの知識が必要である。エンゲルベルト・ケンペルは次のように書いている。日本は「さまざまな点でイギリスと比較される。日本の方が、より複雑な海岸線をもち、大きな湾、国土を深く切り裂く入り江によって分断され、数個の島、半島、大規模湾、大型港が形成されているという点がより顕著なものの、両国はおおむね似通っている。さらに、イギリスの王がイングランド、スコットランド、アイルランド三王国の君主であるのと同様に、日本の天皇もまた三つの大きな島の最高支配権を有する」(1)。

日本は本州、四国、九州、北海道の四つの主な島から構成される。総面積は三七万七七八〇平方キロで、イギリスの一・二五倍である。現在の人口は一億二千万人余りで、イギリスの二倍以上である。六〇の活火山と四五〇の休・死火山をもつ火山国で、火山帯が国土の四分の一以上をおおい、頻繁な地震は、アジア大陸が太平洋に向かって突き出しているその位置と関係している。地形的には、日本はほぼ全土が険しい山地で、平野は面積にして六分の一以下である。平坦な低地は、分散し、山に囲まれたごく小さい谷や海岸付近の小さな平野となっている。低地の多くは、川が山から運んできた目の粗い砂利からなる扇状地である。

冬期、日本は大陸の寒冷高気圧による非常に冷たい気流に強く影響される。たとえば、北海道の一部では四カ月間氷点下の気温が続く。ところが、夏には太平洋から暖かく湿った空気が吹き込むので、低地では大変暑い。年間を通じた変化も、また、北は亜寒帯気候、南は熱帯気候という気候の幅も、島国としては極端に大きい。この非常に大きな変差は日本の領土が縦長であることを考慮すると、よりよく理解される。フランクリン・ヒラム・キングはアメリカ人の読者にかつてこう説明した。「日本の島帝国は台湾の南端から北は樺太中央部まで、約三八九〇キロの間、緯度二九度以上にわたり、アジアの海岸に沿ってのびている。すなわちそれは中部キューバの緯度から北部ニューファンドランドおよびウィニペッグの緯度までに当たる」(2)。夏は降水量が多く、年間平均降水量一〇一〇ミリの大部分がこの季節に集中している。夏の初めも大変湿度が高く、夏の終わりから秋には台風がある。山地が多いため耕作可能な土地は非常に限られており、国土の六分の五が野生植物、主に森林によっておおわれている。農業の面から見れば、潅漑による水稲耕作国で、北海道を中心に一部牧草地がある。

ブリテン島は北日本とほぼ同じ緯度に、フランス、ベルギー、オランダの海岸から海を隔てて位置している。土壌は新旧岩石の混合で、活火山はない。ごくまれにわずかな揺れはあるが、激しい地震はない。地形的には、ブリテン島の多くが比較的平坦で耕作可能であり、土壌は肥沃で水はけが良い。メキシコ湾流の影響を受け、極端な暑さや寒さもなく、比較的温暖な気候に恵まれている。年間を通じて降水量はかなり一定しており、西向きの高い丘陵地では一五二〇ミリにも達する。国土はおおまかに二つの地域に分けられるが、どちらも何世紀も前から耕作されている。西北部の「高地」地域においては牧畜農業、東南部の「低地」地域においては耕作農業が行われてきた。主要作物は南部では小麦、ライ麦、大麦、北部ではカラス麦である。

地形の違いもさることながら、いっそう顕著なのは文化的・歴史的差異である。日本人はモンゴル系の起源をもつが、イギリス人はインド・ヨーロッパ系である。日本語は、専門家泣かせの起源をもち、アジアの他言語といくぶんかの類縁性をもつユニークな言語である。英語はインド・ヨーロッパ語に属するゲルマン語の一つである。日本語の表記は、中国の象形文字に大きな影響を受け、いくつかの表記法が混在している。英語は、その源泉をギリシア・ローマに大きく依存するアルファベットによって、書き表わされる。日本の政治制度は、いくつかの中国のモデルの混合で、後に国内で変容をとげたり西洋の制度も取り入れられるようになった。日本の政治制度は、イングランドで成長した特異な立憲君主制とは、歴史的にみて非常に異なった道をたどっている。日本の哲学的・宗教的伝統は、神道、仏教、儒教、道教が早い時代から入り混じったものを基礎としている。イングランドのそれは西洋キリスト教の特殊な形態である。中国に基礎をおいた日本の文化は、ギリシア・ローマ的、ゲルマン的源泉にもとづいたイングランドの文化とほとんどすべての点で異なっている。最近千年間の両国の歴史もまた対照的である。日本は中国、朝鮮、後に西洋からの外的圧力の影響を一定の期間しか受けなかったが、イングランドは、基本的にローマ的、キリスト教的な大陸からつねに影響を受けてきた。イングランドは世界史上最大の帝国を築くために外へ広がったが、日本は二、三の短い幕間を除いては、内に目を向け、帝国を築くことはなかった。イングランドは十八世紀から世界初の工業社会を築き始めたが、日本はそれから一〇〇年ほど遅れて外からの影響で工業化した。

死亡率との特定の関係に目を向けてみると、病気のありようは気候と環境に強く影響されることが知られている。イングランドと日本の島国的気候はたぶん両国の死亡率のありようにとって不可欠な要素の一つであった。イングランドも日本も、その地理的位置のために、とくに雨が多く風が強い。「雨は空気を浄化する働きが強く、ほこりを沈め、より上層の混じりけのない空気を降下させる。雨が多く風の強い地域は、快適な気候とは言えないにしても、おおむね健康的である」(3)。さらに、マラリアや他のいくつかの病気に対しては、気温が氷点下に達する厳しい冬があるという事実は有益かもしれない。

歴史的にみると、病気のありようは外国貿易や探検や征服によって影響を受けてきた。十九世紀後半における西洋から日本への圧力は、多くの病気を日本国内に導入した。こうした「マクロ」な変化を考慮に入れるのは難しい。なぜならそれらはあまりにも大きくてしばしばわれわれの注意からそれてしまうからである。しかし歴史家たちにとっては、病気の移動形態はより明らかなものになりつつある(4)。十六世紀以降の一般的傾向は、地球上の異なった地域間であれ特定の国の内部であれ、流動性が高くなるにつれて病気のレベルが上がるということである。ドブソンは、十七世紀のイングランドにおける死亡率の上昇の理由の一つは、「当時の地球規模での、また地方単位での人口移動の増加」であろう、としている(5)。

イングランドと日本の地理的位置はこの点で重要であったかもしれない。マクファーレン・バーネットは以前、次のように指摘した。「当然ながら、もしコミュニティ内に原因となる微生物が存在しないなら、その病気が起こる可能性はない。オーストラリアの大変有利な点の一つは、それが大部分の伝染病の源泉である大陸から隔たった島国なので、病気の侵入を防ぎやすいということである」(6)。日本においても確かに病気を閉め出したということは非常に重要であったであろう。十九世紀後半までいくつかの感染性の病気が存在しなかったことは、広い海と、外国人を閉め出し、入国を許された少数の者だけを、小さな隔離された飛び地の港「長崎の出島」に閉じこめたという慎重な政策との結合の結果であるかもしれない。それと比較すると、その重要性はかなり小さいが、北海もいくつかの伝染病をイングランドから閉め出すのに役立ったであろう。たとえばペストとの関連において、有効な措置が講じられたと思われるときもあった(7)。

死亡率や出生率は人間の労働の量と質に影響を受ける。もし人々が過度の肉体労働で疲労困憊していたとすれば、ある種の病気によりかかりやすくなる。鉱山での仕事や織物の繊維を扱う仕事のような、特定の職種における労働は、死亡率を増加させるだろう。同様に、もし女性が妊娠中や産後間もなく重労働を強いられれば、出生率のみならず、母親の健康と赤ん坊の生存に影響を与えるであろう。

早くも十五世紀に、ジョン・フォーテスキュー卿は、イングランドは「豊かさにおいて他の国々をしのいだ。人の勤勉さと労働によって、元来貧しいものから豊かさを生み出したのだ」とコメントした(8)。十六世紀には長年イングランドに住んだアントワープのヴァン・メテレンが、その高い生活水準に注目した。彼は、イングランドの富は過酷な労働ではなく羊に由来すると言う。「人々はネーデルランド人やフランス人ほど働き者でも勤勉でもない。かれらは大抵はスペイン人同様怠惰な生活を送っている。もっとも骨が折れ、困難で、技術を要する仕事は、怠惰なスペイン人の場合と同様に外国人によって行われている。……彼らは自ら骨を折って土地を耕すのではなく、多くの怠惰な召使いをもち、また自らの楽しみのために多くの野生動物を飼っている」(9)。一五八四～八五年にイングランドを訪れたルポルド・フォン・ヴェーデルは、「イングランドの農民や市民は平均して裕福である」と考え、「私は、農民が、ドイツのある貴族たちより立ち居振る舞いが堂々としていて、彼らより贅沢な食事をしているのを見た。銀メッキの塩入れや銀のカップやスプーンを持たないのは農民のなかでも貧しい者である」とつけ加えた(10)。同様にデイヴィッド・ヒュームは「ベーコン卿はフランスとの戦争でイギリス人が見せた大きな優位の理由を、主にイギリス人の庶民の優れた安楽と豊富とに帰している」(11)とコメントした。

十五世紀から十八世紀半ばまでの間に、イングランドは外部の人々を驚かせる量の人的労働で、相当な余剰をつくり出すことができた。オランダ以外のどの国にも負けない、かなり豊かな国であり，オランダよりはるかに多くの多様性に富んだ国民をもっていた。これを経済的基盤として、この国は急速な都市化と工業化、すなわち新しい、「労働力を節約する」機械類を使えるようにするために、逆に労働力が必要となってしまうという過程、に向かうことになる。一七五〇年以降に起こったことについてはかなりの論争がある。非常に多くの文学的、歴史的資料は、人々がかなり緩やかな労働形態から、長時間の過酷な条件下での労働へと追いやられたことを示唆している。スタンダールは「労働者が一日一八時間も労働することの理不尽さをいちはやく感知した」。彼は、「イングランドの労働者の、度を越した、体を酷使する労働によって、われわれはワーテルローや四国連合の復讐をしている、と私が続けると、仲間たちは私をまったく狂人扱いした」と付け加えた(12)。しかし、それと同時に、十八世紀の終わりまでのイングランドの労働条件は、他の多くの国のものよりはましだったと多くの人が論じていることを忘れてはならない。たとえば、マルサスとアーサー・ヤングはフランスの状況ははるかにひどいものであったことを一致して認めている(13)。

イングランドでは、人体にかかる負担の多くが動物の使用によって軽減された。馬や牛は運搬や動力用に、羊や雌牛は衣料や蛋白源として用いられた。日本との違いが一番端的にあらわれるのはここであり、日本における労働パターンの中味が理解可能になるのは、われわれが、そこに明らかに二つのものが欠如していることに気づくときである。

日本に家畜がいないことを生き生きと描写したのは、動物の豊富なイギリスから十九世紀後半に日本を訪れたイザベラ・バードだった。彼女は田舎の静けさと閑散とした様子に驚いた。「飲乳用にも運搬用にも食用にも、動物を用いるということはなく、牧草地もないから、田園も農園もふしぎなほど静かで、活気のない様子を呈している」。彼女はそうした音のないのを寂しく思った。「みすぼらしい犬と何羽かのニワトリだけが、家畜動物の代表となっている。私には牛や羊の鳴き声が恋しい」。さらに、「車馬の交通はほとんどない。馬もほとんど飼われていない。一、二頭か三頭がいるが、これが大きな村の家畜のすべてである」。「商品の大半は、牛や人夫が運んでくる。男と同様に女も重い荷物を運ぶ」と書かれている(14)。

それより二世紀ほど前の状況はいくぶん違っていたかもしれない。より大規模に動物が使用されていたという示唆があるからである。オランダ商人には特別に配給されたのであろうが、一六一三年には、サリス大尉は豚や山羊や牛までも安く買えることに気づいていた(15)。ケンペルの報告は、「日本の馬は、小柄ではあるが、器用な点ではペルシア馬に比べて大して遜色はない。馬は軍馬として使われるほか、乗馬、駄馬、犂馬《スキウマ》として使われる」ことを示している。しかし山地のもっとも牧畜に適した地域においてさえ、「運搬耕作用の二、三頭の雌牛や馬を除いては、一日中どこにも草を食べている家畜の姿を見なかった」。その他の場所に関しては、「巨大なサイズの、胴の長い背中に瘤のあるいろいろの色の牡牛がいるが、それはもっぱら牽車用に大きな町で使われている」ということである(16)。

家畜が少ないという際立った特徴には、いくつかの説明が可能であろう。火山性の土壌の性質から生態学的議論がなされるだろう。日本は西部と北部の一部の地域を除いては牧畜の可能性を欠いている。この議論は第二の、耕作可能な土地の面積が狭く、人々は穀物生産と競合する動物飼育を行う余裕がなかったという議論によって支持される。貴重な土地を家畜のために提供することの「機会費用」はあまりにも高かった。人口密度の非常に高い地域においては、基礎作物の生産のために肥沃な土地を隅々まで利用する必要があったからである。

　動物を育てるのは費用のかかる選択であるとされてきた。たとえばニワトリに穀物を食べさせれば、肉と卵を生産するであろうが、世界の多くの人々が穀物をこのように使う余裕があるわけではない。十分な米やその他の食料を育てるための闘いが、たいそう熾烈であるため、動物は、日本人にとってもつ余裕のない贅沢品になってしまったのかもしれない。実際十七世紀に人口が増えてくると、家畜農業よりも穀物農業という選択肢の方がますます魅力的になったであろう。十八世紀末、カール・ピーター・トゥーンベリは牧草地と家畜の欠如に気づいていた。「牧草地は国中どこにもなく、土地はすべて穀物か野菜の栽培に利用される」。彼は牧草地がないのは草食動物の数の少なさのためであることを暗に示した。「四足獣はわずかしかいないので、広大なる牧草地は不要である」(17)と。農耕学者のF・H・キングが二十世紀はじめに日本を訪れたとき指摘したように、「人が直接消化しうる植物を育てるように土壌を用いて、かれらは家畜によって生ずる絶対的な浪費を百封度《ポンド》につき六〇封度だけ節約する」。「一千ブッシェル［三万六千リットル］の穀物は少くともそれを用いてできる肉または乳よりは、食物としての価値が五倍もあり、また人口維持力も五倍である」と彼は計算した(18)。この計算では、日本の農耕面積が、もし牧畜を基本としていたら、それが一八〇〇年に養うことのできた人口は、実際の三千万人ではなくて六〇〇万人にすぎなかったであろう。同様の理論が一九五〇年代に人類学者リチャード・ビアズリと彼の同僚によって提出された。「牧畜用動物がほとんどいないのは、とくに土地不足のせいである。耕作可能な土地では、直接人が消費するための穀物は、草食動物のための自然植物や飼料用穀物よりもはるかに効率的である」。大型動物に与えるほどの空地も余分な牧草地もないからだ(19)。この見解は農業経済学者エスター・ボズラップによって支持された。「荷馬車用の家畜が生産された飼料を食べるなら、それは効率的な動力供給源とはならない。それらによって供給される力学的エネルギーは、それらの消費する飼料に含まれるエネルギーの三〜五パーセントほどにすぎないだろう」という(20)。このことは、イングランドの比較的まばらな人口が、人々が土地や穀物を動物に「浪費する」ことを可能にしたことを示唆している。さらにそこには、日本と違って、動物からとられたものや作られたものの使用に対して宗教的な禁止もなかった(21)。
イングランドでは、人手に代わるものを供給するさらに進んだ科学技術が、車輪の使用を中心に起こっていた。風車と水車の二つは自然の力を使うための際立った装置であった。日本では車輪は、よく知られてはいたが、わずかに使用されただけであり、実際その使用は時代とともに廃れていったようだ。車輪の、ある単純な用法を考察するために、日本になぜか一輪手押し車が存在しないことに注目してみよう。この考案物は、中国では伝統的にきわめて重要なものであった。「最悪の道路条件に適応するには、一つの輪と二本の脚で動かされる一輪手押車にかなうものはない。天秤棒を除けば、支那ではこれ以上に使用されている運輸手段はなく、それほど人力の能率を発揮せしめる一輪手押車は世界中どこにもない……ほとんど全部の荷物が、広いタイヤのついた一個の高い大きな輪の車軸の上で平衡を保っている」というわけである(22)。しかし日本では、他の多くの中国産のものと違って、一輪手押し車は採用されなかった。中世には、「一輪手押し車は(中国では使われていたにもかかわらず)知られていなかったようで、土はカゴで運ばれるか、あるいは藁やイ草でできた筵《むしろ》に投げ入れられ、地面の上を手で引きずっていかれた」(23)。十九世紀末には「日本の農村経済では、四輪の荷馬車や一輪の手押し車のことを少しも知らない」(24)、また人やその他の荷物を運搬するために、動物に引かせる大型の台車もほとんど存在しなかった(25)。

十九世紀まで日本の生産技術は、人力以外のものの使用という面からは、多くの点で、今日のもっとも貧しい国々のもっとも辺境の地と変わらない程度の効率のものであった。二五年前に私が書いたネパールのグルン族の技術についての記述が、日本の農業によく当てはまるのももっともであろう。「グルン族は車輪以前の文化をもっている。人の背中があらゆるものを持ち上げたり動かしたりし、人の腕と脚が、すり潰したりたたいたりする作業の大部分を行っている」というものである(26)。それではどのようにして日本人はその多くの人口を養ったのであろうか? 休みなしの肉体労働と高度の共同作業によって、というのがその答えである。

人間の身体に、おそらく中国やインドとも比較にならないほど巨大な重圧がかけられていたということは、日本の歴史の研究者たちが広く認めるところである(27)。トマス・スミスは十九世紀中葉の農民への教訓書「伊藤正作『農業蒙訓』一八四〇年」の一節を引用しているが、そこには仕事と時間に対する強迫観念があらわれている。「農家が貧困を免れようと思うなら、時間を貴重なものとして扱わなければならない(「光陰惜しむべし」)。早起きをして日々の休息時間を短縮することによって一日当たり二時間増やすことができる。年にして七二〇時間である。それは、食物が消費されず、賃金が払われず、灯火用の油が必要とされない六〇日に等しい……こうして、農家は貧困の苦しみから逃れることができるのだ。」(28)。ビアズリと彼の仲間は、「新池［岡山県］では とてつもなく大量の仕事が人のエネルギーでまかなわれている。一九四九年には、〇・四ヘクタールの水田に必要な労働は八七〇人／時であった。これは合衆国の必要労働量の三〇倍であった」と書いた(29)。同様に、日本を訪れた農耕学者たちも、厳しい労働が行われているのを目撃した。キングの労働に関する数字は「一家を養うために必要以上にこれらの人々によってなされている極度の努力と恐るべき負担のあるもの」を示していた。彼は、「東洋の農夫は他の誰よりも時間を経済的に使うものである。彼は最初の一分と最後の一分と、そしてその間のすべての時間を利用する」ことを知った。そして、「この節約、勤勉、倹約等は数百年にわたる圧力の下で育まれた驚くべき伝統」と感心するばかりであった(30)。日本人自身も、労働の重荷についてはそれとなく言及していた(31)。

ケンペルは、人々にそれほど厳しい労働を強いたのは、一つにはその恵まれない地形であることを認め、これを有利な点と考えた。「しかし造化の妙は良くできたもので、このような土地の欠点は、住民にその長所を生かし、勤勉と節度ある生活を営ましめる機会を与えたのである」(32)。トゥーンベリは、一般に「農夫が自分の土地にかける熱心さと、そのすぐれた耕作に費やす労苦は、信じがたいほど大きい」と書いた。わずかな切れ端のような土地のすべてが最大限の配慮をもって利用された。「農民が苦労して切り立った山肌をも耕している様子は、ほとんど信じがたいほどである。その場所が約六〇センチ四方にも満たないほどの広さであっても、斜面に石垣までしてそこへ土と肥料を満たし、この小さな耕地に米や野菜の種を蒔く」(33)。オールコックの記述によれば、「男や女や子供たちが、朝早くから夜遅くまで田畑にいるのを見かける。それに、労働は主として手で行われる」(34)。エドワード・モースは、「いたる所に広々とした稲の田がある。これは田を作ることのみならず、毎年稲を植えるとき、どれほど多くの労力が費やされるかを物語っている」と記している。多くの人間がその時間のほとんどを働いている。「少数の老衰した男女や、小さな子供は見受けられたが、他の人々は、いずれも田畑で働くか、あるいは家のなかで忙しくしていた」のである(35)。

「家のなかでの仕事」とは、単に家事だけを指すのではなく、トマス・スミスが示したように副業のことでもあって、それはしばしば農業と同様に重要で、かつ労力を消費するものであった(36)。モースはこれらのいくつかを「人々の一般的な勤勉さ」に注目しながら記した。

人々は一人残らず働き、みんな貧乏であるように見えるが、窮民はいない。わが国では、大工場で行われる多くの産業が、ここでは家庭で行われる。われわれが工場で大規模に行うことを、彼らは住宅内でやるので、村を通り過ぎる人は、紡績や機械、植物蝋《ろう》の製造などが行われているのを見る。これらは家族の全員、赤ん坊時代を過ぎた子供たちから、盲の老翁、老婆にいたるまでが行う[37]。

重圧、とくに女たちへの重圧は多くの人によって記憶された。田舎の少女たちは「すぐに仕事に戻れるように、できるだけ早く食事を済ませる術を習得していた。さもないと彼らは両親にしかられた。彼らはごはんの上から水をかけることまでして、どうにか早く飲み込めるようにしたものだ」。「私たちは、朝、化粧をする時間などありませんでした。当時の考え方は、鏡の前で過ごす娘は役立たずということでしたから」。「理想の娘は、朝起きたら布団をたたみ、すばやく着物を着、外に出て、それから、立ったままで素早く髪に櫛を入れたものでした。日中考える時間があるとしたら仕事のことばかりで、自分の姿かたちを案じることなどまったく期待されていなかったのです」[38]。ある小作農は回想した。「わたしたちは、生きるために朝から晩まで働かなければならないと教わりました。悪天候で不作になろうとなるまいと、働くことが決められた運命だと信じて生活したのです」[39]。ある若い妻は婚家のやり方をこう述べた。「彼らは『うちの嫁は便所が長い』と文句を言ったものです……」[40]。彼女の姑は「若い嫁が赤ん坊に乳を飲ませて、時間を無駄使いしているのは見たくもない。機織りをしてお金を稼がなければならないのだから」と言ったという。斉藤は十九世紀後半の日本人、とくに女性の労働時間に関する数字をあげているが、彼女たちは西ヨーロッパの同時代の女性の約二倍働いているようである[41]。

この過重な肉体労働の女性の身体への影響に、イザベラ・バードは注目した。「川島で私は、五〇歳ぐらいに見える宿の奥さんに、彼女がいく歳になるか、質問をした。彼女は、二二歳です、と答えた。これは私にとって驚きであった」。「既婚女性は青春を知らなかったような顔をしている。その肌はなめし皮のように見えるときが多い」[42]という。十九世紀末に、アリス・ベーコンは同様な女性たちの急速な老化に注目した。「日本の女性は早くに美しさを失う。三五歳でみずみずしさはたいていまったく失われ、目は落ちくぼみ始め、若々しいまるみや均斉のとれた姿はまったくの骨と皮の状態に変わる。豊かな黒髪は薄くなり、多くの気遣いや心配で、彼女の顔は静かな忍耐の悲しい表情をうかべている」[41]。おさ打ち［織機で横に入れた緯糸《よこいと》を手前に打ちつけること］をしたり、信じがたい重量のものを運んだり、ポンプで水を汲み上げたりの労働は長時間にわたるばかりか、極度に苛酷なものであったのだ。

地理的状況や規模が明らかに似ているにもかかわらず、イギリス人と日本人がその環境を利用するやり方はまったく異なっていたことがわかる。イギリス人に関しては、牧農主義の強調と、動物、風、水といった「自然の」力を動力化することによって、産業革命を待たずに、多くの人々が比較的楽な生活をすることとなった。一方日本では、よりやせた土地で米作で生計を立てる、より稠密な人口をかかえながら、家畜の使用は明らかに少なく、風力や水力はわずかしか用いられないために、肉体労働の負担はますます大きくなり、とりわけ女性がそれに苦しむ、ということとなった。これは速水が「勤勉革命」(industrious revolution) と呼んだものである[41]。こうした証拠からすれば、イングランドが日本よりはるかに有利な地位にあったように見えるであろうが、日本の死亡率は、イングランドの死亡率ほど低くはないとしても明らかにそれに匹敵するレベルであったのである。環境は、それだけではほとんど答えを与えることはできないもののようだ。

4 戦争による破壊

マルサスが「戦争」を前工業化社会における大いなる「積極的」制限のうち第一のものとしたのは偶然ではない。というのは、戦争とは、戦場における何千人もの人間の殺戮であるばかりでなく、さらにいっそう深刻な、混乱からくるさまざまな影響をも意味するからである。それはしばしば飢えや病気による大量の死を招き、このため戦争や征服は、多くの農業文明において主要な「危機」となることが多い。一つの軍事行動による破壊が、前章で見てきた、自然を利用するための途方もなく骨の折れる努力の多くを、無駄なものにしてしまうことがありうるのだ。

繰り返し起こる戦争は多くの部族社会の常であり、「文明」が発生しにくい世界をつくり出す。「その社会のもつ複雑さとか、文明のもつ文化的豊かさとは、制度上からいって、平和が約束されていなくてはならない。このような制度上の手段とか保証がないので、部族は戦争状態のなかに生き、戦争によって部族文化がもっている規模、複雑さ、全般的な豊かさは制限されてしまう……」(1)。文字、都市、定住農業に基礎をおく文明があらわれたとき、戦争は一部抑制されたが、いったん戦争が起こると、その影響はさらにいっそう破壊的なものになった。たとえばエジプト、インド、中国では、戦争によって大規模な破壊が引き起こされた。エジプトの人口史を見ると、紀元前六六四年から一九九六年までの間に、エジプトの人口の大規模な減少を招いたと信じられている七つの事件のうちの五つは、ペルシア、マケドニア、ローマ、アラブ、トルコによる征服であると考えられた。他の二つはペストであった(2)。

インドと中東では「十三世紀のモンゴルの侵入に続いて、十四世紀末にはチムールによる征服があった。チムールの領土は、西はアナトリアから東はインドにわたり、その勝利する所どこでも、回教寺院の尖塔としゃれこうべの山を築いていった」。ランデスはその地域の迫力豊かな図を提供している。「その敵とは、大草原から来る遊牧民、南方と東方に拡大しつつあったロシア人、東方のアフガニスタン諸部族やムガールの皇帝たち、ドナウ川流域や地中海におけるキリスト教ヨーロッパの諸民族であった。国土は絶えず軍隊が行き交い、攻城・大虐殺が相次いだ。三〇年戦争のもっとも恐ろしい大虐殺……でさえも、デリーの大量殺戮に比べれば見劣りがする」(3)。

中国ではいくつか平和な時代があったが、これらはより多くの死者と大規模な破壊によって幕を閉じた。モンゴル人の侵入と破壊は、六千万人以上の死者を出しそれが出生数によって補充されることがなかったので、中国の人口を五〇年間でそれ以前の半分に減らしたと考えられている(4)。もう一つの大惨事は一六六〇年代に満州人の侵入とともに起こったが、E・L・ジョーンズは「そのため、その広大な国の人口の一七パーセントすなわち二五〇〇万人が失われた」と考えた(5)。十九世紀にはまた、太平天国の乱、すなわち「十九世紀でもっとも残酷な戦争が一八五〇年から一八六四年まで続き、二千万人の死者を出した」(6)。

こうしたことを背景におくと、十六世紀から二十世紀の二つの世界大戦までの西ヨーロッパは比較的安泰に見える。十六世紀までには「ヨーロッパ人の恐るべき敵は、他の同じヨーロッパ人のみであった。しかしやがて、……ヨーロッパの北西部地方で、戦争の被害は減少していった……」(7)。ジョーンズは、「ヨーロッパは戦争で失った千人当たりの人数もおそらくアジアより少ないし、失った資本設備の割合はさらにいっそう低かったであろう」としている。彼は破壊のありようを詳しく比較しているが、アジアの多くで行なわれている潅漑による稲作は、戦争によって重大な損害を受ける度合が高かったことにとくに注目している。その結果としてしばしば戦争の後に飢饉が起こり、伝染病が発生した。彼は、「ヨーロッパ全体の損失は明らかにアジアの損失ほど重大ではないようだ」と結論する(8)。「モンゴルの征服を免れたユーラシアの二つの地域――日本と西ヨーロッパ――のみが、技術の持続的進歩を生み出すことができた」のである(9)。

しかしわれわれは、これはすべて比較の上でのことだ、ということを忘れてはならない。ローマ帝国の崩壊から十九世紀まで、西ヨーロッパの多くが周期的な戦争状態におかれてきた。百年戦争、十六世紀の宗教的争い、そして、すべてのうちで最悪の十七世紀の三〇年戦争は、そのうちのもっとも深刻でもっとも長期化したものであるにすぎない。

たとえば三〇年戦争の場合、ある計算では、戦争の結果ドイツの人口が二一〇〇万人から一三五〇万人に減ったとされる(10)。カメンは「ドイツ全土で、都市部はその人口の三分の一を、農村部は約四〇パーセントを失った」という概括的な結論を出している(11)。これらの戦争の影響は明らかである。戦争は「ヨーロッパのもっとも活気のある技術変革の中心地のいくつかを、とくに南ネーデルランド(一五六八年〜一五九〇年)とドイツの大部分(一六一六年〜一六四八年)において破壊した」(12)。同様に、戦争はそれ以前には一五世紀にイタリア都市の豊かな可能性を破壊していたし、十八世紀にはオランダの相対的衰退の要因の一つともなる。「純粋に経済的な視点からみると、戦争は疫病よりもはるかに大きな害悪である……。戦争は……とりわけ資本に打撃を与え、生き延びた人々も非常に悲惨な状態におかれた」(13)。ジェフリ・パーカーは別の地域的争いについて次のように書いている。「ネーデルラントの反乱によって生じた長期にわたる争いは、北部共和国の(そしてとくにその陸寄りの諸州の)成長を遅らせ、スペイン帝国の大きな領域の経済に永久的な損害を及ぼし、『ベルギウム』[ネーデルラントのラテン語名]の繁栄に二世紀にわたって壊滅的打撃を与えるという役割を果たした」(14)。

略奪と破壊のレベルはヨーロッパの多くで一六六〇年以降弱まった、と考えられるいくつかの根拠がある。「戦争のもたらす破壊は、全体として、その発生の頻度が減じたこと、および戦争の惨禍が人間にとってもまた人間の扶養手段にとっても以前より致命的でなくなったことのために、疑いもなく減少したのである」(15)。ピティリム・ソローキンはマルサスの論旨を発展させることになった。彼は、戦争が十二世紀から十七世紀のヨーロッパで増加し、「そして十七世紀までに、ヨーロッパは社会の究極的な価値に関する新しく統合されたシステムを獲得していた。……その結果十八、十九世紀には戦争の大きさを表わすグラフ曲線は下降した」ことを示した(16)。

J・U・ネフはヨーロッパの戦争が、破壊の程度が穏やかな中世の戦争、次に十六世紀の、銃の導入と宗教論争によって破壊力の増大した期間、そして十七世紀中葉からの激しさの弱まった戦争、の三つの段階を経ていることを示唆した一人である。十六世紀に戦争のテンポが上がったのは明らかであった。「慈悲というキリスト教の最高の美徳によってもほとんど和らげられることのない宗教的熱狂を伴い、前の時代の暴力的な人々も知らなかった武器で四方を固めた、ほとんど全面的な殺戮が可能になった」。しかしこの時期においてさえ、抑制力は働いていた。「大陸での戦争はひどいものであったが、とくに一五六二年から一六四八年には、略奪と生命の破壊はさらに大きなものになっていたかもしれないのだ。宗教改革に続くヨーロッパ文明の全面的崩壊、ヨーロッパ北部における工業文明の発生を阻止したであろうその崩壊を妨げたのは、戦争に対する抑制力であった」(17)。

われわれがネフの説明から引き出すことのできるもっとも重要な基本的結論はたぶん、ヨーロッパが悪の循環ではなく良き循環に入り始めたということである。十七世紀までは、富と人口が増加するにつれて、略奪的戦争という負のフィードバックも進んだのだが、その年代からバランスが変化したのだ。十分な余剰がフィードバックされて暴力を抑制する力となり、むき出しの暴力とは異なった方法で金を儲けようという欲望が十分に育ってきた。市場資本主義という暴力、すなわち交易と生産における万人の万人に対する戦いを通じた隠された戦争、というマンデヴィル［人間の情念を利用し一般の福祉に役立てるという考え方を展開した］的世界が、破壊と略奪が富への道であった前世紀の時代精神に取って代わり始めたのである(18)。

ウイリアム・マクニールは、十四世紀の略奪的傭兵軍が、より給料が高く、より組織化された十七世紀の軍隊に変わっていった様子に注目している。「人々の経済的資源を過度に圧迫することなしに、税収でプロの常備軍を養うこと」が可能になってきた。「そのような軍隊は、ヨーロッパの主な都市のすべてにおいて、より高いレベルの公共の平和を打ち立てる力があり、また実際にそうした」ので、内戦が減少したのである。これが正のフィードバックの輪を始動させた、と彼は主張する。平和が「農業、商業、工業の繁栄を許し」、ここから課税可能な富を生じさせ、それが軍隊を持続させた。「ヨーロッパの力と富を他の文明が到達したレベル以上に押し上げることになった、みずから持続するフィードバックの輪は、このようにして生まれたのである」(19)。

あるものが存在しないことを見逃すのはじつにたやすいことで、イングランドにおける戦争はその良い例である。たとえば、記念碑的な『イングランド人口史』は、マルサスの積極的制限のうちもっとも強力な戦争が比較的少ないことにほとんど言及していない。索引のなかにただ一カ所、簡単な「戦争」への言及があるだけであり、そこではハックルートが一五八〇年代に、「わが国の長い平和ときわめてまれな病気」に注意を促したとして、賛同を込めて引用されている(20)。

イングランドにおける戦争を考察する際、まず第一に外国からの侵入の問題がある。現実とはならなくても、外からの侵入の脅威にたえず直面した多くの大陸の国々と異なって、十八世紀におけるスコットランド人の侵入［ジャコバイトの反乱のうち一七四五年のチャールズ・エドワードの南進を指す］を除けば、イングランドは一〇六六年以降、大規模な「外国の」軍隊の侵入を受けることがなかった。フィリップ二世のアルマダ号は海岸に到着寸前で嵐によって破壊された。この、実際には侵入がなかったこと、また長期間侵入の脅威がなかったことは、かなり重要である。経済的成長を抑制するものの一つは収穫逓減の法則［特定の生産要素の投入を増加するとき、その単位当たり生産物が減少するという法則］の政治版である。国は豊かになるにつれて近隣諸国の羨望を買うようになる。ヨーロッパの歴史のなかで、またアジアの多くの地域で繰り返し起こったように、その国は攻撃され、精巧に築き上げられた社会的基盤や資本が破壊される恐れがある。もし国民がこの危険から自らを守りたいと望むなら、十七世紀後半からのオランダがそうであったように、その富のますます多くの部分を防衛に当てなければならなくなる。イングランドは、このどちらの運命も避けることができた。何百年もの間征服者によって略奪されることがなかったので、その富を蓄積することができ、複雑な交通組織や公共建造物が壊されずにすんだ。また国土の防衛のために巨額の富を費やす必要もなかった。もちろんその強力な海軍は防衛に欠くことのできないものであったが、国境が海なので簡単には侵入されないという明らかな利点があった。陸上では、封建的徴兵と適切な場所に築かれた要塞のおかげで、ウェールズやスコットランドからの脅威が退けられた。

外国から略奪者が襲ってくるという危険は、国境外のより豊かな国の富を強奪しようという望みと結びついて、ユーラシア大陸のすべての国が常備軍をもつ必要を生みだした。このことは、大規模な軍隊をまかない続ける費用のために、一般の人々の蓄積された富を破壊してしまうという深刻な影響をもたらした。十六世紀のジョン・エールマーは、彼がイングランドと大陸諸国で見たことの対照を次のような文にした。「おおイングランドよ、イングランドよ。汝は他国の貧困を目のあたりにしないために、自らの富に気づかない。フランスの農民はその全生涯に得た物を一日にして失う。なぜなら戦争（戦争は日常茶飯事なのだが）が起こると王の兵士が貧しい男の家に押し入り、彼のこれまで蓄えたすべてを飲み食いしてしまうからだ」(21)。これより一世紀前に、長くフランスで過ごしたフォーテスキューは、軍隊による農村の人々の圧迫について次のように述べた。「だからどんな小さな村もこの惨めな災難を免れず、毎年一、二度この種の略奪によって無一文にされるのだ」(22)。

外部からの侵入がない場合、国内は比較的平和であった。十五世紀のイタリアであれ、十六世紀のフランスであれ、十七世紀のドイツであれ、ヨーロッパ大陸で起こった破壊は、しばしば宗教上の不和によって引き起こされた内乱の結果であった。戦争の医学的影響に対してとくに敏感なチャールズ・クライトンが注目したように、イギリス人は実質的にこのことから免れていた。「ジョン王の最後の一、二年とヘンリー三世の初期の歴史は不穏と略奪で満ちているが、農民のあいだに大きな難儀はなかったようだ」。クライトンは証拠をあげて「その期間およびそれ以後一二三四年までの全期間を通じて、下層階級のあいだに難儀が広がったという記録はまったく存在しない」ことを示している。彼は十五世紀のばら戦争についてのフィリップ・ド・コミーヌの観察を思い出す。「イングランドは、国も人も家も荒らされず、破壊されず、戦争の災難や不幸は、兵士たち、そしてとくに貴族層にだけにしかふりかからないという特異な恩恵を受けている」。クライトンは、国境におけるウェールズ人やスコットランド人の侵入や、シモン・ド・モンフォールと国王の争いに見られるようないくつかの例外に注目しながらも、「全体として、中世においては、内乱がもたらす麻痺的効果がイギリスの下層階級に及ぶことは滅多になかったと言ってよい」と結論している。彼は、「戦争と侵略によって引き起こされる疫病」については、「国内史には、奇しくも最初から最後まで、そのような災厄は一切見られない」ことを発見している(23)。

一六四〇年代のイギリス大内乱［清教徒革命］でさえ、大陸の基準からすれば、どちらかというと小さな事件であった。たとえば、以下のようである。「議会派と王党軍の衝突の大部分は、ほとんど死者を出さない小競り合いで、死者の数がもっとも多い戦いは一六四四年七月のマーストンムーアでのものであり、そのときの両軍あわせた死者は四千人だった。しかし、より典型的なのは一六四三年のラウンドウェイダウンの戦いである。このときは王党派の軍隊が議会派軍を破っ

たのだが、死者は六百人ほどで、残りは捕虜とされた」(24)。しかしながらイギリス大内乱の騒擾は、その結果起こる病気、大量死がないことが、多くの外国人によって注目された。しかしながら一六四三年と一六四四年に襲った発疹チフスの危険性を示してくれる程度には深刻であった(25)。

もちろん、これは、イングランド人が他の場所で戦争に巻き込まれなかったと言っているのではない。ソローキンは、一一〇〇～一九〇〇年までの期間の半分以上、イングランド人は次から次へと戦争に携わり、その数もそれに巻き込まれる人間の数も減少することがなかったことを示した(27)。それ以後の時代、たとえば一六八九～一八一五年では、イングランドは一二六年間のうち七三年間戦争状態にあった。これらの多く、たとえばナポレオン戦争は大規模なものであった(28)。しかし、重要なのは、こうした戦争は他の人々の領土で行われたということである。

確かなことは、このマルサスの主要な積極的制限は、イングランドではもっとも遅くとも一四八五年から、そしておそらくはすでに十一世紀のノルマン人の侵入以来、抑制されていたということである。イングランドの人口グラフには、ばら戦争と大内乱における死はほとんどみとめられないであろう。戦争がヨーロッパおよびアジア大陸の人々にもたらした、互いに関連しあう飢饉と疫病もまた、イングランドにおいては存在しなかった。人間にとってもっとも危険な脅威で

II 平和時の戦略

あり、不安定さの主な形態であり、計画に対するブレーキとなる戦争は、イングランドにおいては、このように何百年も昔にすっかり除去されたのである。このことをイングランドの特異な発展の重要な要素と見なさないわけにはいかないであろう。

日本が同様に、外国の侵入の脅威から海によって効果的に守られていたということは、ケンペルにとって明らかであった。「この国を囲んでいる海は、暴風で荒れることが多いし、岩礁や暗礁が多く、船の航行には危険な難所が少なくない」。「大型船の入港に適する海港は、全島中ただ一つ長崎の町の港湾だけである」。それゆえ、「日本は自然自体によって大変よく守られてるので、外国の敵を恐れることがさらに少ない。侵入が試みられることはめったになく、あったとしても決して成功することはなかった。この大胆にして負けん気の強い民族は、外敵に襲われたことがほとんどなく、かつて一度も征服されたことなく、他国の支配下に置かれたことはない」(29)。トゥーンベリは「何世紀もの間外国から戦争がしかけられたことはなく、かつ国内の不穏は永久に防がれていること、(種々の宗教宗派が平和的に共存していること、飢餓と飢饉はほとんど知られておらず、あってもごく稀であること、等々)これらすべては信じがたいほどであり、多くの人々にとっては理解にさえ苦しむほどであるが、これはまさしく事実であり、最大の注目をひくに値する」(30)と記している。

一九四五年以前の一五〇〇年間に日本に侵略が試みられたという記録はわずか二つしかない(31)。その二つは一二七四年と一二八一年のフビライ・ハーンによるものである。どちらも、嵐と、岩がちな海岸と、日本の戦士の動員力と決断力のために、不成功に終わった(32)。一九四五年までは再び侵略が試みられることはなかった。日本の歴史のなかには侵略の脅威すらほとんど存在せず、国土が外国人によって荒らされるということもなかった。日本の防壁はイングランドのそれよりさらに堅固で、海が荒れているため、防衛のため海軍を召集する必要すらなかった。一八五〇年代にアメリカの軍艦が日本の海岸沖に到着するまで、海岸防衛の不備が認識されることもなかった。

広大な海のせいで、日本はまた他国に対する侵略に魅力を感じることもなかった。一八八〇年代以前に行われた唯一の大規模な外国への攻撃は、一五九二年と一五九七年の豊臣秀吉の朝鮮侵略であった。結局その遠征は成功せず、二度と繰り返されることはなかった。トゥーンベリが「日本人は他国を征服するという行動を起こしたことはないし、一方で自国が奪い取られるのを許したこともない」と書いたのはおおむね正しかった(33)。日本はそれゆえ、軍隊のため、また他国との戦争によって引き起こされた破壊のために重い税を取り立てる必要がなかった。さらに、「文明の基本的要素をすでに会得した人々は、島の環境というものがある程度隔離的であることが、それ以後の進歩には好都合であることを知る。なぜならばそこは彼等の力を妨害されずに発揮させ、境界地方の紛争の摩擦から守り、侵入してくる軍隊の騒擾や荒廃など——大陸の人々が絶えず悩ませられたことである——から保護されていたからである」(34)。

島国であることは、かならずしも国内の平和を保証せず、日本はしばしば戦争の装飾品［武具、武器など］を多くもっていた社会であるという印象を与える。ケンペルは日本人を「好戦的な人々」と見なし、マルサスは彼の著作のなかに、「かくも幸福で豊かに」暮らす人々で満たされているとトゥーンベリによって描写された国が、それにもかかわらずいかにして人口を抑制できたかという難問に対する答えのようなものを見出したのだった。日本年代記からのケンペルの抜粋は「血生臭い戦争」や、中国と比較して「より頻繁な戦争や国内での騒動」が起こったことを示していた(35)。しかし、もし一九〇〇年までの千年以上におよぶ日本の歴史を細かく調べてみるならば、マルサスの答えは当たっていない。

十六世紀の最後の二五年間に織田信長と豊臣秀吉によって日本が統一されてから、一八五〇年までの期間には、日本には、主要な農業社会が経験したどのような戦争も——国内でも国外でも——存在しないきわめて完成された長い時代があった。十九世紀後半に福沢諭吉は、日本人が「［徳川の治世二五〇年、国内に寸兵を用いたることもなきは、万古世界中に比類なき太平と言うべし」と書いた(36)。それ以前には多くの抗争や戦いが起こっていたのだから、この平和は必然的なものではなかった。それは織田信長、豊臣秀吉、徳川家康の無慈悲で狡猾な政治学にもとづいた体制と能力の勝利であった。強力な大名を数世紀にわたって抑制した巧妙な機構は、同盟可能な国同士を地続きに配置しないことによって明らかにその機能が高められたが、それにもかかわらず多くは幕府という組織の力によるものであった。これを織田信長以前の「封建的無秩序」や血生臭い戦争の時代とまったく対照的なものと見なしたい誘惑にかられるが、それは、一四八五年以前のイングランドは戦争と流血が絶えなかったと見なすのが間違いであるのと同様に、間違っている。徳川時代以前においてさえ、国土を荒廃させるような内乱はほとんどなかったようなのである。

英語による最初の本格的日本史はジョージ・サンソムによって著されたが、彼は国内の戦争は日本国内においても限られた影響しかもたなかったと考えた。内乱がもっとも激しいのは一四二八年以前の時代である。「武装した争いが五〇年間も続いていた」。……だから「国の経済は、軍隊というやっかいものと、貪欲な封建領主たちの略奪のために、困窮するだろうと思われるかもしれない」。しかしながらサンソムは、「中世の戦争は、事実上、とくに致命的でも破壊的でもなかった」。「国の真の経済基盤である水田や森林に与えられた戦争の被害は、ほとんど無視できるものであった。勤勉な耕作者たちは、ときどき戦争に駆り出されることによって不便を被ってはいたが、たいていの場合傷つけられることはなかった」と論じている。結局誰が戦いに勝っても、勝った者は田畑からの年貢を必要とし続ける。これは内部抗争であって、略奪をこととする外国軍の盗賊行為ではなかったのである。「国の人的資源の喪失の総計は深刻なものではなかった。というのは、戦争における死は、軍記物によって語られるほど頻繁に起こるわけではなく、兵士以外の人が死ぬことはほとんどなかったからである」(37)。ルイ・フレデリックは、この時代に日本で行われた、限定された小規模な戦争がどのようなものであったかについて興味深い洞察をしている。モンゴル軍が日本に侵入したとき、「日本人は、モンゴル軍が侍の守るべき武士道のきまりに従って戦っていないことにすっかり驚いてしまった。すなわち、上陸したモンゴル軍にむかって、大声で自分の名前を叫び、立ち向かい一騎打ちによって立派にその力を示せと敵に要求しながら真っ先に進み出た騎兵たちは、降り注ぐ矢に迎えられ、たちまちのうちに多数の兵士に取り囲まれ、虐殺されてしまった」。

サンソムの記述は、『ケンブリッジ版日本史』の「中世」の巻に収められた最近の日本史観とも矛盾しない。その索引には、戦争として源平合戦(一一八〇~八五)と応仁の乱(一四六七~七七)が収録され、騒動として「観応の擾乱《じょうらん》」(一三五〇~五二)、「南北朝の乱」(一三三六~九二)、「二月騒動」(一二七二)の三つが収録されているが、それ以外の戦いへの言及はない。明らかに多くの局地的な戦争や争いはあったが、その巻には社会が内乱によって重大な被害を受けたとする示唆は見当たらない。むしろわれわれは、武士の小分派間にときに小競り合いが起こる、豊かで平和な国という図を思い浮かべる。イングランドにおいてと同様、言語や宗教を同じくするかなり同質的な住民は、穀物や動物の大々的な破壊といった野蛮行為にまで堕することはなかったように思われるだろう。獲得すべきものは権力であって略奪品ではない。支配者になろうとする者は、将来の臣民を滅ぼすことからは何の利益も得ないだろう。そうした島国での内戦は、一つの闘技場内に閉じこめられ、他国との戦争のもたらすような実際の被害を受けることのない高尚な戦略ゲームであったようである。

中世日本の状況を、たぶん少々センチメンタルではあるが、フレデリックはこう描写した。「日本人は、死を蔑み、恐れを知らぬ、勇気ある戦士であるが、それにもかかわらず本当は戦いの人ではない。彼らは何よりもまず故郷の小さな自分の土地、自分の地方を愛し、そこを支配する秩序と平和を目にして喜ぶ『田舎の人』であった。彼らは戦争状態によって深く心を痛め、その残酷さに衝撃さえ受けた」と彼は考えた。ここにあるパラドックスは、日本人が「戦争を個人としての名誉をかちえるための機会以外のものとは考えていなかったこと、詩に歌われた死を恐れぬ武士たちも、本当に心からの戦士ではなかった」ということにあった(38)。

フレデリックの見解に対する傍証を、他に説明しようのない二つの事実に見出すことができる。第一のものは、一六〇〇年以降の侍の歴史である。武士階級が、一つの戦闘あるいは小競り合いさえすることなく二五〇年間ほとんど変化せず存続できたということを理解するには、彼らにとって重要なのは、その倫理つまり武士道であって、戦《いくさ》をすることではなかったのだということを了解しなければならない。好戦的な倫理は実際の戦がないことと組み合わせられて、戦争が禅芸術となった、というパラドックスのなかに反映されている(39)。第二に、中世において「つねに驚きの対象となっているひとつの事実がある」。すなわち日本人は「(彼らの剣が驚くべき技量を示す一騎打ちのときを除いて)悲しいほど不適切な武器しか備えていなかった」。彼らはより優れた武器システムに出会ったときでさえそれと張り合うことをしなかったが、それは、しばしば外国の優れた工業技術を大変な敏速さで受け入れ応用した国民にしては異常ともいえる無関心さである。モンゴル人が攻めてきたとき、日本人は「強力な弓、石弓、旋回砲、爆弾」に出会ったのだが、「彼らはより優れた武器で武装しようとは考えなかったのだ!」(40)。少人数による局地戦、一騎打ち、接近戦が彼らの好みだった。十六世紀の中頃、火薬を用いた新種の武器[火縄銃など]がポルトガル人によって彼らの眼前にもたらされたとき、それらはさっそく模倣され改良を加えられさえした。織田信長と豊臣秀吉は封建的抵抗運動を抑えるためにそれを使用したのである。しかしその後鉄砲は禁止され、ほとんど使われなくなった(41)。大砲や拳銃は広くゆきわたることがなかった。こうしてケンペルが十七世紀末に日本を訪れたとき、彼らは「大砲は備えていない」と書くことができたのである(42)。

イングランドと日本に重大な戦争がなかったことは、両国の特異な発展の中心的理由の一つである。それは、それらの島国という位置ゆえに、かなり偶発的に生じたことである。戦争による破壊を避けることはそれ自体重要であるばかりでなく、他のマルサスの制限、すなわち飢饉や病気への影響との関係においても重要である。戦争はふつう、農業や社会の破壊とそれに続く飢饉と疫病によって、直接の戦闘によるよりもはるかに多くの人を死に至らせる。黙示録の第一の騎手(戦争)が好都合にも存在しないということは、第二の騎手すなわち飢饉が存在しないことと結びつけて吟味される必要があろう。

5 飢饉の性質・原因とその排除

飢饉は、人類の進歩を自動的に抑制する、大きな災厄の第二のものである。マルサスは、農業文明においては、農業生産高がどんなに上がっても間もなく増加した人口に飲み込まれてしまう、そうしたときには遅かれ早かれ大規模な飢饉が起こるだろうと考えた。

「飢饉とは通常得られる食糧供給が得られないことの結果として、ある地域の住民がしのばなければならない極端な飢餓状態のことであり、慢性的に極貧状態にある地域の多少とも恒常的な栄養不足とは区別されなければならない」(1)。多くの「前工業化」社会においては、大多数の人々が生存水準ぎりぎりで生活し、輸送や備蓄の方法はほとんど未開発なので、悪天候、穀物の病気、戦争による農業の混乱はしばしば飢饉を引き起こす。人々は弱り、飢えや病気で死に始める。飢饉と古い農業のあり方とは必然的な関係があったと言えそうである。

マルサスは、飢饉は人間の歴史のなかで頻繁に起こるものと考えた。彼は死亡統計表についてのショート博士の所見、そしてとくに「二五四回の大飢饉と食料不足の」一覧表に衝撃を受けた。このうち一五回は紀元前に起こったものであるので、これを差し引くと、「この恐ろしい天罰の訪れる平均間隔は、約七・五年にすぎなかったことがわかる」(2)。より最近ではフェルナン・ブローデルが「数世紀間というもの、飢饉はまことに執拗に襲来して、人類の生物学的制度に組み込まれていたほどで、その日常生活の構造の一環をなしていた。物価高と品薄とは、じつにヨーロッパにおいてさえ……連続的に襲いかかってくる、見慣れた敵手であった」と書いている⁽³⁾。

マルサスは、中国をすべての国のうちでもっとも飢饉に苦しめられた国の一つと見なした。中国は「非常に頻々に起こる」「飢饉の際に」何百万もの人が餓死した国であった。不作の後に起こった飢饉は「中国人口に対するあらゆる積極的制限のなかでもっとも強力であろう」⁽⁴⁾。中国では、「紀元前一〇八年から紀元一九一一年の間のほとんど毎年、少なくともひとつの省で干ばつあるいは洪水による飢饉があった（マロリー、一九二六）」⁽⁵⁾と推定されている。十七世紀には「飢饉は、とくに中国北部で、よくあることとなるようになり、異常に冷たく乾燥した気候のため、さらに悪化した」⁽⁶⁾。「一八七六年から一八七九年の中国北部の飢饉では九〇〇万人の死者が出た」⁽⁷⁾。中国の一部では、飢饉はごく最近まで続いた。一九二〇年と一九二一年には五つの省で「少なくとも五〇万人が死亡し、これらの五省の推定人口四八〇〇万人のうち一九八〇万人以上が貧窮状態に陥ったとされた」⁽⁸⁾。一九四三年には河南省で二〇〇～三〇〇万人が死亡した⁽⁹⁾。毛主席の不成功に終わった改革は、広範囲に及ぶもう一つの飢饉を意味するものであった。大躍進政策は「巨大な規模の飢饉、すなわち一九五九年から一九六一年の間に二千万人あるいはそれ以上の命を奪った飢饉」を招いた。「その後も引き続いてさらに多くの人々、とくに子供たちが、長年にわたって進行した栄養失調によって弱り、死亡した」⁽¹⁰⁾。

もう一つの、ごく最近まで壊滅的な飢饉が起こっていた地域が南アジアである。マルサスは南アジアを世界の大飢饉地帯の一つと見なした。「インドは、予想されるように、あらゆる時代にもっとも恐ろしい飢饉によく見舞われてきたのである」⁽¹¹⁾。一九一一年にはその歴史的なありようがまとめられた。「飢饉はインドでは一定の間隔をおいて繰り返したようである……。五年あるいは一〇年ごとに、例年の欠乏がその領域を拡大し、はっきりした飢饉となる。五〇ないし一〇〇年ごとに全州が巻き込まれ、広い範囲で死者が出、ひとつの大飢饉として記録される。ウォーレン・ヘイスティングズがイギリスのインド統治を開始してから一四〇年間で、一九回の飢饉と五回の深刻な欠乏が起こった」⁽¹²⁾。

ブローデルは「一六三〇～三一年にインドのほぼ全土に生じた恐ろしい食糧欠乏」に言及している。彼はオランダ商人の言葉を引用する。「故郷の町や村を捨ててきた人たちが、救いも得られず、ここかしこにさまよい歩いている。彼らの身の上は、見ればすぐにそうと分かる。目は深く窪み、唇は血の気をなくして泡にまみれ、ひからびた皮膚のしたには骨が突っ張り、腹は空袋のようにだらっと垂れている。飢えに泣き喚く者もいる」⁽¹³⁾。

一七六九～七〇年には、約一千万人が飢餓のために死亡したとされ、ベンガルでは住民の約三分の一が死亡したと考えられている[14]。飢饉は十九世紀全般にわたって続いた。ポール・シーヴォイは、一八二二年から一九〇一年の間の平和なときに起こった二二の大きな飢饉をあげているが、少なくともその半数は一〇〇万人以上の死者を出した[15]。十九世紀の最後の一〇年間は「恐ろしい飢饉の発生によって特徴づけられ」、大まかな計算によれば、瀕死者「一九〇〇万」[16]という数字が「飢饉による損失の概算とされてもよい」と示される。「一八六〇年から一九〇一年の間にインドで起こった飢饉は一五〇〇万の死者を出した」とする人々もいる[17]。一九〇一年の人口調査報告書は、「古い時代には、深刻な飢饉が発生すると、被災地の人口の三分の一から四分の一が消失するという特徴があった」と述べている[18]。

一九四三～四四年のベンガルの飢饉は広く研究された。この飢饉は一五〇～三〇〇万人の命を奪ったとされるが、それは「一部は戦争と（イギリス）行政の無能さとの結合に起因するものであり、不作とはほとんど関係がなかった」。「食料の買いだめと投機が相まって食物価格は大幅に上昇し」、人々は「資格」すなわち食料を買うための所得力をもたなかった[19]。一九六六～六七年においてさえ、「食料の大量流入のみが……インドを飢饉から救った。そうした飢饉が起これば一〇〇万人とまではいかなくとも十万人単位の人々が死んでいたであろう」[20]。「一九七四年から一九七五年のバングラデシュ、ベンガル、アッサム食糧危機は推定一八〇万人の命を奪う飢饉へと発展した」[21]。

ロシアでは二十世紀の半ばまで、飢饉は脅威として、また現実に起こりうるものとしてあり続けた。「ロシアは一八五四年から一九二二年の間に一一回の大きな飢饉に苦しめられた」[22]。たとえば、一八九一～九二年の恐ろしい飢饉はトルストイの作品中に取り上げられ、一九二一～二二年の飢饉は少なくとも三〇〇万人の死者を出した[23]。次いで、最悪の飢饉の一つが訪れるが、これは一九三二～三三年のスターリンの政策の結果として起こったものである[24]。

北ヨーロッパ各地については、十六世紀から十九世紀にかけて深刻な飢饉が記録されている。一五九六年にスウェーデンで起こった恐ろしい飢饉をある同時代人は次のように描写した。「人々は多くの食用でないものを挽いたり刻んだりしてパンを作った。たとえば、ふすま、モミ殻、樹皮、花のつぼみ、いらくさ、木の葉、干し草、藁、泥炭、木の実の殻、豆の茎などである。このため大変弱り、体が腫れて、数多くの人が死亡した」[25]。フィンランドにおける一六九六～九七年の飢饉は、ヨーロッパ史上最悪のものの一つであった。「そのときには、フィンランドの人口の四分の一ないし三分の一が消滅した」とされている[26]。この地域では飢饉は十八世紀の終わりまで続いた。「一七四〇年から一八〇〇年の間に、スカンジナビアでは少なくとも九回の深刻な不作が記録され、そのたびに死亡率が大幅に引き上げられた。ノルウェーでは、一七四一年の死亡率は一七三六年から一七四〇年の死亡率の三倍以上であった……。スウェーデンでは、一七七三年の厳しい飢饉の間に死亡率が千人につき五二・五人に昇った」と言われている[27]。

同様に、スコットランドは十八世紀末まで飢饉に苦しんだ。「一六三五年、一六八〇年、一六八八年、…一七四〇年、一七五六年、一七六六年、一七七八年、一七八二年、そして一七八三年はすべて、いろいろな地方でひどい食糧欠乏に悩まされた年として指摘されている。一六八〇年にはあまりにも多くの家族がこの原因で死亡したため、人口稠密地域の約一〇キロにわたって火煙が途絶えた」[28]。一六二三年には「街や大通りの道端で多くの人が食糧不足のため飢え死にした」とのことである。別の同時代人は、「ついにはあらゆる身分の人々が死んだ。とくに貧民たちは、ひどい空腹のため野原や大通りで死んだ」と記した[29]。マーティン・マーティンはアウター・ヘブリディーズ諸島で、「最近の不作が彼らをどん底に陥れ、多くの貧民が飢え死にした」様子を描写した[30]。十九世紀半ばのアイルランドで起こった、ジャガイモの害虫と関係する恐ろしい飢餓は、社会が最近までなお飢饉になりやすかったことを示すものである[31]。

ブローデルは「フランスはこの上なく有利な地歩を占めていたのに、しかもなお全国的な飢饉が、十五世紀に一〇回、十一世紀に二六回、十二世紀に二回、十四世紀に四回、十五世紀に七回、十六世紀に十三回、十七世紀に一一回、十八世紀に一六回生じた」と述べた。この要約的表現でさえ「見方が甘い」という危険を冒していると彼は考える。なぜなら「何百回とない局地的飢饉が度外視されている」からである。一六六二年の状況はとくに深刻であった。たとえば、ブルゴーニュ地方の徴税区役人［旧制度時代の財務行政管区（徴税区）の役人］たちは、王に建白書を送り、「今年の飢饉によって、陛下のこの地方では一万あまりの世帯が生を終え、世を去りました。また状態良好な都市でさえ、三分の一にも及ぶ住民が野草を食べなくてはならなかったのであります」と述べた。ある年代記は「そこでは、人肉を食べた者がいく人かいた」とさえ断言した。それより一〇年前には、「ロレーヌ地方を始め、周辺のいくつかの地方では、庶民がぎりぎりのところまで追いつめられたすえに、牛馬のように牧場で草を食べるにいたった。……骸骨のように黒ずみ、そして痩せ細っている」という状況があった[32]。E・L・ジョーンズは、リッチとウィルソンによる研究を伝えているが、それは、「ルイ十四世時代のフランスにおける飢饉や病気による死者の数」は一六九二～九四年のピーク時で二〇〇万人「すなわちヨーロッパの人口の一・九パーセント」であったことを示唆している[33]。「一六九三年の不作は黙示録的な、中世の飢饉のような食糧危機を引き起こし、そのためフランスとその隣接国で何百万もの人が死亡した」[34]。

ドイツでは十八世紀になっても飢饉が続いた。低く見積もっても、東プロシアは「一七〇八年から一七一一年の間に二五万人すなわち人口の四一パーセントを、飢えや病気で失った」(35)。一七三〇年にはシレジアで、一七七一〜七二年にはザクセンと南ドイツで、一八一六〜一七年にはバイエルンとその周辺地域で飢饉が起こった。北イタリアでは、一七六七年の報告で、「過去三一六年のうち、大豊作の年がわずか一六回だったのに対して、食糧欠乏の年は一一一回あった」ことが示唆された(36)。チポラは十五、十六世紀のイタリアにおける飢饉の描写をいくつか引用している。たとえば一六三〇年、北イタリアのベルガモという町では、一人の医者が「これらの哀れな人々の多くは黒ずみ、干からび、やつれ、弱り、病を得て、町をさまよい、そして通りや市場や、貴族の邸宅のそばで一人また一人と倒れて死んでいった」と描写した(37)。

細かい点を別にすれば、飢饉は少なくとも十八世紀半ばまで、ヨーロッパの多くにおいて非常に重大な脅威であったと考えた点において、マルサスは正しかったようだ。けれども、彼とアダム・スミスは、ヨーロッパの状況は確かに悪かったが、中国やインドほどには深刻ではなかった、と示唆した点においてもまた正しかったのである。二世紀後という有利な地点から振り返って、ジョーンズは「少なく見積もっても、アジアにおける実質的な人口統計学上の衝撃はヨーロッパのそれの二倍であったたし、詳しい計算によれば、それが桁違いに大きいものであったことが示唆されている」と結論する(38)。あるいはピーターセンが述べるように、「世界史という尺度のなかではヨーロッパの食糧欠乏は比較的軽微なものであった。反対に、アジアの大文明の通常の死亡率は『つねに飢饉の要素を含んだものであると言えるのかもしれない』」(39)。

ジョン・ウォルターとロジャー・スコフィールドが指摘するように、イングランドの飢饉の程度と性質を査定するには多くの困難がある。資料そのもの、その解釈、そしてその評価に関する困難である(40)。中世初期のイングランドにも数回の飢饉があった。クライトンによれば、一一四三年、一一九四〜九六年、一二五七〜五九年のものはとくに深刻であった(41)。クライトンの仕事に、六二八年という期間に及ぶ「イングランドの一二五九年以降の全収穫記録」を手にしていたヴィクトリア朝の経済史家ソロルド・ロジャーズの業績を補足してみると、一二五八年以降の飢饉のありようが少し明確なものになる。ロジャーズは、飢饉とは「小麦の価格がその平均価格の二倍以上に上昇する不足状態、食糧難とは価格が通常価格の一・五倍から二倍となるとき」と仮定した。この基準を使って、彼は「飢饉価格になる特別な年」もあるが、それは非常に例外的であると結論した。「十五世紀には飢饉は一四三八年に一度、食糧難は一四八二年に一度あっただけである。十六世紀には一五二七年に飢饉があり、ヘンリー王が劣位貨幣を発行するという大罪を犯して以来、飢饉は風土病化した」(42)。しかしながら、証拠資料全体を眺めて、彼は「私はイングランド経済史全体のなかで、明確な飢饉の時期をただ一つしか知らない」と書いた。それは一三一五~二一年である(43)。クライトンは「もちろんそれ以降の世紀にも食糧難や欠乏の年はあったが、一一九六年、一二五八年、一三一五年のもののように大きな飢饉・疫病はなかった」と書いた(44)。イングランドが一三二〇年以降、六〇〇年以上にわたって比較的飢饉に苦しむことがなかったという彼らの信念は、より最近の研究によってどの程度まで裏づけを得られるのであろうか?

ノルマン人の征服から十三世紀の終わりまでの年代記には、いくつかの局地的な飢饉が取り上げられているが、十二世紀半ば以降のイングランドにおける最初の全土的な飢饉は、ロジャーズが記している時期、すなわち一三一五~一六年のものである(45)。飢饉は、収穫量の少なかった古い時代には、大雨の連続によって引き起こされたということが知られている。雨と雲が穀物の成熟を妨げたのだ。「一三一五年と一三一六年には、イングランドの平均穀物収穫量は平年の約五〇パーセントだったようである。しかし地域によっては通常の二〇パーセントにすぎなかったところもある」(46)。家畜の飼料も影響を受け、多くの家畜が死んだ。湿った地面は家畜を殺すカビにおかされ、また「ぬかるんだり水浸しになった牧草地は、羊を肝臓ジストマや伝染病(牛疫)にかからせた」。牛もまたこの病気によって多数が死に、そのために耕作力が低下した。大雨は北ヨーロッパ全土に影響を与え、広く大陸に飢饉を起こした(47)。

死者の数は不明である。イングランドの人口はこの時点でおよそ五〇〇万人ぐらいであっただろうが、その場合には、「一三一五年から一三一六年の飢饉でイングランドの人口の少なくとも一〇パーセントが死亡した」というシーヴォイの見積もりは、少なくとも五〇万人の死者を意味することになろう(48)。ホリングワースは、人口に関する計数のいくつかを概説する際にも、数字の見当をつけようとさえしていない(49)。ウォルターとスコフィールドは、影響は「今もってはっきりしない」と結論する。しかし彼らは、影響は「高地地方でとくに厳しいものであったかも知れない」という興味深い観察を行っている(50)。明らかなのは、多くの死者が出たということである。真に全国規模の飢餓が存在し、その後には「悪性で広範囲に及ぶチフス型の伝染病――おそらく腸チフス」も発生したようである(51)。それは、一三〇〇年以降でただ一度の、人々がタブーとされる食べ物を口にすることを余儀なくされたと言われる飢饉である。馬や犬の肉が食べられ、空腹な囚人たちは新入りの囚人を食べたとさえ言われた(52)。

一三二一～二二年には局地的な飢饉があった可能性があり、「一四三八年から一四三九年にはイングランド北部では長雨が飢饉の条件をつくりだし、そうした悪条件は発疹チフスその他の飢饉と関連する病気によってさらにエスカレートした」(53)。しかし十五世紀の残りの期間については、証拠が非常に不完全なので、「高地地帯においてさえ、十四世紀半ば以降、飢饉は深刻な問題ではなかったであろうという推測ができるのみである」(54)。

明らかに食糧難が、そしておそらくいくつかの局地的な飢饉が存在したであろうが、一三一七年以降歴史家たちは、重大な国レベルの飢饉があったという説得的な証拠に出会わなかった。一五五五～五九年は最悪の時代の一つであるが、そのときでさえ飢饉が起こったかどうか定かではない(55)。一五六〇～九五年あたりの時期は豊作で、死亡率は目立ったものではなく、人口は急速に増加した。この時点でも悪天候を原因とする大不作が数度起こってはいた。

もっとも重大な影響を受けたのはイングランドの北部国境地帯であった。「一五八七年から一五八八年、一五九七年、そして一六二三年に、北西イングランドのカンバーランド州とウエストモーランド州が飢饉に襲われた」(56)。その危機の大きさは、アンドリュー・アップルビィによって次のように述べられている。「カンバーランドとウエストモーランドの教区では、埋葬がいつもの三、四倍あった。飢饉によって人口のおそらく一〇分の一が命を奪われた」(57)。死亡率の倍増は他の高地地方にも影響した。キース・ライトソンは「飢饉による死亡の確固たる証拠は、カンブリア、ヨークシャー、ノーサンバランド州、ダラム州、スタッフォドシャー、デヴォンシャー高地地域でも見られる」と記している(58)。一六二三年にもう一度、よりいっそう限定された地域で、今回はカンバーランドとウエストモーランドに集中して死亡率の上昇があった。こうした死は国全体の状況のなかに置いて見なければならない。影響を受けた地域は、高地の牧畜地帯のみに限られていて、しかもその地帯の全体ですらなかった。アップルビィは「埋葬が倍増した教区、少なくともトレント川の南側はやはり例外と見なされるべきであろう」と結論している(59)。

このように例外はあるものの、明らかに、その時代の残りの期間、およそ一五六〇年以降、おそらくそれよりかなり前から、イングランドの住民の九〇パーセントにとって飢饉は差し迫った脅威ではなかった。脅威としての飢饉が存在しなかったというこの興味深い事実は、数年前ピーター・ラスレットによって注目された。『われら失いし世界』のなかで、彼は「本当に農民たちは餓死したのだろうか」と問いかけた。彼の答えは、基本的に、彼らが飢えたという証拠はないというものだった。彼が見つけることのできた例外はカンバーランド州グレイストークの教区簿冊のなかにあるものだけであった。彼は「一九六〇年代までに研究されたイギリスの教区簿冊のほとんど全部が、まったく否定的な結果を示したのであった。すなわち、そこでは、埋葬数が目立って増えるのに伴って妊娠や結婚が減少するような収穫年度の例はほとんど見られなかった」と結論した。フランス研究においては、こうした例が、栄養不良と飢餓のもっとも強力な指標の一つなのである。「われわれはここで第一級の歴史的重要性をもつ社会学上の発見に直面しているのかも知れない。それは、フランスやスコットランドと違って、イギリスは十七世紀にはすでにこうした周期的な災厄から解放されていたというものである」(60)。

一五九六～九八年についてアップルビィが発見したことは例外として、ラスレットの仮説はそれ以後の教区簿冊に関する研究によって確証され、またリグリィとスコフィールドとその協力者たちの業績によってはっきりと裏づけられた。リグリィとスコフィールドは「もちろん普通に仮定すれば、賃金の低い、経済の緊迫した時代には死亡率のレベルが上昇しやすく、それがマルサスの積極的制限が働いている証拠となる」ということをわれわれに念押しする。しかし、「このことを示すものはほとんどない」のである。われわれは、「イングランドの資料においては、より低い賃金に向かう『長期的』動きは全体として死亡率を高め、実質賃金の安定した上昇は生命の救済をもたらしたという見解には、何の根拠もないことを知らされる。もちろん高死亡率危機は何度か存在したが、「死亡率の短期的変動は、豊作、不作とは無関係な要因の変動によって決定されることが非常に多かったように見える」。つまり「死をもたらす微生物類が蔓延するかしないか」によって(61)。

ウォルターとスコフィールドは「西ヨーロッパの他の大部分の国々が、延々と飢饉に苦しんでいたのときわめて対照的に、イングランドは十七世紀半ばまでにはその脅威から脱していた」と述べている。彼らは「以前は飢饉を起こしやすかった北部高地地方の中心部においてさえ、一六三〇年の不作に対する死亡率レベルでの反応はほとんどなかった」と考える。彼らは、「飢饉に弱い部分もいく分かはあったが、それは特別なタイプの地域に限られていること、また大陸各地と比較するとイングランドはかなり軽々と不作を免れただけでなく、地方レベルにおいてさえ飢饉が早く消滅したこと」を立証したアップルビィの研究を裏づけている(62)。

同様に、ポール・スラックは「大きな生存の危機、つまり不作の後に全地域にわたって死亡率が上昇するという状況は、少なくとも教区簿冊の存在する時代には、イングランドでは非常に見つけるのが難しかった。一六二三年以降はそのような兆候はまったくなく、一五八六年から一五八七年、一五九六年から一五九八年、一六二二年から一六二三年にその証拠が見られるものの、それらは特殊な地域、主として高地地域に限られていた」と書いている(63)。レスリ・クラークソンは、「飢饉は前工業化期のイングランドではめったに直接的死因となることはなかった」という結論に至っている(64)。ド・フリースはイングランドの資料を大陸の視点から眺め、「真の生存の危機を生み出すほどには死亡率と穀物価格が連動していない」と考えた(65)。

残存したいかなる飢饉の脅威も、十七世紀後半までには退却してしまっていた。スラックはこのことを示す一つの事実を指摘している。つまり、主な脅威は今や空腹よりむしろ寒さなので、イングランドの各町は、「賢明にも、穀物の公的貯蔵から燃料のそれに切り替えている」というのである(66)。少し前にはJ・D・チェンバーズによって、十八世紀初めのノッティンガムシャーにおける食物の価格と埋葬の数には何の相関関係もないということが指摘され、彼は、十七世紀においても飢饉は高死亡率の原因であるようにはみえないと看取した(67)。最近ではロイ・ポーターが、十八世紀には「イングランド人はすでにこの死刑宣告からの免罪符を入手していた。ジョージ王朝時代のイングランドではもはや『大量の』餓死者が出ることはなくなっていた。思わしくない収穫のため地域的に食糧不足となることはあっても、大飢饉になることはなかった」ことを発見した(68)。

これは人々が空腹でなかったことを意味するわけではない。食糧難や欠乏は、とくに春には、十九世紀までは普通のことであった。そのような食糧難は広い範囲で記録され、とくにイングランドでは一五九〇年代と一六二〇年代に記録されている。アダム・スミスは後にそのような「飢饉の年には一般に庶民の間で病気や死者が多いとみなされるべきだ」と主張した(69)。肉体労働者たちがときどき欠乏に苦しんだということが、たとえば十七世紀のケント州その他で、よく知られている(70)。一六四〇年代には「そのころオズワルズトゥリーで大きな食糧難と疫病が起こった」と聞いている(71)。ブライアン・オースウェイトは十六世紀と十七世紀に起こったそのような食糧難の影響に関する証拠をいくつか集めている(72)。このような状況は十九世紀になっても依然として続いていた(73)。

栄養不良と飢えによる死もまた存在した。キース・トマスはいくつかの例をあげて、「しかしながら十七世紀には、人間が飢えのために、もしくは遺棄のために路傍に死すということはまれであったが、それでもなかったわけではない」という主張を裏づけている(74)。十八世紀には、ヘンリー・フィールディングは、毎年ロンドンの路上で千～二千の人が死ぬと考え、ジョンソン博士は、ロンドンでは飢餓の間接的影響で毎週二〇人以上が死亡したと聞いている(75)。人々は「毎日寒さと空腹のために死に、またやせおとろえている」(76)。十八世紀の著述家であるショートは、さまざまな病気はとくに「半ば飢えた」貧民に影響を与えたと考えた。

ここにおいてわれわれはまったく別の何か——都会の貧困とその放置という十九世紀末まで引き続く問題を扱っていることになる。一八二七年、ランカシャーのスラムで貧しい人たちが死んだとされる例がそれである(77)。

われわれは、村や農民や集団的飢餓から別の現象へと移動したのだ。この変化に気づいたのは、一六六二年に、それに先立つ二〇年間におけるロンドンの埋葬について書き著した、イギリスで最初の人口統計学者ジョン・グラントである。「死亡した二二万九二五〇人のうち、飢餓による死者は五一人を越えない」。これには、飢えた乳母のせいで餓死した乳児は含まれていない(78)。いく人かの歴史家は、飢饉が十八世紀末まで存続したことを示そうとした(79)。しかし彼らは、極度な困苦欠乏、栄養状態の悪化、明らかな窮状以外の証拠を見出すことはできなかった。十八世紀の最悪の時代、一七四〇年代における食糧不足と価格上昇のもたらした影響についての非常に詳細な研究のなかで、J・D・ポストは、飢餓による死はあまり見られず、一時的に「上昇している死亡率は、食糧不足や穀物価格の上昇よりもむしろ異常低温のためであった」と結論した(80)。

日本が広範な飢饉に苦しみ、アジアの他の二つの農業大国と似たような状況に直面していた、と予想するのはもっともである。日本は一つの穀物、つまり米に大幅に依存し、人口密度は極度に高く、自然環境は非常に予測のつきにくいものだったからである。

マルサスは日本についての証拠にはいくぶん困惑して、「日本に関するトゥーンベリの報告の序文を読むと、その住民がとても幸福で豊かに暮らしているといわれるような国について、その人口に対する制限をあとづけることは極度に困難であるように思われる」と書いている。しかしながら、彼は続けて、トゥーンベリの終章や、とくにケンペルによって引用された年代記のなかには、中国と比較するとき「疾病と飢饉による人口に対する積極的制限については、二つの国はほぼ同一水準にあると思われる」と結論できる十分な証拠がある、としている(81)。

トゥーンベリは、あらゆる予防措置がとられていたにもかかわらず、「日本でも、何回か飢饉に見舞われたことはある」ことに気づいていた(82)。しかし彼によって与えられる圧倒的な印象は、飢饉のない国のそれである。オールコックはトゥーンベリに言及しながら、「驚くほど素晴らしいこの国の状態についての目録全体のなかで、ヨーロッパ人がもっとも驚嘆するのは、……イギリス本国(グレート・ブリテン、アイルランド)よりも大きくはなく、しかもそれとだいたい同じような地理的位置にある一群の島々に住んでいる約三千万の国民が、飢えと欠乏をほとんど知らぬということ、である」と書いた(83)。

それでは、実情はどうだったのであろうか？　飢饉の問題は、その現象の深刻さについての評価がひどくまちまちであるが、日本史研究者の間でたえず検討されてきた。一七〇〇年より前の時代には、ほとんどその問題についての記述が存在しない。日本は実際には、八世紀から十七世紀の間に、周期的な局地的飢饉やいくつかの全国的飢饉に苦しんだことは明らかである。ケンペルは日本の年代記のなかで言及されたいくつかの大飢饉を記載した(84)。しかしこれは明らかに不完全なリストで、他にもひどい洪水や干ばつが飢饉を引き起こした可能性がある。「一一八二年、一二三〇年、一二五九年の三つの年には、厳しい天候が広い範囲にわたる飢饉とそれに伴う病気を誘発した。一二三〇年の大飢饉は人口の三分の一を死亡させたと言われた」(85)。しかし、ケンペルによって取り上げられたのはこのうち最初のものだけである。

英語で書かれた日本通史を調べる限りでは、飢饉はむしろ重要ではないもののように見える。たとえば、サンソムの三巻からなる『日本の歴史』は、十八世紀以前の飢饉についてはほとんど述べていない。一三三四年までを扱った第一巻は一度しか飢饉に言及していない。一三三四～一六一五年までを扱った第二巻でも飢饉には触れていない。われわれが再び飢饉に出会うのは、一六一五～一八三七年までを扱った第三巻においてである(86)。より最近では、『ケンブリッジ版日本史』が中世と近代初期を二つの巻で扱ったが、ここには一七三二年以前に起こった重大な飢饉についての言及はない(87)。

一七三二年の飢饉は享保の飢饉として知られた。その原因についてはさまざまな意見がある。ある著者は「瀬戸内海一帯にイナゴの大群が発生し、西日本の米作に大きな被害を与えた」としている。その結果、江戸と大阪の米は「それに先立つ数年間の供給過剰時の五倍から七倍の値段になった」(88)。カーランドとペダーセンは、不作の連続によって起こったとしている。「それは一七三二年にピークに達し、冬の小麦と大麦の収穫が二月から続いた大雨によって損害を受けた……。この不作の後に米の大凶作が起こった。ウンカによって農地が荒らされ、報告によれば、被害を受けなかったのは農地の一〇パーセントにすぎなかったという」(89)。

九州北部では、今の福岡県にあたる領域で人口の約二〇パーセントがこの飢饉で死亡した。当時のその地域の人口を考慮すれば、これは日本の総人口約二千万人のうちの約一万五千人を意味することになるだろう。注目しなければならないのは次の二点である。第一は、その飢饉は主として九州北部に限られていたということである。西日本の瀬戸内海地方で数人の死者が報告されているが、大多数の本州の住民にとっては深刻な飢饉となったようには見えず、九州南部でさえ重大な影響があったとは書かれていない。第二に、これはこの地域における最後の深刻な飢饉であったことである。それ以後は、「何人かの餓死者も出たであろうが、大部分の人が何とか曲がりなりに生き延びたようである」。この地域に関する資料には、「天明の飢饉（一七八三年〜八六年）も天保の飢饉（一八三六年〜三八年）もほとんど痕跡を残していない」(90)。このように、一つの例を除けば、人口の密集した九州は飢饉の影響を受けなかったようである。

三大飢饉のうち第二のもの、一七八二〜八五年の天明の飢饉は、本州北部のいくつかの地域で起こった。事の次第はサンソムによって次のように記述されている。「一七七八年に京都と九州各地で洪水があり、伊豆大島で火山の噴火があった。続いて一七七九年に鹿児島近くの桜島火山が噴火した。一七八三年、天明の飢饉が始まった。翌年の春から収穫時まで雨が断続的に続き、その時期に起こった浅間山の噴火が大被害をもたらした」(91)。一七八二〜八五年の食糧不足は、「おもに浅間山の噴火によって空中に散乱した大量の火山灰による夏の寒さが原因であった」というのが一致した見解である(92)。

「天明の飢饉でどのくらいの人が死亡したかは誰にもわからない」し、その影響についても少なからぬ議論がある。われわれによくわかっているのは、将軍の年貢米収入が半分以下に減少したということである(93)。また被害のひどさについてもわかっている。遍歴の学者、菅江真澄は一七八五年に北の村々を旅して、風雨にさらされた人骨の山に出くわした。一人の農民が彼に近づいて来て説明した。「これは飢え死にした人々の骨です。この人々は一昨年の冬と春に雪のなかで力尽きたのです。彼らの遺体は何里にもわたって道をふさぎ、通行人は注意深く彼らをよけなければなりませんでした……。私たちはまた野原を走り回っている鶏や犬を捕まえて食べたものです。動物がいなくなると、何かの病気で死にそうになっている子供や、兄弟や、他の人々を刺し殺して、その肉を食べました」(94)。

ハンレーとヤマムラは、死亡率には誇張が含まれていると主張した。彼らは飢饉に襲われた地域の一つ、東北地方の盛岡藩を研究した。藩当局は、上納米の削減を求めて、藩全体の死者の総数を六万四千人と査定したが、藩の記録を調べてみると、実際の数はこの一〇分の一よりも少なかった。ハンレーとヤマムラは、晴山吉三郎という侍の日記の記述をより正確なものと考えている。それによれば、不作は、「その被害率も低く」、「商品経済が発達し」大量の物資が外部からもたらされたので、飢饉は「そうきびしくはなかった」とされている(95)。

第三の大きな飢饉は一八三〇年代の天保の飢饉であった。「一八三三年の田植えの時期は異常に寒く、夏の生育期も例外的に寒かった……そして秋には異常に早く雪が降った」。翌年は、「不運にも、夏に雨が多く……」、その結果全国的に不作であった。これが米や小麦、大麦などの作物、それにタケノコにまで影響を与えた。もっとも被害の大きかった地域はまたもや、天明の飢饉で被害を受けた地域、すなわち東北地方であった。一八三三年には通常の約三分の一の収穫しかなかった。それにもかかわらず、「その年の不作は悲劇というよりむしろ怒りの対象であった」。次の二年は「部分的に上向いたのみで、その次の一八三六年の収穫はひどく悪いものであった」。「夏のあいだ中断続的に雨が降り続いた。その上寒かった」。またしても「この異常な天候は主に東北で見られ」、収穫は「通常の二八パーセントにすぎないとされた」(96)。

その影響を推定することはいつものように困難である。本州北端の地方だけでなく、西海岸にも、現在の福井県の一部である越前に至るひどい被害があったことをわれわれは知っている。たとえばW・E・グリフィスは一八七一年に「頭蓋骨、骨、着物、茶碗、道具類など死者の形見が山と積んであった。それは四〇年ほど前に越前を荒らした飢饉の記念碑であった。そのとき、貧しい人や乞食があまり多数死んだので、普通のやり方で一体ずつ行なっていては火葬でも土葬でも間に合わなかった。そこで柴を高く積んで、その上に死体をたくさんのせて焼いたのである。」と書いた(97)。徳川幕府が受け取った上納米は、一八三三年は一二五万石であったものが一八三六年には一〇三万石に減少し、一八三七年には大阪米の価格が一八三三年の三倍になった(98)。

飢饉を原因とする死者の数を査定するのはさらに困難である。ハロルド・ボライソーは「一八三六年には東北地方で一〇万人以上が餓死し、越前ではその翌年死亡率が通常の数字の三倍になったと言われる。鳥取では合計被災者五万人のうち死者が二万人であったことが公式に伝えられている」と書いている(99)。しかし、この著者が警告するように、「これらの数字は、早とちりな、何がなんだか分からないままの印象をもとにして寄せ集められたものであることが多い」(100)。補助金を得るために危機を誇張するのは、役人たちの利にかなうことだったからである。京都の西に位置する備前という一地域を詳細に研究した結果、ハンレーとヤマムラは、粗雑な概算を受け入れることの危険性を警告している。「……幕府が編纂した備前国の人口にかんする数字は一八三四年から一八四六年の間で八千人強が減少していたことがわかる」。この約二・五パーセントの人口減少は、それ以後の報告よりも正確に、「天保飢饉の人口に対する影響の程度を……伝えている」と彼らは考えている(101)。最近の『ケンブリッジ版日本史』のなかで、著者の一人が「何万もの農民」が死んだと書いているとき、われわれはこれを当時の日本の総人口が三千万人を超えていたという状況のなかで捉えなければならないのである(102)。

飢饉の領域に目を向けることは重要である。天明、天保の両飢饉は寒冷な北部地方でもっともひどかったが、天保の飢饉の影響は本州の北東海岸から中部日本にまで及んだ。これは明らかに日本の飢饉のなかでもっとも広範なものであり、また最後のものでもあった。この特定の地域の、飢饉に脆い性質は一九三〇年代まで持続した(103)。多くの意味で、この地域は、気候や農業の点から、われわれが見てきた、十五世紀以降深刻な飢饉に苦しんだイギリスの一地域、北イングランド高地地方に相当する日本の地域である。

日本の飢饉についての三つのケース・スタディは、イングランドの場合と同様に、その現象に関して安易に進化論的見解をとらぬようわれわれに戒める。広範な飢饉が徐々に排除されていき、ついに最後の孤立地帯が駆逐される、といった着実な進歩があったというのは真実ではない。イングランドでも日本でも飢饉は長い不在期間の後に発生し得た。十六世紀末のイングランド高地地方の飢饉が、産業革命以前の三〇〇年間におけるその国唯一の飢饉であったように、天保の飢饉は工業化への出発以前の三〇〇年間に日本の中心部を襲った唯一の深刻な飢饉であったと言えるであろう。

日本における飢饉の状況をどのように判断するかは、それを何と比較するかによって大いに違ってくるであろう。イングランドの例と比較すると、イングランドで飢饉が消滅した後も長く、日本の一部は依然として比較的飢饉に脆かったことが明らかであり、飢餓によって何千もの人が死亡するという経験をした。また、とくに北日本における恐ろしい被害を軽視することや、別の年の、飢饉には至らなかった多くの食糧不足やひどい空腹を見過ごすことも愚かなことであろう。つねに存在した食糧不足や飢えの恐怖は、十九世紀末の村の生活について書かれた長塚節の小説によく示されている(104)。しかしながら、隣国である中国やインドと比較すると、その規模や飢饉によって引き起こされた荒廃の程度はおだやかなものにすぎなかった。

飢饉をうまく避けたという功績は、人口の圧力を考慮に入れるとき、より偉大さを増す。日本は耕作地〇・四ヘクタール当たりの人口がアジアの他のどの国よりも多かった。しかしながら、日本は人々に食糧を供給することができ、すでに見た例外を除いて、彼らを飢えさせることはなかった。日本の中心部に位置する巨大な中心都市に飢饉がなかったことに注目するとき、事態の進展はことに印象的である。物価高、食糧不足、空腹はあったが、大阪、京都、江戸といった大都市に大量の飢えた農民が押し寄せたという記事はない。また、十八世紀までに合計で二〇〇万以上の住民を数えたこれらの都市で、何千もの都市貧民が死んだという記述も存在しないのである。

日本とイングランドが、深刻な飢饉から早くに抜け出すことができた原因と思われるものはいくつかある(105)。アジアの近隣諸国と比較するとき、確かに日本には土壌や地形に何ら特別なものはない。イングランドの多くの部分の土壌は日本のそれよりかなり良質であったが、他の多くのヨーロッパの国々より良質であるというわけではなかった。しかし両国は天然資源という点では大きな利点があった。これは国土を取り巻く海に、大幅に依存できたということである。日本においてケンペルは、「米を唯一の例外として、海とその生産物ほど国の成長と原住民の生計に貢献しているものはない」と評価した(106)。イングランドにおいても、同様に、タンパク質やビタミンの代替のあるいは付加的な供給源が、陸地と同じく干魃と洪水のリズムに従属することなく存在しているために、飢餓に対して非常に有用な緩衝装置を提供することができた。

気候に関しては、日本が中国やインドより自然に恵まれているとすることは難しい。日本は、干ばつはより少なかったかも知れないが、洪水はたぶんより ひどく、数多くの台風、地震、また、太陽の光を遮断し米を不作にするいくつかの大規模な火山の噴火に苦しんだ。ひとつの地域としては、ヨーロッパは、確かに、アジアよりも天候がおだやかで、このことが比較的飢饉に少ないことを説明する一助となるかも知れない。しかし、ヨーロッパ内に限定した場合、概してイングランドには飢饉が少ないということを天候という点から説明しても説得力をもたないであろう。

しかしながら、その気候が変化に富んでいるという点は重要であった。イングランドと日本はどちらも、一つには島が

南北に伸びていることの結果として、一つにはその海岸に寄せる潮が一様でないために、たとえ距離が近くても気候がかなり大幅に異なってくる。飢饉は、広大な大陸国において、何百キロも同じような生態系が続くために単一の農業地帯が形成される場合に、甚大なものになりがちであるようだ。中国、ロシア、インド、北アフリカなどの大平原は有名な飢饉地帯である。これらの地域では、もし主要穀物がダメージを受けたら、替わりの食料を手近に見つけることは極度に困難である。

アダム・スミスは、イングランドは大変変化に富んだ気候と生態系をもっているので、こうした状況からほど遠かったことを次のように述べた。「収穫にとってもっとも不順な天候とは、一度を過ぎた干ばつもしくは降雨の場合である。しかし穀物は、高地でも低地でも、湿りの多すぎる土地でも乾燥しすぎる土地でも、同じように育つから、一国の一部にとっては害のある干つなり降雨なりも、他の地方にとっては幸いする」(107)。さらに、イングランドにおいては耕地と牧草地がきわめて近くに混在していたこと、近距離にある地域同士が異なった穀類を栽培し、異なった家畜を飼育していたことは、飢饉に対する緩衝装置としてとても重要であった。

ケンペルは、自然は、日本を「その住民の生活を喜びに満ちた楽しいものにするために、必要なもののすべてをふんだんに与えることによって……一種の小世界にしようともくろ

んだように思われる」と書いた。日本の多様性は次の一文においてよくとらえられている。「この国は全世界を箱庭にしたような国で、国内各州の位置と土地柄の相違によって、各種各様の物質を産出し、各州各島の産物がいずれも日本国全体の間に有無相通じて利用されないものはない」(108)。

もう一つの大きな要因は戦争がなかったことである。アダム・スミスは「戦争という浪費」は食糧不足の二大原因の一つであると考えた。それが内戦であれ侵入者による略奪であれ、収穫物は失われ、種子は破壊され、若者は連れ去られるであろう。これらのいずれか、あるいはすべてが、飢饉を起こしうる。見てきたように、イングランドと日本がこの一千年以上の間享受してきた、すべての恵みのうち最大のものの一つは、破壊的な戦争をその領土内でほとんど経験しなかったということである。

輸送の容易さもまた重要な要素である。大部分の飢饉において、死は局地的なものである。他の地域には食物が存在するが、大量の必要品を輸送するのに適した道路や川がないため、十分に早くまた安く入手することができないからである。人間や動物が運べば、輸送費は莫大な額に上るし、時間がかかりすぎる。アジアにおける飢饉の減少を説明する主な説には、鉄道の導入によって「空間的不都合」が部分的に駆逐されたことをあげるものがある(109)。

イングランドと日本はそれぞれ大変早い時期から、鉄道に相当するもの、すなわち穀物を安い費用で長距離にわたって運ぶことのできる大量輸送システムをもっていた。日本には、非常に頻繁に利用される大規模な水上交通があり、穀物やその他の生産物の船による輸送が、少なくとも十三世紀以降広く行なわれた。日本の居住地域の多くは水上交通から一日以内で行ける距離にあった。

同様に、イングランドには、つね日頃から非常に大規模な沿岸輸送システムが存在し、食糧不足が起こるとそれが動員された。これと対照的に、「フランスでは、ほとんど穀物の移動はなく、局地的な不作の影響を補償することは難しかった」(110)。たとえば、一三二六年、コーンウォールの商人たちは、不足分の補給の一端として、船でロンドンに穀物を送った(111)。日本と同様に開かれた海があったことばかりでなく、イングランドは「航行可能な川を天から授かった島国だったので、穀物を比較的容易に、長い距離にわたって、大量に輸送することが可能だった」のである(112)。

しかし、こうした利点の多くを共有しているにもかかわらず、十九世紀に入るまで飢饉に苦しんだという世界の他の島国の経験は、地理上の利点にいくつかの政治的、経済的、社会的要因が介在していることを示している。二つの特別なケースを分析する前に、飢饉を説明しそれを回避する方法を提案するために提唱された、二つの主要な理論を簡単に見ておこう。

第一の理論は『諸国民の富』のなかでアダム・スミスによって提案されたものである。彼は、飢饉の原因は政治的なもの――市場の働きに対する政府の介入であると主張した。欠乏は戦争や天候によって引き起こされたが、「飢饉は、不適当な方法で穀物不足の不便を救おうとした政府の無理から生じ、その他の原因で飢饉が生じたことはない」。「広大な穀物産出国で、国内各地間に商業と交通が自由なところでは、天候がこのうえなく不順なために起きた不足といえども、飢饉を生ずるほどの大欠乏にはならない」と彼は述べた。市場が自由に働くことが許されている限り、需要と供給の法則が飢饉を防ぐからだ。「穀物不足の不便を救うために、政府が全商人に、政府の適当と認める価格でかれらの手持穀物を売るよう命じるとすれば、その場合政府は、あるいは商人が穀物を市場に出すことを妨げて、その結果、ときに新穀が出始めたばかりの時期においてさえ飢饉を起こすことになるかもしれない。また逆に、商人が穀物を市場に出荷した場合には、国民が穀物をたちまちのうちに消費してしまうことを政府の手で可能にし、それによって、端境期が来るまでに必然的に飢饉をひき起さずにはおかないほどに穀物の消費を奨励すること必定である」(113)。

スミスの見解は政治経済学の主流に受け入れられ、たとえばデューゴルド・スチュアートやマルサスによって繰り返された(114)。おそらくそのような見解が、十九世紀にアイルランドやインド、その他の国で何百万もの人を死に追いやったのだ(115)。これは、そうした見解が、見えざる手が働く、スミスが言うところの統合的な市場経済があらゆる場所に存在しているという仮定にもとづいていたためである。その仮定が正しくなかったことが、アマルティア・センの著書『貧困と飢饉』のなかで説明されている。

センは、スミスの主張の前半は正しかったとしている。飢饉は「自然な」ものではなく、一九四三年のベンガルの例のように、しばしば絶対的食糧不足が存在しなくても起こる。しかし、いくつかの局地的な欠乏が飢饉に変わる理由は、政府の干渉のためではなく、もっと深いところにある。センの表現どおりではないが、基本的には、われわれが扱っているのは前市場経済である。つまり、需要と供給の法則は当てはまらない。なぜかというと、センが示しているように、ある意味で「需要」がある、つまり人々が食物を欲しがっているにもかかわらず、別の意味で「需要」がない、つまり社会、経済、政治構造が貧しい人々にまったく購買力、あるいは彼の言う「資格」を与えないようになっているからである。

彼は「食物に中心をおいた見方では飢餓についてほとんど説明できない」と主張する。われわれは「個々のグループに分配される食物を」見る必要がある。彼は「飢餓は食物の不足によってではなく、収入と購買力の不足によって引き起こされるのかもしれない」という見方が困難解明の出発点となるということは認めるが、「収入と購買力」という概念は貨幣市場経済を仮定したものだと指摘する。「資格」とはさらに広い意味をもち、人類学者が「埋め込まれた」経済と呼んでいるものの意味内容をとらえたものである。大部分の農民が貨幣に換算できる「収入」をもたない。彼らがもっているのは、労働、土地、技術、知識によって生計を立てる一つの能力である。このように彼らの「資格」はつねに脆弱なものである。食糧不足が起こるとそれは完全に消え去ってしまう。彼らは、「飢饉になると」彼らが殺し始める動物と同様、消費可能な存在なのである。

これは政府の価格設定とは何の関係もない。それはもっぱら、政治的にも社会的にも弱く、飢餓と隣り合わせで暮らしている多くの人々の上に、次第に進展していく状況に関わることである。「資格という点からの研究は、食物生産を関係のネットワークのなかに位置づける。これらの関係のうちのあるものが変化すると、食物生産からまったく衝撃を受けなくても巨大な飢饉が促進される可能性がある」。

われわれは二つの異なった世界を扱っているのだ。アダム・スミスが書いている、北西ヨーロッパの市場にもとづいた経済、とくにイングランドとドイツの場合には、彼の指摘はおそらく容認できる。しかしこの市場資本主義の小さな一角以外の、世界の九〇パーセントにおいては、彼の仮定は当てはまらなかった。「アダム・スミスの主張は、じつは、市場の需要をどうすれば効率的に満たすことができるかに関するものであって、市場的資格の欠如と購買力の不足ゆえに有効な需要へと移行しなかった必要が、どのように満たされるかについては何も言っていない」(116)。自分が「少しずつ死んでいく」ことを防ぐためのわずかな食物を得るために、妻子まで含む、もてるすべてのがらくたを売り払ってしまう何百万もの人々は、十八世紀イングランドの比較的特権的な世界とはかけ離れた存在であった。残念なことに、センの理論にもまた問題がある。センの理論は、市場にもとづいた経済を理解するのには大して役立たないし、また、たとえば一八七六~七九年の中国の飢饉において生じたような、絶対的な真の食糧不足が実際に存在している非市場「経済」的なケースには、十分な考慮を払っていない(117)。

イングランドと日本には農業が発達していて、ふだんの生活水準が生存レベルのずっと上にいる人々を十分に支えるだけの余剰が生み出せたようである。その力は、大きな都市共同体と大きな原初的産業部門をもまた支えることができるほどのものであった。両国は早い時期に「農業革命」を経験していて、それが農業生産高を著しく引き上げていた(118)。小作料と税金の制度が生存水準ぎりぎりの大量の貧窮農民を生むということもなく、彼らが、蓄えも「資格」ももたないいため、不作になると何十万人も死んでしまうといったこともなかった。

農業の発達にはさまざまな側面がある。穀物の絶対的な量と質という点では両国とも恵まれていたようである。たとえばイングランドの場合は、イングランドの農業の急速な発展は、十七世紀初めから穀物取引の規制廃止を求める声が増大したことによって示される。一六二一年、ニブリーのジョン・スミスは「耕地農業の進歩は、『神のつねなる祝福によって、われわれをあの欠乏の恐怖から解放した』――と彼は断言した――ので、穀物輸出に関する法的規制のすべてを廃止することを要求した」。ファインズ・モリソンは当時のイングランドを、つねに穀物が余り、「一〇年に一度も」穀物を輸入する必要のない国と評した[119]。十九世紀初めにブレインが、一四四八年以来二度と飢饉が起こらなかった理由を推測した際、彼は「農業技術の改善、知識の進歩、より良い政策」が役立ったと考えた。しかし、さらに一層重要なのは、

消費者の最低必要量を越えた穀物の生産であった。しかし生活が洗練され、その水準が向上するにつれて、馬や、発酵飲料や、さまざまな人工的な贅沢品に対する需要が生まれる。これが事実上永続的な穀物倉の機能を果たし、欠乏の年には、その余った財源が必要な経路に注ぎ込まれる。

このことと穀物の自由交易のおかげで、イングランドは長い間飢饉を免れているのである[120]。

穀物の多様化も進んだ。これは、イングランドにおいて早い時期に飢饉が消滅したことを説明するアップルビィの主な論点の一つであった。彼は「十七世紀に、イングランドは春撒きの穀類に次第に重点をおいていったことによって恩恵を得た。それは、すべての穀物が一度に不作になることがないこと、またすべてが飢饉が起こるほどまで価格上昇することがないことを意味した」と論じた。これは「冬撒きの穀類という首かせが存続したために、欠乏の脅威が去ることのなかった」フランスと対照的である[121]。さらに、イングランドにも日本にも、広範囲の非穀物食品が存在するということが、災害に対してかなりの「緩衝装置」となっていた。

飢饉とは、結局のところ、人々が通常の年には生存水準で生活し、短い危機の間にそれ以下になるかどうかに関わっている。それは人々の通常の生活水準と関係があり、その国の相対的豊かさが重要であった。「ある国が生存手段に比してあまりにも人口が多く、その平均生産高が住人の生活をかろうじて支えるにすぎないものであるならば、天候不順に由来するどのような欠乏も致命的であるに違いない」[122]。こうして、

イングランドの民衆が小麦を常食としているように、ある国の民衆が主としてもっとも高価な食物を常食とするときには、彼らは食料難に際して優れた善後策を有しているのであって、大麦、カラス麦、米、安価なスープ、ジャガイモなどはすべてより安価で、しかも同時に健康によい滋養物として食卓に現れる。しかし、彼らの日常の食物がこの尺度で最低のものであるときには、貧しいスウェーデン人のように、樹皮のほかにはまったく頼るべきものがないことになり、彼らの大部分は必然的に餓死せざるをえないのである(123)。

多くの著述家が、イングランドの人々は十六世紀後半までには、ゆうに生存水準を越えていたであろうと示唆した(124)。カロル・シャーマスの消費に関する最近の著作は、非常に貧しい国においては予算の約四分の三が食料に費やされるであろうが、イングランドでは貧民でさえ食費にその収入の半分より少し多い額をあてただけであったと述べている(125)。その特異点はずいぶん前にホリングワースによっても示された。「生存の危機は……フランスの教区簿冊についてのほとんどすべての研究で見られる……しかしイギリスの教区簿冊においては、はるかに現れる頻度が低いので、イギリス人は生存の淵近くで生活してはいなかったように思われる」(126)。実際、人口の大多数が、少なくとも十三世紀までには生存水準のかなり上にいた。クライトンはソロルド・ロジャーズに賛同を表わしながら、その趣旨を引用している。「言葉の厳密な意味において、飢饉は、もっとも価格の高い穀物を主食とするという、この島国の住人が頑固に維持してきた習慣のおかげで、イングランドではめったに起こらなかった……。人々は豊かに、そして、特別な欠乏が起こったとき以外は、つねに入手しうる最高の食糧で生活している」。クライトンはこれより前に、質の悪い穀物を食べることによって起こり、中世に大陸で広まった黒穂病《くろほびょう》［植物の病害］は、［イングランドには］存在しなかったことを示していた(127)。

同じことが、さらにいっそう人口密度の高い日本にも当てはまった。すでにアジアの多くの国々よりも高い出発点をもった庶民の飲食物は、一般に十七世紀の終わりから良くなったと論じられてきた。十七世紀の初頭におけるイモ（サツマイモとジャガイモ）の導入は「十八世紀および十九世紀の日本において、密集した人口を維持するための重要な因子であったであろう」(128)。農業の革命はその恩恵が増加する人口に呑み込まれてしまうこともなく、生活水準を引き上げた(129)。

歴史家たちがイギリスに飢饉がないことに注目しはじめたとき、彼らはこれが政府の働きによるものであったかどうかを考えた。ド・フリースは「(一五九七年の救貧法が各共同体に貧民を援助する義務を課した)イギリスでは……」政府の働きが「真の生存の危機」が存在しなかった理由の一つであっただろうと述べている[130]。この領域での政府の活動はほぼ一世紀続いた。一五二七年の［穀物法の］最初の布告から一六三〇年代におけるその政策の放棄まで、イギリス政府は穀物の流れと価格を実際にコントロールしようと努め、ときに成功を収めた。

『訓令集』が出され、価格を引き上げるために市場に出さないで隠された備蓄穀物を捜査する基礎となった。一六二〇年代以降、穀物の備蓄はその政策が不要だと考えられるほど豊富となり、人々はアダム・スミスの議論を先取りし始めた。サマセットの判事たちが指摘したように、穀物の捜査をするだけで価格が上がり、「欠乏なき飢饉」が起こった[131]。こうした『訓令集』と関連した行政上の措置がウォルターによって概説されているが、彼は、「価格が上昇したときには、穀物の輸出が禁じられ、穀物備蓄に関する統計がとられ、市場にはつねに穀物が供給され、穀物の備蓄と販売が厳密に統制された」ことを示している[132]。しかし、ウォルターもスラックも、これをイギリスに飢饉による死者がなかったことの基本的理由とはしていない。

日本でも、食糧不足の緩和を援助するために政府が介入したという証拠がある。援助の義務の存在については人々に受け入れられていた。一七九八年、哲学者の本多利明は「ある場所で穀物が実らない不作の年でも、その干魃が国のあらゆる場所にまで広がるというようなことは決してなかった。それゆえ、豊作の地方から不作の地方へ穀物を船で輸送することによって彼らの空腹を軽減し、こうすることで彼らの必要に奉仕することは、民に対する為政者の、親としての義務である」と述べた[133]。ケンペルは、ずっと昔、「前年度の異常乾燥によって大飢饉が発生した。幕府将軍はとりあえず一月二〇日から数えて向こう一〇〇日間、日本全国各地で施米の炊出しを行い、貧しい人々に御飯を配給する旨を布告した」[134]と述べている。

「資格」をつくり出すことによって、天候の気まぐれに対する緩衝装置を供給するため、慎重な手だてが講じられた。享保の飢饉の時代から「緊急時における救済の提供というとくに明示された目的で、米と貨幣の基金がいくつか設立された」。貧しい両親の子育てを援助するための基金は一七三六年以来日本各地に導入され、およそ二〇パーセントの家族を援助した[135]。

国民のなかに「資格」を作り出すための公式のメカニズムと同時に、自然と人の残酷さを緩和するという点で同様に重要な、数多くの非公式で、慣習的で、社会事業的なメカニズムが存在する。イングランドに関しては、ウォルターが論じたように、近代初期のイングランドにおいて飢饉の防衛策となり得た諸制度は過小評価されてきた。一つは、おそらく存在したと思われる一種の「分益小作制」である。それは、危険を、所有者と耕作者とに分散させた。二つ目は「貧乏人の子供の避難所」としての奉公人制度であり、それによって若者はその生涯の一部が保護された。三つ目は、特別な技術をもった人に対する現物支給で、彼らは価格の急上昇から自由になった。もう一つは、労働者がその雇い主から穀物を特別価格で購入できたことであり、さらにもう一つの大切な要因は、穏当な利率の信用貸しが広範囲で利用できたことである。また、高い身分には義務が伴い、慈善的な施しは義務である、という社会全体の雰囲気から、富者には困っている貧者を助けるという義務が存在した(136)。

日本にも同様なメカニズムが働いていることを見るのは難しくない。まず分益小作制に似たさまざまな形態の小作制があった。また、日本は、奉公人制度が重要性をもつアジアで唯一の国であった。これに独特な養子縁組み制度が加わって、ウォルターがイギリスについて示唆した、まさしくあの援助が供給された(137)。現物支給、非常な低利子での信用貸しの利用の普及は、すべて日本において見られるものであるが、中国やインドでは同様なかたちでは存在しない。

こうした説明のすべてがもつ一つの難点は、これらの制度の多くが、安定し、飢饉のない社会の産物であるということである。低い利子での信用貸しが広く利用できること、あるいは中間層や富者が難儀の際に大規模な施しをすることは、いずれも比較的豊かな社会においてのみ可能なことである。それらは富の公平な分配にとって重要なメカニズムであるが、そもそも、その比較的高い富のレベルを説明するものではない。さらに先へ進むために、われわれは問題の中心を見る必要がある。それは経済の発展に関わる事柄である。

農民社会もまた、危機の分担と援助のための多くの非公式のメカニズムをもっている。実際、政治的経済的不安定との絶え間ない戦いは、さまざまな制度、親戚関係、疑似親戚関係、さまざまな組合、儀式用の基金などの装置一式がたいていの場合存在し、それらは定期的におとずれる危機を克服しようとして開発されるということを意味している。問題は、これらの制度がふつう有効範囲が非常に狭いということである。援助がもっとも必要とされるとき、援助する側の者たちもまた溺れているのである。この点で、ウォルターの記述しているケースにおいて区別されるべきことは、非公式のメカニズムが、富と資格、すなわち貨幣の蓄積という媒介を通じて、空間的時間的にいっそう広がりのあるものになっているということである。貨幣がその価値を保つ限り、人々はよそから資産を取り込むことができる。それゆえわれわれは、一方の、「契約」にもとづくものも含む、貨幣にもとづいた非公式メカニズムと、他方の、「地位」にもとづいた対面的な非公式メカニズムとをはっきりと区別しなければならない。奉公や養子縁組、信用貸し、贈与、そして価格の引き下げは前者であり、隣人や親戚からの援助は後者である。

これは、シーヴォイの農民社会における飢饉についての著書の全体的テーマと関連している。そこにおいてシーヴォイは、非市場（農民）経済と飢饉の間には必然的なつながりがあると主張している。彼は、将来インドや中国やアフリカのような場所で飢饉を避ける唯一の方法は、できるだけ早く「農民的生産様式」を破壊し、人々を市場向けの小さな農業生産者に変えることであると信じている(138)。本質において、その主張は、農民社会は、定期的な変動に対して備えること、危険を時間的空間的に拡散することが非常に難しいということである。それゆえ、それは一時的な変動によって沈没してしまう。貨幣、交易、信用貸しなどの市場メカニズムは、困難を拡散するという点でより効果的であり、それゆえ人々に飢饉を免れさせる。飢饉は農民と結びついたものであり、市場資本主義こそ飢饉を排除するものであろう。市場資本主義はすべての人に最小限の資格を与えることによってこれを行うのである。

クンスタッターは「おそらく新しい食糧技術の導入と同じくらい重要」なのは、「食糧の入手可能性の一時的変動の衝撃を和らげる」「いくつかの社会変化」の導入であると主張する。彼はこれらを「貨幣、信用貸し、市場、賃金労働の機会」とし、これらは経済活動を「原始共同体的生態系という境界を大きく越えて拡大させる」としている(139)。こうして、われわれが問わなければならないのは、イングランドと日本において交易、市場、副業の進展がいつ起こり、どの程度根づいたものであったかということである。

『ケンブリッジ版日本史』の各巻は、日本には少なくとも十五世紀から、精巧な市場経済の初期発展形態が存在したことを示している(140)。イングランドに関しても同様である(141)。これは、農民でも地主でもない豊かな農地所有者、職人、工芸家など多数の比較的裕福な「中間層」をもつ特異な社会構造と結びついたものであった。このことは、この二つの国に、「一般的な」飢饉に苦しむ社会とは非常に異なった社会構造を与えた。もし飢饉と伝統的な「農民」社会が深く関係しあっていると論ずることが可能であるとすれば、大規模な飢饉に苦しんだのが、インド、中国、中央および東ヨーロッパ、ロシアの世界的大農村社会であったことは驚くに当たらない。だいたいにおいて飢饉がほとんど起こらなかったアメリカ大陸においてさえ、飢饉が起こったのは、二つの広く平坦な「農民」地域である北東ブラジルとメキシコである(142)。日本とイングランドが、市場の支配する高度に商業化された経済に早く移行していたという事実は、飢饉が比較的少なかったことを説明するのにきわめて有効である。

イングランドの市場全般にみられるこの多様性は、ウォルターとスコフィールドによって次のように記述されている。「穀物以外の食材や非農業生産物に対する消費需要の増大は、地方において、混合農業と職種の多様化を促進し、それによって穀物栽培と家畜飼育のよりよいバランスが生まれ、より一般化すれば、市場取引のネットワークが強化された」(143)。この多様化と全国的市場への統合は、十七世紀に広く注目を集めた。「十七世紀、大陸には統一された全国的市場は存在しなかったが、海峡の向こう側ではすべてがロンドンを中心として組織化されている」(144)。このコメントの後半の部分はウォルターとスコフィールドの次の意見によって支持される。「地域価格が共通の動きをしているということは、一七世紀末までには全国的市場ができ上がっていたことを示している。それによって、ある地方の不足は他の地方で生じた余剰によって補うことができた」(145)。イングランドと日本では、この年代よりかなり前から多様化と全国的市場の創出が進行していたと十分に論じられるであろう。飢饉が比較的少なかったということは、この事実を反映しているのである。

小農民による自給自足的な農業と飢饉との関連について考察する際、個別的に埋め込まれ、小農民的な、飢饉に苦しめられる社会から、さまざまな段階を経て、総体として統合され、食糧が十分にある、資本主義的な農業へと至るかなり直線的な進歩を仮定したくなる。

そのような議論が暗示するのは、中心にある資本主義的地域の周縁には、その市場に統合されて苦しむ地域もあるだろうということである。これは半ば正しい。しかし、それほど単純ではないであろう。十六世紀後半の北西イングランドに関する最近の研究は、むしろ、より巧妙で興味深い見方を提案している。つまり、大きな問題を引き起こすのは、必ずしも資本主義システムの周縁に自給自足的小農民農業が引き続き存在することではなくて、むしろ、あまりにも性急すぎる前進であるというのである。

イングランドのケースでは、「詳細な点検によれば、北西地方を苦しめた問題は、その地域の後進性というよりはむしろ時期尚早な牧畜農業への専業化であった可能性がある」とスコフィールドとウォルターは論じている。これは以前アップルビィによって示されたことである。彼は、その世紀の終わりの悪天候の折りに穀物の価格が牧畜生産物に比べて上昇したことは「専門化理論の有利性を崩壊させた」と言った、として引用されている。つまり、「十六世紀後半の飢饉は、市場が彼らに適切に報いることができないばかりか、穀物が十分になく、またそれを他の場所から手に入れるための適切なメカニズムがないという状況で、一種の農業の専門化に従事していた共同体によって、支払われなければならなかった罰金であるように見える」。これは、生存の危機につねにさらされているという古いパターンではなく、より新しい、十六世紀の経済的変化によってかたち作られたパターンであろう(146)。

さて、穀物を基礎とした大きな市場の周縁で牧畜農業を専業とすることにはかなりの犠牲が必要であろうというこの議論は、さらに広く応用することができよう。スコフィールドとウォルターが示唆するように、スコットランドやアイルランドが近年まで飢饉に苦しんだことを説明するのに役立つかも知れない。その暗示するところは、アフリカの飢饉、たとえば東アフリカの牧畜民やサヘル族の間での飢饉にまで十分あてはまるであろう。ある国がコーヒーや綿花やココアのような商品作物を生産するよう圧力をかけられ、次にその価格が暴落するというプロセスは、同じ危険が、現代、地球規模で起こった場合の例である。

専業化は日本にも当てはまる要因であろう。九州における最初の深刻な飢饉は、まさしく日本のもっとも先進的な地方の一つで起こった。その人口は中国に比較的近いこともあって、急速な増加をみていた。その地方は工芸品の生産をとくに専門とするようになっていた。一七三二年の危機の際、その地方は「後進性」のためではなく早熟であったために、当然の苦しみを受けたと言えよう。

そうした議論の一変種はまた、最近まで飢饉が脅威であり続けた日本の一地域、すなわち東北地方の北部を理解するのに役立つかも知れない。この地域は穀物を大量に生産することができず、魚や森林生産物を日本の他地域に提供した。その地域の問題の一部に、日本の他地域の欠乏の年には、その専業性ゆえに、「資格」理論の点でとくに脆かったということがあるであろう。

これまで検討した数々の要因、なかでも戦争がないこと、良好な水上交通、多様で先進的な農業、発展した市場経済といった要因の組み合わせによって、日本は、そしてイングランドはなおさら、異常に早い時期に飢饉の「影響下から脱出していた」。マルサスの偉大な制限の第二のものは、十分に回避されていたというわけである。この脱出が確かなものであったかどうか、そしてその性質がどのようなものであったかは、日本とイングランドの食糧供給に目を向けてみればさらにいっそう明らかになる。

6 食物と栄養

イングランドと日本で飢饉が比較的早い時期に消滅した理由を探るためにはもっと範囲を広げて、食物の質と量を議論する必要があるだろう。それに、これまでにわかっている人間の病気のほとんどすべては、栄養によって何らかの影響を受けるものだ。不健康を引き起こす直接の原因にはならないとしても、栄養状態によって、死亡率や羅患率が変わってくるであろう。食生活が良好な社会では、それが乏しい社会と比べて、さまざまな微生物への抵抗力があるからである。「人の栄養不良によって免疫システムの機能に深刻な欠陥が生じることは疑いの余地がない」(1)。その逆もまた真である。たとえば、「マラリアなどの風土病が発生する国々では、人々は一般的に栄養不良の状態にあり、乳児死亡率・結核死亡率が高いことが多い。また、人々の虚脱状態や体力の衰弱があまりに著しいために、農作業が滞り、結果として栄養状態がさらに悪化することもよくある」(2)。

「生命の維持手段とも言うべき飲食は、戦争、飢饉、流行病よりもさらに多くの命を奪ってきた」(3)。あるいは、バカン博士が書いているように、「不健康な食物、不規則な食生活は、数多くの病気の誘因となる。体質そのものが食生活だけで変わり得るのは明らかである」(4)。日本に滞在した英国人医師ウィリアム・ウィリスは、「賢明な医者は、患者の回復に必要なのは、薬よりむしろ良質の食物である場合が非常に多いことを知っている」と指摘している(5)。その数年後に、グリフィスもこの関係をさらに発展させて次のように書いている。「シドニー・スミス［イギリスの宗教家・評論家*］は食事健康法の本を、ずばり『自分の墓を自分の歯で掘る人がいる』という表現で要約した。それを補足する日本の諺に『病いは口より入る』がある」(6)。ジョージ・オーウェルは、「食生活の変化は、王朝の交代や、改宗よりも重要だと、論じてよいだろう」と述べている(7)。

産業革命にいたる五〇〇年にわたって西ヨーロッパ地域では全般的に、食物に関して良好な状況にあった。一九五九年にJ・T・クラウゼは、「スウェーデン、アイルランド、イングランドに関する資料には、工業化以前の社会におけるこれら西洋の人々の食生活が、相対的にまずまずのものであり、現在の発展途上国の人々に比べると、はるかに良い食生活をおくっていたことが示されている」と指摘した(8)。ジョン・ホールは西ヨーロッパについて、「中世の農民の食生活はわれわれからするとひどいものかもしれないが、その他の前農業社会と比較すると格段に良かった」と述べている(9)。アジアと比べてヨーロッパがとくに恵まれていたことは、ブローデルが詳しく記録している(10)。西ヨーロッパ全体の食生活は変化に富んでいて、蛋白質とビタミンが豊富であったらしいのだが、なかでも北西ヨーロッパではそれが当てはまる。たとえば、「北ヨーロッパでは肉をより多く食べていたという特徴があり、南ヨーロッパでは炭水化物の食物をより多く摂っていた」。ヨーロッパの食生活をカロリー表示した興味深い地図が示されており、きわめて予備的な調査にもとづいたものではあるが、この地図も、こうした見方を支持しているようである(11)。食物の量と質が他地域と比べ飛び抜けて優れていた地域が二つあった。一つはオランダで、もう一つがイングランドである(12)。

イングランド人の識者が自国の食生活について見解を述べた例がいくつかあったが、その熱弁ぶりは有名であった(13)。一例をとるなら、ファインズ・モリソンは、一六〇五〜一七年にヨーロッパ中を旅して、食生活に関する調査を行い、その結果を次のように述べている。「ドイツ人の食生活は、暴飲を別にすれば、単純で非常につつましい」。オランダ人は、バター、牛乳、肉、その他の生産物からなる、きわめて豊かな食事をしていた。デンマークでは一般的には、「だいたい、数種の干し魚に依存して」おり、モリソンはこれがデンマーク人の「痩せて弱々しい顔つき」の原因であると考えた。そして彼らは「なおそのうえ、非常に黒く、重く、そしてガスで腹が張るようなパンを食べている」。食生活においてはおおむね、「彼らはドイツ人と似ている」。イタリアでは、良い食事をしている人々もいれば、ひどい食事をしている人々もいた。しかし、全体的に言えば、「イタリア人の食事は、イングランド人、フランス人と比較して、非常に質素である」。イタリア人は、「北の人々と比べて、肉をそれほど食べない」が、パンとサラダをたくさん食べる。同様に、「食生活の点で言えば、トルコ人も質素である」。フランスには、栄養に富んだ食物がふんだんにあるが、普通の人々は良質の食物をほとんど口にしない。「現在、普段の食卓にのぼるベーコンや乾燥肉の量では、フランス人が一番少ない」。魚や野生の動物には恵まれていたが、「地方に住む人たちは、それらを実際に食べることもなく、また、食べようともしない」。「フランスでは牛肉は、質があまり良くなく、また、大して利用されてもいない」。羊は、おいしいものの、「イングランドに比べてあまりいない」。「フランス人は酪農品もそれほど利用せず、良質のバターも食べていない……」。富裕層でさえ、イングランドの人々に比べて劣った食事をしている。「普段の家庭の食生活で言えば、市民と同様、ジェントルマンも、イングランドの人々よりつつましく、彼らの食卓に並ぶ食事内容には、あまり変化がなく、品数もそれほどではない」。スコットランド人は、「赤キャベツやキャベツをたくさん食べるが、新鮮な肉類はほとんど食べず、ポリッジ［オートミールなどで作った粥］をよく食べている」(14)。アイルランドでは、「イングランド系アイルランド人」は良い食事をしているが、「生粋の」アイルランド人は、馬肉やカラス麦、そして、牛の生血さえも食し、こうした食物をモリソンは栄養的ではあるかもしれないが汚らわしいと考えていた。

イングランド人については、モリソンは非常に優れた食事をしていると考えた。「今日では、イングランドの人々が、一番よく食べるのは鶏肉で、ガチョウは二つの季節に食されている……うさぎの肉も非常によく食べられている……」。イングランド人の食卓には、「酪農品、獣肉、家禽や魚のあらゆる類い、そして食べるのに適したじつに多様な食品が豊富に」のぼる。また、イングランド以外では滅多に手に入らないか、知られてもいないような、牡蠣や多種の海鳥、ダマジカ［小型の鹿の一種］、雄豚の肉などといった珍味も数多かった。穀物に関しては、「イングランドの農夫は、大麦とライ麦でできたブラウン・パンを食べている。この種のパンは腹もちが良く、働いていてもすぐには消化されないので白パンよりも好まれる。市民やジェントルマンに関して言えば、イングランドでは（すでに述べたように）あらゆる種類の穀物がふんだんにとれるので、真っ白いパンを食べている」。モリソンが熱心に主張したように、食物が豊富にあるために、イングランド人はヨーロッパのなかで大食家と考えられていたのである(15)。

イングランド人が比較的良い食生活をおくっているという見方は、十八世紀に入っても維持された。たとえば風刺画には、ロースト・ビーフを体に詰め込んだ丸々と肥えたイングランドの田舎の人と、痩せ衰えた菜食のフランス人が描かれている(16)。アーサー・ヤングは、マルサスが、「革命開始時にフランスの労働階級は、『病気であるか健康であるかにかかわらず、イングランドの同じ階級の人々よりも衣食の状態が七六％ほど劣っている』と述べた」と書いている(17)。

スイス人の旅行家ド・ソシュールは、十八世紀初期にロンドンに関して、「これらのマーケットにはありとあらゆる海水および淡水の魚、また、じつにさまざまな種類の野菜や家禽の肉があふれている」ことに目を留めている。ド・ソシュールによると、「イングランドの人々は大食家で、また、肉類をパンより好み、パンにほとんど手をつけない人もいる。料理法は単純でいつも同じで、シチューはまず食卓に上がらないし、われわれのように肉をローストしたり、煮こむこともない。そうすれば、肉汁を一層含んで繊細な味が出て、おいしくなると私には思われるのだが」。酪農品に関して言えば、「町の外に出ると、広大で美しい牧場が一面に広がっており、そこでは一年を通じて、数多くの乳牛が草を食み、ふんだんに牛乳が得られる。イングランドの人々は酪農品を大量に消費し、クリームや牛乳、バターを非常に好む」。とくに重要なのがバターであった。というのも、「彼らは、この材料を溶かして使う以外、魚や野菜を調理する方法を知らない」からである。果物や野菜も十分にあった。「ロンドン周辺には、手入れの行き届いた大きな菜園が数多くあり、これらの菜園ではおしなべて、あらゆる種類の野菜や花や果樹が栽培されている」[18]。一世代後のラ・ロシュフーコーは、「肉の消費量は何といってもイングランドが群を抜いている。イングランドでは一国を挙げて肉を食べており、概して肉食であると言える」と述べている[19]。

中世イングランドで食物が多様で質も良かったという当時の観察は、歴史的調査によっても裏づけられている[20]。たとえば、クリストファー・ダイヤーが近年行った、十三世紀から十五世紀の食生活に関する詳しい分析がある[21]。そこでは、冬季に新鮮な肉は出回っていなかったというこれまでの定説をくつがえす結果が示されている[22]。実際のところ、肉の消費量は非常に多かったのである。たとえば、刈り取り人夫［収穫時の労働者］らの食生活を見てみると、一四〇〇年までに、一日につき一人当たりの肉の支給は、屑肉や臓物の部分を除いても四五〇グラム近くあった。セッジフォードの史料からは、「十三世紀の刈り取り人夫やその家族が座って、大麦パンとチーズに、塩漬け肉か保存加工された魚を少し添え、飲み物は、エール、牛乳と水という、たっぷりとした食事をとる様子が表われている。十五世紀になると、彼らの後継者たちには、十分な量の白パンと、一日につき約四・五リットル近いエール、そして（断食日を除いては）新鮮で大きな肉の切れが支給された」[23]。十五世紀のある農民の家は、「ベーコン、乳製品、モルト、塩漬けの牛肉、玉葱とニンニク」であふれていた[24]。中世の村には、さまざまな野菜を育てる家庭菜園があちこちにあった[25]。

これらの記述から、イングランド人の食生活は変化に富み、量も十分であったことがうかがえる。聖バルトロマイ慈善病院や懲治院といった慈善施設においてさえ、肉やビール、魚、乳製品が毎日出されていたのである[26]。しかしながら、十八世紀後期以降、十九世紀に入ってからの史料の内容は一様ではない。ギルバート・ホワイトは一七七八年に、食生活が上向いてきたことを示唆して次のように書いている。「南の地方では、かつては大麦や豆でつくった、粗末きわまりないパンが食べられていたが、今やどんな階層の人々も、良質の小麦のパンをふんだんに食べている」。「また、そこそこの労働者なら皆自分の菜園をもっている。菜園は生活維持を助けるものであるだけでなく、彼らの楽しみでもあった。そして、農業経営者は、通常、作男たちに、ベーコンに添えて、マメ、エンドウ豆、青菜の類をたっぷりと与えている」[27]。しかし一方で、ウィリアム・コベットは次のように書いている。イングランドの食生活は一七六〇年代には高い水準にあったが、一八三〇年代当時には「奴隷のように、みすぼらしく、空腹の状態」に悪化するに至った。コベットが少年のときには「朝、仕事に出るとき、どんな労働者でも……ビール一瓶に加えて、ベーコンでないにせよ、チーズなどが入った食料袋を、柄の先の曲がったところにひっかけて持って出かけたものである」[28]。

当時の状態をよく表わす資料として、F・イーデンが十八世紀末の貧困層の状況を調査した結果がある。ドロシー・マーシャルの結論の言葉を借りて言えば、現代のわれわれの視点からすると、これらの資料は、「イーデンやデイヴィスが調べ上げた、哀れこのうえない家計が証明するように、一般の労働者が自分の給料でどうにか賄えるのは、パン、チーズ、薄いお茶を主食とするような、必要最低限の生活でしかなかった」ということを示している[29]。しかしながら、労働階級のほとんどの人々に関して言うならば、この資料は、もう少し積極的に解釈できるかもしれない。

イングランドで経済的に苦しかった年の貧困層に関するデータは、不完全ではあるものの、一人当たりの日常の食品の消費量が、一九四〇年のインドについて推測される一人当たりの生産量の約二倍であったことを示している。当時、イーデンが詳しく調査した三一世帯のうち、二七世帯の食事には肉か魚が含まれ、量を相当たっぷりと摂る場合もあった。家計費の項目に肉がまったく含まれない四世帯のうち、男性の三人は雇い主から食物を支給されており、このことから彼らもおそらく肉を食べていたと考えられる[30]。

かつてのイングランド人の食事の量が、現代のアジアやアフリカの多くの人々よりも多かったことを示すのは難しいことではないが、それが栄養的に満足のいくものであったか否かを判断するのは容易ではない。富裕層の食事については十分であったというのがおおむね一致した見解である。アップルビィは、「どのような見解からしても、富裕層の食事は、十六世紀を通じて、変化に富み、量も十分で、おそらく同世紀末にかけてはさらに豊かに、また、内容も凝ったものになっていったことが考えられる」と結論づけている。これら豊かな人々は、「変化に富んだ食事を楽しみ、適度な量の果物をとり、少なくとも同世紀末までには野菜類も食べるようになった」(31)。問題は、過食と肉の食べすぎであった。キース・トマスは、裕福な人々にとっては、野菜類をおろそかにするために起こる貧血や便秘、結石が問題であったと述べている(32)。

貧困層の食事に関しては、アップルビィは、十六世紀に悪化したと考え、次のように書いた。「価格に関するデータから、十六世紀を通じて食生活のレベルは全般的に除々に落ちていったことがうかがえる。どうやら小麦が、より安価で、あまり好ましくない穀物にとって替わられたようである」。とは言うものの、「われわれの知識には限りがあるので、これらの人々の食生活が、質的に適切であったかどうかを断言するのは難しい。たとえば、彼らが壊血病を防ぐビタミンCを含んだ果物や野菜、調味用ハーブを十分に摂っていたか否か。この答えを出すことは不可能である」(33)。

アラン・エヴェリットは、十七世紀の労働者たちの食事は地方によって異なったものの、「主食はパン、パイ、［惣菜に添える］プディングであった」と書いている。パンはふつう大麦でできていたが、「からす麦、小麦、ライ麦を使うこともあった」。ときには、人々は必要にせまられて大麦の粉にそば粉を混ぜた。もっとも、一六二三年に判事らが、人々は、これまで「(そんなものを)知らなかったために、使うのを非常に嫌がっている」と述べてはいる。彼らは市場購入に依存していたために、「価格が上昇すると、……生活はしばしば困窮した」。蛋白質に関しては、チーズが広く食べられており、「最貧層であるデボン地方のスズを掘る坑夫でさえ、ある種の固いチーズを食べていた」。バターやラードと並んで、チーズは、「比較的貧しい農場労働者の食事でおそらく唯一の、脂肪質と蛋白質の源であった」。しかし、エヴェリットは続いて次のように述べる。「労働者で自分の豚を飼う者はほとんどいなかったが、家の屋根や煙突にベーコン肉を吊している者は多い……主人の食卓で食事する住み込み労働者は牛肉を食べているが、通いの労働者の品目一覧には滅多にあがっていない」。しかし、エヴェリットはこれらの人々が品目一覧にあげられるほど大きな固まりの肉を食べていた可能性は低いだろうとしている。野菜やハーブは、「よく田舎の家の庭先で栽培されていた」。野生の動物が豊富で、野生の果物や木の実の類もふんだんにあったため、「地方に住む労働者はその恩恵を受けていた。貧しい者たちでさえ、牛乳やエール、ビールをたっぷりと飲み、それらの飲物はそれぞれ滋養になった」(34)。以上のことから当時の食生活は、ひどく惨めなものでは決してなく、パンをほどよく食べ、バター、チーズ、牛乳を広く利用し、肉をある程度食べ、野菜、ビール、エールはふんだんにとっていたであろうことが浮かび上がってくる。

もう一つの重要な蛋白源が魚であった。ハリソンは、「わが国の海岸や淡水の河川から水揚げされるあらゆる種類の魚」について述べている(35)。魚は遠隔地から輸送もできるようになっていた。ジョエル・モキールは、「十四世紀末に、オランダの漁師が新鮮なニシンのはらわたを取り除いて塩漬けにして長期保存する技術を考え出した」ことを説明している。その後、「ジョン・カボート［イタリアの航海者］が一四九七年にニューファウンドランド沖にあるタラの大漁場を発見し、また、おびただしい数の釣鉤《つりばり》をつけた新型の釣糸も使われ始めた。予期せぬことにこうした技術開発や発見によって、ヨーロッパには、現代の水準では食指の動くようなものではないにせよ、蛋白質に富む乾燥タラが、新たに供給されるようになったのである」(36)。

以上のようなことから、いくつかの試論を導き出すことができよう。アップルビィが示唆したように、「大陸諸国の水準で言えば、イングランド人は十分な量の食事をしており、とくに肉に関しては、海峡を隔てた大陸の人々の通常の量に比べてはるかに多かった」(37)。十六世紀には肉は広く食べられており、肉の生産と貯蔵はこの時期に増加した。十七世紀の後半には、グレゴリー・キングは、人口の半数は週に一度かもっと稀にしか肉を口にしなかったと推測したが(38)、ケイムズ卿は十八世紀中葉までに状況が改善されてきたことに注目して次のように述べている。「食生活に関しても顕著な変化が見られた。かつては、地位の高い人々も年間の大半は塩漬け肉を食べて生活していた。現在では、新鮮な肉が年間を通じて一般に出回っている。香草、根菜類は今や食物の重要品目となっている。とくにロンドンに関しては、革命時のその消費量は現在の六〇分の一にも満たなかった」(39)。家畜用作物が新たに開発されたために、冬季を生きのびられる家畜の数が増え、そのために新鮮な肉も供給されるようになった。同じくマルサスも、「食料品価格は上昇してきたが、労働の価格はほとんどつねにそれ以上の率で上昇したのである。そして、たいていの教区において、一般市民の間では以前よりも肉の消費が増え」たと考えた(40)。イングランド人が比較的に豊かであったことは、シャーマスが家計費の分析で示している(41)。

もちろん、肉の食べすぎは健康に有害である。バカンも指摘しているように、「世界中でイングランド人ほど肉類を大量に食べる国民はいない。これが一因となって、イングランドに壊血病やそれから来る数多くの一連の弊害、消化不良、無気力、心気症などがはこびっている」(42)。確かに、その摂取量たるや莫大なものであった。一七七八年に、スペインからの来訪者が述べたところによると、「〔ロンドンのレドン・ホール大市場では〕スペイン全国で一年かかって消費される以上の肉が一カ月で売られている」(43)。しかしながら、シャーマスが論じるように、肉の消費量は、十五世紀から十七世紀にかけて非常に増えたが、貧困層では十八世紀初頭に下降し始めたようである。

食事の内容が「適切」であるかどうかの評価はすべて主観的なものである。このことは、たとえば、シャーマスによるイングランドの消費者に関する研究にも示されている。彼女は、「近代初期を通じて救貧院で出されていた一日の食事は、成人男性を目安に見ると、二〇〇〇（カロリー）台の中間から高い数値の間であったようである」という結果を出した。また、同じように、シャーマスは、イーデンの十八世紀後期の調査をもとに、貧困層の一日の食事は、二五〇〇〜三〇〇〇カロリーの間であったと推測している。彼女は、これが実際に必要なカロリーより、はるかに乏しいものであったと考えた(44)。しかし、これをたとえば一九六〇年代の東南アジアにおける一日当たりのカロリー数値と比べてみると、パキスタン二〇三〇、インド二〇五〇、ビルマ二一五〇、タイ二一八五などとなっており、前述のイングランドの数値が不適切なものとは思われない(45)。もちろん、年齢や性別、体重、また女性なら妊娠しているか授乳中であるかといったことや、従事する労働の性質にも左右されるところが大きい。一般的には、十九世紀中期までに食事の質は落ちていったと考えられているが、一八六二年に行われた農業労働者の食事内容に関する調査では、「この時期のイギリスの労働者の最貧層は、成人男性一日当たり約二七〇〇カロリーの食事をしていたことが示されている。しかし、こうした労働者のなかでも比較的収入の高い人々は、一日当たり四〇〇〇カロリー以上を摂取しており、現代の水準をはるかに上回る食事をしていた」のである(46)。

イングランドの場合にも見られたことだが、昔ながらの農業生活でとられたのは、家畜の生産物を活用して高蛋白質の食事をすることであった。こうすることで、もっとも手っ取り早い方法でエネルギーを十分に得ることができる。日本人は、なぜこの方法を選ばなかったのであろうか。この問いに答えるのは容易ではない。

十九世紀末のチェンバレンの観察によると、その当時まで日本では「羊や山羊、ガチョウ、七面鳥、豚は知られておらず、牛でさえも少なかった。その肉や牛乳も食物として用いられてはいなかった。……牛肉はまだ贅沢品とされている。牛乳も飲まれるが、主として医薬用である。牧場はなく、囲い地もなかった」(47)。グリフィスは、「日本では、羊や飼いならされた雁［鵞鳥《がちょう》*］のことは本でしか知られていない」ことに気がついていた(48)。モースによれば、「田舎を旅しているとすぐ気がつくが、雌鶏の群というものが見あたらぬ。雌鶏と雄鶏とがたった二羽でさまよい歩く――もっともたいていはひっくり返した笊《ざる》の内にはいっているが――だけである」(49)。

日本人が家畜の生産物、つまり、肉、牛乳、卵の類をいつ食べなくなったかは定かではないし、その理由も明らかではない。ある説によると、それは、六七三年に即位したと考えられている天武天皇の統治時代のことで、「この時代に仏教は宮廷で強い影響力をもち始めたようである。というのも、このとき天皇は国民に事実上、菜食を課したのであり、これは理論上のみならず、事実上も最高権力であることの確証であった」。ラフカディオ・ハーンは、「魚類は相変わらず世間の一般人の食料品となってきたけれども、だいたいこのころから国民の大部分は従来の食事の習慣をすて、仏教の教えに従って鳥獣肉を食うのをやめたといえそうである」と説明している(50)。ケンペルは、「慣習および信仰が禁じているために、日本人はほとんど獣肉を食べない」と述べている。彼は、これによって、農業の効率が上がったと考えた。「魂の輪廻を唱えるピタゴラスの教えがほとんどどこでも受け入れられているために、日本人は獣肉を一切食べず、主に野菜類に依存して生活している。彼らは、牛の飼養のために土地を牧草地や牧場にしてしまうより、土地を有利に耕す方法を知っているのである」(51)。

明らかに、十九世紀末期頃まで、肉だけでなく牛乳も含めて家畜による生産物は一切利用されなかった。日本にきた初期のヨーロッパの人々は、日本人は、イノシシ、ノウサギ、野鳥といった野生動物は食べるが、「牛乳は血と同じようなものと捉えているために飲まないし、動物を家畜として飼ったりもしない」と述べている(52)。トゥーンベリの観察によると、日本人は動物の「肉を食べず、血を流さず、死体に触れない。この点で罪を犯した者は、ユダヤ人がレビ記の律法に従うように、短期間または長期間、不浄であるとみなされる」(53)。オランダ人医師であったポンペは次のように書いた。「肉を食べることは滅多にない。一八五九年以前は、出島でオランダ人用に豚を処理することだけが許可されていた。その後、外国人、とくにイングランド人が増えてくると、ヨーロッパ人やアメリカ人による屠場が何カ所か設けられた。私は、病院で牛肉を煮出したスープや、牛や子牛の肉を日本人が結構気に入って食べているのを見たことがあるが、一般的に日本人はこうした肉類をほとんど食べない」(54)。牛乳を飲むことさえ、非道とされ、嫌悪されていた。一八八〇年代にイザベラ・バードが描写したところによると、「私は新鮮な牛乳を手に入れることができると思ったが、この地方の人々にとって、子牛が母牛から乳をしぼること以外は何でも聞き慣れぬことであったから、私の言葉を聞いて、みんな笑った。伊藤［バードの助手の日本人］にきくと、彼らはそんなことはとても気持ちが悪いことだと思って」いた(55)。

ポンペの観察によると、食事が動物性蛋白質を含むようになったのは、十九世紀中葉であった。医師ウィリスは、一八六〇年代に「日本人のなかでもとりわけ藩兵らの間に、動物食にたいする嗜好が高まっている。以前にも数軒あったが、江戸の各地に肉屋が開店しはじめている。私はじつにさまざまな種類の獣肉を愛好する日本人に会ったことがある」と述べている(56)。一〇年後のモースの報告では、「肉屋は数年前は非常に珍奇なものであったが、今でも大きな都会にわずかにあるだけである」(57)。「農民は肉をほとんど食べなかった。実際に、都市においても肉は贅沢品であった。一八八九年から九三年にかけて、一人当たりの肉の年間消費量は約四〇〇グラムであった。これは、一九二一年から二六年までには、一八〇〇グラムに増加したが、それでもまだ、一人当たりの一週間の消費は三四グラムほどの微々たる量に過ぎなかった」と言われている(58)。目に見える変化が起きたのは、第二次世界大戦後のことであった(59)。一九五〇年代に、ビアズリとその共同研究者が論じたところによると、「肉は、二世代前には食卓にのぼることはなかった。現在でも、『四つ足の肉』に対する仏教の食の禁忌を破ったことのない老人たちがいる」。卵や鶏肉さえもその禁忌から逃れられなかった。というのも、「村人たちは、飼っている鶏の卵を食べてしまうのは途方もない無駄遣いと感じ、その肉を食べることは非情なことと感じる」のである(60)。

日本人は家畜以外のところに蛋白質を求めた。海岸線が長く、河川や湖も多いことを考えると、日本人がありとあらゆる水産物を利用していることが容易に理解できる。「この国の人々の口に合わぬ海藻は一つもない。……海藻類は非常に巧みに潜る海女の手で二〇尋《ひろ》［約三六・六メートル］も四〇尋も深い海底から採取され、綺麗に水洗いしてから選別される」(61)。「海にある物はほとんど全部一般国民の食膳にのぼる。魚類ばかりでなく、海胆《うに》、海鼠《なまこ》、烏賊《いか》およびある種の虫さえも食う」(62)。「どんな雑魚に至るまでも、日本ではあらゆる魚が食されている」。魚は、「どんな日本人の食卓においてもお決まりの料理で、イングランド人の肉に相当するものである」(63)。

海からはまとまった収穫があり、動く生物とならば、あらゆるものが利用されるばかりか、食用に適した海藻類もまた採取された。「よく海苔が御飯と一緒に食べられるが、ヨードに富んだこの海藻の摂取と、日本人間に甲状腺腫が大変少ない事実は明らかに関連づけられると思う」。「冬と春を通じて天気の良い日には、小さな裏庭ではどこも、木枠をいっぱいに何列にも並べ、そこで、注意深く摘みとられた海藻がムシロの上に幾重にも並べられ乾燥させられるのである」(64)。海藻の栄養価はかなり高い。「海藻中の主な炭水化物は、マンニトールと多糖類のアルギン酸とラミナリンである。海藻の脂肪分は一パーセント未満だが、かなりの量の蛋白質と豊富なミネラルを含有している」[65]。海藻は過去も現在も、日本人の食生活に欠かせない一要素である。

とりわけ重要なのが鯨であった。「海棲動物全体のなかで鯨ほど階層を問わず広く利用されているものはない」。鯨は、どんな部分も余すところなく利用された。

これらの鯨は、幅の広い肩甲骨の部分を除き、その他は全身が利用できて、棄てる不要部分は一つもない。黒っぽい皮、牛肉のような赤身の肉、百尋と呼ばれている長い腸およびその他の臓物は、すべて塩漬にしたり、煮たりして利用される。脂肪層からは鯨油がとれるし、灯油に使う油もとれる。その油を絞った残りの脂肉の引き割は、食用に供される。

また、ケンペルは、「昼夜休みなく寒空の下で力仕事をしなければならぬ労働者や漁夫の栄養補給源としてもってこいの健康食である」と述べている[66]。

とは言うものの、人口密度が高く、多くの人々が海から遠く離れた土地に生活していたことを考えると、海のものだけでは十分でなかったことは明らかである。おそらく鯨肉は除くとしても、魚は、食生活のなかで、贅沢品とふだんの食品の中間くらいに位置していた。一方では、「農民の食物の多くは、生魚《なまざかな》か、半分生《なま》の塩魚……である」とも言われた[67]が、魚に当てることができるのは、食費のなかのわずかな一部分にすぎなかった。一九〇〇年における一人当たりの魚の年間消費量は約一三キロで、一週間当たり、およそ二二〇グラム、一日当たりでは約三〇グラムであった。群馬県で一九一〇年に行われた調査によると、「食費の六五パーセントは、米と他の穀物類に当てられ、魚には二パーセントを下回る額が当てられるにすぎなかった」[68]。

植物に関して、日本人は栽培したものも野生のものも、あらゆるものを利用したようである。「蕪、人参、甜瓜《てんか》［マクワウリ］・胡瓜などの瓜類、蒔蘿《じら》［ヒメウイキョウ］、ウイキョウ、青菜の類は、われわれの所では庭の片隅でつくるが、日本では野生である」。野生植物は、全般的に、「多くの根、葉、花、実などは、一般庶民の常食に供されるだけでなく、上層階級の人々の饗宴や御馳走にも、珍味として調理されるのである」[69]。「筍や各種の茸類（*Agarici*）は日本人の大好物で、干して店で売っている。これらはほとんど毎日、汁やソースに使われる」[70]。一般的には、「野菜や果物は、柵のない開放された場所で栽培されているのである。そしてそれぞれの家の庭は狭く、眺めるためにだけ造られたものである」[71]。家庭菜園が見られないという最後の点については、時代を経るにつれ、とくに都市ではそうでもなくなってきたようである。ローレンス・オリファントによれば、十九世紀の中葉までには、「どんな軒先にも家庭菜園があり、野菜や果樹が植えられ、棚から梨の実が葡萄のようにぶらさがっている」[72]。一九一〇年の群馬県では、食費の約一三・五パーセントが野菜に当てられていた[73]。

野菜と同様に、木の実の種類も豊富であった。ケンペルは、「ここには栗の木があり余るほどである。そしてヨーロッパの普通の栗の木よりも大きな実がいっぱい成る。筑前は栗の名産地である」と述べている。また、「橙の木には二種類あり、いずれもわれわれのものとは異なっている。大きい種類の橙の実は、煮て一般庶民の食用に供される」。果物の種類もじつに豊富であった。「レモンや橙《だいだい》は、ここにはどっさりあり、いろいろの種類がある。もっとも上品な種類を蜜柑《みかん》という」。さらには、「桃、杏、梅は豊富にある」[74]。日本列島は複数の気候帯にまたがって伸びているために、ほとんどの果物が育ったのである。「このために、南の島ではサトウキビが育つほどには暑くないと一般に言われてはいるが、熱帯の果物のほとんどが豊富にとれ、北部では温帯の果物が育つ」[75]。

ケンペルは、根菜類の重要性に目を留めた。「嘘かと思うほど大きなカブが全国いたるところで採れる。畑から採れる作物のなかで、おそらく日本人の生活にもっとも重要なものである」[76]。トゥーンベリは、とくに重要なものとして「カブラ *Brassica rapa*」をあげ、「種は豊富に蒔かれ、他の野菜や根菜類と同様に食用にたくさん利用されている」と説明している[77]。とてつもなく大きな白いダイコンがあり、次のように表現されている。「重さ二三〜二七キロもあるような種類のダイコンもあれば、七キロほどのものもある」[78]。「日本の食事に必ずといってよいほど出されるのが野菜の漬物である」[79]。「一番よく見かけ、もっともよく利用されている野菜がダイコンで、これは糠漬や塩漬にされたり、みりんと砂糖、かつおの削り節と一緒にほとんど水がなくなるまで煮て、汁物に入れたり、または、生で刺身や焼き魚にすり下ろしたりして利用される」[80]。ジェフリー夫人が、この「ダイコン」がどれほど重要であったかを次のように説明している。「御飯の添え物として好まれるもう一つは、ダイコンおろしかダイコンの漬物である。ダイコンは日本食でにんにくの位置を持っていると言えるだろう。しかし、ダイコンは日本人の日常生活にあまりに不可欠で、その独特な強い臭気は至る処に滲み通っていて、新参者にとってはにんにくより不愉快に感じられる。この野菜の姿は大変きれいである。男の腕ほどもある大きな真っ白い優しい形の根で、それは泥だらけの水のなかで白砂のように輝くまで一本一本よくこすり洗われている。食べると私の眼には涙が出るが、日本では誰でも常食にしており、最近その科学的根拠が発見された。ダイコンには米食の澱粉質をエネルギーとなる糖分に変えるのに有効なジアスターゼが豊富だということである。ダイコンがなければ膨大な米を消費する国民全体がひどい消化不良で困ることだろう」[81]。

高蛋白の野菜の代表格が豆類である。「マメ、エンドウマメやレンズマメは、大（*Phaseoli*）小（*Dolichos*）の数多くの種類が栽培されている」[82]。「マメ類は広く栽培されており、種類が多い。あるものはイギリスのマメに似ており、またあるものはフランスのマメに似ている。ただし、それらはいずれも味が劣っている。マメは、いろいろな目的のために栽培されており、青い状態でたべるものもあれば、熟してからたべるものもある。あるものは粉にひいて菓子に用いる」[83]。

ケンペルは、とくに次の二種類をあげている。「大豆は、大きさはトルコ・エンドウほどだが、生えている様子は、ルピナス《ハウチワマメ》に似ている。日本では米の次によく使われ、好まれている。この豆でつくった食品に味噌と呼ばれる、ねっとりしたものがあり、日本人はこれをわれわれがバターでするように、食物につける」。もう一種あげられているのが、「小豆である。生え方は同じくルピナスのようで、色は黒く、レンズマメにも似ている。この豆の粉は、砂糖と混ぜて煮て練り、饅頭やその他の菓子の中身に用いられる」[84]。日本人の食生活で大豆がどれほど重要かは広く知られている。「しかし、実用面でいうと米の次にくるのが大豆である。われわれがどんな料理にも使う醤油は、この豆と小麦、塩からつくられるからである。醤油は何にでも広く使われるので、食卓塩がほとんど必要とされないほどである。大豆は、味噌の主な材料でもあり、味噌は大豆を蒸して、つき砕き、麹と塩を混ぜてつくる」[85]。「一般大衆は魚や葱を入れて煮た味噌汁を、しばしば一日三度すなわち食事のたびに食べる。味噌はレンズマメに似ているシロマメ（*Dolichos Soja*）の小さい豆からつくられる」[86]。一九五〇年代には、大豆、小豆、ソラマメ、ヒヨコマメなどが、引き続き広く利用されていたことは明らかである[87]。これらの豆類は発酵させると栄養価が増した。どんな種類でも野菜の芽にはきわめて豊富な栄養があり、これらも売られていた。「萌やしたいろいろの豆類、他に玉葱のような野菜の芽は、少なくとも晩冬から早春にかけては、中国および日本ではともにその市場のどこへ行っても普通に見られ、食用として売られている」[88]。「もやし——インドと中国の、マメ、エンドウ豆、レンズ豆が発芽したものであるが——を手広く利用することも、発芽の結果、必須アミノ酸、脂肪、ビタミンがより摂取しやすくなっているから、栄養上の取り柄がある。たとえば、大豆の栄養上の価値は、発芽の後の方がその以前よりもはっきりと大きいことは、多方面にわたっての栄養実験の結果、示されている」[89]。とりわけ、こうした発芽した野菜が、食生活のなかで必要不可欠なビタミンCの供給源となった可能性が高い[90]。

もう一つの重要な作物が、アブラナであった。「アブラナは、中国と同様に、ここでもその種《たね》を採るために栽培される。

その種からは多量の油がとれ、ひじょうに重要な作物のひとつである」(91)。この植物は、いくつかの点で非常に優れていた。たとえば、植物性油を採ることができるだけでなく、「その若い嫩芽《ドンガ》や葉は多汁でしかも滋養に富み、消化がよく、そして広く人間の食物として煮たり、生のままであるいは冬期使用のために塩漬けにして、御飯と一緒に食用に供される」。もう一つの大きな利点は、土壌にほとんど負担をかけないことである。「酪牛のように、油菜は種子約四五キロにつき約一八キロの割合で脂肪を生じ、ほとんどすべて油を構成する炭素や水素や酸素を土壌からよりも、むしろ大気中から接取しているので、油粕や茎の灰を畑に返すならば、土壌肥沃度を実質的には何ら土壌から奪うということなしに、脂肪は食料、燃料にされ、または販売されるであろう」(92)。

効率はそれほど高くなかったが、「米、大麦、小麦からの蛋白質の摂取量は十九世紀中期でもっとも重要な位置を占めていた」。十九世紀後半の日本人の食生活で蛋白質の八〇パーセントは、これらの穀物から摂取されていたようである。大豆からの摂取量は驚くほど低く、一日当たりの全摂取量の四五〜五〇グラムのうち、約五〜六グラムを占めるに過ぎなかった(93)。利用されていた穀物の種類は、地域や時期、階層によって異なる。徳川時代から明治時代にかけては、「日本の西端地域では、『ムギ(大麦、小麦)』や、さつまいもを食べる割合が高く、山間部では、キビやヒエがより多く食べられた」(94)。米が好まれたが、米には手の届かない人々が多かった。「誰でも余裕のあるものは米食する。しかし、概していえば、農民階級はそれができない。農村地方では、小麦、大麦、とくに黍《きび》が真の主食である。米は贅沢品として取り扱われ、祝祭日のときだけに出される。あるいは病気のときに用いられる」(95)。二十世紀初頭には、「日本のたいていの地方では労働する人々の穀物食料は、米三割と挽割大麦七割を混ぜたものであり、両方とも同一方法で調理され、使用される」と考えられた(96)。運よく手に入った場合には、米はこの上なく上質で、特別の風味をもち、栄養価が格段にあり、保存性もきくと考えられた。

日本の米にはいろいろな種類がある。この国の最優良米に比肩するような米は、インド諸国中どこにもない。それは雪のように純白で滋養があるが、じきに満腹になるので、慣れない外国人は一度にそんなにたくさんは食べられない。日本の米は、アジア全体でもっとも珍重されており、とくに北部で栽培される米は、何年も保存がきき、そのために米はその地方では、まずは水で洗って乾かしてから、蔵に詰め込まれるのである(97)。

トゥーンベリも、「日本の米は東インド中で一番質が良く、真っ白で、粘り気があり、かつ栄養に富んでいる」と考えた(98)。

日本人がどの穀物を利用したにしても、明らかに言えるのは、必要な栄養は炭水化物、蛋白質のいずれにせよ、ほとんどその穀物から摂取する必要があったということである。日本で一般的に見られたきつい肉体労働をこなしていくために十分な蛋白質を穀物から得るとなれば、平均をかなり上回る量を食べなければいけない。このために日本人の食事の仕方は、外国人の観察者たちに首をかしげさせ、その興味をそそるようなものになったのである。

グリフィスが一八七一年に大阪から舟で河を下って移動した際、彼は、懸命に長い棹をさす男たちを観察した。「身を切るような霜のなかを棹をさしたり、歩いたりしたつらい一夜の労苦が終わった。私は船頭の朝食を見たいと思った。それは次の一日の仕事に必要な体力の基盤となるからであった」。そのときまでに、彼は日本人が、ある秘密の蛋白源を食べているといううわさを聞いていたのである。「アメリカで『日本人労働者の一日分の食糧は一ダイム［一〇セント銀貨*］分のねずみ一匹である』という話を聞いた」が、「私が日本にいる間、そんな動物を食べるのを見たことも聞いたこともなかった」。とはいうものの、彼は「この人たちが食べるもので活力を刺激する食物は何か、肉食には何をとるか」を気をつけて見ていた。実際に彼が見たものは、次のようなものであった。「まずお碗一杯の米飯と箸が出て、次は歴史がくり返すようにもう一杯、三番目は柄杓一杯の茶である。……四番目に米飯一碗と大根二切れ、そして五番目も同じものであった。柄杓一杯の茶で食事が終了した。また棹さしが始まった」(99)。

エライザ・シッドモアも同じように、簡素な食事の摂取と強靭な体力の保持という大いなる矛盾に気がついていた。「この台所のまわりに坐っていた車夫たちは、指ぬきほどの小さい茶碗で緑茶、ごはんを何杯か、そして塩漬け魚を数切れ食べて、筋力と体力を増強しているのだった」。「これらの車夫の食事は彼らのやってのける信じられないような量の労働には到底足りないように思われる。米、塩漬け魚、大根の漬物、緑茶は、一日の労働のためにわずかな栄養を賄うものでしかない。とは言うものの、外国人ならば一週間で虚弱状態に陥ってしまうであろうような食物を食べて、彼らは最高の見本にもできるような健康体を培い、抜群の体調を維持しているのだ」(100)。

エネルギーを補充するためには、つねに食べ続けている必要があった。「西洋の食事に、はるかに大きい持久力があるのは確かであり、日本の医療関係者は国民が魚のほかにもっと動物性食物を食べるようにと力説している。米や野菜は確かに満腹感を与え、食べ過ぎたとさえ感じることがある。それなのに、少しの間に満腹感は消え去り、また空腹が戻ってくるのである。人夫やその他の重労働に従事する人々が一日に四回またはそれ以上の食事をするのはこのためである」(101)。「通常は一日に三度の食事をする――朝八時ごろ、午後二時そして夜八時である。人によっては、決まった時間ではなく空腹を覚えたときに食べるので、食物はほとんど一日中いつも準備しておかなければならない」(102)。食事の回数がさらに多い人もおり、「日本の農民は、一日に五、六度も食事する」(103)。「米が基本的な主食であり、いつも大量に炊いておかれ、暖めるか、熱いお茶と混ぜればすぐ食べられるようになっている」(104)。「米は一日か、あるいは二日ももつようにたっぷりと炊かれる。ほしいときには暖め直すか、よそった冷たいご飯の上に熱いお茶をかけて食べるのである」(105)。

「これは、[日本式の*]煮炊き方式によって、きわめて滋養に富み、食べておいしいものとなる。一粒ずつ離して乾かすインドのやり方とまったく違うのである」(106)。デイヴィッドソンとその共同研究者たちは、米を調理する際にどれだけの損失があるかについて指摘している。「[インドでは]米は、どんなところで購入されても、まず洗う必要があり、このときに洗った水は捨てられることになる。続いて、米は水で炊かれ、煮た水は、使われる場合もあるが普通は捨てられる。……とくに、チアミンが非常に高い割合で失われる可能性がある。ニコチン酸も、同じように失われる。おそらくは、米の場合、精米の段階で失われずにすんだ水溶性のビタミンの半分は、主婦の手で洗い流され、それを食べる家族に届くことはないと考えてよいであろう」(107)。日本の米の場合は、水分を非常に多く含んだ状態のままにしておかれ、その水を流してしまわないことから、こうした損失は部分的に避けられると言えるかもしれない。

それでは、日本の人口の大部分は、数世紀にわたって、どのくらいの栄養レベルにあったと考えられるであろうか。ハンレーの出した結論は、「入手可能な史料からは、徳川時代の日本人の食生活は粗末で簡素極まりないものであった、とも議論できるし、また、豊かで多様であった、とも議論できる」というものである(108)。研究者および観察者たちのなかには、日本人の食生活は不十分だったと考えるグループもある。ウィリスは「貧民が主食として依存するさつまいもに、バターや牛乳を加えれば非常に有益であろう」と考えた。彼は、「植物性と動物性の食物を組み合わせた食事が、人間の体の必要性にもっとも適しているし、この地方の土地の生産力からしてももっとも適したものである」ことを強調した。数カ月後に、ウィリスは日本の南端の薩摩(現在の鹿児島県)から次のように書いている。「この地域、またそれのみならず日本中の住民の健康や体力が、本来あるべきよりも貧しい水準にあることを政府に率直に進言するのは、ここに署名する者の義務である」。ウィリスの考えではその主な原因の一つは、「国民に全般的に見られる比較的貧しい食生活」であった[109]。確かに、より良質の食事をしていたアメリカやイギリスなどの西洋の中流階級出身の来訪者らの目には、日本人の食生活は驚くほど粗末なものに見えた。彼らは、多くの日本人にとって、「米さえもが、贅沢品である」であることに目を留めている。また、「店は見たところぎりぎりの必需品しか置いていない。米よりも黍《きび》や蕎麦《そば》に、日本のどこにもある大根を加えたのが主食となっている」[110]。このような簡素な食生活は一九三〇年代まで続いた。当時、ある新聞記者は、西日本の典型的な小作農の一家族の一日の食事について、「朝食には米粥と漬物、昼食には、米粥、大豆粕の残りと漬物、夕飯には、大麦混じりの米と野菜、漬物」であると書いている[111]。

皮肉にも、最高級とされた白米さえ、その準備の仕方と食べすぎによって、次のような二つの大きな健康問題を引き起こしていたようである。一つはカルシウムの欠乏であった。肉と卵を食べていなくとも、もっと安上がりな穀物を食べていれば栄養のバランスはとれた。「話によると骨の傷害や骨折の治癒は非常に遅く、しかも、しばしば不完全だそうである。米のもつ灰分は小麦の半分しかなく、おまけに水が骨に必要な無機物を十分に供給しないからである」[112]。

また注目されるのが、奇妙な消耗性疾患の広がりであり、これは結局は食生活の、ある欠陥によることが明らかにされた。ベリベリ病がそれであり、日本で「脚気《かっけ》」として知られていた。「脚気は、インドやマレー半島でベリベリという名で知られているものと同じ病気である。これは一般的な言葉でいえば、一種の麻痺であって、運動機能がなくなり、とくに下肢が麻痺するのが特徴である」。「とくに脚気にかかりやすく、しかも病気が激しいのは、若くて元気な男性である。女性はあまりかからない。妊娠中と産後を除いては実際にほとんどかかることはない。子どもは男も女も、まったくといってよいほど脚気には免疫がある」[113]。

脚気は、米中心の食生活と強く結びついている[114]というのが日本の一部の研究者の間でこれまで受け入れられている見解であり、これを引き起こすのは精米であるとされている。「振り返って考えると、明らかに、原因は精米を食べる割合が増え、その結果チアミンの欠乏が生じたことと言える」[115]。「白米、あるいは精米が最高級とされ、都市部ではこちらを食べる傾向にあった」。これが、いわゆる「江戸やまい」につながり、人々が田舎に戻るとその病気は消えた[116]。問題は精米だけではなく、米を洗うことにもあったらしいと示唆する研究者もいる。入念に米を研ぐことが、精米の仕方に関わる問題であったことはよく知られている。「中国北部や朝鮮および日本で行われていた一般的なやり方として、籾殻《もみがら》は出荷前に荷量を減らすために取り除かれた。米が都市に到着したときには穀象虫《こくぞうむし》がうようよしており、その後に高度に精米された米は穀象虫の汁で覆われ、そのため滑石《かっせき》で処理されることが多かった。調理手順として、そうした米は何度か念入りに洗う必要があった。一回目の洗米だけでも、チアミンの半分が損なわれた」(117)。とくに地代が米で大名に支払われていた東京（江戸）では、精米された白米は一般的であり、そうした、非常に偏った白米中心の食生活が問題の根幹にあったことは確かである。

西川俊作は、十九世紀後半の食生活がエネルギー量の点から見て不十分であったか否かを推し量るため慎重に検討した。西川は、「一八四〇年代には一六六四キロカロリーであったのが、一八八七年には一九〇二キロカロリーに増加した」ことを示唆する数値を出している。日本人の背格好と体重を考慮に入れると、「一七〇〇から一九〇〇キロカロリーで、蛋白質は四五から五〇グラムという食事によって、日本人の体格は伸び悩んだかもしれないが、この時代の日本人にとってその食事は不十分なものではなかった」と西川は考えている。「あらゆることを考慮に入れると、一日一人当たり二〇〇〇キロカロリーは、一八八七年においては、栄養水準として低いものではなかった。しかも、調査データは、農民が飲んでいた精製されていない酒の量を含んでいない。この酒によって重労働に必要な熱量が補われていた可能性がある」。結論として、西川は、「この非常に重要な転換の半世紀において、食生活は適切なもので、長期的に安定していたこと」をこれらの資料が全体として示していると考えた(118)。ハンレーも同じように、徳川時代を通して一人当たりの米の消費量はおそらく増加したであろうと考えている(119)。十九世紀末に、チェンバレンは次のように書いている。「専門家によると、日本の食物は、窒素、とくに脂肪が貧弱であるが、炭素が豊富で、筋肉を動かしているならば、十分に生命を維持することができようが、不消化であるから、家庭で畳の上に坐って一日を過すような人びとには有害である、という」(120)。より最近では、デュボスが、アメリカとヨーロッパでは多くの人が、「一日当たり、二五〇〇カロリーおよび蛋白質七〇グラム以上を含む食品を摂取する必要があると感じているが、……それとは対照的に、他のエスニック・グループの人々はすべて、およそ一五〇〇カロリーと蛋白質四〇グラム、あるいはそれ以下で、しかも肉をほとんどとらないような食事にうまく順応している」ことを指摘している。

栄養摂取のパターンは、健康に大きな影響を与える。一般的に、ビタミン、蛋白質、炭水化物が複雑に組み合わされて、病気の働きに作用する。良好な食生活をおくっている社会では、そうでない社会と比べ数多くの病気の致死率は低い。また、感染率も比較して低い。とくに、壊血病や脚気、甲状腺腫といったような、栄養状態に起因する特定の病気を防ぐことができる。

栄養に関してイングランドと日本は、大きく異なる歴史を辿ってきた。イングランド人は動物性蛋白質に依存し、ときには食生活が豊かすぎるがために健康に支障をきたす者さえいたようである。もう一方で、日本人は、動物性蛋白質の不足を野菜や穀物の蛋白質で補う必要があった。日本では全体としては、脚気に見られるようなビタミンB不足を除けば、ビタミン、蛋白質、炭水化物の深刻な不足は回避された。つまり本書で検討している二つの社会では、ほどほどに良好な食事をしていたといえるのである。これは、マルサス理論があげる惨害の最後のものである病気を論じるに当たって、必要不可欠な背景といえる。

III

体のなかで

7 赤痢、腸チフス、コレラと水の供給

マルサスのあげた第三の災厄は病気であった。戦争と飢餓の克服は、たんに人口の急速な増加という人類にとっての脅威を増大させるだけであって、人口密度が増加した結果、新しい病気が発生したり既存の病気の危険性が増してしまう。アカデミックな医学の知識や技術はこの問題に何の解決も与えなかった。戦争や飢餓の脅威よりもさらにいっそう大きい、病気の脅威からの脱出はどのようにして可能だったのだろうか。

伝染する病気は主に、汚染された食べ物や飲み物を通じて口を経由するか、昆虫その他の媒介生物によるか、飛沫感染によって呼吸器を経由するか、の三つの伝染経路によって伝達される。このうち最初のもの、危険な細菌を含む食べ物や水を口から取り込むことは、マルサスの議論との関係においてとくに重要である。他のすべての条件が等しければ、人間が密集した状態に暮らせば暮らすほど汚染は増大しやすく、水資源は損なわれ、食物汚染の危険性が高まるであろう。これは大変大きなテーマである。問題を単純にするために、ここでは飲み物によって運ばれる病気と、汚染された水の影響だけを論じることにしよう。

水に媒介される伝染病は大きくひとまとめにされ、しばしば「赤痢」とか「伝染性下痢」とか呼ばれている。さまざまな病気はたいていその地方特有の風土病であるが、ときに大きな流行病として発生することもある。アルフレッド・クロスビーは腸の伝染病が「この二、三千年間にそれ以外のどんな種類の病気よりも大勢のヒトを殺したに違いなく、今でもそれは続いている」と述べている(1)。いくつかの熱帯地域

では人口の五〇パーセント以上がアメーバ赤痢の保菌者であると見積もられている(2)。この病気に関しては「一九八一年には、世界中に約四億八千万人の感染者がいると推定された。感染者数は、アジアが二億九千万人、アフリカが八千万人、アメリカが九千万人、そして注目すべきことに、ヨーロッパは二千万人であった」(3)。別の試算では、一九六三年には約七億五千万人、つまり世界の総人口の四分の一が少なくとも一度は赤痢にかかったとされている(4)。下痢はとくに幼い子供にとって危険であり、子供の死の多くは下痢からくる脱水症状を原因とする。子供における多くの下痢は、細菌のみならずウイルスによっても引き起こされるのであるが、これらの死を他の死と区別するのはしばしば困難なので、そうした病気全体が「肺炎 - 下痢複合症」という呼び名の下にひとまとめにされてきた。多くの発展途上国では、またおそらく多くの西洋の都市においても十九世紀の終わりまでは、この複合症は「子供の死の少なくとも半数、また一歳から五歳までの幼児の死の大多数と関係していた」と推測される(5)。ある概算では、発展途上国の子供は一年に平均二カ月間下痢にかかっていることが示唆されている(6)。「ガンビアの農村地帯の子供は平均して一年の一三・一パーセントすなわち八日に一日くらいの割合で胃腸炎にかかっていた」。このような下痢の影響は大きいものがある。「ポアンダーは、病気をするとたいてい平均して一日にキロ当たり〇・六グラムのタンパク質を失なうと計算したが、下痢の場合この数字は一日にキロ当たり〇・九グラムまで上がる。この割合からすると、数週間または数カ月にわたる慢性的な下痢が起こった場合、子供たちは回復不可能なほど消耗する可能性があることが容易に理解できる」。ピーター・ランは「他の発展途上地域からのデータも、下痢症は子供の病気と死のもっとも重要な原因であることを裏づけている」と結んでいる(7)。

イングランドの過去について、リグリィとスコフィールドは「赤痢は、大陸においては比較的早く危機的に高い死亡率の主原因として認知された」が、「イングランドでは、危機死亡率に関する議論においてこれまでほとんど注目されることがなかった」と書いている。彼らは、イングランドにおいて、「ある地方に危機死亡率が周期的に出現しているのを見ると、それら〔さまざまな腸の感染症〕は……前工業化時代においてもまた主な死因であったのではないか」と考える(8)。この考えはレスリ・クラークソンによって支持されている。「ロンドンや地方都市では、赤痢は夏になるときまって流行する病気で、子供の死因のなかでも重要なものであった」(9)。クライトンは、赤痢は十七世紀のイングランドでは問題視されるほど増加したようだということに気づいていた(10)。当時、「胃腸管系の病気は、性別や階級や年齢を問わず、大変広く頻繁におこる疾患である」と信じられていたのは確かである(11)。その毒力の強さについては少なからぬ証拠がある。死亡統計表に記されている死因から見ると、「一六六七年〜一七二〇年、すなわちペストの最後の大流行の後のロンドンでは、腸の伝染病による死は、すべての死の五分の一から三分の一を占めていた。その数字は乳児でもっとも高く、乳児の下痢症は、おそらく赤ん坊のもっともありふれた死因であった」(12)。「明らかに質の悪い水の供給と関係している胃腸の病気が、その時代を通して比較的年長の幼児と『乳離れした子供たち』の主な死因であったようであり、十八世紀後半以前では多くの新生児の命をも奪った可能性がある」(13)。

しかしながら、十八世紀のロンドンで赤痢は急速に勢いを弱めたという証拠があって、われわれを悩ませる。都市の発展が伝染病の増加につながらず、赤痢による死亡率が、ある時点から低下し始めたようなのである。十八世紀の半ばに、ウィリアム・ブラックは、「赤痢や血の混じった下痢」はロンドンでは衰え始めていると記した(14)。ヘバーデンは死亡統計表を詳しく分析し、赤痢が一七三〇年〜四〇年の一〇年間から目立って少なくなっていることを示した(15)。一七九六年、彼は、「赤痢」を含むいくつかの病気は「大変少なくなり、ロンドンではその名前すらほとんど知られないほどである」と言った(16)。これまでも見たように、マルサスは、赤痢の衰退は、腺ペストの消滅とともに死亡率低下のもっとも重要な理由であると考えた。プレイスは、「十七世紀後半には、首都で年間二千人が赤痢で死亡したが、その勢力は十八世紀を通してしだいに衰え、その病気自体がいまや致命的な病気ではなくなっている。一八二〇年には赤痢による死者は一五人にすぎなかった」と書いた(17)。その減少はロンドンの町だけに限らなかったようだ。スティーブン・クニッツは、「……十八世紀後半、北西ヨーロッパでも肺炎−下痢複合症は衰え始めたようである」と記している(18)。

細菌によるもう一つの病気、腸チフスあるいは腸熱も同様に、人間の排泄物を通じて上水道に入ったり、食べ物、とくに牛乳を通じて伝達される(19)。「腸チフスが抑制できるかどうかは、下水と飲用水を分離しておくことができるかどうかにかかっている。世界のある地域では、成人の三パーセントもの人々がチフス菌をたれ流しているかもしれない。こうした粗末な衛生状態においては、人々はいつも無防備であり、その病気はつねに存在することになる」。「世界人口の四分の三が腸チフスを風土病とする地域に住んでおり、毎年世界人口の三〇〇分の一が腸チフスにかかる。毎年百万人がそのために死亡し、その大部分は子供である」。世界規模では、「毎年約一五〇〇万件の腸チフス熱」が発生すると計算されている(20)。

腸チフスは十九世紀半ばまでヨーロッパ諸国で大変よくある病気であり、長い間「瘴気」によって広がると考えられていた(21)。「イギリス人のウイリアム・バッドが、腸チフスは水と食べ物によって感染者から新しい宿主へ広がっていくということを証明して、事実上流行（伝染）病学を創始した」のは、たかだか一八四〇年代に入ってからのことだった。それ以降は、衛生設備の改善によって感染率が劇的に低下した。「きれいな水と食べ物が保証されるところでは、腸チフスの感染は最小限に抑えられる。腸チフスの発生率が二〇〇人に一人から二五万人に一人まで低下したのは、もっぱら前世紀における先進国の衛生状態の改善によるものであった」(22)。排水設備が改善された結果として、ヴィクトリア朝後期のイングランドでは、腸チフスの危険にさらされる度合いが当然低かったであろう(23)。

　コレラは、運動能力をもつ、好気性で彎曲《わんきょく》した短桿菌によって起こり、保菌者の排泄物で汚染された水や食べ物を通じて広がっていく(24)。したがって「もしも火を通した食物と煮沸した水だけをとっていれば、激しく蔓延している土地にいてもコレラにかかることはない」(25)。コレラはアジアのいくつかの地域で風土病化しているが、十九世紀には流行伝染病となって、五度にわたって大流行し、インドから始まって世界の多くに広がった。現在コレラは一九六〇年代にはじまる第七次世界大流行期にあるが、古い、毒力の強いタイプから、より穏やかなものに変わりつつある(26)。

　コレラは第二次世界大流行期の一八三〇年一〇月に初めてイングランドに上陸した。一八三一～三二年にかけて「コレラと下痢」を原因とする死者は約三万一千人であった。第三次世界大流行期の一八四八～四九年には約六万二千人が死亡し、一八五三～五四年には約三万一千人が死亡した。イングランドを襲った最後の大流行、第四次世界大流行期の一八六六年には、約一万五千人が死亡した。「それ以降は、一八七三年、一八八四年から一八八六年にかけて、また一八九二年から一八九三年にかけてヨーロッパ大陸に広まった後、このアジア発の伝染病は撃退された」と言われている。不思議なのは、イングランドにおけるその事件が、ヨーロッパ大陸はもちろん、スコットランドやアイルランドの例と比べて比較的軽微であったということである。イングランドには、ヨーロッパでもっとも急速に発展しつつある非常に大きな都市がいくつかあったが、「コレラはイングランドを大陸の国々ほどに痛めつけることはなかったし、それらの国々におけるより一世代も早く消滅した」(27)。コレラに対する効果的な治療法は存在せず、その流行期の終わり近くまで原因も知られなかった(28)。それは、都市の新しい衛生設備が普及する以前に抑制され、消滅した。結核や猩紅熱のような他の病気と比べると、コレラで死ぬ人はかなり少なかった。十八世紀の赤痢と同様に、それによる死亡率はわれわれが想像するよりはるかに低いのである。

　大規模な都市と都市郊外をもち、水田に屎尿を用いることがよく知られていた日本では、腸の病気はことさら害毒をまき散らすものと予想されるであろう。古い時代には流行した証拠がある。「日本でもっとも早い赤痢への言及は、紀元八六一年八月の京都の流行病について述べた記事である」[29]。服部によれば、「赤い下痢」つまり赤痢と呼ばれるその病気の流行は、八六一年、九一五年、九四七年に記録されている。それ以降の大流行は十一世紀から十三世紀に起こり、たいていは他の流行病と平行して発生した。しかしその後、人口が増加するにつれて、赤痢は広がるのではなく減少していった。「近代前期においては、猛烈で大規模な伝染病はかなりまれだったようだ。富士川游は彼の『日本疾病史』のなかで、徳川時代の下痢性の病気の流行を七回しかあげていない」[30]。十九世紀の最後に一度大流行があった。グリフィスは一八九九年についてこう書いた。「この年にもまた赤痢が国中で猛威をふるい、四万五千件中死者は九千人近くあった」。「幸いなことに、このときの悲しみと死の経験が、科学と治療技術における大勝利の契機となった。というのは、ベルリンの有名なコッホ博士の弟子である北里博士の研究所で赤痢菌が発見されたからである」[31]。一八九七年に彼の弟子の日本人細菌学者、志賀潔が「志賀型赤痢菌」を発見した[32]。

日本で赤痢の発生率が比較的低かったことは、ポンペによって証明されている。「日本の気候は腹部疾患を治すには好適である。消化器の風土病は日本には見られなかった」。その状況は中国のそれとはまったく異なったものであった。「これに反して、お隣の上海ではこの病気が大変多い。しかも悪性である」。ポンペはこれを上海の、湿地層の塩分を含んだ水とその気温のせいだとした。「これらの病人が日本にやって来れば、特別な手遅れでない限り、多くの医薬を用いずとも、まもなく健康を回復する。日本では気候こそ最良の薬である。日本とジャワとの間に直接の汽船による交通が開かれるならば、日本こそ赤痢患者にとってもっともよい保養地となるであろう」というのが彼の感想だった[33]。大変極端な意見を述べているのは、主に一八七〇年代の巨大都市東京についての著者のあるモースである。「わが国で排水装置の悪さや便所の不備その他に起因するとされている病気の種類は、日本にはないか、あっても非常にまれであるらしい」。そして実際、「赤痢……はまったくない」と書いている。彼はこの尋常ならざる事実を、後に次のように繰り返す。「赤痢か慢性の下痢とかいうような重い腸の病気は非常にすくない」[34]。この記述が最近再び注目され次のように書かれた。「赤痢でさえ……十九世紀の西洋でそうであったようには、多くの子供の死を招くことはなかった」[35]。ジャネッタは、「山崎佐《たすく》による徳川時代および明治時代の文献の分析は、江戸時代には猛烈で大規模な赤痢の流行がまれであったことを示している」と書き留めている[36]。特定の地域の詳細な分析も、赤痢はどの種類のものも大したことはなかった、という見解を裏づけている。「飛騨の記録によって、記述的な日本の文献からではただ推測するしかない事実、すなわち、赤痢の流行は、徳川時代末期には、高い死亡率の主な原因となることはめったになかったということがはっきりと例示される。下痢は、他の死因と比べてあまり重要ではなく、流行することはまれであった。5歳以下の子供は、赤痢による死亡の可能性がもっとも高いのであるが、この年齢集団においてさえ他の死因の方がはるかに重要であった」(37)。

規模が大きく、人口の密集している日本の都市では、腸チフスが大変蔓延しやすいという予想があったであろう。しかし「腸チフスは問題化しなかったようだ」と言われる(38)。モースは「腸チフス……はめったに流行しない」と考えた(39)。ジャネッタは証拠資料を調査し、赤痢に関しては何度かの大流行を発見したが、はっきりと腸チフスと断定できるものはない。一八二九年に流行したものは、腸チフスの一種ではあるが、致命的なサルモネラ菌のもう一つの感染症、Bパラチフスである可能性が非常に高い。チフスという名称はその外国名タイフォイド（typhoid）からきており、『日本疾病史』において著者、富士川によって発見された最古の言及は一八六二年のもので、それはその年に翻訳されたオランダ語の本のなかのものであった。さらに研究が必要であるが、日本では、腸チフスは実際、他の人口の密集した大国におけるよりもはるかに深刻度が低かったように見え、ごく最近まで存在しなかった可能性もありそうである。明らかでないことも多々あるが、「日本では他の前近代社会における場合よりも腸の疾患による死亡率が低かったようだ」というジャネッタの見解に異議を唱えるのは難しい(40)。

日本の古い大都市においてはコレラが特別な脅威であったという予想も成り立つかもしれない。ポール・イーワルトはこう言っている。

いったんそうした毒力の強い病原菌が発生すると、井戸の汚染がもっとも広くみられる都市においてもっとも多くの人が感染する。より古く、より大きな都市は、より新しく、より小さい集落よりもこの条件に適合する頻度が高い。古い時代の下水設備と井戸は互いに交差して接続されていた可能性があるだろうし、大きい都市はもっとも有能に一定の感染率と死亡率を保持しつづけ、増えるべき住民を撃退したであろう(41)。

じつは、日本のパターンを分析してみると、「日本の地理的位置と貿易政策が、この破壊的な病気に対して非常に効果的な障壁となった」ことがわかる(42)。コレラの最初の世界的大流行は一八一七年にインドで始まり、一年以内にアメリカとヨーロッパに広がった。しかし日本にはその最後の年である一八二二年になって初めて上陸し、また西日本のみにとどまった(43)。第二の世界的流行は日本に達しなかった。というのは、日本の資料には「一八三一年にはコレラらしき伝染病についての言及がない」からである。コレラが十九世紀の主な伝染病の一つであり、非常に容易に伝達され、世界の他のすべての部分に行きわたったとすれば、この期間（一八二五～三七年）に、「比較的短いインド－日本間の距離を越えることができなかった」ことは注目に値する。一八五〇年代の第三の世界的大流行でもまた、コレラは流行の最後の時期すなわち一八五八年まで日本に上陸しなかった。このように「徳川時代のごく末期まで、日本は、世界の他の地域が繰返し経験したコレラの大流行の脅威を免れていた」(44)。ある種のコレラは日本に上陸すらしなかったかもしれない。モースは一八七〇年代に「小児コレラはまったくない」と書いた(45)。富士川によれば、その病気に、外国語から派生した擬態語として、最初にコレラあるいはコロリという名前がつけられたのはやっと一八二二年になってからであった(46)。

十九世紀の半ばに三千万以上の人口が大都市や人口の密集した農村部に押し寄せたことを考えれば、ほとんどのコレラの流行が千人単位の死者数にとどまったのはじつに驚くべきことである。コレラの制圧は、赤痢や腸チフスのそれと同様、身体の清潔さや公衆衛生に関わる習慣にかなり影響される。衛生と排泄物の処理に関するある社会的個人的習慣が、コレラがいったん日本に上陸した後にも、大流行を押さえるのに重要な役割を果たしたように見える。

もう一つの理由は、すでに起こった流行を押さえるための日本の当局者たちの奮闘にある。十九世紀の終わりの三〇年間のこうした奮闘の記録はとくに克明で、日本では公衆衛生が非常に注意深く管理されていたということに気づかせてくれるものであるが、このことは、コレラだけでなく他の病気に関しても素晴らしい、この国の医療史の背後にある重要な因子であった。

一八二二～五八年の小休止の後、コレラは戻ってきた。ポンペはそれとの戦いに関わった。「私はこの病気を防止するためあらゆる予防策を講じた。幕府は衛生処理を講ずることとなり、異常な努力をもって実行に移されたことを述べておかねばならぬ（こんなときには専制政治は大きな真価を発揮する）。私は医師たちにコレラの特徴と療法を教え、私自身もできるかぎりの援助をした」。彼はまたその経験と知識を次のようにして日本中に広めた。「私は、この病気の状態を詳しく日本語で書いた小さな解説書を印刷させたが、当局ではこの小冊子を日本全国に頒布させた」(47)。

モースは、とられた対策について詳しく述べた。彼はいくつかの日本の都市、たとえば薩摩や京都でのコレラの流行に言及したが、政府の対処のし方にとくに感銘を受けた。

横浜と東京とにアジアコレラが勃発したという、恐ろしいうわさが伝わった。この国の政府の遠慮深謀と徹底さには、めざましいものがある。この膨大な都会は、ニューヨークの三倍の地域を占め、人力車が五、六万台あるということだが、そのおのおのが塩化石灰の一箱を強制的に持たされている。毎朝、小使が大学の廊下や入口を歩いて、床や筵《むしろ》に石炭酸水を撒き散らし、政府の役人は、内外人を問わず、一人残らずアヘンチンキ、大黄《だいおう》、樟脳《しょうのう》等の正規の処方でつくったコレラ薬を入れた小さなガラス瓶を受け取る。これには、いつ、いかにしてこの薬を用うべきかが印刷してあるが、私のには簡潔な英語が使用してあった(48)。

エドウィン・アーノルドも、とられた措置について説明した。

彼らの基本的な考え方は、病気が発生するたびにそれを隔離するということであり、警察は全能と言ってよいほどだったので、このことは他の場所でのように困難ではなかった。敵の接近に際して政府と民間の当局者は知恵を寄せ合って病院を準備し、医療および事務スタッフを任命し、消毒剤、患者の輸送、親戚や住居の隔離、死体の処置についてとるべき措置を決定し、それから、すべての県や町に明確な指示を出した(49)。

ハーンは、人々には病気を隠さなければならないというかなりのプレッシャーがあったことに気づいていた。「……衛生法によると、コレラ患者を自宅で療養させることは禁じられているのであるが、それでも町民は、たとえ罰金や体刑をくらっても、何とかして患者を隠蔽しようと苦労する。なぜそんなことをするかというと、避病院は患者で満員のうえに、あそこは病人の扱いが乱暴で、しかも入院すると、患者は身内の者から完全に隔離されてしまうからである。違反すれば罰金その他の刑が待っているというのに、人々は病人を隠しておこうとする」(50)。同様に、「当然ながら、貧乏人も金持ちも同じように、『斑点だらけになり』、隔離され、病院に運ばれ、死後十分な葬儀も行われずに埋葬されることを嫌う。だから、金持ちは金を払って隠そうとするし、貧乏人は嘆願してそうしようとする」。「今や病院が恐れられているのは当然である。多くの日本の女たちが、そして男たちまでもが、病院にいることで気が滅入ってしまい、実際に確実に死ぬ。治療は巧みで、看護は親切かつ勇敢で、医療補助員は恐れを知らず献身的であるにもかかわらず」。その結果、「貧乏人たちは病気にかかったことを医者に申告しようとしない。彼らは、全快を望みながら、油断のできない予備的症状の進行を放置してしまう」。最後に医者が呼ばれるときも、彼らには、真実を隠さなければならないという大きなプレッシャーがあった。東京では、当局は「コレラの症例を隠した二人の医師を厳しく罰することによって、素晴らしいスタートを切った。その後は、むしろ熱心な医師がちょっとした腹痛をすべて『コレラ』としてしまうことが危ぶまれるほどであった」(51)。

明治維新の後、都市が急速に成長し、日本が西洋に門戸を開き、国の再編成を行うようになると、日本はヨーロッパやアメリカと同様にコレラに苦しみ始めた。しかしそれを制圧しようとする努力は非常に徹底したものであり、次のような最近の評価もおおむね正しい。「コレラは十九世紀半ばまで存在せず、それ以後は容易に封じ込められた」(52)。

腸の病気に関しては、人口がとくに都市部において増加したので、死亡率が増加すると予想されようが、イングランドでは十八世紀にロンドンで、またおそらく他の都市においても、赤痢が衰退し始めた。日本では、十七世紀から十九世紀半ばにおける都市の巨大化と農村人口の過密化にもかかわらず、赤痢、コレラ、腸チフスは存在しなかったか、あるいは十分に制圧された。一つの説明は、マクファーレン・バーネットによって列挙された次のいくつかの要因のなかに求められるであろう。それらは「適切な汚物処理、清浄な水の供給、食品衛生法規、牛乳の供給経路の管理とその殺菌、さらに加えて個人の衛生意識の向上など……」である(53)。

イングランドは、その気候のために、数多くの泉や河川や井戸を通じてつねに豊富に水が供給される国である。とはいえ、こうした水源やそこから飲用水を得る方法について何か特別なことがあると考える明白な根拠はない。水資源の汚染の問題は数多く、そうした問題は、十六世紀後半から二倍になった人口が、十八世紀半ばから再び急速に増加し始めるにつれて悪化した。十九世紀半ばの衛生報告で述べられているイングランドの多くの地域のすさまじい状況は、それ以前の世紀には当てはまらないであろうが、そうした報告は、十九世紀後半になるまで清潔な水を得ることがどんなに困難であったかを示すものである。たとえば、エドウィン・チャドウィックは、貧民たちがしばしば水源として用いざるを得なかった、不潔な穴や溝や川についての衛生検査官たちの報告を数多く引用している(54)。

さまざまな目的のために、適度にきれいな水が大量に必要であるということが、広く認識されていた。バカンは中世以降のさまざまな著作のなかにみられる主張を、次のように簡潔に表現した。「水は大部分の酒の基本的材料であるばかりでなく、われわれの固形食物の大部分を構成するものである。それゆえ良い水こそ飲食物のなかでもっとも重要なものに違いない」。水は身体の清潔にとって重要であった。「十分な量の水なくして完全な清潔を保つことは不可能であるから、大都市の行政長官はとくにこの点に注意していただくよう心からお願いしたい。イギリスでは、大都市はほとんど水の供給の容易な場所に位置しているのだから」。水は都市の清潔さにとっても重要であった。「大きな町の大通りは、水が手に入る限り、毎日水洗いされるべきである。これが大通りを完全に清潔に保つ唯一の効果的な方法である。また実際そうしてみると、それがもっとも安上がりな方法であろうと納得する」。それゆえ、できるだけ多くのきれいな水を獲得することが重要であった。「悪い水によって、多くの病気が引き起こされたり、病気が悪化したりする可能性があるので、大都市に水が引き込まれる前には、その水質が厳しくチェックされなければならない。そして、いったん大きな費用をかけて良い水が獲得されたあかつきには、人々はそれを手放そうとは思わないだろう」(55)。

「町へのパイプによる水の供給は、多くの場合中世に確立され、いくつかの教団、とくに托鉢修道会が率先して水導管のシステム化や建設にあたった」(56)。「十四世紀には、パイプや上蓋のない導管がエクセター、ブリストル、サザンプトンに引かれ、十五世紀にはグロースターとハルに引かれた」(57)。われわれはこの設備について、適切な水の供給の問題がもっとも切実であった都市、すなわちロンドンにとくに言及しながら考察することができる。「最初の公共用貯水場であるウエストチープの『大』コンディット［石造りの水槽を擁した石造建造物］は、このようにしてパディントン［のウエストボーン河］からもたらされた水を貯めておくために、一二八五年に着手された。十六世紀の終わりまでには、約二〇の導管が存在し、そのうち三つはテムズ川から水を引いていた。また別の三つは、大導管通り、ラムズ導管通り、白導管通りという名前のなかに今なおその記憶を残している」(58)。十六世紀にこの導管システムがどのようになっていたかについて、F・N・L・ポインターは次のように大筋を述べている。「水はテムズ川から木製のパイプで市全体に運搬され、大通りの交差するところには配水塔が置かれた」(59)。

十六世紀の後半、ロンドンが急速に発展し始めると、中世の導管システムだけでは足りなくなり、他からの供給が必要となった。もちろん井戸はまだ広く使われていたことから、「十七世紀の初期まで、ロンドンの水の大部分は公共の場所や個人の建造物の庭などに掘られた浅い井戸の水でまかなわれていた」と主張されてきた(60)。しかしこれでも十分ではなかった。一五八〇年代にオランダ人のペーター・モーリスがロンドン橋にテムズ川の水力を利用した新式の送水ポンプ［水車］を据え付けた。「この橋のロンドン側のたもとに、水を汲み上げて町のさまざまな場所に送るための奇妙な機械がある。この機械はいつでも使えるように潮の流れに従ってどちらの方向にも回転するようになっている」(61)。十六世紀には、水力を利用した木製パイプによる水の配給にいくつかの改良が行われた。こうした木製の送水管の頑丈さを教えてくれるのは、ピーター・クエネルの興味深い記述である。「一九三〇年頃ホルボーンのレッド・ライオン広場を通り抜けるとき、古い木製パイプが数本掘り出されているのが見えた。これらは楡の木の幹に直径約一五センチメートルの穴をくり抜いたものだった。ホルボーンの検査官オースティン氏によれば、一六二〇年ごろに敷設されたものだという」[62]。十七世紀はじめのもう一つの重要な発展はニュー・リヴァー［ハートフォードシャー州チャドウェルからサドラーズ・ウェルズのニュー・リヴァー・ヘッドまでの長さ約六一キロにおよぶ人口運河］の開設であった。ブレインは、一五八〇年代に改良が行われたが、「水の供給は、ジェームズ一世時代にニュー・リヴァーが作られるまでは不十分なものだった」[63]と考えた。しかし、ロンドンの発展がさらに速度を増してくると、木製パイプと水力だけによる方法では間に合わないことが明らかになり、さらなる改良の必要が生じた。

新式の方法は、ド・ソシュールによって大変うまく説明されている。「ロンドンの便利さの一つは、すべての人が豊富な水を享受できることだ」。「イズリントン近くの大貯水池または貯水槽とストランド街近くのヨーク・ビルディングズ［浄水場］の機械装置、それにロンドン橋［浄水場］の機械装置があらゆる地区にふんだんに水を供給する。通りごとに樫材でできた太い本管が走り、この本管に細い鉛製のパイプが接続されていて、すべての家に水を運ぶ」。この結果次のようになる。「すべての個人は、財力に応じて家のなかに一カ所または二カ所の噴水口をもち、噴水口ごとに多額の年間使用量を払う。水は一日中使えるわけではなく、これらの噴水口から水が出るのは二四時間のうち三時間だけである。家々に水が送り込まれていないときには、大きな鉛製の貯水槽に水の補給が行われる」。「会社や団体がこの巨大な事業を引き受け、利益を得た」。この新しい方法と平行して、古くからのやり方も存続した。「パイプによる水の配給の他に、多くの通りにはポンプや井戸があって、水代を払えない貧しい人々は無料で水を得ることができる」。

地上最大の都市になりつつあった町に豊富な水を供給することが、どうして突然可能になっていたのだろうか？　われわれは金属技術の向上、すなわち鉛製の貯水槽、樫材の本管に接続された「細い鉛製のパイプ」に注目する。しかし本当の鍵は、拡大する都市のより遠くなる周辺部に水を送り込む新しいやり方にあった。これらの地域には、古い、水力を利用した機械では水が届かなかった。水の供給は、産業革命最初の成果の一つであり、化石燃料を使用する蒸気機関で動く装置を応用したものであった。

再びド・ソシュールが格好の紹介文を提供してくれる。

私はヨーク・ビルディングズの機械装置と言ったが、これはとても珍しいものなので、それについてもっと皆さんにお話ししよう。というのは機械のことを知っている誰もがそれに大いに感心するからである。沸騰した水がいっぱい入り、きっちりと蓋のしまった大型ボイラーの動きにあわせて、細い管から力強く吐き出された蒸気が、数個の車輪、分銅、振り子の組み合わせから成る大きな機械を作動させ、次にそれが二つの大きなポンプを連続的に作動させる。この機械と二つのポンプは、高さ約三〇メートルの、ピラミッドのように先が次第に細くなった木製の塔の足元に置かれている。この塔の八角形をした頂上には、小さな鉛製の貯水槽または桶があって、ポンプの汲み上げた水を貯めておき、水はそこからメリルボーンの大貯水池または池に流れ込む(64)。

水は、そこからさらに広い地域へ配給されることもできた。

蒸気と株式会社組織の発展とが結びついた結果として、水道水を供給する事業がロンドン中に急増した。一六九〇年代には、王立協会会員ジョン・ホートンが彼の簡易新聞に、敷設中の新しい水導管に関する連続広告を掲載した。一六九四年七月、彼は社説のなかでサー・トマス・ミドルトンによるニュー・リヴァーの開設は一大進歩ではあるが、「わが町が非常に拡大していることを考えると」さらに多くの水が必要であるのだが、それは「現在各家庭に引かれつつあるシティ・コンディット［水導管］」によって提供されるであろう、またそのことによって「われわれは、有用なだけでなく、これまで以上に快適な水で潤う」であろう、とコメントした。彼は、人々にこの計画に加わるよう促すために、連続広告を載せたのである。一六九四年に掲載された、その最初のものは次のようであった。

洗いものに最適で、他のどんな水よりも純粋ではるかにきれいな水導管の水がポールトリー・コンプター［家禽取引所］の向かいのブラック・ホース・アンド・キー［パブの名］で契約できます。その水はパディントンから、本管で、セント・ジェームズ広場、ストランド街、フリート街、セントポール寺院の中庭、チープサイド、ロンバード街、コーンヒル、スレッドニードル街を通ってビショップス・ゲイトまで運ばれ、各場所からは沢山の支管が出ています。最低四人の同意があれば、水導管のある位置から約九〇メートル以内で水が引けます(65)。

広告の効果は素晴らしいものであった。「イングランドの人々の使う水の量、とくに家の清掃に使う水の量は信じられないほどのものとなった」(66)。一七五六年の『水をめぐる随想』のなかで、ルーカスは、ロンドンはヨーロッパのどの都市よりも多種多様なかたちで、豊富な水が供給されていると考えた。「ロンドンの重要な通りのすべてには、井戸や揚水ポンプによるだけでなく、導管やパイプによって、さまざまな水源から非常に大量の水が供給されている……多くの家の二階にまでも、おそらく、水が引かれている」。「一番広い通りにある共同水栓が、夏は通りに水を撒き、冬は通りを洗い清めた。水の豊富さゆえに、パリや他の大都市で見られるような水売りは不要であった」(67)。豊かな水の供給による清潔さの向上は、都市、とくにロンドンが、十八世紀に、急速に拡大しながらも不健康になることがなかったという、驚くべき新事態の重要な要素であるだろう。この水の供給は「ロンドンが世界一健康な都市である理由のひとつである」とルーカスは考えた(68)。ブレインは、十九世紀初めに次のように観察した。「豊かな水の供給は、さまざまな家庭的用途への利用だけでなく、側溝や公共下水道の浄化に用いられることによっても、大都市における健康を増進させる」。彼はさらに次のことに注目した。「今世紀の初め以来、蒸気機関という独創的な装置が、あらゆる状況で水を運搬したり高層家屋の最上階に水を揚げるために用いられるようになって……水という生活の必需品に、これまで知られることのなかった豊かさと便宜を与えた」(69)。こうして一八二八年までには「ロンドンの九つの会社が、世帯数約二〇万、人口約一五〇万の都市において、およそ一六万四千の契約者に水を供給するようになった」(70)。

洗濯や掃除用の浄水が大量に供給されたのはロンドンだけではなかった。ノッティンガムでは、「以前は多くの井戸と、川から水を運んでくる水馬車によって水が供給されていたが、一六九〇年代には、リード川から『機械』で町に水を供給するために、ひとつの会社が作られていた。それは当時数多く設立されたポンプ給水株式会社であった」(71)。一六九三年、ダービーでは、「ジョージ・ソロコールドという人が、その町の希望するすべての家に送水管を引くための給水会社を設立したが、それは大きな需要が見込めそうであった」(72)。さらに調べれば他にも多くの例が出てくるであろう。十七世紀の後半から、技術、政府の奨励、民間事業としての水道会社という要因が結合して、イングランド諸都市は、適度に清潔な水の供給という点で、とりわけ優位に立ち始めたのである。しかし、このことが必ずしもすべての問題を解決したわけではないということは、一八四〇年代のチャドウィックの調査によって具体的に説明されている。しかし彼の説明でさえ、その基本課題である水不足を解決するために、イングランドがすでにどれほど新しい工業技術の活用に依存していたかを強調するのに役立っている。もし蒸気機関によるポンプ給水と、複数の競合する水道会社の企業心がなかったら、十八世紀半ばからの都市の発展がどのような事態を引き起こしていたかは想像に難くない。

日本には山から海へ急流をなして流れる多くの川がある。

これらはさまざまな技術を使って灌漑用や家庭用に利用された。「自然環境がそのままの多くの地方村落では、山を水源とする小川は、村の街道の中央部を通る石で造った水路によって導かれている。このようにして、台所その他の用途に使う水は、その街道に面する各戸の戸口まで直接に導かれるのである」。これとは別に、水を都市部に取り込むのに竹が用いられることもあった。「竹筒によって村に水を送水するには多くの方法がある。京都では、都市の背後の山を水源とする渓流から、この方法によって給水されている地域が多い」(73)。

これらの小川の水は見た目ほどには安全でなかった。ケンペルは長崎を流れる川が「川水が澄んでいて、日常の飲料水にも使われる」(74)ことに感銘を受けていたが、そうした流れを見た人の大部分は、それが汚れていることに気づいていた。「これらの溝には水が流れている。水は台所や浴室からの下水によって汚染されているが、蝸牛や蛙などのいろいろな生物、また魚さえ棲息しうるほどには澄んでいる」(75)。「多くの村には家並みの中央を小川が流れている。ある村ではそれを部分的にふさいでいるものの、別の村では全然蓋で覆っていない。いたるところの水は、きたならしく、不潔で、家々から放出された汚水がよどんでいるかのようにみえた」(76)。ジェフリー夫人も同じ問題に気づいた。「私は絵のような田舎の村を好んで歩いたが、石造りの立派な引水用の堀が作られ、各々の家には小さな木の橋がかけられているのをよく見かけた。しかし少し歩けば上流では女性がそこで洗濯をし、少し下ではもう一人がお茶を沸かすための水をすくっているのである」という状態である(77)。

東京あるいはその旧称である江戸の発展は、多かれ少なかれロンドンの発展とよく似ていたが、まもなく世界最大となるその都市にどのように水が供給されていたかは、研究に値する。これについてはハンレーの長い記述がある。「一五九〇年、大久保藤五郎は状況を調査し計画を立てるために、初めて江戸に上った。彼が創始した上水は非常に大規模なもので大変上首尾だったので、ローマの水道と比較されるほどだった」。最初に開設された上水は神田上水で、それは「市の西にある井の頭湧水から水を引いたものだった。水は市の境までは主に覆いのない水道［開渠《かいきょ》］で、次に市内では地下水道［暗渠］か木製の管［掛樋《かけどい》］で運ばれた」。これと平行して、多摩川から水を取り、さらに大量の水を約八〇キロ以上の距離にわたって運ぶもう一つの上水［玉川上水］があった。「神田上水は赤松材の四角い管を用いたが、その他の初期の上水は他の木材や石や土や竹筒を使った」。「一般の人々には、上水システムに組み込まれた井戸の水が供給された。人々は最寄りの送水管から自分で水を引くのではなくて、最寄りの井戸に行ってそこで水を汲まなければならなかった」(78)。その効率的な水道システムは中国をモデルにしたものであろう。ニーダムは「古代中国における導管給水がどの程度発達していたかは、中国人と西欧人のいずれであれ、後世の著述家はほとんど、あまりにも過小評価してきた」と指摘し、竹筒や陶製の地下水路が使用されたことに注目している(79)。

ハンレーは江戸の上水システムに大変感銘を受けている。それは一日に二四時間水を供給し、「断水はめったになかったので、江戸の人々は緊急時のための予備措置をまったくしていなかった」からである。そのシステムは大変立派なもので、十九世紀の終わりにそれを近代化することが決まったとき、「大きな変更は、木製の管を水漏れのない金属製のものに換えることだけだった。このように日本人は、近代技術にもとづいた水の供給システムに改造する際、十七世紀に建設されたシステムの主な要素を、二世紀を経た後そのまま用いることができたのだ」。しかしながら、日本の他の都市は、「水の供給を川や井戸に頼っていた」(80)。江戸における川水の利用については、一六一三年サリス大尉によって次のように記述された。「この土手の下を川が流れていて、五〇歩行くごとに大変しっかりと設備された、石目《いしめ》のない石でできた井戸囲いがあり、近所の住民が水を汲んだり、火災の危険に備えるために手桶が置かれている」(81)。

ハーンは井戸を清潔に保つための多大な努力についてこう書いた。彼の家は「井戸がえ」の訪問を受けた。業者は「すべて井戸というものは、毎年一回ずつ、中の水を底まですっかりかい出して、綺麗に掃除をしなければならないものである。そうしないと、水神さまという井戸神さまがお怒りになる」と説明する。この神は「どこの家の井戸でも、普段、いつも水を綺麗に冷たくして、井戸を守っていて下さる。その代わりに、家主の方では、井戸神さまの浄《きよ》めの掟をよく守らなければならない。井戸神さまの浄めの掟は、まことに厳格なもので、これを破る者は、病におかされ、ついには死にいたるほどである」。月に一度「信心のあつい家では、どこでも、……神道の神主がやってきて、井戸神さまになにやら古風な祈祷をささげ、そのあとで、井戸のはしの所に、何かのおしるしである、紙でこしらえた、小さなのぼりを立てることになっている。井戸がえをしたあとでも、やはり同じようにとりおこなわれる。井戸がえの場合は、その式がすんでから、はじめて新しい水の最初の釣瓶《つるべ》が、男の手によって汲み上げられる。なぜ男が汲み上げるかというと、もし、女の人が最初の水を汲み上げると、そのあとの井戸水は、かならず濁ってしまうからなのである」。井戸の神が存在するだけでなく、「水神さまには、ご自分の役目をお果たしになるのにその助《すけ》をつとめる小さなおつかいひめがいる。日本人がフナと呼んでいる小さな魚が、それだ。井戸水のなかにいる虫を退治させるために、たいていどこの家の井戸にも、一ぴきか二ひきのフナが飼ってある。井戸がえをするときにはこの小さなサカナに、細心の注意が払われる」。ハーンは「私の家の井戸水は、じつに清冽な、いい水で、しかも氷のように冷たい水だ」ということを知っていたが、「いつも真っ暗やみのなかで輪をかいて泳ぎまわりながら、釣瓶が上からパシャッと落ちてくるそのたびに、ハッと身を驚かしていた、二ひきの小さな生命」のことを考えることなしにその水を飲むことは二度とできなかった(82)。

日本の水は、同じ時期のイギリスの水以上ではないとしても、それと同程度には良質であったのかもしれない。他方、貯蔵や運搬の過程で細菌が繁殖する可能性があったということも疑いのない事実である。「これらの井戸にはすべて木でできた囲いがしてあり、洗濯場になっているところには四角い木の床が置かれていたので、見た目の清潔さにはほど遠く、水も、とくに都市の混み合った地域では、たいてい汚れていた」ということだ(83)。これ以前に、ウィリスは次のように書いていた。「家庭への飲料水の供給と排水設備の不完全な状態が、病気発生のもう一つの原因である。町の大部分では、井戸に地表の排水が溜まっているのである。腐敗している有機物でいっぱいの地中にしみ透ったそのような水は、多くの場合、家庭で使用するにはまったく適さない」(84)。モースはウィリスと同意見であった。「東京をはじめ日本各地の井戸水が、多くの分析結果に見られるように、きわめて不純であること、あるいは遠隔の地の東京や横浜への送水設備が不完全である点についてまで注意を払うことは本書で取り扱いうる範囲を超えている」。彼が認めるように、「現在の不完全な給水施設による給水では、局所的な水質の汚染を免れることは不可能である。」(85)。

比較的純粋な水の豊富な供給は、衣類や家や道路や体の洗浄をらくにするという点で重要である。イングランドにおいても日本においても、村や町や都市は少なくとも十八世紀までにはそのような水の供給を得ていたようである。これはすばらしい偉業であり、公衆衛生に多大な影響を与えたであろう。他方、水を安全に飲むための十分な浄化法は存在しなかった。それが十九世紀後半まで引き続いた腸の病気の主な原因の一つであった。「水の征服」は、もしそれが煮沸せずに安全に飲めるほどきれいにするという意味であるならば、グベールが論じたとおり、十九世紀後半になってはじめて実現したのである(86)。もし水がそれほど危険で、多くの病気や死を引き起こすものであるとするならば、イングランドあるいは日本においては、水の飲み方や飲む量に関して何か重要なことがあるのであろうか？

8 飲み物——ミルク、水、ビール、お茶

十八世紀イングランドにおける死亡率減少のパターンが何に起因するのかという難問を追求するにあたって、トマス・マキューンは栄養だけを考察の対象とした。彼が飲みものの問題をまったくと言っていいほど考慮に入れなかったのは、十九世紀後半以前に飲用習慣の変化が大きな影響をもった可能性はまったくないという彼の信念のためである。「個人のとりうる唯一の有効な手段——水の煮沸あるいは薬品処理——は当時知られていなかった」というのがその理由である(1)。それにもかかわらず、日本において赤痢、腸チフス、そして長い間コレラもそうであったように、水に媒介される病気が比較的軽い事件ですんだことは、飲用習慣と関係づけられそうであり、十八世紀イングランドにおける赤痢の劇的減少もそのようなのである。

イングランドには豊かな牧畜農業があるので、一見して、ミルクを飲むことが重要な役割を果たしたと予想されるかもしれない。しかしもし人々が、脂肪分を抜かず、低温殺菌をせず、煮沸してもいないミルクを飲んでいたら、相当な危険を冒していたことになろう。コベットの「ミルクが本質的に体に良くないものを含んでいると思うなんて途方もないことだ」(2)という強固な信念にもかかわらず、動物の乳は人間の伝染病の一因であった。ミルクを媒介して多数の細菌が広がり、繁殖する。クレッグらが述べるように、「ミルクは、脂肪球、無機塩、ビタミン、乳糖からなる浮遊物を含むタンパク質溶液であり、細菌の成長と繁殖にとって理想的な媒体である」。ミルクが媒介する病気には牛結核、ブルセラ病、腐敗性喉痛《のどいた》、猩紅熱、ヒト結核、パチルス赤痢、伝染性肝炎、

腸チフス、パラチフス、ジフテリアなどがある[3]。

汚染はミルクそれ自体のなかで始まる。「もっとも清潔な状態でも、健康な雌牛から搾られたばかりのミルクは決して無菌ではない。健康な牛の乳房の乳管や乳頭管にはいつも雑菌が存在しており、搾乳直後のミルクには一立方センチにつき約二万個の細菌が含まれる」。乳房にはゴミがたまるし、「細心の注意を払って清潔が保たれない限り、乳房や臀部は排泄物で汚される。乾燥した汚物でゴワゴワになっていることさえあるだろう」[4]。いっそうはなはだしい汚染が、「牛小屋のゴミや糞、ミルクの採集と貯蔵に用いる容器、搾乳者の手や着物、そして用具を洗ったりミルクを冷やしたりするために使われる汚れた水から生じる。牛の糞はグラムあたり百万個以上の細菌を含み、不潔な牛舎の敷きわらはグラムあたりこの一〇倍以上の細菌を含むであろう」[5]。

こうした危険性は、すべて、まだ牛舎から出てもいないミルクを襲うのである。十九世紀後半以前の条件下では、運搬の途中でさらにひどい汚染を観察することも難しくはない。一七七一年、かなり極端だが、生彩あふれるタッチで、トビアス・スモレットは次のように描写した。「熱湯が混ざって質が低下し、傷ついたカタツムリが入って泡だったミルクは蓋のない桶に入れられて道路を運ばれる。戸口や窓から排出される汚いすすぎ水、歩行者のまき散らす唾や鼻汁や噛みタバコ、ゴミを運ぶ馬車からあふれた汚水、乗り合い馬車の車輪にはじかれた泥はね、悪童たちが遊び半分に投げ入れるゴミやガラクタ、幼い子の吐いた汚物……を浴びながら」[6]。

ミルクの供給法は、十八世紀後半に劇的に改善されたという説もあるが[7]、その品質に関しては、とくに意味のある改善はできなかったようである。「パスツールの先駆的な研究の結果もたらされた細菌学の知識は、その世紀の終わり近くまで、ミルクの処理に大きな影響を及ぼしたとは言えない……酪農業において初めて低温殺菌が用いられたのは、一八九〇年頃、消費者に害を与えそうな細菌を殺すというよりむしろミルクの『持ち』を良くする方法としてであった」。J・C・ドラモンドはさらに、「低温殺菌がミルクによって媒介される病気に対する貴重な防御策でもあることが認められ」[8]始めたのは、やっと一八九六年頃になってからであったと言っている。唯一の現実的予防策は、適当な時間、ミルクを煮沸することだけであった[9]。

このすべてを考慮に入れるとき、この危険な物質はどのくらいイングランドの人々に煮沸されずに飲まれたであろうか？　莫大な数の乳用動物が存在し、それがバターやチーズ用のミルクを産出したことは知られている。しかし加工されていないミルクがそれだけで飲まれたのだろうか？　確かに都市にも田舎にも大量のミルクがあった[10]。われわれはまた、十七世紀にはそれが労働者に飲まれたことを知ってはいるが、どのようにして飲まれたのかはわからない[11]。ミルクを生《なま》で飲むことに対しては強い嫌悪があったようである し、私はそれが大量に飲まれたというはっきりとした証拠にはほとんど出会っていない(12)。「十九世紀までミルクは、本質的に、飲料というよりバターやチーズの材料と考えられていた」(13)、ただし「乳漿《にゅうしょう》はかなりの量飲まれていた」というファーガソンの結論は正しいであろう(14)。乳漿とはチーズを作るための凝乳を取ったあとに残った液体のことである。またバターを作った後スキムミルクのかたちでも飲まれた。ミルクが健康によいことを熱心に説きながらコベットが、「私はこの五年間ほとんどそればかり飲んできた」と回想し、「つまりスキムミルクのことを言っているのだが」と付け加えたのは興味深い(15)。ミルクは栄養補給食品として重要だったのかもしれず、この意味では、ビーヴァーの、一九〇〇年頃からの乳児死亡率の急速な減少は、低温殺菌、ミルクによる哺育、輸送のスピードアップによるところが大きいという説は注目に値する(16)。

日本の場合、十九世紀後半までミルクによる感染の危険はなかった。これまで見てきたように、日本人は十世紀から十九世紀まで、乳用動物をまったく飼わなかった。それまでは、動物の乳と聞いただけで、たいていの日本人は、比喩的にも文字通りにも、吐き気を催した。彼らには多くの非酪農社会に共通する乳糖に対するアレルギーがあったので、大人が乳製品を口にすることはありえなかったと思われる(17)。このように、いくつかの理由が結びついて、日本人は、十九世紀初めにシーボルトが「日本では、牛乳の使用はどのような形でも知られていないか、少なくとも、厳しく禁じられている」と描写した状態に至っていた(18)。日本人はおそらく、乳蛋白は摂取しなかったであろうが、動物の乳を飲まないということによって、パスツールの発見以前に、結核や腸チフスを含む無数の病気を回避した。

煮沸していない水を飲むことはつねに危険である。「たぶん雲からできたばかりの雨水を除いて、自然界には純粋な水は存在しない。他のすべての水は……なんらかの顕微鏡的生物の食物となる無機・有機の物質を含んでいる」。もっとも直接的かつ明らかな伝染性をもつ病気——コレラ、腸チフス、赤痢については概説した。人に害のある他の多くのマイクロバクテリアもまた、生水のなかで運ばれる可能性がある。ただし、「すべての植物性の細菌と多くの胞子は五分間の煮沸によって死滅する」(19)。人口が稠密になるにつれて危険は増大し、大量の人や動物のごみや糞が、混雑した環境のなかで堆積し、溶解して水に混じる。水の消毒や煮沸という、近代の習慣によって行われているように、飲みものを通じた伝達が阻止されるならば、無数の病気が回避される。

十四世紀から十八世紀のイングランド人について、外国人がもっとも感心した事実の一つは、豊かさのためでもあり、農業による余剰のためでもあり、また彼らの嗜好のためでもあったのだが、彼らが水をあまり飲まないということであった。十五世紀にフォーテスキューがイングランドとフランスを比較したとき、彼が注目した違いの一つは飲みものであった。多くのフランスの農民は惨めなほど貧しかった。「これらの、また他のさまざまな災難に悩まされ圧迫されている人々は、まさしく大変な悲惨さのなかに暮らし、毎日水を飲んでいた。下層の人々は、大事な祭りのときを除いて、他の飲み物を口にすることはなかった」。しかしながら、イングランド人は豊かな民であった。「その国の人々は金持ちだ。いく人かが帰依のため、あるいは改悛のしるしとして他の飲料を絶つというようなことでもなければ、彼らが水を飲むことはなかった」(20)。十六世紀の半ば、ジョン・エールマーは大陸の人々とイングランド人を比較した。「かれらは普通水を飲むが、おまえはよいエール酒やビールを飲む」(21)。

イングランドではその後も引き続き水が飲まれなかったことは、一七二六年のド・ソシュールには明白であった。

ロンドンでは水が豊富に得られ、水質もかなり良いのに、まったく飲まれないとは信じられないことだ。下層の者たち、乞食でさえも、水で渇きをいやすことを知らない。この国ではビールしか飲まれず、いくつかの種類が作られる。スモールビール［弱い低級ビール］はすべての人が、のどが渇いたとき飲むもので、最上の家々でも使用されるが、値段は一びんわずか一ペニーである。もう一種類のビールは、このビールが労働者階級によって大量に消費されるので、荷物を運ぶ運搬人、つまりポーターと呼ばれている。

彼は次に、エールを、ホップを使わずに作られた上質の澄んだビールと説明し、「イングランドでは、パンを作るよりビールを作るために多くの穀物が消費されるそうだ」としめくくる(22)。これはM・C・ブーアの「水は十八世紀においては日常の飲み物ではなく、施しで生きる子供にさえもスモールビールが与えられたということを忘れてはならない」という観察を裏づけるものである(23)。

水ではなくビールを飲んだことには、いくつかの理由があったようである。一つは明らかに病気を避けるためである。ヘンリー七世はイングランドの水は飲めたものではないと公言した(24)。アンドリュー・ボードは水の危険性に注意を喚起した。「生の水は衛生的ではない。水の質は雨水、流水、川の水、井戸水、よどんだ水の順に悪くなる」(25)。ワインとともに飲まれる水でさえ、煮沸され蒸留されなければならない。ウェアはウイリアム・ヴォーン、ロバート・バートン、ヴェンナー等によって与えられた、最良の水とはどういうものかについてのアドバイスを引用しているが、水が飲用されたかどうかについては触れられていないことに注目する。彼は汚染された水の危険性が十分に認識されていたことを指摘している[26]。

温泉の発達に伴って、十八世紀には、水を飲むことが健康によいと唱える人々がいた[27]。ある種の水、たとえば深い井戸から取った水は、それほど危険ではなかったであろう[28]。しかしながら、全体としては、病気と飲用水とは関係があるということは、大部分の人々によって認められていた。問題は、それをどうするかということであった。一つの解決法は、水をからす麦と一緒に煮沸して、「水粥」と呼ばれる飲み物を作ることであり、その飲み物は安全で栄養豊富であるとされた。しかし、さらに良いのは、その危険な物質のかわりにイングランド人好みの飲み物を用いることによって、必要を喜びに変えることであった。

イングランドにおけるビールとエールの飲用の歴史は広範で複雑である。最初イングランド人は、主にエールを飲んだ。それは大麦から作られた発酵飲料であるが、ホップは使用していなかった。エールは十五世紀以前には、十分水の代役をつとめられるほど広く飲まれていたということはありうる。「エールより水の方がよく飲まれていたということを証明するのは難しい。反対に、領主の法廷で醸造業者が絶えず罰金を科せられたという事実は、エールが豊富に存在していたことを示唆するのかもしれない」。ダイヤーは中世の家庭でエールが大量に消費されていたことの別の証拠を提供し、領主の家での許容量は一人一日約四・五リットルだったので、十三世紀の「小農民」の標準量は一人一日約一・五リットルであっただろうと計算した[29]。

エールは次第にビールに補足され、そして大々的に取って代わられるようになった。ビールを以前のエールと異なったものにする特別な材料はホップであった。「ホップはノルマン人の征服以前からイングランドで知られていたことは明らかで、同時代の著述家たちの文章は、その植物がサクソン人によって原始的なやり方で利用されていたことを示している」。しかし、「それが実際に醸造に用いられるようになったのは、……十五世紀半ばであるということはほぼ間違いない」[30]。「トルコ人、鯉、ホップ、ピカレル［すずき（魚）の一種］、ビールはみんな同じ年にイングランドにやって来た」という詩の文句は、当時それがフランドルから入ってきたことに言及したものである[31]。

ビールはどんどん普及し、十六世紀後半にはハリソンによって国民的飲み物と評された。「われわれの飲み物、その力と持続性についてはすでに部分的に述べたが、それは大麦、水、ホップをわが醸造業者の技術によって、ふやかし、一定の正確な割合で混ぜ合わせたものである」。それは「二〇シリングで九〇リットルかそれ以上買えるほど」安かったので、貧しい人々でさえも手に入れることができた[32]。十七世紀初期までにはファインズ・モリソンが次のように誇らしげに言うほどの状況であった。「イングランドのビールはネーデルランドやドイツ低地地方でも有名で、大麦とホップから作られたものである。イングランドはホップを大量に産出するからなのだが、フランドル産のホップもまた使用している。海に面したドイツ低地地方の都市国家は、醸造業者を安心させるために、イングランドのビールを売ることを禁止しているが、陰ではネクターのようにがぶ飲みされている。ネーデルランドでは、ビールは信じられないほど大量に消費されている」(33)。

多くの人がビールの栄養的な価値に注意を促してきた。ビールは大麦を発酵させて作られるので、食事による栄養摂取量を非常に高めた。ドラモンドは「この『スモールビール』は約〇・六リットルにつき約一五〇から二〇〇カロリーの価値があった。このことは、一日に約一・七リットル飲む若者は、彼の一日の必要カロリー量約二五〇〇のうち約五〇〇から六〇〇カロリーをスモールビールによって摂るということを意味した」と書いている(34)。別の言い方をするなら、ビールのエネルギーとしての価値はミルクとほぼ等しいということである(35)。カロリーだけでなく「ビールは、少量のカルシウム、多少のリボフラビン、ニコチン酸、ピリドクシン、パントテン酸、それにおそらく他のビタミン類も供給したであろう」。ドラモンドは「家庭で醸造されたビールは、良質で安全で健康的な飲み物で、適量であれば、おそらく子供にも何の害も与えない」のは確かであると話を結んでいる(36)。

もしビールが水の代役をつとめるとすれば、莫大な量が必要となるであろう。液体消費に関する詳しい研究によれば、「労働と健康が普通の状態」である体重約七六キロの男性は、一日に約二・三リットルの水を必要とする。この半分は「固形」食物のかたちで供給されるので、気温と活動量にもよるが、あと約一・二リットルの液体を必要とするであろう。もし人々が一日に平均して約一・二リットルの液体を必要とするならば、これだけ多くのビールがイングランドで醸造された可能性はあるのだろうか？　あったようである。一六八四年にビールにかけられた税金の額は、「男も女も子供も、人口一人につき一年にほぼ約一八〇リットル、つまり一日に約〇・五リットルの消費をしていた」ことを示唆している。しかし、私的に醸造された、物品税が課されなかったビールも存在し、それを勘定に入れて計算すると、グレゴリー・キングは一六八八年には、これが元のビールの総計の七〇パーセントにも相当したと見積もった(37)。すべての男、女、子供が一日平均約一・二リットルのビールを消費したということになるようだ。ジョン・ホートンは一六九〇年代には全体的な数字が一人一日約一・二リットルになると見積もった(38)。この数字なら、エールや梨酒などのマイナーな飲料も加えれば、国民の全飲料需要を容易に満たすものであることがわかる。

飲用量を示す他の例も、大きな数値を示している。十八世紀末のクライスト・ホスピタル［パブリック・スクールの一つ。貧しい家庭の子供たちのために一五五二年に創設された。］への支給量は一週間一人約一一・三リットル、あるいは一日約一・七リットル弱であった(39)。十八世紀半ばの反乱条例［一六八九〜一八七九年に制定された軍隊の規律に関する法律］では、兵士へのスモールビールの支給量は一人一日約二・八リットルと決められていたが、多くの人がもっと増やすべきであると主張した。「ジェントルマンの召使いたちも皆一日約三・四リットル消費している」のだからと(40)。一七九四年、ノーフォーク州ヘッキンガムの救貧院では、「男たちはそれぞれ、スープかオートミール粥のないときは、毎食時約〇・六リットルのビールが与えられ、乳飲み子をかかえた女たちにも同じ量が与えられた。その他の人々は約〇・四リットルだった」とイーデンは書いている(41)。それより少し前、ラ・ロシュフーコーは「刈り取り人夫たちに、一日三度の食事と飲み放題のスモールビールと、仕事量に比例して強いビールがあてがわれた」のを目にしていた(42)。ピーター・クラークはイギリスのエールハウスに関する詳細な社会史を書いてくれた。彼は十六世紀の数字として、一五四五年のイギリスのブローニュ駐屯部隊のビール一日約二・三リットル、一五二〇年代のコベントリーの（男、女、子供を含む）住人のエール一日約一・二リットルという数字をあげている(43)。

この莫大なビール消費の副次的効果は明らかである。イギリスの社交生活の中心はエールハウスとなった(44)。イギリスの村や町を訪れたことのある誰もが、パブの存在を知るであろうが、それは宿屋やエールハウス、その他の施設の総体の一部にすぎなかった。スタッブスが激しく非難するところによれば、「あらゆる田舎、都市、町、村、その他の場所にはエールハウス、居酒屋、宿屋が所狭しと立ち並び」、それらは、ひいき客がつき、「夜も昼も大酒飲みたちでごった返し、驚くべき様相」であった(45)。

ビールの成分には何か薬効があったのであろうか？　ヘンリー六世が、一四三六年にホップから作られた新しい飲み物を、「注目に値する、健康的で、ほどほどに刺激的な」(46)ものとして薦めたときには、何ら特別なことは意図されていなかったのかもしれないが、この薬用植物を飲み物に加えると健康に著しい効果をがあるということは、すでに知られていたであろう。「ホップはビールに苦みを与え、防腐剤としても保存料としても有用である」(47)。イタリア人がホップをさまざまな病気の治療薬として用いたという事実は、十八世紀初めのイギリスの著述家によって注目され、彼は、「ホップはその心地よい苦みによって、胃に素晴らしく効き、消化にとても役立つのは確かである」と書いた(48)。ビールの薬効は、デイヴィッド・デイヴィスによって著された十八世紀の書物のなかで認められていることが、デューゴルド・スチュアートの引用に見られる。「当時、スモールビールは、貧しい家庭においてさえ生活必需品の一つと見なされていた……それはこの国の人々の共通の飲み物として神が作りたまわれたように見え、最悪の病気のうちのあるものに対する予防法と思われていた」(49)。

いったんビールの製造過程について、そしてとくにホップの役割について考察し始めると、その手順が、後にパスツールが気づいた、あの悪い細菌による感染を避けるという問題と大いに関係しているということが見えてくる。大麦が水と混ぜられ、発酵してモルトに変わる。それが完全に乾燥させられ、次につぶされ、その後さらに漬け込まれる。沸騰した水が加えられ、モルトがすりつぶされる。中心的なプロセス、つまりジアスターゼによるモルトの発酵が起こる。これによって変化したモルトのデンプンが糖分とデキストリンに変わる。このとき、ビールをすぐに腐らせてしまう、望ましくない細菌による感染の危険がかなり存在する。そこで、抽出エキスが洗浄され、一種の殺菌剤としてはたらくホップとともに二時間煮沸される。そうしてできた液体は冷まされ、少なくとも四〇時間発酵させられ、その後数週間貯蔵される。そうしてできたビールがとくに長期間、あるいは、輸出用のエールのように暑い気候のなかで保持される必要があるならば、さらにホップが加えられる。全体を通して、水はごく純粋なものでなければならず、あらゆることが非常に清潔に保たれなければならない。

このプロセスに必要なものは、望ましくない細菌だけを除去してくれる、選択力のある殺菌剤である。ドイツ人が、この目的にかなう特定の薬用植物、野生のホップを探し当てた。「ホップは麦芽汁を純化し、腐敗を防止し、芳香を与える働きをする。タンニンが過剰なタンパク質を沈殿させて後のやっかいの元を取り除き、一方、ホップの構成要素がさまざまな方法で防腐剤としての役割を果たす」のである(50)。殺菌剤として働く天然の「タンニン」が存在しているようである。このことはより近年になって、「ホップは醸造物にはっきりした苦みを与えるだけでなく、そのなかに存在するテルペン［芳香のある液体］は、偶発的な汚染源に対して抗生物質的な性質をもつと思われる」と説明された(51)。およそ一五三〇年以降に広まったイングランド人によるビールの飲用が、公衆衛生にとってとくに重要であったのも当然である。それは栄養のある、完全に安全な飲み物であったばかりでなく、「タンニン」のなかには、ビールを飲んだ人の口や胃のなかに入って、さまざまな細菌感染から防御する万能消毒剤として働く抗生物質的あるいは殺菌剤的な多くの物質が含まれていたのである。

ホップをベースとしたビールがイングランドに紹介された後、国民の健康状態がかなり向上した時期があった。十六世紀後半は、イングランド史におけるもっとも健康な時代の一つで、死亡率はかなり低く、人口は増加した。

十八世紀までは「スモールビール」は国民全体が飲めるほど安価であった。ド・ソシュールがビールを飲む国民を描写したのとちょうど同じ頃、イングランドの飲用習慣に第二の大きな変化が起こり始めていた。すなわち労働者たちの主な飲み物が、ビールからお茶に変わるという変化である。十八世紀の終わりにデイヴィッド・デイヴィスは、ビールがどんなに良い飲み物であり、それがどんなに生活の必需品であり、人々の共通の飲み物であったかを語った後で、「彼らにとって大変不幸なことに、課税の主な対象であるモルトの値段が高いために、スモールビールの値段はこの数年彼らが共通して利用するには高すぎるものになってきた」と述べた。彼は「モルトの値段が高くミルクの調達が困難という厳しい条件の下で、彼らのパンを浸す残された唯一のものは『お茶』であった。これは彼らの最後のよりどころであった。（パンと）お茶は、毎日家族全体の一食分を供給して、平均週一シリングほどである」と述べた。これは贅沢品ではないかという指摘に対して、デイヴィスは答えた。「もしあなたが精製糖で甘味を、クリームでまろやかさを加えられた上質のヒーチュン茶［熙春茶《ヒーチユン》。中国産緑茶の一種］のことを言っているのなら、私はためらわずにそれを認めよう。しかし貧しい人々のお茶はこれではない。少量の一番安い茶葉でかろうじて色づけられ、まったく精製されない砂糖で甘味をつけられた泉の水が、あなたの非難する贅沢品なのだ」。「これは彼らが単に必要から飲んでいるものだ。そしてもし今、彼らからこれが奪われるなら、彼らは直ちにパンと水のみの食事におとしめられるであろう。お茶を飲むことは貧しい人々の困窮の原因ではなく、結果なのである」(52)。

日本では、専門の水運搬人や、洗濯用の井戸と区別された特別の井戸の存在によって示されるように、ある程度水が飲まれはしたが、日本人は普通の水を飲むことを概して避けようとした。モースは「元来日本ではめったにやらぬことだが、水を飲まぬように、つねに注意した」という(53)。人々に広く飲まれたのはお茶であった。

お茶の起源とそれが発見された時代は定かではない(54)。一つの説は、アッサムとビルマの国境山地の森林に住む部族民たちが、一種のツバキの葉を、熱い湯と混ぜてさわやかな飲み物にしていたというものである。お茶はおそらく今日でも東南アジアの一部で行われているように、野菜として食べられたり、噛まれたり、塩漬けにされたり、この地域にある嗅ぎタバコと同様匂いをかがれたりもしたであろう(55)。キリストの誕生より数千年も前に、お茶に関する知識は中国に伝えられた。「古代中国の著述家の説によると、お茶の木は早くも紀元前約二七〇〇年に帝政中国に生育していたということである」。それは中国で土着化したが、「中国には野生のお茶の木が生えているのは見られなかった」という事実は、それがアッサム起源であること、すなわち「アッサム茶が、今日一般に植物学者によって、あらゆる種類の栽培茶の親木であると考えられている」という植物学的根拠にもとづいた事実を示唆している。その原種は、強力な薬効成分を発揮するように、かなり品種改良が加えられた。「何世紀もの間……中国人はお茶を薬としてのみ用いた」と言われている(56)。岡倉覚三によれば、それは「疲労をいやし、精神を爽やかにし、意志を強くし、視力を調える効能があるために大いに重んぜられた。たんに内服薬として服用されたのみならず、しばしばリューマチの痛みを軽減するために、練薬《ねりぐすり》として外用薬にも用いられた」(57)。ニーダムは「四世紀までには、それ［お茶］は中国社会をあまねく征服し、周知の清涼飲料としていたるところで用いられたのである」と言っている(58)。

　お茶は八世紀に薬として日本に紹介された。最初は薬用植物として、病気を治すためや、僧たちの瞑想中の緊張を持続させる助けとして、僧院の庭で栽培された。その利用と影響は宮廷と僧院のみに限られていた(59)。「はじめから皇室の奨励があったにもかかわらず、茶の栽培は、十二世紀に至るまで日本ではほとんど進歩しなかった」(60)。そして一一九一年に僧の栄西が中国から帰国して、臨済宗とお茶を持ち帰った。栄西はその効能が最大限に発揮されるように、どのように葉が摘まれ、お茶が煎れられ、飲まれるべきかについて細かいアドバイスを与えた。「栄西はまた日本人に、早朝、露の落ちる前に葉を集め、焦げないように紙の上でごく弱火にして焙じ、竹の葉でつくられた栓のある壺に保存するという中国式の茶葉の調整法を伝授した」(61)。このようにして緑色をした粉状のお茶が紹介され、茶の湯や、日本人の文化的生活の多くの部分にとって大変重要なものとなった(62)。

　お茶はこの偉大な禅の代表者にとって、多くの功徳を備えたものであったようである。彼は「お茶の治療効果についての覚え書き」という意味の『喫茶養生記』という二巻本を著した。「お茶は健康保持にとってもっとも素晴らしい薬である。それは長生きの秘訣である。それは大地の精のように丘の上にその葉を伸び出させる。昔と変わらず今もこうしたすぐれた性質があるので、もっとわれわれはそれを利用すべきである」(63)。井口海仙は、栄西の著書を次のように要約している。

> 人間の五臓は、それぞれその好むところの五味を多く摂取することによって強健となる。肺は辛味を好み、肝臓は酸味を欲し、脾臓は甘味、腎臓は鹹味《かんみ》［塩味］、心臓は苦

味を好む。ところが人は、辛、酸、甘、鹹の四味は、好んで摂取するが、心臓に必要な苦味は嫌ってとらない。わが国人が心臓をわずらい、短命なのは、そのためである。よろしく大陸の人々に習って、茶の苦味を摂取して心臓を強健にしなければならない。

それゆえ、栄西は「これ［お茶を飲むこと］が延命長寿の秘訣であると説く」(64)。お茶は心臓のみならず体の他の多くの部分をも健康にする。つまり「お茶は眠気を追放し、肝臓や皮膚の病、リューマチや脚気にも効果があると信じられていた」(65)。別の要約では、お茶を飲むことは「五つのタイプの病気、すなわち食欲不振、飲み水による病気、中風、腫れ物、脚気の治療薬として、また万病の治療薬として」栄西に強く薦められたとされている(66)。

お茶の畑は大きくなり、喫茶は十三世紀に武士の間に広がってゆき、室町時代（一三三六年～）までにはあらゆる階級の日本人がお茶を飲んだ(67)。十六世紀後半までには、お茶は日本人の生活において計り知れぬ重要性をもつものとなっていた。利休などの偉大な茶道家によって発展させられた茶の湯は、日本のもっとも重要な独自文化となった。莫大な量のお茶が栽培された。一六七八年、ウィレム・テン・ライネは故郷の友人に「西洋に初めてお茶の木がどのようなものかを伝え、その実物を送った。彼が長崎に到着してから数カ月しかたたないうちに、彼はお茶の木についてのエッセイと、クスノキの枝一本、大枝、葉、花を束にしたものを送った」(68)。

ケンペルはまさしく、お茶を味わい描写するのに適したいくつかの素質をあわせもつ人であった。彼は医者としての訓練を受けていただけでなく、十七世紀のもっとも偉大な植物学者の一人でもあった。これらの資質を、日本の歴史、文化の全領域に及ぶ百科事典的知識と組み合わせながら、日本におけるお茶のありようを描写してみせる。彼は、中国と日本でお茶が受け入れられる基礎となった、薬としてのお茶の効能に強い印象を受けた。「チャノキ、すなわち茶の木は日本に生育するもっとも有用な植物の一つである」。彼はお茶に関する特別の附録を書き、そのなかで「茶の効能を一口で言うと、……茶は便通を良くし、血液を浄化し、とくに痛風を予防し、体内の結石を溶かす。とくに痛風や結石の予防剤としての力は非常に強く、私は日本において茶をよく飲む人のなかには、痛風に悩む者や結石に苦しむものを一人も見かけなかった」と結んでいる。しかし、その効能はさらにいっそう一般的なものであった。「今までのところでは、［日本のお茶のように］湯を注ぎ、または煮出して非常に大量に飲まれ、胃を損なわず、容易に排出され、しかも弛緩した精気を速やかに立直らせて元気づける効能をもつ植物は知られていない」(69)。

ケンペルは日本の二つの主なタイプのお茶、すなわち上質の高価な緑色の粉末のお茶と、普通のお茶を区別した。幹線道路沿いの掛茶屋で「出される茶には（普通身分の高い人が用いる）嫩葉《どんよう》［若葉］を二度摘みした後の摘み遅れた古い葉か、あるいは去年から枝に残っていた古芽を用いる」。彼はそれが摘まれ、乾燥させられ、保存され、煮られる方法の違いでお茶の性質が変わることに気づいていた。「日本人が普通飲むお茶はこの低木の大きめの葉を入れたものである。しかし若くて柔らかい葉が乾燥させられ、粉末にされ、熱い湯の入ったコップの中で混ぜられてスープのようになったものが食事の前後に上流社会の人々の家で飲まれている」[70]。ここでは現代の研究によって発見されるいくつかのことが予見されている。「損失を最小限に押さえて最上のお茶を煎れるコツは、現に沸騰している湯を使うことである。そして茶葉はよくつぶされ、細かく砕かれ、煎じるときに最大の表面積が沸騰した湯にすばやく触れるようになっていることである。このため、世界で最上のお茶の入れ方は、注意深く調整した『お茶の粉』によって入れる日本人のやり方である」[71]。

お茶の葉がどのような効能を含むかは、その調整法によって異なる。「炒釜に入れられる茶の葉は、きわめて新鮮なものでなければならない。茶の葉は摘んで一日おくと、炒っている間に黒くなって茶の成分を多分に失ってしまうからである。だから摘まれた茶の嫩《わかば》の葉は、その日のうちに釜炒場へ運ばれ、山積みされている時間も長くないように気を配られる」[72]。「お茶の収穫、あるいはむしろ収穫した葉の貯蔵方法はきわめて精密に工夫されたものである。葉は、摘まれると同時に、煎茶用（より細かいもの）と番茶用（より目の粗いもの）に分けられ、どちらの種類も、その日のうちに乾燥機にかけられる量以上は収穫されない」[73]。「製茶の作業は、どの町でも茶所《ちゃしょ》と呼ばれている公共作業場で行われる」。お茶はまた家庭で焙煎されることもある。「農民などが飲む茶は、普通素焼の瓶で数回乾燥させるだけで、乾燥作業にはそれほど手をかけない。この方法で作られた茶は、とくに品質が悪いわけではないが、手がかかっていないので、安値で大衆が手に入れられる」[74]。

茶葉を加工する際、できるだけその天然のジュースを保存するための、別のやり方がチェンバレンによって記述された。「茶の葉は、摘まれるとすぐに、熱湯の上で、真鍮の金網を底に敷いた丸い木製盆のなかに置かれる。この蒸す工程は、三〇秒で終わり、茶の自然油を表面に引き寄せる。次の、しかも主要な操作は焙ることである。木製の枠に丈夫な日本紙を広げて、そのなかに入れて焙る。燃料としては、十分に灰で蔽《おお》われた炭火が用いられる」。その目的はお茶の品質を保持することであるが、天然の油分を破壊しないように、できるだけ軽く行われる。「ときには——これは遠い昔のやりかたであったと思われるが——葉は全然焙らず、ただ天日に乾かすだけである」[75]。

お茶の品質保持のための加工が終わったら、それを注意深く貯蔵することが重要であった。田舎の人々は「煙ほど茶葉の効能をよく保存し、またその効能をますます強固なものにするものはないと考えているので、家の屋根の下、煙出し穴の近くに置いた樽のような形をしたわらかごのなかに」それを入れておいた[76]。

「食事のときに飲まれるお茶は、並のお茶で、それは古い茶葉を使ったものなので、大量に飲まれても神経にさわることはない。陶器の急須にひとつまみの茶葉が投げ入れられ、熱湯が注がれる。急須は熱さを保つために火にかけられている。その抽出液は赤みがかった黄色でほとんど味がない」[77]。そのようなお茶は朝淹れられ一日中使われる。「この茶釜は、全家族専用の湯壺のようなもので、茶を飲みたい者は各自勝手に茶釜から茶を汲んで飲むのである」[78]。お茶は沸騰した状態にしておかれ、「必要に応じて茶色の煎液を注ぐ。またもう一つの薬缶で冷水を加えて、一度に水で薄めたり冷やしたりする」[79]。客が来ると、このたくわえからそくざにお茶が出された。「来訪者が来たときと帰るときの両方に一～二杯の茶を出すことはこの国の習慣である」[80]。モースが書いたように、「友人の家でも商店でも、行く先で必ずお茶が出されるのは、日本において気持ちのいい特徴の一つである」[81]。

西洋の旅行者は、最初のうち普通の日本茶を、いくぶん食欲をそこなうものと見なした。「砂糖もミルクも加えない薄い煎じ液であるお茶は国民的飲み物である。人は時間をかけてこの飲み物に慣れなければならない。というのは、新参者にとってそれは最初、吐剤として使っても良いほどのものだからだ。しかし徐々にそれに慣れてくる。ヨーロッパ人が日本の家を訪ねると、どこでも最初に出されるものは一杯のお茶である。日本人は一日に何十杯もお茶を飲むのだ」[82]。モースはお茶を、どちらかと言えば興味を引かないものと見なしていたが、後には次のように書いた。「私はだんだんこの茶に馴れてくるが、なかなか気持ちの良いものである。それはきまって非常に薄く、熱く、そして牛乳も砂糖も入れずに飲む。日本では身分の上下にかかわらず、一日中ちょいちょいお茶を飲む」[83]。「公開講演をするときには、おきまりの冷水を入れた水差しとコップの代わりに、茶瓶と茶碗とを乗せたお盆が机の上に置いてある」。公共の建物にはただお茶を入れるだけの特別の職員がいた。「一日中、ときどき彼は実験室に熱いお茶を入れた土瓶を持ってくる」[84]。すべての人に明らかなのは、お茶はすべての日本人によって大量に飲まれるということであった。「米に次ぐ重要耕作物は茶の木である……その消費は今やほとんど無限である」。それは「食事のたびに、そしてまさしく一日のあらゆるときに、あらゆる階級の人々によって」飲まれる。広大な専用の農園に加えて、「あらゆる農園のあらゆる生け垣は茶の木であり、農家の家族や働き手の飲料を供給する」(85)。ある計算では「日出ずる国の国民のお茶の消費量は一日約三リットルである」(86)。そして、人生の最後にあたって、日本人はお茶の偉大な効能と健康に良い性質への感謝の意を表した。「最後に、茶葉をいれた袋が棺の隙間に詰められる」(87)。

病気の予防法としての喫茶の効能は、二つの領域に存在する。第一のものは、それが生水の多くの危険性を免れた安価な飲み物となっているという明らかな事実にある。このことは日本では、十九世紀後半コレラが国内に侵入するという劇的な事件に際して、とくに明らかになった。「コレラが大流行で……冷たい水は一口も飲んではいけない。お茶お茶お茶と朝昼晩およびその他あらゆる場合、お茶ばかりである」(88)。エドウィン・アーノルドは一八九〇年代にコレラが大流行したときに「絶え間なくお茶を飲むという習慣は、このような際に日本人を大いに助けていると付け加えたい。喉が渇くと彼らは急須のところへ行くが、煮沸した水は彼らを近隣の井戸の危険性からかなり安全に守ってくれる」と書いた。彼は、お茶がまだ非常に限られた社会でしか飲まれていなかったインドの出身であった。彼はまた「そのうえ、水やミルクを煮沸すること、また野菜や果物を沸騰した水にくぐらせることの利点についての知識が一般の人々に広く行きわたっている」と興味深げに述べた(89)。

中国と日本における人口の密集と水の煮沸の関係が、キングによって次のように指摘された。「中国と日本におけるお茶の栽培はこれらの国のもう一つの大産業であり、人々の幸福に果たす重要な役割において養蚕業以上ではないとしても、それと並ぶ地位を占めている。この産業が、沸騰させた水を飲料用として味の良いものにする物質の必要性に端を発したものであることにはほとんど疑いの余地がない」。彼は「沸騰させた水を飲むことは、これらの国で、一群の致命的な病原菌に対して、個人的に実現可能で絶対的に有効な安全策として、広く採用されている。こうした病原菌を、人工密度の高い国の飲み水から排除することは、これまでは不可能であった」と付け加えた。彼は「この方法と習慣はここでは何世紀も前から行われていて、これらの国のあらゆる場所で、お茶という形での沸騰させた水は万人の飲み物であり、明らかに腸チフスや同類の病気に対する予防手段として採用されている」と考えた(90)。

キングは、アメリカ合衆国の農業局長であったので、明らかに自国の政策に影響を与えようと意識して書いている。彼は、安全な水を供給することの難しさを考えれば、この点において欧米は中国と日本を当然見習うべきであろうと悟った。「これまでにとられたもっとも徹底的な衛生上の措置の成功から判断するかぎり、また増加する人口とともに途方もなく増大するに違いない内在的な困難を考慮に入れると、近代のやり方は結局のところ衛生上の効果をもたないであろうということは確かにちがいない」。「日本と中国における飲み水の煮沸は、大都市におけるそうした危険に対して防御するというよりはむしろ密集した田舎の人口ゆえに必要とされた。一方今までのところわれわれの衛生技師は、このもっとも重要な問題の都市的側面しか扱ってこなかったし、またこれまでは主に、比較的人口の少ない山間部で水の供給の可能な場所しか扱わなかった。このことが見逃されてはならない」と彼は考えた。[91]。

モースはそれ以前に、「数世紀にわたって日本人は、下肥を畑や水田に利用する国で、水を飲むことがいかに危険であるかを、理解してきたのである」と述べていた。[92]。彼は下肥えによって水が汚染されるという危険について知っていたが、「経験が日本人に、水を沸かして、またはお茶のかたちで飲むことを教えたのだ」とする[93]。この下肥えが危険であるという知識は、その少しの茶葉が何らかの理由で手に入らなかったとしても、水はやはり沸かして飲まれたという事実を説明してくれるだろう。日本と西洋で正反対のことの一つは、日本人は「冷水を飲まず湯を飲む」ことである[94]。ジャネッタは「日本では飲み水を沸かすのが習慣であった……」と書いている[95]。「日本人はめったに水をのまない。しょっちゅう水をはねちらしたり、水遊びをしたり、水につ

かったりする生活なのだが……」[96]。

お茶を飲むことは湯をおいしくする方法のひとつと見なされてきた。「お茶を入れる前にまず湯が沸かされなければならないという事実は、たとえ無意識的にではあっても、おそらくこれまでに紹介されたうちでもっとも重要な健康対策のひとつであろう。なぜなら、生水は今も昔も世界のある地域においては、コレラなど細菌による病気や他の腸感染症が広まる主な経路であるからである」[97]。しかも、茶葉は人を活気づける抽出液として魅力的であるばかりか、他にも健康を促進する性質を含んでいるという指摘があるのだ。

われわれが概観してきた歴史のいたるところに、お茶として飲まれる特殊なツバキの葉には、医学的に重要な作用があるというヒントがある。オランダ人の医者コルネリス・ボンテクー（別名コルネリス・デッカー）は、お茶、コーヒー、ココアの素晴らしさについての論文を書いた[98]。「彼はボヒー茶［当時優良品とされた中国産の紅茶］を大変高く評価し、ある著作のなかで病人に、彼自身がある朝やってのけた偉業、すなわちお茶を連続して五〇杯、六〇杯、一〇〇杯と飲むことを真面目に薦めた。彼がその中国産のお茶をおびただしい量を飲用することによって回復したと信じたのは、持病の結石にひどく苦しんだときのことであった。彼は、お茶がけいれんやてんかんを引き起こす、と言う人々に対して強く弁護した。それどころか、彼は、お茶には健康維持上のあ

らゆる効能があるとした」[99]。

もう一つのヒントは、スコットランドの哲学者ケイムズによって与えられるものである。十八世紀にあらゆるタイプの死亡率が減少したことを説明しようとして、彼は、一つの重要な因子は「医者がかなり強力な防腐剤としているお茶と砂糖の大量消費」ではないかと書いた[100]。そうした防腐剤は、苦かったり舌をピリピリさせたり、何かとまずかったりするものである。グリフィスによる普通の日本茶の描写がこの表現とぴったり一致する。「飲み物は一番安い茶であった……。三番目は柄杓一杯の茶である。それは明らかにタンニン酸の溶液が半分もあり、それで生皮がタン皮になったのかもしれないと言ってもさしつかえない」。これは大変強いものなので、グリフィスは、「胃膜の硬化病が日本人に多いのは、渋い液の常飲がもとではないかと思う」と述べた[101]。

それではお茶は何からできているのだろうか？　「抽出された固体総量のうち約四〇パーセントがしばしば誤ってタンニンと呼ばれるポリフェノール、二〇パーセントがタンパク質とアミノ酸、五パーセントがカフェイン、五パーセントが無機イオン、三パーセントが脂質、炭水化物、ビタミン類などのさまざまな物質である」[102]。明らかにもっとも多い成分は、ポリフェノールつまり「タンニン」である。このタンニンという成分が日本のお茶の乾燥法や淹れ方において強調されたのである。見てきたように、茶葉の品質保持法は、葉のなかに含まれる天然のジュースを最大限に保つよう意図されたもののようである。「内地用の茶はわずかに火を入れるだけであるから、香気を失うことが少ない。その結果最初の煎じ出しに対してはぬるま湯さえあればいいので、この点わが国の『湯は煮えたぎっているに非ざれば……』云々なる周知の金科玉条とは大部違う」[103]。モースがときどき、お茶には「とても熱い湯」が要求されると言っていることと、ここで「ぬるま湯」云々といっていることには一見矛盾があるようにみえる。茶色っぽいお茶（番茶、ほうじ茶）のための湯はとても熱く、緑色のお茶（煎茶）用には、水は沸騰させるが、急須に注ぐ前に少しさまさなければならないからである[104]。緑茶の製造過程での水溶性のタンニンの損失は「わずか」であるが、紅茶では三分の二が失われる。しかしながら、紅茶の発酵過程は、葉のなかの微生物を増加させ、何らかの有用な、細菌の発育を防ぐ物質、おそらく抗生物質を作り出すことによって、その損失を補うものであったかもしれない[105]。

一九一一年に、タンニン酸は「イギリス、アメリカ両国において」さまざまな薬品の調製に用いられる「薬局方で公認」された。その薬品としての価値は次のように述べられている。

破れた皮膚やむき出しの表面につけると、分泌物中のタンパク質を凝固させ、保護膜や殻を作る。また組織に対する収斂剤となり、余分な水分の分泌を妨げる。強力な局所止血剤となるが、出血箇所に直接塗布されたときにのみ出血を押さえる。細かい噴霧によって喀血の治療に使用され、服用によって胃の出血を押さえる。……タンニン酸は、腸内では腸の出血を押さえ、強力な収斂剤として働き、便秘を起こす。このため下痢の抑制薬として薦められてきた。タンニン酸はさまざまな潰瘍、腫れ物、湿疹の治療に広く用いられる。グリセリンは扁桃炎に、薬用ドロップは咽頭炎に用いられる。タンニン酸の座薬は出血性痔疾に効く。あるいはタンニン酸を直接振りかけてもよい。コロディウム収斂剤は貴重な外用治療薬である[106]。

お茶の主成分のある効力についてのこの記述は、明らかに栄西を喜ばせたであろう。しかしわれわれは分析をさらに一段階進め、それでは、タンニン中の、強い殺菌剤として働くと思われる強力な成分とは何なのかと問うてみよう。それに対する答えのすべてではないが、一部には、お茶のタンニンは、人の知るもっとも強力な防腐剤の一つ、フェノールの別名であるということがあるようだ。

ウィリアム・ユーカーズはお茶のタンニンの性質について役に立つ概説をしている[107]。「タンニンはふたつのグループに分けられる。ひとつのグループには、多価アルコール化合物のエステルとフェノール酸が属する……」[108]。ポリフェノール含有量はお茶において大変重要である。「飲んだときのお茶の質はポリフェノール含有量によって大いに左右される。それは主に抽出液の力と色、口当たり、そして『お茶のうわずみ』すなわちポリフェノールとカフェインの複合凝固物を形成する力に影響する。こうしたポリフェノールは、「フラボノール、フラボンヂオール、テオヒリンの酸化作用によって新鮮な茶葉が紅茶に変えられる際に形成される」[109]。われわれは茶葉の体積の四〇パーセントがポリフェノールであることを見た。それではポリフェノールの効能とはどのようなものなのだろうか？

「フェノールは消毒剤、防腐剤の第一のもので、その殺菌活動は一八六七年、リスターの著作によってドラマティックに論証された」[110]。リスターは「下水の消臭効果が著しいため、非常に強力な殺菌剤であると思われる石炭酸」を初めて使ったのである[111]。もしわれわれがフェノール（水酸化ベンゼン）の古い名称である石炭酸に目を向けるならば、「それは特有の臭いとひりひりするような味があり、……強力な防腐剤として働く。それは水に溶ける……」ことがわかる。石炭酸はまた「すぐれた虫下しであり、タムシ菌を殺すのにも広く用いられる」。少量でも毒性があるが、水溶性硫酸塩と混ぜると安全に消費される。「一回一〜三グラム服用されると、石炭酸はしばしばしつこい嘔吐を和らげ、胃の防腐剤としてかなりの効力がある」(112)。

お茶の中のポリフェノールは「収斂剤」で、「この化合物は加水分解可能な、つまり濃縮されたタンニンとはまったく性質が異なっている。タンパク質に対する反応は――タンニン酸や他の商品化されたタンニンのそれと違って――可逆的なものであり、腸の粘膜を傷つけるという証拠はない」(113)。さらに、お茶のポリフェノールは別の濃縮タンニンを含んでいて、フェノール(石炭酸)のそれとは異なった抗菌作用をもつ可能性がある。

次のようなことが起こったと推測できそうである。何十万年も前に、アッサムのジャングルで、ある植物が進化し、生存競争のなかで葉のなかに多くの物質を貯えた。一つはカフェインで、あきらかにある種の鳥や獣を引きつける興奮剤であった。しかしそれはまたタンニンという非常に強力な防御機構によって、森のなかの多くの細菌から自らを防御しなければならなかった。この非常に強力な殺菌剤あるいは駆虫剤は、その植物が中国、日本、ついにはヨーロッパそして世界への長い旅に連れ出されたときに認知された、医学的効能をそれに与えた成分の一つであった。品質保持のための処理を軽く施し、苦みの最悪の部分を取り除くと、興奮剤的効果をもった魅力ある飲み物ができ上がる。「二五〇ミリグラムという少ない服用量でも、カフェインの摂取は、長時間の激しい運動に耐える力や作業能率を著しく増加させる」という(114)。このことは勤勉な日本人や中国人に明らかに歓迎された。お茶が精神を高揚させ、覚醒と集中を促進するものでもあるという事実によって、お茶はそれを手厚く保護した初期の宗教社会にとって魅力あるものとなった。この特徴がなかったならば、お茶は決して人々の間に広まることはなかったであろう。しかし、それはまた水のなかで煮沸されると、たとえ十分に煮沸されなくても、ほとんどの有害な細菌を破壊してしまう、収斂作用をもった苦みのある作用剤をも含んでいた。

お茶の、細菌生長防止剤としての効能についてのさまざまなヒントが、文献のあちこちに見出せる。お茶の種《たね》はアッサムでは、「ある地方で赤痢と熱の治療薬として食べられる」(115)。また、お茶は不潔な水に対する強力な防御装置であることが発見された。スゥエーデンの探検家カームは次のように書いた。

未開の国々の旅行中、お茶が大変役立ったことを認めなければならない。そこにはワインその他の飲み物を持っていくことができず、水は、昆虫によって汚れ、培菌だらけで、だいたいにおいて飲むことができないからである。そのような場合、水を沸騰させお茶を入れて飲むと、非常におあつらえ向きの飲み物になる。そのように処理した水の味は、どんなに賞賛してもしすぎることはない。その上、それは疲れ果てた旅行者の力を回復させてくれる。アメリカの未開の森林を旅した多くの探検家と同様、私は絶えず試練に見舞われた。こうした骨の折れる旅行において、お茶は食料と同様欠くべからざるものである[116]。

シェン教授という人の次のような言葉が引用されている。「お茶は血液における中性脂肪の堆積を防ぎ、コレステロールを減らし、血管壁の弾力を高めるために重要である。それはアセローム性動脈硬化や脳卒中の防止に一定の役割を果たし、慢性腎炎、急性肝炎、糖尿病、白血病に効果がある。またリューマチ性関節炎の抑制を助ける」[117]。

お茶の医学的効果の可能性についてのもっとも徹底した調査は、スタッグとミリンによって行われた。彼らは、お茶が多くの病気に効くことが発見されたようだと指摘する。「お茶は日本では一九五一年に疫病が流行した際に広く用いられ、これが赤痢などいくつかの病気の治療における付加剤としての新しい利用法（そこではカフェインの利尿促進作用がポリフェノールの抗菌作用にプラスされる）につながった」。彼らは、お茶が、「おそらく虫歯の予防や、アセローム性動脈硬化症を含む脈管系および冠状動脈の障害の予防において療法的価値をもつであろう」と示唆している。もっとも重要なのは、彼らが行ったお茶に関するテストについて報告し、ありそうな医学的利点を要約している点である。テストによって、「緑茶の煎じ液は腸チフス菌、パラ志賀（赤痢）菌、志賀（赤痢）菌、黄色ぶどう球菌、チフス菌、コレラ菌、乳酸菌の一種に対して試験管内で生長防止剤として働くことがわかった」[118]。つまり、お茶は腸チフス、赤痢、コレラなどひどい腹部の伝染病の多くに効くということである。

スタッグとミリンが腸チフスに関して発見したことは予期されたとおりであった。一八八五年にはすでに「お茶やその他の収斂作用をもつ野菜類の煎じ液はまた、緊急時に重宝され、おおかたの有機物を無害化する。腸チフスが見たところ飲み水によって広がったと思われるケースが観察されたが、病気にかかったのはそれを普通の状態で飲んだ人だけで、お茶のかたちでとった人は病気を免れた。そのような場合、水が煮沸されたことと、凝固沈殿を促す作用剤としてのタンニンの働きとによって二重に予防措置が取られているわけだ」[119]。また一九一三年には、アメリカ人の軍医J・G・マクノート陸軍少佐が、「純粋培養された腸チフス菌を四時間お茶に浸けると、その数が非常に減少し、二〇時間後お茶がさめてからも、それを回復させることは不可能だった」ことを示したとして引用されている[120]。

もしこの記事が基本的に正しいならば、なぜ日本のように人口密度の高い国が、腸の病気、とくに細菌性赤痢、アメーバ赤痢に悩むことが少なかったかを説明するのに役立つ。日本人がお茶を飲むとき、彼らはまた日々何リットルもの強力な防腐剤を飲んでいたということになる。あらゆる衛生上の措置は、「遙か昔に蒙古人種が採用した生きている病原菌を使用直前に破壊する湯と同じ効果」[121]を伴わない限り「絶対的安全」をもたらすことはないであろう、というキングの所見に注目することもできる。細菌の「飲用直前の」破壊は、煮沸された水が防腐作用をもてば二重に効果的である。お茶は、安価で、爽やかで、健康を促進するので、おそらく「水に次いで世界でもっとも大衆的な飲みもの」であろう[122]。中国と日本に居住する、世界人口の三分の一を征服したお茶は、次の動き、つまりヨーロッパへ、そして皮肉なことに、大英帝国経由で、インドとその彼方への移動を開始した。

お茶は一五五九年に初めてヨーロッパの文献のなかで言及されたが、ユーカーズはその飲料のヨーロッパとイングランドへの導入を巧みに概観している[123]。「茶の荷が初めてアムステルダムに着いたのは一六一〇年ごろらしい」[124]。フランスではその新しい飲み物への言及は一六三〇年代まで見られない。お茶は「イングランドでは一六五七年に初めて大衆に供された」が、そのときのお茶は、砂糖のみでミルクは入れずに、大変薄くして飲まれた。それは「淹れ、樽に入れておかれ、客の求めに応じて、汲み出し、温められた」[125]。

最初のうち、お茶は非常に高価で、それゆえ大変な贅沢品であった。有名なところでは、ピープス氏が一六六〇年九月二五日の日記に記したように、ピープス夫人によってお茶が飲まれている。それは、一つには医学的な理由から、彼の妻の咳によいと考えられてのことである。それがはじめてロンドンの市場に着いたとき、「重さ一ポンドにつき三～一〇ポンドという驚くべき値段で売られた」。それから「九ないし一〇年のうちに価格が約二ポンドに下がり」、すべてのコーヒーハウスで手に入るようになった。しかし十七世紀中および十八世紀初めにはまだ贅沢な飲み物であった。貴族の家庭、たとえばウォバーン・アビーのベドフォード家では、一六八五年以来相当な量が購入され、飲まれた[126]。一七一〇年までに、ロンドンでは、財産目録を残した商人の半数が茶道具を所有していた[127]。

オランダでは、お茶は、「一六六〇年代、東インド会社によって大量のお茶が送り込まれ、その価格が百ギルダーから一〇ギルダーに下がったときでさえ、人々の飲み物としてエールに取って代わるには高すぎた」[128]。イングランドでは、一七〇〇年までに輸入量は年間約九トンになっていた。一〇年後、その「数字は三倍になった」。「一七一五年には市場は中国産の緑茶であふれ、一七六〇年には輸入額の約二千三百トン以上に対して関税が支払われた」[129]。その消費量は、「ヨーロッパと中国の直接貿易が始まった一七二〇年から三〇年にはじめて無視できないものになった」。それ以前は、大部分のお茶はオランダ人によって、バタビア（インドネシア）経由で運ばれていたのである。一七八七年までには、イングランドには約八千トンが輸入されるようになっていた。この大々的な増加はジョージ・ストーントンによって注目され、彼は、一六九三年からの一世紀で中国からのお茶の輸出は四百倍に増えたと見積もった[130]。別の数字は、一六七八年の東インド会社による輸入量約二トンは、一七二五年の消費量約一七トンへ、また一七七五年約二千六百トン、一八〇一年の約一万トンへと増加を示している[131]。

十八世紀末のイングランドでは、「一年間で、あらゆる地位、年齢、性別の個人に対して、それぞれ約四五〇グラム以上の量が消費された」とストーントンは見積もった[132]。別の見積もりではこれより多くなっている。平均消費量が一人当たり年間約九〇〇グラム以上であったとする人もいる。「世紀末までには総輸入量は二万八千トン以上、すなわち人口一人当たり約九〇〇グラムとなった」。しかしこれは公式の数字にすぎない。「一七六六年には、正規の経路で入ってきたのと同じ量が不法にイングランドに到着したと見積もられた」からである[133]。ホブハウスは年間一人約一一三〇グラムと見積もっている[134]。約四五〇グラムのお茶は、ほぼ三〇〇杯分に当たるとされたが[135]、そうすると、それは大人一人が一日平均少なくとも二杯以上飲んでいたことを示唆するであろう。日本人よりははるかに少ないが、なお大変な量である。こうして年を追って見てみると、一七三〇年代以降、お茶が全人口に広がっていく驚くほど急速な展開が示される。ケイムズは、施しで生活する者でさえ一日に二回お茶を飲んでいると観察した[136]。

興味深いことに、「この新しい飲み物に傾倒していたのは、西ヨーロッパのうちでもオランダおよびイングランドという狭隘な一部分にすぎなかった……。フランスは自分たちが運んだ積み荷のせいぜい一〇分の一を消費したにすぎない。ドイツはコーヒーの方を好んだ。スペインはなおのこと茶を嗜まなかった」。お茶が広まるにつれて、その効能や危険性についての論争が多くなった。一六四八年、フランスでは医学生がお茶の効能を弁護する論文を著したが、「医者のなかのある者たちは、その論文を焼いてしまった」。一〇年後、「セギエ大法官（彼自身、茶の熱烈な信奉者であった）が後楯となった別の博士論文が提出され、それによって新しい飲み物の効能が確立した」[137]。オランダではお茶は「最初、ヨハン・ファン・ヘルモントなどの良心的医師によって、過度な発汗や下剤による水分の喪失に対する回復剤として薦められた」[138]。イングランドでは、「中国人によってチャと呼ばれ、他の国民からはテイあるいはテーと呼ばれるあの素晴らしい、すべての医者によって是認された中国の飲み物」として宣伝され、王立取引所近くのサルタンズ・ヘッド［パブ］で販売された[139]。トマス・トロッターはその著書『神経質な性格について』のなかで、コーヒーやタバコのような他の日用品と同様、お茶は「かつて薬として使われていたが、日常の必需品に成り下がってしまった」と論じた[140]。さまざまな印刷物や手書きの本がその効能を誉めたたえ、医者やその他の人々もそうした賞賛をおうむ返しに繰り返した[141]。一七〇四年、カーティスはお茶は「頭と胃を快適にし、記憶を助け、消化を促進する。眠気、頭痛、めまいを追い払い、神経にやさしく、痛風、リューマチ、ゆううつ症の人々の役に立つ。詰まりを解消し、血と腎臓をきれいにし、結石や結砂のすぐれた解毒剤となる」と考えた。彼は、「中国人は、それを偉大な治療薬として、これらの病状のほとんどに用いる」ことに注目した[142]。

トマス・ショートは一七三〇年の『お茶に関する学位論文』において「お茶の成分」が血液に加えられると血清を分離させることを示すさまざまな実験を報告した。それはさらに肉を腐らないように保存するのに役立った。彼は、「頭の病気」、「血液濃度の上昇」、目の病気、潰瘍、痛風、結石、腸の障害、その他多くの、お茶によって防ぐことのできる病気をリストアップした[143]。一七七二年、有名な医者のレトソンは、同じ考えに沿って『お茶の医学的性質についての所見を伴うお茶の木の自然史』を著した。彼もまた、普通の水に浸した牛肉が四八時間で腐るのに対して、緑茶に浸したものは腐敗するのに七二時間かかることを示すための実験を行った。この実験や他のものから、彼は「これらの実験から、緑茶もボヒー茶も、死んだ動物の繊維組織に作用する防腐剤（実験Ｉ）と収斂剤（実験Ⅱ）を含んでいることが明らかである」という結論に達した。カエルの腹部に第一の実験で使ったお茶と普通の水を注射してみるという彼の第三の実験は、お茶では何の変化も起こらないが、普通の水の場合、カエルの足が硬直し、動きが止まってしまうことを示した[144]。

お茶を飲むことを猛烈に攻撃する人々もいた。そのうちでもっとも有名なのはジョン・ウェスリ、ジョナス・ハンウェイ、アーサー・ヤング、ウィリアム・コベットである[145]。じつのところ、お茶に反対する人々のコメントは、お茶を飲むことがどんなに広く行きわたっていたかを示すものでもある。一七四四年にダンカン・フォーブズは次のように書いた。「しかし東インド諸島との貿易の開始が……お茶の価格を……大変引き下げたので、もっとも卑しい労働者もそれを買うことができたとき」、スウェーデンとの縁で「あの『薬物』の使用が」スコットランドの「もっとも低級な人々にまで広まったとき」、「そして、お茶とパンチが、すべてのビールやエール飲みの日常飲料また道楽になったとき、その影響が非常に唐突にそして非常に猛烈に感じられた」[146]。

お茶は十八世紀半ばから非常に広い範囲で飲まれるようになった。ルブランは一七四〇年代に「イングランドのいくつかの地方では、農家の使用人が、農作業に出かける前にお茶を飲んでいる」と書いた[147]。一七五一年、チャールズ・デイーリングはノッティンガムシャーに関する本を出し、次のように書いた。

　ここの人々はお茶、コーヒー、それにチョコレートなしではいられない。とくに最初のものは、大変広く利用されていて、ジェントリーや裕福な商人が常用しているばかりかほとんどすべての縫子、寸法取り、糸巻き女までお茶を手にし、朝ゆっくりと楽しんでいる。そして卑しい洗濯女でさえ、お茶と焼きたてのバターつき白パンなしではちゃんとした朝食ではない、と考えている。私は、先日食料品店で、ぼろをまとった一人の垢じみた生き物に、真剣に、また少し憤りながら、目を向けずにはいられなかった。彼女は、同様にひどいなりをした二人の子を連れ、店に入り、一ペニー分のお茶と半ペニー分の砂糖が欲しいと言った。それを買うと、女は店主に言った。Nさん、もし毎日少しのお茶を飲むことが禁じられたらどうなることだろう。きっと生きる気力がなくなってしまうだろう、と(148)。

一七八四年、ラ・ロシュフーコーは、「イングランド全体にお茶を飲むことが行きわたっている。一日に二度もだ。費用は嵩《かさ》むが、もっとも卑しい農民も金持ちとまったく同じに一日二回飲む。全体の消費は莫大な量だ」と書いた。彼は後に、さらにいっそう細かく観察した。「男も女もすべての人間が、一年に平均して約一八〇〇グラムのお茶を消費する勘定だ。それはまさしく途方もない量である」(149)。一八〇九年、ゲイジャーは「お茶はイングランド人の水に次ぐ必須要素である。あらゆる階級の人々がそれを消費する。早朝ロンドンの町に出てみると、多くの場所で戸外に小さなテーブルが用意され、石炭馬車屋や労働者たちがそれを囲んでおいしい飲み物のカップを空けているのを見るだろう」と書き記した(150)。

　十八世紀の終わりまでには、「食事どきにミドルセックス州やサリー州の田舎家に足を踏み入れてみる者は誰でも、貧しい家族のなかで、お茶は、朝夕決まって飲まれるだけでなく、ちゃんとしたディナーでは、いつも大量に飲まれることに気づくだろう」とイーデンが書いたような状況になっていた。ドラモンドは、イーデンの日常食についての調査のなかで、ビールは「イーデンの引用した歳出歳入表にめったに出てこないが、反対に、お茶と砂糖はほとんどあらゆるところに出てくる」ことに注目している。彼は次にイーデンを引用して、「しかしながら、彼ら〔農場労働者〕はほとんどビールを買う余裕はない。そのかわり、この地方では、食事のたびにお茶を飲むことが非常に広く行なわれた」ことを示している。「全収入が年間約四〇ポンドしかないときに、二ポンドがそのために使われるのは珍しいことではなかった」と言われている。アーサー・ヤングは「ナクトン救貧院の収容者たちは、彼らの稼ぎ一シリングのうち二ペンスを食物に費やすことが許されたが、このお金でほぼ全員がお茶と砂糖を買った」ことに驚いた[151]。

ジョナス・ハンウェイは、一年ほど前に一八二〇トンものお茶が輸入されていたことを指摘した後で、「いつになったらこの悪は止むのだろう？」と問い、「あなたの部屋つきメイドまでも生気を失くしてしまったのは思うに、お茶をすすったせいだ」と書いた。彼が「ジンとお茶は何と大勢の人間を破滅させてしまったことか！」と高らかに慨嘆したとき、多くの歴史家が彼の味方をした。そして、実際、お茶に対するハンウェイの激しい攻撃は、お茶に関する後世の悪評の元となったものの一つであるかもしれない。しかしこの激しさは、お茶の消費が広く行きわたったことを示していることは確かである。彼は次のように書いている。「いや、あなたの召使いの召使い、果ては乞食に至るまで、遥か遠くの中国の産物を消費せずして満足することはないだろう」。あるいはまた、「〝リッチモンド〟の近くのある小さな通りでは、しばしば夏に〝乞食たち〟がお茶を飲んでいるのが見受けられる。石炭殻運搬車の中でも飲まれているだろう。そしてばかげたことに、カップに入れて干し草作りにまで売られている」。さらに、「〝ロンドン〟のすべての地下室を覗いて見よ。男たちや女たちが朝か夕方、そしてしばしば朝〝にも〟夕方〝にも〟、お茶をすすっているのが見られるだろう」[152]。

彼の痛烈な攻撃に応戦したのはサミュエル・ジョンソンであった[153]。ジョンソンは、「二〇年間、食事をこの魅力的な植物の煎じ液だけで薄め、そのやかんは冷める暇がなく、お茶で夕べを楽しみ、お茶で深夜を慰め、お茶で朝を迎える、頑固で恥知らずのお茶の愛好者」を自認した[154]。シドニー・スミス師も同様に熱狂的であった。「お茶はありがたい！　お茶がなかったら世界はどうなるのか？　お茶以前に生まれなくてよかった」[155]。バカン博士はより控えめな態度だった。「日常食におけるお茶の害悪について多くのことが言われてきた。確かにそれは多い。しかしそれらはお茶それ自体の悪い性質からというより、むしろ無思慮な使用から生じるものである」。彼はさらに、「量を控え、強すぎず熱すぎもしないお茶が、空腹でないときに飲まれるなら、良いお茶はめったに害を与えないだろう。しかし、よくあることだが、もしそれが質が悪かったり、固形食物の代用にされるならば、多くの害悪が生じるに違いない」と述べた[156]。

お茶の力は一つの要素ないし成分に存在すると考えられ、人々はそれを抽出しようとした。ローレンス氏は一七〇九年に彼の雑貨屋で「揮発性塩、油、それにボヒー茶とカカオの科学的に抽出されたエキスを混ぜ合わせた、ボヒー茶とカカオの実の科学的精髄」なるものを売り出した。彼は「お茶の精を集めた薬用エッセンスを売って、だまされやすい大衆からひと儲けする機会」に乗じているだけだと、ドラモンドは考えた[157]。

われわれは、日本におけるお茶の飲用は、イングランドにおけるビールの飲用と同様の役割を果たしたという結論にたどり着くであろう。お茶があったため貧しい人々まで生水を避けることができた。さらに、お茶は、以前にはしばしば「タンニン」と呼ばれた、じつはポリフェノールの混合物を含んでおり、それは強力な殺菌剤であった。このことはお茶の健康維持効果を高めた。またこのことが、密集し、都市化した人々が十九世紀後半まで、大部分の腸の病気を何とか避けられた主な理由の一つであるだろう。これはまったく意図されざる結果というわけでもなかった。というのは、お茶についての初期の著述家たちは、その療法的かつ医学的価値に気づいていたからである。

こうした良い性質が十八世紀初めからイングランドに持ち込まれ、お茶の大流行が始まった。まもなくお茶はビールから国民的飲み物という地位を奪っていった。それが医学的価値ゆえに飲まれたという証拠はあまりないが、その刺激的でさわやかな飲み心地と、比較的安価であることがそれを魅力的なものにした。健康に良いという性質は、主として意図されざる結果ではあったが、感動的なものであろう。クリストファー・ハンは、トルコの寒冷地方でのお茶の急速な普及に関連して、「仕事中の人々が、角砂糖をたっぷり入れ、しょっちゅうおかわりして飲んでいる熱々のお茶は、カロリーの緊急必要量を満たしているのに違いない」と示唆している(158)。

マルサスその他によれば、十八世紀における死亡率の低下の大きな要素の一つは赤痢の減少であった。このことを主として説明するのは、お茶の飲用、とくに貧しい人々の間のそれであったが、その影響はお茶を飲む人々のみにとどまることはなかったであろう。われわれは「受動的喫煙」という間接的影響についての意識をもつようになってきたが、まったく同様に、母親が赤痢にかからなかったという事実は、おそらくその子供たちを、幼児の命を奪うもっとも重要な病気、すなわち小児下痢にかからせないようにするのに役立ったであろう。

もう一つの副次的効果は注目に値する。ドロシー・ジョージは、はるか昔、「アルコール飲用という馬鹿騒ぎ」が、一七二〇〜五〇年のロンドンの死亡率上昇の主な理由であると主張した。一七五一年以降、突然ジンの飲用が問題視されなくなった。彼女はこれを一七五一年の法令とそれに続くジンの消費税引き上げの結果として説明した。ロンドンの急速な人口増加にもかかわらず、ジンの消費量は一七五一年以前は年間約二億七千〜三億二千リットルであったものが、一七六〇〜九〇年には約四五〇〇〜一億四千リットルに落ちた(159)。この急速なジン離れは、安くて刺激的な代用品の突然の流入なくしては、起こり得たと思えない。それはまた汚染された水を飲料とする必要をもなくしてくれたのだ。

十九世紀の最初の二〇年ほどの間に、健康状態の向上が明らかになると、数人の著述家は、おそらくこれはお茶の飲用のためであろうと示唆した。ブレインは「お茶はイギリス人全体にとって有難い品であり、社会にとってたいへん良いことに、あらゆる階級において、ある程度までアルコール飲料に取って代わった。……当世風のお茶の飲用は、おそらくこの国の住民の長寿に貢献したのだろう」と書いた[160]。さらに興味深いのは、近代的人口調査の創始者リックマンは一八二七年ダンベルノアとの書簡において、「死亡率の減少の原因を定めるのはリックマンの任ではないのですが、もし私が一八一一年から一八二一年の人口調査への序文に書いた以上の観測をあえて試みるならば……私はその原因をお茶と砂糖の使用のためとすることでしょう」と、謙遜しつつ書いた[161]。彼らはいずれも、お茶が「アルコール飲料」に代わるものであるということ以外には、なぜこの因果関係が存在するのかを理解することはできなかった。われわれはいま彼らの洞察にもとづいて理論をうち立てることができる。それは、シャーマスによって注目された、十八世紀には貧しい人々の栄養状態は悪化したが、同時に健康状態は改善されたというパラドックスを説明するのに役立つであろう。見てきたように、お茶はビールほど栄養上の効果はない、しかし同時に、健康を増進させるものであったわけだ。同じパラドックスは衣服の場合にも見られる。つまり、薄い木綿は、暖かさと快適さという点から多くの意味で普通の人々にとってあまり満足できるのもではなかったが、健康増進という点においては非常に重要なものだろう。

早い時代の人々の死は、大部分が人生の最初の一年に起こった。それゆえ、飲み物のパターンの変化が幼児とその親に与えた影響については、とくに注意深く考察されなければならない。イングランドの場合には謎は二重である。第一に、十七世紀後半まではおおむね乳児死亡率が低く、千人につき約一五〇人ほどであった。ここでの重要な貢献要因の一つは幼児の摂食法であったようだ。本書のなかで後に見るように、イングランドの幼児は約一年間母親によって母乳哺育をされることが通例であった。これは彼らに腸の病気に対するしかるべき保護を与えるであろう。もう一つの危険が生じるのは、母乳をやめ、他の飲食物で代用しなければならないこの時点においてであるが、ここにおいて、水の安い代替品、すなわちスモールビールが、広い範囲で入手可能であったということが、イングランドでは重要な意味をもったのである。

モルト税の引き上げにともなってビールの値段が上昇した一六八〇年代まで、幼児は離乳した後ビールを飲んだ可能性がありそうである。十八世紀の初めになっても、トマス・トライオンは次のように書いている。「また子供はどんな強い飲み物も飲むべきではない。もっとも健康に良いものとしては水を薦めることができよう。しかし、それはわれわれの習慣に反しているので、普通のビール、あるいはむしろスモールエールが良いだろう」(162)。アリス・クラークは、「安い砂糖の導入以前には、ビールは人の生活にとってパンとほぼ同程度になくてはならないものだと考えられていた。ビールは食事のたびに飲まれ、小さな子供でさえそれを日常の飲料としていた」と書いた(163)。同様に、キース・トマスも、「ビールは成人だけでなく子供も含めて、すべての人の食事において基本的な要素であった」と書いている(164)。プーラーは「水は汚なかったので、離乳した子供たちはいつもごく弱いスモールビールを飲んでいた」と結論を下している(165)。ドラモンドは「スモールビール」を「幼児さえも普通の、テーブル備え付け飲料として飲んでいる」ことに目を止めた(166)。

しかしビールの値段が高くなるにつれて、貧民層はたぶんそれを水、あるいは同様に有害な牛の乳で代用しなければならなかったであろう。それゆえ、乳児死亡率が一六八〇～九〇年の一〇年間に突然上昇しはじめ、千人につき一五〇～一六〇人の範囲から千人につきおよそ一七五～一八五人に増えたことは偶然ではあり得ない(167)。死亡率は一七四〇～五〇年の一〇年間この高いレベルにとどまり、その後以前のレベルに下がった。この落下は、まさにロンドンが急速に拡大し始め、他の都市も人口が増え始めたときに起こったので、とりわけ驚くべきことなのである。

母乳哺育が一般に行われたということに関しては、このことを説明するような明らかな変化は、起こっていない。子供を乳母に預けたのはごく一部の人々だけであった。それゆえ別の理論に注意が向けられた。これは、出産の際に母親の乳房にできる非常に有益な分泌物、すなわち初乳の使用が増えたことが死亡率の減少を引き起こしたというものである。オル・ベネディクトーは「それゆえ乳児死亡率の低下の大部分は、出産直後からの母乳哺育に戻ったことに起因するものとされなければならないようだ。この切り替えは、この時期に医師や助産婦によって出された原初的な科学書において強く推奨されたものであった」と論じている(168)。

フィルズは「この変化と関係があって、十分に影響力の認められるような他の要因で、同時代に変化を見せているものがないので、十七世紀後半から十九世紀初めの新生児生存率の上昇を、新生児の摂食法に関する考え方や実践の変化、とくに早期からの母乳哺育に起因するもの、とすることは合理的であるように思える」と賛同している。「十八世紀中に起こった、新生児の早期からの母乳哺育への転換は、(生後〇日から二八日の)新生児死亡率の著しい減少と、ミルク熱による母親の死亡率や疾病率の著しい減少に貢献した」(169)。

この主張にはいくつかの難点がある。幼児死亡率の低下は一七四〇年代に始まったが、フィルズが、より早期からの母乳哺育と初乳の利用への転換の主な理由であるとした、ハンターの実験的授乳計画は、一七五〇年に始まっているのである。さらにフィルズのあげた証拠は、主に上流階級に関するものである。彼女はただ「ハンターの発見したことは、貧民層にも口コミによってゆっくりと広がったであろう」と推測することができるだけである(170)。この「ゆっくりとした」広がりさえ、当然のこととして仮定することはできない。ランダーズが指摘するように、「この種の主張はしばしば受け入れがたい。なぜなら『先端的な』医学上の意見や実践が人々に与えたであろう影響は、ごく限られたものであるからだ」(171)。確かだと思われるのは、新しい意見が広くゆきわたるのには一〇〜二〇年かかったであろうということであり、それではこの変化の理由となるには遅すぎるのである。

実際のところ、生後三カ月間の乳児および母親の死亡率の劇的減少の説明は、他の環境的要因の組み合わせのなかに存在しそうに思われる。とくに、ロンドンに端を発し、次いで全国に広がった貧民層および中間層におけるお茶の消費の急速な増大は、初乳の議論よりもはるかに年表に適合する。その変化の原因がより広範な環境の変化の方にあって、とくに母乳哺育の実践にあるわけではないということは、母親および乳児の死亡率は生後三カ月で著しく低下しているが、同様に父親の死亡率も低下しているという事実によってさらに裏づけられる。変化が起きたとき、母親は、依然として、産後六〇日以内でその同居男性パートナーの六倍も死ぬ可能性が高かったのだが、その比率はその後もおおむね同じままであった。実際、一七五〇〜七〇年という決定的な時期には、その比率は六対一から七対一へと変化した(172)。つまり、夫たちの健康も劇的に増進していたというわけである。じつは、家族全体がはるかに健康になったのだ。こうしたことは、母乳哺育への転換や初乳の利用の拡大という、とくに母親と子供のみに関する変化よりも、全般的な環境の変化の影響、とくに(母親からの感染による)幼児の下痢、大人の赤痢、その他の腸の伝染病の比率を低下させたであろうお茶の飲用の影響の方により合致している。水やミルクの安い代替品の存在という点も、子供が離乳して「離乳児下痢」合併症にそれほどかからないようにすることを助けたので、おそらく同様に重要であったであろう。

一つの要因だけを取り上げた説明では不十分なことは明らかである。しかし、イングランドにおける飲用習慣の変化が意味深いものであったのはかなり確かなことのように思われる。イングランドはヨーロッパでもっとも精力的にビールを飲み、次に、お茶を飲むようになった国として有名であった。それは、お茶に関しては、日本でもさらに早い時期に確立されていた生活スタイルであった。飲み物は、この二つの島国において、マルサスの罠から脱出するのに非常に重要な影響を与えた可能性がある。

9 人糞処理の二つの方法

イングランドと日本が、それぞれ異なった方法で、生水の飲用を避けたということは、これら二つの島国の病気のパターンを説明する際に大変重要である。しかしひどく汚染された水は、さらに別の方法で病気を引き起こした可能性もある。それゆえわれわれはもっとも重大な汚染源——動物および人間の排泄物——の処理法に目を向けなければならない。この話題から衛生上のさまざまな問題が派生する。たとえば、下肥えはハエの主な繁殖場所である。そして、ハエはもっとも危険な病原菌運搬生物であるといった具合である。イングランドと日本が有機排泄物の処理の問題を取り扱った方法に、何か特別な点はあるのだろうか。

ほとんどの社会が大きな衛生上の問題に直面する。人間の数と人口密度が増加し、人間の生活を支える動物の数もまた増えるにつれて、両者の排泄物も増加する。この排泄物の処理は困難である。それは通常周辺に放置されるか、水洗トイレを通じて川や海に流し込まれる。すると微生物が、さまざまな方法で人を病気に感染させるというわけである。

この問題は、定住が進んでいない移動的な狩猟採集民や遊牧民の社会においては、それほど重要性をもたないが、人口密度が上昇し、人々が町や都市に、近接して住むようになると重要性が増してくる。そのような近接し密集した居住形態は、経済戦略としては好結果をもたらすかもしれないが、死亡率は高くなりやすい。

人間は、こうした汚染の危険に対処したり、人口密度が適度に低い場合にはよく機能する、いくつかの原始的本能を育んできたのかもしれない。人々は一般に、その排泄物に対して嫌悪を感じるように見える。これは、体内でもなく完全に体外でもない、境界的な物質に対する文化的な嫌悪(1)かもしれないし、あるいは何らかの生物学的衝動なのかもしれない。理由は何であれ、大部分の人間は、分解しつつある自らの身体生産物を、見ることも、その臭いを嗅ぐことも避けようとする。

日本に関しては、その地形を考慮に入れずに、人の排泄物がどのように扱われたかを理解することはできない。この場合、その背景には、日本の土壌の性質と、増加していく人口に食糧を供給するという必要性がある。「日本の土壌は、もともと大部分が山地で、岩が多くやせている」が、「住民の不撓不屈の努力の賜により沃土化された」とされる(2)。シーボルトはこの見解を繰り返した。「土壌は本来やせているのだが、そこに注ぎ込まれた労働は、賢明な灌漑と、あらゆる方法で集め得るかぎりの下肥えに助けられて、その本来の欠点を克服し、豊かな収穫によって報われた」(3)。下肥えがなければ耕作は成り立たない。土壌は、大部分が火山性で、生産力のある物質を多く含まないからである。日本には「新しい田からはすこししか収穫がない」という諺がある(4)。

問題は、日本の大部分が大変山がちで、ごくわずかな部分しか農業に使用できないという事実によってさらに深刻化した。「山の多いこの国では、全面積の一二パーセントがようやく耕作できるにすぎない。耕作できる部分も、元来あまり肥沃ではない。底土を掘り起こして耕し、念入りに雑草を取り、骨の折れる労働で肥料をうまく施し、段々畑を作り、苦心の灌漑方法によって土地を肥やすのである」(5)。大量の下肥えの投与が絶対的に必要であった。耕作地の狭さと、必要とされる肥料の莫大な量がキングによって記述された。「日本の農民が五一八万ヘクタールまたは五四四万ヘクタールの耕地に年々施用、ないしは返用する今まで列挙した窒素、リンおよびカリの合計の概数について言えば、それは三八万五二一四トンの窒素、九万一六五六トンのリンおよび二五万五七七八トンのカリということになる」(6)。

この山の多い島という生態と関係してくるのはまた、大部分の農耕文化における主な肥料源である、動物の屎尿の供給量である。飼育動物は、鶏でさえも、その数が少なかったが、存在する限りの動物の屎尿は、注意深く貯めておかれた。トゥーンベリは次のような観察をした。「旅用に使われている馬の後ろには老人と子供がおり、棒の先につけた貝殻（アワビ）で馬の糞を拾い上げ、籠に入れて家に持ち帰っている」(7)。モースも同じことを観察した。「駄馬や牛がたくさん往来を歩いて行くにもかかわらず、糞が落ちていないのに驚く。これは道路の清掃というよりも、肥料にする目的で、それを掃き集めることを仕事にしている、ある階級の人々が――ある階級とまではいかないにしても、皆老人ではある――いるからしい」[8]。その結果は感動的であった。「世界中にこの国ほど、より丹念に肥料を集めている国はない。言うなればこの点に関しては、利用できるものはすべて利用するのである」[9]。

「彼らは土地に肥料をやるのが非常に巧妙で熟練している。さまざまなやり方で、多くの異なった物質を用いてそれを行う」[10]。日本人は可能なかぎりすべてを利用した。オールコックは「ある畑では彼らは雑草と野菜をすき込んでいたが、見たところ肥料とするようだ」。「馬糞と海草のどちらも使われるが、後者はある少数の穀物にしか適さない」と書いた[11]。山は掘り返され、落ち葉や草木が腐らせられて、土の中に埋め込まれる。「このような丘陵地で最初に刈り取られる緑草は、主として緑肥として稲田に施用される。それは作条の間の泥土の中に踏み込まれる」。また「日本における『原野』からの二度目および三度目の刈草は、秋ないしは翌年の春に、畑作地に施用する混合肥料の調製に使用される」[12]。しかしながら、そのような緑の草木や海草は、全必要量のうちのわずかな部分を供給したのみであった。

日本は長い海岸線をもつため、魚を肥料とすることが、明らかに、欠陥を補うための二番目の方法であった。魚は腐らせられて地面に広げられた。「数百万匹の小さな魚が肥料用に浜に乾してある」[13]。モースは、「函館から非常に多くの魚肥が持って来られる」[14]ことに注目し、速水は「東日本の漁村で捕獲され乾燥されたイワシが五百キロ以上離れた大阪まで輸送されて、近辺の村々で綿花を栽培するための肥料として用いられることもあり得る」と教えてくれる[15]。極度の肥料不足が、精巧なマーケティングと輸送システムの発展を促進した。

たとえば、十八世紀半ばまでには、東北地方の沖で捕獲された魚は、水揚げされ、荷下ろしされ、乾燥させられ、俵に入れられ、沿岸航路の船に積み替えられ、南下して銚子に送られ、川船に積み替えられ、利根川を南の支流までさかのぼって、江戸に送られ、平底船で川岸の卸売店に運び込まれ、荷下ろしされ、貯蔵され、売られ、再び多摩地域に向かう小舟に積まれて、岸伝いに川を遡り、荷下ろしされ、陸上を村々まで運ばれ、最後に畑に運ばれて使用されていた[16]。

しかし、魚と緑肥を合わせても必要量のごく一部しか供給できなかった。それゆえわれわれは、キングが「おおよそ文明国民によって採用されているもっとも注目すべき農業慣行」と述べたものに目を向ける必要がある。それは、「中国、朝鮮および日本において数百年の長きにわたる、しかもほとんど一般的になっているいっさいの人間排泄物の保存と利用——それを土壌の肥沃度の維持のためにまた食料生産のために驚くほどに利用している――である」(17)。

下肥えあるいは人糞と言えば、モースは「実際、糞尿の価値と重要性は日本の農夫にとってはかけがえがないほどである。なぜなら農夫は地味を肥沃にさせるのにもっぱらこれによっているからである。したがって、田舎では、旅行者用に、手桶ないし半樽状の容器を地中に埋め込んだ便所を路傍に設けている」と報告した(18)。このことはケンペルによっても気づかれていた。「旅行者の糞尿さえ同じ目的で拾い上げ、またそのために百姓家近くの街道脇には、便所として作った小さな粗末な小屋があり、その中にも糞尿が貯めてある」(19)。トゥーンベリは通行人からの尿の収集についてとくに詳細に描写した。「ヨーロッパの畑では滅多に利用しない尿さえも、ここでは大きな壺に丹念に集められる。その壺は農村だけでなく、街道の端のあちこちにも埋めてある」(20)。建て込んだ地域内でさえ、通行人の尿を集めるための方法が開発された。「各家に不可欠な私的な小屋［厠《かわや》*］は、日本の村では住居に隣接して道路に向けて建てられている。その下方は開いているので、通りすがりの旅人は表から、大きな壺の中に小水をする」(21)。

村のなかでもその貴重な日用品が注意深く集められた。東京近郊のある町では二十世紀初め「実際、一年に一回長屋住まいの人々にいわゆる『糞餅《くそもち》』が与えられた。当時は長屋の共同便所というところには近在のお百姓が荷車を曳いてそこに溜まった糞尿を定期的に買いに来る。そして年の終わりになると、一年の間『肥《こえ》』をありがとうございましたというわけで、その感謝の印《しるし》として餅米を長屋に持ってくる。そうするってゆうと、長屋の者は露路にわんさと集まって来て、大家から臼杵を借りて来て餅をつく。これが長屋の住民にとっちゃ大した楽しみでね。『やあ今年は景気がいいとみえて、糞餅がしっかりとあんな―』なんて言いながら、大騒ぎして餅をつく」。家主たちは「畑への肥料の供給を確保するために」特別に借家を建てたものだ(22)。同様に、町でも人糞は市場価値をもった。「広島では設備のよくない共同の住宅を賃借りする際に、三人が共同で一室を借りる場合は、三人分の糞尿が一人分の間借り代に充当し、五人が同条件で一室を賃借する場合は間借代は不要であったということである」とモースは書いた(23)。排泄物はさらに分類されることもある。「人間の排泄物の価値は非常に高いので、その各構成要素の所有権が異なった集団に割り当てられた。大阪では、ある住居の住人からの糞便の所有権はその建物の所有者に属し、尿は賃借人に属した。糞便はより価値が高いとされ、それゆえより高い価格で売れた」(24)。

その品物はますます貴重になり、「魚や他の肥料の価格が上がると、下肥えの価値もそれに呼応して上がったので、野菜だけでその支払いをすることができなくなった。十八世紀の初めまでには、大阪地方では新しい水田の増加に伴って、肥料の値段が跳ね上がり、下肥えでさえ銀で買わなければならなかったほどである」。下肥えを求める競争はあからさまな争いにさえなった。「一七二四年の夏、山崎の村の一団と高槻の村の一団が、町のさまざまな場所から下肥えを集める権利を巡って争った」[25]。一九三〇年代においてさえ、「今日、人糞肥料は一滴残らず使われている……学校や村役場は自分たちの下肥を集めさせる権利を賃貸しているほどだ」[26]。

二十世紀初め、ある女性は、「義母は家から出ても、村の境界を越えることはありませんでした。なぜなら、肥やしを無駄にしたくはないからだ、と義母は言いました」と回想した。その若い妻が家を出るときいつもその義母は、「外出中に便意をもよおしたら、必ずわが家の畑に入って用を足しなさい」と言ったものだった[27]。ロナルド・ドーアは一九五〇年代に過去の日々を回想して「括約筋が収縮するのを感じると、大切な肥料を排泄するために急いで家に戻っていくケチな客のことを人々が話していた」と書いた[28]。

畑に用いられる莫大な量の人糞が、キングによって分析された。「一九〇八年日本で貯蔵され、田畑に施用された人糞肥料は、二三八五万二九五トンに達し、それは……一エイカー［四〇四六・八平方メートル］当たり平均一・七五トンになる」。「大人一人一日当たりの平均糞尿の量を約一キロと見積もれば、百万人の成人人口は年々平均して、四五万六二五〇トンの糞尿中に窒素約二六〇〇トン、カリ約八三〇トンおよびリン約三五〇トンを産出する」[29]。とくに重要なのは尿で、全重量の約六分の五を占めた。キングは、日本人は「大人一〇〇万人につき一日あたり一トン以上のリンと、二トン以上の臭化カリウムの植物用肥料を節約する」と算出した[30]。

その第一段階は人糞の収集である。排泄物は貴重な副産物であるという認識は、排便や排尿が、日本では下品で恥ずかしいこととは考えられなかった、ということを意味するであろう。マーガレット・ロックは、日本の子供は「その身体の調子や、身体を出入りするものすべてが母親に注意深く監視されていることを徐々に知り、そのうえで母親からこれらの役目を引き継ぐよう訓練される」と説明する。この結果としていくつかのことが起こる。つまり、「このようにつねに体を監視する結果、身体的な機能に非常に敏感になったり、ほとんどの人が自分自身の身体をあまり当惑せず、かなり客観的に話し合えるようになる」[31]。このあけっぴろげさや気遅れのなさと併せて、確固とした躾と管理も存在する。ゴラーがその状況を描写するように、「日本の子供の生活のなかでもっとも一貫し、もっとも厳しい部分は、括約筋のコントロールの訓練である」[32]。

さらに、日本人は、その臭いを不快に感じないようなやり方で育てられたようである。「糞便の臭いに対する反感」は、日本では「家庭というよりむしろ学校で学習された」新しいものであったことが、ビアズリによって示唆されている(33)。コーネルとスミスもまた、「強い悪臭はいつも下肥えが汲み取られていることを知らせるものである。しかし、誰もとくにこれを気にせず、実際、古いタイプの農民は、この悪臭を大地の豊かさを示すものと考えているということだ」と説明する(34)。

肥料としての需要と清潔さに対する強い関心は、衛生的な便所設備の発展をうながした。この便所は、それぞれの個人から固形および液体の廃棄物を確保するために、美的で機能的なデザインをもち、その廃棄物が健康に対して最小限の危害しか与えない状態で保存されるようになっていた。ケンペルは日本の便所の清潔さ、とくに彼が訪れた宿屋のそれについてコメントした。

厠は、奥座敷の脇裏にあり、二重戸を押し開けて入るようになっている。入り口に真新しい草鞋《ぞうり》が一足揃えてある。床は綺麗に拭いてあり、茣蓙《ござ》が敷いてあるが、素足で厠へ入ることを厭う人のために用意してある。アジア流に蹲《しゃが》んだ姿勢で、床板にあけた狭い厠孔の中へ用を足す。籾殻《もみがら》を入れた舟槽《せんそう》が外部から厠孔の下へ差し込んであり、この中へ用を足すことになるので、悪臭は籾殻に吸い取られて消え去る。身分の高い人が厠を使用する場合には、厠穴を跨《また》いで用を足す際に前を隠す小さな覆いや板や厠戸の引き手に、そのつど新しい白紙を貼りつける。厠の近くに用便後に手を洗うための手水鉢《ちょうずばち》が置かれている。これは普通は、据え付けられた丈長の自然石の表面を美しく刳《く》り抜いて水盤としたものであり、その上に新しい竹の柄杓を添えてある。水盤には、竹の柄が差し込んである松板または檜の蓋がしてある。竹の柄を使うのは、竹の表皮が自然の漆のようにすべすべしていて、汚れがつかないからであるが、この柄は、ときどき新しいものと取り替える(35)。

清潔さ、尿と大便の分離、紙の使用、手洗いといった日本のトイレのきわだった特徴の多くが、十六世紀の終わり、イエズス会の宣教師ロドリゲスによって描写されている。日本人は、

客に、部屋から遠い人気のない場所にしつらえられた、大変清潔な便所を提供する……便所の内部は極度に清潔に保たれ、香水の入った皿と、使いやすく切られた新しい紙が、そこに置かれている。便所はつねに悪臭もなく、清潔である。客が立ち去ると、係りの男が必要に応じて掃除をし、清潔な砂を撒いて、あたかもその場所が使われなかったかのようにしておくからである。手洗いに必要な、きれいな水の入った水瓶その他のものが、その近くに置かれて

いる。なぜなら、大便や小便のために便所を使用した後にそのつど手を洗うことは、貴族にも庶民にも共通した習慣だからである(36)。

日本における昔からの、強く、生化学的に分解可能な、安い紙の豊富な供給は、日本人が中国人を熱心に見習った可能性を示唆するものである。ニーダムによれば、「隋王朝の時代までには、便所における紙の使用はおそらく、五九〇年ごろ顔之推《がんしすい》が書いた『顔氏家訓』の一節からわかるように、あまねくゆきわたった」(37)。フレデリックによれば、日本では、中世には「彼らは小さな四角い紙、あるいは小さな木の棒（捨て木）で、きれいに後始末をし、それをその場に捨てた」(38)という。トゥーンベリも同様に、三つの不可欠な要素——小便所、大便所、手洗い——について書いた。「それぞれの家には特殊な小屋［厠*］があり、その床に長方形の穴があって日本人はその上にしゃがむのである。一方の壁には箱形のようなものが取り付けてあり、斜めに傾いていて、そのなかに小水をする。そばに常時水の入った陶器の鉢があり、用を済ませたあとは必ずそれで手を洗う」(39)。

　モースは「田舎では、便所はたいてい家から離れて建てられた小さな箱のようなしろもので、その入り口は上半分がバネ式の戸で閉じられている。都会の上層階級の家では、それは家の隅、たいていは外廊下の突き当たりにあり、ときには、対角線上の角に二つある」と描写した。いったんなかに入ると、その部屋を快適にするために多くの工夫がされている。「こうした小部屋の内装は、ときにすばらしい家具が置かれていることもあるが、たいていシンプルである。高度な技術や風雅な趣味は、しばしばこれらの場所への出入り口や外部の仕上げの方に示されている」。モースはその様子を次のように描写した。

　内部の個室には、床に長方形の穴があって、上等な便所では、これに木の持ち手のある蓋がついている。この穴を囲む木部には漆が塗られていることがある。この場所で履くためにしばしば藁の草履や木の下駄が置かれている……。便槽は油樽の半分、あるいは大型の陶製の容器で、地中に埋められ、外部から便を取り出すのに便利なようになっている……。小便器は普通木製であるが、陶器のものもしばしば見られる。木製のものは、その小部屋の壁に取り付けられ、先細りの箱の形をしている。ここにはときどき甘い香りのする低木の枝が飾られ、しばしば取り替えられる。こうしたことにおける日本人の洗練度は、雪隠《せっちん》、手水場、便所、用場、後架などのような便所をあらわすさまざまな名称によって示される(40)。

日本人が便所をどのように捉えているかが、一九三三年、

小説家谷崎潤一郎によって記述されている。ここでこそ瞑想が行われる、と彼は考えている。そしてそこではおそらく、

　古来の俳人は無数の題材を得ているであろう。されば日本の建築の中で、一番風流に出来ているのは厠であるとも云えなくはない。総べてのものを詩化してしまうわれらの祖先は、住宅中で何処よりも不潔であるべき場所を、かえって、雅致のある場所に変えた……これを西洋人が頭から不浄扱いにし、公衆の前で口にすることをさえ忌むのに比べれば、われらの方が遙かに賢明であり、真に風雅の骨髄を得ている。[必要とされる絶対的な清潔があるという理由で]数寄屋普請を好む人は、誰しもこう云う日本流の厠を理想とするであろう[41]。

　便所は「二、三日おきに」空にされたが、「便所掃除をしてはならない十日、二十日、三十日といった十のつく日」にそれをすると不運を招くとされた。東京では「決まったルートをもった何百人もの男たちによって」空にされた。「桶は担い棒の両端につるし下げるのであるが、いっぱいになった桶の重さには、巨人も骨を折るであろう」[42]。「まさに百万になんなんとする人口を抱える大都市――たとえば東京のような――においては、糞尿を深い円筒形の担桶《たご》と呼ばれる容器に入れて、毎日郊外の農場まで人と馬とによって運搬する」[43]。「ときどき、町から田畑に送る液体の肥料を入れたおおいのない桶を運ぶ運搬人が列をなして通ったり、いかに貴重だとはいえ『危険物』といえる例の物を積んだ馬が列をなして通ったりすることは、まったくいやなものだ。しかし、馬にのせる円錐形の桶には周到にふたがしてあるから、ふたなしの桶に比べれば、一大改良が施されてあると言える」[44]などと記されている。

　キングは次のように書いている。「早朝の列車に乗って明石に向かって走っている間に、鉄道と平行した田舎道を動いて行く牛や馬やあるいは人に牽かれた荷車の長い行列に行き会った。これらの荷車はすべて神戸市の汚物を積んでおり、目的地たる田畑に行くもので、なかには約二〇キロも離れている田畑もあるが、そこで一トンが五四セントから一ドル六三セントで売られたのである」。彼はさらに、下肥えを乗せた荷車を次のように描写した。「そのような荷車は牛や馬よりも人間によって牽かれることの方が多かった。鞍の上に支えられしっかりと覆いをされた桶が牛や馬の背中に乗せられるのに対して、男たちは肩に乗せた担ぎ棒で手桶を運び長い距離を行く」。このときまでには、確かに、桶には蓋がされていた。「ここでもまた都市の下肥えが蓋付きの容器にいれて運び出されていた」とある[45]。大阪の例に見られるように、以前には船が使用されていた都市もある[46]。

　こうしたすべては外国人にとって不快なものであった。

「この車が近づくと、私たちは〝スミレ〟という合言葉を使ってお互いに合図してハンカチで鼻を覆うことになっていた」(47)。しかしチェンバレンによれば、臭いは、前に見たように、「日本人の鼻には少しも苦痛を与えないようである」(48)。「これは何キロも離れた田舎へ運ばれ、蓋のない、半分に切った油樽みたいなものに入れられてしばらく放置された後で、長柄《ながえ》の木製柄杓《ひしゃく》で水田に撒布される」(49)。そこで、それはその村自体からでた廃棄物と混ぜられる。ケンペルは、タンクのなかで尿と糞便の混合物が分解するままにされているという状況が広く見られることに気づいた。

　人や馬が使い果たして投げ捨てた草鞋をも便所小屋へ集め、焼いて灰にし、糞尿に混ぜて肥料に役立たせる。このような臭いものを材料として貯蔵肥料を作り、田畑や村の便所の傍にある大きな肥溜めへ投げ入れておく。この肥溜めは、土を掘った穴で、蓋もせずに野曝《のざら》しにされている。これに日本人が毎日食べる沢庵の捨滓《すてかす》の腐った臭いまで加わり、せっかく目には綺麗に見える道路なのに、名状すべからざる臭気が鼻をつき、何ともはや不愉快きわまりない(50)。

二十世紀までにはこれらの「大桶や酒樽」は「セメントで縁辺を堅めた溜穴」に変わっていた(51)。

　このような貯蔵法は二つの意味で非常に重要であった。第一に、それはその混合物の農業における価値を大いに高めた。「人間の排泄物、燃料の屑、他の用に立たないまでに使い尽くされた織物の廃物は田畑に返用される。そうする前に、これらの廃物が風雨によって損傷されないように家に持ち込み、一カ月、三カ月または六カ月もの間、聡明に用心深く混ぜ合わせ、手を加えて、土壌用の肥料や作物のための栄養素として役立つように、もっとも効果的な形にするのである」(52)。第二の、おそらく意図されなかった重要性は、それによってほとんどすべての有害な微生物が殺されるということであった。下肥えにおけるハエの危険性について書きながら、ロバーツは、「その幼虫を殺すために下肥えを隙間なく詰めることと、その幼虫を殺すために発酵熱（摂氏約一〇〇度で三分）に頼ることによって」その危険性が抑制できたと述べた。「発酵熱は、タール塗り防水布で肥やしを覆うことや、肥やしを、新しく、それゆえもっとも危険性の高いときに、コンクリート容器のなかに集めることによって、効率的に維持されるだろう」(53)。さらに、下肥えを容器に入れて保存することによって、ハエの生殖の循環が絶たれる。なぜなら、ハエの幼虫は生きのびるためには、ときがたつと人糞から離れなければならないのだが、桶や樽のなかではそれができず、ウジ虫からハエに変わることができないからである。

　数カ月間桶のなかで、湿った状態で保存されたその混合物は、窒素その他の有用元素を最大限に保有するようになっていたであろう。乾燥すると、それらが失われてしまい、ほとんど栄養のないものになってしまう。日本では、「農民は夏でも冬でも、その肥料を自分の家の庭に積んで照りつける太陽に当てて乾燥させたり、また不安定な塩分や油分を蒸発させて効果を減弱させるようなことはしない」(54)。排泄物が地面にまき散らされればその栄養分の喪失はさらに確実なものになっていたであろう。「人類の歴史を通じて、家庭と工場の下水が大地に撒き広げられてきた。このやり方は、土中にある種の——物理的、科学的および細菌による——メカニズムが作られていて、人間にとって危険となるようなものもふくめて、大部分の物質や細菌を破壊することができるという事実を利用している」(55)。あるいはキングが一九一一年に記したように、「最近のバクテリアの研究は、汚穢《おわい》や家内の塵芥がそこで自然の浄化作用が行われる正常なる土壌に返されることによって、もっとも良く分解するものであることを示している」(56)。

日本の場合、下肥えを調製するのにいくつかの方法が用いられた。ときには、「その物質は、必要な場合にはさらに水を加えて、栄養豊富な完全な肥料になるまで何度も何度もこねられ、乾燥され、ついで細かい粉末にされる」こともあった(57)。しかし液体のまま撒かれることの方が多かったようで、その場合、植物の根や、必要に応じて整えられた土のなかにもっとも効率よくしみ込むことになろう。イザベラ・バードは、「だいぶ腐った堆肥の山があり、女の人たちはそれを崩して、その裸足で踏みながらそれをどろどろにする作業に従事していた」ことを、気持ち悪そうに書き記した(58)。トゥーンベリは、同様の嫌悪感をもって「人間や家畜類の糞や厨房から出る屑はすべて水と尿で混ぜ合わせて完全な粥状にするというやっかいな作業」を観察した(59)。「ある地区では地面を耕す人があり、他では桶から液体の肥料をまいている人がいる」(60)。「人糞は、穀物がまだ若い段階で液体の状態で与えられる。」(61)。オールコックは「あらゆる種類の尿や廃棄物からなるこの下肥えという収集物は、彼らが家で準備したもので、とても薄くて流動性のものであったが、彼らはそれを二つの手桶に入れて肩に担ぎ、自分たちの土地に運んだ。そして、柄杓を使って、その茎が一五センチほどに伸びた若い穀類の根本に注いだ。これは栽培期間中に二度行われるそうである」と描写した。彼はこのことの大きな利点を理解した。というのは、若い植物は「肥料を非常に有益に利用でき、その養分はすぐに根元にまで達するからである」。穀物がもう約一五センチ伸びると「農民は狭い溝を掘り、土を根に非常に注意深くかける。こうされることによって、穀物は肥料と水分の両方を与えられるのであった」という記述もある(62)。

下肥えを液体の状態で貯蔵し、それを撒くことには大きな価値がある。「農業化学の現存する最大の権威者リービヒは、屎尿が乾燥すると、その有効成分の半ばを失う、すなわち『窒素』の半ばが、『アンモニア』として大気に逃げる、と述べている。それが灌漑を用いることで、希釈により、また水を媒介として肥料が作物に達するようにすれば、肥料として価値ある物質を、有毒、有害なガスとして失うことも減少するのである」。さらに「……灌漑によって肥料を施すプロセス、すなわち分けられて水によって薄められるプロセスは、それを固形のまま野外にまきちらし、それが大気によって腐敗分離され、雨によって土壌内に運び込まれるまで放置しておく場合に比べれば、有毒なガスや有害な影響の発生は少ない、ということである」(63)。

液体の下肥えを撒くという莫大な労働は、単純なテクニックの利用によって、かなりの程度まで軽減された。「畑に肥料をまくときには、立ち木に一人前の男の役をさせて、大いにその助けを借り、他人の労働力を節約する。その方法は、桶の柄に綱を通して肥料が貯えてある場所の近くの立ち木にその一方の端を結びつけ、他の端を農夫が持って、桶の中身を広い地面に振りまくようにふりまわす。他のばあいには、三メートルほどの長さの柄の先端に大きな柄杓をつけたものを用いる。これも同じように広くふりまくことができる割に労力がすくなくてすむ」(64)。より新しい報告によれば、ある地域では下肥えは「長い柄のついた木製のしゃもじのようなもので手桶からすくい取られ、植物の列に沿って少しずつ撒かれる」とされている(65)。アメリカとアジアの農業のやり方を比べると、「相違はむしろつねに注意を怠らず頭脳を能率的に使った結果であり、より多くの筋肉労働の結果ではない。彼は各植物を個々別々に監視して取り扱う。彼は土地を柔軟にするので、液体肥料は活動的な根に達するよう直ちに地表の下に滴下する」(66)。土と下肥えはすばやく混ぜられるので、健康への危険も最小のものとなったであろう。排泄物を畑に運ぶ手桶も、できるだけ清潔にしておくよう注意が払われたようである。「日本人の清潔さは驚くほどである……畑に肥料を運ぶ木製のバケツは真白で、わが国の牛乳罐みたいに清潔である」と書かれている(67)。

日本にパイプを使った下水システムがなかったことには利点があった。一八七〇年代の日本とアメリカの都市を比べて、モースは「汚物処理という隠しごとを、日本人はいく世紀にわたって有効に解決してきたのであり、かくて万事むだがないのだ」と書いた。結果として、「汚物処理にさいして、われわれアメリカ人が努力している割に成果が上がっていないがゆえに、アメリカ社会に天罰の苦しみを与えているもろもろの病気について、幸いにも日本人はほとんど知らない……。汚物を長期にわたって貯めておくために土地を汚染する深い地下の汚物溜場、あるいは汚物を浅い湾や入江まで導き、そこで大気を汚染し疾病と死をまき散らしている地下埋設管は日本には存在しないのである」。こうして「わが国では不適切な排水、不完全な便器その他のせいであるとされる例の病気は、［日本には］存在しないか、まれであって、そうした不平がないということは、おそらく、すべての排泄物が男たちによって市外に運び出され、農地や水田で有効利用されるという事実に起因するであろう」。「わが国では汚物は入り江や港に流れ込み、水を汚し、水生生物を殺すままにされている。腐敗や汚物から発する悪臭は人々の生活圏一帯にまき散らされ、すべての人を悲惨な状態に陥れている。日本ではこの物質は用心深く貯えられ、土壌を肥やすために使われるのだ」(68)。「この物質を農村部に移送してしまう結果、都市部の海岸は完全にきれいなままである。毒気を漂わせた浅瀬や沿岸地域から立ちのぼる不快な悪臭が、われわれにしたように、その住民を悩ますことはなかった」(69)。

それでも、ほとんどすべての肯定的な側面の例にもれず、深刻な否定的側面も存在した。一人当たり年間約五分の二トンという、この莫大な量の人糞の収集、移動、消毒、分配は、健康上の問題を引き起こす一大作業であった。ルディヤード・キプリングは日本を訪問した際に次のように書いた「唯一の欠点を、先生と私は同時に思いついた。村のなかに点在する、大量の労働を投入された土地で、穀物がその種子のもつ限界まで成長するのは大きな犠牲あってのことだ。『コレラは大丈夫ですか?』と私は、はねつるべを見つめながら言った。『コレラは』と先生は言った。『きっとあるに違いありません。すべては汚物を撒くことから来ています。』」(70)。E・L・ジョーンズは、農業が南下したとき、「水のなかに排泄された人糞によって、中国は肺・肝臓・腸ジストマと東洋住血吸虫の世界的温床となった……。人糞が肥料として用いられたので、土に媒介される寄生虫の侵入は、農夫にとっての職業病であった」と記している(71)。

トゥーンベリは「疝気《せんき》」と呼ばれる、「日本人がとくにかかりやすい」特殊な腹部の病気に注目していた(72)。「（これには）大勢の住民の他に、しばらくこの国に滞在している外国人も侵される。その痛みは激しく耐え難いもので、身体のあちこちが腫れ、とくに水腫を引き起こす」(73)。ケンペルも「疝気」と呼ばれる特殊な腹痛を描写した。それは、「人口の多い島国日本の風土病であり、疝気にかかったことがないという大人は、一〇人に一人もいるかいないかと言うほど多い病気で」、「日本で疝気という病名をつけられているのは、腹痛全部ではなく、腸の劇痛と同時に股の付け根の辺りに引きつるような疼痛を感ずる痙攣性の腹痛だけに限られている」。「この病気はヒステリー症と同じように、病人をしばしば危険な窒息状態に導き、鼠茎部から仮肋骨または胸骨の尖端まで全身がやられる。もし痛みが続くと、ついには身体に腫瘍ができ、手がつけられなくなることがある」という。

この病気の唯一の治療法は鍼によるものであり、ケンペルはそれがかなり効果があると考え、その病気は空気、気候、「ここの水、食べもの、飲みものその他一般の生活様式」によって引き起こされると信じた(74)。

「疝気」とは、じつのところ住血吸虫症ないしビルハルツ住血吸虫症であったのはほとんど確実なようだ。一九五〇年代までには、以前は主にエジプト、スーダン、南アフリカ、そして中国の一部に限定されていると考えられていた住血吸虫症が、「マラリアに次ぐ、世界のもっとも重要な熱帯病」となっていることが認められていた(75)。ニコラス・マスキー＝テイラーの最近の試算では、それは「少なくとも七六カ国で二億人以上を冒し、さらに四億人に脅威を与えている」ことが示されている(76)。それを根絶するために大々的な試みがなされてきた(77)。それでも「技術の進歩や洗練をものともせず、広がり続けている」という(78)。ラリー・ラフリンが指摘するように、風土病としての住血吸虫症が存在する地域では、農村住民のうちほとんど全員が「生涯に一度は感染したことがある」という事実を、「土着住血吸虫症地域の人口つまり一五億人という数字に添えてみれば、住血吸虫症は、すぐさま世界の公衆衛生の重要問題の一つとして認定されることになろう」(79)。

住血吸虫症は、最初日本の科学者によって研究され、説明された。一九〇五年［発見は一九〇四年］、桂田富士郎は、日本の山梨地方で患者と猫から採集した卵と虫を記述し、日本住血吸虫と名づけていた。一九一三年、宮入慶之助と鈴木稔は「その幼虫が侵入した宿主の巻き貝を発見し、二〜三週間後その巻き貝から出てきた、尾が二つに分かれた住血吸虫の幼生の姿をはじめて記述した」(80)。

彼らは、住血吸虫症は「住血吸虫属の血液ジストマによる感染によって引き起こされる寄生虫病」であることを示した。中間宿主は巻き貝で、「人が、水浴や徒渉その他で、自由に泳ぎまわっている寄生虫の幼生と接触することによって、それが皮膚に浸入し感染する」。この病気の日本型変種である日本住血吸虫症は「小腸、結腸、および直腸に障害を起こす」。「日本住血吸虫によって引き起こされる疾患は他の二変種のものよりも激烈で、治療が非常に困難である」(81)。最良の治療は、一九一八年になってはじめてマクダーナによって紹介された、吐酒石を使う方法である(82)。

日本住血吸虫は、日本、中国の中・南部、フィリピン、スラヴェシ島に見られる。このように、これは極東の、灌漑による水稲耕作地帯と一致しているように見えるであろう。巻き貝は大量の溜まり水を必要とする。「住血吸虫症が発生する地域に灌漑設備や人造湖が建設されると、ほとんど例外なく大流行が起こり、土着性が増した」(83)。水は、一定の温度と撹乱を必要とする(84)。卵は、人間の排泄物を通じて水にたどり着かねばならない。日本住血吸虫の領域は、人間の排泄物が農業に利用されている地域内である。

これらすべての点において、日本の大部分は、住血吸虫症が過去に大いに広がる理想的な条件を提供したように見えるであろう。しかし奇妙なことに、大流行は局地的なものにとどまったようである。最近の抑制策の成功のために、評価が難しくなってはいるが、近年の日本の住血吸虫の分布地図は、それが限られた地域にのみ見られることを示している。九州の北西部、本州の南端、そして東京周辺の地域である[85]。発生しやすいと指定された地域内においてさえ、その発生率と害毒性は、おそらく谷ごとに異なっている。十九世紀、ある地域では住血吸虫症は「片山熱」として知られていた。というのはそれが「片山川の谷への移住者に大変よく見られたからであり、そこの出身者と結婚した人に病気や死が多いことから、この地域の人と外部の人との結婚が禁止されるに至ったと言われた」[86]。

地域によって著しい差がある一つの理由は、その卵を運ぶ人間の排泄物と、水中の巻き貝との結合に目を向けるとき始めて理解されるものである。「排泄物中の卵は、すぐに水にたどり着かない限り死んでしまうので、衛生設備によってこの結合を妨害することができる」という[87]。もしこれが日本ではふつうのことであるならば、連鎖を絶つには通常の尿や糞便の貯蔵法で十分であろう。しかしながら不幸なことに、「大多数の卵は宿主を離れた後、すぐに新鮮な水に触れないと、乾燥したり死んだりする」のであるが、「成熟した日本住血吸虫の卵は、湿気の多い条件下すなわち、中国や日本では、八〇日まで体外で生き延びることができる。卵は次の春に孵化し、巻き貝に宿るのである」[88]。これらのとくに頑丈な卵は、非常に徹底した措置がとられない限り、日本の貯蔵法では死なないかもしれない。冬の数カ月はとくに危険であった。一九二〇年代に行われた実験では、「夏の数カ月間そのプロセスは大変活発に進行し、すべての病原菌や卵は数週間で死んでしまう。しかし冬になると、どちらも何カ月も生き続けるであろう」ということがわかった[89]。重大な結果をもたらすことになるかもしれないさまざまな例のうちの一つをあげてみれば、ある地域では「南の海岸平地と違って、下肥えの貯蔵や保存のための容器がほとんど存在しない」。そのかわり、そこでは下肥えは「各農家のトイレの下のタンクから取り去られた後、直接畑に持って行かれ……」[90]そこで撒かれるという。これでは住血吸虫の卵を成長させ、畑で働く人々に感染を広げてしまったであろう。しかしながら、すべての人糞を遠くに運び、殺菌し、次に植物の根元に埋めるために、多くの人が引き受けた並々ならぬ苦労は、日本人に、二十世紀まで他の主要国が太刀打ちできないほどの、衛生の水準を達成させたものであった。

西ヨーロッパにも、経済効率による人口増加の一方、他方における排泄物の「外部的性格」との間に同様の矛盾が存在した。この問題に対するヨーロッパの解決法は、日本とは異なったものであった。北西ヨーロッパは、何世紀にもわたって耕作と牧畜の混合農業を行い、住民一人あたりの家畜数は他のすべての大規模な定住民社会よりも多かった。その農業は堆肥に依存していたが、貧しい火山性の土壌というわけでもなく、耕作がそれほど強調されるわけでもなく、他にも多くの家畜がいることから、人糞を使用しなければならないという圧力は、それほど極端なものではなかった。畑用の堆肥は、さまざまなかたちをとったが、その中心となる構成要素は動物の糞であった。穀類の生産によって藁が作られ、それが数多くの牛の餌として使われ、次にその糞をリサイクルするということができたからである。それでもなお、人糞の、肥料としての需要は、どの程度あったのだろうか?

全体的な調査から明らかになるのは、十二世紀から十八世紀までの長い期間中、一つの顕著な例外を除いて、人糞は西ヨーロッパではあまり用いられなかったということである。ブローデルはそのおおまかな状況について「主たる肥料源はやはり家畜であった。極東と違って、田園または都市の人間のものではなかった」と書いた。彼が目を止めた一部の例外は、都市の汚物が「フランドルや、スペインのバレンシアなどの、若干の都市の周辺では」使われたということであった(91)。フランドルの例は記録が豊富で、そのやり方はわれわれが日本について述べてきたものと大変よく似ている。商品価値が高く、近隣の農地に広く使用される尿と糞便が注意深く収集された(92)。

それはまた「パリ周辺の農業にとって、さらにはパリ自身にとって、とても欠かすことのできないもっとも価値のある肥料」でもあった(93)。フランス人、プロシア人、ドイツ人はすべて、十九世紀には、ある程度まで人糞を使ったと言われている(94)。スコットランドでも十九世紀にそれを使ったという若干の証拠がある。たとえば、グラスゴーのいくつかの地方では「便所も排水溝もなく、また汚物の山は悲惨な住人たちが出せる限りの、あらゆる汚物を受け入れていた。ここでわれわれは、家賃の相当な部分が汚物の山の産物によって支払われていることを知った」(95)。しかしその利用は、中国や日本のそれと比べると、比較的小規模であったようである。

牧畜に重点をおいたイングランドの例に目を向けるとき、比較的小さな町や村では、大規模な人糞の使用は期待されなかったであろう。しかし十六世紀半ばから、ロンドンは世界の主要都市の一つとして台頭しつつあり、一七〇〇年までにはヨーロッパで最大の都市になった。それはフランドルやオランダの都市やパリと同じ状況であるように思われるので、その周辺での広範な人糞の使用が期待されたかもしれない。

十六世紀から十八世紀のイングランドの、さまざまな場所での、さまざまなかたちの施肥の方法が、ミルドレッド・キャンベルによって示されている。彼女は石灰と泥灰土（肥料として用いられる土状の物質）の使用について記述している。それが手に入らないときは、ありとあらゆるものが使われたという。

ノーデンによれば、コーンウォールの海岸では、土壌を肥やすためにある種の海草と海の砂が撒かれた。サセックス、ケント、サフォークでは、海岸からとってきた砂利や石を焼いて地面に撒いた。ミドルセックスの農地にはロンドンの大通りの廃物と町から出る灰とが撒かれた。ハンプシャーでは川をさらって取った汚泥が使われた……。プロットによれば、バンベリー近くでは石のかけらが、ワトリントンの近くでは「仕立屋の布の切れ端」が使われたとのことである。

しかしながら、動物の糞が「すべての農夫にもっとも一般的に使われた肥料で、農耕についての著述家たちからもっとも高い称賛を受けたものであった」(96)。

同時代の話についてのキャンベルの回想において注目すべきことは、ロンドンからミドルセックスの農地に運ばれた「廃物」のなかに、ある程度含まれていた可能性もあるのに、「人糞」への言及がまったくないことである。イングランドの近代初期農業についての他のいくつかの概説書も、人糞使用には言及していない。たとえば、アーンル卿の『イギリスの農業――過去と現在』は、キャンベルが注目したものとほぼ同じ糞や肥料に言及しているが、人糞にはまったく言及していない(97)。十七世紀の農業についての、同時代の現存するもっとも詳細な記録であるロバート・ローダーの著書は、さまざまな肥やしに関する多くの実験について述べている。彼は、牛や羊の糞、馬や雌牛の糞、馬や牛の囲いからもってきた泥、黒灰（おそらく木灰、泥炭灰、あるいは煤）、モルトのかす、ハトの糞などを使用したが、記述のどこにも人糞への言及は見られない(98)。同様に、十八世紀初期の詳しい日記や書簡を集めたもののなかで、「動物の糞以外で知られている肥料は、石灰、排水設備のない土地の苔を燃やした灰、海草、泥灰土だけであった……」と書かれている(99)。施肥の仕方に関するもう一つの記録は、ラストンとウィットニーの『ヨークシャーのある村の農業進化』によって提供される。そこには泥、石灰、灰、ハトの糞、厩肥《きゅう》があげられているが、人糞への言及はない(100)。

何人かの著述家が注意を喚起した、人糞使用への一つの明らかな言及は、十六世紀初期の著述家トマス・タッサーの『良き耕作の五百のポイント』におけるものである。しかし、彼の記述全体のなかで、それが言及されているのは一一月の部分の一カ所だけである。その部分の主題は、「便所の浄化」

と明示されている。つまり、彼はとくに施肥についてではなく、家庭の清潔についてアドバイスを与えているのである。韻文で、「汚い便所は今こそ掃除される」そしてこの「お荷物」は、「庭の、深い溝に埋められれば」、「多くのものをよりよく実らせる」であろうと説明されている[101]。それから二世紀後のアーサー・ヤングの『農夫の暦』には、肥料のさまざまな活動舞台がたっぷりと記述されているが、人糞への言及はない[102]。十七、十八世紀の「農業革命」の中心的要素である新しい技術の使用によって、土壌はますます肥沃化された。新しい輪作のかたちとして、クローバー、アルファルファ、ニューグラス、かぶが穀物と交代で栽培され、いくつかの野菜は土中に窒素を固定するのを助けた。こうした代替物のおかげで、肥料としての人糞は不要であったように見える。ホートンが十七世紀の終わりに尿と糞便の利用可能性を調べたのも、それぞれの医学的価値を宣伝しようとしてのことであった[103]。

しかしながら、ロンドンが巨大化するにつれて、多くの人々が人糞の潜在的価値がまったく浪費されていることに注目し、パリで行われたことを指摘しながら、利益と健康の両方を増大させる方策を考えるようになった。十九世紀の『農業百科事典』の記事のなかに、とくに力のこもった議論が見られる。「あらゆるもののうちで断然大きな浪費は、われわれの町や市の下水汚物の浪費だ。これは、それが農業のために生み出す莫大な価値と、人々の健康に及ぼす計り知れない害悪ゆえに、大変重要な問題である」[104]。他の国々では人糞がいくぶんかでも利用されたのに対して、

高度に洗練され文明化されたわが国においては、それは水洗便所に流され、川で、また最終的には海で廃棄される。一方われわれはロシアとペルーに金を送り、イカーボやサルダーニャ湾［海鳥の糞が積もって硬化したもので貴重な肥料とされるグアノを産する南西アフリカの土地］に船を送って、われわれがほしいままに浪費したものを持ち帰り、食料に変え、再びそれを浪費する。わが国の多くの人口は、農業という点から見れば、この島国を富ますというより、貧困にさせるものでしかない。彼らは国土から穀物や根菜類や肉類を取り、それをテムズ川、セヴン川、ハンバー川、ティーズ川、タイン川、その他多くの、人間の食料成分の大いなる浪費者である川を通じて、海に捨ててしまう。グレイ氏によれば、一〇万トンほどの排水が不完全に流し込まれているにすぎないメドロック川でも、三万八四四五ヘクタールの小麦、七万四四六二ヘクタールのジャガイモ、一一万三三一二ヘクタールのカラス麦に十分供給できるリン酸を含み、二万二三四ヘクタールの小麦に十分供給できる無水珪酸を溶かしているという[105]。

この著者は、解決法はまもなく見つかると信じていた。さまざまなアイディア、たとえば人糞をフランスの「乾燥人糞」のように乾燥させ、適当な美しい名前をつけて売るといったアイディアが出された。外国の会社はすでにそれを「アルカリ性植物成長剤」とか「オーエンの動物質炭素」といった名前で市場に出していた。もう一つの案は、水蒸気の力を使って液体の屎尿を都市からポンプで送り出し、すべての農場に設置した配水塔から利用できるようにするというものであった。しかし、このことによってその価格が一トン当たり一〇シリングから七～八ペンスに下がると計算されたにもかかわらず、その案が実践されることはなかった。ユストゥス・フォン・リービヒはそれが「イングランド固有の家庭設備」と関係があると考えた。そのために「固形の糞便と尿という形で日々川に流されている莫大な量のリン酸肥料を集めることが、困難に、さらには不可能にさえなってしまうのである」(106)と。

たぶん、より重要なのは、肥料であり屎尿であるものが大量に存在することによって引き起こされる状況の経済学であった。チャドウィックは「農村地域に隣接するいくつかの町のある部分では、汚物溜は肥料のために無料で汲み取られている。しかし彼らがこれを汲み取るのは、汚物が相当量堆積したときだけである」ということに目を止めた(107)。十九世紀の都市から出る人の糞便を利用しようとして多くの実験が行われたが(108)、たいていの場合、需要が欠如していたようである。「ごみの肥料としての価値（もっとも強力なものとして知られている）を考えれば、これに対する大きな需要は、清掃の費用と料金についてある程度の払い戻しを生む価値を提供するものと期待されよう。しかしこれは、首都の場合には当てはまらないと考えられる」。チャドウィックは「現在のところ、煉瓦造りに不可欠の石炭がら、およびある種の残りかす、その他の取るに足りない例外を除き、ロンドンでは、荷車による除去運搬の費用の半分を賄うごみはないといわれている」ことに気づいた。実際、状況は大変悪く、屎尿を引き取ってもらうことができなかった。「相当な清掃請負業者などの証言があるが、彼はもっとも生産性の高い肥料について『私は何千台分の屎尿を放棄した。われわれはそれをどうすればよいかを知らなかった』と述べている」(109)。「便所の中味の肥料としての価値は、科学者たちによってつねに強調されていた――バーミンガムで一年間に入手できる量は、農夫にとって一〇万ドルの価値があると言われた――が、困難なのはそれを郊外に運ぶ経済的な方法を見つけることであった。『寝室用便器は小銭の貯金箱である』と言うのは大変結構なのだが、戸別訪問をしてその中味を集めたり、それをかごに入ったガラスの瓶に入れて遠い農地まで運ぶとなると、その費用があまりにも高すぎた」(110)。スミスは一八四〇年代のグアノの導入以後、人糞肥料の市場はすべて壊滅し、さまざまな挽回策がおずおずと提出されたが、それらは「有効でも有益でもないことが証明された」と述べた(111)。特別の目的のためだけだが、たとえばハリファックスでは、布を洗うのに尿が必要とされたように、一方の排泄物に対しては広範な需要があったようである。ここでは、尿は日本と同様大きい瓶に集められた(112)。

日本では屎尿は家賃の代わりに使うことができたが、イギリスではそれを持ち去ってもらうのにお金を払わなければならなかった。

しかしこのやり方にかかる費用は、大きな町からの報告が示すように、労働者階級によって占められている住居や通りの、この観点からのあらゆる清潔保持に対する完全な障害となっている。ロンドンにおける一軒の家の汚物溜めの清掃費用は、ふつう毎回一ポンドである。一般に週末になると借金しており、またその家賃を毎週取り立てられている住民にとっては、そのような支出は、実際に不可能と考えられよう。また下級の地主たちは、「不快さが」我慢できなくなるまで支出を引き延ばす(113)。

いくつかの小さな例外はあるものの、イングランドは日本の対極にあった。日本では屎尿が大いに尊重されたが、イングランドではそれを持ち去ってもらえなかった。このため非常に大きな問題が起こった。もし一人が一日に約一・一キロの排泄物を産出するとすれば、ロンドンのような都市の住民は毎週何千トンも産出していたことになる。それは都市の拡大につれて深刻化する脅威であり、莫大な量の馬糞によってさらにその脅威は増幅された。その解決法は、イングランド人による世界文明への主要な貢献となった。

もっとも困難な仕事の一つは、人間から効率的に排泄物を捕獲するシステムを作り出すことであった。大多数の社会では、人々は畑や森に用を足しに行くことが多い。多くの開発専門家が見てきたように、囲まれた空間内で排泄するという考えは賛同を得られなかった。しかしながら、「プライベート（個人）の」部屋とか「プリヴィ［秘密の部屋。主に屋外便所をいう］」という概念は、イングランドでは早い時代からあったようである。マーガレット・ウッドは「中世において、プリヴィやガードローブ［衣装部屋］は、一般に想像される以上に多く存在し、またうまく設計されたものであった」と書いている(114)。「それほど身分の高くない人の間でも、個人用のラトリン［屋外便所］がいくつか作られていた。そのことは一一八九年の住宅建設に関する布告から知られる。すなわちそこでは、ガードローブの桝は隣接地との境界線から、壁に囲まれていないばあいは少なくとも約一・七メートル、壁に囲まれているばあいは約七六センチ、離れていなければならない、と定められていた」。それから二世紀後「一三七〇年の日付がある、ロンドンに一八個の店舗を建てる契約書によると、そのさい『プリヴィ用に一〇個の石造桝』を建造、『うち八個はダブル（二戸用）で、いずれも深さ約三メートル、長さ約三メートル、幅約三・四メートル』だった」。一四五〇年のある家屋修理の勘定書には、「桝堀り、プリヴィの汲み出し、前記桝への汚物埋め」(115)のための費用（五シリング六ペンス）が含まれている。

チョーサーの詩にも便所への言及があるし、ファーニヴァルはその話題に捧げられた配慮と気遣いの量がどれほどのものかを明らかにしている(116)。ある領主のトイレ、ぼろ布、水、便座などがいかに保たれるべきかについての記述がある。これはイングランド人の排便時の姿勢が、大陸のそれとは大いに異なっていた――しゃがむのではなく腰掛ける――ことを示している。それはまた、トイレットペーパーの代わりにぼろ布が使われていたことをも示唆している。このことに関してパドニーは、「文明化したローマ人は香水をしみ込ませた毛織物や、ときにはスポンジを用いたこと、中世の平信徒は曲がった棒や、束にした干し草を使ったということが知られていること、聖職者たちの便所の多くは設備が整っており多くは共用であったが、彼らは自分たちの着古した法衣の切れ端を好んで用いたようであるということだけ思い出せば、あとは深入りしたくないテーマだ」と書いている(117)。

アーネスト・サビンによって記述された中世の公衆便所の内容はさらにはっきりとしている。彼は、少なくとも十三世紀から、ロンドンで公衆便所が広く使用されていたことについての、多くの証拠を示してくれる。彼は問う。「では、もし市民が公衆便所を使うことが、それほどまでに一般的に行われていたのならば、そのような便所はどのくらいあったのだろうか？　その主題について書いた人々は、たいていフリート街南のテンプル橋（または埠頭）、クイーンヒス、ロンドン橋の、三つの便所にしか言及しないのだが」と。少し調査すると、さらに多くの存在が明らかになった。「それゆえ中世のロンドンの公衆便所は少なくとも一三存在したことが確かめられた。この数字も単に偶発的な証拠書類から拾い集められただけのものであることから、そのような公共の便所がさらにたくさんあったに違いないということが暗示される」。「ロンドン橋……には、一般に仮定されてきたように、共同便所が一つしかなかったわけではなく、橋の上に建てられた住宅の居住者やそこに行楽に行く人々の便宜のために、『ネセサリウム［必要欠くべからざる家］あるいはワードローブ』が数個あった」。それらは「規模も重要性も大きい」ものだった。これらの公衆便所は、「単に移動をつねとする職種の人々が用を足すためというよりは、むしろ主として個人用の便所を持てない持ち家の住人や賃貸人の便宜のために」あったようである(118)。さらに、「中世後期までには……レスター、サザンプトン、ハル、エクセター、また明らかに他の場所にも公衆便所があった」(119)。

「ハウス・オブ・オフィス〔便所小屋〕」に関する証拠は、十六世紀に入るとより豊富になる。十六世紀初め、アンドリュー・ボードは便所に関する取り決め――どこに建てられるべきか、どのように使用されるべきかなど――について詳しく記述した。彼はまた、人々は朝一番にそれを使用するという規則正しい習慣をつけるべきであると助言した(120)。ハリソンは近頃建てられた家では、「ハウス・オブ・オフィスが寝場所からさらに遠ざかったこと」に注目した(121)。レムニウスは十六世紀中葉にイングランドを訪れたとき、イングランドの「寝室やプリヴィ・ルーム」に置かれた花束や香りの良い花に感心した(122)。十七世紀には屋内便所が普及した可能性がある。たとえば多くの人々に読まれた『世界図絵』には屋内便所の見えている家の絵が載っていた(123)。便所の普及を示唆する、逸話からの証拠もある。ある清教徒は祈りを捧げるために「ハウス・オブ・オフィス」などの場所に走って行くと描写された(124)。女たちが「ハウス・オブ・オフィス」で死んだ子を産み落とすことは、きわめて頻繁にあった(125)。十七世紀初め、三歳の女の子がプリヴィの椅子が壊れて死んだという話もあった(126)。

もちろん規則を破る人間はいたが、これに対する反応すら、規範が広く知れわたっていたことを示すものである。田舎の主婦たちは男の子が玄関扉の外で排便するのをやめさせようとしてまじないをした(127)。人々はしばしば不適切な場所で排尿や排便をしたために裁判所につれて行かれた。ロンドンでは、個人の家用のプリヴィと、「共同の」あるいは一般用の便所の両方の建設を求める請願があった(128)。町と田舎では違いがあったが、田舎でもまた人々は最寄りの畑に出て行くだけではなく、容器を使うことが習慣化しつつあったようである。

十九世紀の証拠は、大都市の急速な成長によって引き起こされた諸問題によって色づけされている。「プリヴィ」という長年の設備がその理想として受け入れられていたのは明らかであるが、あまりにもその数が少なすぎた。衛生検査官たちは「町のなかでは、水洗便所または便所を持ちうる家はごくわずかで、大多数の住民に対し、二～三の公衆便所が比較的恵まれた部分にあるだけであった」と報告した。また彼らは「その便所はもっとも嫌悪すべき状態にあり、汚物のために近寄ることが難しく、またその平均個数は二五〇人に対して二カ所で、その人数に対する施設としてはあまりにも少ない」とも報告した。ゲイツヘッドでは「その隣近所には使いやすい便所がないため、大変不快なことが多く、怠惰な同居人たちが、何日もの間、寝室の便器をもっとも不快な状態のまま、使いっぱなしにして、後でその内容物を窓から投げ捨てている」といったありさまであった(129)。

市による汚水処理システムが敷設されるまで、通常のやり方は、世帯主に、自分たちのたまった排泄物を取り除くこと、あるいはこのために人を雇うことを要求することであった。十八世紀には、世帯主たちはしばしば樽を与えられ、それは「世帯主によってときどき空にされなければならなかった」。個人による処理も、市によるものも、それほど満足すべきものではなかった。液体廃棄物は各自で処理することができたとしても、六人家族から出る固形廃棄物は年間約六三四キロ以上になるであろうし、これが市街を運ばれるのは不快なものであろう。マーシャルは、十八世紀のマンチェスターでは、「世帯主たちはそれをサルフォド橋から捨てたり、あるいは、もっと悪いことに、闇に紛れて通りや公共のゴミ溜めに捨てるという、より安易な方法を好んだ」と述べている(130)。チャドウィックは、「現在行われている、ごみを家屋の内部、汚物溜や便所においておくやり方は、健康にとって有害であり、またしばしば非常に危険であることが立証されている。ごみを手作業によって取り出し、その内容を荷車で運ぶという作業過程は、非常に不愉快であり、またしばしばひどい事故の原因となる」と報告した(131)。

本当に試されたのは、ヨーロッパ最大の都市となっていたロンドンであった。われわれは、中世のプリヴィや室内用便器というシステムでは、毎日生産されている何百トンという人糞にもはや対処できないので、健康状態は急速に悪化するものと予測するであろう。しかしそうはならず、その圧迫がさまざまな変化を引き起こし、それがヨーロッパの衛生革命のモデルとなった偉大な都市の出現につながったのである。それは、東京や大阪ほどではないが、たとえば「一七六〇年まで便所がなかった」(132)とケイムズが報告するマドリードよりは、はるかに清潔であった。

起こったことを完全に報告することによって、中世および近世初期のイングランドの、地方政府の構造全体が、また政府当局と庶民が力を合わせて、かなり良い排水・下水システムを開発したやり方が見えてくるであろう(133)。チャドウィックが書いたように、

下水施設に依存する構造的な措置の多くは、下水道委員会によって定められており、この委員会にはヘンリー八世の第二三号法令第五章第一項から第三項によって、貴重な権限が付与されている。すなわち、それらの委員会の権能は、「この王国内において、次に続く様式に従い、大法官および大蔵大臣、および二人の主任裁判官、あるいは大法官を加えた彼らのうち三人によって指名された信頼できる人々に、その必要性が要請されるあらゆる地区に対して命令されるべきものであり」、また「そのケースが必要とする壁、溝、土手、道路沿いの溝、下水道、水門、水路、橋、流れ、およびその他海岸線および沼地について、それらを造り、矯正し、または修理し、改良し、壊し、または造り

替えるべきこと」を行わせるものである[134]。下水や排水のシステムのための規定は存在したわけだ。だが、それがどの程度履行されたかについては、ほとんどわからない。

社会のインフラを新しくする機会が一六六六年のロンドンの大火によって与えられた。「街の再建が行われる前に、あの独創的な建築家のクリストファー・レンは、今日まで存続している共同下水道を計画し、建設した。そしてそれは、彼の判断力と、住民の健康と福祉に対する彼の配慮を永遠に記念するものであり、その結果としてロンドンとウェストミンスターは、今や島内でもっとも健康的な場所とされるようになった」。「下水溝や排水溝の便利さは、大火以前、頻繁に伝染性の悪性熱病に冒されていたロンドンにおいて、とくに強く感じられている。この時期以前には、汚水やゴミはすべて地上に留まっていたのだ」と報告されている[135]。トマス・ショートが、十八世紀の死亡率の低下にとりわけ貢献したと考えたのは、これらの変化であった。「いくつかの地方はこの分野の政策において非常に勤勉で、成功を収めた。彼らは、すべての不潔なものがより簡単に、よりうまく運び去られるように、下水溝や排水溝を開設し、清掃し、汚泥や汚い淀み水をかき出した」[136]。

第二の大きな努力の成果、すなわちロンドン、そして後には他の都市の、個人の家からの排水管の敷設は、十九世紀半ばになってはじめて実現した。しかし、問題は単に汚水を排出することだけでは取り除かれなかった。「このシステムの拡大に対する主要な反対意見は、下水が放流されることによる川の水の汚染である」からである[137]。ケンブリッジについてのある逸話は、トイレットペーパーの使用の増加と関係するこの問題の一側面を説明してくれる。「ビクトリア女王がトリニティ・カレッジを、校長のウェウエルに案内されたとき、橋の下を見下ろして『川に浮かんでいるあのたくさんの紙は何じゃ?』と聞かれたという話がある。これに対してウェウエルは落ち着き払って答えたという。『陛下、あれは水泳禁止の張り紙でございます。』と」[138]。

水洗便所に関しては、多くの有用な発明品の例に漏れず、発見、再発見を何度か繰り返したようである。中世のラトリンやプリヴィは、液体を汚物溜めのなかに流し込むためにパイプを使い、それによって臭いと汚れを減少させるものであった。しかし最初に注目された水洗便所の発明者は、トーマス・ブライトフィールドのようである。ブライトフィールドの発明品は、サビンによって次のように描写されている。

ギルドホール図書館（ロンドン）に保存されている、一四五〇年二月、という日付のある証文によれば、トマス・ブライトフィールドは、ヴィントリー区、聖マーチン教区の自宅内に自己負担で、台所用の煙突、壁の中を通ってナローレーンに通じる導管つきの鉛の水槽、石壁で囲んだ石のプリヴィを作ることになった。さてこの水槽は明らかに、屋根から集められた雨水を受けるためのもの、パイプは、大雨のときにたまる余分な水を共同下水溝に導くためのはけ口として意図されていた(139)。

新しいシステムの最初の仕様書は、ジョン・ハリントンの手になるものであった。彼の十六世紀中葉の考案物には、「現代の『バルブ式便所』の要素がすべて出そろっていた」。その図には、「便座、……水槽や、あふれた水を流すパイプ、バルブないし『ストップル』[栓*]、水封じされた排泄物などもみられる」とされる(140)。「水槽からの水を、脱臭効果のある約六〇センチ以上の深さまでためることができ、必要の際は空にされ、中味は下の水栓を通って汚物溜めに入っていくようになっている鉢形の容器」が存在した(141)。これは汚水溜めからの悪臭を封じ込むであろう。しかしそれは、リッチモンドの女王の宮殿で模倣され、使用されはしたものの、いく世紀か早すぎた発明品であった。それは、十分な水の供給と、排水放出用の下水管を当てにしたものだったからである。

水洗便所という新しいシステムの長所は、ベンジャミン・フランクリンの注意を引いた。

> 据え付けの便所から発生する悪臭は、安くて簡単な方法で防ぐことができるだろうということは、今やよく知られている。排泄物は、空気が通らないよう密閉されて海につながっている桶のなかに受けられればよい。桶の底の方は適当な水槽に貯められた水の表面より下に位置させられなければならない。排泄物はすぐに水に溶け、便所に水が流されるたびに、つまり、使用されるごとに運び去られる。

水洗便所の最初の特許は、一七七五年、ボンド街の時計職人アレグザンダー・カミングズによって取得されたが、現代のバルブ式便所のすべての要素を備えたものであった(142)。臭いに関しては、「防臭弁の最初の特許は、一七八二年、料理人のジョン・ゲイレイトによって、『排水溝や下水溝からの大変不快な臭いを完全に防ぐ、まったく新しい防臭弁という装置に対して』とられたようである」(143)。「人間の排泄物を水によって効率的に運び去るという方法が大々的に行われるようになったのは、一七七〇年代にジョウゼフ・ブラマが改良型の水洗便所を紹介してからである。一七七八年から一七九七年までの間に、ブラマは六千以上の水洗便所を供給した。またそれは一八三〇年代までには、ロンドンで広く使用されるようになっていた」(144)。汚水を水洗便所から処分場所まで安全に移動させるという点などにおいて、まだ多くの克服すべき問題はあったが、一つの重要な躍進は遂げられていた[145]。

「西洋において今日、人間の排泄物を取り除くための他のすべての装置に取って代わっている、近代的な個人用のＷＣは、イギリス式『水洗便所（ウォータークロゼット）』の直系の子孫である」[146]。この技術上の大躍進は、ついに都市生活者に、彼らの家の中の小部屋に清潔で良い香りのする「ハウス・オブ・オフィス」をしつらえることを許した。もしその水洗便所が突然なくなったなら、ニューヨークや東京やローマが今日どのような状態になるか想像するのは難しい。それは、より長期的に見れば、日本の屎尿処理システムに取って代わるべき解決法であった。しかしそれは揚水用のポンプと汚水排出用のパイプという巨大な基盤設備があってはじめて存在しうるものであった。十九世紀中葉まで、日本式の解決法は、その全住民に対して、おそらく西洋のどのような解決法よりもはるかに効率的であったであろう。健康上の効果は、イングランドでは、おそらく日本におけるほど劇的ではなかったであろう。赤痢、腸チフス、コレラは日本以上に蔓延した。それにもかかわらず、都市計画技術の発達と、この問題の解決への資本と独創力の投入によって、明らかにイングランドは、屎尿の使用と衛生技術の発達を合わせもったオランダ以外の、どのヨーロッパの国よりも、この点に関して健康な国になったのである。

このように、イングランドは、短期的に見れば、莫大な量の豊かな肥料を捨て去るという非効率的な道をたどっていたのであるが、長期的に見るなら、イングランド式解決法は世界によって採用され、日本においてさえ日本式の解決法に取って代わった。パドニーが、静かなアイロニーを込めて言ったように、「イギリスの文化と文明は、あのプロパガンダというものがまだ存在しない時代において、世界の隅々に至るまで努力せずしてその痕跡を残した。上品で、訳語が当てられず、発音はさまざまだが、高く賞賛される言葉、ウォータークロゼット、あるいはＷＣという言葉をとおして」[147]。

Ⅳ

体の上で

10 病原媒介生物による病気——ペスト、発疹チフス、マラリア

イングランド、日本ともに、都市が発達する過程で、感染した飲食物による腹部の病気の急増は免れることができた。しかし人口密度が高まるにつれて、通常は毒性が増す病気がある。病原媒介昆虫によるバクテリアの感染が引き起こす病気がそうである。これらの病気のなかでもっとも拡がりかつ致命的なのがペスト、発疹チフス、マラリアの三つである。

ペストにはリンパ腺と肺の炎症の二つがあり、伝染病のなかで最悪であると広く見なされている。これはペストが突然発生するということ、致死率が高いことによる。しばしば一国の人口の半数がペストの最初の一撃により失われ、さらにその後何世紀にもわたり、ペストは絶えず繰り返し発生した。歴史上それ以前にも、たとえば六世紀や七世紀にペストの深刻な発生が見られたが、ここで取り上げるのは十四世紀から十七世紀にかけて西ヨーロッパの大部分に広がった、この病気の影響についてである (1)。

ペストの歴史に関してはあらゆる面において不確かなことが多い。まず第一に、それがどのように広まるのかが明らかではない。ペストが細菌により引き起こされるのは明らかであるが、これは、十九世紀終わりにかけて発見された。「香港における最初の流行のときに、日本の細菌学者北里がペスト菌を発見した」(2)。ペスト菌はほとんど同時に西欧人エルザンにより発見された。その名をとって学名は「エルシニア・ペスティス」とされた。しかし、ペストはさまざまな経路で伝染する。まず疑いなくネズミのノミにより感染するが、ヒトノミを媒介して伝染することもあるようだ。したがって、ネズミのノミの有無それ自体はペストの十分な要因ではない

(3)。さらに呼吸器系の分泌液を通じて肺のなかに取り込まれることもある。つまり、ペストは生物媒介とも非生物媒介ともいえないのだ(4)。

このように伝染経路が多様であることから、さまざまな論議が生じている。その一つは、黒死病の原因は黒ネズミであったかどうかということだ。ある研究は、黒ネズミは原因ではなく、それは主として肺の病気であり、一部はヒトのノミにより伝染したのであろう、との説を出している(5)。一方、近年行われた近代初期イギリスに関するペストの研究はネズミ仮説を支持している(6)。

一三四八年の黒死病に始まりヨーロッパの人口を激減させたペストは、十七世紀後半になると不思議なことにほとんど完全に姿を消した(7)。イングランドにおいては、一六六五年のロンドンにおける高い死亡率を最後に三〇〇年にわたるペストの破壊行為はぷっつりとその痕跡を消した。「一六五七年以降、ペストはイタリアから姿を消した」(8)。一七〇七～一四年にかけて、ペストは「ロシア、ハンガリーからスウェーデン、デンマーク、プロシアとバイエルン地方にまで拡がった」が、それより西に拡がることはなかった(9)。フランスの最後の目立った流行は一七二〇～二一年にかけてプロヴァンスで見られた(10)。ペストが西ヨーロッパから姿を消したこと、その間アジアを中心に風土病であり続けたことは疑いない。

ペストの減少に関して数多くの仮説が出された。第一の仮説は生物学的適応に関するものである。バクテリア（エルシニア・ペスティス）、あるいはバクテリアが寄生する動物、またはヒトに突然変異が起こり、それがペストの突然の消滅の原因となったというのである。しかしそのような突然変異の証拠はない。さらには、トルコのようにペストの感染が続いた場所においては「十七世紀後半において病気の感染力と毒性に衰えは見られなかった。ヒトあるいは齧歯《げっし》類動物の病気に対する抵抗力の上昇がペストの消滅を説明するという説にも同様の否定的見解がある」(11)。「西ヨーロッパから腺ペストが消滅したのは自然の免疫が獲得された結果であるという議論も支持されにくい」(12)。

第二の仮説は、誰もがペストと言えばすぐ口にする黒ネズミに関するものである。ペストがクマネズミにより運ばれていたとすると、この黒ネズミがアジアネズミもしくは茶ネズミにより駆逐されたということでペスト消滅の説明がつくかもしれないと考えられてきた。ここには解明できない問題が二つある。第一の問題はタイミングである。西ヨーロッパにおいてペストが消滅したのは一六六〇年代からである。茶ネズミはおよそ一七二八年にイングランドに到達し、ヨーロッパのほぼ全域に一七五〇年代に到達した。これは明らかに遅すぎる。第二の問題は、茶ネズミも黒ネズミと同じくらい危険であったと見られることである。茶ネズミは「ペスト、発疹チフス、トリキネラ属旋毛虫、腎症候性出血熱、伝染性黄疸、そしておそらく塹壕《ざんごう》熱、口蹄疫とか、そして、ある種の馬『インフルエンザ』のように、人間や動物のいろいろな病気を媒介する。その破壊的性質は、まったく手がつけられないほどのものである」(13)。

第三の仮説は物質環境の変化に関わるものである。十七世紀中葉からヨーロッパに起こったさまざまな変化によりネズミやノミにとっての環境は悪化した。十八世紀半ばにケイムズ卿は次のように言った。「一六六六年の大火以前にはロンドンではペストがしばしば見られた。しかし道幅を拡げたこと、家々が大きくなったことにより、ペストの名に値する病気はロンドンの街にはそれ以後見られなくなったのである」(14)。このような意見はイギリスの医者たちに広く支持されていた。ブラックは「幸いにも大火のおかげで腐敗地帯は焼き尽くされた。拡幅された道路、通気、清潔さ、水の供給が増えたこと、そしてその他多くの原因がすべて働いた結果、この外来の扇動者は駆逐されたのである」と言う(15)。マルサスは一六六六年以降、ロンドンからペストが消滅したのは「有害物の除去、下水溝の建設、道路の拡張ならびに住宅の拡大と通風の改善」によるもので、それが「この恐ろしい病気を完全に根絶するという成果を収めた」と考えた(16)。この理論にとっては残念であるが、クライトンが指摘するように、ロンドン大火により焼き尽くされた地域は、主としてペストによる死亡が起こった場所ではなかった。しかし、クライトンも、生活水準が全般的に向上したことがペストの減少の主な理由であったと信じていた(17)。

このような議論はさらに続く。一三四八年以後の長い年月、ペストは西ヨーロッパにおいて人々に何度も感染する風土病になっていたようである。このような状況が起こるためには、非常に密集したネズミやノミの集団が来る年も来る年もペストを運び続けなくてはならない。十四世紀半ば、そしてその後の数百年間、住居や衛生環境、食べ物、衣類、そして文化的パターンから判断するに、ペストは風土病であり続けたと考えられる。歴史上この時期においてのみ、西ヨーロッパはペスト伝染の震源地になった。このような地域内での再感染は、ケイムズ、ブラック、マルサスらが描いた住宅、水路、その他の物質的環境の改善とともに減少したと考えられる。ジンサーが述べるように、「人にペストが流行するのに先立って、いつもネズミの間に広範にペストが流行する。そして……次第に発達してきた、住宅様式、食品貯蔵法、地下室構築、そのほかいろいろな条件の影響を受けて、ネズミは以前のように都市や村々を移動することはなくなった」(18)。十七世紀よりもかなり以前にイングランドのあちこちでこのような状況が発達していたであろう。イングランドにおけるペストの詳細な説明を行ったクライトンは、ペストの地域的分布に変化があったことを指摘する。一四六五年頃から、ペストは基本的に都市における病気となった。田園地帯にはほとんどペストは見られなかった。のちに、ペストの発生は主として、ロンドンのほか、一つか二つの大都市に限られていた[19]。

このことはジョン・ソルトマーシュの描写とも合致する。「まず最初に、非常に高い死亡率が見られた。その後、おそらく何世紀にもわたる長い間、小規模の風土病性のペストが発生する。そしてペストの時期の終わりに向かって、ペスト発生の間隔は次第に長くなっていく。そしてほとんどの場合病気が発生するのは都市に限られ、とくに大都市において発生するようになる。多少の例外はあったものの、田園地帯は病気の発生から免れていた」[20]。

しかし物質的な環境の変化だけでは、十七世紀後半から西ヨーロッパ全体においてペストが突然消滅した理由を説明することはできない。ヨーロッパの他のほとんどの町においては、マルサスが言及したような改善の兆しはほんのわずかしか見られなかった。さらに多くの都市における環境の改善はペスト消滅前ではなく、消滅後に生じたものである。たしかに「十七世紀後半から十八世紀初頭にかけてシーツ類をより頻繁に取り替えるといった生活水準の向上が見られたことにより、イギリス人は都市部での流行病の原因であったノミから解放された」と考えれば筋が通るが、スラックはこれだけでペストの消滅を説明することはできないと十分わかっている。「十八世紀の終わりまでに、環境改善により、ヨーロッパのより繁栄した地域においてペストの深刻な流行が見られなくなったことは疑いない。しかし一六六〇年代という早い時期において完全にペストが消滅したという事実を環境の改善で説明することはできない」[21]。

さらに他の仮説はペストの地理的広がりに関する近年の発見にもとづいている。アップルビィ、スラックなどの議論によると、ペストは「海外との貿易上の接触によってつねに再輸入されていた」という[22]。スラックはイングランドのペストの大発生を研究した結果、以下のように結論づけた。「ペストはつねにイギリスに輸入されていた。流行病の始まりにはロンドンのみならずハル、ヤーマス、プリマスの港が重要な役を担った。その後数年にわたって病気は続き、ある町からまた別の町へと広がっていった。しかし最後には消滅し、再び外部から持ち込まれるのだった」。このことはヨーロッパ全体においても当てはまる。「したがって、イングランドに関する限り、ペストは外部からの侵入者であった。ペストは不規則的だが頻繁な波のように襲ってきた。まず死亡率が高くなり、そしてほんの少しずつ消えていった。同様のことはヨーロッパと地中海地域全体についても言える」。このように「ヨーロッパにおけるペストの研究によって明らかなのは、ロンドン、その他のイングランドの都市における主要な流行病は、ヨーロッパ大陸全体を襲う伝染の波の結果であり、外部からイングランドに侵入してきたということだ」[23]。たとえば、「北西ヨーロッパにおけるペストの最後の流行は、オランダの船が一六六三年にトルコのスミルナ〔現イズミール〕からアムステルダムに帰港したときのものである」[24]。

ペストがつねに交易ルートにより運び込まれたということが事実であるとすれば、このような交易ルートのマクロな変化に注目が集まる。このような説明がとくに魅力的に感じられるのは、西ヨーロッパ全域に関わる非常に大きな変化のみが、ペストが同時に消滅した理由をはっきりと説明することができるからである。

ある理論によれば、交易パターンに変化があったという。この理論にはいくつか違ったものがある。その一つによると、「北ヨーロッパの人々が大西洋貿易に目を向け、その市場が地中海から西半球の植民地あるいは極東に移ったことが、最初にイギリスやスカンジナビアで、そしてオランダにおいてペストが減少したことに関係があるかもしれない」[25]。これは理由の一つにはなりうるが、この変化が数十年にわたったことを考えると、一六六〇年代が転換点になった理由を説明することはできない。さらに、ペストは西地中海においても同じように急速に姿を消した。J・F・D・シュルーズベリは補足的な理論を提示した。「腺ペストがロンドンやイングランドの諸地域から姿を消した理由は、ヨーロッパやレバント〔地中海東部沿岸の国々〕の港から入るペストに感染した船ネズミのパスツエラ（エルシニア）ペスト菌の、海路の輸入が止まったからである」。この理由は単純である。「ヨーロッパとインドの間の海洋貿易の発達に伴い、小アジア経由で東から来る商人の隊商ルートはなくなった。それとともに『齧歯類動物パイプライン』と呼ばれたルート、すなわちパスツエラ（エルシニア）ペスト菌を、原産地インドからレバントの港に運ぶルートもなくなったのである」[26]。一六六〇年代の減少を説明するのには期間が長引きすぎるが、これもまた一つの要因とはなるかもしれない。スラックが指摘しているように、以下のことは事実である。「海外の感染した港から来る船や、イギリスの感染した町から出て行く旅行者や品物を止めることができたなら、ヨーロッパやイギリスを吹き荒れた伝染病の嵐はもっと短いものになっていただろう」[27]。

以上の議論は感染源の縮小に関する最後の理論を導く。すなわち、ペストが東、とりわけトルコ経由でインドから入ってくるのを防ぐために、交通遮断線を形成する意図的な、国家的あるいは国際的な方策が採られていたというものだ。「西ヨーロッパにおいて腺ペストは絶滅したかのように見えた。十七世紀には地元の人々の熱心な活動により、ひとたび病気が出現してもその拡大は防がれた。十八世紀になると国家政府による政策で国際移住による感染は妨げられ、最終的には防止された」(28)。当時の観察者たちが気がついているように、これは十八世紀においてはとても重要であった。ブラックは次のように述べた。ペストは「今ではいかなるヨーロッパの港（コンスタンチノープルは除く）にも、こっそりと入り込んだりすることは許されない。たとえわが国に上陸したとしても、検疫で定められた賢明な事前対策や規制により、その侵入と増加はすぐに抑制される」。「現在、地中海のあらゆる港において、過去の破滅的な経験から学んだ彼らは慎重な警戒を怠らないようになっており、警戒地域を囲い込むことにより、疫病の感染、感染した品々や商品の秘密裡の入港を防いでいるのである」(29)。

このことはペストが十八世紀にはいかに追いつめられていたかを説明する助けにはなるだろうが、一六六〇年代になぜ突然消滅したのかに関しては説明が困難である。それ以前にも検疫施設を設置しようとする試みはなされていた。「けれども、病気が流行した当初から、多くのヨーロッパ諸都市のとりわけ、高度の地方自治と医療機関を誇っていた中部と北部イタリアの人々は病気から身を守るため果敢に対処したが、大部分は成果をあげることなく終わった」(30)。ではなぜ、突然、広範囲にわたって病気に対して成功を収めることが可能になったのか？　「一六六〇年以降少なくとも十八世紀の終わりまでこの点に関して目立った改善が見られたという……証拠はない」(31)。われわれが言える結論はただ、スラックが述べているように、「ペストの分布に変化が見られた原因を、一つの要因で説明しようとするのは単純化が過ぎよう。それは政治革命あるいは産業革命が起こった原因を一つの要因で説明しようとするに等しい」(32)ということだ。

四〇年前にジンサーは言っている。「あらゆることが言い尽くされ、またなされてきたが、西欧諸国からペストの流行が消えたことについて、納得できる説明は何ひとつない」(33)。今日、さらにかなり多くの研究がなされてもなお、状況は変わらない。なにがペストの消滅の原因となったのかは解明されていない。リヴィ - バッチは次のように結論づける。「社会的適応、免疫性、淘汰」であれ、「他の社会的あるいは生態学的変化」であれ、ペストの消滅を説明することはできない。わかっているのは「完全に明確にはなっていない理由で」消滅したということである(34)。他の場所におけるペストの消滅についても同様である。たとえば、十九世紀後半のインドにおいて、ペストは非常に深刻な流行病となった。一八九六～一九一四年までの間に八〇〇万人以上の人々がペストが原因で死亡したと見積もられている(35)。その後一九二一年以降ペストは突然消滅した。その理由はいまだ明らかではない(36)。

日本で起きたことは、検疫に関する議論を強化することができそうだ。中国においては太古からペストの定期的な発生が広く見られた。このことから、マクニールは日本にも八〇八年にペストが上陸したのではないかと考えた[37]。しかしペストに似た症状の病気をしっかり裏づける記述はない。そのため「この時期に日本においてペストが存在したかどうかは疑わしい」[38]。plague（ペスト）を表わす日本語のペストという病名は、ヨーロッパ起源である。

十四世紀のこの病気の世界的流行は日本には至らなかったようだ。「モンゴル人による侵略が成功していたなら、日本もペストに悩まされるようになったであろうことは疑いようがない。しかし日本はペストの脅威から逃れ、人口は増加し続けたのである……」[39]。その後もペストが発生した証拠は見られない。腺ペストは「近代初期の日本に影響を及ぼさなかった」ように見える[40]。ジャネッタは最近の概論において次のように書いている。「前近代日本における腺ペストの流行に関する研究は結局報われなかった。というのも日本の史料を調べた限りでは十九世紀後半以前には日本においてペストが存在した証拠が見いだせなかったからである」[41]。これは情報の欠如ということのみで片づけられる問題ではない。というのはジャネッタが示しているように、日本における病気の歴史に関する記録は非常に優れているからである。実際、日本においてペストは発生しなかったように見える。世界のなかで、日本は高い人口密度を抱えながら十九世紀のまさに終わりまでペストに悩まされることのなかった、主要な国であった。

ペストが日本において見られなかったのは、幅約一六〇キロにわたる海が日本と大陸を隔てており、それが交通遮断線となったということでおおかたの説明がつく。日本は穀類の自給が可能であったため、中国や朝鮮から船で穀物が運ばれることはなかった。したがって病気に感染したネズミが国内に入る可能性も少なかった。このような自然の要塞は、日本人が疫病とネズミの関連に気がついていたことによりさらに強化されることになった。グリフィスによれば、日本人は「海外からの病気の侵入を防ぐために海岸を防御した。とくに腺ペストによる伝染病が恐れられていた。ネズミが伝染病を運ぶということが発見され、いくつもの類推から齧歯類動物は人間と同等に病気にかかりやすく、細菌は両者に共通しているということもわかっていた」。「皆殺しが命じられた。ほとんどの古い日本家屋に大量に住みついていたネズミが、大都市では何十万という数で殺されたのである」[42]。徳川政権による隔離（鎖国）政策は、医療的な予防措置を行うための広範囲にわたる環境を用意したのだった。

しかし、ヨーロッパの状況において見られるように、これらの知識だけでは十分とは言えない。「スティッカーは古代と中世の記録から、この問題について非常に多くの資料を集めているし、中世ヨーロッパ民俗伝承から、ペストとネズミの間には漠然とではあるけれども、何らかの関係があることが認識されていたということを示す証拠を多数見出すことができた」と言われている(43)。腺ペストの歴史に関する世界的権威クライトンは、一八九四年当時、ネズミの死亡と腺ペストとの関連にしばしば注意を向けていたが、ネズミの死亡は、真のペストの原因である死体から生じる耐えがたい瘴気の単なる副作用でしかないと考えていた(44)。困難だったのはネズミとの関連を明らかにすること、そしてネズミに対して何らかの対処をすることであった。

日本にネズミがいたことは明白である。「この国全体がネズミとハツカネズミとであふれていた。ネズミらは日本人に飼い慣らされ芸をするようにしつけられている。このように飼い慣らされたネズミたちは、貧しい人たちの娯楽であり、気晴らしとなっているのである」(45)。イザベラ・バードは不平をもらしている。「私のあわれな部屋は汚くて息がつまるようであった。鼠は私の靴を齧り、私のきゅうりをとって逃げ去った」。垂木には「鼠取り蛇」が住み、「たらふく喰ったときには、ときどき下の蚊帳《かや》の上に落ちてくる」という(46)。モースによれば、「頭の上では鼠が駆けずり廻る。天井は薄い板に紙を張っただけなので、鼠は大変な音をさせる」(47)。ハーンは「前の晩にネズミとりでとったイエネズミかハツカネズミを、水に浸けて殺しておいて、そいつをトビにやると、なかなかおもしろい。ネズミの死骸を、見えるような所へ出しておいてやると、やっこさん、たちまち空からサッと降りてきて、アッという間にさらって逃げていく」という(48)。クマネズミは日本に原生していたようだ(49)。重要であったと思われるのは、ネズミがいなかったということではなく、感染したネズミの流入を防いだということである。このような事例はヨーロッパの場合に検疫が重要であったという主張を強めるのである。

タイファス(typhus)と呼ばれるものには二通りある。一つは発疹チフスで、感染したシラミによって運ばれる。もう一つが「ツツガムシ病」というもので、齧歯類動物からダニを経てヒトの血液中に入り込む。ここで取り上げるのは発疹チフスのみである。発疹チフスは腺ペストと並ぶ死亡要因であり、この二つの病気はしばしば区別するのが困難である。

発疹チフスの原因となるのはリケッチアと呼ばれる微生物の一種である。それは「細菌とウィルスの中間に位置する小型球菌または短杆菌《たんかん》である。リケッチアが細菌と異なるのは、成長するためには生きた細胞を必要とするということである」(50)。「ヒトからヒトへと病原体を運ぶのはコロモシラミである。シラミは患者の血液中のリケッチアをとり込むと自分自身もそれに感染し、遂には死んでしまう。しかしながら、死ぬ前に病気を伝播しうる期間が一週間ほどある。このような伝達方法から見て、発疹チフスが流行しうるのは、貧困、人口過剰、不潔などの条件があるときにかぎられている」(51)。

発疹チフスがどこで、どのようにして始まったのかは明らかではない。「十中八九、チフスはかつてネズミあるいはハツカネズミの病気であり、おそらくもっと昔には齧歯類動物に住みついたノミの病気であった」。しかし「シラミによって媒介される典型的な発疹チフスは、その後に生まれてきた近代の新しい病気なのである」[52]。さらには、「古代の東洋の記録にも、古代の支那人の記録にも、また古典的著書のなかにも、それと認識できる形で発疹チフスについて述べている記録は、何ひとつ見当たらないし、また中世早期に記述された年代記や歴史のなかにも、そのようなものはまったく存在しない」。「こうしてわれわれは、発疹チフスは十五世紀になって初めて、ひとつの流行病としてヨーロッパに出現するようになったのだという結論に、ある程度の確信をもつことができる」。発疹チフスは「十六世紀の最後の一〇年と、十七世紀全般にわたる間に、ヨーロッパにしっかりと根を下して、流行の形式をとって発生するようになっていった」。発疹チフスの起源はアメリカということもありうる。「歴史的資料のなかには、コロンブス以前の時代に、南アメリカの住民の間に発疹チフスによる発熱があったということを示しているものがかなりある」。「その病気はネズミの間で無限に生存しつづけ、そしてスペイン人の航海よりもはるかに長期にわたる航海をも、やすやすと乗り切ることができたのであろう」[53]。発疹チフスはネズミのノミから直接感染することもありうるようだ[54]。

その起源がなんであろうと、チフスは急激にヨーロッパに広まった。チフスにとって理想的なのは「飢饉、赤貧、家のない放浪生活、そして絶え間ない戦争」であった。また「野営、従軍中の軍隊、包囲された都市においてチフスを避けることはできなかった」。十七世紀、十八世紀の戦争はヨーロッパにおけるチフスの蔓延を促進した。十八世紀の「スペイン、ポーランド、オーストリアの王位継承戦争」が「十八世紀と十九世紀の大半にわたってヨーロッパのあらゆる地域で、ほとんど止むこともなく発生していた発疹チフスの流行」に至ったのである[55]。発疹チフスは「近代初期のヨーロッパの死亡率に多大な影響を与えた」[56]。人口過密度に比例して増えていくもう一つの病気がチフスだったのだ。

ほとんどのチフス菌を運ぶシラミはヒトの肌の上に生息していたわけではなく、実際は衣服に付着していた。とくに毛織物はシラミに好まれた。アンドリュー・ニキフォロクは言う。「ヨーロッパ大陸の羊の供給量が増すにつれ、ペストによる死を免れた生存者たちはより多くの毛織物を着るようになった。その結果シラミのコロニーは増加し、人々はさらにシラミだらけになった。チフス菌は十五世紀ヨーロッパにおける毛織物の大流行に乗じて拡がっていった」[57]。これが事実であるならば、チフスの消滅との関係において、この点は記憶にとどめておくに値する。

他の病原菌媒介生物による病気と異なり、チフスはシラミに噛まれることから発病するのではなく、むしろ、「節足動物の排泄物」、すなわち、シラミの体の一部および糞がヒトに吸収されることが原因となる。これは食べ物を通じての場合もあれば、「より稀ではあるけれども、空気中に浮遊する微生物を、肺を通じて吸引するか粘膜を通して吸収することで感染が持続することもある」(58)。「糞の塵は数年にわたり感染力があり、それは吸引されるか、眼の粘膜を通して感染する。感染したシラミの乾燥した糞が冬および冷寒期の衣服から塵としてふるい落とされ、これがチフスの季節的な発生の原因であると考えられる。暖かく、かつ清潔な状態を維持することができないことからシラミの数が増加し、おそらくシラミの糞で汚染された、厚ぼったい衣服を身につけた家族がより集まることから、そして多数で歩き回ることで、病気の伝染は拡がっていくのである」(59)。

イングランドにおける発疹チフスの型については、クラークソンによる調査が明らかにしている。「およそ十七世紀中葉になるまでに、発疹チフス型の発熱はイングランドにおいては多かれ少なかれ定期的に見られる病気として定着しており、年々ペストよりも死者数は多くなっていた」、「十七世紀の王政復古後のイングランドにおいてチフス熱は事実上、日々の生活の一部となっていたのであった」(60)。十六世紀から十八世紀にかけて多数の発疹チフスの流行がイングランドをおそった。「一六四三年のレディングの攻防戦で、議会党軍、王党軍の双方に、多くの死者を出したのが発疹チフスであった」ということは、疑う余地がない(61)。チェンバースは一六七九～八〇年と、一七四一～四二年にかけての発疹チフスの大流行に注目している(62)。

一七五〇年以降も、発疹チフスは流行病の規模に達しうる数少ない病気の一つであり続けた。十八世紀のロンドンにおいてはさらに深刻になった(63)。クライトンによると一七七〇～一八一五年の間、発疹チフスは一般的には見られなかった(64)。しかし一八一六～一八年にかけて深刻な流行が見られた。そのとき一〇万人以上の人々が発疹チフスにかかり、そのうちおそらく一割が死亡した(65)。当時アイルランドにおいてさらにひどい流行が見られた。住民数およそ六〇〇万人のうち約七〇万人が発疹チフスにかかった(66)。一八七〇年代からようやく発疹チフスは急速に減少していったが、これは「十八世紀半ばから、発熱を原因とする死亡率が長期的に低下したという背景とともに考えられるべきである」(67)。クライトンは「イングランドにおいて発疹チフスや繰り返しおこる発熱が一八七〇年代以降に消滅したのは生活水準の向上によるもので、とりわけ住居、食糧、燃料の改善によるところが大きい」と考えている(68)。「第一次世界大戦後の東ヨーロッパにおける最後の大きな流行病は、推定によれば三千万人が感染し、そのうち三百万人が死亡したといわれる」(69)。

衣服および洗濯との関連は、季節ごとの発疹チフスの発生率から理解できる。「流行性の発疹チフスの発生は冬に始まる。冬には寒さのために入浴や衣服の交換が少ないからである。そして、暖かい季節の到来とともに病気は消滅する」[70]。十九世紀の終わりには、発疹チフスは「ほとんどの場合温帯気候において見られる病気で、今日のアイルランド、ロシア、イタリア、ペルシア、そして北中国が主要な場所である」と考えられていた[71]。一世紀後には温帯気候帯から離れ、現在は主として以下の三地域に見られる。「アジアのヒマラヤ地方、南アメリカのアンデス地方、そしてアフリカの角地方、とくにエチオピアの飢餓に苦しむ地帯である」[72]。

チフスが人口過密と結びつき、衣服、入浴、個々人の衛生状態と関わりがあることから、ここで日本の事例に目を向けると非常に興味深い。日本が人口過密な国であったということはすでに見たとおりだ。チフスの発生はこのような事実を反映しているだろうか。日本における流行病の発生に関する研究においてジャネッタは次のように記録している。「この研究により明らかになったもっとも重要な点の一つは、前近代ヨーロッパにおけるもっとも破壊的な二つの流行病、腺ペストと発疹チフスが日本の前近代の記録にはあらわれないということだ」。十九世紀後半になって西洋人により病気が日本に持ち込まれる以前には、日本において発疹チフスに類するものがあったという記録はない。日本語で表記するとtyphus はカタカナでチフスとなる。このことはチフスが当時新しい外来の病気と見なされたことを示している。富士川游の『日本疾病史』にはチフスは出てこない。「西洋との交易が始まる以前には日本の記録にチフスに相当する流行病は見られない」。それは十九世紀後半に「新たに外部から輸入された」病気であったようである[73]。

マラリアは、あらゆる病気のなかでもっとも複雑で、命にかかわるものである。ニキフォルクは次のように推定する。「歴史上マラリアによって男も女も子供も、人類の半数が命を落としてきた。マラリアの脅威はあらゆる戦争、飢饉そして他の流行病を上回っていた」[74]。バーネットは歴史におけるマラリアの破壊的効果を簡潔に描写する。「マラリアがローマ帝国、ギリシア、セイロンの古代文化の衰微と崩壊の大きな原因となったことは、いろいろな根拠から推測されるところである」[75]。「それは熱帯地域の発展を阻害しているもので――実際インドの農民の後進性はマラリアによるところが大きいとされる――また第二次世界大戦の終わるころまでは、乳児死亡率の主な原因はマラリアであった」[76]。以下のような発見もこのような意見を補強する。「戦後になるまで南アジアのほとんどすべての人々が何らかのかたちでマラリアに悩まされていた」[77]。より正確にいうならば、「インドでは一九三〇年には約一億人がマラリアに感染し、年間約二百万人がマラリアが直接の原因で死亡したと推定される」。バーネットは「すべての伝染病のうち、マラリアは最大多数に最大害悪を与えたということは疑う余地がない」と考えている(78)。

ヒトが感染するマラリアは古代からある病気である。マラリアは「旧世界に起源をもつ病気」であることは確実で、もっとも初期の諸文明にまでさかのぼることができるだろう(79)。マラリアには多くの種類があるが、それが「良性に進化する兆候はない」。さらに、「マラリアの病原体は伝播するあいだに有性生殖が可能であるため、人間が設ける障壁を超えて進化する強力な潜在力をもっているのである。このような潜在力は、抗マラリア薬に対する反応からも明らかである」(80)。

今日の地球上の健康にとってマラリアの最大の脅威とは、その計り知れない複雑さと継続する毒力である。一九六〇年代においては沼地の排水とＤＤＴの豊富な使用によって病気は克服されるであろうと信じられていた。しかし今日、マラリアは世界のいたるところでその範囲を拡げている(81)。マラリアは体をひどく衰弱させ、「血液を破壊し、体力を減退させ、知力と意志の力とを低下させる」(82)病気であり、その広がりを分析することが重要である。

古いギリシア・ローマ時代のマラリアによる荒廃の後、ヨーロッパにおいてマラリアは後退したと見られている。しかし黒死病の後に人口が再び増加すると、地中海地域でつねに風土病であったマラリアは拡大を始めたのである。「中世までに、マラリア原虫が温帯ヨーロッパのほとんどの地域を覆っていた」と言われる(83)。しかし「十七世紀、十八世紀になると、マラリアがヨーロッパ南部のみならずオランダ、ドイツ、スカンジナビア南部、ポーランド、ロシアにおいても周期的に発生し、復活した」(84)。

メアリー・ドブソンは、イングランドにマラリアが発生したのはイングランド南東部の排水路と関係があったであろうと考えている。オランダにおける水路は少なくとも十五世紀以降ハマダラ蚊と三日熱マラリア原虫の温床となっていた。同様の条件が南東部イングランド沿岸地方においても見られるようになっていた。潮流の水路が「土地の蚊にとって格好の繁殖場となった」からである。「寄生虫そのものは、オランダのマラリアがはびこる干拓地から入ってきたのかもしれない。それは十六世紀までに沼沢地帯・湿地帯の干拓のために入植したオランダ人によってイングランドにもたらされたと考えられる」(85)。

イングランドにおけるマラリア伝染の程度は当時の人々にも、歴史家にも大部分は隠されていた。主なマラリアは成人の高い致死率に直接結びつくものではないが、長く続いて体を衰弱させる、有名な「マラリア熱」をもたらすものであり、幼児や子供を死亡させた。もっとも、それによる子供、幼児の死亡は他の死亡要因で隠されてしまっていた。「温帯においてもっともよく知られている三日熱マラリア原虫の致死率は、幼児や子供、風土性マラリア地域に新しくやってきた移住者たちを除けば、低いものにとどまっていた」(86)。十九世紀半ばにグリーンハウはこのことに気がついていた。「この国でマラリアが死因である場合、それは通常二次的感染〈ママ〉の結果である。そしてそれはマラリア熱として記録されない。このために統計にあらわれる死亡率はマラリアの害による死亡率を正確に表したものではないのだ。通常信じられているよりも、マラリアによる全体的死亡率はおそらくずっと高いものであろう」。それでもグリーンハウは「この国の気候においては、マラリアは死亡率全体の非常にわずかな部分を占めるだけであろう」と考えている(87)。しかし十七世紀から十八世紀中葉にかけての状況はそうであったとは限らない。

ドブソンによる詳細な研究は状況が深刻であったことを示している。「南東イングランドの五六〇の教区における粗埋葬率の近似値からもまた、この期間における沼沢地の教区において高い死亡率が繰り返し表れることが示されている」。この期間においてイングランドでは一次的に死亡率が上昇し、その多くが「発熱」によるものであるとされていた。この「発熱」が「この期間の疫病学的記録のとくに重要な部分を占めており、実際、十七世紀後半の、もっとも広く、かつ長く続いた地域的死亡率のピークにそれが貢献していたのだと考えられる」(88)。このような「発熱」の多くがマラリアの拡大と関係があったと考えられる。このような状況はイーストアングリアに限られたものではなく、ケント、サーリー、ミドルセックスといった南部の州にも拡がっていた(89)。

実際のところ、北イングランドにおいてさえも深刻な影響があったと考えられる。チャドウィックはダーラム近辺におけるマラリアの流行を描写しているし(90)、ライリーは「近年の調査によるとマラリアは十八世紀において北イングランドとスウェーデンにおける主要な死亡原因であったことが確認された」と述べている(91)。十九世紀にいたってなおマラリアはスコットランド南部で確認されている(92)。ライリーが指摘しているように「ヨーロッパの緯度と気候とがこの病気の存在にとって重要なのではない。問題となるのはマラリア原虫を運ぶ媒介動物の数が増し、活発になりうる季節の存在である」。西ヨーロッパのほとんどが潜在的にマラリアに感染する可能性がある。「平均して華氏六〇度あるいは摂氏一五・六度の等温線上においては、ほとんどの種類のマラリア性の蚊は十分活動することができる。そしていくつかの耐寒性の種類のマラリア、たとえばハマダラカ属の一種(Anopheles claviger)はさらに低い温度でも耐えうる」(93)。バーネットの正確な観察によれば、「現在ではマラリアはもっぱら熱帯の伝染病であるが、イギリスにおいてもかつて一度流行したことがあるし、オランダの海岸地帯においては最近まで流行が見られていた」(94)。

バーネットはまた、その先の問題にも言及する。もしマラリアが十七世紀初頭からイングランドのある地域に蔓延していたなら、なぜそれは十八世紀初頭のおよそ三〇年で急速に消滅したのだろうか。それはイングランドのみならず、少し後にはほとんどヨーロッパ全域において消滅した。マラリアを制御する新しい方法が導入される以前に「すでにヨーロッパにおいてマラリアが激減した理由についてはは、わからない点が多い」(95)。この変化の早さに関しては十九世紀のはじめにプレイスが説明している(96)。しかしマラリアは後に復活した。というのは一八二六〜二八年にかけて「マラリア熱」がイングランド、スコットランド、オランダ、そしてドイツの各地において拡がったのである(97)。しかし、十九世紀の終わりまでには原生のマラリアは臨床的観点からはイングランドから消滅したといえる(98)。

この謎を解きあかすことはいくつかの理由から重要である。第一に、マラリアは人口密度に比例して出現する病気の一つで、マルサスの予言によれば、人口を減少させることで人口のさらなる増加を抑制するように見える。十七世紀にヨーロッパにおいて見られた「人口の高レベルにおける罠」の一部はマラリアの増加というかたちで見られたのである。しかしどういうわけか、イングランドとヨーロッパのいくつかの地域ではマラリアと戦うための特別な直接的方策を導入することなしにマラリアを消し去ってしまった。したがって十八世紀イングランドにおける減少は、この世紀の予期されなかった死亡率の全般的低下を解く鍵となるかもしれない。この謎が解けるなら、今日世界の多くの地域でマラリアの復活により増加しつつある脅威と戦うにあたり、貴重な洞察が得られるかもしれない。

日本の事例はさらにより興味深く重要である。日本の領土のほとんどはマラリアの多くの種にとって発生しやすい気温の範囲にある。マラリアの分布地図によれば、日本の中北部と同じ緯度にある中国、朝鮮の地域が病気に悩まされ深刻な状態だったことを示している。中国にはこの病気は紀元前に到来した。「賢人たちはこの新しい病気を三匹の鬼と名づけた」(99)。朝鮮半島には固有のマラリアが見られた(100)。

日本では水稲耕作がなされ、たくさんの池や沼があり、中世から沿岸沿いには長い水路がめぐらされた。これらすべてを見れば、日本においてマラリアが広まっていたと考えても不思議はない。「日本には湿地帯が多い。低地を生産性の高い水田にしようとする農民にマラリアがどんな影響を与えたか、は一考に値する」(101)。蚊がたくさんいたことは知られている。「夕方になっても涼しくはならず、無数の虫が、飛んだり這ったり、はねたり、走ったりする。みな人の肌を刺すものばかり。日中の蚊と交代にやってくる。それはまだらの脚を持つ悪者で、ブンブンという警告もたてずに、人間に毒針を刺す。夜の蚊は大群をなしてくる」[102]。「夜は蚊がたくさん出て血を吸う。かなり大きい」[103]。モースは蚊の「大群」に出会ったときのことを描いている[104]。チェンバレンによると「蚊は、海抜約四五〇メートル以下の高さの場所ではどこでも、また、それ以上の高地でも多くの場所では、一年の半分は夜な夜な人を悩ます」[105]。蚊によってもたらされるもう一つの病気は「日本脳炎」として非常によく知られているが、これはイエカ（家蚊）属により運ばれるということがわかった[106]。またハマダラカは「つねに日本に棲息していたようだ」[107]。

新世界ではヨーロッパからもたらされるまでマラリアの経験はなかったが[108]、それとは異なり日本には古くからマラリアが存在したのは明らかである。十二世紀において「貴族階級の人々により……書かれた日記はマラリアの発生について言及している」。「マラリアは、おこり（瘧）あるいはわらわやみと呼ばれ、後者は高熱と悪寒という意味である」。十二世紀の巻物に見られる名前は瘧疾《ぎゃくしつ》である。「この記録によればこの病気に感染すると、生涯、熱と悪寒に悩まされる」[109]。光源氏までもがマラリアに苦しんだ。禅僧の夢窓国師（夢窓疎石）も同様であった。蚊との関連は述べられていなかったが、「宮廷の女性たちはその病気が発生する場所には蝶がたくさんいると信じていたらしい」[110]。十二世紀から十三世紀にかけてマラリアが発生した証拠があり、マラリアはいくつかの地域でしつこく繰り返していたと見られる。十九世紀には「坂下《ばんげ》には沼沢地の毒気があった。あまりマラリア熱が多いので、政府は医療援助を送ってきていたほどである」[111]。モースもまた「マラリアによる熱病が見られる」[112]と書きとめている。シッドモアは、築地の宣教師の居住区は「マラリアがよく発生する」と判断した[113]。一九二七年に医療調査団が述べたところによると「準隔日性の（subtertian）マラリアは非常に稀である」。「四日周期のマラリア」が見られるのは沖縄県だけである。しかし「穏和型の隔日性マラリアは国中に広がっている」。マラリアは「この国におけるマラリアの媒体であるハマダラカ属の一種（anopheles sinensis）が繁殖にとって条件が良い低地で、おもに発生する。マラリアは夏に起こる」[114]。

日本は人口が非常に過密な国であり、マラリアにとって格好の温度、生態と農業とがそろっていた。蚊がおり、マラリアは近隣諸国のみならず日本にも古くから存在した。したがって何百年もの間、日本における死亡率にマラリアが大きな影響を与えたであろうと容易に想像できる。

しかしながら史料をもとに、より詳細に検討してみると、マラリアはほとんど一千年の間、日本ではどう見てもほとんど重要な病気でなかった、という事実に気がつかされる。古い記録にマラリアに相当する言葉はあるが、それらの言葉は忘れ去られ、今日では外来語を借用してマラリアと呼ばれる。十六世紀から十九世紀にかけて日本を訪れた旅人たちはマラリアがほとんどなかったということを、ある場合は指摘し、多くの場合はそれへの言及のないことで立証している。医者であったケンペルやトゥーンベリは非常に詳細な記録を残しているが、マラリアについては触れていない。十九世紀の医者たち、シーボルトやポンペ、ウィリスは深刻な病気としてのマラリアについては触れていない。

彼らがマラリアについて述べるとすれば、海外で感染し日本に持ち込まれたものである。ウィリスは一八六五年に二度マラリアについて述べている。「提督も長官もともにマラリアにかかっていますが、大してひどくはありません。キニーネをたっぷりと服用すれば、二、三日で完全に回復するでしょう」。数年のちにウィリスは書いている。「私は大変忙しいのですが、それはこの薩摩の国に非常に多数のマラリア熱に冒された兵隊が、台湾から送還されてきたからです。彼らには大量のキニーネが必要です。嬉しいことには、病院にはその備蓄は十分にあります」。ウィリスの記録によると、「台湾から帰還した薩摩兵のほとんがマラリア熱に冒され、回復不能の者もたくさんいた」(115)。日本人がひとたびマラリアの地域に行けば、非常に病気に感染しやすいというのは記憶に留めておくに値する。マラリアに感染した大量の兵士の帰還といったことは日本の歴史を通じて以前にもあったであろうが、それにより国内でマラリアの流行が起こった形跡はない。

医療史家たちもまたマラリアの発生が低く押さえられていたことを確認している。富士川游の『日本疾病史』にはマラリアに関する章はない。富士川が取り上げている、たとえば、ドイツはしかや水疱瘡に比べれば、マラリアの重要性は明らかに低かったのである。より近年のものでは、ジャネッタの日本における流行病の研究があるが、索引にマラリアの項目はなく、病気に関する議論もなされていない。サンソムの『日本の歴史　一三三四～一六一五』においても、また、より最近の四巻組『ケンブリッジ版日本史』においても、マラリアは言及されていない。より一般的な社会史も同様の状況、もしくはより極端な状況を描き出している。たとえば、ダンは江戸時代について「当時日本ではマラリアはなかったようだ」と書いている(116)。近代のマラリア分布図では、日本はマラリアがない地域として描かれている(117)。

マラリアがイングランドとヨーロッパにおいて減少したこと、日本においてほとんど存在しなかったということの理由は複雑であろう。ヒトの食事のパターンが免疫性に影響するということもわかっている。「子供が母乳で育てられている場合、マラリアにさらされても感染することはないという証拠がある。なぜならヒトの母乳はパラアミノ安息香酸がとても低いからである」(118)。その他の食習慣もまた重要であろう。たとえば、十分栄養がとれている人口集団の方が、深刻な栄養不良の状態にある集団よりもマラリアにかかる可能性は少ない。

住居に加えて、蚊に刺されるのを防ぐ方策、たとえば網はとくに重要である。マラリアがどのように広がるのか発見されるずっと以前から、「マラリアがある地域では、日中のみ屋外に出る人たちは、しばしば毒の被害を免れるということを経験的に知っていた」。「朝霧」や「夕靄」には何か危険なものが含まれていると考えられていた(119)。二十世紀の初頭になってはじめてグラッシが真の原因をつきとめた。「蚊に刺されるのはおもに夕暮れ時であることから、グラッシは夕暮れのあとは網戸をはった家のなかにいるように人々を説得した。これらの網戸で保護された家々の周りには、駅舎に隣接して、網戸をしていない家々があった」。網戸をはった家の住人はマラリアにはかからなかったが、網戸により保護されていない家の住人は感染した(120)。外に出ないことも大切であるが、家の構造もまた重要である。「深刻な媒介虫による被害は家のなかで起きている」ということはよく知られている(121)。「たとえば、近年のスリランカにおける研究によると、泥やヤシの壁に茅葺き屋根の不完全な家に住んでいる人々と、レンガとしっくいで固めた壁で、瓦屋根の完全な家に住んでいる人々とを比較すると、前者がマラリアに感染する率は後者の二倍、また家のなかの蚊の数も二倍であった」(122)。

蚊に刺されて感染するのを防ぐのみならず、他にも複雑な効果があるであろう。イーワルトはこのことについて議論している。

住居の改善が広まることによって、改良された家の住人のみならず、その地域からマラリアの届く範囲内にいるすべての人に潜在的な利益がもたらされるだろう。もっとも明らかな恩恵は、弱い種類のマラリアよりも熱帯熱マラリアの頻度が軽減されることに違いない。だが、毒性の指標は、蚊のなかで毒性のある種類のマラリア原虫、とくに熱帯熱マラリア原虫における減少も示さなくてはいけない。

住居の建設と網による効果的な防虫によって、病気が減るだけでなく「もしそれが病気にかかったすべての人々に広く使われるなら、進化的に毒性を低下させる」という効果があるかもしれない(123)。

残念なことに、「蚊を防ぐ家をつくることにより、強い進化的な変化が起こり病気が良性に転ずるのかどうかを知ることはできない。そのためには非常に大規模な、病原体をもった人々を含む人口集団、人口全体に及ぶ介入を試みなければいけないであろう」。実際のところ人間の生まれついた性質からして、このような可能性は小さいとイーワルトは考えた。

重要であるのは、病気にかかった者も、健康な者もみな、病気に対する保護が必要であるということである。「しかし網や防虫剤などを使おうという動機が強いのは感染を予防しようとする未感染の人々なのである。すでに感染した人々はこれらを利用しても得られる効果は比較的少ない。それに発病すればそれらを注意深く使うことを思い起こす必要もないし、病気の人々は蚊を防ぐ住居を使うことができないだろう。用いる動機がないのである」(124)。

毒性を下げることは、問題の一面である。もう一つは感染サイクルそのものをすべて壊すことである。もし三年の間、ヒトを刺す蚊が建物にいなければ、「ヒト-蚊-ヒトという感染の経路は絶たれる。この期間を過ぎれば、蚊が自由に繁殖しても問題ない」(125)。環境によってはこのサイクルはより短いかもしれない。レナード・ウィルソンは「温暖な気候において成虫のハマダラカは、冬の到来とともに死ぬか冬眠するかのどちらかである。翌年の春には次世代の蚊が冬の間に産みつけられた卵からかえる。次世代のハマダラカは血液中にマラリア原虫を保有するヒトを刺さない限り、マラリア原虫に感染することはない」(126)。このような状況が起こらなければサイクルは中断され、連鎖は絶たれる。一年間再感染が起こらないイングランドと日本の大部分にあてはまる。このようにイングランドと日本における夏と冬の気候の変化が、この二つの国が比較的マラリアから逃れられた理由を解くための重

要な鍵となる。一方で「ヒトもまたマラリアを数年にわたり保有することがありうる。」ということは、一年かそこらの期間、蚊に寄生している原虫の繁殖にとり条件の悪い気候が続いたとしても、ヒトのなかのマラリア原虫のサイクルを中断することにはならないのである」。さらに「ハマダラカ属の一種（A. atroparvus）に関する研究が示しているのは、この原虫がイギリスの家屋において冬眠の状態で冬を越すことができるということである」(127)。コーエンはマラリアは水路の改善により撲滅されたと指摘する。「しかし主としてそれは世界のなかで、該当する蚊のライフサイクルが比較的脆弱である、気候温暖な地域においてのみの話である」(128)。

マラリアが拡大するか撲滅できるかは、土地の利用、農業、排水のシステムと非常に深く結びついている。ここにはいくつかの異なる理論が見られる。ある理論はヒトと家畜との絶えず変化する関係に関わるものだ。ヒトのマラリア自体は動物を通じて感染することはないが、蚊の多くの種類はウシの血液を吸う。バーネットは、世界のある地域にはマラリアが存在しない理由として「その地域の農業の形態によって、蚊が人間よりも家畜を吸血することの方が多い」ということを述べている(129)。家畜の数が突然増加すれば、そのために多くの蚊を引き離すかもしれない。これが十八世紀のイングランドにおけるマラリアの減少を説明するために提示された一つの原因である(130)。あるいはまた、家畜小屋が人間の家屋

から離れたところにあれば、同様の効果があるであろう[131]。しかしながら、大型の家畜がほとんどいないとすれば、蚊の生きる糧も大いに減ってしまうと考えられる。オーストラリアのクィーンズランドではかつてマラリアが繁殖し、気候もマラリアの存続にとり都合が良い。それにもかかわらず、マラリアの消滅が起こったのは、そこでは家畜の数が比較的少ないということが原因として考えられるのである[132]。

蚊が繁殖するのは、ある特定の種類の水のなかだけである。たとえば「セイロン島の媒介蚊は、日のよくあたるきれいな水たまりで繁殖し、植物の繁茂した沼や水田、流れのある川では繁殖しない」。このことで次のような興味深い発見、すなわち「セイロンは、マラリアが常在する比較的人口密度の低い北部の乾燥地帯と、人口密度が高く、平年にはマラリアのない南西部の水利のよい広い地域とにわかれている」という点を説明できる。干ばつにより農業が中断されるなら、マラリアの繁殖にとり理想的な新たな地域が出現することになるだろう。セイロンにおいて一九三四年にこのような事態が発生した。南部の川は干上がり、そこに残ったよどんだ水たまりは蚊の幼虫で埋め尽くされた[133]。この逆の事態を考えてみれば次のように言うことができよう。すなわち農業システムの効率が良く水利が良ければ、とりわけ使われていない土地のすべての水利が良いならば、マラリアは減少するはずである。

十九世紀のイングランドでは、排水が改善されたおかげでマラリアが撲滅されたようであると指摘されていたが、人々は、通常マラリアはなんらかの目に見えない瘴気によって生ずると考えていた。「街の地面が道路と建物とで覆われたことと、土壌の排水とによりマラリアの拡大は防がれ、その原因は除かれたようである」[134]。チャドウィックはマラリアと排水とを関連づけた地方の健康担当の役人の記録を列挙している[135]。このような関連を指摘している著者はいく人かいるが[136]、そのなかでもライリーは排水がマラリアを制御するもっとも重要な技術であると見なしている。「費用はかかるけれども、排水路により昆虫の繁殖する場は減少し、マラリアの発生は減り、ほとんどの場合、非常に不毛であった土地をも利用することができるようになる」[137]。

他のいくつか可能性のある要素についても記しておこう。一六三二年にスペイン人の僧が、ヨーロッパにマラリアに効く薬として持ち込まれたペルーの木、キナノキの樹皮［キニーネ］を用いて試薬を作った[138]。それからというもの、「ペルーの樹皮」、別名キニーネ、のヨーロッパでの使用が増えていった。この薬の出現は、病気の根本的な原因の解決にこそならなかったが、イングランドでも他の場所においてもマラリアの苦痛を軽減するのに役だったことは疑いがない[139]。また風土病性マラリアの地域では人々がマラリアに対する何らかの抗体を発達させていたかもしれないと考えられてい

(140)この病気の弱毒種は「より毒性の強い種に対するワクチンのように働く可能性をもっているかもしれない」(141)。

最後に、マラリア幼虫をやっつけるいくつかの方法がある。「水面に油の薄膜をはって幼虫を窒息させたり、化学物質パリ緑で中毒死させたり、小さな魚に喰わせたりする」(142)。

メアリー・ドブソンは十八世紀イングランドの、とくに南東部におけるマラリアの減少の原因として考えられるいくつかの理由を検討している。湿地帯と沼地には排水路があった。しかしこれだけで「地域一帯におけるマラリアの減少を説明することはできなかった」。家々の通気および採光の状態は改善され、キナノキの樹皮もあり、おそらく人々の側の耐性も増加していた。ドブソンは一つの説明だけでは不十分であると結論づける(143)。実際これまでに述べた原因をすべて合わせてもイングランドにおけるマラリアの急速な減退を説明するには十分ではないといってもよいだろう。解明されるべき不可思議なことがまだある。マラリアの減少と、ちょうどこの時期に見られた喫茶の習慣の急速な拡がりとの間に何らかの関連性を再び見出したいという誘惑にかられる。茶の成分であるフェノール酸がマラリアを押さえ、病気から回復させる効果をもっていた可能性がある。十七世紀のオランダ人医師コルネリス・ボンテクー（別名コルネリス・デッカー）によれば「マラリアの発作前に強い茶を二杯、その後に何杯

も飲むことが、当時オランダ各地において深刻な病気であったマラリアに対する効果的治療であった」(144)。おそらく彼はマラリアと喫茶との重要なつながりに着目していたのだろう。これに関して、さらに研究を進める価値があるだろう。というのは中世後期の日本において、マラリアの減少は茶を飲む習慣の拡がりと一致していたかもしれないからである。

日本においては十九世紀後半に世界からの孤立が終わるまで、昆虫に媒介されるもっとも破壊力の強い三つの病気、腺ペスト、発疹チフスとマラリアは、ほとんど見られなかったようだ。他の農業文明においてこれらの病気が引き起こした災難を考えると、日本の住民が得たこれらの利益は明らかに莫大なものである。これらの病気は定期的な大災害、人口分布と精神状態に多大な影響を与える。これらの病気は国民の経済、人口分布と精神状態に多大な影響を与える。日本はこれらの病気群の発生をおおむね防止してきた唯一の文明である。

イングランドではもっとずっと病気が浸透しており、これら全ての病気の度重なる発生に悩まされた。これらの病気の減少あるいは消滅の理由は、イングランドの外部を見ることで知られるであろうが、これらの病気の効果を軽減したであろう社会的・物質的環境内部の変化もまた存在したのである。

11 公共空間——道路、田畑、市

人間と、その病気の原因となる微生物との間の関係は、生活様式により影響を受ける。そして生活のあらゆる側面はそれぞれに大きな影響力をもっているだろう。エドワード・モースが一八七〇年代に日本を旅したとき、彼が最初に衝撃を受けたことの一つは、日本にゴミがなかったという事実である。当時の日本は人口が密集し、巨大な都市や非常に人口密度の高い町や村が見られ、おそらく大量の廃棄物を排出すると思われた。しかし、概して、日本にはチリ一つなかったのである。モースはマサチューセッツの出身であり、その文明は基本的に農耕に基盤を置き、人口密度はとても低く、町や農場の規模も小さなものであったが、そこは日本よりも格段に汚かった。モースの考察はまず、アメリカの東海岸と日本との目に見える比較を行うことから始まった。まずアメリカの海岸にある町々では、「防波堤沿いの何百もの地域で、廃屋、廃物、その他の汚物が見られた」。だが、一八七七年に彼が鉄道で東京にやって来たときには、「入り江は長い防波堤により区切られ、それに接して単純な建物が並んでいるが、すべてが整然としており緻密である」。次にモースは、日本の田園部への旅と、大都市における長期の滞在をも考察の対象とした。「今思い出しても感銘を受けるのは、田舎の村においても都会においても同様に、金持ちの家も貧乏人の家もクズや灰、ゴミで汚れているということはなかったということだ。アメリカの静かな田舎の村はずれにおいて目にするような、灰や貝殻などの巨大な共同廃物の山を見かけることはありえない」。日本人は「何らかの神秘的なやり方により、廃棄物やクズを目に付かぬように埋めたり、焼却したり、再利用したりする。とにかく、卵の殻、茶がら、そして家庭内のあらゆる廃棄物は忽然と消え去り、誰の目にも触れることはない」。たまたま目にとまった例外は、以上のことをむしろ証拠立てるものだった。ある村において「暑くてむしむしした日であったが、標本採集をしているうちにわれわれは、この町の塵や芥《あくた》を積み上げた場所にでくわしたが、これは並外れた光景だった。……悪臭は恐しいほどで、日本の町は一般にきわめて清潔なのに、これはどうしたことだろうと、私は不思議に思った」(1)。

清潔であること、公共の汚物がないことは日本人のあらゆる生活の面に見出される。モースは、漁港は魚のいらない部分が捨てられ、ハエが大量に集まる汚い場所であると想像していた。アメリカでの経験を思い出すと、「グランド・メーナンでは、魚の内臓などをあちらこちらに撒き散らす結果、漁村にはがまんできないほどハエがたくさんいたことを覚えている」。一方、「江ノ島は漁村であるが、漁夫たちは掃除をするときに注意深く、屑肉を全部はこび去り、そしてこれを毎日行う。それに彼等は、捕えた物をすべて食べるから、棄てられて腐敗するものがいたってすくない」。そういうわけでハエがいないのだ、とモースは記している。漁船も同様に清潔であった。「木部はこの上もなく清浄で、いつでも乗組員の誰かが水洗いしている」。同様に産業用の工場もチリ一つない。モースは木綿工場を訪ねた。「われわれをこの上もなく驚かしたのは、埃や油がまるで無いことであった。どの娘も清潔に、身ぎれいに見え、……ラスキンがこれを見たら、第七天国にいるような気がするだろう」(2)。

田舎もまた都会と同様に注意深く手入れが行き届いていた。オールコックはヴィーチを引用して次のように言う。「すべての日本の農場について特筆すべき特徴がある。それはどこにおいても清潔さと秩序が見られるということである。日本人はそれぞれの土地を完全に秩序よく整え、雑草をすべて取り除いていることに誇りをもっているようだ」。オールコック自身の印象も同様である。「自分の農地を整然と保っていることにかけては、世界中で日本の農民にかなうものはないであろう。田畑は、念入りに除草されているばかりか、他の点でも、目に見えて整然と手入れされていて、まことに気持ちがよい」(3)。モースも同じような印象を述べている。「田舎の旅には楽しみが多いが、その一つは道路に添う美しい生垣であり、戸口の前の奇麗に掃かれた歩道、そして家内にある物はすべて小ざっぱりとしていい趣味をあらわしている」(4)。

イザベラ・バードはいくつかの不潔な村々を目にしたが、全体として見ると彼女でさえも驚くべき清潔さに目を見張った。ある村について彼女は次のように述べている。「それはドールハウスの道のようだ。低くて小さな家にはりっぱな畳が敷いてあり、すばらしく清潔で、凝りすぎるほどきちんとしており、軽くてきゃしゃなものだから、靴を脱いで家のなかに入ったのだが、『せともの屋に入った牛』［はた迷惑の乱暴者］のような気持ちであった。私の身体の重みだけですべてが壊れてなくなってしまうのではないかと思った。街路はあまりに絶妙に清潔なので、応接間の絨氈《じゅうせん》を泥靴で踏みたくないのと同じように、この通りを泥靴で歩きたいとは思わぬであろう」(5)。

このような一般的な公空間の清潔さは、空気が澄んでいることで余計その効果を高めた。モースが述べているように、「煙突がいっぽんもないおかげで、また火熱源として炭火の使用が通常化しているおかげで、都会の大気は、澄明そのもの清浄そのものである」。したがって、「わがアメリカのあちこちの大都市では、太陽を包み隠す巨大な煤煙の天蓋が、いつ晴れるともなく空を覆っているが、そういった光景は、さいわいなことにいまだ日本においては見られないのである」(6)。アーノルドもこの点を指摘している。「このように家庭内および調理用の目的でどこでも炭を利用するため、日本の都市、村やその他の居住地は煙から完全に逃れられるという良い結果が生じる。日本では、澄んだ空気が黒いすすで汚されることは決してない。ロンドンではすすのために、ただでさえ稀な太陽の光は遮られ、ひどい霧の発生の一助となっている」(7)。

日本の農業と住宅事情によってもたらされた利点もいくつかあった。汚染の重要な原因となる動物の糞が見られなかったことだ。「馬が交通手段として使われることはなく、その結果、都市の道路が汚物で汚されることはない」(8)。家畜はほとんど飼われていなかったため、農村も同様にさらに清潔であったと思われる。石炭を燃やすことがなかったため、すすが立ち込めることがなく、住宅が小さく、低層であったこと、道幅の広い大通りや公園がたくさんあったことから、日本の都市は開放的で通気性がよかったのである。

日本の都市への訪問者たちは、その住みごこちのよさに目を見張った。「首都それ自体は、周囲が約三二キロメートルのひろさで、人口も約二〇〇万人である。だがこの首都には、ヨーロッパのいかなる首都も自慢できないようなすぐれた点がある。それは、ここが乗馬にとってひじょうに魅力的な土地だということである。その都心から出発するにしても、どの方向に向かってすすんでも、木の生いしげった丘があり、常緑の植物や大きな木で縁取られたにこやかな谷間や木陰の小道がある」(9)。「東京は魅力的だ――こんなにまでも！街がそのまま庭のようで、そのなかに道路や家々が偶然芽を出したようだ。そしてそれさえも花々の美しさに比べたらなんの意味ももちはしない」(10)。とくに印象的なのは雑音がないということだ。「東京のようなところにしてからが、望むなら、田園の静けさにひたれるのである」(11)。この巨大な都市のもっとも悲惨な部分、すなわち一番貧しいスラムでさえも、西欧のそれに比べればずっと過ごしやすいといえた。モースは偶然、東京の人口過密な路地に入り込んだことがあった。その地域は彼の目には「みすぼらしく」見えた。そこは「街のなかでもっとも貧しく低い階層の地域」であると言われ、そこでモースは「ゆっくり歩いて、順々にそれぞれの路地を検査した」。「私は声高い叫びも、怒鳴る声も聞かず、目のただれた泥酔者も、とくに不潔な子供も見なかった。そして、このスラムともいうべき場所――もっともここはスラムではない――で、手当たり次第にひろい上げた一〇〇人の子供について、私は彼等がニューヨークの五番街で手当たり次第にひろい上げる一〇〇人の子供よりも、もっと丁寧で物腰はしとやか、……とあえていう」(12)。街の魅力と清潔さを容易にしていたのは、建物の高さである。「建物は一階建てもしくは一・五階建てであることから、最大の都市の場合であっても約一・六キロ四方の人口密度は、高層住宅の多いヨーロッパやアメリカに比較すると、非常に低いのである」(13)。

日本人がいかにして生活環境を清潔に保っているのかという問題にモースは興味をもった。実用的な必要性によるのだというのが彼の考えた説明の一つである。豊かさが増大した結果、アメリカでは使い捨て文化が発達した。一方、日本ではすべてのものがリサイクルされていた。「日本人の簡単な生活様式に比して、われわれは法外な生活をしているために、多くの廃物を処分しなくてはならず、しかもそれは本当の不経済である」。日本人は「廃棄物を埋めたり、焼却したり、利用したりする」。したがって、廃棄物の量はずっと少ないものになる。卵の殻はずっと少ないが、これはほとんど卵を食べないからである。空きカンもないし、骨も少ない。それはあまり肉を食べることがなく、あらゆるものはクズになっても使用されるか、あるいはリサイクルされるからである。「地面は清潔でさっぱりしている。便利な側溝や吐き出し口が設計されており、雨水が低地側へ流れるようにできている。そして高台から流れてきた水は盛り上げられた強固な防壁にさえぎられるのである。このような仕組みのため道路はいつもとても良好で快適な状態を保っていた。もっとも、ずっと雨が降り続くと地面はどろどろになってしまうのだが」。田園地帯において道路の状態を清潔に保つのはとくに容易だった。なぜなら、道路に落とされていく排泄物に対する大きな需要があったからだ。「街道を整備する検査官にとって、それらを片付けさせるのに困難はなかった。というのも、道路に落ちている汚物がなんであれ、それはその近隣の田園地帯の人々にとり何らかの使い道のあるものであったから、誰よりも早くそれを持っていこうと、むしろ人々は張り合ったのである」(14)。

町においてはもっと多くの問題があったが、それでも道路はまったく清潔であった。「他の側面においては、田舎道や江戸の市内の街路は、管理のゆきとどいている西洋のそれにまさるであろう。よく手入れされた街路は、あちこちに乞食がいるということをのぞけば、きわめて清潔であって、汚物が積み重ねられて通行をさまたげるというようなことはない――これは私がかつて訪れたアジア各地のあらゆる町もヨーロッパの多くの都市と、不思議ではあるが気持ちのよい対照をなしている」。中国との違いはとくに注目された。「すべて清潔ということにかけては、日本人は他の東洋民族より大いにまさっており、とくに中国人にはまさっている。中国の街路といえば、見る目と嗅ぐ鼻を持っている人ならだれでも、悪感《おかん》を感じないわけにはいかない」。日本の道路の清潔さは行き届いた舗装により保たれていた。「商店からはかなりの商工業が行われていることがうかがわれるし、広い道路に沿って中心街の方へいくと、その大半はりっぱな敷き石舗道になっている」(15)。もっとも重要であったのは、人々が道路を清潔に保つために気を配り、責任をもっていたということである。

とくに暑い天候で、道路が舗装されていない場合、「夏は道路に水をうち、塵が舞って家々に入り込むのを防がなくてはいけない」(16)。モースはこのように記している。「街路や小さな横丁等は概して撒水がよく行われている。路の両側に住む人々が大きな竹の柄杓で打水をしているのを見る。東京では水を入れた深い桶を担い棒でかついだ男が町を歩きまわる。桶の底の穴をふさぐ栓をぬくと、水がひろがって迸《ほとばし》り出る。一方男はなるべく広い面積にわたって水を撒こうと、ほとんど走らんばかりにして行く」。彼らの仕事が容易であったのは、道のまん中三分の一のみに水をまけばよかったからである。「調べて見ると、市の当局は道路の中央三分の一だけの世話をし、両側の地主たちが残りの三分の一ずつを注意するのだということが判った」。近隣住民の責任は非常に厳しく遂行された。「この仕事がすべての人によって、いかに正直に行われつつあるかは、驚嘆すべきである」。「小さな男の子が往来でバケツから手ですくって水を撒いているのを見ることがある。あらゆる階層を通じて、人々は家の近くの小路に水を撒いたり、短い柄のほうきで掃き清めたりしているのである」。一日の終わりには、道はとても組織的に清掃される。「晩の五時頃になると、人々はみな自分の店や家の前を掃き清めるらしく、掃く前に水を撒く者も多かった」(17)。こうすることで、土ぼこりがたつのを押さえ、微生物が飛び散るのを防ぐという一般的な効果があった。

たまたまゴミが置かれたままになっていたりすると、自然界の清掃業者が効果的に処理をしてくれた。とりわけカラスが重要な清掃人であったことは注目に値する。モースによれば、アメリカではカラスは追い払われ、人間の住居地から遠ざけられているが、日本では「優しく取り扱われるので、大群をなして東京へ来る」(18)。「烏は実際、街頭の掃除人で、しばしば犬と骨を争ったり、子供から菓子のかけらを盗んだりする」(19)。

このような徹底した清潔さの背後にあるのは、強大な強制力であった。その一つは文化的な強制力であった。家のなかが清潔であるのに対して、外の世界は不浄で汚染されていると考えられていた。大地そのものが汚れており、そのような汚染から身を守らなくてはいけなかった。歩くときにはほとんどの人々は、可能ならば底の高い木の下駄を履いた。「最下層の子供たちは家の前で遊ぶが、それにしても地面でじかに遊ぶことはせず、大人が筵《むしろ》を敷いてやる」(20)。

死はとりわけ汚れを生ずるものであり、死が生み出す「汚れ」を寄せつけないために特別な注意が払われた。「日本では誰か死ぬとすぐにその家は戸を閉める。そして門戸にこの家には屍体があることを表示する紙を貼る。これは人々にこの家に入らないようにとの警告なのである。なぜならば、……屍体に接触するのは不浄だということになっているからである。この考え方は多くの場合、極端なくらい強いのであって、屍体がある間は家そのものすら不浄として避けたがるくらいである」。死体は早めに処理される。「屍体はふつう三日か四日間埋葬せず地面の上に置かれる。伝染病で死んだときは日本でも大急ぎで埋葬するが、決して二四時間以内ということはない」(21)。流行病の際には火葬が奨励された。火葬は古い習慣である。「火葬は仏教とともに西暦七〇〇年頃日本に渡来したが、以前からの神道の土葬にまったくとって代わったわけではなかった」(22)。モースは火葬場を訪ね、賞賛している。「死体を灰にするのに使用する諸設備の簡単さと清潔さに、われわれは大いに興味をもった」(23)。死体が埋葬されると、墓は非常に注意深く手入れされた。「毎年塋域《えいいき》は修復整頓され、必要な場合は立派に白く漆喰を塗り、墓石をきれいに磨き、碑銘はときどき文字を塗り直し、またつねに墓地を飾っている生垣や花が、きちんと手入れされているよう気を配る。日本人がこれらのことをすべていかに熱心に気を配っているかを見ると、まったく感動するほどである」(24)。

周囲の環境を清潔に保つのは、個人による部分もあるが、同時に非常に厳しく強固に組織された地方政府の主導によることもある。ケンペルは長崎について述べているが、そこにはスパイ、委員会、そして執行部といったような組織ができていた。このような組織は日本の町のすべてに見られた。「町内の住民は秩序維持のために『五人組』という隣組組織に編成されている。通例一町内にはこのような五人組が一〇組から一五組前後編成されている」(25)。自分たちの道を汚したままにした者は誰でも、その責任を問われ、辱めを受け、罪に問われた。詳細をきわめた規則は、厳しい統制へとつながった。「さまざまなレベルにおいて行政府のもつ強い権限により、共同体は上からの強い管理を受け、道路や橋、水の供給路はきちんと維持されていた」(26)。日本人の日常生活においては高い規律が機能していた。清潔であるということ、ものごとの秩序を保つということにとても高い価値が置かれていたことと、そしてこれが強い管理システムとともにあったことを考えると、日本の公空間がこれほど清潔であったということはさほど驚くには足らぬといえよう。

　公的な場における秩序と清潔さにこれだけの関心と注意が払われていたことを知ると、理想郷的衛生都市ヒゲイア（Hygeia）は日本の街をモデルにしていた、と考えるのは妥当である(27)。また日本を訪れた医者たちが西欧は日本を手本にするべきだと考えたのも驚くには当たらない。ポンペはこう書いている。

> 日本人の方がわれわれオランダ人よりいろいろの点で進歩しているといわなければならない。オランダでも、何と多くの不潔な恥ずかしいところが多くの町にたくさんあることであろうか？　今日では何人といえどもそれほど無知ではない。泥沼、臭い溝、フタの不十分な暗渠《あんきょ》、肥料溜等々がいかに有害であるかをだれでも知っているのだが、それを除去するための手段はほとんど講ぜられていないのである。またオランダにおいても貧民街があるが、そこには、それでも人間の生活といえるかというようなみじめな生活を送らねばならぬ人々がたくさんいる。にもかかわらず、生活に必要な要素はそこには全然見受けられない。最後に、わが文明国オランダにおいても今以上に衛生学の法規が実行せられんことを祈る次第である。(28)

　イングランドでは、多くの点において日本とは正反対の状況が見られた。その一つは家畜が普及していたことである。田園地帯は馬、羊、牛などの動物で一杯で、これらの動物は生きているときはその糞が、死んだときにはその肉、皮、骨が、清潔な環境に対する問題を増大させていた。都市にも同様にたくさんの動物があふれていた。イングランドはヨーロッパの主な国々のなかでも人口に対する家畜数の比率がもっとも高かったと思われ、とくにこの問題に悩まされていた。数々の地方の記録や文書類といった多くの証拠から、動物を飼育し食用にした結果、そして家庭内でのペットの飼育が広く行われた結果、多くの困難が生じたことがうかがわれる。マーシャルは、次のように書いている。「蓋のされていない驚くべき汚なさの排水路、フリート・ディッチに流れ込んでいたのは、ガット職人や、腑臓処理業者、ソーセージ製造業者の廃物といった大量の腐敗した廃棄物であった」。彼女は十八世紀初期の詩を引用する。

　水路のたくさん流れ込む
　溝のごときフリート・ディッチの流れに乗りて

死んだ犬たちは
テームズ河への貢ぎ物
溝の王よ！　銀に輝く洪水はいつも暗黒色
ほかのどんな泥河も
かないはしない(29)

イングランドが他のどの国よりも悩まされ、ますます深刻化していたもう一つの問題は、燃料としての石炭の使用が増大した結果生じた大気汚染の問題である。ジョン・エヴリンは『ロンドンの煤煙』のなかで、「地獄のような不快な石炭の煙」がロンドンに立ちこめ、「さもなければ健康的ですばらしい空気に、あまねく混ざりあい、住民は煤まみれの不潔な蒸気がこもった不純で濃い霧しか、呼吸していないほどで、そのために、いく千もの不快にさらされ、肺は汚染され、体質すべての調子が狂ってしまう。それで、鼻かぜ、肺の病、咳、結核がこの都市では、他の全地球上のどこよりも、猛威をふるっている」(30)。煙害の劇的な効果が広く知られるようになったのはこの頃である。「ロンドン訪問後に肺炎で死んだ百歳をこえていた〝オールド・パー〟の死体を解剖して、ハーヴェイは述べている。『主な不幸は、空気が変化したことに関係しており、彼（パー）は全生涯を通じて完全に清浄なものを吸入していた』が、彼がロンドンでさらされた空気は煙で汚染されていた」(31)。その後二〇〇年の間に明らかにこの問題は急速に増していった。このような煙害が直接招いたのは肺の病の発生率の高さであり、とくに肺結核が多かった。衣服や家を清潔にしようという努力は、家々や工場の煙突から流れ出る、厚いすすの層により効果が弱められてしまった。

イングランドにおける第三の圧力は、一七四〇年代以降、町や産業都市への人口集中の結果生じた急速な成長や密集による。このような状況は、急速な環境悪化を生じたと考えられる。結果については、十八世紀の克明な描写がある。「多くの大都会において、道路はまさに動物の糞の山積みで、灰、糞といった、あらゆる種類の汚いものにまみれている。屠場や処理場までもが、大きな町の中心に位置している。悪臭を放つ血や排出物などでこれらの場所は覆われており、それによって当然空気は汚され、不健康な状態に陥る」(32)。さらに、「歴史家の報告によると、ノッティンガムでは『家のなかの汚物は集められ、外の街路に毎日投げ捨てられる。……そして多くの街路や小道は、もっともそれを道と呼べるとすればだが、舗装といったものは何も施されず、その結果きちんと整備された水路もなかった』」(33)。

それでも、このような状況はかろうじて均衡を保っていたようだ。ド・ソシュールによると、「ロンドンの道路は塵か泥で埋まりたいへん不快である。これはいつでもたくさんの家々の建築が行われているのと、昼夜を問わず大量の各種の馬車が路上を走っていることによる」。しかし「たくさんの道路が汚れていて、狭くでこぼこである一方、立派な家々が立ち並ぶ広くまっすぐな道路もまた見られる」。さらに、道路の泥を除去するための荷車が使用され、夏場には大小の樽をのせた荷車で水が撒かれた。それらは穴が空いておりそこから水が流れ出た」(34)。彼は新たな水の供給の効果も記録している。蒸気機関で汲み上げられた水により、家々や道路の洗浄が可能になった。「ニュー・リヴァーや他の水路により街に運ばれた水は毎日供給され使用できる。そのおかげで共用の下水道はきれいになり、それにより街の健康の促進に大きく貢献している」(35)。

ウィリアム・ヘバーデンは、ペストが減少したのは一六六六年のロンドン大火後の市の衛生状態の改善の結果によると考えた。彼は、道路の拡幅を含め、街から汚物をなくすためのさまざまな手段について生き生きと報告している。改善の結果「新しい街は大火の後に力と美しさとを増して不死鳥のように立ち現れたのである」。それはまたデモンストレーション効果もあった。「というのは、ロンドンの再生は、それまで知られていなかったような工夫改善の気概をつくり出したのだった。そしてそのような精神は、その後もずっと続いているのである」(36)。ブレインも同様に、実際の再建事業とともに、「汚物の除去、共用下水の改善、道路の拡張と舗装」を可能にした役人たちの新しい活気に注目した(37)。もちろん、これらの変化をどう評価するかは、何に対してこの状況を比較するかにより大きく異なってくるであろう。日本の状態に比べると、イングランドはここで考慮している時代を通じてかなり不潔であった。また、オランダに比べてみても、イングランドの環境は芳しいものではなかった(38)。

オランダや日本に遅れをとってはいたものの、イングランドの場合において注目されるのは、さまざまな圧力が増加している状態においてさえも、死亡率が一定もしくは、低下しさえする環境を保持していたということだ(39)。他のヨーロッパの都市を考えてみよう。アーサー・ヤングがロンドンよりも不潔であると述べたパリ——もっともそれは規模においてはずっと小さかったが(40)——あるいはまたポルトガルやスペインの都市と比べた場合、ロンドンは比較的清潔であったといえる。ケイムズはいかにスペインの「首都マドリッドが胸がむかむかするほど不潔であったか」を説明する。「どの道にもゴミの山、暖かな気候で病気を感染させる空気が立ちこめ、この街の住民以外の人間はたちまちやられてしまう。街の浄化は後に王国政府により着手された。しかしそのような不潔さになれてしまった人たちを更正させるのは容易なことではない。産業を振興させることが、唯一の効果的な救済策である」。あるいはまた、「近年の地震以前のリスボンの街の道の不潔さは耐え難いものだった。現在のカディスの街の道の汚さがまさに同様の状況である」(41)。

十八世紀の人口学者たちは清潔さがもたらす影響に注目しており、彼らはロンドンが非常に健康的であると主張した。ショートは十八世紀中葉に次のように記した。「年齢一覧表によれば、徳の高い控えめな人々、そしてとくに体格のよい両親から生まれた体格のよい人々は、故郷にいる彼らの隣人たちと同じように、ロンドンでも長生きしているということがわかる」。彼は、この理由は健康によい環境によるものであると考えた。「というのは、ロンドンは海抜は低いが、乾いた砂質で砂利の多い、小石の多い地面をもち、なだらかな丘に囲まれている。そこにはいつもテームズ河周辺からの新鮮な風が吹き抜ける。そして今では質の良い新鮮な水が供給される。大きな森林はなく、腐ったよどんだ水はない。広大な沼地もない。ロンドンの汚物は日に二度の潮流により容易に洗い流されるであろう」(42)。

公衆衛生や清潔さに関するいかなる議論においても、イエバエによって生ずる健康の危険性を無視することはできない。ルーサー・ウェストはその記念的著作『イエバエ　その自然史、医療的重要性と制御』において、イエバエについて一九一二年の教育用小冊子を引用する。それによれば、イエバエは「知られるなかでももっとも危険な昆虫である」。さらに彼は「今日の公衆衛生学者は、この主張の一般的真実性に対していまだに異議を唱えることはできないでいる」と述べている(43)。なぜイエバエはそのように危険なのか。まず第一に、イエバエはどこにでもおり、ヒトにとても近いところにいる。「イエバエは世界中に分布し、ヒトの住居にとても近接している」(44)。第二に、イエバエは繁殖がとても早い。次のような数字が引用される。「四月につがいのイエバエが活動を始めたとすると、八月までには191,010,000,000,000,000匹のイエバエが生まれる可能性がある。ハエ一匹あたり約二・五立方センチの空間を必要とするなら、これだけの数のハエがいれば、それは約一四メートルの厚さで地球を覆うことになるだろう」。「卵から成虫のハエになるまでに、イギリスの夏の気候ならおよそ三週間かかる。熱帯地域の場合、その期間はもっと短く一週間ほどであろう」(45)。イエバエは「とても多様な異なる物質（嗅ぎ煙草から、使いかすのホップまで！）のなかで繁殖するが、それらの唯一の共通点は、湿っていて、発酵したり腐敗するような状況にあるということだ。典型的な例をあげると、（a）さまざまな動物（豚、馬、仔牛、ヒト）の排泄物、（b）腐敗している野菜類、とくに蛋白質を多く含むもの（タネや穀類）、そして（c）ゴミを構成する多様な混ざりもの、である」。たとえば、ロンドン一帯のごみ箱の六〇パーセントにおいて、イエバエが繁殖していた(46)。

ハエが非常に多くの多様なバクテリアを運ぶという事実さえなければ、これらのことすべてはさほど重要ではない。ロバーツは、ハエにより「腸チフスや疑似チフスの発熱、流行性の下痢、赤痢、そしてことによるとコレラ、炭疽、結核、あるいはその他の感染症」がいかに広がるかを描いている(47)。ライリーの結論は、「ハエは百種類以上の病原菌を運び、六五種類以上のヒトや動物の病気を伝染すると考えられる」。ハエがヒトに与える危害の程度は、ハエが運ぶバクテリアの数と強さの程度によって増加する。ある研究によれば「中国の北京において三八万四一九三匹のハエを用いて調査したところ、スラム地域から採取されたハエは一匹につき平均三六八万三千のバクテリアを運び、もっとも清潔な地域から採取されたハエは一九四万一千のバクテリアを運んでいたという数値が検出された」という。これだけ大量のバクテリアが運ばれるなら、食物に伝染するだけの大量の病原菌はつねに十分ある(48)。ハエの餌の捕り方、バクテリアを運搬するやり方により、その致命的破壊力は強められる。ハエは排泄物のなかの赤痢菌やその他の菌の運搬にとくに適している。ハエの吻《ふん》はたくさんの細かい毛で覆われており、ハエが汚物のなかから食物を取り出すときにその毛により細菌を集めるのである。ハエの足もまた粘着力をもった毛に覆われており、それによって微生物を集める力は強められる。ハエは老廃物を食べて生きているため、もしそのなかに赤痢菌が存在するならば、その嘔吐物や糞のなかにはたくさん赤痢菌が運ばれることになる。ハエはこのように細菌をその体で運び、頻繁に嘔吐を繰り返し、およそ五分おきに排泄を繰り返す。ハエはヒトが用いるあらゆる食物、とりわけ、牛乳、バター、チーズ、肉や魚、さらにヒトの汗に引きつけられる(49)。したがって、健康に対してハエが及ぼす悪影響ははかりしれない。

イングランドにおけるハエの発生に目を向けるときに私たちが思い出すべきは、十九世紀において車の排気ガス問題に匹敵したのは、馬の排泄物の氾濫であったということだ。「トンプソンの計測によると一八一一年には農業用に使用されない馬がおよそ五〇万（四八万七千）頭いた」という(50)。その数は急速に増してその結果「十九世紀後半には町で使用される馬が一五〇万頭おり、一日当たり一頭が約一〇キロの排泄物を出していた」(51)。多数の動物により町の道に積み上げられていく糞の山は、相当な健康上の危険を引き起こしたであろう。いくつかの点において、イングランドが他のほとんどすべての国々よりも潜在的に悪い状況にあると述べたが、これはその一つであった。動物の非常に高い筋力とその肉のもたらす蛋白質のおかげで人間一人当たりが手に入れることのできる力は増したが、それは病気の危険性が高まることとのバランスの上に成り立っていた。

一方、十八世紀までに、世界においてもっとも整った効率のよい混合農業システムを保持するようになったことが、上述したあらゆる糞害の最悪の事態を回避する助けになったと考えられるかもしれない。動物の屎尿を効率良く貯蔵することとその使用とが、イングランドではハエが他の多くの国々のように広がらなかったということを説明する助けとなるかもしれない。ウォルターとスコフィールドは、十八世紀の下水道と排水設備の改善について「意図せざることではあったが、虫、とりわけハエの密集度を減らす効果があり、その結果、ハエが汚染された食物を通じて病気を撒き散らす可能性は減少することになった」と考えている(52)。ド・ソシュールはハエの不在に気がついた。イングランドにおいて馬の尻尾を切る習慣があることについて言及し、彼は次のように言った。「馬たちにとってはハエがたくさんいる私の国ではなく、ここで生きていることは幸運なことだ」(53)。

ライリーは、昆虫が媒介する疫病を制御することの重要性に対する意識が高まっていたことにわれわれの注意を促している。「十八世紀半ばにいたるまで、病原媒介生物とりわけハエや蚊により、嬰児および乳児死亡率の上昇が引き起こされていた」。彼は次に変化が見られたことを指摘する。それは「完全に虫の制御を可能にするような、組織的に一貫して行われた運動ではない。しかし、さまざまな地域でさまざまな時期において、もっとも、その効果に関しては上がったり下がったりだったが、多数の局地的な努力により、多くの節足動物やおそらくまた齧歯類動物の数が減り、伝染病を発生させるのに要する数よりも低く押さえられたのである」。その結果として、「ヨーロッパの死亡率低下の第一局面の大半は虫の制御により説明できる」とライリーは考えている。彼の説明は意識的な努力を強調する傾向がある。「十八世紀の医者、行政官、その他の人々により、媒介虫が繁殖したり栄養をとったりする場所が減少するような方策が、繰り返し導入されていたのである」(54)。

日本の事例に目を向けてみよう。日本には動物の排泄物がほとんどなかったということ、もしそれが落とされたとしても熱心にかき集められたということで、ハエにより運ばれる病気の恐れは非常に小さくなっていた。大都市においてその効果はとくに重要であった。日本人が飼っている犬の数は少なかったし、もっと重要なことは、日本人はほとんど馬を使用しなかったということである。マーガレット・ロックが指摘するように「馬車の類は使われていなかったので、ヨーロッパにおいて共通に見られる感染源、すなわち動物の排泄物は日本においては除かれていたのである」(55)。

動物やヒトの排泄物が道路や庭に見られないということは、日本人が普通のイエバエをほとんど駆除できたということを意味する。というのも、チェンバレンが観察したように「家蝿《いえばえ》は、生糸の産地を除いては、一般にヨーロッパにけるよりも害がずっと少ない」のである(56)。日本にやってきたアメリカ人は、とくに日本とアメリカの相違に注目した。「日本では人を煩わす蝿がほとんどいない。珍しく日本にはこのうるさいものがいないようだ」(57)。「不思議なことに普通の家蝿はそんなにいなかった……」(58)。標本を探していた動物学者、モースは書いている。「ありふれた蝿がいないことはこの国の特徴である。時を選ばず、蝿を一匹つかまえることは困難であろう」。彼はこの原因をゴミがないこと、馬が少ないことであるとしている(59)。

イギリスの家々の環境は決してすばらしく清潔というわけではなかった。大きな家畜がいたるところに見られること、都市化と産業化の副作用、そして何よりも石炭の空気汚染により、健康は危険にさらされていた。最大限言えることといえば、イギリス人が、廃棄物やゴミ、汚染をある境界の範囲内に押さえるために非常に努力していたということ、そのうちのいくつかは成功していたということだ。中世イギリスにおいて、清潔な水の供給を保つために一般的な関心が払われていたということが法制度からわかる。水の汚染に関する処理は普通法（コモン・ロー）、法令、荘園法にもとづき行われた。「水を汚染することは習慣法では違法とされ、またそれは古くから法令の規定の主題であった。昔は法令の権力は、直接不法妨害を排除するために執行された」。たとえば「リチャード二世治世第一二年議会制定法律第一三号の法令によれば、何者も生ごみ、または肥やしあるいは汚物を、市や町のなかまたはそれに近い溝、流れ、またはその他の場所に投棄してはならない。これに違反した者は大法官の判断による処罰を受ける」。荘園法については、「不法妨害から国民を防護し、それについての特定の違犯を処罰する法の施行を再生するための、……機能が領主裁判所に付与された」(60)。

日本の事例はより感動的である。廃棄物はほとんど出されず、汚れたものはすぐに清掃される。身体的な汚れと精神的な汚れとを結びつける態度が見られること、家畜がいないこと、道路ごとあるいは町ごとに見られる絶え間ない用心深いコントロール、こういったものが同時に働いた結果、日本はいかなる文明よりも清潔な環境をつくり出すことに成功した。このことが多くの病原媒介生物とくにハエを減少させたということは疑いのないことである。

12 住居と健康

環境から内側に目を向けると、ヒトを取り囲んでいる最初の層は、建築物としての住居である。住居のデザインと建築はヒトの健康に重要な影響を与えることがよく知られている。住居は人間と昆虫との関係を変化させることによって、ペスト、チフス、マラリアに直接影響を与える。下水設備を通して水を媒体とする病気に影響する。さらに間接的に空気感染による病気の拡大も変化させる。水、食糧、衣服とともに、「居住上の安楽さ」は「いわば人間の外側においてコントロールすることができる健康のために重要な」要因なのである(1)。たとえば窓ガラスを考えてみよう。「窓があることにより日光が入り、結核を含む多くの細菌が殺される」(2)。コーエンは「日光はよく知られるように殺菌作用の強いものの一つである」と述べている(3)。さらに、塵の量により病気のパターンは変わってくる。「シュッツは家屋のなかのあらゆる場所、家具から塵のサンプルを採った。そして床や家具の清掃をしたあとは細菌の数が急激に減少することを発見した」(4)。

十九世紀の終わりになってはじめて、顕微鏡のおかげで人々は細菌を目で見ることができるようになった。そしてなぜ、家のなかを整理整頓することで健康に劇的な効果がもたらされるのかが、細菌によって説明されるようになった。しかし良質の住宅が重要であるということは、以前から長い間認識されていた。バカン博士は住宅内部の高い水準を保つ必要性について、多くの適切な助言をしていた。まず最初に彼は「空気と清潔さに注意を払うことで人類の健康維持は促進されるであろう。それは専門家がどのような努力をするよりも強力であろう」と指摘した。ここでいう「専門家」とはもちろん、彼の同僚の医者たちのことであり、彼の発言は、環境を健全に保っておくことがいかに重要であるかという認識を示している。とくに博士が強調していたのは通気であった。「多くの人々が集まっている場所では、清潔であることが最重要である。感染病は汚染された空気によって広がる。したがって、空気を汚染するもの、あるいは感染を拡げる傾向のあるものはすべて、細心の注意でもって防がれなければいけない」。「大量の人々が集まる場所はどこでも通気性が絶対に必要になる」(5)。

とくに危険性を感じるのは都会の貧困層であろう。「大都会の貧困層が所有しているとても家とは呼べないような多くの穴ぐらは、牢獄よりもましとは言えない。これらの粗末な汚れた住居には、汚染された空気、伝染性の病気がまさに潜り込んでいる。そういうところに住んでいる人たちが健康を享受することは滅多になかった。彼らの子供たちはたいてい早死にした」。しかし快適な生活を営んでいる人たちの間にも危険はあった。「住居の密閉性を高め暖かくするために、さまざまなぜいたくな方法が考え出されたが、それらは結果的に家々をかなり健康に悪い状態にしていた。空気が自由に通り抜けることができなければ健康的な住宅とは言えない。そのため両側の窓を開け放ち、新鮮な空気をすべての部屋に入れることで、家々は毎日換気をしなければならなかった」。換気の必要性は家庭内の生活のあらゆる面に当てはまる。たとえば寝具類であるが、「ベッドは起きたあとすぐに整えるのではなく、布団をひっくり返しておいて、日中、開け放った窓から入る新鮮な空気にさらしておいた方がよいのだ」(6)。

換気の長所を指摘したもうひとりの人物はベンジャミン・フランクリンである。「新鮮な空気をつねに循環させておくことが必要である。このことは発熱時、熱の出るすべての病にとってとても重要なことで、家を建てるときにはとくに考えなければならない点である」。このために貧しい人の建てつけがよくない家の方が、金持ちの家よりも健康に良いということがしばしば起こるのである。「これらの家々においては部屋は空っぽで、氷のように冷たい。空気は自由に動き回り、扉や窓は半分しか閉まらない。これらのみじめな家々の住民たちは哀れである。しかしそれでも、このような修理ができない状態が、住んでいる人々の健康に貢献しているのであり、病気が発生したときには回復は早まるのである」(7)。

住居のすべての側面が重要である。寝具、床材、家具、地下室や屋根裏部屋があるか、床板の間のすき間、扉や窓の大きさなどが問題となるのだ。それぞれの要素がその家に住む住人と、ヒトと共生するさまざまな種類の微生物、昆虫や齧歯類との間のバランスに影響を与える。明らかな例として見られるのが、家のなかや近くで、ペットや家畜を飼うことに関する広くゆきわたった慣習であろう。

イングランド人の先祖は遊牧するテント居住者ではなく、定住性の小屋住まいの人々であった。イギリスの地質は安定した地震のない土地からなり、石や泥、良質の材木が手に入った。人口密度は相対的に低かった。気候は寒冷で湿度は高くない。土地に関する法律によれば、住居やその住居が建てられた土地は明白な「財産」として見なされた。人々は多くの点において、非常に豊かであった。中世後期のイングランド人の堅固な家々は今でもイングランドの町々に見出される。たとえばサフォークやノーフォーク、あるいはコッツウォルズの毛織物の町などである。それらの家々は、木造で頑丈に建てられており、立派な壁と床があり、ときには地下室もある。近年、クリストファー・ダイヤーは中世後期の典型的なイギリスの建築の調査を行った。彼の調査結果は多くの重要な点を示している。十四世紀半ばを過ぎると、「人々と動物は通常別々の建物に住むようになっていた」。西ミッドランドでは農民の住居は頑丈な建造で、基礎は石で、網代に泥を塗った壁、屋根は藁葺きであった。彼の記録によれば二、三ベイすなわち長さ約九～一二メートルにいたる大きな規模の家々があったこと、またそれらの家は上質な材料で作られていたこと、すなわち基礎は石で、そして「高価な材木を使用して専門的に建設されていたこと」がわかる。彼は「農民たちは小屋ではなく、住宅に住んでいた」と結論する。彼らの一人当たりの床面積は十九世紀の都会の家々に匹敵するほどで、それは一九六〇年代のインドの農民に比べれば二倍、中世後期のフランスのプロヴァンスの農民の家に比べると三倍の広さがあった(8)。

ウイリアム・ハリソンによる一五七〇年代の住居の調査によれば、中世以来いくつかの改良があったことがわかる。彼はまず住居の構造と材料に変化があったことを指摘した。伝統的には「イングランドの都市や町々の建物の大部分は木材のみからできている。その当時庶民の住居のなかで(西部の町にあちこち見られるものは除く)石でできているものはとても少ないからである」。しかし「後に建てられた建物は通常レンガか固い石、あるいはその両方からできており、部屋は大きくて美しい」。石やレンガには齧歯類がなかなか住み着かなかった。さらに「わが国の街や村にある大邸宅……が建てられるやり方は一般に、(海の向こうやわが国の北部においてよく見られるやり方のように)酪農場、家畜小屋、あるいは醸造場が住居に近接しているのではなく、それぞれがすべて母屋から、そして互いに離れて建っていた」(9)。

木材としっくいではなく、木材とレンガあるいは石を用いることで壁は重さに耐えられるようになった。その結果、家々はより高く、より大きく、より換気がよく日当たりのよい部屋をもつことができるようになった。しかし換気と採光とは他の要素の発達に多くを依存していた。「私が滞在している村に今でも住んでいる老人が何人かいるが、彼らのしっかりした記憶によると、その村ではイングランドにおける目を見張るような三つの変化が見られた」(10)。その一つは「最近建てられた多数の煙突である。老人たちが若い頃は、領域内の高地のほとんどの町では、あったとしても二本か三本(教会関係の家々や領主の邸宅、それにおそらく有力者たちの家などはつねに例外であるとしても)であった。しかしそれぞれの家では広間の暖炉の後ろの壁に向かって火を起こし、そこで食事をしたり肉料理の仕上げをしたりしたのである」。部屋から煙りをなくすことにより、部屋を清潔に健康的にするのはずっと容易になった。また、煙突は臭気の漂う空気を上向きの通風で、きわめて効果的に部屋から外に出すため、換気の性能が非常によくなったのである。

換気がよいことと同時に、採光がよいことも重要だった。それらの結果、塵がはっきりと見え、太陽光線の良い効果があらわれるからである。ハリソンは過去において田舎の家々は「ガラスの代わりに樹枝のすき間を利用して市松模様に組み合わせた格子状の窓を使うことが多かった」と記した。しかし今では「どこでも窓には角材がはめ込められ、私たちが使っていた格子状の窓が使われる機会は減っている。というのは、ガラスの使用量がとても増加し、短期間のあいだに、格子窓より安くはないとしても、とても価格が下がったからである」(11)。窓ガラスの使用が健康と衛生に与えた効果を測るのは困難であるが、おそらくかなりの程度であろうと考えられる。ルイス・マンフォードによれば、こぎれいなオランダの室内装飾はガラスの普及なしには考えられなかったという。「その性質と機能とにより、ガラスは衛生状態の改善にとって役立つ。清潔な窓ガラス、そして磨き抜かれた床……」(12)。

もう一つの変化は家具において見られる。ハリソンは「われわれの住居の家具もまた卓越し、非常な繊細さとでもいうべき雰囲気をもつにいたった。ここで言っているのは貴族や紳士階級のみならず、イギリス南部の最下層の人々でなにがしかの家具をもっている人々も同様である」ことに気づいた。以前は高価な家具は中流階級および上流階級の住居においてのみ見られた。しかし、「今ではより社会階層の低い職人や多くの農民たちの間にも見られ、……彼らの多くがまた、食器棚に皿を飾り、ベッドをタペストリーや絹織物で飾り、テーブルの下にはカーペットが、その上にはこぎれいなナプキンが置かれている」(13)。

これらの説明のいくらかを誇張として差し引くとしても、住居が実際に改善された証拠は、住居の構造においても、内部においても残っている。これらすべてが、健康全般に非常に実質的な影響を与えたと考えられる。その有名な手紙のなかでエラスムスはイングランドにおけるペストの流行は汚れたイグサのマットによるものだと述べている(14)。エラスムスからたった一世代後の一五六〇年、ハリソンが描写していた変化が起き始めた頃、オランダの医者レヴィナス・レムニウスがイングランドを訪れた。彼は次のように書いた。「さっぱりした清潔さ、極上の技巧、心地よく好ましい家具が住宅のいたるところにおかれ、私は大変楽しんだ。甘いハーブの香り漂う寝室と居間で私はくつろいだ」(15)。

エリザベス朝時代に見られた改善は、十七世紀を通じて強化された。これはW・G・ホスキンズが「偉大なる再建」と呼んだ変化の一部を成す。このような変化の詳細についてはM・W・バーリーにより一五七五～一六一五年と、一六一五～四二年の、主要な二段階の「住宅革命」として記録されている(16)。後の歴史家たちの見解によれば、この再建はホスキンズの叙述に比して、より地域的にばらつきがあり、広範囲にわたったと指摘されているが、ホスキンズが述べた主要な改善の一般的な特徴に関してはいまだに覆されてはいない(17)。たとえば、中ぐらいの自作農の住居や家具の記述によれば、「市民戦争［チャールズ一世と議会との戦争、一六四二～一六五二］の後、富裕な自由農民の間でかなりの規模の住居の拡大が見られた」という(18)。イギリス北部の州に現存する石造りの強固な農家の建物はおもに一六六〇年から一七二〇年の間に建てられたものである。それらは高地地方における新たな富の到来と住居の拡大とを示している。都市部においては、一六六六年の大火後のロンドン再建、そして十八世紀初頭のバースやその他の街における優美なテラス式住宅の建設は、国の生活改善がさらに進んだことを示している。年々一人当たりの財産は増加しており、つい先日まで贅沢品であったものが、今日では日用必需品であるという状態が見られた。ジョサイア・タッカーが十八世紀後半に書いている。「イングランド人の住居には便利な物がたくさんある。彼らは清潔でさっぱりした家具を所有するのを好み、その住宅には非常に多様性に富んだ絨毯、屏風、カーテン、寝室のベル、磨かれた真鍮の錠、暖炉の前の炉格子などがある。海外の同程度の階級の人間にはほとんど知られていないようなものがあり、その便利さと多様性とは、オランダを除くヨーロッパの他のどの国においても見られないようなものなのだ」(19)。

ラッツェルは死亡率の低下の原因となったのは天然痘の種痘であるという理論を修正し、環境の変化、とくに住宅の変化が第一の要因であると考えている。「今のところ、知られているすべての証拠に合致するひとつの仮説を考察してみよう。すなわち、十八世紀初頭の死亡率の主要な低下は、当時のイングランドの住居再建の動きとともに起こった、家庭内の衛生状態の改善による、という仮説である」。彼は十七世紀後半まで、ほとんどが土でできたイグサの床であったのだが、少なくとも中産階級の間では、木製あるいは石の床に変わったという証拠を示している(20)。

ド・ソシュールは書いている。「イングランドの家は趣味良く建てられており、土地をこれ以上有効に使用したり、これよりさらに快適な住居を建てることはできないほどだ、と認めなくてはいけない」。彼は卓上の食器類の清潔さに感嘆している。「イングランド人の食卓はとても清潔である。テーブルクロスなどはとても白く、食器は明るく輝き、ナイフやフォークは驚くほど頻繁に取り替えられる。皿を下げるたびにナイフとフォークも取り替えられるのである」。これは街に住む人々や非常に豊かな人々のみに限ったことではなかった。「田園地帯の農業を営む家々を訪ねてみた。彼らの家は清潔で必要な家具はすべて揃っている。彼らのほとんどは銀のスプーンとカップを持っている」。彼はイングランド人とオランダ人とを比較する。

イングランド人が用いる水の量は考えられないほど多い。とくに住居の清掃のためには大量の水が使われる。オランダ人のように清潔さの奴隷となってはいないにせよ、それでもイングランド人が清潔さに払う関心の度合いは並々ならぬものがある。手入れの良い家々は一週間に二日は清掃される。それも建物のてっぺんから一番下までだ。そしてなんと毎朝、ほとんどの家で台所、階段、そして玄関が磨かれる。すべての家具、そしてとくに台所の器具は最大限の清潔さを保っている。扉に付いている大きな打ち子や錠までもが磨かれ、明るく光っているのだ」。[21]

ラ・ロシュフーコーは旅行記に書いている。「感嘆したのは、これらすべての小さな村々の住宅が清潔で、われわれの住むフランスでは見られないような心地のよい外見をもっているということだ」。富裕な農民について彼は次のように言う。「彼らの家はつねに清潔で手入れが行き届いている。納屋の状態はすばらしく、人々はいつも小さな居間をシミ一つないように清潔に保つよう注意を払っており、ときにはかなり優美でさえある」。彼はこのように結論づけた。「一言でいうならば、イングランドの庶民の家々は、フランスの貧しい農民の住宅に比べて明らかに優れている。私はフランスの貧農の住宅を見るときしばしば心が痛むのである」[22]。

このような清潔さに対する関心は新しいものではないことを、キース・トマスは示している。トマスは、以下のように指摘する。十七世紀は「家事に関する書物のなかで、女性の義務として『家のなかをすべてきちんと清潔にすること』が強調されて書かれていたし、『住宅内の清潔さ、とくに寝床を清潔にすること』が『健康を維持するための一大要因』として強調されていた。マーカムの考えでは、清潔さとは『主婦にとってのある種の勲章のようなもので』、『清潔さが少しでも欠けていると、主婦は、すべての評判をも失うことになる』。これはただ理論として言われただけではない。一六八二年、トマス・トライオンは以下のように述べた。『多くの人々は、家具を毎日磨きあげ、床までも洗浄するように注意を払っている。まるでその上で食事をするとでもいうかのように』」。「近代初期における床磨きや衣服の煮沸、なべかまを洗う、そして家具を磨き上げるのに費やされたエネルギー、とくに女性が費したエネルギーの量は計りしれないのである」(23)。

住宅におけるこれらの改善はすべて、都市が拡大するにつれて住民の健康が改善したという興味深い事実を説明する一つの理由であろう。十八世紀の何人かの著述家たちはこのような見解をとった。ショートは、ロンドンでは「最近の多くの大邸宅、広くて清潔な中庭、堂々たる部屋や大きな窓枠の窓など」は、百年前に比べて「現在は、街をより健康的にするために少なからず貢献している」要素のいくつかであると考えていた(24)。十八世紀の終わりにマルサスは「都市の清掃と建築方法の改善」、そして人々が「より裕福になり」、清潔さに関する彼らの生活習慣が「決定的に改善された」という事実が、死亡率の顕著な減少に至る要因であったと信じていた(25)。

ブレインは、石炭が汚染を引き起こすという否定的な側面をもつにもかかわらず、その肯定的な影響について論じた。それは「言うまでもないことだが、十分な燃料の供給がどれほど健康にとって重要であるかということだ。暖をとるためや台所用だけでなく、換気を促進するという効果もある。空気の流れが煙突を上昇することで自然と換気になるだけではなく、寒いときには貧しい人々が新鮮な空気を入れて換気するのを可能にした。燃料が不足することによって、冬季にはチフスの流行がもっとも発生しやすく、拡大しやすいのである」(26)。

急速な産業化と都市化が進んだ時期の貧しい人々の生活状況に関する議論は盛んになされてきた。十九世紀半ばまでに、多くの都市や田園部のスラムにおいて見られた惨憺たる生活状況は、次のことを物語っている。すなわち、新しい発明の数々がすべての問題の解決には結びつかなかったということ、そして生活がつねに上昇するという考えは危険であろうということである。ビクトリア朝のイングランドにおける労働者階級の貧困層の生活状況はかつてイングランドにおいて見られたどのような状況よりひどかったといってもよいだろう(27)。実際のところ、進歩と見なされがちな新たな素材が、じつは生活を悪化させていたかもしれない。チャドウィックは次のように考えた。「われわれの祖先が建てたような、木造やあみ垣の家屋は、どんな家よりもよく乾燥していて暖かい。煉瓦は快適な家屋に必要なこれら二点で劣っている。しかし小住宅に必ず用いられる石、とくに整形されていない石は、この目的のためには、考えつく最悪の材料である。私としてはアイルランドの泥の小住宅の方を好む」(28)。

このような点を考えると、十七世紀半ばから木やしっくいに代わってレンガの使用が増加したことによる影響についていやでも慎重に考えさせられる(29)。しかし、スラックは指摘する。「レンガ製の住宅はネズミと人間とを切り離し、最終的には十八世紀に黒ネズミの好む生態環境を取り除き、茶ネズミの増加を促進した。早くも一六五二年には、ロンドンのレンガ積み職人たちはレンガが木材に替わることによりペストの危険性が減少すると指摘している」(30)。

建設用の素材が何であれ、十九世紀初頭から人口過密のために生活水準の低下が起こったと論じる強い根拠がある。「バイセスタ救貧院の医官ブリック氏は次のように述べている。『この地区の例の地域の貧困者の住居はもっとも悲惨であり、大多数はわずかに下に一室、上に一室もつにすぎない。そのなかに八人か一〇人（平均は五人、というところだが）の一家族が生活し、眠っている。私は父親と母親と、三人の成長した息子、一人の娘と子供が、同時に発疹チフスで床についているのを目撃した。隣接した住人で伝染を免れた者はほとんどいない』」。簡易宿泊所や工場、鉱山労働者の寮の状況は極度のものであった。「私はグリーンサイドに四年間働きに行った。われわれの借りていた部屋は、豚でも住むには適さないようなものだった。一軒の家の階上の部屋に一六のベッドの枠が置いてあり、五〇人が同時にそれらのベッドを使っていた。われわれはいつでも皆で一緒に寝られるというわけにはいかなかったが、できるときにはそうした。しばしば三人が同時にベッドのなかにおり、ひとりは足元にいた。私は何度かベッドから出なければならず、その鉱山で鉱石洗いをしている私の小さな弟たちの場所を作るために、一晩中座ったままでいた」(31)。大都市における貧困層の衝撃的な状況を示すために文章や記録をさらに加えることはさほど困難ではないだろう(32)。こうした状況は、ハリソンが描写したような明るく楽しいイングランドからははるかに遠い。

十七世紀の終わりに日本の庶民が住んでいた住宅を見たケンペルは、それらがとても小さく質素であることに驚いた。「一般の民家はすこぶる粗末な建築で、小さくて低く、一階より高いものはほとんどない。もし二階建てがあるとしても、上階はあまりに低く、とても二階建てなどと呼べる代物ではなかった」。家々は「四面の壁が低く、茅葺または藁葺き屋根であった」(33)。さらにずっと裕福な家々もあるにはあったが、十九世紀の終わりまで日本の住民の大半は非常に小さくて質素な住宅に住んでいた。モースは次のように書いた。「時おり、大きな草葺屋根の住みごごちのよさそうな屋敷に出会うが、本宅を取り囲むように倉や納屋が立ち並んでいることからして、これは見るからに財産家を思わせる。しかし、このような家は、雨露を凌ぐだけという貧困そのものの家が立ち並ぶなかで何百軒に一軒という割合で見かけるだけである」。モースは「都市において見られるのと同様に貧しい小作人や漁師」は、どのように「掘っ建て小屋とほとんど選ぶところのないような家に甘んじているか」を描いている。「一友人の極端な言いかたを借りるなら、それらは『木切れと紙と藁とでできている』」と描写している(34)。家のなかの部屋はとても小さい。「どのへやも、天井の高さが船の船室《キャビン》ぐらいしかない、狭いへやばかりなので、並《なみ》の蚊帳がつれないという始末なのだ」(35)。

しかしながらモースは、これらの小さくて簡素な住居は「比較的大きな都市はしばしばそうであるように密集していても、キリスト教諸国の多くの都市においても見られる、それと同程度の安っぽい賃貸住宅のごたごたした不潔な状況に比べれば宮殿のようだ」と考えた。モースは家々のなかで行われていることを詳細に観察した結果、家の規模と質とは相関していないのだということを理解した。「これらの家の多くは、おうおうにして狭く、ちょっと覗いてみると、部屋数がせいぜい二、三室程度の小さな家で、家全体の大きさが、アメリカの家屋の大部屋一室に及ばない。そしてこの狭い家に三、四人程度の家族が、平穏にしかもこざっぱりと暮している。かくて、少なくとも日本においては、貧困と人家の密集地域とが、つねに必ずしも野卑と不潔と犯罪とを誘発するとは限らないのである」(36)。

住宅の規模が小さく、質素であったことの原因の一つは、富が限られていたことである。他の理由は文化的・地質的な特徴の複合で、その結果、日本人は西洋人とは異なる認識で住居をとらえるようになった。繰り返し地震が起こるという地質的な背景と、それが住居に及ぼす影響についてオールコックは述べている。「日本人には建築と呼びうるようなものはない。かれらは隔日に起こるおこりに悩まされている火山の表面に住んでいるのであって、建築学の第一の条件、すなわち安定した基礎というものが拒まれており、建築の名にあたいするものやすぐれた建て物をつくるには致命的な建築法則をとらざるをえないのである」(37)。シンガーは、震動する、基礎に固定されていない、日本の住宅の本質を指摘している。「中国の住宅は土壌に埋め込まれ、土壌から骨組みがつくられ、あるいは地面の一部であるかのように土壌と接合されている」。一方、「日本の住宅は土壌とは非常に軽く接しているだけである。日本の住宅が地震や台風を耐え抜くのは基礎に依存してではない。利点は自然に動く弾力性にある」。日本の建物はしなやかでなくてはいけない。というのは「この列島は容赦なく地震性の振動に襲われ、嵐も襲い、雨の攻撃も受け、雲や霧に取り囲まれている」からである(38)。日本の住宅はあたかも風景のなかに浮かんでいるようである。「日本の建物は船、あるいは大きなひとつの家具のように建てられている。それらは内部で梁によって結合され、非常に例外的な規模の衝撃だけが、破壊しうるのである」(39)。

ここには何か深く根ざした原因があるように思われる。すなわち日本人が木材、竹、藁などの素材を用いて住宅をつくるのは、おそらくかつての遊牧生活の天幕（テント）に関係があるのではなかろうか。オールコックの描写では、「建築においてもテントのような家屋がせいぜいのところである。家は、ときにはつぎつぎとつみ重ねて二階ないし三階となり、屋根は奇怪な曲線をなし、その末端はねじ曲げたようになっている」という(40)。ハーンは次のように書いている。「原始建築の伝統以外にも、この民族の遠《とお》つ祖《おや》が遊牧民族であったことを物語っている事実が、じつにたくさんある。いつどこへ行ってみても、われわれ西欧人が堅牢と呼んでいるようなものは、日本にはまったく欠けている」。彼は日本と西洋の姿勢に見られる相違の本質を次のように表している。「大づかみにいってみると、われわれ西欧人は永存のために家を建てる。それにひきかえて、日本人はほんの一時しのぎのために家を建てる、ということになる。日本の国では、ごく普通に使っている日用品などでも、まず長持ちさせようという考えで作られているものは、めったにない」。より詩的な表現で彼は日本の町の感覚を表した。「いまだに、日本の都市は、さびしい掘っ立て小屋の立っていた、荒涼寂寞たるむかしを今に、あいかわらずどこもひっそりと静かで、……岐阜ぢょうちんの絵もようみたいに、万事きれいごとかはしらないが、なにもかも、吹けば飛ぶようなちゃちなことには、依然としてかわりがないのである」(41)。日本の住宅の簡素さは、とりわけ一家が十分に裕福な場合、家とは別に耐火性の「倉庫」あるいは倉を建て、そこには穀物や品々を貯蔵するという、日本において広く見られた習慣と組み合わされて、健康にさまざまな影響を与えたであろう(42)。

日本の法律は特殊で、今日にいたるまでなお、地上と地面は、法的に完全に分割されている。ごく最近になるまで土地の所有者と住宅の所有者は別々で、住宅は地面の上のテントのように「張られた」ようなものだった。どこかへ動かされるかもしれないし、壊されて再建されるかもしれないし、何が起こっても不思議はなかった。住宅の持ち主は土地を借りるための地代を払い、たいていは土地を所有していなかった(43)。このことからよく起こる結果は、土地を掘り下げて、地下室や土台といった恒久的な構造をつくるということは問題外であったということだ。さらに、このような土台をつくったとしても地震には耐えられず、地下室は住民を飲み込んで押しつぶしてしまうだろう。

結果として、住宅は地面の上に、いうならば支柱の上にもちあげられるようなかたちになった。ハンレーは次のように考えた。「十六世紀、十七世紀までに高床式住宅は富裕層と侍にとり標準的なものになった。一方、一般民衆と貧困層は地面を床として住んでいた」(44)。実際、それはさらに昔からの習慣かもしれない。中世における日本の生活を描写したフレデリックによれば、ときによると床は一メートル以上も高くなったこともある。それは雨期の湿気に対する防御であり、これにより床と地面の間に衛生的な空間をつくり出したのである。十五世紀まで家々の床は磨かれた木の板の端と端をはめ込んでできていた。床板は簡単に取り外しが可能で、住宅の下の地面をそうじすることができた(45)。どのような理由であれ、それによって居住空間の床下をますます風が吹き抜けていったのである。ヨーロッパやアメリカとの違いは明白だった。「外気が床下をすうすう通るつくりの家は、冬期には、家中を寒くさせ、住み心地わるいものにさせる、という欠点をもっている。しかし、そのような家に住んでいるひとびとは、……アメリカの家屋を不快なものにすることの多い、あの地下室の悪臭に悩まされることなしに済むのである」(46)。

「紙灯篭」のような家の建てられ方は、もう一つの効果を生んだ。それはバカン、チャドウィックなど、通気性がよいことが健康的な生活にとっては欠かせない要件であると考えていた人々がみれば、強い感銘を与えたであろう。「柱が伝統的日本家屋を支えているので構造的に壁は必要ない」(47)。壁はテントのひらひらとした幕のようなもので、柱と屋根のみを残して取り払うことができる。ハーンは次のように述べている。「日本の家は、ふつう、どこでも暑い季節には、家のなかへ風を通すために明けひろげてある。窓の役割をする障子も、他の季節には部屋の仕切りになる襖も、ぜんぶ取りはらっておく。だから、家の骨組をなしている柱のほかは、床と天井のあいだには、残っている物がなにもない」(48)。国内を旅した際に、モースはこのようなことに気がついた。「路に接した農家は、裏からさし込む光線に、よく磨き込まれた板の間が光って見える程あけっぱなしである。……家屋が開放的であるのを見ると、つねに新鮮な空気が出入していることを了解せざるを得ない」。「家の一面は全部開いて、太陽と空気とを入れるが、しかも夜は木造の辷《すべ》り戸で、また必要があれば、昼間は白い紙を張った軽い枠づくりの衝立で、きっちりと締め切ることができる」(49)。クワの木の皮からつくられた強くて白い紙は軽く、西欧のガラスに代わる効果的な代替物といえる。おかげで障子は容易に動かすことができるし、地震の危険性がつねにあることを考えるとおそらく(ガラスよりも)ずっと安全であったといえるだろう。

日本の住宅はすきま風が入るといって不平をもらしたものもいた。「衣服が体を覆うのに不十分だっただけではない。住宅はすべて例外なくすきま風がひどすぎた。日本の家の壁は木の枠に紙を貼った、障子でできているからだ」(50)。チェンバレンは、「ある年輩の外交官が、日本の旅館に滞在中に、ドアを閉め、すき間をふさぐようにもてる時間をほとんど使って努力してみたが、無駄であった。彼はよく私たちに向かって叫んだものである。『でも日本人は風が大好きなん《メ・レ・ジャポネ・ザドール・レ・クーラン・デ》だ《ール》！』」(51)と語っている。

それにしても、通気性がよいということは健康によいというのがおおかたの合意する点であった。「これらの家に住むことは非常に健康によいということにふれるのを忘れてはなるまい。そしてとくに、これらの家々はわれわれのヨーロッパの住宅よりすぐれているということもだ。なぜならこれらの住宅がすべて杉材あるいはモミ材でできており、それらはこの国で大量に生産されるからだ。また窓が工夫されており、それらを開け放つことにより、また部屋を分けている仕切りをすべて取り外すことにより、空気が自由に通り抜け家中を循環することが可能となる」(52)。モースも同様の結論、「冬季に部屋の温度の低いこの日本の家屋が、赤々と燃えるストーヴとか、暖房炉とか、スティーム・ヒーターとかによって保温されたわがアメリカの共同住宅（アパートメント）に比較して、はたして、健康に好ましくないなどと言い切れるかどうか」に至った(53)。チェンバレンが自信をもって述べているように、「衛生の立場から日本の住居を研究した医者たちは、彼らに完全健康証明書を与えているのである」(54)。

襖と障子をあわせて用いることの利点は暑い季節には感じられたが、夜間や寒い季節においては困ることになった。眠るときの問題の解決方法の一つは、イザベラ・バードはこれを受け入れなかったのだが、「夜になると彼らは、世捨て人のように自分の家をぴたりと閉めきってしまう。家族はみな寄りかたまって、一つの寝室に休む」というものであった(55)。問題は要するに、燃料が不足していたということ、それから木造の家に引火する危険性があることであった。「煙突やストーブは国中どこにもない。しかし寒気は厳しく一〇月から三月末までは部屋に暖房を入れざるを得ない。暖房は大型か小型の、広く突き出た縁付きの銅火鉢を使う」(56)。キングによると「燃料の問題に対して彼らが到達した解決法、そしていかに体を温めるかについての解決法」とは、「直接的でもっとも単純なものだ。体を温めるための燃料を必要としないようにたくさん着込むこと、そして食用や家畜の餌などとしては使い道のない穀物の固い茎などを燃やして燃料とすること」であった(57)。

ヨーロッパにおける大きな薪や石炭を用いた炉と対照的に、日本人は小さな炉しかもたなかった。これは燃料の使用という点からは非常に経済的であり、その周りに人々が寄り集まることから密度の濃い社会関係をつくり出した。炉の周囲は床になっている場合もあれば、堀り込み式で下半身だけ暖めることができるようになっている場合もあった。モースは火鉢の使用と、また人々が一般に寒さに関して鈍感であったことを指摘している。「家のなかの人工的な熱は、陶器、磁器、青銅等の容器に入った一部分灰に埋った数片の木炭から得る。日本人はわれわれほど寒気をいとわぬらしい。昨今は軽い外套を着るほど寒いのだが、彼等は暑い夏と同じように、薄いキモノを着、脚をむき出して飛び廻っている」。あるいはまた、「地面には霜が強く、町に並ぶ溝は凍りついているのに、小さい店は依然あけっぱなしてあり、熱の唯一の源は小さな火の箱すなわちヒバチで、人々はその周囲にくっつき合い、それに入れた灰のなかで燃える炭に、手を翳《かざ》してあたためる」[58]。しかし夜間には、煙と火事の危険から寝室で火鉢を使うのは難しかった。「日本人は寝るときに部屋に大きな火鉢を置くようなことはしない。彼らは比重の重い有毒なガスが発生して、布団を敷いて寝ている床にそれが充満するということを知っている。それで彼らは火鉢を外に置くか、注意して火鉢のなかに『十分なまだ燃え切っていない炭』があり低い温度で燃えているよう気を配るのである」[59]。

住宅の配置と構造に関するもう一つの重要な点がある。すでに述べたことであるが、日本人にとって、ソトとウチとの間には、強い象徴的な対立があった。これは西欧人にとってはわかりにくく、しばしば誤解の原因となった。ハンレーが説明するように、日本の住宅、とくに大きな住宅は「住」空間と「作業」空間とに分かれていた[60]。大きな家の「作業」空間には、屋外便所、厩、そして炊事場が含まれる。つまり「作業」空間はソトとウチの中間に存在する。それは「住居」のなかにあるが、同時にソトの汚れの世界の一部でもある。したがって住空間において要求される高い清潔さの水準はここではあてはまらない。このような「作業」空間は地面に直接、接しており、床は土間である。炊事場はとくに調理の際の煙とゴミとの接触により汚れる。モースはそのような炊事場を描写している。「台所が通りに面していることは、魚菜の行商人などが台所に出入りするのに好都合なのである。台所が通りに面していないアメリカの場合だと、そのあたりのささやかな芝生に、きまって肉屋の包装紙やその日の楽しい食事を回想させる物が一面に散らばってしまうということになる」[61]。純粋な領域、それは汚れた地面からは離れており、木の床と畳が敷かれ、靴を脱いで上がらなければならない。これは清潔さが維持されるべき住領域であり、そこで家族が眠り、食事をし、社会的生活を営むのである。

もともと比較的裕福な日本の住宅は藁の一種で覆われた板を使っていたらしい。ハンレーは畳は「日本文化のなかで本当にユニークな特徴の一つ」[62]であると考えていたが、その畳で床を覆うという習慣がいつ頃から始まったのかは明らかではない。ある説明によると「十五世紀の終わりにかけて厚い藁でできた四角いマットレスに細かく編んだイグサをかぶせたもの（畳）が用いられ、一家の主はそのうえに座ったりその上で寝たりした。これらの畳は標準の大きさ（たて一間、よこ半間）でつくられていた。家のなかで畳の敷かれた領域は清浄で家の真の中心であった[63]。ハーンはそれを言葉巧みに表現している。「毛ぶとんのように当りが柔らかで、しかも塵っぽひとつない清潔な床、これがそのまま寝床でもあれば、食卓でもあり、ときには机にもなるのである」(64)。他にも清潔さを強調する人々がいた。「床マットはいつもしみひとつない清潔さだ。床や壁の板張りの白や黄色の木も同様で、それらは頻繁に掃除され、その明るさはしみによって損なわれることは決してなかったのである」(65)。オリファントによれば「どの部屋も、例によって、詰物をした畳が敷きつめてあった。入念に清められているので、われわれはそれを汚さないように、はじめのうちは靴下か日本の靴下［足袋のこと*］で歩き回るようにした」(66)。「日本人は履物をはいたまま家に入ることはなく、玄関か入口の脇にある足台に置く。したがって家のなかではいつでも素足で、きれいな畳を汚すことはない」(67)。イザベラ・バードはそれほど納得していたわけではなかったようだ。彼女は下に何か住んでいると思っていた。「畳は外面がかなりきれいであるが、そのなかには虫がいっぱい巣くっており、塵や生物の溜まり場となっている」(68)。

住居は清潔であり、齧歯類動物や昆虫、そして細菌やその他の微生物が隠れる場所があまり見られなかったが、それは日本人の家具に対する態度によりさらに助長された。ハーンは重要な点を見抜いていた。「ヨーロッパ流の意味でいう家具というものは、日本には、ひと品もない。ベッドもなければ、テーブルもないし、椅子もない」(69)。しばらくするとこのように言っている。「日本の内装になじんでくるとともに、西洋の内装に嫌気がさしてくる。それがいかに広々としていて、快適で豪華な家具が置かれていようとも」(70)。「満足気にじっと視線を注ぐような物品が、眼前にほとんど存在しないような絶対の清浄と洗練こそが、日本人が努力して止まない屋内装飾の極意なのである」(71)。「この国の建物はきわめて単調で、家具は数少ない。……部屋には箪笥、引き出し、長椅子、寝台、机、椅子、時計、鏡等々はない」(72)。ほとんどすべてのことは地面の高さでなされる。つまり、再び同じ表現になるが、まるでテントのなかのようなのだ。地面の上で足よりも上にあるものはほとんど何もない。壁にかけてあるものも、大きな家具もない。棚もほとんどない。

そこにあるものはすべて表面がニスや漆といった素材で加工されていて、見た目が美しく清潔なデザインであった。「ウルシ、すなわちワニス用樹液をとる樹木はこの国においてもっとも貴重で有用な木である。乳汁のようなこの木の樹液からわれわれが『ジャパン』と呼んでいる漆がつくられ、それはあらゆる家庭用品、食器、木製の皿の上塗りに用いられ、漆器が仕上げられる。天皇からもっとも貧しい農民にいたるまで漆器を使っている」(73)。「彼らの生活の習慣は、明らかに、きわめて単純だ。畳を敷いただけの、大きすぎることもない、概して清潔な部屋、一種の壁の凹み［床の間*］にいれられている若干の棚ないし漆塗りの低い板切れ、若干の漆塗りか磁器製の茶わんと皿、および脚付きの盆——歳入が何万石という単位ではかられる大名から、その日暮らしの生活をしている小売り商人や農民にいたる人びとの、設備の十分ととのった家の全家具を見てみたまえ」(74)。ウルシが塗られていない場合、同様の効果は磨くことで得られた。「これらの廊下の床は磨かれて非常になめらかになっていた。ウルシをかけたり、油を塗ったりワックスを塗ったりすることはないが、毎朝風呂の湯につけて絞った布で拭き取られるのである。そうすることで十分な油分が与えられ次第にこのような独特の光沢が出るのである」(75)。

このような簡素さのため、日本の住宅の住空間を清潔に保つのはより容易なことであった。しかし、家をしみ一つないようにするため大きな努力が払われていた。「羽毛と竹のほうきと多量の水と空気が、清潔さを保つ手段となっている」とオールコックは書いた(76)。「縁側はまず濡れた布で拭き取られ、その後ほとんど乾いた布で拭いてツヤが出される。居間では長火鉢を拭いて磨くのが時間のかかる仕事で、東京の主婦たちは自分の長火鉢の見栄えを誇っている。一家の主婦は部屋の清掃を監督し、ときには自ら手を貸した」(77)。「このような住宅の清掃は日本の家屋のように家具が最小限であるにしても、丹念な作業となる。家のなかのすべての箱や押入れ、ガラクタ入れは掃除され、整頓される。畳は上げられ、掃いてたたかれる。天井から床にいたる木製の木細工は念入りに洗われ、しっくいと紙の壁は紙たたきで軽くたたかれる。このような日本のはたきは、われわれのつかう羽のほこりとりの替わりである」。さらに、しばしば、「すべての布団や衣類は日光にあてて干されなくてはいけない。掛け物やその他の一家に伝わる骨董品は包みから出され、注意深くほこりを払い、もとどおり包まれて、箱にしまわれる。そして家と庭は完全な状態に修復される。このような作業は、すべて終わるまでにはおよそ一週間の時間を要する」(78)。医療班が日本を訪れ、一九二六年に次のように記している。「内装はきちんと清潔である。すべての部屋は一日に二度掃き清められる。一年に一度か二度、すべての家具、すべての畳は部屋から取り出され三時間から四時間日光に当てられる」(79)。

日本の住宅に用いられた素材は、レンガづくりの家に比べ耐久性が劣るという否定的な側面をもっていた。木材と竹は膨張や収縮により亀裂が生じ、そこにほこりがたまっていく。また竹と木材には虫が群がり齧歯類動物にかじられやすい。湿気、腐敗に侵される。床がイグサや藁といった自然の繊維で覆われている場合、磨耗するのは避けられない。都会の住宅は何十万人という人々が群がって生活している結果、年月とともに汚れが堆積していくことになった。だとするならば、巨大な都市全体がどのように「大掃除された」のか。その答えは、一挙に片づけ、きれいにする力、だが破壊力も最大のもの、火事であった。

日本の都市の特徴の一つとしてあげられるのは、火災の被害を何度も受けていたこと、そして住民たちは大火を「自然」なものと考えていたということである。たとえば東京（江戸）において「火事は『江戸の花』として知られていた。それは隅田川南東の土手に見られる桜の花や、入谷の朝の景観、あるいは団子坂の菊といった今でも東京で知られている街のすばらしい風景と並び称されていたのだった」(80)。非常に注意が払われていたのに、「木造建築の薄っぺらな、火を引きやすい性質のために、毎年のようにこの都会の広い区域が焼け落ち、多額の財産はいうに及ばす、時に生命でさえも亡ぼされるのに、何の不思議はない」。「保険というような制度はないが、商人たちは平均七年に一度焼け出されることを計算し、この災難を心に置いて、毎年金を蓄える」(81)。この七年という数字は、オールコックによって確認されている。「この広い街全体が部分ごとに連続して消滅し、七年ごとに建て直されるのである！　火事を告げる鐘の音を聴かずに夜が明けることはない。すさまじい音で近隣に響きわたり人々を叩き起こすのだ」(82)。ヒュー・フレーザー夫人は次のようなことに注意を留めた。「あらゆる種類の火事が異なる名前で表現される。火事に関する包括的な用語体系が存在するのだ。たとえば意図的な火事を表す言葉があれば、偶然の発火による火事をあらわす言葉、そして隣の家からの類焼、落雷による火事などである」(83)。

モースは最初、火事に対する方策にはいくらか批判的であったが、のちにその技を評価するようになった。モースの直前に日本を訪れた外国人によると、「たくさんの消防隊がおり、とてもよく組織され、驚くほど効率的である」(84)。十九世紀後半になり、火事対策が進歩するにつれ、火事の起こる間隔が長くなったことは確かである。その結果ハーンは次のように考えた。「だいたいにおいて日本の都市は、一世代のあいだに、かならず再建されている、と大づかみに言ってもさしつかえない」(85)。このようなより長い間隔は完全にありがたいものとは言えなかった。「かつては平均的な住宅の寿命はおよそ三〇年だった。しかし現在では火事の頻度が減ったため、住宅に住む期間は長くなった。家の所有者にとってこれは喜ばしいことだ。だが実際のところ、築三〇年以上たった木造住宅は住みやすいとはいえない」(86)。

テントという比喩に戻ってみよう。あたかも日本人は皆、周期的にテントをたたみ、そしてまたそれを建て直したようなものだ。火事の後は、「地面が熱くて、まだ冷め切らないうちから大工たちは壊滅した建物の再建にかかった」(87)。火事による損失は最小限に押さえられた。というのは住宅は簡便で安かったし、家具はほとんどなかったからだ。また貴重品を大量に所有する場合、レンガでできた耐火性の貯蔵所に入れていたのだった。火事は恐ろしい災難ではあったが、火事による生命や財産の損失というのは完全に無駄な犠牲というわけではなかっただろう。なぜなら、火事によって都市は浄化されたからである。

公衆衛生に対する効果は劇的なものであった。朽ちた木材、畳、寝具とともに害虫、昆虫や貯まってしまった廃棄物が大量に焼かれて灰になった。一六六六年のロンドンの大火は、イングランドにおける健康の改善にとっての転回点として知られている。日本の都市は一度の大火を経験したのではなく、何度も繰り返し火事を経験したのだった。もちろん、それは循環的な過程であった。つまり頻発する火事と地震のため、住宅は簡素なつくりになった。そしてそのような住宅は火に弱く燃えやすかったのだ。さらに、このことが日本においてどのような効果をあげたかについては注目に値する。このような必要性を象徴的なかたちで示しているのが、伊勢神宮の神殿である。それは過去一千年にわたり、二〇年ごとに再建されている。再建のたびに、隣接した右と左の場所に位置を変えている。住宅を建て直し、新しくしていくのは長く続いた日本の伝統である。他にも要因はあるにせよ、このことは一九四五年の空襲の後、日本の都市が例外的な勢いと速さで再建された事実を説明するのに役立つだろう。

これらの要素が組み合わさることにより、日本人は大規模な農業文明においてかつて見られなかったような清潔な空間を得ることができたのである。「日本人の家がわれわれの住宅のように大きくなく、高くなく、そして建築が丈夫でないとしても、一方で、彼らの住宅は通常では見られないような、そのきちんとした様と清潔さとで評価されるのだ」[88]。

最後に、熱帯性の病気のもっとも危険な媒体である蚊について考えることで、日本の家屋の形と設備とが、健康に劇的な影響を与えていたであろうということが示されるだろう。すでに見たように、日本には蚊がたくさんおり、マラリアもかつては広く見られた。しかしもっとも遅く見積もっても十七世紀には、マラリアはさほど致命的ではなくなった。DDTの使用以前に、どのようにしてマラリアの撲滅にこれほどまでに成功したのだろうか。

説明のいくつかは、すでに考慮した要因のなかに見出されるかもしれない。さらに、日本人はさまざまな自然の捕獲者を使うことにより蚊の数を減らすように努めていた。蚊が繁殖する井戸には特別な注意が払われた。「日本人がフナと呼んでいる小さな魚がそれだ。井戸水のなかにいる虫を退治させるために、たいていどこの家の井戸にも、一ぴきか二ひきのフナが飼ってある」[89]。ある種のカエルは「こいつが一息スーッと息を吸うと、その一息で、家のなかにいる蚊が全部、こいつの口のなかに吸い込まれてしまうと信じられている」[90]。「蚊の天敵に恐ろしい形態の〝ゲジゲジ〟と称ばれる虫が居る。日本人は蚊をたくさん食べるこの虫を大事にする」[91]。しかしこれらのどれをとっても単独では蚊を駆除することはできなかったのだった。

日本の場合、住宅に関連してもう一つ考えるべき要素がある。すでに言及した採光と通気とは別に、もう一つ別の要因の発達が重要だった。それは蚊帳が広く使用されたということだ。蚊や他の人を刺す虫に対して網を使うという考えはたいへん広く行きわたっているように見られる。このような網の使用は、たとえばローマ人の間でも見られた。なぜなら蚊避けの網を見て「ホラティウス、ユヴェナリス、プロペルティウスといった詩人がからかった」と言い伝えられているからである(92)。また、ニーダムの『中国科学技術史』によれば、蚊帳についての最初の言及がされるのは十八世紀の植物学者によるものだが、中国人はこのような思いつきをもっと以前からもっていたに違いない(93)。しかし普通の人々がこれほどまでに広く二十世紀以前に蚊帳を使っていた文明は、われわれが知るところでは日本だけである。

チェンバレンによれば、蚊帳は十六世紀にポルトガル人によりもたらされたものである(94)。しかしこれから見ていくように、ポルトガル人が到来するずっと以前から蚊帳に類する考え方は日本人の間に見られたのだった。チェンバレンが言及していたのは、蚊帳の使用が限られた裕福な階層からより多くの一般の人々に広がった時期なのかもしれない。

蚊帳の歴史については小川光暘が概観している(95)。小川によれば、「古代」において、すなわち十二世紀以前には、蚊帳は蚊屋帷《かやかたびら》と呼ばれていた。この時代の絵画を見ると貴族の寝床にはカーテンがかかっているのがわかる(96)。十二世紀や十三世紀には蚊帳は上流階級に限られたものだった。十五世紀までには貴族や武士の間によく見られる贈り物となった。当時蚊帳は奈良近辺でつくられ、家内工業の形態をとっていた。主な素材は生糸だった。

十七世紀までには蚊帳は大規模に大量生産されるようになった。生産の中心地は奈良から近江(滋賀県)へと移った。近江の卸売り業者(問屋)は越前から麻糸を入手し、染色、織りと、網に仕上げるという生産のすべての工程を行った。行商人がいろいろな場所で蚊帳を売り、後には問屋が江戸(東京)と大阪に支店を開いた。蚊帳は壁に引っかけて使うようにつくられており、これは朝になると取り外すことができるので便利であった。このような様式が発明される以前には、蚊帳は竹の棒でできた枠にはめられていた。素材でもっともよく見られたものはリネン(亜麻)で、ときには木綿や紙も使われた。最終的には緑の亜麻の蚊帳がそれらに取って替わった。紙の蚊帳は貧しい人々の間においてのみ使われ続けた。

十八世紀に蚊帳は木版画のなかに夏の風物として描かれるようになる。人々の背景に吊り下げられた蚊帳が描かれた絵がたくさん見られる(97)。少なくとも十八世紀には、蚊帳が広く使われていたということができよう。後には、もっとも貧しい家々においても蚊帳は見られるようになった。十九世紀後半の農民の家では、「初秋の風がつり放しの蚊帳の裾をさらさらと吹いた」。夜中に人々は小さな網状のものを顔につけて歩き回っていたようだ。長塚節は描写している。「彼らのある者はさらに夜の眠りにつく前に戸口に近く蚊帳の裾にくるまってはひそかに雨戸の外に訪れる男を待とうとさえするのである」(98)。子供用の特別な蚊帳も売られていた(母衣《ほろ》蚊帳もしくは枕蚊帳と呼ばれた)。それは竹骨のほろに布を張るものだった(99)。鵜飼いの漁師たちは「この鳥をとても大事に飼うので、夏には、気持ちよく過せるように蚊帳《かや》を吊ってやるほどである!」とさえ言われている(100)。

理想的な蚊帳についてはロバーツが述べている。もし蚊を撲滅することができないのであれば、「蚊帳を使うか、あるいは蚊を近づけないような部屋(あるいは家全体)を使えばよい。寝床にかける蚊帳は約二・五センチあたり最低一八目の網であり、最上の蚊帳は四角で、綿あるいは別の素材で約三〇~四五センチくらいの幅の縁取りがしてある」(101)。日本人は理想的な蚊帳をつくり出したようだ。モースは部屋に入ったときに、「四角い箱の形をした、恐ろしく大きな緑色の蚊帳が部屋の四隅からつられた」様子を描写した。「その大きさたるやわれわれがその内に立つことができるぐらいで、ほとんど部屋いっぱいにひろがった」。別のとき、彼は「文字どおり蚊でいっぱいになっている」部屋で床についたのだが「私は蚊を一匹も入れずに蚊帳のなかにもぐり込んだ」。また、彼が蚊に悩まされたとき、「私のボーイ(日本人)が部屋全体にひろがるような蚊帳を持ってきたので、私は畳の上に寝た」(102)。ハーンは「茶色の蚊帳をはずして、寝起きたばこの火のために、新しくおこした炭火を入れた火鉢を持ってきて、それから、朝飯をとりに、また部屋を小走りに出てゆく」召使いに感謝を示している(103)。シッドモアは、述べている。「人々は夜になると音をたてて雨戸を閉め、ほとんど部屋と同じくらいの大きさの緑の綿でできた粗い蚊帳を吊る。それは天井の四隅で固定され、かび臭い、日本のものにまとわりつく独特の匂いを発散する。そしてそれはとくに梅雨の季節には避けられないものだった」(104)。

ここで重要なのは形と大きさである。蚊帳が覆うのは眠る空間だけではない。部屋全体を保護していたのである。言葉を換えて言えば、いくつかの要素が同時に働いたため、効果的な蚊帳が発達することになった。すなわち部屋が小さいこと、家具がないこと、蚊帳の製作のためのよい材料が手に入ったこと、緻密な工芸の伝統とそれらをつくる労働力の存在といった要素である。「この国のすべての家は、ある一定の規則にのっとって建てられている……縁側、すなわち外側に面した廊下の幅はつねに約九〇センチである」という事実と、内側の部屋は畳の基本的な形にもとづいていることから、標準的な大きさの蚊帳をつくるのは簡単だったわけである(105)。夕暮れになり蚊が出てくると蚊帳は吊られた。寝るときだけではなく、夕暮れどきの間も人々を蚊から保護したのである。

マラリアを感染させるマダラカは夕暮れに刺すからである。

ジェフリー夫人は蚊帳の性格とその効用についてうまく述べている。「日本の蚊帳は部屋のサイズに合わせて作られており、四つの角を吊すと部屋全体が網戸のなかに入ったようになるので、ベッドの上から吊す西洋式のように息苦しくない。後に海岸の小さな日本家で暮らすようになってから蚊帳のよさがわかった」(106)。つまるところ、日本人はテントのような住宅のなかに蚊を寄せつけないテントを張ったというわけだ。トゥーンベリは次のように描写する。

復路の旅は雨期にあたり、われわれは大いに蚊に悩まされた。とくに夜間は苦しめられ、ときには睡眠を奪われた。そこでわれわれは、緑色の目の粗い布地で作ったカーテンのようなもの〈蚊帳〉を買わざるを得なかった。それはこの吸血虫を防ぐのにどこでも使われていた。このカーテンはたいへんに広いもので、天井に結んで布団のまわりに下まで垂らす。入口は下から入る以外はない。持ち運びは実に簡便であり、また非常に目が粗いので空気の出入りを妨げるようなことはない。(107)

このような網は素晴らしく、人々を蚊や、その他いろいろな虫から保護するために、広く普及したのであろう。たとえば、チェンバレンは「ブユは一種の小さなナット（家蚊）」で、「夏の季節には多くの山岳地帯にはびこる」と述べている(108)。しかしながら結果としては、もっとも遅くとも十八世紀までに、アジアの諸地域とは異なり、日本ではマラリアは人々を死に至らしめる病気ではなくなっていたようである。

結論として私たちが言えることは、イングランドの住宅は一般的に頑丈で耐久性がよかったということである。煙突、窓ガラス、上質の床と新しい家具とが用いられた結果、それはより快適なものになった。国民の驚くほど多数の人々がこのような快適さを享受しており、イングランドの住宅は応分に健康に貢献していたと考えられる(109)。しかし、住宅が強固であるがゆえに害虫もまた何代にもわたり安全に住み続けることができたのである。金持ちのために建てられた住宅は朽ち果てた末、貧困層の住むスラムと化した。住宅の状態がもっとも悪かったのは逆説的ではあるが十九世紀である。当時、貧しい人々の住宅事情はかつて見たことのないようなどん底にあったのだった。

日本の住宅はたいへん異なっていた。明るく風通しがよく、建物は高くなく、軽量であった。日本の住宅は古くなるとつねに建て直され、あるいは火事で焼失した。通気性はすばらしく、家具は最小限のものだけであった。住宅はほとんどしみ一つない清潔な状態に保たれていた。丈夫なイングランドの住宅のように、心地よいが健康に悪い、こもった空気がないおかげで、冬になると寒くて快適ではなかったにせよ、日本の住宅はこれ以上ないほど健康にとってよいものとなった。

13 織物、衣服、履き物

人にとっての貝殻である住宅よりもさらにヒトの身体に近いものは、自らの身体を覆うさまざまなもので、それは寝具や上掛けの場合もあれば、履き物も含めた衣服の場合もある。何を身につけるか、どのように身につけるか、そしてどのくらい頻繁に洗濯をするか、が健康にたいへん大きな影響を及ぼすことは想像に難くない。それは衣類に棲みつくノミやシラミやダニ、他の病原を運ぶ生物の蔓延と明らかなつながりがある。イングランド人と日本人は「十分に体を保護することと適度な通気とを兼ね備える」[1]というあらゆる衣服に内在する矛盾をどれだけ、そしてどのように解決したのであろうか。

何世紀にもわたって多くの観察者たちが述べているように、イングランド人はオランダ人とともにヨーロッパのなかでもっとも品質が良く、豊かな衣類を身につけていた。考えられるいくつかの理由は、一般的に豊かで、国民に富が行きわたっていたこと、流行にとても敏感であったこと、輸入品、国産を含めてさまざまな布地や糸などを入手することが可能であったということである。十五世紀にはフォーテスキューが自分の周りに住んでいたフランスの農民のみすぼらしい衣服について書いている。「彼らの外套は麻でできており、粗布に近い。毛織物を着ている者はなく、例外として見られるのはたいへん粗いもので、上述した上着の下に着る物に限られる。彼らはまた長靴下も履かず、覆うのは膝の上だけであり、その他は素足である。女性は祭日を除いて裸足でいる」。一方、イングランドの田園部の同じくらいの階層の人々は「すべて立派な毛織物の衣服を着ている。家のなかではベッドの上掛けもたくさんもち、またその他のもろもろの毛織物もたくさんある」(2)。十六世紀にエールマーは裕福なイングランド農民とイタリアの農民と比較した。イタリアでは「一番上等の外套でも粗い麻布製で、靴下はなく、裸足である……」(3)。十七世紀にヨーロッパ中をほとんど旅した後、ファインズ・モリソンは次のように考えた。「イングランド人の衣服はフランスのもっとも軽い衣服よりも軽く、もっとも高貴なペルシア人よりも豪華である」(4)。十八世紀には、アーサー・ヤングの見積もりによるとフランスの労働階級は「イングランドの同一階級よりも……衣類の状態は……七六パーセント悪かった」(5)という。ヘンリー・マイスターもまた、十八世紀の終わりに書いている。「イングランドの労働者はフランスの労働者よりも身なりがよい」(6)。一七八四年にラ・ロシュフーコーは「あらゆる階層の人々、近隣の田舎からの農民から召使いまでもが身なりがよく、おどろくほど清潔に見える」(7)。

ド・ソシュールは「低い階層の人々はたいてい身なりが良く、質の良い布地、麻布を着ている。イングランドでは木靴を履いている者は見かけず、もっとも貧しい人々が裸足でいることはない」と記した(8)。裸足でいるかどうかは、とくに相対的な富の指標となる。ブローデルは近代初期のヨーロッパについて言及しており、「通常誰もが裸足でいた、あるいはほとんどの人がそうであった」という(9)。より貧しいスコットランド人の間では靴が見られなかったことは多くの観察者が記録している(10)。イングランド人は良質の丈夫な靴を履いていたが、これは彼らの牧畜農耕のためであり、皮が入手しやすかったということで、ある程度説明がつく。

立派な衣服を好むという嗜好は裕福な階層から中流階級へと広がっていったが、それは多くの批判を生んだ。十六世紀には、フィリップ・スタッブスやその他の人々が、行き過ぎを批判している。それによれば、自作農よりも下の階層の人々さえもが、「絹やベルベットサテン、ダマスク［緞子《どんす》］、ダマスク製のリネン類」、タフタなどを日常的に着ていた」。彼は世界の他のすべての国はイングランドの衣服よりも「かなり遅れている」と考えた。そして「イングランドの人々ほど新しい流行に関心をもっている人たちはいない」と考えた。いくらか誇張された言い方ではあるが、彼は次のように不満をあらわしている。イングランドにおいて「すべての農民は壮麗な襟と巨大なひだえりを好んで着るが、これはいったいどのぐらい費用がかかるものなのだろう」。そして彼はイングランドの男性が身につけた高価でぜいたくなシャツやダブレット［男子用の上着］、長靴下、外套やその他の衣類について説明している。女性の衣類も同様にぜいたくで、罪深いとさえ言えるものであった(11)。十六世紀中葉の度を超した衣類について不満をこぼす者もいる(12)。何世紀にもわたってそのような不満は続いていた。より近年の社会史や経済史の研究者の描写によれば、十六世紀や十七世紀において、裕福な人々のみならず、自作農、農夫、労働者もが、あり余る衣料をもっていたという(13)。

スタッブスやその他の人々の警告に留意した人々もいた。十六世紀のプロテスタント宗派の人々から、十七世紀の清教徒まで、自制を重んじる要素と、堅固な簡素さを保とうとする要請とがいつも見られたのである。このような豊かさと簡素さとの混合について、たとえばド・ソシュールは次のように記している。「クェーカーの衣服はもっとも単純で簡素なカットではあるが、非常に質の良いものである。彼らが身につける帽子、服、そしてリネンは最良のものであり、女性たちが身につける絹の薄い織物も同様である」(14)。

バカンはさまざまな種類の衣服が健康にとって不可欠なものであると感じていた。「体からの発汗による継続的な放出物により、衣服を頻繁に取り替える必要がある。衣服を変えることで、健康にとってとても必要な、皮膚からの分泌が大いに促進される。発汗により捨てられるべき物質が体内に残されるか、あるいは汚れた汚物から体内に再吸収されるなら、病気に至るに違いない」。もっとも健康によい衣服の種類としては、「とくに何らかの洋服の形態を推賞するとするなら、クェーカーと呼ばれる人々が着ているものであろう。彼らの服装はいつもこざっぱりとしており、清潔で、しばしば優美であり、しかも余計なものは何もない」(15)。

衣服と健康との関連を考える際にもう一つ重要な側面がある。それはどのような種類の素材が用いられているかである。かつては羊毛の織物が広く使用されていた。それは暖かく、長持ちするという利点があるが、清潔に保つのは難しく、洗うと縮んでもつれてしまう。煮沸することはまったくできない。さらにシラミの理想的な住処となる。十六世紀にはフランダースやオランダから、より軽い「サージ」が導入され、それには多数の虫や汚れが付着することはあまりなく、衣類の重要な改善となったのである(16)。

また、リネンの使用も重要であった。それは肌着として、また食卓用の布として用いられた。この期間に家庭でリネンの衣類が生産された多くの証拠がある。またそれが広く使用されたというかなりの証拠もある(17)。たとえば、十六世紀後半の多くのオックスフォードシャーの家財目録にリネンが見られる(18)。トライオンが十八世紀初頭に書いたように、「可能なら皆、リネンと羊毛の衣服をともに頻繁に取り替えるだろう」(19)。麻もまた、シーツや、丈夫で長く用いるための物に掛けるカバーとして広範に使用された(20)。

イングランドに木綿の生産が見られるようになったのは十六世紀後半であり、それはやはり、軽い羊毛の技術をもたらしたオランダやワロンの移民とともにもたらされた。一六〇〇年までにファスチアン(羊毛と木綿の混合)織りがランカシャーのボルトンやマンチェスター周辺で確立した。しかし機械化の進展により、梳毛《そもう》機や多軸紡績機、フライシャトル［織機の杼《ひ》］、精紡機や「ミュール精紡機」などを通じて、木綿生産の費用と量とが革命的に変化したのは十八世紀になってからのことであった(21)。一七三〇年代から「木綿はそれまでの織物においてかつて見られたことのない速度で成長した。そして産業革命初期の典型的な成長産業とみなされた」。このように突然生産が拡大したのは、「木綿が消費者と生産者両方にとり魅力的な質を兼ね備えていたからである。染料が染まりやすく、洗濯が容易で、麻布や毛織物よりも通気性がずっとよい。主要な競合製品である毛織りや麻布に比べ、木綿せんいは機械化が容易であった。さらに原材料の供給に順応性があった」(22)。

　この新しい布が健康に与えた影響はどのようなものであったのだろうか。三つの特徴が考えられる。木綿は頻繁に煮沸することが可能であり必要である。「木綿は臭いを吸収するので、羊毛よりも頻繁に洗濯をする必要がある」(23)。洗濯をしても、羊毛と異なり、木綿の繊維が破壊されたり縮んだりすることはない。もっとも重要なのは、ヒトの多くの病気の原因、とくにチフスの原因となるシラミやノミが木綿に居着くのがより難しいだけでなく、規則的な洗濯の結果、それらが抹殺されてしまうことである。チェンバーズは一七七〇年代以降のノッティンガムにおける死亡率の低下を説明しようとしたが、「ノッティンガムはむろん木綿の町であり、そして実際、一番最初の木綿の町であった」ということ以外の要因はなかった。彼は言う、「世紀末までには、木綿製の靴下、下着、キャラコ、ベッドの掛け物、シーツが羊毛製のものを凌ぐであろう。木綿は煮沸でき、それはチフス菌を運ぶシラミにとっては致命的である。木綿への転換はとくに大都市の貧困層にとって利益をもたらすだろう」(24)。

　ドロシー・マーシャルはプレイスを引用して木綿の使用が女性の下着にとってとりわけ重要であったという見方を支持している。木綿の下着が導入される以前には、「商人や紳士の妻と年長の娘たちは、寒冷紗のコルセット、もしくは鯨のひげで張りをつけたフル・ボンド・コルセットと呼ばれるものを身に付けていた。これらは毎日毎日何年間も着られたが、決して洗われることはなかった。小売り商人の妻や成長した娘たち、さらにジェントルマンの妻や娘たちでさえ、染めたリネンで縁取りをして、羊毛と馬の毛を詰めてキルティングにしたキャンブリックのペチコートを着ていた。これらもまた、ぼろぼろになるまで毎日着られた」。プレイスの観察によると、木綿の製品は「値段がより安く、洗濯が必要であったため、当然清潔になったのである。……このような素材そのものの変化はいわゆる上流の人々に限られたのではなく、かなりゆっくりではあったが、もっとも身分の低い階層の人々にまで行きわたった。これらの人々は皆、とくに女性に関する限り洗濯可能な衣類を着ている。衣類における清潔さは必然的に他のこまごましたものの清潔さを伴った」[25]。このように一七〇〇～一八二一年の時期にかけて労働者階級は「非常に……人も住居もより清潔になったが……これは木綿生産の成功で，ある程度説明される」とプレイスは考えた[26]。

Ｅ・Ｌ・ジョーンズは，ほとんど目にみえなかったが，大変重要であった変化について描写している。

廉価な木綿の下着が導入され，裕福な人々はそれまで使用していたリネンの下着に替わって木綿を用いるようになり，労働者階級は新たなものを獲得した。原始的な共同の洗面所を使っていた時代において，健康に対する最大の伝染性の脅威は，胃腸病の感染であった。排泄物と接触した手を洗わないでいるとそれにたやすく伝染する。簡単に洗濯のできる下着がないことから，肌に炎症を起こしたり，かゆいところに掻き傷ができたりして，このように，病原菌は体から手へ，そして食物を通じて消化器系へと至った。[27]

同様に，チフスの減少を説明しようとしたランダースは，チェンバースの木綿の効果に関する理論は「いまだに多くの有効性を保持している」と述べている[28]。

重要な改善が見られた領域がもう一つある。それはすなわち寝具である。ハリソンは十六世紀において，彼の会衆が生活水準における主要な革命と考えた事柄について説明している。

われわれの先祖たち，そしてわれわれ自身にとっても，偉大な（一般的とはいえないが）住宅の改善とは，藁のベッドの上に寝ること，シーツのみで覆われた粗いマットの上に寝ること，粗織りの上掛けをかけて寝ること，長枕や枕のかわりに，上等の丸い丸太状の枕を頭の下に置くようになったことだ。われわれの先祖や家長が，結婚後七年のうちにマットレスや布切れ入りのベッド，そして頭をのせて休むためのモミ殻入りの袋を購入していたとするなら，彼らは自らを町の有力者と同じくらい暮らし向きがいいと考えた。あえていうなら有力者らとても，たぶん羽毛や羽のベッドで寝ることは滅多にないことで，家具も最低限で満足していた……枕は（彼らは言った）産褥期の女性だけが使うものと考えられていた。召使いについては，もし彼らが上にかけるシーツを持っていたら良い方である。というのは，ベッドの布や堅くなった皮の間から出てくるちくちくする藁から身を守るために体の下に敷くシーツをほとんど持っていなかったような状態だったからである[29]。

シャーマスが描いているように，十六世紀には寝具の多大な消費が見られた。彼女はまさにこれを「ベッドの時代」と呼んでいる[30]。

近代初期のイングランドにおけるベッドと寝具の多様さは、死亡の際に作成される遺書と所持品目録において証明される。ハリソンがいたエセックス州のある郡における十六世紀後期の寝具の改善に関する当時の証拠はF・G・エミソンによって要約されている[31]。十六世紀後半のオックスフォードシャーに残る豊富な寝具についての数あるリストのなかから一つ引用することで、ベッドと寝具にどのようなものがあったかを見ることができる。一五七三年頃、バンベリーのアン・ダルトは居間に以下のようなものをもっていた。羽毛ベッド、毛布一式、シーツ六組、枕と長枕六個、洗礼式用シーツと枕カバー一式、二つの毛くず入りのベッドと上掛け、寝台の枠組み三組、上等の枕カバー二枚と粗い布地の枕カバー一枚、亜麻のシーツ二組[32]。

毛くず入りのマットレスとシーツ、毛布により睡眠はより快適なものになるかもしれない。しかし寝具を定期的に洗濯して空気に当てないでいれば、ベッドはノミや他の虫にとって格好の環境となるであろう。また、十八世紀中葉からの木綿のシーツの使用の増加は、ここでの問題を考えるにあたり重要であったかもしれない。トライオンは危険性を強調していた。「住宅内、とくにベッドが清潔であることは健康の維持にとってたいへん重要である」。彼は、ベッドは隅に置かれること、またベッドは「重苦しい風通しの悪いもの」で覆われているため、とくに不健康になりやすいと考えた。「古いベッドから出る有害な臭いや腐敗した蒸気から、ナンキンムシと呼ばれる害虫が生まれる」。塵のなかからノミが出てくるように、シラミは「体の呼吸」から、「ベッドのナンキンムシ」はベッドの臭いから生じる。したがって、すべてのベッドと寝具とは、一年に最低三回か四回は、完全に洗う必要がある[33]。

衣類や寝具がどの程度清潔であったのかを評価するのは難しい。確かに、リネンの下着は洗濯できたが、絹やダマスク布、ベルベットは熱湯に浸せば傷んでしまう。同様に、羊毛も洗濯すると、からんだり縮んだりしてしまう。ホートンはロンドンで製造された石鹸の量を計測しようと試みた。「調査してみると、善良な市民の家々では、月に一回、洗濯する。家庭用の布類をすべて洗うなら、石鹸をポンドで計算して一家の頭数と同じだけの数量が使用され、階層が高くなると、それだけ服を取り替える頻度は高くなり、洗濯人は苦労を少なくしようと、それだけたくさんの石鹸を使う。……そしておそらく一カ月に一人当たり、約四五〇グラムの石鹸を、死亡表の人数分だけ配ることができる」[34]。ピープス夫人は召使いの助けを借りて家で洗濯をしていたようだが、リネンを漂白するために「漂白職人」のところに持っていった。一六六七年に「彼女ははじめてこのような洗濯をさせに行った」。このために彼女は続けて三日間、川を渡らなくてはいけなかった。おそらく彼女は仕事がどのようになされるのか見に行ったのであろう(35)。一五八二年の公共洗濯場の絵は大釜いっぱいに煮えたぎった湯と、女性が布を叩いて、ごしごし洗い、乾かしている様子を描いている(36)。おそらく、衣服の洗濯は本質的に「女性の仕事」と見なされていたために、近代の洗濯機の発明にいたるまで、技術的進歩というものは、たとえあってもほんのわずかであった(37)。

十六世紀の終わりまで、一般の日本人が身につけていた布は麻の繊維で織られたリネンであった(38)。「綿花は徳川初期まではほとんど日本のどこにも作られていなかったが、その頃平民の衣料として麻に取って替わりはじめた」。麻から木綿への変化がひとたび始まると、変化はとても速かった。「木綿の暖かさ、柔らかさ、耐久性、安価なことによって、この革命は急速に進み、十七世紀の終わりにはほとんど完成した」。綿花は朝鮮半島からもたらされ、十六世紀後半の日本統一の後、その成長と生産とは劇的に増加した。「その後、輸出量が拡大するにつれ、綿花生産、商業的綿繰り、紡績、織物生産が、［山口県の］大島郡、熊毛郡（上関）から始まって、日本海側を除いた領地全体に広まったのである」(39)。一七〇〇年代までには、大阪近辺の土地の四〇～五〇パーセントでは綿を栽培していた(40)。一方、絹は富裕層により好まれる布であることに変わりはなかった。羊毛がなかったことはモースの記述により示されている。「日本の女は、彼等の布地が木綿か麻か絹で織り方も単純なので、われわれの着ている毛織物に非常に興味をもつ」(41)。木綿は優勢となり、織りは広まっていた。「女は粗末な機《はた》で幅の狭い木綿をいそがしそうに織っている」(42)。

衣類の洗濯がどれくらい頻繁に行われていたかを測定するのは困難である。十分な洗濯はなされていなかったと考える観察者もいる。イザベラ・バードは極端な事例を紹介しており、彼女は十九世紀後半に訪ねたいくつかの村々において、汚れた、洗濯のされていない衣類についてとりわけ批判的であった。多くの病気が「衣類の清潔さに注意が払われていさえすれば……発生しなかっただろう」と彼女は考えた。「石鹸がないこと、洗濯をする頻度が少ないこと、肌につけるリネンがないことによって、さまざまな皮膚病が生じ、それは虫に噛まれたり刺されたりすることで悪化した」。「この人たちはリンネル製品を着ない。彼らはめったに着物を洗濯することはなく、着物がどうやらもつまで、夜となく昼となく同じ物をいつも着ている」。病人がたくさんおり、「そして病気の者も、健康な者も、すべてがむさくるしい着物を着ていた。それも、嘆かわしいほど汚くて、しらみがたかっている」。しかしながら、三つの点を考えておく必要がある。第一に、衣服は洗濯されていたということ。イザベラ自身が気がついて、次のように描写している。村を流れる小川があり、そこでは「村人たちは仕事から帰ってくると、渡し板に腰を下ろし、泥だらけの着物を脱ぎ、それをすすぎ、足を流れで洗う」(43)。第二に、西欧的な感覚でいう石鹸はなかったが、「床や着物を洗うのに、灰をこしてとったアルカリを水に溶かして使う」(44)。これで完全に十分であったといえよう。第三に、日本における衣服に対する見方はかなり異なったものであったということがあげられる。

世界の多くの場所において、衣服はひとつながりであり、したがって、全体として何度も使ったり再使用されたりする。日本においては、大部分の衣服は各部分のつなぎあわせでできていた。洗濯する時は分解され、また使用するために縫いあわされた。部分的にくたびれてくると、そこだけがつけ替えられた。このような作業の様子は十七世紀の記録において見られる。「新年、盆、夏、冬に衣服を取り替えるだけでは飽きたらず、人々はなにかと理由を見つけては機会あるごとに新しい衣服を買う。古い着物に対し、心ない扱いをすることを詫びる短い呪文を唱え、裁縫箱の端布とする」(45)。

人々が非常に過酷な肉体労働に従事している際に、衣類がどの程度汚れ、それがどのような影響を与えるのかについてはさらに二つの考慮すべき点がある。第一に、衣類の裁断とスタイル、第二に、日常的な活動においてどのくらい衣類が着られているのかという点。スタイルに関していえば、日本人は身体の通気性をよくするという問題を解決していたようである。人類学者クローバーが説明したように、西欧の洋服は大部分が体にぴったりと合っているのに対し、「中国と日本の衣服は裁断され、仕立てられるけれども、体にぴったりとは合わされていない。ゆったりと裁断され、袖は広く、つまり『着物』型であって、幅広の体型を想起させる。ズボンも巾が広く、ほとんどスカートのような効果がある」(46)。

日本のほとんどの着物がきわめてゆったりしているのは、暑い気候に合っている。それは体の通気をよくして、汗は木綿の上ではなく体の上で乾き、風呂に入って洗い流すことができるので、より簡単に清潔にしておくことができる。モースの観察では「衣服の簡素さ……は恵まれた階級の人々ばかりでなく、もっとも貧しい人々ももっている特質である」(47)。ある医者は女性の衣服を次のように描写した。「上に着ているものは……ゆったりとして、巾が広く、開いており、……胸はほとんどはだけている。腿《もも》と足を覆っているのはちりめんや木綿でできた薄いスカートだけである」(48)。子供たちの衣服はとくに簡素で、見た目を気にせず、ほとんどけち臭いと言ってもよいほどである。「日本の子供はとても貧弱な装いである。母親に伴われて道を歩いているときには、彼らのみすぼらしい身なりが親たちの豪華な装いとまったく驚くべき対照を成している」(49)。多くの場合、とくに、暖かいときと、きつい肉体労働がある際には、衣類は絶対的に最小限に抑えられた。モースは記している。「家のなかに入っていくと、衣類は特別な場合に限って使用されているようだ。子供たちは完全に裸である。男たちもほとんど裸、女たちは部分的に肌を出している」。オールコックは「下層階級の夏の服装は、男の場合は幅のせまい下帯［ふんどし*］一本、女はいたましくも横幅を『節約した』ペチコート［腰巻*］だけをまとう」(50)。

一般的にいって、日本人はおそらく、これ以上健康的なものはありえないような衣服のシステムを発達させていた。十七世紀の木綿革命により劇的な改善を成し遂げ、簡素さ、機能性、そして最小化が強調されたおかげで、必要な際には、日本人の作業着は身体をゆったりとしかも頑丈に覆ううえで理想的なものであり、不必要な際にはほとんど全部、なしですませることもできた(51)。十九世紀の終わりにハーンは日本人が「不養生な厚着に……毒されていない」という事実に目を見張っている(52)。日本人は多くのものを西欧から取り込んだが、「大都市においては西欧の品々が非常に人気を博したにもかかわらず、十九世紀後半を通じて日本人の基本的な衣服には重要な変化は見られなかった」(53)。たいがいの場合、日本人はほとんど着物を着ていなかったが、「衣類を身にまとうようになる」と、彼らは「十分かつ心地よげに衣類を着ている」(54)。「全体的に見て、日本の紳士の服装は――婦人の服装も同様だが――非常に優雅であり、しかも衛生的である」(55)。

広い意味での「衣服」を考える際に、周辺的ではあるがさらに三つの要素に注意を払う価値がある。第一に、ハンカチーフがある。ハンカチーフは、文明と共に未開の第三世界にもたらされた「恩恵」の一つであると見なされていた。それは道徳、衛生と正しいマナーとが混じり合ったものであった。「プリント地のキャリコと宣教師のポケットハンカチーフ」は、西洋文明というものが「油の膜」のように拡がって地球全体を覆う過程を促進するものであった(56)。ハンカチーフが衛生のために役だったのか、あるいは単に細菌の温床となっただけなのかは判断するのが困難である。日本人がもっていたものは、使い捨てであるために、健康のためにはより良かったであろうと考えられる。日本の上質の紙は、丈夫で廉価であり、世界で最初の紙のハンカチーフの使用が広範に見られたのはここであろうと考えられる。「ハンカチーフ代わりに、いつも上質の柔らかい筆記用の紙［懐紙*］が使われていた。彼らはその紙をハンカチーフとしていつも身に付けていた。それは口や指を拭ったり、身体の汗や腋下を拭くのにも使用する」(57)。シーボルトもまた、日本人にとってのポケットハンカチーフの替わりである「きちんと四角い」清潔な白い紙が、使用された後、袖の下に放り入れられ、家のなかを汚さないように、捨てる機会が来るまでそこに入れてある、と記している(58)。

第二の付属品は靴である。レーン‐クレイポンがイギリスとの関連で指摘していたように、「足を保護するものがないために、避けることができるはずの苦痛をどれほどこうむっているのかということを、この国の住民の非常に多くが、いったい理解しているのかどうかは疑わしい」。したがって「適切な履き物は男性にも女性にももっとも重要なものである。足は暖かく、乾燥しているべきだ。冷えて、じめじめしていてはいけない」(59)。

ほとんどの社会にとっての問題は費用であった。日々の農地での仕事は、どのような種類の履き物にもたいへん重い負担を与える。ほとんどの社会の大部分の人々にとって、特別な機会を除けば、履き物にかけるだけの金銭的余裕がなかったのである。この結果として、多大な不健康と苦痛がもたらされた。切り傷、打撲傷、感染、かみ傷、虫刺され、などが絶えないだけでなく、裸足であるためにかかるさまざまな病気があった。それは多様な虫の侵入から、住血吸虫病まであった。

一見したところ、日本人は靴を履かないかのように見えた。グリフィスは、「日本人はブーツも靴も履かない」と記している(60)。しかし、彼が言っていたのは革でできており、店で売っていて、靴墨が必要な、アメリカ式の靴である。実際、日本人も足を覆う物は付けたが、家畜の数が多くはなかったからそれは革製ではなかった。特別な場合、そしてかなり裕福な人々の間では、布製で、親指の部分が分かれた靴下「足袋」が見られた。木製の靴「下駄」は「雨の時や泥道には便利だった」し、足袋とともに履くこともできた。日常歩いたり、仕事をするときには、「貧しい人々は藁でできたサンダル『わらじ』を履いたが、それは短時間で編みあがる上に安くあがり、馬でさえもそれを履いていたのである」(61)。くつろぐとき、そして特別の機会には「日本人は、革ひもで締めたサンダルの一種『草履』を履いた」(62)。十九世紀の近代画において描かれる職人たちは、みな履き物を履いている(63)。十九世紀初頭には、足袋と下駄は「小作人、さらに召使いにいたるまで」よく履かれるものとなった(64)。

住宅内は、外での履き物をすべて脱ぐことにより、衛生的で清浄な空間として保たれた。「外の履き物をすべて脱ぐという習慣にはすぐ慣れることができる。塵、泥、そして細菌も寄せ付けず、そして家のなかの静寂さを守るこんなによい習慣はないし、履き物を脱ぐというちょっとした手間などたいしたことではないと思われる」(65)。住宅のなかでは、裸足でいるか、足袋を履いている状態が適しており、それでまったく十分であった。ハーンは日本の履き物は西欧のものに比べ、より好ましいと考えた。西欧の履き物は「ヨーロッパ人の足を生まれながらの形から不規則に歪め、そのためにせっかく発達した仕事もできないようにしてしまっている」(66)。中国とは異なり、日本においては女性の纏足の証拠はない。

最後に、寝具に関する問題がある。この問題に関しては意見の相違が見られる。日本の寝具の実態に関してモースは次のように描いている。「寝具は綿を軽くまたは厚く詰めたもので、蒲団と呼ばれるものを床面に敷く。敷蒲団として一枚ないし二枚敷き、別の一枚を掛蒲団とする。蒲団の詰物は一般には綿を詰めてあるが、極上のものは袋が絹製で、真綿を詰めてある」(67)。このような寝具は衛生的ではないと考える者もいた。「人々はもっとも奥まった納戸を睡眠と、家財道具の収納に使ったが、そこは家中でもっとも暗い部屋に相違なかった。柳田國男によれば、とくに日本人が木綿を寝具として使用し始めてからは、非常に非衛生的であったに違いない。木綿の寝具は湿気を吸って、かび臭く、汗まみれとなり、芯にはふとん綿が詰めてあるので、その綿を取り出さないことには、完全に清潔にすることなど不可能だったであろう」(68)。

イザベラ・バードは寝具の収納の問題について言及し、人々が「汚い着物を着たままで、綿を詰めた掛け蒲団にくるまる。蒲団は日中には風通しの悪い押し入れのなかにしまっておく。これは年末から翌年の年末まで、洗濯されることはめったにない」という様子を描いている(69)。しかしながら、布団の方が、ベッドの枠に置かれた寝具よりも清潔でないと論ずることは難しいだろう。さらに、毎日蒲団を干して、空気と日光にあてるのは習慣的に行われていたようである。「次に布団は竿にかけられ、日に干される」(70)。宿屋では、「寝具は綿を詰めたもの。朝になると布団を集め、縁側の手摺にかけて風を通し、その後どこかの隅か戸棚かにたたみ上げる」。そして枕として使用されるのは「蕎麦殻を詰め込んだ小さな坐布団みたいなもの」で、それは「薄い日本紙をかぶせ」、毎日一枚の紙を取り去って、「新しい一枚をのせる」(71)。


イングランドの衣服のパターンは豊かで、彼らは非常に身なりがよかった。素材、とくに羊毛や革など動物製品は豊富にあった。中世の衣服の質は十六世紀にフランダースやオランダから新たに導入された技術とともに決定的に改善された。季節を問わず暖かく快適な衣服を身につけ立派な靴を履いているのは、産業化以前の時代の人々にとってめずらしいことで、また健康全般にとり有益であった。しかし、いったいどのくらい彼らが清潔であったのかを判断するのは困難である。

木綿は、より軽く、シラミにとっては生息しづらい素材である。そのような木綿の布の導入により、頻繁に洗濯をすることが必要となり、また可能になったのである。しかし同時期に、蒸気によって稼働するさまざまな種類の織機の発展なくしては、木綿布は高価なままであっただろう。このような発展の結果、突如、木綿はごく最貧層の人々を除いてほとんどの人々に入手可能な価格になったのである。

日本に関していえば、イングランドよりもおよそ二世紀前に木綿革命の恩恵を受けたが、この種の衣服を貧しい人々も着ることができたのは、新たな動力による織機の出現によるのではなく、日本においては廉価で技術をもった労働力が得られたこと、そして、身につける衣服がとてもわずかであったということによる。デザインの面においては、日本の衣服は健康にとってほとんど完璧であった。主な欠点といえば、寒さに対して十分な防御にならなかったということであろう。

14 身体衛生——入浴と洗濯

身体の衛生状態の変化は、健康の改善を説明する際にしばしば重要な要素であると考えられる。マキューンは、健康の改善に関する考えを修正した際、栄養だけでなく衛生状態までも含めて考えるようになった。「長期にわたる栄養状態の影響に次いで、おそらく重要であるのは、衛生状態の改善であり」、マキューンはそれが「一九世紀後半から漸次的に導入された」と考えていた(1)。ラッツェルもまた、天然痘の種痘に関する理論から転向し、衛生に、より重点をおくようになった。「公衆衛生に見られる変化よりも、個人の衛生が改善したことが、一八〇一年から一八四一年にかけての死亡率の低下を説明する要因であった」(2)。

マキュアンは、「個人の衛生の水準は十八世紀には低かった。なぜかというなら、富裕な階層においてさえも、入浴は一般的でなかったからである」と信じていた(3)。ブッシュマン夫妻は「おそらく一八五〇年頃になってはじめて、中流階級の世帯の多くにとって規則的に体を洗うという習慣が日常的になった」と書いている(4)。このような見方を支持する多くの資料が見つかっている。たとえば、一八〇一年にある医者が書いているのだが、「ロンドンに住んでいるほとんどの男性、そして多くの淑女たちは毎日手や顔を洗う習慣はあるが、来る年も来る年も、体を洗うということを怠っている」(5)。

チャドウィックが照合した報告書によれば、個々人がかなり不潔であったことがうかがわれる。「彼らが洗濯をしているとき、石鹸の匂いと混じり合った汚れの臭いが漂い、それは私が今まで出会ったどのような臭いにも増しておぞましいるようだ。

ものであった」。個別の事例もこのような見方を支持している。

ランカシャーの若干の炭鉱夫についての調査のなかで、ジョン・ケネディ氏は彼らのひとりに次のように質問した。「採炭夫はどのくらいの頻度で体を洗うのか?」「採炭鉱夫で今まで体を洗った者はひとりもいない。私は決して自分の体を洗わない。私はシャツでこすって汚れを取る。私のシャツを見ればわかるだろう。私はもちろん首や耳や顔は洗う」。「若い女性(炭鉱で働いている)の場合も、君がやっているのと同じようにするのが普通と思うか?」「若い女の場合、体を洗うのが普通とは考えていない。私の姉妹たちは決して体を洗わないが、見ればわかることだが顔や首や耳は洗っている」(6)。

体を洗う水が不足しており、とくに、一般に湯がなかったとしばしば考えられている。冷たい水で体を洗うのはあまり効果的ではないし、気持ちもよくない。入浴のために湯を沸かすのは、高くつく。しかし、十八世紀から十九世紀にかけてイングランドにおいて見られた二つの発達は、湯の供給を増加させた。一つは石炭の使用の増加、もう一つは工業の副産物としてできた湯を使用することだった。後者の湯の使用の可能性についてチャドウィックが詳細に記録している(7)。

第二に必要だったのは、風呂の置き場と体を洗う個人用の空間である。ヨーロッパにおいて多くの住宅に浴室ができたのはかなり近年になってからの現象である。「風呂の起源は古代にまで遡るが、浴室は、最初にイングランドでできたのだが、フランスでは一七三〇年代にはじめて見られるようになった」(8)。しかし浴室を別に設けるのは、十九世紀後半にいたるまで、社会のもっとも裕福な人々だけの、ごく限られたものであった。一九二〇年代においてさえも、「この国ではかなり大きな規模の住宅においても風呂を備えていることは、五〇年前でさえもめずらしいことだった」と言われていた(9)。個人用風呂の出現以前には、不可能ではないにせよ、人々が体を洗うことはたいへん困難であったことは想像に難くない。ここには明らかにいくらかの真実がある。豊かになれば、プライバシーをもつことが容易になる。

しかし、もしそうしたいと望むならば、風呂場がなくても体全体を洗う方法はたくさんあったはずである。家のなかのたらいを使うこともできる。チャドウィックの報告書にはこのことが描写されており、汚い労働者階級というイメージと対置すべきである(10)。このような方法が中世の昔から行われていなかったと主張する根拠もないのである。実際、十四世紀の「カーテンをつけた小室に浴槽が入っている浴室の絵が何枚も見つかっている」(11)。

住宅の外にも他の方法があった。十七世紀のヨークシャーの日記作家、アダム・エアは川に沐浴に行ったときのことを詳しく述べている(12)。あるいはまた、いくつかの公衆浴場もあった。一六六五年にピープスの妻が入浴したのは、このような浴場であったと思われる。「妻は小間使を連れて入浴のためにサウナ風呂へ行くといって忙しくしている。長い間家のなかにいて、埃にまみれたので、これからは決心をして、たいへん身ぎれいにするといっている」。そのサウナ風呂に関する注意書きには「公共の蒸気風呂の施設で、衛生と医療の目的のために、とくに(おそらくはもっぱら)女性によって用いられた」とある(13)。十七世紀後半に温泉保養地で「湯治する」のが流行となったが、その大部分は、中流階級の上層以上に限られていた。したがって、日本における公衆入浴についてわれわれがこれから見ていく状況に比較しうるような、住民全体への影響は起こりそうにはなかった(14)。

コメニウスの有名な『世界図絵』には、個人の入浴および公衆入浴の両方が描写されている。「冷たい水で体を洗いたい男性は川へ行く。浴場では浴槽のなかに座って汚れを洗い流すか、熱水浴サウナ場に行けば、軽石もしくはヘアクロースで体をこすってもらう」(15)。この描写の挿絵を見ると、浴場の客は男性であることは明らかであるが、「浴場女」がおり、桶に水を汲んでいた。第三に必要な要素、すなわちこのような行為を真に健康の改善に変えるのは、湯を使うということ、そして何らかの洗剤を使うということである。

石鹸はとても高価で、十九世紀後半まではほとんどの人々にとって手の届かないものだったと考えられている(16)。これは事実ではなかったのかもしれない。たとえば、エリザベス朝時代の家庭生活についてバイアンは次のように言う。「円い甘い香りの石鹸をほとんどの人々が入浴に使用することができた。それは約四五〇グラムあたりおよそ四ペンスで買うこともできたが、通常は家庭で作られており、アーモンドやムスク(麝香《じゃこう》)の油で香りがつけられた。ヒュー・プラットは、気持ちの良い石鹸のレシピを持っており、バラの葉とラヴェンダーの花が素晴らしい」。それはバレル[約一六四リットル]当たりで購入することもでき、一五六二年のストーブリッジの市では、ある家族が一バレルを五〇シリングで買っている(17)。

しかしながら、もっとも重要だったのは、入浴に対する態度である。ここに、個人の衛生に対するもう一つの障壁があったとしばしばみなされてきた。大半の人々はやむをえず入浴しているのだ、と信じている人が多い。どうせ汚れてしまうのだから、体を洗うのを悪いことだとしてしまえというとだ。さらに、ある種の民間知識によれば、体を洗うのは危険であるとさえ言われている(18)。

ヨーロッパ、そしてとくにフランスの上流階級に見られた入浴に対する態度の一般的特徴はジョルジュ・ヴィガレロの『清潔の概念』[邦題『清潔(きれい)になる「私」』]において立証された。彼は、十五世紀になるまで公衆浴場が広く見られたこと、風呂は肯定的にとらえられていたことを示した。しかし十六世紀にスイスを訪れ驚愕した人の以下のような発言を引用する。「男女が淫らな行為におよぶこともなしに混浴している」。ヴィガレロは続けて述べる。「中世の温泉でも男女が裸で混浴していた」。彼は十五世紀以降の態度の変化について、いくつもの理由をあげている。公衆浴場と個人の入浴がなくなったのは、次のような現象の結果であったと論ずる。「騒々しく、暴力的で、頽廃的であると認識された場所にたいして、世間がだんだん不寛容になっていくこと。そして、外部からの侵入にたいして無防備のまま開放される身体というイメージから生まれる不安。このように入浴の習慣はもともと不安定であり、すでに非難を浴びていた。だからこそ、ペストが入浴の習慣に与えた影響もそれだけ大きくなったのである」(19)。

イングランドにおける、入浴に対する態度の同様の変化はキース・トマスが概観している。彼は「毎日の洗濯と定期的な入浴に関しては、文字通り禁欲的秩序が律していた」ことを思い起こさせる。中世の終わりにかけて、入浴に対する熱意、とくに公衆浴場に対する熱意は次第に衰えていった。トマスによれば、十六世紀、十七世紀までに、「一般的にいうと、入浴は、洗練された様式の官能的快楽、もしくは特別な治療の目的で行われる医療行為で、医者のすすめがあった後でのみ行われるものとみなされるようになった」。彼が考えるには、入浴は「ある種の病気の治療としては、家庭であれ、鉱泉においてであれ、役に立ったのかもしれない。しかし、その後、体を清潔に保つための方法としては中世後期ほどには、一般的ではなくなったといえそうだ」(20)。

十七世紀の終わりになると、医療関係の著述家たちは、個人の衛生を改善する手段として入浴をすすめていた(21)。ジョン・フロイヤーはそのひとりで、彼が書いた『冷水入浴の歴史』は一六九七年に最初に出版され、三五年のうちに第六版まで出された。マレットによれば、「冷水入浴はしばらくの間、流行らなくなっていた。というのは薬学者たちは自分たちが作る多くの内服薬を患者に勧めるために、入浴の習慣を止めさせようとしていたからである。十六世紀の宗教的な変化も入浴を妨げる方向に働いた。というのは、多くの井戸の効用はすでに信仰が廃れてしまったさまざまな聖人の徳に帰せられていたからである」(22)。しかし「ジョン・フロイヤー卿は、もしイングランドの人々が入浴の価値を理解するようになりさえすれば。彼らは皆、各家庭で風呂を持ちたいと思うだろう、と言った」。もうひとりの入浴の援護者であったケインは「可能ならばみな『家庭で冷水の風呂で体を洗うように』、そして『つねに一週間に二度か三度は、夏でも冬でも冷水風呂に入るように』と推奨した」。そして、十八世紀には医療関係の著述家たちが、健康状態がよいことと頻繁に体を洗うこととのつながりを強調し、『湯であれ冷水であれ、今日風呂を使わないことに何の恥じらいも感じない傾向が拡がっていること』を嘆く態度が、ますます見られるようになっていった」(23)。

このつながりを強く力説したのはバカンである。「伝染病が発生した場合、清潔であることが病気の拡大を防ぐためにもっとも適切な手段である。同様に清潔さは、後に伝染病が復活するのを防ぐため、あるいは他の場所に伝染するのを防ぐために必要である」。バカンは次のように考えていた。「すべての人が、たとえば病人を見舞ったり、死体に触れたり、あるいはどんなものであれ伝染病を感染させる可能性のあるものに触れたりしたとき、人に会ったり食卓につく前に、手を洗うとすれば、その人自身が伝染病に感染する危険性、あるいは他の人に移す危険性は小さくなるであろう」。手足をすべて洗うことは有益である。「頻繁に体を洗うことで、肌についた汚れが落とせるだけでなく、同様に発汗を促し、体を活性化し、元気が出るのだ」。チャドウィックの改革案に先んじて、バカンは書いている。「人体や住宅などを汚染する多様な種類の害虫にも、同様の原因があるとしなくてはいけない。清潔でありさえすればこれらの害虫は、つねに駆逐することができる。これらの害虫がたくさんいる場所はすべて、清潔さへの配慮がされていないと考えてよい」。とくに、皮膚病は清潔さの欠如が主な理由である。それらの病気は実際、感染によってもたらされるかもしれないし、あるいは貧しい生活や不健康な食事などにより生じるかもしれない。しかし清潔な環境が行きわたっていれば、これらの病気が長く続くことはほとんどありえない」(24)。これは清潔に対する、審美的というよりは機能的アプローチであり、ヴィガレロは、これはある程度ウィリアム・ハーヴェイの発見にもとづく主要な変化であると強調している(25)。

ここで身体の清潔さが強調されすぎていることを注意しておくべきであろう。われわれは十九世紀の衛生運動に深く影響されており、その結果、定期的に湯浴みしないことは危険であると仮定してしまいがちなのである。われわれは、熱い湯をつかい、石鹸で洗うことに魔法のような力があると決めてかかる傾向がある。実際は、体から油が出て肌を守る役目を果たすのであり、それをすべてこすり取ってしまう方が危険なのである。たぶん十九世紀に見られた変化以前でさえ、イングランドのほとんどの人々は適度に健康であるために十分なだけ、体を洗っていたのだろう。真の危険がもたらされるのは、手や顔を洗わないことからであり、体にただれや切り傷がある場合である。したがって、十八世紀のイングランドの歴史において、体を洗う習慣の存在と健康の変化との間に明白な相関関係が何もないとしても驚くべきではない。実際、体の洗いすぎによりもたらされる危険は、洗うのが少なすぎる場合と同様に大きいのである。このことは日本の事例を見ると明らかになる。

日本を訪れた人のなかで、日本人が入浴に対して稀にみる情熱をもっていることに注目しないものはほとんどいない。中国古代の歴史家たちは、紀元三世紀に、東に位置する島国の蛮族の特徴として見られる習慣について述べている。十六世紀や十七世紀のキリスト教の宣教師たちは……みな、日本人は頻繁に入浴し、共同で入浴する習慣があること、人間の限界を越えるほどの熱そうな湯につかるのに喜びを見出すという強い傾向をもっていることをすぐさま書き留めていた。

日本人のこの特性は、最古の神話的記述に見出される。「万物創世の神、イザナギは古事記の最初の場面で入浴する。それに続く日本創世に関する神話の神々たちも繰り返し、川や海に身を沈め、儀礼的な清めを経験する」。ピーター・グリリによれば「日本創世の神話、あるいはそれに続く出来事の記述には入浴についての記述が繰り返しなされている」ことは、「邪悪や不道徳の観念と汚物や汚れとが強く結びつけられていたこと、そしてそれとは対照的に、美徳と善とが清潔さと純粋さとに結びつけられていた」ということを示している(26)。「清潔さは日本の文明における数少ない独特の要素の一つなのである」。「ほとんどすべての日本の制度は中国に起源が求められるが、浴槽はそうではない」(27)。

ヨーロッパ人と日本人との間で見られる入浴に関する態度の相違について、人類学者フォスコ・マレイニが検討している。「キリスト教に内在する身体への軽蔑が、何世紀にもわたり、入浴は必要悪にすぎず、他のいかなる身体的機能と同様に、野蛮なものであるという考えを生み出したのではないかと考えられる」。しかしながら日本においては、「入浴という行為は、汚れていく身体のおぞましい傾向に対する単なる譲歩ではない。それはむしろ身体というものに対する敬いの行為、ほとんど崇拝にいたるような行為なのである。日本では、精神的なものに比べて肉体的なものの価値が劣っているという考えはない」。したがって彼は「儀礼的な清めと浄化とに起源をもつ入浴の時間は、東京において、信仰深く、縁起がよく、そしてとりわけ喜びをもたらす機会なのである」と考えた(28)。

相違の一つの理由は、マレイニとグリリが指摘したように、文化的、宗教的な態度に明らかに見られる。もう一つの理由は、たくさんの温泉を生み出した日本の地質によるものである。「火山性である日本の地質においては温泉が近くにないということはあまりないことだ」。したがって、「日本人ほど入浴に喜びを見出した民族は見られない。日本人は古代の昔から、火山性の国土のいたるところで湯の湧く多数の温泉に恵まれてきたのである」。グリリはさらに付け加える。

「温泉はあらゆる階層の日本人に普遍的に享受されている唯一のぜいたくであった。天然の温泉から湧く熱湯は無料で、ほとんどどこでも見つけられるのだ」(29)。

火山性の溶岩の間から噴き出す熱湯は、医学的な価値があると考えられる鉱物を含んでいた。このため、日本における「温泉保養地」、西欧でいうところの「スパ」は拡大し、そこで人々は「湯につかった」のである。ケンペルは次のように書き留めた。「国中にさらにたくさんの効き目のある温泉があり、頑固で長引く病気に苦しむ患者たちをわれわれのやり方と同じようにそこへ送って湯治させる」。ある場所では、「村の近所に小高い丘があり、そこを流れる小川の傍に温泉があった。この温泉の効能は、花柳病、疥癬、リューマチ性疼痛、中風に効くというので有名である」。「その一つに体内にある斑猫の毒素［性病］を取り除く効果があるという熱湯の湧出する大きな温泉がある。病人は……数日間一日に何回かきわめて短い時間入浴するか、単に湯を体にかけるようにする」(30)。一世紀ののちにトゥーンベリはケンペルと同様の観察を繰り返した。「日本人は性病、麻痺、疥癬、リウマチ等々の病気に対し、この温泉や国中にあり余るほどにあるこの種の湯治場を利用する」(31)。

これらの温泉に含まれているさまざまな鉱物については近年の記述に述べられている。「たとえば、別府には日本で見られるほとんどすべての種類の温泉が見られる。硫黄成分の温泉、アルカリ性の温泉、純粋な塩分を含む温泉、酸性の温泉、鉄分を含む温泉、そして高いラジウム成分の温泉がある」(32)。モースは「ある温泉は胸部と足の痛みに効くといわれ、また別の温泉は胃の不調に効果があるとされ、また他のは目に良いといわれ、頭痛によく効くとされるものもある、といった具合である。それぞれの温泉は異なる治療の効果があると考えられていた」(33)。それらの温泉が役に立つのかどうかは、まだ答えの出ない問いである。「ベルツ博士は、草津温泉は梅毒、リューマチ、慢性の皮膚病に効能があるだろうと主張したが、それは水の化学的成分によるか、もしくは病気が患者の体から煮出されるかもしれない可能性によるものなのかは明らかではない」(34)。後者の理論はレインにより述べられている。「日本人は温かい風呂に規則的に入ることで、その健康がおおいに維持され、促進されていることは疑いない。リューマチ性の病気は通常、その初期の段階で抑制されるため、わたしたちの社会で見られるよりも、日本ではずっと少ないのである」(35)。

温泉からふつうの風呂に目を移してみよう。実際に汚れを洗い流し、入浴する過程そのものが多くの利益をもたらすと考えられていた。「日本では、皮膚の手入れは健康上もっとも確実な保証と一般に考えられているが、それは正しい。日本人は入浴によって有害なガスが放散されると考えている。このガスは皮膚の穴から排出されねばならない。穴が詰まると当然この排気が困難となる」[36]。健康によい側面と、治療的な側面とが融合していた——つまり、湯で体に気力が与えられ、気分が爽快になるという効果があった。「日本人は入浴して汗を流すことが四肢の疲れを癒す方法であるとし、旅行中毎日入浴する習慣がある」[37]。「農民は、一日の労働を終えると、いつも熱い風呂にはいるというぜいたくと、さらにもっとぜいたくな洗髪とマッサージを楽しみにしている。洗髪とマッサージは、理髪師ないし一晩中客を求めて歩き回っている盲人の専門家［あんま師*］にたよらなくても、妻の助力でいつも確実にしてもらうことができる」[38]。

田舎の村における風呂の重要性については、十九世紀の小説『土』に述べられている。過酷で凍てつくような一日の労働を終え、お品は隣の家へ風呂をもらいにいく。彼女はずっと待たされるが、「ようやく風呂のあいた時はお品は待ち遠であったので、前後の考えもなく急いで着物をとった。……お品はだんだんとからだが暖まるに連れて初めて生きかえったようにうっとりとした。いつまでも沈んでいたいような心持ちがした」。彼女の死後、彼女の夫は「絶え間のない一日の労働の後に疲れはて、夜の仕事はできなかった。ときどき縄をなうことがあったが、そうでないときは長い晩を風呂につかって過ごした」[39]。

「日本における入浴の動機は、有効性や身体の清潔さといった概念を越えるものである。風呂によって得られるのは感覚的な幸福感、環境と一体となり、自己が調和する感覚である」[40]。このような感覚が何らかの生理学的な事実を反映していることは疑いない。とても熱い風呂は、「衛生という範囲を越え、治療の領域に入る。熱い風呂に入ることは、明らかに血液の循環にとって有益な効果があるだろう」[41]。入浴の「総合的」効果については、マレイニが明らかにしている。「日本では、風呂の起源は、儀礼的な清めにある。したがって、それは肯定的な、喜ばしい行為である。一日の骨折りの後に体を休め、元気を取り戻すための必要不可欠な要素であり、睡眠や食事と同じくらい重要で必須の機能をもっているのである」[42]。

モースによれば、風呂はほとんどの人々にとって家庭内の必需品と見なされていた。「日本の上・中流階級の家ではほとんどすべてに、かなり広い湯殿がある。また田舎と都会を問わず、貧困階級の家でも湯殿がないわけではない」[43]。一八八〇年代の、神奈川県のある村の状況に関する報告書には、一〇軒のうち七～八軒の住宅に浴槽があると述べられている[44]。「日本の家はみなそうだが、この古い屋敷にも家の近くに、毎日どの家族も全員が入る風呂の水を湧かすために、大きな釜とかまどが備えてあった」[45]。一九二六年に日本を訪れた医療調査団は次のように記している。「貧困層でさえも、一日に一度は入浴しようと努める」。そして、「最貧層を除いて、すべての住宅には浴槽がある。浴槽のない人々は、近所の住宅に行って借りるのである」[46]。「私の日本における旅を通じて、考えられる限りすべてのタイプの住居を目にした。もっとも貧困にさいなまれている農民や労働者の住宅でさえ、風呂があり、最悪の場合でも、大きなたらいがあり、十分に体を洗うことができる。体を洗うための設備がまったく何もないということはありえなかった」[47]。

私用の風呂が広く行きわたっていたことに加え、数え切れないほど多くの公衆浴場という「付加的施設」が存在した。「町にも村にも浴場があり、そして必ず熱い湯に入浴する」[48]。「ほとんどどの町にも銭湯があって、大きな浴槽があり、浴槽には満々と熱い湯を湛《たた》えていて、誰でも二、三文の銅貨を払えばこれに入ることができる」[49]。

温泉の熱で自然に温められたものが好ましいが、浴場は、日本の重要な文化的制度の一つであった。「日本の街の公衆浴場は、過去四〇〇年にわたり、共同体内の人々が集う場所としての機能を果たしていた。それはヨーロッパの街における中央広場やコーヒーハウスに匹敵するものである。すなわち近隣の人々が定期的に集まり、情報を交換したり、うわさばなしを共有する中心的場所なのであった」。このように、体を洗うという、公衆浴場の公式の機能は「ほとんど二次的なものとなり、友人たちが会って、情報交換したりうわさばなしをしたりする近隣の集会所的機能の方が重要なのであった。そこでは日々、共同体をつなぐ、無数の人間関係が強められていた」[50]。「公衆浴場は村の街路の茶店と互い違いに建っており、屋根と固い木の壁があり、道に面した正面のみが外に開かれ、仕切りがなかった。そのなかでは男性、女性、そして子供が熱い湯をはった水槽に入る。それはちょうど他の国々で市や街角で人々が出会うのと同様である」[51]。日本の「小集団」社会のとりわけ強い結束が示され、再確認されるのは、公衆浴場においてなのである。デュルケームのいう有名な「沸騰」という状況、そこでは儀礼を通じて社会が自己を表現し、再確認するのだが、それが風呂場の蒸気の漂う陽気さのなかであらわれ、友人と隣近所の人々は平等になり、親密になるのだ。「裸のつきあい——つまり共に入浴する友人たちは、日本人がいうには親友のなかの親友であるという」[52]。

大都市において浴場が普及していただけでなく、小さな村や町においても浴場があったという事実からもその重要さがうかがわれる。十九世紀後半において「東京の街には銭湯[公衆浴場*]が一一〇〇以上あり、毎日五〇万人が入場するものと算定される。普通料金は大人が六銭、子供が三銭、乳児は二銭である」[53]。

これだけ多数の浴場が多くの客に対応し、体を洗って満足して帰ってもらうようにするために、いくつかのしきたりが発達した。第一に、個人用の風呂にもあてはまることだが、汚れは浴槽の外で洗い流された。風呂は社会的かつ精神的な清めなのである。「入浴しようとする者は誰でも、まず第一に、浴槽の外側で、汲み出した湯を身体にかけて身体をきれいにする、ということを知っておかなければならない。……かくして、各人は、すでにきれいにした身体を浴槽に入れ、十分に熱湯に浸る醍醐味を満喫するのである」(54)。「入浴する人はいつも床の上で体を洗い、体を温めるためだけに風呂に入る」(55)。

イザベラ・バードは石鹸はなかったと述べている(56)。グリフィスは「日本語には石鹸という言葉がなく、ごく最近になるまで使っていなかった」と記している。彼は日本人の傑出した清潔さは「熱湯は浄剤の機能があり、普通の日本人は最低一日一回は湯に入る」という事実によると考えている(57)。しかし彼らもまた、動物性油脂でできた西欧の石鹸の代替物を持っていたのである。「石鹸は外国の発明品である。同様の目的のために用いられたのが細かい糠の粉末である。この粉は、コメを最後に臼でついて精米するときに得られる。この粉末を手で一杯分、布の袋に入れ、それをぬらして肌をこする。袋の地から滲み出す濁った水は、肌の洗浄に非常に効果的である。現在では石鹸とともに使われている」(58)。「日本人の固有の洗剤は糠袋であった。これは一握りの糠を小さな布に入れて縫ったもので、これを使えば気持ちよく柔らかい感触で身体を洗うことができる」(59)。実際、石鹸用豆、石鹸用さやや他の植物を用いた近隣の中国人と同様に、日本人もさまざまな「天然」石鹸を使用したのだった(60)。

公衆浴場を効果的に利用するための主な障害となるのは、裸体と礼儀作法に関する西欧の社会的慣習である。日本の入浴はヴィクトリア朝的態度とは真っ向から対立するもので、このテーマに関しては興味深い記述と考察が見られるのである。もし人々が裸体に関して意識過剰になると、一人で入浴することを望み、すくなくとも異性との混浴はしないだろう。あるいは、服を着て入浴するかもしれないが、それでは水の洗浄効果は落ちてしまう。プライバシーと礼儀正しさを守ろうとすると、壁をつくったり、仕切られた脱衣所、そしておそらく一人用の風呂を設けたりせねばならず、より高価になってしまう。そうなれば、公衆浴場は、やがて、高価すぎて一般庶民の手の届かないものになってしまうか、あるいは煩わしすぎて足が遠のいてしまうか、になってしまうだろう。

日本における社会的慣習は、これらの問題を回避することができた。「この銭湯ではまことに不思議なことがたくさん見られる。すなわち浴場では男も女も子供もいっしょに同じ浴槽に入る。しかし少なくとも何らみっともないことは起きない。いや、はっきりいえば、入浴者は男女の性別などを気にしていないといってもいいようである」(61)。『ジャパン・メール』紙の編集者がうまいことを言った。日本では裸体姿は見られるが、わざわざ眺めるものではない、と」(62)。ヴィクトリア朝のイギリスの中流階級の上層という、もっとも禁欲的な文明の出身であるオールコックは、街を歩き回るにつれ、「衝撃的な」光景に遭遇した。「風呂にはいって湯気を立てている男女は、格子のついた正面の開いた横木のところまでせりあがってのぞいている」。「われわれが近づいたときに、中年過ぎの一人の婦人が温泉のふちへ上がってきた。あとには、まだ五、六人の婦人が湯につかっていた。この婦人は、いっさいの自意識や当惑といったものをまったく持ち合わせていなかった」。彼は、実際、礼節という観念を考え直す必要があると結論づけた。「もしかれらをわれわれの礼節や上品さの法則から判断するなら、日本の婦人にたいしてたいへん不公平なことになる恐れがあると感じないわけにはゆかぬ。不謹慎という観念のないところには、罪ぶかい感情や堕落した感情もまた同じように欠けているか、欠けがちである」(63)。

モースは公衆浴場の内部の様子と、それらの背景にあるまったく異なる文化的な前提を詳述している。「浴場は道路の片側に並んでいる。前面の開いた粗末な木造の小屋で、内には長さ約二・四メートル、幅約一・五メートルの風呂桶があり、湯は桶の内側にある木管から流れ入ったり、たんに桶の後方にある噴泉から桶の縁を越して流れ込んだりしている」。「一つの浴場には六、七人が入浴していたが、皆しゃがんで肩まで湯に浸り、ときに水を汲んで頭からかけていた」。「しかしもっとも驚かされたのは、老幼の両性が一緒に風呂に入っていて、しかもそれが(低い衝立がいく分かくしてはいるが)通行人のいる往来に向けて開け放しであることである」(64)。

モースはこれらすべてに、文化相対主義の考え方を注入しようと試みた。アメリカ人の読者に向け、彼は以下のようなことを伝えようとしたのである。

裸体の問題についてありのままの事実を少し述べなければならぬ。日本では何百年かにわたって、裸体を無作法とは思わないのであるが、われわれはそれを破廉恥なこととみなすように育てられてきたのである。日本人は肉体を露出するのは入浴のときだけで、そのときは他人がどうしていようと一向に構わない。私は都会でも田舎でも、男が娘のくるぶしや脚を眺めているのなんぞは見たことがない。……日本人は、他の東洋人同様に、いく世紀にわたって裸体《はだか》を見馴れているのであり、しかも相互に気にするわけでなく、とにかくみだらな感じを起こすことがないのである。

彼はさらに意を尽くす。「宣教師の銘記すべきは、衣服を着用する道徳は気候上のものであること、そして西北部地域において、身体の一定部分を衣服によって覆うことが徐々に徳性や敬神と一体化するようになってきているのであれば、熱帯諸国の慣習が、ヨーロッパの場合と同様に、手の込んだ作りの衣服を、自然の装いの百合の花の清楚さではなくて、むしろ栄華を誇ったソロモン王の官能性のほうに結びつけたのであろうということである」。すべての観察者たちが述べたように、わいせつさ、みだらな感じといったものはなかった。身体的なプライバシーの概念がただ、異なるものだったということだ。「日本の下層階級では、男女混浴であるが、その際の貞淑と礼儀正しさは、実際に見ない限り、外国人には信じられないことであろう。裸体であっても身体をみだらに晒すことはまったくないのである。入浴中かれらは身体を洗うことに熱中している。もっとも喋《しゃべ》ったり笑ったりはお互いに気安くしているように思われる」(65)。

態度の相違、変化しつつあった習慣について、一八七一年東京政府により発行された指令書が明快に示している。

東京の庶民は、着物を身につけず、ほとんど裸体に近い状態で仕事に行ったり、風呂に行ったりする。これは一般的な習慣であり、日本人はそれを批判するということはないが、諸外国においてはそれは見下されるべきことである。西欧人にとって身体を晒すことは恥ずべきことであり、しないものである。近年、わが国は諸外国との交流が緊密になり、多くの外国人が日本を訪れる。このようなみにくい習慣が残ったままでは、わが国にとって恥ずかしいこととなろう。

これから後は、「最貧層といえども、すべての人が」裸に近い姿で出歩くべきではない、ということになった(66)。

日本人はどのくらい頻繁に入浴したのか。「裕福な何不自由ない日本人は毎日入浴する」(67)。一般庶民も毎日入浴した。「日本人は毎日風呂に入るきれい好きの国民として知られている」。毎日熱い風呂に入浴するという習慣が国民の大半に行きわたっていたとすると、それは十分驚くに値する。さらに可能な場合、人々は一日に数回入浴したと見られている。それも長い時間入浴したらしい。「日本では一日に最低一回、ときには一日二回、熱い風呂に入らなければ我慢できないから、わが家のお風呂の湯は絶えず温められ、使われ、新しく取り替えられるのである」(68)。モースは一般庶民の間で、これよりもさらに頻繁に入浴が行われることを観察した。「日本の労働者階級――たとえば大工、石工などであるが――は日に二、三回も入浴することがよくある」(69)。チェンバレンは次のように詳述する。「またある場合には、温泉で名高いある村の住民は、忙しい夏の間は身体が汚れていてすみませんと、この著者に弁解した。『一日に二度しか風呂に入るひまがないものですから』。『それじゃ冬には何度入浴するのですか』。『そうですね、一日に四度か五度です。子供たちは寒いと思うといつも風呂に入るんです』」(70)。イザベラ・バードは、そのような村では村人は「一日に四回、そして毎回一時間かけて」入浴すると記している(71)。

日本人は風呂を非常に熱くするのを好んだ。「日本人がはいる湯は非常に熱い湯である。（ふつう、約四三℃を下らない）。西洋人なんかだと、おとなでも、そいつを我慢して、衛生的なその価値を味得するには、相当の時間をかけないと駄目である」(72)。「習慣の力だとわたしは思うのだが、たしかにかれらは、男も女も、わたしが出会ったどの人よりもやけどによく耐えられる人間ではある」(73)。シーボルトは日本の火山性の温泉を調査して書いている。「鶏卵を温泉の湯のなかに浸してみると数分で茹卵になっていた」(74)。

日本人はこのような非常に熱い温度に子供の頃から慣れているのである。「お産の後、すぐに嬰児は入浴させられる。そして一週間に三回ぐらい熱い湯に入れる。嬰児が大きくなるにつれ、いっそうそれが頻繁になる。日本人の身体は入浴に慣れているので、日本人は食物を欲するのと同じように熱いお湯に入ることを欲する」(75)。「下層階級においては、家のなかに入浴の設備があることは稀であり、しばしば生後数週間の嬰児を公衆浴場へ連れていき、熱い湯で入浴させるということさえあった。「乳児の繊細な肌には最初の一、二回の入浴は通常、たいへんな試練であるが、すぐに熱い温度に慣れるようになり、他のすべてのことと同様に、落ちついて、人前でも風呂に入るようになるのである」(76)。浴場を描いた絵を見ると、母親が小さな幼児を伴って座っている姿が描かれている。他のすべての人々と同様に、これらの幼児も熱い湯のなかに入るのである(77)。

身体の手入れは洗うことのみにとどまらない。日本人は、頭部および髪にとりわけ注意を払っていた。生まれたときから、頭髪を剃った。「小さな男の子や女の子の頭を剃るという習慣がある」(78)。子供が三歳か四歳になると、男女の髪型は異なってくる。女の子についてはベーコンが書いている。「三歳になると、それまでかわいらしい形に剃られていた小さな頭の毛をのばし始めることができる。それはやがて女性の結髪になるのである」(79)。

女性の髪型は、手が込んでいて、年齢と未婚か既婚かにより、あるべき姿が決まっている。成熟前の少女、若い女性、求婚期間、結婚初期、結婚後期、未亡人などといったように。社会的階層、宗教、そして他の基準によりまた多様性があった(80)。髪型を完全にして、それを維持するための多大な努力がなされた。「島田と丸髷はともに、かもじをつけるため重い。また髪はよく油をつけなくてはいけない。髪の手入れは三、四日に一度、しかし洗髪はほとんどされず、一カ月に一度がせいぜいである。この結果、頭は熱をもち、しばしば頭痛を起こす」(81)。

頭部の他の部分はまったく毛を生やさなかった。「一本の髪の毛も、顔にかかってはならないことになっている」(82)。

「日本女性は髪やうぶ毛さえ顔に生やすことはなく、しょっちゅう男性と同様に顔全体を剃る。日本人は毛深くなく、女性は全体として見ると、とてもなめらかな顔である」[83]。既婚の女性は、しばしば眉を引き抜くことさえあった。鼻孔や顎、顔のその他の部分の毛を抜くために特殊な毛抜きが用いられた。髪の手入れは非常に手が込んでいて、眠るときには、男性も女性も同様に、特殊な枕を使用した。また、帽子をかぶることは問題外であった。「女性は精巧な髪型を損なわないよう、真冬を除いて、頭になにかかぶることはなかった」[84]。このように、体の、この毎日湯につかることのない部分も同じように注意深く手入れされていたのである。

　男性の髪型についてはモースが述べている。「私は丁髷《ちょんまげ》の珍しい研究と、男の子、ならびに男の大人の髪を結ぶ、各種の方法の写生図とが出ている本を見た。これには百年も前の古い形や、現在の形が出ている」。しかし、古い髪型は西欧の影響により、急速に失われつつあった。「頭を二日か三日ごとに剃り、その剃った場所へ丁髷をかため、しっかりと造り上げることが、いかに面倒であるかは、誰しも考えるであろう。夜でも昼でもそれを定位置に置くというのは、確かに重荷であったに違いない。漁夫、農夫、ならびにその階級の人々……は、依然として丁髷を墨守している」[85]。

　これらすべてが示すように清潔に注意を払っていたにもかかわらず、日本人が病気の感染の可能性から免れたわけではなかった。ヨーロッパやアメリカでは皮膚病が多く見られたが、日本を訪れた人々は、日本の状況はさらにひどいと考えた。オールコックは記録している。「皮膚病にかからぬということはありえない。それどころか、労働者階級のあいだでは、各種の皮膚の吹き出物はありふれている」。「群衆のなかでいっしょに体を洗う習慣によるものと考えることができるであろう」と彼は考えた[86]。家族は順番に同じ湯をつかう。湯はさめるにつれ、細菌が広まるための格好の媒体となる。モースは「皮膚病、とくに伝染性のものは多い」と述べている[87]。イザベラ・バードは書いている。「このような嫌悪感をもよおす疥癬のような病気が広がっているのを見るのはつらいことである」。「いっぱい皮膚病にかかっている子……男たちはひどい腫物を露出させていた」。ウィリスは「皮膚病もまた流行しているが、その多くは清潔さに不注意なためや、熱すぎる風呂に入ることから起こっている」と記している。彼は皮膚病が多様で、深刻であることに驚いた。「皮膚病などは英国では決して見かけることのない典型的な症状だといえます。それらのある実例は、とても説明できぬほど恐ろしいものです」。さらに彼は次のような重要な点に気がついた。「病気中は絶対に皮膚を洗ってはならぬと、なおも広く信じられている」[88]。

　最悪の病気は疥癬、それは西洋では「itch」(疥癬/皮癬)として知られている。これは「寄生虫による皮膚の感染病」

であり、皮癬ダニが原因となるが、「衛生的な環境においては」滅多に見られないものである。メスのダニは皮膚のなかに身を隠し、幼虫が卵から孵り、「卵胞の周りに集まる傾向がある」。この病気は感染した人と身近に接触することで容易に移る(89)。

ウィリスは「ひどい疥癬になり、体を清潔にしていないためにそれが非常に悪化して、多くの死因となっているようにみえる。梅毒から免れるための努力がみな有害だと考えられているので体中が冒されることになり、しだいに体力を消耗していくのである。この病気は、自然の力が体内の病気を表面に押し出す働きであると、一般に信じ込まれている」という(90)。「疥癬もやはりありふれた病気である。それは痛ましいほどひろまっていて、ヨーロッパのそれよりもたちが悪い。このいまわしい病気を持たぬ召し使いをやとったり、召し使いにこの病気にかからせないことは、不可能だ」。これは「非常に頑固な種類の疥癬で、長崎のポンペ博士の言によると、この病気は、普通のヨーロッパの治療方ではなおらないそうである――カリ石鹸や硫黄は効かない。しかもこの病気はうんざりするほどはやっている」(91)。

もう一つの皮膚病は、ある種の子供の湿疹で、いくつか種類があった。もっとも克明に描かれたのは脂漏性の小児湿疹の一種またはその変種で、皮膚炎の一種であるが、「黄色い鱗状で、頭蓋骨の頂点の外皮のある部分」にできる(92)。「日本人の子供たちの頭には、ときに見るのも不愉快なものがある。これは単に一種の湿疹によるためである。この治療法はヨーロッパではよく知られていて、一週間で簡単に治療できる。しかし日本では、この疥癬頭であると、大きくなってから身体が丈夫になるという迷信が一般に信じられているので、それを治療しようとしないのである」。チェンバレンは、子供の髪の毛の扱い方になにか関係があるのだろうと考えた。「たぶん、汚い剃刀で剃るということが、この病気と関係があるのであろう。なぜならば、剃ることを止めるようになると、この病気は消えるのが普通であり、子供の髪は伸ばしておくという外国の習慣が広まってきてからは、目立って減少してきたからである」(93)。ベーコンは、「日本の赤ん坊の多くは、不快な皮膚病にかかっており、とくに頭皮と顔面の皮膚病が多いが、それらはたいてい、子供が大人用の食事に馴れるに従って消えていく」と考えた(94)。病気は幼児期の食事によるものであると彼女は考えた。

疥癬と湿疹のどちらも、日本で見られる他の習慣によって影響を受けた。バスヴァインは疥癬に関して、「寝床を共有することこそが、感染増加の原因となる唯一の社会的要素であると思われる」と言う。たとえば、疥癬が広まるもっとも格好な機会とは、「子供たちがいっしょに眠ったり、母親といっしょに眠るときである」(95)。少なくとも生後一年間は乳児が母親と眠る習慣があったこと、両親あるいは兄や姉が幼児をいつもおぶって連れていたことが、幼少時に日本人のほとんどがヒゼンダニや湿疹にかかったことの重要な背景であったかもしれない。また体をいつも熱湯で洗うことにより、皮膚から自然に分泌され、皮膚を保護する役目を果たす油を取り除いてしまい、それでこの種の感染にかかりやすくなってしまうということもあり得る。

同様に処置が難しかったのは眼の感染である。「非常に多くの人々、とくに老人が、眼が赤くなり、炎症し、ただれていた」。一八四八年にモーナイクは「眼の病気の流行」に驚愕し、ウィリスは、白内障を含めた「眼の病気の処置により、かなりの名声を得た」。

眼病もまた日本ではきわめて多い。世界のどの国をとっても、日本ほど盲目の人の多いところはない。その理由は、眼病の治療法をまったく知らないことにその大半の原因がある。そのために、はじめに正しく処置すればまもなく全快するような病気が、結局失明に終わってしまうということもきわめて多いのである。網膜疾患はとくに多い。白内障もしかり、一、二度網膜に顆粒を見たことがあるが、流行性のものではなかった(96)。

彼はさらに説明する。

多くの手術の症例があった。すでに述べたように、世界中で日本ほど眼の病気が多い国はない。統計的に示す必要があるとすれば、私の長崎の経験からすれば、およそ人口の八パーセントの人々が眼病に悩まされている。他の場所では数字は異なるであろうが、国中で眼病は非常に頻発しているのである(97)。

「毎日町から町へ、村から村へと動いていくにつれて、眼病をわずらっている人がたくさん目についた。盲人もめずらしくなかった」(98)。日本でトラコーマが非常に多く見られたこと、一九五四年時点で人口全体の一〇パーセント近くがこの病気にかかっていたこと、五〇パーセント以上にものぼる県もいくつかあったということはまったくもって謎である(99)。

トラコーマは「慢性、伝染性のウィルス性結膜炎」で、「初期の段階で伝染しやすく、トラコーマにかかった人から直接感染する場合と、汚れたもの（たとえばタオルやハンカチーフ）を触ることで間接的に感染する場合とがある」(100)。「トラコーマの伝染は、直接の接触で起こるかもしれないし、衣類や寝具の汚れによるかもしれないし、人々が泳いだり体を洗ったりする水中での入浴による場合もあれば、性的な理由で起こることもある」。より一般的には「風や塵、換気の悪い小屋に立ちこめる煙」が眼に影響を与え、「眼の炎症を悪化させる」。そして細菌性で化膿性の結膜炎など、細菌による感染を悪化させる(101)。これらの理論に対して、日本における眼病の深刻さと高い発生率を説明するために外国人が採用した理論を位置づけてみることができるだろう。

モースは次のように記している。「田舎を旅行していると……眼病の流行に気がつく——白障眼《そこひ》、欣衝《きんしょう》を起した眼瞼《まぶた》、めっかち、盲人などはその例である」。彼は感染の原因を例示する。男も女も、顔をしばしば剃る。「顔はどこからどこまでも剃ってしまう。婦人でさえ、鼻、頬、その他顔面の表面を全部剃らせる」。彼は、眼の病気が流行っていたのは「このような旅廻りの床屋がある程度まで原因となっている」と考えた(102)。眼の病気の説明として地方に見られる習慣を指摘したのはオールコックである。「人びとのあいだに流行している毎日まぶたを裏返す習慣——この実例は床屋の前をとおりがかったときに見ることができるが、まぶたを裏返しにしてから、その上をこすってくすぐり、なめらかな銅製のへらでみがくのである」。これは「明らかにさまざまの病気を助長しているにちがいないと思う」(103)。

眼の病気は、汚れによって生じた感染の結果起こるものにとどまらず、特定の非常に伝染力の強いものだということは、かなり後になるまで広く認識されなかったようだ。一九二〇年代になり、ようやくジェフリーは次のような観察をした。「トラコーマ」は「日本人の間で広まっており」、「細菌がいたるところに潜んでいるため、外国人にとっては恐怖の原因である」。「無知な日本人はこの惨害にさらされている。彼らは感染が拡大する諸要因とその予防法の原則を理解していないからであろう」(104)。

イングランドの人々は勤勉な入浴者ではなかったらしく、彼らがしばしばチフスの流行に悩まされたことも、清潔さが不足していたことを裏づける証拠である。日本人は共同の熱い浴場をもち、いつも体を洗ったりきれいにしたりして楽しんでいたが、だからといって、彼らが深刻な皮膚病や眼病から逃れることができたわけではなかったようだ。個人の衛生状態は、病気に対する戦いにおける、一つの要因でしかないということである。

15 汚れ・清潔に関する概念の変化

イングランドと日本の特異な死亡率のパターンをつくり出した環境のさまざまな特徴を考えるとき、それらすべてに共通していたのは、汚れに対する態度である。飲み物、排出物、ゴミ、住宅、衣服と身体の衛生に関する分析が示しているのはすべて、イングランドと日本においては、汚れの認識と、ある種のものを清潔に保とうとする努力が、健康に対して劇的な効果をもっていたということだけである。しかし、とりわけ日本において、そしてイングランドにおいてもまた、汚れに対して異例の態度を取ること、そしてその汚れを取り除くために相当な努力が払われるということをいったいどのように説明したらよいのだろうか。

まず最初に、そもそも「汚れ」とは何なのかを考える必要がある。メアリー・ダグラスらによって分析された汚れの定義の一つは、「場違いなもの」である(1)。それは概念の境界上に位置するもののことである。たとえば半分はウチで半分はソトと考えられる排泄物のようなもの、もしくは誤った範疇に入り込んでしまったものである。汚れとは、あるものを「清潔」とし、他のものは「汚い」とする分類システムの所産である。まず第一には汚れを認識するということ。汚れは文脈に依存し、目に見えなくなることもある。したがって、しばしば見られるのは、住宅内あるいは庭のなかといった、ある場においてはがまんできない「汚れ」でも、街路や手近な海などに投げ込まれればそれでよしとするということである。第二には、汚れを見た際に、それに対して何かをするのは難しいということ。というのも、汚れをなくすには努力が必要だからだ。苦痛を伴わないで達成される清潔な環境などといったものはあり得ないのだ。

　スコットランドの哲学者、ケイムズは個人の清潔さに対する欲望は、普遍的といってもよいだろうと考えた。その根拠となったのは以下のようなことである。「生活技術において進歩がほとんど見られない諸民族において、清潔さが際だっている。かつては多人数の部族だった小アンティル諸島の未開人は、さっぱりとして清潔であると著述家たちは述べている」。あるいは、「黒人は、とくに奴隷海岸のアードラー（Ardrah）の人々は、清潔に関して非常に注意深い関心を払っている。彼らは朝と夕に体を洗い、芳香性の薬草で香をつける。ベニンの都市においては女性が街路を清潔にするために雇われる。この点に関してはオランダ人に勝るとも劣らない」という。結論として、ケイムズは「すべての民族にとって清潔は望ましく、汚らしいものは望ましくない。汚れを好む人はいない。汚れにもっとも馴れている人でさえも、他の人々が清潔にしているのを見れば満足する」と述べている。

　一方でケイムズは、すべての人間は生物学的に清潔を好む本能をもって生まれているが、すべての社会が他のものと同様に「清潔」であるとは、少なくとも西欧の基準からは言うことはできないと記している。「清潔に対する嗜好はすべての人に同様に分配されているわけではないし、実際、いかなる精神的な判断力も均等に分配されているわけではない。そしてもし、生まれながらにしてある人が別の人よりも清潔であるとしたら、ある国全体が他の国よりも清潔であるということもいえるだろう」(2)。

　ケイムズの関心を呼び起こしたのは、十八世紀において、身体面やその他の面でもっとも清潔だと評判の高かった三つの社会、すなわちオランダ、イングランド、日本、がもっとも経済的に発展していたということである。比段的規模の大きな民族のなかでもっとも清潔だったのは日本人であるとケイムズは考えた。「あまりにも清潔で、オランダ人でさえも不潔であると思えるほどだ」。このようなすばらしい清潔さは「イングランド人の場合も同様で、身分の高低、経済的な上下にかかわらず、顕著な清潔さが世界中に抜きん出ている」。最初に彼は、日本とイングランドの共通性はいずれも島国であることに起因するのではないかと考えてみた。「お互いにたいへん離れているが、島国の住民たちの間には、類まれな相似が見られることを私はしばしばおもしろく思った」。さらに調査を進めていった後、彼は以下のような発見をしたことから、この理論を捨て去らなければいけなかった。それは「イングランドの人々は現在見られるほどにいつも清潔であったわけではない」ということだ。このことは以前エラスムスやその他の人々が非難の意をこめて述べていたことからわかる(3)。もちろん、さらにケイムズが探求を進めれば、島国の住民でもこざっぱりと清潔ではない人を見つけたであろうし、きちんとして清潔な人々を大陸に見出すこともあったはずである。しかし依然として謎が残される。汚れの除去と経済的発展との間には、仮にあるとすればどのような相関関係があったのだろうか。

メアリー・ダグラスは清浄と汚れとの本質を明らかにし、それが宗教的な理念と親密に結びついていることを示したが、残念ながら彼女の研究からは、なぜ異なる社会が、その程度は異なるにせよ、汚れという概念にとらわれるのか、汚いとされるものに対する処置が時とともに変わるのはなぜか、ということに対する説明を引き出すのは難しい(4)。エドワード・ウェスターマークが提示し、論じている可能な要素を列挙することから始めてみよう。「ある集団に見られる清潔あるいは不潔な習慣の拡がりはさまざまな環境条件に依存するであろう。すなわち、生業、水の供給量、気候条件、勤勉さと怠惰さ、裕福か貧困か、宗教的か迷信を信ずるか」(5)。

「生業」については、ウェスターマークは簡単に述べている。「カストレンは、汚らしいのは漁民に特徴的であり、それは一つの例にすぎないと述べている」(6)。この観察をイングランドと日本に関してさらに追究するのは難しいだろうが、ケイムズは以下のように論じていたかもしれない。すなわち、十八世紀のイングランド、オランダ、日本を特徴づける都市生活者、商人と職人といった種類の人々は際だって清潔であったということである。アムステルダム、ロンドン、大阪は「清潔」な文明の模範例であり、そこにはビジネスの「合理性」と生活の「合理性」との結びつきが見られるかも知れない。高い「清潔」水準を保つための要因は多数あるであろうし、それらは互いに強め合うであろうから、ここではたんに、日本、イングランド、オランダの職業構造は、考慮すべき要因のなかの一つであろうと述べるにとどめる。

ウェスターマークが述べている第二の要素は、「場違いのもの」を取り除くために人々が用いる主要なもの、すなわち水である。ウェスターマークは、水の有無により、清潔の程度がまったく異なってくる事例を多数あげることができた。ここでもまた、他の条件がすべて同じであるとすると、日本は世界のなかでももっとも水に恵まれた環境にある国の一つで、そのほとんどが魅力的なほど熱い。イングランドは、その気候および川の遍在から日本にひけをとらず、ほとんど水陸両生生活をしているオランダと同じ部類に入る。一般的レベルにおいても、またたとえばロンドンにおける排水の効果において見たように、個々のレベルにおいても、これらの三つの文化は、少なくとも他の文化に比べれば、不潔になる理由が少なかったといえるだろう。

次にウェスターマークが述べているのは気候であるが、彼が述べているのはわずかに「さらに、寒冷な気候は、衣類をたくさん必要とするために、不潔さにつながる」ということだけだ(7)。日本に関してはすでに述べたこと以上にここで言うべきことはあまりない。すなわち、日本においてはほとんど年間を通じてあまり衣服を身につけなかったことが、身体の清潔さを向上させるのに役立ったということである。オランダ人とイングランド人は衣類が豊富であったことが妨げになったかもしれないが、それでもかなりのレベルの清潔さを保つことができたのである。

その次の要因は、「勤勉さと怠惰さ」である。ここではウエスターマークは直接ケイムズの考えに言及し、「怠惰であったこと」から、「ブタのように不潔」である人々の事例をあげている。ケイムズの議論は単なる怠惰ということよりもいくらか深いものなので、彼の見解をまとめておく必要があろう。

島国であること自体と清潔さとの間につながりがあるのではないかという理論を捨て去ったのちも、ケイムズは経済的な繁栄が増すことと清潔であることの間には、いぜん何らかのゆるいつながりがあると考えていた。彼はイングランド人がどれだけ清潔であるかということに着目し、これは近年の発展であると考えた。「イングランド人の嗜好と習慣における驚くべき変化がわれわれの好奇心をそそる」。彼はこのような変化は勤勉さとの関連によって引き起こされたものだと考えた。怠惰であることは不潔につながるが、一方「対照的に、勤勉な人たちは、身だしなみはきちんとして適切になる。それは彼らが常日頃従事する技術や製作行為による。それらはアウゲイアス王の牛舎の浄化［ギリシア神話。アウゲイアス王の牛舎。三千頭のウシを飼いながら三〇年間掃除をしなかったといわれる］といったものではない。というのは、彼らはすぐに行動するので、汚れがそのまま積もって残るということはないのである。したがって、勤勉な民族は世界でもっとも清潔なのである」(8)。彼のあげる主要な事例はオランダであった。「オランダでは長い間、芸術と産業が発展してきた。そしてそこは、エラスムスが生まれ、教育を受けた国である。人々は近隣諸国の人々よりもずっと清潔である。なぜなら彼らは近隣諸民族よりも勤勉だからである。そういうわけで、イングランドの不潔さはオランダ人には衝撃的である」(9)。のちにイングランドの人々はより勤勉になり、その結果、より清潔になった。

フランスとイングランドの比較はある種の問題を引き起こした。なぜなら「フランス人はイングランド人よりも、勤勉でないということはないが、清潔の度合いは劣る」。彼はこの事実は富の分配により説明できると考えた。というのは「低階層の人々は、イングランドではフランスよりもよい生活をし、よりよい生活に対する嗜好が強く、とくに自らを清潔に保とうとする」。「このように清潔さは習慣とともに徐々に変化する。そしてすべての勤勉な国民にあらわれるようになる」(10)。

もし生活のある側面において人々が忙しくものごとを動か

し、生産し、交換し、活発に活動しているとするならば、この結果彼らの行動すべてに影響が見られるだろうという考えは、興味深い。「より活発になれば、さらに活発になる」というのが一般的に観察される現象である。もし汚れを封じ込めることが、もっぱらものごとをあるべき場所に置くということに関するのであれば、それは商業的な活動にたいへん似ている。突き詰めれば、「原子」を害を与えるような場所から遠ざけ、人にとって役に立つものをつくり出す場所に置く、ということである。両方とも、分割し、区分し、無秩序のなかから新秩序をつくりだす。勤勉さと清潔さの間にある種の「選別的類同関係」が見られることはウィリアム・ハズリットが注目している。「清潔さの際だっている人々は、勤勉さにおいても、正直さにおいても、貪欲さにおいても同様で、またその逆も然りである」(11)。それより少し前に同様の結びつきについて、マイスターが述べている。ロンドンについて書きながら、彼は「商業的営為によって、建物の内と外の両方が驚くほどきちんとしていること、そして広く見られる勤勉さが、町のあらゆる場所に生気と活気をみなぎらせている」ことに感銘を受けた(12)。

オランダ、イングランド、日本は目立って「勤勉」であった。しかし、ケイムズも気がついていたように、たんによく働くということが清潔をもたらす十分な要件ではなかった。多くの社会において、一般の人々は驚くほどよく働き、とても「勤勉」であるが、非常に「汚い」状態で生きている、あるいはそのように生きることを余儀なくされているのである。ケイムズは富という側面を彼のモデルにつけ加えた。イングランドでは、フランスとは異なり、貧困層もある程度の富を所有し、それによって誇りをもっていた。このことからウェスターマークのいう次の要因が導かれる。すなわち「貧困もまた、明らかに不潔の原因となる」(13)。この点において、イングランド人とオランダ人は、十七世紀のヨーロッパにおいて、国民一人当たりもっとも豊かな国であり、日本は豊かさにおいては劣っていたが、アジアのなかではそれらにもっとも近い国であったということが重要である。汚れを取り除くには時間と労力を必要とし、かなりの経済社会基盤があることが前提となる。とりわけ、人口過密社会においては、人々が最低生活維持レベルで生活しているとすると、高い水準を保つのは難しい。これら三つの国々がこのレベルをかなり上回っていたという事実は、それらの増加しつつあった富の原因でもあり、結果でもあったのだ。

ウェスターマークは清潔さに対する圧力はたいてい社会的なものであり、社会階層に密接に結びついているということもまた理解していた。「非常に多くの場合見られるのは、清潔さは社会階層の区分であるということだ」(14)。これは複雑な現象であるが、イングランドや日本を特徴づけているような、比較的「開かれた」、しかしかなり階層化された社会システムをもつ社会においては、清潔さの程度は、他の多くの社会的特徴と同じく、人々を相対的に位置づける際に重要になったのである。「清潔な」住宅を所有するということが、「きれいな」発音、あるいは「きれいな」犯罪記録をもつことと同じように重要であった。このことは二十世紀初頭の衛生学の教科書に描かれている。「子供のうちからわたしたちは、無意識のうちに、個人の社会的地位や精神状態についてすぐに一般的な評価を下そうとするようになっている。それは個人の外見からその人の清潔さを見るのであり、そうしたなかには秩序や無秩序といった項目もまた含まれるであろう」(15)。社会的な野心をもつ人々は自分自身や住居を清潔にする。日本やイングランド社会の中間層に見られたエチケットやマナーに対する執着は、何世紀にもわたって、身体や身ぶり、しぐさに関する「適切な」行動をつくりあげてきたのである。フーコーやエリアスやその他の人々が分析した、制御というものは、多くの場合、社会的地位にもとづいていた(16)。汚れと清潔さが地位の中心的な指標となるのは、避けられないことではない。ここで問題となるのは、いったん身体的な清浄さの尺度が確立すると、それはさらなる終わりのない、清潔さへの追究へとつながっていくということである。このような社会階層と清潔さとのつながりは、イングランドにおいて清潔さへの関心が増した理由について近年執筆している多くの人々により強調されてきた(17)。クーリーが十九世紀に述べているように、「清潔で繊細な手が、洗練されて上品であることを示すのと同様に、汚くて荒れた手は怠惰であることと育ちが悪いことを示す」(18)。

最後にウェスターマークが述べている要素は宗教的なものである。「多くの場合清潔さは、一時的なものであれ、習慣的なものであれ、宗教あるいは迷信にもとづいた動機によっても実践される」。その一例として、「日本の神道の神主は、神聖な供え物をする前、あるいは儀式の文句を唱える前に、身を清め、清潔な衣装を身につけた」ことをあげている(19)。彼は簡潔に、ギリシアとローマの宗教、ゾロアスター教、ヒンズー教、仏教、ユダヤ教、イスラム教は、すべて何らかのかたちで精神的な清浄と身体的な清浄を結びつけていることを示している。「これらの実践と法則は、汚れた物体が神聖なものと接触することで有害な結果を招くという考えから発生している」。さらに「汚れた物体そのものが、滅亡を招くようなある種の不思議なエネルギーをもっていると考えられており」、それは他のものに危険を与える。このような議論は、汚染、禁忌、分類といった領域全体、多くの人類学者が汚れの理解にとって重要であると考えてきた議論へとわれわれを導く。このテーマはロバートソン・スミス、スタイナー、そしてダグラス、そしてリーチやその後継者たちにより論ぜられてきたのである(20)。

しかしウェスターマークは次のことにも気づいていた。

「宗教的あるいは迷信的な信仰が洗浄や清潔さという観念に至ったという一方で、別の場合には、それらはまったく逆の効果を生み出した」。彼は、宗教的な人々が意識的に汚れを神聖さを示すものとして用いた事例を多数示している。このことはとくに禁欲主義とのかかわりにおいて見られる。仏教の僧は宗規により「衣服はごみもしくは廃物のなかからとったボロ布でつくるように指示されている」。キリスト教徒は汚れを「上品さ」のしるし、あるいは「贖罪行為として」しばしば歓迎した。中世のキリスト教においては、「あらゆる種類の清潔さからの自制は、贖罪行為であるとも言われていた」[21]。「十二世紀において、ある宗教に関する著述家が『驚くべき神秘』について述べている。鼻につくような臭い、脂ぎって、もつれ、寄生虫のわいた髭、そしてそこからは唾液がしたたっている。それは『神聖な徳を備えた内部の清潔さ』を啓示しているのだ」[22]。したがって、イングランド、オランダ、日本において見られた宗教の本質を注意深く検討する必要がある。それらの宗教においてどの程度、単に精神的なだけでなく、身体的な清浄に対する必要性が強調されるのであろうか。

神道、仏教、そして儒教が混合されたことにより、日本人の清浄に対する例外的な態度を生み出す信仰体系と分類体系がつくり出された。仏教は、その禁欲主義、簡潔さ、物質的世界を秩序正しく除去することで知られている。個人的汚れとの共存はかなり可能であるが、日本における仏教寺院や儀礼において見られるように、仏教は、禁欲的な汚れに抵抗するシステムをも支持しており、原則として本質的でないものはすべて取り除く。たとえば、仏教から生まれた日本文化の凝縮されたかたちである茶道においては、「シミひとつない清潔さ」が要求された[23]。儒教は宗教ではないが、秩序と自己規律を推めることで、清浄さを究めようとする社会においては役に立つ要素であった。しかし、これら二つ（仏教と儒教）が、日本に独自の第三の要素、すなわち神道と混じり合わされることにより、それらすべてから一つの要素を強調する不思議な化学変化が起こるように見える。

ラフカディオ・ハーンは、神道の信仰における儀礼と身体的な清潔さのつながり、あらゆるものの清浄の必要性がいかに強調されているかについて述べている。「ごく昔から神道は細心の清浄さを強要した。――まことに神々には人間の肉体的な汚れは道徳的な不浄と同じものと考えられ、どうにもゆるされないのであったろう」。彼が言うには「神道のすべての儀式中もっとも重要なのは、この浄めの式――いわゆる『おはらい』といわれるもので、その意味は、諸悪の追い出し、すなわち追放なのである」[24]。神道の神に祈る前に、参拝者たちは自らを清めなくてはいけない。「彼らは顔と手を洗い、口をすすぐ。これが神道の祈りの前の慣習的な洗浄である」[25]。清めという概念は神道の中心に位置する。「潔めの儀式は社会の全階層で行われた。国家的な儀礼は、六月と一二月の月の最後の日の二回あるが、家庭や個人的な儀礼も行われている」[26]。

とくに重要なのは倫理的および肉体的な清浄であり、その逆もまた、象徴的にも、また事実上も織りあわされていた。「彼らは何らかの汚れがあるときは、決して己れの神社に近付かない。それゆえに、あらかじめすっかり身を浄め、最高の衣服を着て、社の外でもう一度両手を浄めてから、しずしずと進んで、先述の鏡の前にたたずむ」[27]。「信仰においてもっとも重要な原則は儀礼的な清浄である。あらゆるものの神性を所与として、したがって、人体も神性であるので、罪と汚れとを区別する必要性はない。必要不可欠なのは、ある種類の儀式を遂行することであり、そのためには厳格な個人の清潔さ（禊ぎ）、集中と物忌み、清めの作用があるもの（たとえば榊の枝）に触れる、といったことが必要とされた」[28]。「加藤は、古い文書には浄とか不浄とかの考えが肉体上の意味合いを多くもっており、決して抽象的、道徳的な性質のものではないという」[29]。このことは、たとえば、神道の主要な「宮司」である天皇と結びついた儀式において、物質的清浄と精神的清浄との間に見られる象徴的なつながりのなかに見出される。シーボルトは書いている。「天皇に関係するものはすべて、いつでも新しくなければいけない。同じ服を二度と着ることはない。天皇が使用する食器類、そして天皇の食事を準備する際に用いられた料理用の器具さえもが、前に使われたものではいけないのである」[30]。新しさと清浄さは明らかにつながっているのである。

もちろん宗教が清潔さに関する深い関心を反映しているのか、あるいはその反対なのかを知ることは不可能である。おそらく、ハーンが示しているように、両者はつねに互いに影響を与えていたのであろう。「日本人の清浄に対する愛情――日々の入浴の一般的な実行や家のなかに塵一つないことなどでわかるが――は、彼ら日本人の宗教によって維持され、またおそらく始められたものなのであろう」。確かに、「神の道」における、儀礼的、精神的な清浄が身体的な清浄をも意味するという考え方が、生活すべてに拡大されたのだ、と見ることも難しくはない。「一つの汚点もない清潔さが、祖先祭祀の儀式に――神社にも、神主の人柄にも、また家庭にも――要求されたが、この清浄の掟が自ら、生活のあらゆる実態に徐々に拡がっていったものだろう」[31]。モースが言うように、「清潔さが信心深い生活と隣り合わせのものであるなら、まさに、日本人こそは信心深い種族である」[32]。彼の主張は、おそらく彼が気がついていたよりも深い意味がある。清潔さは文字どおり信心深さと「隣り合わせ」であり、実際、清潔であることは信心深さの一部なのである。そして清潔は信心深さの兆候であり、それを示すものなのである。

宗教と清潔さは一つのものである。「彼らが清潔さを信じる宗教をつくり出したといっても誇張のしすぎではない。というのは、儀礼的な清浄という考えがほとんどの古代の神道の精神には行きわたっており、日本の文化史の発展を通じて、一貫して続いてきたのである」。「不潔な状態」は精神および物質的な汚れを意味する。「場違いのもの」は神への冒涜である。汚れは邪悪なものである。「神道の伝統において、つねに邪悪と不道徳とは汚れと不浄とに、そして美徳は清潔さとに結びついてきた」。このような態度はこれまでの章において見てきたように、生活のあらゆる面に浸透している。「他に適切な言葉がないので『神道的態度』とでもいうしかないが、自然の清浄、簡潔さ、審美的そして身体的な清潔さといった概念が、あらゆる日本の生活の型に影響を与えてきた。芸術と建築、文学と自己表現、食物の調理、家族や社会組織のあり方、工芸や生産性――すなわち、それは人が自らの存在を規定し、自らの生活に秩序を与えるすべての活動である」(33)。

三世紀以降の中国の歴史家によって記された日本人の特徴のなかには、日本人の「個人的な清潔さの習慣」というものがあった(34)。それに対して日本人は他の民族は汚いと考えた。とくに中国人、またアイヌは日本の本土から組織的に追い出され、北海道の北西部へと追いやられたのだった。ヨーロッパに関しては、「西洋を旅行したことのある日本人は、われわれのもっとも著しい特徴として、汚いこと、怠け者であること、そして迷信的であることの三点をあげると言ってよいだろう」(35)。すべてのヨーロッパ人は汚いとされたが、その程度はさまざまであった。オランダ人は汚さの程度が一番低かった。「彼らはひげをそり、爪を切る。彼らは中国人のように汚くはない」(36)。しかし彼らさえも汚かった(37)。後に日本を訪れた者たちは、清潔さが単純さと禁欲主義とに、何らかのかたちで結びついているということを提示した(38)。

境界、秩序、清浄に関してこのような多大な関心が払われていたが、それが健康にどのように影響を与えたかについてはマーガレット・ロックにより研究されている(39)。彼女は日本文化における有名な「ソト」と「ウチ」という対立が、住宅と身体に関してどのように働いたのかということを示している。危険と汚れは「ソト」の世界にあり、生活とはつねにそれを追い払う戦いであった。ロックは、「ダグラス（一九六六）の考えに沿って言えば、日本人は、『外部の』汚い、潜在的に危険と考えられる領域と、『内部の』聖なる清潔な領域とを、象徴的に区別している。これは社会関係、物理的スペースの利用、身体に対する態度についていえる」と指摘する(40)。

社会関係に関してみると、ある種の「清潔でない」近づくべきでない集団が存在した。とくに血や死にまつわる「不潔な」ものと接触する人々、とりわけえたと呼ばれた人々がそうであった。えたと表記するために日本人が用いた漢字「穢《え》多《た》」は、「強い不浄」、「強い汚れ」を意味する[41]。外部の者、見知らぬ者もまた、それが中国人であろうと、ヨーロッパ人であろうと、汚れており、彼らを日本から追い出すために非常に手の込んだ対策がほどこされた。しかし外国人や汚れた疑似カーストだけではなく、病気の人はだれでもまた脅威となった。ハンセン病患者はもっとも遠い土地へと送られた。彼らの身体的な腐敗がおぞましかったからである。細菌が発見されるずっと以前から、他にも病人との接触を避ける理由が存在した。「神道の信条では、病気もまた汚れの状態と考えられていた。そこで集団から一次的に離れたり、追放されることもあった」[42]。このような状態は家族全体に影響を及ぼす。「人は病気になるとそれを自分の家族の人たちにうつすことがあると信じられていたので、病気のために家族全体が社会的に追放される可能性があった」。

別のアプローチは、公共空間の汚れて危険な「ソト」の世界と、清浄で安全な生活空間との間の境界を強調することである。これは家に入るときにソトで履く靴を脱いだり、手や体を洗ったりするといった多くの方法により象徴的に示されている。しかしながら、危険はソトだけから来るのではない。明らかに汚れとされる形態の一つは血であり、とくに月経の血である。「今日でも、月経中は自分を『汚ない』と考える女性もいる。この期間に身につけた下着はふつうは他の衣類とは別にして洗濯される」。二つ目に、内部の「腐敗」が身体の表面にあらわれるという考えがある。洗い流せるものもあるが、より深刻なものは焼き消されなくてはいけない。それゆえに、日本に伝わる医療技術の一つには、灸、すなわち藻草を小さな円錘体にして燃やすものがある。これは痛みを伴った。「ごく最近になるまで灸ははっきりした後を残すように据えられるのがしばしばであった。不快であったり『汚れた』ものをできるだけ根本的に早く消したいという潜在意識による要求というものでこの行為を説明できる」。「そのような跡は醜いと考えられているが、『かつて私は汚れていたが今はきれいである』ことを象徴するのである。汚れていると考えられて追放される危険をおかすより、醜くなっても集団の一員として残るほうがよい」[43]。

このように、非常に初期から、汚れと病気との連関は形成されていた。環境、住宅、そして身体はすべて「清潔」にしておかなければならず、ものごとはあるべき場所に置かれるべきで、それにより「腐敗」、範疇の混乱、正常な「健康」の崩壊の危険性を最小にすることができる。この結果必然的に、つねにあらゆる様式の洗浄に注意を払うことになる。「便秘にならないようにすることや、きちんと風呂に入ったりうがいをすることは今日でも日本の健康の中心と考えられている。病気を避けるには、体を定期的に完全に清浄にしなければいけない」。これはすべて幼児や子供に組織的に教えられた。「今日の日本では幼児期の社会化において小さな子供たちは多くの神道的価値を内面化している。彼らは汚れを恐れるよう教えられ、清潔で良いものと汚れて悪いものとの区別をはっきりつけるように教えられる。私は母親が子供に感染の細菌説を教えるのを聞いたことがない」。自らを健康に保つことの失敗は、自分と集団全体にとって脅威となる。病気になるのは個人的な失敗であるといえる。それは多くの社会においてそうであるように、たんに経済的な災難だけではなく、社会的災難でもあった。「したがって日本の歴史の初めから、不浄・不潔と病気の発生とはかたく結びついていた。自分の身体の管理に欠けると、その人と、おそらく子供たちにも病気の原因になると見られた」(44)。

これらすべては、汚れによる有毒な「接触伝染」の理屈と混ぜ合わされた。その過程はじつに興味深いのだが、このような連関は、十九世紀の終わりにようやく発見されることになる細菌やウイルスや他の微生物の世界を予見していたのである。汚染の理論は強力で、広まったが、その汚染は実際の汚れと同様、象徴的な汚れとも結びついており、つまり、すべての多義的な範疇と結びついていたのである。

病気の原因についての二番目の理論は、血液、死体、皮膚病にかかった人々など、不浄なものに接すると、「疫悪毒」の状態になるという。これは文字面では「悪毒によって汚染された霊をもつ」という意味である。伝染性疾患や先天性疾患の概念は日本では早くから確立していた。それは、そのような状態はその病気に関連した個人にも伝えられるし、その子供たちにも伝わると信じられていたからである。(45)

このことの健康に対する間接的な影響は非常に大きかった。

キリスト教も、ほとんどの宗教と同じく、「清浄さ」をたたえた。結局のところ、キリスト教は、レビ記における禁忌事項や、現代のユダヤ教の清浄と禁褥に関する執着が生まれたのと同じ清浄に関するタブーから生まれたのである。ウェアが指摘するように、「キリスト教は、衛生に関して特別の倫理的そして禁欲的ともいえる性格を与えた。初期の教会の時代から、大食と酩酊は非難された。身体（魂の宿るところ）の健康は魂の健康と結びつき、キリスト教信者は魂と同様に身体を大切にするよう申しつけられた」(46)。キリスト教にとって、清浄ではない世界において、人間が清浄であるよう努力するという二項対立主義は重要な要素である。「身体の清浄さの追究は、身体は聖なるものであり、世界の汚れから保護される必要があるという考えから生じた」。このことは、たとえば、洗礼の中心的な儀式において象徴的に示される。「洗礼の儀式は、罪とは洗い流されるものであるという観念を保持するものだ。ヤコブ派の伝道者は『キリストの血は罪を洗い流した。まるで水が体の汚れを洗い流すように』と言った」(47)。このような伝統はギリシアの伝統と結びついていた。それもまた、ドッズによれば、清浄という概念に取りつかれていた(48)。しかしキリスト教のような宗教もまた、その環境に適応するところがあって、キリスト教国のなかには清浄の概念にとらわれていない国もある。オランダとイングランドの場合は、ある型の宗教が発達し、それは神道と同様に、物質的「汚れ」と精神的「汚れ」の結びつきを強調していたように見える。

清めは、もちろん、多くの教会における儀礼にとって中心的な役割を果たした。乳児は洗礼式で聖なる水によって「洗い清められた」。女性は、出産の汚れののち、女性の教会儀礼により「洗い清め」られた(49)。人々の罪はキリストの血により、聖体拝領において「洗い流された」。死者は清潔に洗われ、不朽のものとされた。魂と身体を洗浄するというシンボリズムは非常に大きな重要性をもっていた。改革派により外面的な儀礼が攻撃されたため、カソリック教会によって行われていた習慣化した浄化は中断され、その結果、清潔に対して個人が責任をもつ必要性が増したのかもしれない。各人が自らの司祭であるということは、個人それぞれが自らの魂と身体の清浄に責任があったということである。汚れに対する戦いはすべての人が行わなければならなかった。

いかなる理由にせよ、精神的清浄と、簡潔さ、境界の維持を身体的な行為と汚れと結びつける傾向は、改革の後、さらに顕著になった。新たな派が「ピューリタン」(清教徒)と呼ばれるようになったのには理由がある。つねに、身体的な汚れと精神的な汚れが同一化された。演説、身ぶり、性的関係、それらはすべて「汚らしい」、あるいは「不潔」なものと見なされ得た。神の慈悲は「浄化」「洗浄」し、腐敗のなかに生まれたものを腐敗せぬものに変える。清浄のもっとも極端な表現はクエーカー教徒の間に見られ、彼らはまったく汚れのない服装、作法と話し方によって知られていた。

清浄、自己鍛錬、秩序はすべて、ジョン・ウェスリよりもずっと以前から信心深さに深く結びついていた。しかしそのつながりをもっとも有名にしたのはウェスリであった。「観察してみよ。だらしのなさは宗教の一部分ではないということを。聖書のどの記述も、身だしなみがきちんとしていることを非難することはないということを。それは確かに義務であって、罪ではない」。「清潔さは、実際信心深さと隣り合っている」(50)。このとき彼はとくに服装について述べていたが、一七六九年の手紙で、彼は自らの会衆に向かって次のように強く主張した。「クエーカー教徒の型をまねよ」「不潔さ、汚れ、だらしなさを避けよ。自分自身においても服装においても、住居においても、すべてにおいてである。生きているあいだに悪臭を漂わすな。体からノミを取り除け。髪は切るな。しかしそれを清潔に、ずっと清潔にしておくのだ」[51]。ウェスリのコメントは興味深い。なぜなら、彼は明快に道徳と病気と勤勉さとを結びつけたからである。「彼の著作『基礎医術』において、医学的な処方と衛生に関する助言（後者はケインから引いたもの）をするだけでなく、ウェスリは健康と病気を宗教的な文脈に位置づけたのである」[52]。首席司祭スウィフトがヤフー［ガリバー旅行記に出てくる人間の姿をした野獣］と人間の主要な特徴として、汚れを嫌うことをあげたということは、驚くにはあたらないことだ。

宗教的、そして儀式における汚れと精神的な危険とのつながりは、イングランド文化においても日本文化においても、非常に深いところに根ざしている。ともに突出して「清浄」を好み、禁欲的な文化であり、自己制御と禁欲主義、敬神、罪悪感が興味深く混ざっている。多くの分析者たちはこれを明らかにしようと努めてきたのである。もっとも有名なのが、フクヤマがウェーバーのテーゼを要約しているように、プロテスタントの場合には、「質素倹約、自己鍛錬、正直さ、清潔さ、そして単なる快楽を嫌悪することが『現世的禁欲主義』を形成した。それをウェーバーは、カルヴァン派の運命予定説の教義の変質であると理解した」[53]。

宗教的考え方と医学的考え方とが微妙に入り交じり、それが十九世紀の衛生に対する礼賛に結びついたことは、ジニー・スミスによる数多くの論文において明快に分析されている。彼女はギリシアの科学が、衛生と健康を結びつける強い概念をどのように取り込んだのかを示している。「古代に、ガレノス（紀元一二九年～約二〇〇／二一〇年）は、医療は衛生と治療とに、つまり、健康でいることと病気の予防と、病気の治療とに分かれていた、と書いている」[54]。このような状態は中世まで続いたが、ピューリタニズムにより新たなものがつけ加えられた。「文献をざっと読んで言えることは、実際の身体に対する崇拝はピューリタニズムにともなったものであり、一方、それ以前の中世において見られた実践はもっと機能的なものだった」[55]。もっとも目立った新たな衛生崇拝のあらわれは、十七世紀後半のトマス・トライオンの著作に見られる。「多くの点において、トライオンが抱いていた体に溜まった体液を洗い流すという観念は、十七世紀特有の、宗教的な神秘的言語で表され、それは『衛生崇拝』と称された」。彼は身体的な清潔さと倫理的な清潔さを、そのすべての著作のなかで結びつけて使っていた。「彼のいう清潔さの規則とは、しばしば性的なものへの言及を含んでいた。精神は『清潔な傾向にある』か、『不潔な思考の檻』のどちらかになってしまう。身体は『清潔で、純潔で健康的』であるべきで、『神の御心の暖かな影響と忠実な天使たちを迎え入れるためのよく準備された礼拝堂』でなくてはいけない」[56]。

クラジェが言うように、「清潔さは清潔さを呼ぶ。清潔な住宅は清潔な衣服と、清潔な身体を要求し、その結果清潔な倫理というものを必要とする」(57)。十八世紀と十九世紀のイングランドで起こったのは、それまで別々にあったさまざまなものがいっしょになり、衛生に関する強迫観念をつくり上げたということだ。そこにはキリスト教とギリシア医学の初期の圧力があった。ピューリタニズムの特殊な関心もあった。最初はこのような関心は外側、つまり衣類に限られていた。キース・トマスは、ほとんどの道徳的な禁止事項というのは、一義的には目に見える清潔さ、とくに清潔な衣類と清潔な住宅に関するものであったと指摘する。ピューリタンとクェーカー教徒は、「洗い流すことの望ましさについては述べ立てない」。これは関心となっていたのが主に象徴的な汚れであったということによる。「清潔な衣類は道徳的な清浄を象徴した。『もっともきれいな雑草には、もっとも清潔な思考ともっとも清浄な精神がやどる』」(58)。外国人たちは、イングランド人が関心をもつのはおもに外的な清潔さだけではないかと疑った。ラ・ロシュフーコーは書いた。

> 最初、私はこのことすべてにたいへん驚き、このような清潔さというものがイングランド人にとって自然のものなのか、そして彼らの活動すべてに行きわたっているものなのかどうか、あるいは表面的な上品さにすぎないのかを、確認しようとできる限りやってみた。かなり明らかにわかったのは、それはたんに外面的であるということだ。目にすることが予測されるすべてのものはもっとも望ましい質を備えているが、目にしないようなものに関しては注意が払われていないのである(59)。

しかし、象徴的、儀礼的なものは医学的なもの、そして初期の段階から社会的気取りと融合した。それらは十九世紀のイギリスとアメリカにおいてたいへん目立った特徴であった、衛生に対する強迫観念の世界をつくり上げたのである。

宗教、上品さ、そして健康は、清潔に関して書かれた著作において混じり合っていた。健康について強調したオールコットは、さらに「自分の身だしなみや服装を怠る人は、他の点が同じであるとすれば、清潔に十分な注意を払う人に比べて、道徳の尺度においてより低いところにとどまるであろう」ということに疑いをもっていなかった。オールコットの考えでは、健康と倫理とは、同じコインの表と裏を成していたのである。(60)

このようなことは、十九世紀後半の医療革命の土台を用意した。医療革命の結果、健康と道徳と清潔さとが、病原菌による疾病理論を通していかに結び合わされたのか、が示されることになったのである。そのなかで、身体の汚れは「健康にとってよくない臭気、蒸気やガス、毒気、間接感染や接触感染病を起こす空気中の細菌を吸収したり、体内の諸部分へと運んだりする格好の媒体となる」ということが示された(61)。

日本人と西欧諸民族はこの発見から最初に利益を得ることができた。他の文明においては異なる様相が見られることになった(62)。

V

空気中で

16 空気で感染する病気——天然痘、ハシカ、結核

戦争と飢饉は、いずれもある程度まで人間がコントロールできる。腸の病気や、動物［とくに昆虫］媒介性の病気に関しては、飲食や衛生に気をつければ発生をおさえることができる。しかし、それよりずっとコントロールが難しいのが空気を通じて広がる病気である。それらは、空気中を運ばれる細菌や、微生物のなかでももっとも微細なウイルスなどにより起こる。環境の改善も、この種の病気にはさほど効果を及ぼさないであろう。しかも、こうした病気はすべて、人口規模が非常に大きく、また高密度の場合にのみ、流行病レベルにまで達すると考えられている。

歴史学者たちは、病気のなかでも飛沫感染症がもっとも致命的であったと主張してきた。「人間のかかる病気の約半分は、呼吸器系ウイルスが引き起こすものとされてきた。もちろん、もっとも一般的である風邪のように、それらの病気はほとんどが取るに足りない感染症である」(1)。一八五〇年にイングランドとウェールズでは、感染症が「死亡原因の約六〇パーセントを占めており、空気で感染する病気は、水や食物を通じて感染する病気のおよそ倍であった」(2)。「飛沫感染」は、「文明社会ではもっとも多くかつ重大なものである」。風邪やインフルエンザの他に、「ハシカ、水痘、おたふくかぜ、風疹といった、子供がよくかかる一般的な感染症もほとんどは、呼吸器経路で伝染することを考え合わせてみれば、先進諸国では伝染病の伝播経路として飛沫感染が格段に重要であることがよくわかるであろう」(3)。だいたい、これらの病気を引き起こすウイルスは微小であるため、二十世紀に強力な電子顕微鏡が開発されて初めて観察できるよう

になった。何らかの早期の処置を施すことができたのは天然痘だけであった。しかし、後で述べるように、人類がこれらの病気に正面から立ち向かうことはほとんどできなかった一方、これらの病気のいくつかは現在までの間に不可解ながらも減少してきた。それは栄養失調が減ったことと人々の健康状態が全般的に向上したことの累積的効果から説明できるかもしれない。ここでは、これらの飛沫感染症のうちでももっとも深刻とされている病気のうち、天然痘、ハシカ、結核の三つに限って検討してみよう(4)。

天然痘(痘瘡)は十九世紀までは、人間社会に蔓延する主な疫病の一つに数えられた。それはとくに痛ましく、また致命的な病いであった。天然痘は、症状が凄惨であっただけでなく、致死率が高く、人体の外でも生存できるために無視できない病気であった。「とりわけ目を引くのが、一〇人に一人を死に至らせ、その宿主の外でも一〇年以上にわたって生存できる天然痘ウイルスである」(5)。「このウイルスが、最初にヨーロッパに出現したのは十世紀以前のことで、そこで、おそらく目立たないインフルエンザの類いとして定着した」と考えられている(6)。そしてこれを変える何かが十六世紀と十七世紀に起こり、その後、このウイルスは、旧世界のみならず新世界でも、急速に毒力を増し、致命的な病気となっていった(7)。こうした変異は、かなり唐突に起こったようだ。「明らかに天然痘の死亡率は十八世紀初頭に急激に上昇し、一七五〇年以降は再度落ち込んだ」と言われている(8)。マルサスの論じているように、「天然痘はたしかに、人口を生存資料の水準に抑止するために、自然が過去千年の間、切り開いてきた水路の一つであり、しかも非常に幅の広い水路である」(9)。

天然痘については、クライトンによる概説が参考になる。それによると、一五一四年の書簡がイングランドにおける天然痘について触れた、信頼できる最古の史料である(10)。当初、天然痘はかなり軽度の小児病であったが、十七世紀に入って深刻化した。文献で初めて言及されているのは一六〇二年で、初めて疫病として発生したのは一六二八年である。一六六〇年以降は、この病気への言及は増えている。以上から、天然痘は基本的に十七世紀中期以降に目立ち始めたと言える(11)。

天然痘などの病気の死亡率は、死亡表からある程度推測できる。十八世紀イングランドに関するデータには、死亡原因のおよそ一五パーセントが天然痘であると示唆するものもあるが(12)、ランダーズは、十八世紀のロンドンでは、天然痘による死亡は全体の七・六パーセントにすぎないとしている(13)。これは、ロンドンの人口密度の高さを考慮すると、予想に反する低い数値である。しかし、その高い人口密度こそが、この病気の致死率を低くしたとも言えるかもしれない。また、その背景として、接種や種痘の発達を考慮する必要がある。

天然痘をおさえるための接種法は、インドで「大昔から」行われていたが(14)、その技術がトルコと中国を通じて西欧に移入されたのは十八世紀初期になってからのことであった。ワートリー・モンタギューは、トルコの移植および接種法をイングランドに移入するのに助力し、それについての記述も残している(15)。最初は、この方法にかなり反対があった。トマス・ライトは自伝に、「私の子供たちが、いかにこの恐ろしい天然痘の病に苦しんだか」を描写している。「子供たちは接種を受けたいと重ねて懇願したが、子供たちの祖父母が接種にひどい偏見をもっていたため、彼らの意見に従って接種を控えざるを得なかった」。彼自身は、かなり早く(一七三六年)に接種を受けており、その方法を図入りで説明している(16)。

接種は、かなりの危険をともなった。「無菌処置を施さないで接種すると、患者は他の種々の菌に混合感染する恐れがあり、また、その後の経過中は隔離されなければ周囲に天然痘をまき散らす可能性もあった。一例では接種を受けた児童一人が一七人に病気を伝染し、うち八人がそのために死亡した」(17)。同様に一八九六年には次のような指摘もあった。「天然痘接種は、被接種者を保護はしても、病気を拡散したために、死亡者合計数を減少させるよりむしろ増加させた」(18)。ヘバーデンも十八世紀後期に述べているように、「個人あるいは国家全体にとって接種がいかに有益かが明らかになろうと、死亡表がはっきりと示しているように、ロンドンでは天然痘による死亡は接種の導入以来増えている」。ヘバーデンはその理由の一つとして、「富裕層が接種することで感染源が永続的に保持される一方で、接種を受ける経済的余裕がないか、あったとしても接種を受けようとしない、その他の多くの人々は依然としてこの病気の脅威にさらされている」ことをあげている(19)。ジェンナーが一七九六～九八年に「種痘」を導入して初めて、この種の予防法は広まり、大きな効果を上げるようになったと言えるだろう(20)。

天然痘の接種の効果については見解は分かれる。少なくとも十八世紀末までには、被接種者の数はあまり多くなく、また、その方法もあまり効果的ではなかったと確信できる根拠がある。マルサスもブラックも、接種を強く支持しながらも、その一方では、接種はまだ大して重要な位置を占めていないと考えていた。ブラックは、「ロンドンの天然痘病院でさえも、四〇年前に設立されてから現在までの被接種者の総数は2万5千人にも満たない」と述べている。さらに、ブラックは「七歳未満で接種を受ける者が皆無」という状況では、感染者の六人に五人が七歳未満である病気が大幅に減る可能性はほとんどないだろうと指摘している(21)。クライトンは、天然痘接種の効果は微々たるもので、またその時期も遅すぎるため、大きな効果を発揮するにはほど遠く、一般の人々にはほとんど影響をもたらさなかったと書いている[22]。ラッツェルは、はじめは「人口増加は全体的に天然痘接種から理論的に説明できる」[23]と論じていたが、現在では見解を修正し、天然痘接種は十八世紀の死亡率の変化に関しては大した役割は演じなかっただろうと述べている[24]。これは、種痘がどれほど効果があったかについて、「埋葬数の減少は、かの有名な種痘の発見の数年前からすでに起こっていた」[25]とするブレインの見方とも一致する。

どうやら、天然痘の発生の仕方が変化したと言えそうである。この病気は次第に、都市の病気、そして小児病になっていった。これは、クライトンが百年前に指摘している。また、チェンバースによれば、バーネットは、「一七五〇年までは、ロンドンや大きな地方都市に生まれた子供はほぼ例外なく天然痘の危険にさらされていたに違いない」と考えた。「こうしてほとんど完全に天然痘は、免疫レベルがもっとも低い小児期に起こる病気となった」[26]。

ジャネッタによると、天然痘は日本で起きた流行病でもっとも致死率が高かった[27]。天然痘が日本でずっと早くから蔓延した背景には、日本がヨーロッパに比べてかなり早くから人口密度が高かったことがあるかもしれない。中国で天然痘の流行が初めて記録されたのは四九五年頃であり、これを仏教の伝導者らが五五二年頃に日本に持ち帰った。この年以降、五八二年までにいく度も疫病が起こっている[28]。日本語で天然痘を表わす「痘瘡《とうそう》」「疱瘡《ほうそう》」という言葉が初めて見られるのは七三五年で[29]、この年には日本中に天然痘が大流行している[30]。「七三七年だけでも、都近くの和泉地方では成人の四四パーセントが死亡し、北九州の豊後や東日本の駿河では、死亡率は約三〇パーセントであった」。八一二～八一四年の流行期には、人口の「半数近く」が死亡している[31]。その後の十一世紀間にわたって、この流行病は、ますます頻発するようになっていった。「はじめは疫病の発生周期が比較的長かったので、天然痘ウイルスは流行が終わると次に流行するまでに死に絶えたであろう」。しかし、後世になると流行病の発生は頻度を増し、「日本の歴史のかなり早いある一時点で、天然痘は風土病となった」。ジャネッタは、おそらく十二世紀以前にそうなったと考えた[32]。

天然痘は非常に散発的に起こった。つまり、ある村落群や国内の一地方にだけ起こり、他の地方には見られなかったようである。たとえば、仙台では「天然痘はさまざまな村や町で、別々の時期に起こった」。発生期間はいろいろで、二カ月で終わるときもあれば、二年以上続くときもあった。大都市に集中して起こる傾向があり、また、「基本的に小児病」となった[33]。日本では、都市化が進み、また都市の規模も大きかったために、こうした変化は、イングランドよりもずっと早く、おそらく十二世紀までには起こっていた[34]。

この病気は子供に大きな影響をもたらした。飛騨地方の村々において、天然痘はもっとも深刻な流行病であり、幼少期の主たる死亡原因であった。この地方で、一七七一～一八五二年にかけて、天然痘による死亡は全死亡数のおよそ一〇～一二パーセントであった。さらには、「天然痘は、一〇歳未満の死亡原因の二六パーセントを占めた。この病気は、小児期早期の特定できる死亡原因でもっとも重大なものであった」。ジャネッタは、「出生した子の一〇パーセントは天然痘で死亡した」であろうと推測している。子供はほとんど誰でも天然痘にかかった[35]。

　十六世紀にポルトガル人宣教師ルイス・フロイスは、「日本人にはほとんど例外なく、天然痘の痘痕があると書いており、日本ではこの病気がヨーロッパよりも深刻であると考えた」[36]。トゥーンベリは、「天然痘とハシカは、長い間この国で流行っていたが、他の国と同様、あまり用心されてはいない。そうは言ってもとくに大勢の人々がこの病気の傷痕を残しているとは見受けられなかった。日本人は種痘を知らない」[37]。しかし、オリファントは一八五〇年代末期に次のように記してもいる。「痘痕《あばた》のある人々の数からいって、日本ではその病気が猛烈に流行しているに相違ない。しかし、シナではごくありふれている、身の毛のよだつような光景は見られない」[38]。一八七〇年代にはグリフィスが「かつては……人々のゆうに三分の一は顔に痘痕があった……」と記述しているし[39]、イザベラ・バードは、「村人たちの三〇パーセントは、天然痘のひどい痕を残している」ことに目をとめている[40]。

　日本でもできる限りの対処はなされていた。七三七年に天然痘が流行したときには、すでに隔離や他の方策によって懸命に阻止しようとしている[41]。一七九五年には、「［開業医の］緒方［春朔《しゅんさく》］が、自分の住む町で天然痘が猛威をふるったときに、中国の医書で学んだ技術を応用してこの病気にかかった患者のかさぶたを粉末にしたものを使って予防接種に成功した」[42]。しかし、この時期以前からこうした方法が一般的に行われてはいたとは考えにくい。というのも、種痘というこの新たな方法を普及し始めたのは、シーボルトその他の外国人医師たちであったからである。シーボルトが一八二三年に来日したとき、「天然痘が流行していることを知ったので、バタビアから持参していた痘苗で種痘の効果を示そうと考えた」。残念ながら、この痘苗は到着までに効力を失っていたため、痘疹は発生しなかった[43]。種痘が首尾よく導入されたのは、ロシアからで一八二四年頃のようである[44]。

　いったん種痘の方法が導入されると、日本人は熱心にそれを取り入れた。ポンペは、十九世紀中期に、「日本人は種痘を抵抗なく受け入れている。これに関しても、日本人はヨーロッパ人から利益になるかぎり何でも進んで学びとることを示した」。「ある二、三の藩では大名が種痘を義務として課した。薩摩では児童は二歳になると例外なく種痘を受けることとし、従わない場合は強制した。江戸ではそのための施設を建て、そこで貧民の児童も種痘を施してもらえるようになった」[45]。

こうした試みを評価しない者もいれば[46]、初期にとられた方策には効果がなかったとする者もいた。「天然痘はいっそう激しくなり、一八五四年および五五年にはおびただしい数の死者が出た。その主な理由の一つには天然痘患者に対する看護の方法が悪かったことがある。患者がまだ完全に治癒していないのに、早々に患者を病床から起こし部屋から出す、いやそれどころか、屋外に出すことさえ許したからであった」[47]。新たな処置方法が効果を現わすまで時間がかかったことは明らかである。一八六三年にウィリスは、「艦隊のなかに天然痘が発生し、現在広まろうとしています。患者が増加するなら、艦隊の機能を損うことになるでしょう」と記している。しかし、二週間後には艦隊の天然痘は「消滅した」。一年後にウィリスは、「天然痘は、現在日本人の間できわめて一般的に見られ、外国人にも感染者がいる」と書いている[48]。

一八七〇年代を迎えるまでに大きな変化が起こっていた。当時、日本で数年を過ごしたグリフィスによると、「今日の日本では衛生に関するいろいろな方法が見事な効を発したため……人々の三分の一は顔に痕がある……ものの、一般的に見て今日の日本人には他の先進諸国の人々に劣らぬほど、この忌まわしい病気を示す痕跡は見られない」[49]。モースは、「疱瘡《ほうそう》で盲目になった」按摩《あんま》は何人か見かけたが、「この国が常識をもって種痘の利点を見い出し、そして即座にそれを採用したので、このいまわしい病気は永久に日本から消え去った」と述べている。また、盲目の按摩師について、「この按摩は、天然痘で盲目になったのである。天然痘は、この国で一時は恐るべき病疫であったが、幸いにも今は統制されている」[50]とも書いている。

ハシカも天然痘と同様に、たびたび大量の死亡者を出し、また、二十世紀にそのウイルスと予防法が発見されるまでは人類がほとんど対処できなかった疫病である。十八、十九世紀の西ヨーロッパの「ハシカは、今日の発展途上国や地理的に孤立した地域に見られる深刻な病気のようなものであった」[51]。この病気は現在よりはるかに毒力が強く、大量の死亡を引き起こす可能性があった[52]。ハシカのウイルスは、寄生した人体の外では数時間しか生存できないために、「この病気が発生するには、人口が大規模で密集していることが重要である」[53]。このウイルスは、人から人へと数日以内に素早く伝染していかなければ死に絶えてしまう。つまり、感染力のある期間が短いのである。「ハシカでは口や鼻の分泌物中にウイルスが存在するのは発疹の直前から直後までのほんの数日間にすぎず、感染が広がるのもこの期間内だけである」(54)。密集した地域に少なくとも三〇～五〇万人が住んでいなければ、ハシカは風土病にはならない(55)。ハシカは、まさにマルサスの論じた負のフィードバック・タイプをわかりやすく示す典型的な一例である。米大陸征服の際や、他に地理的に孤立して部族が住むような地域に持ち込まれたような場合を除いて、人口密度が低い国々ではハシカを回避できた。しかし、ヨーロッパで人口が膨らんでくるにつれ、それらの国々は、ハシカが風土病となって保持されるようなレベルへと達したのである。

しかしながら、その深刻さと変異の仕方については今だに謎のままである(56)。イングランドで、ある特定の時期にハシカの毒力が強くなったという証拠はある。「一七八五年に、ウィリアム・ヘバーデンが『はしかは通常危険を伴うことが少なく、この病気のために医師が必要になることはあまりない』と断言している」(57)。ブラックは、一七八九年に「この外来の伝染病にかからない者はほとんどおらず、とりわけ、子供や都市に住む人々はかかりやすい」と書いている。しかし、ブラックは、ハシカの死亡率は天然痘の一〇分の一から一二分の一の間にすぎないと考えた。彼の推定では、ハシカの致死率は、被感染者七七人に一人であった(58)。クライトンによれば、ハシカは、十七、十八世紀にイングランドで流行したが、十九世紀ほどその毒力は強くなかった(59)。しかし、「一八〇四年に、ハシカは、主として成人の間で、天然痘と同じくらいの死亡者を出し、事実、一八〇八年には天然痘の威力を大きく上回った」のである(60)。こうしてハシカの危険性は増してきたようだが、その後、これもまた不明の理由によって状況は再転し、その結果、他の病気と同様に、ハシカも一八八〇年頃以降は、発生数、死亡率のいずれで見ても、深刻さは軽減した。しかし、「このような変化は、近代的な予防方法が何らかの効果を発揮することが認められるようになるかなり前から起こり始めていた」(61)。ハシカの不可解な様態は、日本の例からも明らかに見てとることができる。

十八、十九世紀の日本では、密集した多くの村落が大規模な都市を取り囲んでいて、おそらく当時、人口密度が世界で最高の国であったので、「ふつうに考えれば、疫病が高頻度で発生していたと予想される」。しかし、実際はそうではなかった。このことは、ジャネッタの本が示す意外な点の一つであるだけでなく、疫学分野でも理論的な意義をもつ重要な成果といえる。日本の文献によると、「徳川時代には、ハシカはそう頻繁には流行せず、二〇年か三〇年くらいの周期で起こっていた」(62)。ハシカという病気が日本に非常に古くからあるのは明らかであり、九九八年と一〇二五年に二度、「アカモガサ」[「赤疱瘡」または「赤斑瘡」と呼ばれた疫病が発生したと言われている(63)。しかし、富士川游は、ハシカの流行に関する確かな記録でもっとも古いものとして、鎌倉時代（一一九二年～一三三三年）のものをあげている。それ以前は、天然痘とひとまとめにされがちであった[64]。九九八～一八六二年の間に約三六回の疫病が発生しているが、「日本で人口が増加するにつれて疫病が多発する傾向にあったということを示す根拠はない」。その後に起こった疫病のいくつかは、経路をたどっていくことができる。それらは「大都市に発生して日本の他地域へと拡がっていったのではなく、つねに長崎から移動していった」のである[65]。これは、伝染病が、日本で外に開かれていた唯一の港を通じてもたらされたことを示唆している。高い人口密度にもかかわらず、日本では、ハシカは風土病とはならなかったのだ。

　また、ハシカは深刻な病気ではありながらも、主たる死亡原因ではなかったようである。山崎［佐《たすく》『日本疫史防疫史』一九三一年］は「……その平均的な致死率は、百件のうち、三人から五人にとどまっていたようである」と述べている。ハシカは、「飛騨地方の村落の死亡率にはほとんど影響しなかった。……ハシカによる死亡は、全死亡数のわずか〇・〇〇四パーセントであった」。結果として、ジャネッタは、「近代初期の日本でハシカの死亡率は、近代初期のヨーロッパや現代の西アフリカのいずれに比べてもかなり低かったであろう」と示唆している[66]。

　ハシカがなぜさして深刻な病気でなかったかを説明するには、いくつかの要素を考慮に入れる必要がある。明らかに、日本が地理的に海に囲まれていたことと、鎖国を意図した政策がとられたことは重要であり、これらは、「日本が近代初期の主要な疫病の一つにさらされる危険性を低くした」。しかし、それではハシカが日本国内に入ってきた後に、なぜ風土病とならなかったかを説明できない。これは、なおも解答を要する謎である。ハシカのウイルスが北ヨーロッパの気候にも適応したことを考えると、日本の南部が寒すぎたとは考えられない。「栄養不良であれば、二次感染および合併症にかかりやすいため、それが、ハシカによる死亡の主要な原因であった」との見方に見られるように、生活水準と何らかの相関関係があったことも示唆されてきた[67]。しかし、ジャネッタが指摘するように、十九世紀末期のヨーロッパでハシカの流行がとくに深刻であったことを考えると、経済状況や栄養と直接に関係するとは考えにくい。ハシカが風土病とならず、また、そのウイルスが周期的に侵入しても、死亡者がそれほど大量に出なかった理由については不明なのである。

　結核は、近代初期の社会の主な死亡原因に数えられる。ヒト型、ウシ型、トリ型の三つのタイプがあり、その桿菌《かんきん》は、「棒状で抗酸性の生物」で、「吸入、経口、または直接の接種で体内に侵入しうる。結核患者が咳やくしゃみをしたり、痰を吐いたときに口から飛ばされる飛沫の形で拡がった桿菌を吸い込むのがきわめて一般的な伝染経路である。……また、ウシ型桿菌に感染した牛乳を飲んで腸管感染を起こすこともある」(68)。

結核は、古代からの病気であり、「人類に知られる病気でもっとも古いものの一つ」である(69)。英国では遅くともアングロ・サクソンの時代には知られていたが(70)、主な死亡原因となったのは十七世紀以降である。「十七、十八世紀のロンドンでは、ペストの大疫病が蔓延した時期を除いて、結核が死亡原因全体のおよそ五分の一を占めていた」と言われている(71)。結核が深刻なものであることも、また、そのさまざまな形態をきちんと理解するのが難しいことも広く知られていた。結核がいかに多様であったかは、「肺を冒すタイプは、一般的に、肺癆《はいろう》または肺結核と称され、頸部《けいぶ》のリンパ腺の感染は、瘰癧《るいれき》と呼ばれ、また、皮膚の感染については、尋常性狼瘡《ろうそう》と呼ばれた」というふうに(72)、その関連用語にも示されている。以下のように、十八世紀にブラックはこの病気の深刻さを理解する一方で、さまざまに表われるその症状を示す術語の不明瞭さについても認識していた。

> ロンドンの全死亡件数の五分の一から六分の一は肺結核によるもので、これは天然痘と比較しても二倍近くになっている。しかし、肺結核とは、あまりに曖昧で漠然とした用語である。この用語には明らかに、老若男女がかかる、発熱性で緩慢な消耗性の諸々の憔悴症状がひとくくりにされている。また、原因が急性であろうと慢性であろうと、とりわけ死に至る場合には、どんな病気でもほぼ例外なく、憔悴や衰弱状態で末期を迎えるものである(73)。

とは言うものの、結核の深刻さに疑念を差し挟む余地はほとんどないであろう。「ここに見るのは、地獄の渡し場へと死者を乗せて延々と続く隊列、そして、同じ修羅の巷へ向かう、よろめく無数の群衆である。疾病記録や、医療関係者による見解はどれを見ても異口同音に、おびただしい数にのぼる肺結核患者の惨状や、その病の破壊的とも言える蔓延ぶりを明示している」(74)。十九世紀中期には、全死亡の約四分の一から三分の一は肺結核による、と複数の公的機関が推定している(75)。「死亡原因を見てみると、結核の台頭で、コレラも発疹チフスもその影に隠れてしまった」。当時の人は、結核を「十九世紀の、あるいはそれ以前数世紀にわたって、もっとも致命率の高い疾病」と考えた(76)。フリンによれば、「十九世紀初期までにヨーロッパのいくつかの国々では、この病気が死亡原因の最上位を占めていた証拠がある。そのため、十八世紀までの時点で結核はすでに唯一の死亡原因ではなかったにせよ、少なくとも主な死亡原因の一つに数えられたことは明らかである」(77)。

結核は工業化以前から存在したのだが、工業化や都市化のいずれにも密接に関連するものと考えられているようだ[78]。「ヨーロッパ大陸の医師が、肺結核がヨーロッパのなかではイギリスでもっとも蔓延していると主張している」のはこのためである[79]。十八世紀末のプレイスの観察によると、「ロンドンで唯一大幅に増加したと見られる致命的な病気が肺結核」であった[80]。当時の人はその理由を次のように考えた。「結核は恵まれない人々の体内ではびこり、栄養不良や、衰弱、換気の悪い住居や労働環境、衛生状態の悪さと手を結ぶ。十九世紀末までは、結核はほとんど完全に都市の病気だった」[81]。当時のある研究者は次のように述べている。

> どこに行っても、下層階級、とくに……都市の汚い空気のなかに閉じ込められた人々にとって、肺結核は、田舎のきれいな空気でのびのびと暮らす人々にとってよりも、致命的な病いとなる。貧困層は住居、衣服、不健全な仕事等の面から見ても不利である。また、同じ理由から、発病後の回復も難しい。季節に関しては、この国の気候の冬と秋は、肺病を病む者にとってはもっとも有害なものである[82]。

「通常、肺病の死亡率は、男女ともに織物製造業で働く者が多い都市で非常に高い」ことが指摘されている[83]。しかし、危険な職種は他にも多くある。「繊維工場の労働者、石工、陶器工場の作業員、金属研磨工、その他の『粉塵を吸い込みやすい職種』に就いている労働者は、粒子を吸い込むので、肺に炎症を起こし結核を起こす危険が高まる。この身体的な作用に加え、疲労の激しい仕事からくるストレスでも、喫煙と同じく結核への危険性は増大する」[84]。「食生活の質の低さや、密集した住居および職場環境、換気の悪さが結核の死亡率の高さの一因となっている」[85]。食生活に関しては、たとえば、「結核に抵抗力を与える蛋白質の重要性」[86]が明らかになっている。

世界の複数の地域で結核が後退したことは、生活環境こそが重要な要因であるとする見解と合致する。「ヨーロッパの国でも、たいてい結核による死亡率は一世紀以上にわたって、予防接種や抗結核菌薬の助けをかりることもなく、ほぼ一定の速さで減少し続けてきた」ことに関しては意見の一致が見られているのだ[87]。「死亡率は、一九三九年までにゆっくりではあるが着実に低下してきた。現代の知識からすれば、これが医療そのものによっておこったとは考えがたい。治療が患者の死期を先伸ばしにする以外に何かしたかと言えばそれは疑わしい」。変化したのは、生活状態であった。「このような「死亡率の」低下は、主にその時代に生活水準が着実に向上したことによるのだろう。一九三九年頃までには、文明社会の人々は十九世紀の頃にくらべて量、質ともにより良い食事をし、ずっと快適な家に住み、新鮮な空気や日光をとりこみ、日常の習慣も衛生的なものになっていた」。結果として、われわれのほとんどは今も病原菌を保持しているのだが、「今日、西欧諸国における症例および死亡例の大多数は高齢者や都市の貧困地区の浮浪者、飲酒者である」(88)。グリーンウッドが述べているように、結核は克服されたわけではなく、世界のいくつかの地域で一時的に未発生の状態にあるというだけである(89)。現在この病気は再び増加しており、近年の調査によると、一九九〇年にはマラリア、エイズばかりでなく、下痢症をはるかに凌ぐ勢いで、五歳以上の人口に二〇〇万件近くもの死亡を引き起こしている(90)。

西洋で結核は都市生活や工業化と深く関わるものと考えられていたので、日本では歴史的にどうであったか見てみることは興味深い。『源氏物語』や他の文学作品、そして、中国の医学書からの引用にそれらしき言及があるので、十世紀と十一世紀には日本に肺結核は存在したと言えそうである(91)。呼吸器系の結核を意味する「結核(肺結核)」は、日本語にすでにあった言葉であり、西欧から持ち込まれた用語ではない。しかし、その後の数世紀に、人口密度の高い日本の島々に大規模な都市が成長し、また、とくに繊維や陶器の製造といった「粉塵を吸い込みやすい職種」が数多くあったにもかかわらず、驚くべきことに、かなり後世に至るまで日本で結核による死亡が広がるという状況はそれほど見られなかった。ジャネッタは、日本の疫病について書いた本のなかで結核について議論しないばかりか、索引にも含めていない。また、富士川による『日本疾病史』という古典的な研究のなかでは、九つの病気が章別に論じられているが、そこに結核は入っていないことも同様に示唆的である。水痘、風疹、流行性感冒その他の病気は含まれているが、結核は含まれていないのである。

十九世紀中葉あたりから、西洋諸国との接触が増え、日本が工業化の段階へと移行し始めるにつれて結核は増え始めたようだ。ウィリスは、結核や関連する病気をとくに蔓延しているとして取り上げてはいない。彼の記録によると、「主たる病気は性病、眼病、それにハンセン病であったようだ」(92)。その後、モースは、「肺結核はわが国の中部地方におけるよりも多くはない」と書いている(93)。しかし、ポンペは、「日本にきわめて多い病気は、肺、気管支、心臓を含む胸部の病気である。肺結核は、さまざまな形態で、また、気管支の病気としてかなり頻繁に発生している」と記している。この「かなり頻繁に」が統計的にどの程度を意味していたかは、「ポンペが診た七〇〇人の患者のうち、四二人が結核と診断され、そのうちの三六人が死亡した」という記録からある程度推量できるだろう(94)。

十九世紀末が近づくにつれ、状況は著しく悪化したようであり、日本人のなかには、この病気を新種のものと考える者もいた。一九〇四～〇五年に書かれた夏目漱石の小説『吾輩は猫である』のなかで、ある登場人物は次のように述べている。「ほんとにこの頃のように肺病だのペストだのって新しい病気ばかり増えた日にゃ油断も隙《すき》もなりゃしませんので御座いますよ」。これらは、「旧幕時代にない」ものであった[95]。「十九世紀末に結核はまさに流行し始めたところであった」と言われている[96]。これは、多数の若い女性が労働力に参入し、寮や工場の密集した空間で寝起きし、働いたこととと関係するかもしれない[97]。チェンバレンは、一九〇五年版の『日本事物誌』を出すまでには確実に結核を日本の三大病の一つと考えていた[98]。ヘインによるこの時期のデータによると、「一八八九年には人口の〇・一五パーセントが、一九〇〇年には〇・一七パーセント、一九〇四年には〇・一八五パーセント、そして、一九三五年には〇・一九パーセントがこの病気で死亡している」[99]。一九二七年に出された内務省衛生局の報告書によると、「結核は、日本の死亡原因の第一位である。この病気のさまざまな形態を合わせると、一九一五年から一九二〇年の粗死亡率の平均は、全国的には千人当たり二・三人で、人口五万人を超える都市では、千人当たり三・六人であった」[100]。その絶対数と割合はまだ低いものの、結核は明らかに病気と死亡の重大要因であった。一九四五年以降、その死亡率は下降し始めたが、これもまた、おそらく医療処置によるというよりも、むしろ生活環境が改善されたことが大きいだろう[101]。

イングランドと日本の間には、ある一つの違いが見られ、これは注目に値する。ここまでは肺結核について見てきたが、結核の主な型として他にウシ型結核がある。これは、言うまでもなく牛に関係するものである。イングランドで広く牛の飼育が行われ、乳製品も利用されてきたことが、ウシ型結核を多くしたことは明らかである。二十世紀初期になってさえも、レーン - クレイポンは、「結核は、乳牛の間に流行しているために、明らかにもっとも深刻な感染症である」と考えていた。レーン - クレイポンによると、少なくとも乳牛の四分の一は感染していた[102]。一方、日本では十九世紀後半まで実質上、乳牛はおらず、またそれに関連して乳製品もなかった。これが、結核のこのタイプを起こし得る原因を最低限に押さえたことは確かであり、また、食肉の慣習が広がった後に、それが大幅に増加した理由と言えるかもしれない。

空気感染する病気の一般的なパターンを検討するとき念頭におくべきなのは、「伝染病というものは静的な状態にとどまるものではなく、病原体と宿主との間の関係によって絶えず変化し、その結果、臨床面での現われ方や、疫学的な現われ方にもいろいろ変化が生じる」ということだ[103]。そうした現われ方の一つに、最初は大量の死亡者を出す伝染病であったのが、やがてその毒力が弱まる、という場合があるようだ。クニッツは、「人口が多い地域では、これらの過密病

〔ハシカや天然痘〕は、やがて小児病となるだろう」と推測している(104)。北米で、こうした病気が後退したことについてクニッツは、「十八世紀末期に、天然痘やハシカはヨーロッパと同じ理由で減少した。つまり、人口が増加し、交通が発達するにつれ、これらの病気は大人よりも子供に増えていったのである」と説明している(105)。たとえば、イングランドで地域間の往来が増え、人口も増大することで、「ハシカと天然痘は風土病となり、主に子供たちがかかる病気となった」。これら「人口密度の高さに依存する過密病」は、「小児病」となったのである(106)。コーエンは同様の点についてさらに詳しく述べ、ヨーロッパで人口規模の大きいことが利点をもっていたこと、そしてその結果としてある種の伝染病は小児期に出る病気へと変化したことを示している(107)。キップルも同様に、「風土病にすることで飼い馴らしてしまうこと」は、定住人口への移行のあとに「人間の病気の生態に起こる次なる大きな変化」であると論じている。キップルは、「このような現象は、ゆっくりと生じた。というのも、……それが風土病になるには、年間五千人から四万人が新たに感染する必要があったからである。しかし、以前に疫病による惨害を被った都市でもいずれ、……人口が回復し、これらの病気を恒常的に保持するに十分なだけの、免疫のない個体、つまり子供が生み出されていった」(108)。

もし、ある人口規模の境界線を越えたとき、天然痘やハシカなどのウイルス性その他の特定の病気が風土病となって割と軽度なものになる、とするならば、日本はこの境界線をおそらくは八世紀から十一世紀の間という非常に早い時期に通過し、その後は、よく見られた病気の多くがその毒力を弱めていったようである。イングランドでは、こうした変化は十八世紀に起こったようだ。しかし、以上のことは、これら病気の変異の背後にある諸要因の一つかもしれないが、その謎の一片を説明するものにすぎない。

よく知られているように、ウイルスには気まぐれなところがある。それを考えると、謎は部分的にウイルス株における変化からも説明がつくかもしれない。インフルエンザが突発的に流行し始めたこと、天然痘とハシカがますます猛威をふるうようになったこと、そして同じくハシカが唐突に後退したことなど、これらすべては、部分的にウイルスの形質転換から説明がつくかもしれないのである。

病気の蔓延とその病気の致死率が、どの程度まで環境変化に影響されるかについても明らかではない。空気感染症は、外的環境の変化からは影響を受けにくいと考えることもできるが、その一方で、とくにハシカや結核などの致死率は、当該人口の生活水準にかなり影響される可能性がある。食生活が良く、全般的に衛生状態が良い場合には、高死亡率が発生する可能性ははるかに小さいだろう。

また、「病気の負荷」理論とでも呼べるような議論もできる。呼吸器疾患は、他の病気と連動する。これらのウイルスは、単独で活動するだけではなく、細菌などの比較的大きい微生物との間に「関係を形成する」のである。このように状況が複雑化することについて、バーネットがわかりやすく説明している。一九一八年にインフルエンザが大流行した際には、「非常に伝播力が強く、どんな人でも感受性をもつようなウイルスが世界中を席巻し、しかも、その際に同じ呼吸器経路から感染する病原菌が、同時に感染したものと思われる。すべての場合にまず病気をひきおこしたのはウイルスであったが、致死的なケースになると最終的に原因となったのはほとんどつねに細菌だった」。比較的人口密度の高い地域ではどこでも、「上部呼吸器官を占拠し得るウイルスや細菌が絶えず相互に入れ替わって」存在している(109)。そこには一群の諸原因が作用していて、死因は特定できないことが多い。

国の人口密度が高くなると、過密による病気の数々に悩まされることが多い。たとえば、多種多様な細菌やウイルスの感染症などの病気が互いを悪化させ合うのである。それが重なると、やがて、互いを餌食とするような、絡み合った流行病が次々と発生し、人口増加を止めることになりかねない。しかし、必ずしもそうなるわけではない。水や、昆虫その他の媒介生物を通じて伝染するこれらの病気は、飛沫感染症の場合とは異なり、物理的な環境変化に、じかに影響される。もし、イングランドと日本では他に例を見ないほど早くから、動物・昆虫媒介性の病気や水を通じて感染する病気を、多少なりとも軽くできていたとするならば、その間接的効果として、この二国は呼吸器系の流行病からも、より容易に回復していたと推測される。

致命的な細菌の数々からの襲撃を退治しようとする人体を描いた古い絵は、現代のわれわれの目には滑稽で時代がかったものに映る。すべての生命体は、潜在的に致死的な病原体に満ちているのだ。「時間さえ許せば、原虫類、菌類、細菌、リケッチア、あるいはウイルスなどによって引き起こされる感染症の例をいくらでもあげていくことができるだろう。それらの病原体は、人体や動植物の生息群のいたるところに存在しながら、ふだんの『正常な』状態では潜伏し、基本的には不活発な状態にとどまっている。これらの潜在的な病原菌は、ある生理的または環境的な要因が起こす最初の変調を引き金として、その微生物が潜在的にもつ病原性を外に顕わせるようになり、そうして初めて自らを病気として体現するのである」(110)。われわれは、イングランドと日本の歴史における、この微妙なバランスに立ち会ってきた。飲料や衣服、住居の変化を含めた「環境的な諸要因」が、このバランスを変化させ、病気は、それが本質的にもつ増殖力や病原性、感染力を変化させることなく、また、医療専門家たちからの介入を受けることもなく、盛衰してきた。もし、ウィルヒョウの主張するように、「病気とは異なった条件下での生命現象」

であるとするならば、逆に、健康も同様に「変異した条件下での生命現象」なのであり、その諸条件とはじつに、数世紀にわたって劇的に変化してきたのである。

当時は予測できず、また、確定的でもなかったような奇妙な偶然が次々と重なったことによって、人がかかる三大病の影響が深刻でなくなり、それが、イングランドでも日本でも、死亡率の低下につながった。いずれの場合においても、これはマルサスの初期の予見に矛盾するものであった。これらの島国に生きる人々は、マルサスの罠の第三の部分をしばしの間、首尾よく回避したのである。

VI

胎内で

17
出生率と結婚・性的関係

ここまでに示したように、イングランドと日本は、十八世紀の偉大な学者たちが必然的に到来するものと考えた間断なき危機を、早くから免れてきた。他の農業社会では戦争、飢饉、疫病が周期的に襲い、莫大な数の死亡者を出してきたが、そうした災害も、この二つの国ではそれほど目立たなかった。そこでわれわれは、繰り返される惨害からどのような要因によって脱出路が切り開かれてきたのかについて探求し始めたのである。

死亡率が通常より格段に低い場合、ふつう出現するのがマルサスの罠の第二段階である。人間の自然出生力と、結婚や性的関係の一般的なパターンに従えば、数多くの子が生産されることになる。同居している男女は、死ぬまでの間に平均して少なくとも一〇人の子をもうけるであろう。もし、イングランドと日本の例に見られるほど周期的に訪れる災害や風土病による死亡率が低く、また、大規模な移民流出もないのなら、人口は少なくとも世代ごとに倍増すると考えられる。この率でいけば、たとえば、一五〇〇年に三〇〇万人であったイングランドの人口は、一八〇〇年には約三〇億人になっていたであろう。しかし、実際にはその数は一千万人を超えなかったことがわかっている。日本の場合は増加前の基点がイングランドより高かったため、人口増大は一層大きかったことが予想された。しかし、実際のところ、またもや非常に驚かされるのだが、死亡率が比較的低かったこの時代に、この二つの国の人口は、およそ五世代にわたって停滞していた。このことから、死亡率と出生率はいずれも低かったことが示唆されるのである。

死亡率が押さえられると人口は著しく急増する、というマルサスの第二の法則を、イングランドと日本はいかに回避したのであろうか。効果的な人工的避妊法が普及する前の時代である。この二つの島国は、高死亡率を下降させて得たすべての利点をすぐに帳消しにしてしまう急激な人口増加への傾向をいかに回避したのであろうか。

マルサスは、食糧生産を亀に、そして、人間の高い生殖能力による人口の急激な増加を兎になぞらえた。自然に増加する人口に見合うような十分な食糧の生産は不可能とわかると、「われわれの次の試みは当然人口を食物に釣り合わせることでなければならない。もし兎を眠らせることができるならば、亀が兎に追いつく見込みも多少はあるかもしれない」(1)。出生率は死亡率より簡単に抑制できるはずである。この二つを比較すると、出生率のほうが、はるかに意識的な人間の努力と慣行によってコントロールできるものだからである。

考えられる諸原因を詳しく検討する前に、ここで問題となっている出生率は本当に理論的に考えられる上限より明らかに低かったと考えてよいのか、もう少しきちんと確認しておこう。出生率は避妊法普及以前には、「自然な」状況では普通の、高いレベルにあったと考える人がほとんどであろう。

粗出生率は一九五〇年代以前にはヨーロッパ以外のほとんどの農業社会では、通常千人当たり四五〜五五人であった(2)。千人当たり四五人という率は珍しくなかったであろう(3)。ヨーロッパでは粗出生率は、これほど高くなかったであろう。十九世紀中期まで、西ヨーロッパ諸国の粗出生率は、年間千人当たりおよそ三五人であった(4)。十八世紀中期までになると、おそらく通常はそれより高く、十八世紀のフランスに見られるように、千人当たり四〇人台であっただろう。イングランドでは、それより低かった(5)。十七世紀の後半および十八世紀初期では粗出生率は、「通常の」前工業化期社会のものとされる千人当たり四五人を、ゆうに下回っていたと現在では一般に考えられている。粗出生率は千人当たり三〇人前後を変動し、これは、予想されるレベルより、およそ一五人も少ない。こうした低い出生率はその後、産業革命の間に、農業社会の人口として考えられているようなレベル近くにまで上昇した(6)。

日本での出生率はどうであったかというと、一九五〇年代に詳細な研究成果が発表され始めた当時、粗出生率は「想像できないほど低かった」(7)。ナカハラ村を調査したスミスによると、「ナカハラ村の平均は、日本の諸地域の値からすると、ほぼ平均に位置している」が、「つねに四〇人台か五〇人台にある今日の発展途上国の出生率と比べると、明らかに低い」。一七一一〜一八二〇年の間の補正値は、年間千人当たり二五〜四三人の間を変動している(8)。ハンレーとヤマムラは一六九三〜一八七一年の間の、四カ村について詳しく調査した。藤戸村では、粗出生率は一五・四〜三三・一人の間を変動し、平均は二四・二人であった。吹上村では、一九・四〜三一・九人の間で、平均は二六人であった。また、沼村では、一五・七人と二四・九人の間で、平均は一九・六人で、西方村では、一六・七人と一九・九人の間で、平均は一八・五人であった。結論として述べられているように、これは前近代社会としては「非常に低い」出生率である。というのも、「前工業化社会はおおむね二十世紀中葉の低開発諸国に似かよっていたと考えれば、これら徳川時代の村落の出生率は出された値のほぼ二倍……が想定される」からである(9)。

出生率に関する特徴は他にどのようなものがあるだろうか。まず最初に、年齢別出生率、つまり、対象人口の年齢および男女の率を見てみよう。トマス・スミスによれば、一六四七〜一七一九年のイングランドのコリトンと「南西フランスの奇異に出生率の低い地域」という二つの興味深い例外を除けば、ナカハラ村の年齢別出生率は、「ヨーロッパのどんな教区よりも低かった」(10)。

第二の特徴は出生間隔である。避妊法普及以前のかなり典型的な人口状況として、十七、十八世紀のフランスを見てみよう。そこでは三つの教区で第一子と第二子の出生間隔は、一九〜二八カ月であった(11)。クリュレ教区では、出生間隔は通常二九・六カ月であったが、先に生まれた子が一歳の誕生日を迎える前に死亡した場合にはわずか二〇・七カ月後であった(12)。よって、出生順位や先に生まれた子が死亡したか否かによるものの、「通常の」出生間隔は、二〇〜三〇カ月だったとみてよいであろう。フリンは出生間隔を示す表を作成したがそれによると、イングランドでは、結婚してから、第一、第二、第三子を設けるまでの出生間隔が一四、二八、三一カ月で、フランスでは一六、二三、二六カ月である。ドイツでは、第二と第三子の出生間隔は二〇カ月と二四カ月で、スイスでは、二〇カ月と二三カ月となっている(13)。

これらと比較して、日本では出生間隔は最低一年は長かったようである。フィーニーと浜野は、出生間隔は日本ではおよそ三年半であったと論じている(14)。カーランドとペダーセンの主張によると、「典型的な出生間隔は約三年であった」(15)。実際に日本の出生間隔が、他の多くの社会よりも六カ月から一年も長かったのだとすると、これが予防的制限のメカニズムを解く鍵となるかもしれない。

粗出生率が低いと、完結出生児数［一人の女性が再生産能力が停止するまでに生む子供の数］も結果的に少なくなった。スミスが表にしたフランスの五教区のうち四つでは、完結出生児数は生児出産八・二〜一〇・四人であった(16)。イングランドのコリトンでは一六四七〜一七一九年の間の値はずっと低い。たとえば、二四歳未満で結婚した者に関しては、完結出生児数は平均して約五人である(17)。しかし、日本での値はさらに低い。たとえば、横内村では一七〇一～五〇年の間は五人で、一七五一～一八〇〇年の間は四人であり、一八〇〇年以降は四・二人であった。他の村での値はこれより高いが、七人を越えるところはない。たとえば一七一七～一八三〇年の間、ナカハラ村では六・五人であった(18)。ハンレーとヤマムラによる四カ村の研究でも、横内村と似た値が出されている。「出生子供数は、どの村も平均して三人弱から三人と四人の間にあった。平均は三人前後であったが、一七七三年から一八〇一年の吹上村……の場合のように、出生子供数の最頻値は、時にはわずか二人にすぎなかった」(19)。また、速水は最上の階層を除いては、完結出生児数は四人を下回ったと報告している(20)。約三年か四年という長い出生間隔で、夫婦当たりの生児出生数の平均値が三～六人の間に達することは稀である。

それでは出生率にはどのような要因が影響するのであろうか。イングランドと日本での出生率の抑制を分析するにあたって、キングズレー・デイヴィスとジュディス・ブレイクが提案する枠組みを用いることとする。彼らは人間の出生力を決める諸々の要因について、次のような三つの分類を提示した。まず、最初の性的接触の発生可能性（性的接触変数）、第二に、そうした性的接触の後の妊娠または避妊の可能性（妊娠変数）、第三に、妊娠から生児出産への進行、またはその回避の可能性（懐胎・分娩変数）である(21)。本章では、最初にあげられた性的接触変数、つまり、結婚および性的関係について検討する。

マルサスは、一七九八年に『人口論』初版を出版した後、さらに膨大な文献にあたり、ヨーロッパにも数回にわたって出かけている。こうして新たな知見を得ることで、マルサスは自論を再検討していったのである。一八〇三年に内容をほとんど刷新して出された『人口論』第二版では、マルサスは初版で展開した議論は、「鉄則」にもとづくものではなく、むしろ、「傾向」を記述したものだと捉えている。通常の人口状況とは、危機が起きたり負のフィードバックが働くというものであったが、それはあくまで「通常の」圧力にすぎなかった。それは克服されうるもので、また実際に克服された場合もあった。その方法とはマルサスが「予防的制限」と呼んだ新たな要素を導入することであった。

マルサスは、先進的な文明社会ではふつう、できるだけ早い結婚がよいとされてきた一方で、西欧はその例には入らないことに着目した。『人口論』の初版と第二版の間の期間にノルウェーを訪れたマルサスは、結婚を遅らせるさまざまな圧力があることに目をとめた。そして彼はこれがだいたいどの西欧諸国にも当てはまることを認識し始めたのである。「近代ヨーロッパでは、過去におけるよりも、また未開の民族におけるよりも、はるかに高い割合の女性が、この徳（すなわち、晩婚）を発揮して生涯の相当な部分を過ごしていることはほとんど疑いえない」。こうして、マルサスは婚期を遅らせることが、「近代ヨーロッパにおいて人口を生活手段の水準に抑止している制限のなかで、もっとも強力なもの」と考えたのである。彼によると、イングランド自体が、晩婚および非婚という予防的制限のなかでももっとも極端な例を示すもので、「わが国の社会をざっと見通しただけでも、全階級にわたって人口に対する予防的制限がかなり普及していることを確信せざるをえない」(22)。そして彼は、この制限が働き始めた理由とその状況を説明しようとしたのである。

　マルサスは、「危機」パターンとは異なる、新たなパターンの出現の兆しが見えていることを示唆しようとしていた。人口は、死亡率の上昇よりむしろ、出生率の低下によって抑制されていたのである。「近代ヨーロッパでは、過去におけるよりも、また世界のより未開な地域よりも、人口に対する積極的制限は少なく、予防的制限が広まっているように思われる」(23)。後年この見解について検討した際に、マルサスは「おそらくは、近代ヨーロッパのわりと生活状況の良好な国々において、生存が維持できる水準に人口をとどめている制限とは主に、結婚にたいする戒慎的抑制である、といってもよいだろう」と結論づけている(24)。

　結婚（そして、すなわち性的結合に入る）年齢と生涯独身者の比率こそが、産業革命以前の何世紀にもわたって、北西ヨーロッパ、とりわけイングランドの出生率に影響を与えた主たるメカニズムであったことは現在よく知られている。ほとんどの社会で女性は、性的に成熟した後、あるいはその直後、つまり十代の半ばから後期に、結婚し、性的関係を形成する。ジョン・ヘイナルの研究によると、西ヨーロッパでは例外的な結婚パターンが見られ、女性は性的に成熟してから最大一〇年も経たあと、つまりは二〇代中期になってから、最初の性的関係を形成することが多かった。遅くとも十六世紀以降にはそうであったようである(25)。そして現在では、この「ヘイナル」パターンが、イングランドでは十三世紀には存在していたという史料がある(26)。

　イングランドはもっとも極端なケースであった。リグリィが示すように、十七、八世紀には女性の平均初婚年齢が二六歳を超えた期間が複数あった。これは、女性が妊娠の「危険にさらされる」期間を大きく短縮した。イングランドの出生率の抑制についてはだいたいこれで説明できる。その後、人口は十八世紀中期に急増し始めた。リグリィは、これを、初婚の平均年齢が約二五歳から約二二歳へと三年早くなったためと論じている。この年齢低下により、婚姻出生率は二五パーセント累積的に上昇（子供の数は、四・四二人から五・五人へ増加）したと考えられる。よって、粗再生産率の「上昇の半分以上は、結婚年齢の低下だけで説明できるであろう」ことになる(27)。こうしたリグリィの見解に対してゴールドストーンは部分的に異議を唱え、「一七〇〇年以前に起きた出生率変化は主に、結婚年齢の変化よりむしろ、既婚率の変化で説明できるはずだ」と述べている。ゴールドストーンは、十八世紀後期の出生率の上昇は結婚年齢の低下によることに同意しているが、これは結婚年齢が全般的に低下したためではなく、ある特定の変化によって引き起こされたことを示唆している。「婚姻の年齢分布をよく見ると、一七五〇年以降に起きた婚姻の低年齢化は全体的に起こったものではない。むしろ、一九歳から二三歳の男性および二二歳以下の女性による初婚が激増したという変化が起きたのである」。「十八世紀後期に見られた人口急増は、結婚する人口の約二〇パーセントの初婚年齢が大幅に低下したという、比較的狭い範囲で起こった変化によるものであるようだ」(28)。どちらの見解が優勢であるとしても、結婚年齢と有配偶率がその不可欠な変数であることは明らかのようである。

日本はどうであっただろうか。初婚年齢に関して人間社会の「通常」パターンとされる一五〜一八歳と、十七世紀のイングランドのパターンである二五〜二七歳、という二つのかけ離れた値を考えてみると、日本はそのおよそ中位に位置する。速水はかつて諏訪地方に関して研究し、一六七一〜一八七一年までのさまざまな地域と時期に関する結婚年齢を示した。すべての地域、時期を通じて最低年齢は一八・三歳で、最高は二二・〇歳であった。平均年齢の平均は二〇・四歳であった。速水が特別研究を行った横内村では、結婚年齢は同じく一八・五〜二二歳の間であった(29)。トマス・スミスによるナカハラ村の研究結果にも、似たような年齢層が出ている。全体の平均は一九・九歳で、比較的規模の小さい土地保有者の婚姻平均年齢は二一・六歳で、規模の大きい土地保有者のそれは、一七・六歳であった(30)。この研究をもとに、スミスは、ナカハラ村の数字は、「今日の発展途上国よりも全般的にかなり高い」ことを一方では認めながら、「明らかに、非ヨーロッパ型の結婚パターンに属する」と結論づけている。「女性の婚姻年齢が低かったことに示されているように、婚姻性向そのものは低出生率にこれといった大きな役割は果たさなかった」(31)。

しかしながら、ハンレーとヤマムラは研究成果について異なる点を強調している。第一に、彼らの研究結果では、富裕層と貧困層の間の相違には類似するところがあったが、結婚年齢に関してはわずかに高かった。富裕層の女性は、「二一歳強で結婚し、他方、保有する土地がわずかであるか、あるいはまったくない家の女子は二五歳以上で結婚している」。彼らは、少なくとも中央日本や西日本にかけては、「女子が二二歳から二五歳ではじめて結婚する慣習が、一般的であった」と論じている(32)。ハンレーとヤマムラは、いくつかの村に関する平均初婚年齢について次の数字を出している。「藤戸村では二三・三歳、吹上村では二三・四歳、西方村では二三・四歳、沼村では二三・五歳であった」(33)。結果として、日本ではもっとも生殖力の高い二〇～二四歳の年齢に、未婚である女性が多かったことが言える。「二〇歳代は女子にとってもっとも多産な年齢と考えられるが、四カ村の二一カ年間の事例を見ると、二〇～二四歳層の結婚した女子の比率は、一三カ年において四〇パーセント以下であった」。こうしたパターンは、徳川時代後期で目新しいものではなく、一六八三年の吹上村では「二〇～二四歳では結婚していた女子はわずか三七・五パーセントにすぎなかった」。よって、ハンレーとヤマムラは、「女子の平均初婚年齢は前工業化社会の女子としては相対的に高かった」と結論づけている(34)。

速水は、もう少し後になると、日本国内の階層差や地域差を強調している。階層については、ある研究では、階層Ⅰの女性は平均、数え年一九歳で結婚して、六・二人を生児出産し、階層Ⅲの女性は、数え年二二歳で結婚し、四・六人を生児出産した(35)。また、別の例では、「美濃地方の西条村《にしじょう》では、一七七三年から一八三五年の同時出生集団の女性の初婚年齢は、保有地の規模によって大きく異なる。農民の上層では初婚年齢は、数え年二一・五歳で、農民の下層では、数え年二四・五歳であった」。地域的な差異があったことも非常に重要である。速水の結論によると、「十九世紀後期の日本には、結婚に二つの類型があったと言えそうである。一つは、東日本の早婚パターンであり、もう一つは西日本の晩婚パターンである」。速水はこうした違いを、その二つの地方の間に見られた富裕度と相続慣行の差と関連づけている(36)。

若い女性は、一八かそれを少し超えたくらいの年齢になると、結婚できるし、また、結婚する可能性が高いだろうという考えが定着していたことは確かである。これは女性のさまざまな髪型にも表われている。「二一を迎えたら」娘はある特定の髪型をするようになり、これは、「いつお嫁に行ってもいい年頃ですから、目立たないようにしとやかな髪型を好んだ」からである(37)。これは、髪を分けたスタイルで、両親との別れの始まりを示していた。「少女の髪を結う型にはいろいろ」あり、「その髪の型によって、結婚するまでの女子の年齢をかなり正確に推定することができる。結婚すると髪の結い方は、はっきりと変化する」(38)。

日本では男性は結婚が非常に遅く、夫は妻より平均でおよそ八歳年上であったが、これも重要な意味をもつかもしれない。「九州では男は三〇歳あるいはそれ以上まで結婚しないよう命ぜられ」ていた(39)。といっても通常は、結婚年齢は三〇歳をわずかに下回ってはいた。男性の結婚年齢が高かったことは、スミスによるナカハラ村の研究にも示されており、そこでは「ほとんど三〇歳に達するまで、未婚男性の割合が半数を下回ることはなかった」(40)。

日本では性的関係の開始は結婚と同義であることが多かったのだがその年齢は、夫婦の同居生活が終了する時期とも考え合わせる必要がある。そうすると、日本の出生率パターンについて、史料のある農業社会では他に例を見ないような、興味深く、重要な特徴が見えてくるのである。それは、女性が非常に早い年齢で出産を停止することである。三〇歳のときに二二歳の女性と結婚する男性は、妻が通常出産を終える時期に近づく頃までにすでに四〇代半ばになっていた。

ほとんどの社会では、パートナーの双方が存命であるとして、最後の出産をする平均年齢はおおむね四〇歳である。二十世紀の人口に関して言えば、「史料は不十分ではあるものの、末子出産の平均年齢は、産児制限を行わない人口の間でほとんど差がないことを示唆している。栄養状態が良好であった［出産制限をしない］ハッタライト社会では四〇・九歳であり、フリッシュがあげている、栄養状態の悪いイングランドのある地域では四一・七歳となっている」(41)。フリンは、復元研究から得られた一七五〇年以前に遡る過去のヨーロッパのデータをいくつか検討しており、それによると、末子出産の平均年齢は、ベルギーは四〇・九歳、フランスは四〇・四歳、ドイツは四〇・〇歳、イングランドは三八・五歳であった(42)。フランスのクリュレに関する古典的な研究では、「末子の出産年齢は三八歳から四一歳の間である。ジュネーブで、完全な記録の残っている家族の女性に関して見ると、一六〇〇年から一六四九年の間で末子の出産年齢はだいたい、三八歳から三九歳である」。フランスの他の三つの教区では、三九～四一・八歳の間でさまざまであり、最頻値は四一歳を超えていた(43)。

以上とは対照的に、ハンレーとヤマムラによる日本の四カ村の研究では「末子出生時の平均年齢がもっとも高かったのは、吹上村の三七歳で、また、「最低は沼村と西方村で三三歳前後であった」。藤戸村では、末子の平均出産年齢は三四歳だった。サンプルとなった村々で女性たちは、三〇代の中期か初期に末子を出産していたが、「少なくとも四三歳まで夫と共に暮らしていた」(44)。トマス・スミスはこの興味深いパターンについて、「農業経営の規模が、家族の規模を左右したがそれは子供を生む間隔ではなく、婚姻年齢と出産停止年齢によるものであった」ことを指摘し、その重要性を強調している(45)。つまり、イングランドと同じく、妊娠の危険にさらされる女性の数は制限されたのだが、日本での抑制方法は多くの場合、末子出産の時期を五年ほど早めることだったようである。それほど多産な年齢ではないにしても、これによって平均出産回数が最低子供一人か二人分は減ることになったであろう。「十九世紀の日本では女子は、同時代のヨーロッパの女子と比べ、平均して、五、六年早く出産を停止している」のは重要でかつ奇妙なことである(46)。日本では、「出産年齢の前半にある女性は、婚姻出生率は高いが有配偶者率は低く、また、出産年齢の後半にある女性になると、婚姻出生率は低いが有配偶者率は比較的高かった」(47)

というパターンが見られるのである。

十六世紀中期から十八世紀初期のイングランドでは、多産な年齢は二五〜四〇歳で、日本では二二〜三五歳であった。ハンレーとヤマムラの指摘によると、「藤戸村のように第一子の平均出産年齢が二三・六歳であり、また末子の平均出産年齢が三四歳であったことは、出産にわずか一〇年しかかけていないことになる」(48)。日本では出生間隔がより長く、出産期間はより短かった、ということは、合計出生率がイングランドよりもさらに低かったことになる。

以上のことからさまざまな疑問が浮かび上がる。たとえば、日本人はいかにして、そして何のために、出産をそんなに早く停止したのだろうか。現段階では推量でしかないが、婚姻に関わる特異な禁欲の形態で日本人の出生率が調整されていた可能性がある。それは、よく言われるような「性交中断」ではなく、むしろ、「結婚の中断」であった。

波平恵美子博士から得た教示によると、日本語には「家庭内離婚」という言い方がある。いくつかの根拠から伝統的な日本の家族内には、夫婦間の性行為を抑制する強い圧力が働いたと考えられる。その一つは、年配の女性が子を産むこと、もしくは性行為をすることに対してさえ強い禁忌があったらしいことである。ある小説にも「四〇過ぎの恥掻き子なんて言うから」というくだりがある(49)。こうした通念は、女主人が堕胎の失敗で不幸にも死に至ったことを思い起こすある女性の回想に表れている。「その時おかみさんは四一だったと思うけれども、その頃は『四〇の恥かきっ子』なんてゆって、……中略……下ろしちまうか、できてから間引くかすることがほんとに多かった。女が体を大切にしたり、疲れたような格好をしたりすると、アッ、あれは腹に出来てんな、と、他人に分かっちまうから」。中年の女性が妊娠すると、姑が「毎日嫌味を言いにくんだよ。『こーた年んなってこどもをこさえるなんて気がしんねえ、早くなんとかしちまあねえか』なんて、面と向かって言うンダ」(50)。問題は、嫁と姑の構造的な関係によるところもあったと示唆する見解もある。ハンレーとヤマムラは、「女性にとって自分の嫁に子がいるのに子を産むことは適当でないと考えられた」という土佐の史料をあげている(51)。トイバーは、「三〇代の末か四〇代初めの『年配の』夫婦は、子供をもつことはいくらか不適当だと感じられた。ことに嫁がいた場合そうであった」と述べている(52)。

またサミュエル・コールマンが日本人の家族計画について近年研究をしているが、そこには、性的関係のパターンへの鍵が示されている。それらの特徴は重要かもしれない。「今なお日本人のセクシュアリティはおおむね、『快楽のための性行為』と『生殖のための性行為』に二分されている。……その分、性行為を『コミュニケーション』と捉える考え方は見られない。日本の性の専門家は、このように性行為が人間関係とは異なる領域にあるものとして考えられる傾向があることを認めてきた」(53)。

こうした考え方は、いくつかの点で影響を及ぼした。男女間の性的関係は、子供を生産するという義務として捉えられている。この義務は、ある特定数の子供が無事生まれたり、女性がある年齢に達すると終了するので、その時点で男性は妻との性行為を止めた可能性がある。「夫にとって、性行為は『義理まん』という表現に集約されるように、子孫を生産するという義務であった」(54)。この義務の終了は、おそらく女性にとっても安堵であっただろう。重労働に加えて、授乳や子を背負って動くなどのかなりの負担、そして望まない予定外の子ができることへの恐れから、夫婦は、夫が四〇代中期、女性が三〇代中期になった時点で一緒に寝なくなった可能性がある。もし、実際にそうであったとすると、末子の出産年齢がとくに早いことがこれで説明できるだろう。

夫婦間で性的関係を終えることだけでなく、結婚生活全体の在り方そのものも、日本におけるセクシュアリティに対する態度に深く影響されたことは明らかである。これは非常に大きなテーマであり、手短かに論じることは難しい。初期の来日外国人旅行者たちの本国においても、売春や売春宿、婚姻外の性行為、非嫡出子の出産、その他多くのことが広く見られた。たとえば、イングランドでは現在、これらのトピックを取り扱った歴史的文献が豊富に蓄積されている(55)。このため、以下の議論は日本の道徳的価値の優劣を論じるものではない。ここで私が示したいのは、日本を訪れた人々、とりわけ、観察眼の鋭い医師たちが、日本では身体やセクシュアリティ、結婚に関する態度が、自国の往々にして偽善的で厳格なそれと大きく異なることを感じ取っていたことである。彼らは印象を記録しただけであるので、適切に分析するには、日本の史料から得た証拠で詳細に検討していく必要があろう。しかし、その前にとりあえずここで、どのような相違点があったかをいくつか示しておくことにする。

ケンペルは、日本に非常に数多くの売春宿があることに気づき、とくに主要街道沿いの町村などではその数が顕著であったとして、次のように述べている。「日本では、すべての公共の旅館はまた娼家であることは、むしろ否定すべくもない。一方の宿に客が多すぎる場合には、他の宿の主人は自分の所の女中［娼婦*］を喜んで向うに貸してやるが、彼らはそれで確実な儲《もう》けがあるからである」。ケンペルはとくに名が知れていた二村を例にあげており、「こういう点では何軒もの旅館が並んでいる宿場はとくにひどく、たとえば近距離にある二つの村、赤坂と御油《ごゆ》［前者は愛知県宝飯《ほい》郡、後者は豊川市内*］は、ほとんど旅館ばかりが並んでいて、どの家にも三人から七人までの女がいる。それで冗談に、日本の遊女の蔵とか、共同の研磨機という異名をちょうだいしたのである」。この街道を通過する旅行者たちは、食事をすませるのと同じように、性行為もすませていった。「この賎《いや》しい女たちと交わりを結ばずにここを通り過ぎる日本人はまれ」であった(56)。

トゥーンベリは、次のように加えている。「すべての港には──たとえそれがごく小さな村の港でも──通常何軒かの遊興の家を設けるという配慮がなされていた。一般にこれらの家が一番きれいで豪華に飾られている」。彼は、次のような性道徳の矛盾点にも気づいていた。一方では、日本は単婚社会であった。「日本は、一夫一婦制である。また中国のように夫人を家に閉じ込めておくようなことはなく、男性と同席したり自由に外出することができる」。その一方で、妾も多かった。「また当地では、ある男たちが妾を持つという不名誉な習慣がある。妾腹の子は遺産相続できない。妾はその家の女中のように見なされている」。トゥーンベリは、規律の厳格さと緩さの間にある矛盾にひどく驚いている。「貞節は既婚未婚を問わず、まずまず守られてはいるが、それにもかかわらずこの国では不貞はありふれている。相手に不貞をはたらかれて屈辱をうけた者が自殺することもある」(57)。

ポンペは、性道徳について詳細で観察眼の細やかな記録を残している。彼の考えでは、首都だけで約六万人の売春婦が存在した。彼によると、日本の売春は「あまりに驚異的な現象であり、その社会構造に深く根ざしていることであるが、同時に寒心に耐えない問題でもあるため、心ある人なら、これが何とかして公的に禁じられたらと願うのみである」。売春宿の住人に対する人々の態度は奇妙に寛容なものであり、「日本の社会もこの公認の遊女屋を少しも軽蔑してはいない。それはまさに公認され公開されたものであるからだ。彼らに悪事とか非行とかいう観念が少しもないのはまったくこのためである」。これはより一般的な態度を部分的に示すものでもあった。「日本人は［婚姻外の］自由な性行為をそれほど悪いことと思っておらず、まして、罪悪とは思っていない。よって、『不徳行為』はそれを指す適切な言葉ではない。日本では宗教も社会も、妻以外の婦人との交渉を禁じていない。したがって日本ではわれわれヨーロッパ人からみてびっくりするような奇妙なことがみられるのである」(58)。

恥と罪悪の感覚は西洋と大きく異なっていた。「私も含めて多くの人々が観察したところであるが、日本人は婚外の性的交渉についてためらいなく話し、新来者はそれに驚かされる。彼らは妻の面前で羞恥心など遠く通り越したような話をし、そして女性たちもさして気を悪くしたりしないようなのだ」。このため、売春宿にいた娘たちはたとえば、その事実が周りに知れわたっていたにもかかわらず、その後、良縁を結ぶこともあった。「二五歳に達すると、この娘たちはふたたび自由の身になる。借金の抵当に働くこと、すなわち年季奉公もやめられ、私がこんなことをいうと、みなさんはさぞ驚くだろうが、娘たちはきちんとした婦人として社会に復帰するのである」。その一方で、貧困と病気のために彼女たちの生活は惨めなことが多かった。「待ちうけていた屈辱は多くの場合、彼女たちの上に重くのしかかった。私のところにもしばしばこのような娘たちが診療を受けに来たことをここに述べておかねばならない。その娘たちは、課せられた役割からくる辛労の結果、ついに肺病を患って死んでいったのである」(59)。

ウィリスは、以上のような観察内容の多くを確認し、ときにはそれらに関する数量的な記録も残している。彼によると、海外からの来訪者による影響が増大するにつれ、売春宿はとくに海港に多く見られた。ある港では「売春婦の数は人口に比例して多すぎるのだが、それは夏場に入港してくる船員が集まるためだといわれている」。とくに、「計算上では横浜に約一千人が外国人の遊女がいることになる。そのうちの二百人から三百人が外国人の情婦としてかこわれているのだが、現在のところ、その平均賃金は毎月一五ドルから二〇ドルである」。しかし、こうした場所は、日本中に広く存在した。「大きな村や町には、売春宿があるのが普通であった。そして売春宿のないところでは、お茶屋の女が売春婦をつとめていた」。「信濃地方の町では、宿屋の女中が売春婦の働きもする。売春婦として勤めた場合、その料金が宿の主人の出す請求書に含まれるのである」。より一般的には、「多くの茶屋は堕落して女郎屋になっている。さまざまな売春宿が日本の各地にひろく分布している」(60)。

ウィリスは、売春宿は富の増加に伴い増えているであろうと示唆している。「かなりの妻帯者がいつも売春宿に出入りしているが、確かに富の増大や階層を問わずに見られる遊女狂いのために、この三〇年間に売春宿に出入りする男の数が大きく増加してきた」。ポンペのように、ウィリスもそうした行いに対して人々の態度が寛容であるのに目をとめている。「女が遊郭での奉公期限を終えて身内のもとに帰ったとき、彼女はかならずしも体面を維持する権利を失ったとはみなされないし、場合によっては結婚することもある」。同様に、愛人を囲うことも悪徳とは見られておらず、「妾を囲うことがごくあたりまえで、なんら邪悪な行為として考えられていないことを述べておかねばならない。妻帯者であろうと独身者であろうと、妾を持つ費用を捻出できる者は、自由に情婦をかこっても体面を損うことにならない」。また、ウィリスも悲惨な状況に目をとめ、「すべての遊女の三分の一は、奉公の契約期限が切れぬうちに、梅毒やその他の病気で死亡している」と推定している。彼はまた、売春婦がどのように集められるかについて次のように新事実を付け加えている。「遊女としてかかえられる者は町の貧民階層の子女であり、一般に零細な商人主、職人、工夫らの娘たちである。農民の娘が……遊女になると親類縁者に恥じとなるために、農民社会から遊女はわずかしか出ていない」。人々は、家族や自らを貧困のために売春業へと売り渡すことが多かった。「日本では男が零落したとき、その娘や妻は、ある期間、自発的に女郎屋に身売りすることがよくあり、そのような行為は父または夫に見せる愛情の最高の証しとみなされている」(61)。

日本では夫が妻以外の女性と性的関係を結んだり、結婚できない男性が性的接触を頻繁にもつことが許容されるということは、結婚とセックスが不可分に結びつくとするキリスト教的信念が日本に不在だったことと明らかに関連する。『源氏物語』のような古典的小説や、美術における開放的「ポルノグラフィ」が綿々と続いたことに示されているように、婚姻外の性的関係を「罪深い」ものとする西洋の古い伝統的な概念は、日本ではほとんど発達しなかった。

このテーマをさらに検討していくと、婚姻外の性的関係や妻以外の女性との戯れが、婚姻出生率を低く押さえるのに非常に重要な要素となっており、ある一定数の子をもうけたり、男性が妻を亡くした後は、とくにそうであったかもしれない。低い婚姻出生率パターンには出生間隔が長いことや寡婦があまり再婚しないなどの他の諸側面があったがそれらはすべて、売春婦、妾や芸者のいずれとであれ、男性が容易に婚姻外の関係をもてたことに密接に関連していた可能性がある。セックスを快楽と生殖目的に分けることはすなわち、近代日本の男性の多くにとって「快楽のためのセックスは婚姻外で」ということだったという見方もある(62)。必要な後継者を確保した後は、男性は妻との性的関係を終えることが多かったと言えるかもしれない。「金持の特権であった蓄妾には、その半面、弊害もあったけれども、一面また、妻女に矢つぎ早に子どもを生ませることによって起こる生理的な過労から救うという効果もあった」(63)。売春婦や妾の出生力については、そうしたケースについてさらに調査する必要があろう。たとえば、十八世紀の人口学者ショートは奇妙な理論を展開しているが、そこにはこのような問題への認識が表われている。ショートによるとこのような女性たちの出生力が低い理由は、「同一の種の複数の生殖器からの分泌液が混じり合ったり、性交を過度に行うことで、男性も女性も不妊となる。よって、一般的な売春婦（やその類の人々）は、滅多に妊娠しないが、一旦、結婚し、夫に忠実であれば、他の女性と同じように妊娠・出産する」というものであった(64)。

以上に検討してきた結婚生活を開始および「終了」する年齢と並んで重要なのが、「西ヨーロッパ型の結婚パターン」の第二の特徴である既婚率であった。人間社会の大多数では、健康な身体をもつ女性はほとんど例外なく結婚し、出産する。生涯独身であった女性の数が比較的多いのは西ヨーロッパのみであった。イングランドはまたしてもその極端な例であった。一六〇〇〜四九年にかけて、未婚のままでいた女性の比率は約二〇・五パーセントで、一六五〇〜九九年まではその割合はさらに高く、二二・九パーセントであった(65)。前工業化期の農業社会としては、生涯独身の女性が四分の一近くいたというのは稀である。その割合が千人当たり三〇〇人近くにまで上がった時期さえあった。つまり全女性数の三分の一近くが結婚しなかったのである(66)。この割合は変動し、生涯独身者の比率は、一七〇〇〜四九年では一一・六パーセントに、一七五〇〜九九年では五・九パーセントに下降した(67)。この時期までにその水準は非ヨーロッパ社会に見られる通常レベルに向かい始めていた。

日本では一般的にどのような状況であっただろうか。そこで見られたパターンは誰もが結婚する「非ヨーロッパ」型に簡単におさまるものではない。「十八世紀には、独身者が増加し、また、女性が晩婚で出産期間が短縮されたために、出生率は婚姻率と並んで低下した」と言われている(68)。「経済的に困窮した時代」に晩婚傾向が一段と進んだだけではなく、「各世帯で一人の息子だけが結婚するのが慣習」であり(69)、それは「結婚は主に、家長やその後継者だけがするものとされていた」ためであった。十七世紀初頭にさえ、「地主に依存し、おそらくは住み込みで働いた農業労働者に結婚しない者がかなりいた」ことを示す史料がある。この傾向は続き、「世帯の人数が減るにつれ、女性の有配偶率も、徐々に長期にわたって低下したことを複数の村落研究が示してきた」(70)。

しかし、個別のデータを見ていくと、必ずしもすべてそうだとは言えない。速水の諏訪地方の研究によると、二一〜四〇歳の女性の有配偶率は七〇〜八〇パーセントの間でばらつく傾向があり、平均は七七パーセントであった(71)。これには、結婚を近くに控えていたことが推測される、二一〜二三歳の年齢層も含まれている。しかし、それを考慮に入れたとしても、独身のままの女性の割合は一五パーセントあたりになりそうであり、その値はヨーロッパ型のパターンからかけ離れたものではない。ハンレーとヤマムラの研究でもまた、「未婚女性の比率は今日よりも高かった」のであり、また、ほとんどの時期において、「三五歳から三九歳の女子の八〇パーセント以上が結婚していた」という結果が出ている。彼らは、「これらの率をかつて結婚したことのある女子を示すものととり違えてはならない。比率はそのときに夫とともに生活している女子についてなのである」と断わっているものの、その値は生涯独身であった女性が一五パーセントという値と相容れないものではない(72)。これは、また「平均して、ほとんどの世帯には出産年齢にある女子が一人いたが、これら女子の三分の一近くは未婚であった」(73)という彼らの言とも整合性がある。佐々木陽一郎とスーザン・ハンレーも、より最近の研究で、配偶者と死別か離別した者も含むが、三〇〜三九歳の年齢層のおそらく二〇パーセントは、その時点では独身であったことを示唆している(74)。カーランドとペダーセンは、「独身のままでいる者は多く、未婚の男性や女性がいる世帯は一般的であった」と論じているが(75)、その一方で、フィーニーと浜野潔は、どちらかというと、独身者比率の高さの修正を示唆するような証拠をいくつかあげており(76)、また、コーネルは、前近代の日本で未婚のままでいる女性は希少であったとする強力な議論を展開している。コーネルが指摘するように、独身女性を意味する「スピンスター(spinster)」に当たる言葉がないことは無視できない(77)。

結婚する割合から見ると、日本はまたしてもおそらくイングランドほど極端ではない。しかし、アジアの他のほとんどの社会より独身者の数はずっと多かった。「日本では、有配偶率は西洋よりも高かったが、どの年齢でも一〇〇パーセントに達することはなかった」(78)。しかしながら、日本に見られる二つ目の特徴を見たときに、その値はイングランドにいくぶん近づくかもしれない。それは、あまり注目されていないが、夫を亡くした場合の対処の仕方である。

イングランドでは、人口学者がときどき、「逐次的単婚(serial monogamy)」と呼んできた慣行があった。これは、配偶者との死別で結婚が中断した場合、残された妻または夫が通常、しかもかなり早く再婚するというものである。たとえば、ラスレットは十七世紀のイングランドの教区簿冊をもとに、ある村の七二人の夫のうちじつに二一人もが、二度以上結婚していることを明らかにし、次のように述べている。「男性は結婚する年齢に達すると、その後、妻を失った場合はつねに再婚を重ねるという傾向があった……この法則は女性にもあてはまったが男性ほどではなかった」(79)。成人の死亡率がかなり高かったために、とくにこれは、女性を「妊娠の危険にさらされた」状態に保持することとなった。バーンによると、十七世紀のイングランドでは、普通法(コモン・ロー)と教会法のいずれでも、寡婦はどんな場合も再婚を認められていた(80)。

しかし、スミスの研究には、日本ではそうではなかったことを示唆する箇所がある。彼は、「再婚はこれまで考えられていたほど頻繁には行われなかった」ことに目をとめ、これについて次のように説明している。「結婚が中断された場合の再婚率は、われわれが当初想像していたほど高くなかった。寡夫で再婚したのは、三人に一人で、寡婦の場合には五人に一人にすぎなかった」(81)。ここでもまた、人口学的な統計を通して、根強く、また注目に値するような文化的な通念が明らかにされたと言えるかもしれない。これに関して示唆的なのが、戦後日本を描いた古典的な映画である『東京物語』の最後のほうの場面である。そこで、夫を亡くした女性に亡き夫の両親が再婚を促す。嫁がそうした気になれそうもないことを認識しながらも、二人は、「未亡人が再婚できなかった古い時代はもう終わった」ことを強く言って聞かせるのである。これは、女性が子を何人か産んで嫁として一旦身を落ち着けた後は、再婚するとなると大きな混乱が生じるという日本の家族構造を考えると納得がいくものである。そうした状況がいかに難しいかは井上が示唆している。「夫を亡くした女性は家にとどまる限り、自分の息子または娘ムコに扶養される。最近まで、女性が夫を亡くした後に再婚する場合には、まず自分の実家に戻り、旧姓に戻ることでいわば再び独身女性となる必要があった」(82)。再婚率がこのように低いことから、夫を亡くすと、女性は出産期間を早く終えることとなり、そのため、日本の出産期間がいっそう短くなったと言えよう。

以上から、「性的接触変数」から見た場合、イングランドはもっとも極端なケースであったことが言える。出生率は主に、婚期が遅かったことと結婚が「誰でもがするというものではなく」選択的であったことで押さえられた。これは、非常に特異な状況であり、マルサスの言う鉄の法則を免れる主な方法として、彼が後に強調するようになったものである。日本ではイングランドほど極端ではなかったにせよ、結婚年齢が中位であること、生涯独身の者がある程度いたこと、そして、早い時期に夫婦間の性交渉を停止する場合が多かったらしいことが組み合わされて、性的接触の「危険にさらされた」女性の数が低く押さえられた。しかしながら、いずれにしても結婚に関わる戦略だけでは、どこよりも低い死亡率と釣り合うほど女性の自然出生力を低く押さえておくことはできなかったであろう。このため、次に性的接触が妊娠につながるか否かを決定する、生物学的および受胎調節による抑制、という点から出生力への影響を検討してみる必要がある。

18 生物学と受胎調節

出生力を決定する要因を分類したとき、二つ目にくるのが「妊娠変数」領域である。これは、性的接触の後に女性が妊娠するか否かを決定する諸要因である。ただし、ここでは対象社会の遺伝学的な性格、つまり、本質的な出産力(fecundity)について論じるつもりではない。トマス・スミスが的確に指摘するように、「生物学的な意味で日本人女性の生殖能力が比較的低かったとは考えられそうもない」し(1)、イングランドの女性についても同じである。本章で考えたいのは、たとえば、母乳哺育の習慣や、栄養摂取、あるいは女性の労働パターンといった文化的な諸要因が、いかに女性の身体に影響を及ぼし、その結果として出生率を変化させていったか、ということである。

女性の出産力を左右するであろう主な要因の一つに女性の労働条件があげられる。農業社会の女性の特徴として彼女たちは主に、出産と子の養育、住まいの維持管理、農業その他の生産活動における労働という三つの役割を担う。こうした労働の量と性格は女性の身体に影響を与え、結果として、出生率と死亡率の双方に影響を与えることが考えられる。イングランドに関しては、とくに女性の負担が重かったことを示す証拠はほとんどない。その出産の諸条件や母乳哺育の習慣、育児の仕方には特別変わったところは見られない。

これに対して、日本人女性の場合は次の二つの面で特徴があった。第一に、後で示すように母乳哺育の期間が長く、ヨーロッパ諸社会のおよそ二倍だったようである。受胎調節効果は別にしても、これが女性の健康と体力に、より広範囲に影響したと考えられる。第二に、経済的にかかる圧力があった。

とくに、日本独特の農業と経済組織のあり方のために、歴史的に女性の身体に次第に負担がかかっていったことがあげられる。

日本で女性が農業経済のあらゆる面に関わったことは、女性が身体的に非常に重い負担を受けたことを意味した。これに関しては、斎藤修が近年発表した一連の研究でも論じられている。そこでは、「農業が極端に集約化されていき」、「この傾向が、女性の受胎能力、そしてすなわち出生力レベルに負の効果を及ぼした」ことが示唆されている(2)。とりわけ、斎藤は、女性が担う労働量が徳川時代後期には増え、それが婚姻出生率を低下させたかもしれないと論じている(3)。しかし、その因果関係がいかに働いたかを正確に示すのは容易ではない。斎藤は直接的なつながりとしては、妊婦が出産直前まで働き、また産後まもなく労働に戻ったことをあげるにとどまっている。「さらに、事例研究では、ふつう女性たちは妊娠中でさえ、出産予定の週まで働き続け、産後まもないうちに働き始めたことが示されてきた」(4)。このことはどうやら「新生児の高い死亡率」と関連していたようだ。出産直後に働き始めることについては、ポンペが次のように述べている。「母親にとって最大の苦難の期間は出産の後に待ち構えていた。日本の産婆は産後の『休息』をとくに有害と考えているので、産褥の女性が分娩で消耗した体力を回復するために重要な睡眠さえ許されない」(5)。しかし、女性は産後の労働が制限された時代や地域はあったかもしれない(6)。

斎藤が示唆しているような状況は、『ちぢらんかんぷん――庶民の生きた明治・大正・昭和』にも描かれている(7)。この本のなかの話し手の女性は、「山からおっかさんがたきぎをごっしゃり背負い子につけて下りてくんのが見えた」と回想している。母親は、その他に「前掛けの中にまーるいえかい(大きい)ものを包んで両手で押さえて」いた。これは、赤ん坊だったのである。「後で思えば、あの赤ん坊はおっかさんが山で産んで……鎌でヘソの緒を切って……赤ん坊を前掛けにくるんで、二里も三里も山道を歩いて来たんだ。たきぎは置いて来たら誰かに持って行かれっちまあから大変でも無理して担いできたんだなぁ」。第二次世界大戦前を思い起こす女性の語りからも同じような状況が浮かび上がってくる。「七人子は産んだが、三日も横になってなかった。『よく頑張ったな』と声を掛けてくれる人もいなかった。産後すぐに三斗[約五四リットル]の袋を水車場へ運んだもんだが、誰にも助けを借りたりしなかった。布団で横になっていたときには、漬物を一切れもらっただけで、せいぜいそんなもんだった」(8)。流産の率は、農業社会では通常非常に高く、多いときには妊娠数全体の三分の一が流産に終わることも少なくなかったのだが(9)、こうした重労働でその割合が引き上げられたことは十分に考えられる。また、これが産婦死亡率を高くし、斎藤の示唆するように、「新生児の高死亡率」

につながった可能性もある[10]。

女性の出産力を左右する要因として次に栄養摂取があげられる。食生活と出生率の関係に関する近年の研究では、栄養摂取は重要なものと見られていない。しかし、極端な状況では影響があることは確かである。「飢餓が起こるほど食糧が不足する場合、出生率はほとんど疑いなく低下する」。また一方で、食糧の状態が飢餓が起きるようなレベルは脱し、深刻な栄養不良か、それを上回る程度となると、影響ははるかに小さい。「栄養不良が慢性的で、かつ、栄養摂取が飢餓レベルよりは良好な状況では、栄養状態による生理学的なメカニズムに出生率が影響を受けるか否かは明らかでない」。メンケン、トラッセル、ワトキンズは、「栄養レベルによると見られる差異はわずかであり、こうした差異が、各社会の間にはっきりと見られる出生率の多様性を説明するものとは言えないだろう」と結論づけている[11]。イングランドと日本のいずれでも、人々は出生率にひびくようなレベルをゆうに超えた十分な食生活をしていたようだ。

男性、女性の双方の健康状態も、出生率レベルに影響する。出生率に影響しそうなものとしてすぐに思い浮かぶのが、天然痘、チフス、マラリア、性病という四つの病気である。ジャネッタは、「天然痘はまた、出生力を低下させることで人口増加を抑制した。近年の研究から、天然痘にかかったことのある男性は生殖力が大きく低下したことが示唆されている」と述べている[12]。日本では、中世以降、若年期に天然痘を患った人の割合は高いことが考えられ、そのために出生力が低下した可能性がある。天然痘は、イングランドその他の西洋でも見られた。チフスは「男性の生殖能力を損なう影響があることが知られている」との報告もある[13]。チフスは、十九世紀末期まで日本には不在だったが、イングランドでは増加したので何らかの影響があったかもしれない。マラリアは、十七世紀まで日本では一般的ではなかったが、この病気も出生力に影響すると考えられているため、マラリアがなかったことは重要な意味をもつかもしれない。他方、性病は少なくともいくつかの都市ではかなり広がっており、どの程度までかは不明だが、これもまた出生力に影響を与えたことが考えられる[14]。

性的成熟期を迎える平均年齢は、女性ではふつう一三〜一六歳、男性では一四〜一七歳の間である。たとえば、パールは、一六九の集団で女性が性的に成熟する平均年齢の平均は、一五・七歳という結果を出している[15]。それより低い場合もあり、一九七〇年代の北米では女性のその平均年齢は一二歳だったが[16]、それよりずっと高いことは滅多にない。十七世紀イングランドの研究者も、当時かなり多様な幅があることを指摘している。「非常に若くして結婚し、一九、二〇、あるいは二二、二三歳あるいはそれ以上になるまで妊娠しない女性もいれば、また……早婚で、一四歳か一五歳で出産する」女性もいた(17)。シャープ夫人は、五歳の女児で月経がある例をあげている(18)。しかし、通常年齢は一四歳ぐらいであるということで意見は合致していた。カルペパーは、初潮は、「通常一四歳で、一三歳前にあることは稀で、一二歳であることは決してない」と述べている(19)。ジョーダンは、月経の開始は普通、「およそ一四歳であり、それより早い場合もあった」と考えた(20)。シャープ夫人は、「血液が十分で、栄養状態も優れている場合には一二歳まで早まる場合もあるが、……一般的には初潮があるのは一四歳であった」と述べている(21)。法律では、男性が八歳未満で生殖能力をもつことは不可能と想定されており(22)、床いりによる結婚の完成は、男子一四歳、女子一二歳未満では起こり得ないというのが、教会法の推定であった(23)。地域差や社会経済的な差異だけではなく、時代による差異もあったようだが、以上から、一四歳と一六歳が妥当な年齢であったと推定できそうである。これは、女性が実際に結婚した通常の年齢より、六～一〇年早いものであった。よってイングランドの場合、性的に成熟する年齢が重要な関連性をもっていたとは考えられにくい。これに関する日本のデータが待たれるが、それがまだないにしても、一八～二二歳の間に結婚した日本人女性に出産能力があったと考えて妥当であろう。

さらに出生力に影響する要因として、母乳哺育がある。

「この二者間を繋ぐメカニズムとは、神経に媒介されたホルモンの反射作用だと考えられている。その作用は、授乳の際の吸引の刺激から引き起こされ、それによって、下垂体のホルモンであるプロラクチンが増加し、視床下部に作用または卵巣に直接に作用して、排卵が押さえられる」(24)。興味深いことに、プロラクチンのレベルは母親の栄養レベルが落ちるにつれて上昇し、これはおそらく、生活環境の厳しい時期には自ら受胎調節装置として働く(25)。このホルモン効果は数時間しか持続しないとする証拠がある。赤ん坊が欲しがるときはいつでも授乳したり、または、少なくとも四、五時間間隔で授乳する場合と比べて、授乳の間隔が長いと、受胎調節効果は、はるかに低いであろう。「分娩後に無月経がどのくらい続くかは、授乳形態と関係がある。授乳の一回ごとの長さ、授乳の頻度（昼夜を通じての授乳回数）そして、夜間の授乳回数が、産後の月経開始の遅れを決定するもっとも重要な要因となる」(26)。

母乳哺育に、どの程度の［妊娠の］予防効果があるかは正確にはわかっておらず、実際、かなりの幅があることが推測される。ある研究が示唆するところによると、出生率はおよそ二〇パーセント低下し、また別の研究では、およそ二五パーセント低下するとされている(27)。歴史的な研究では、これよりさらに高い予防率が示唆されている。たとえば、クノーデルは、出生間隔で見ると、まったく母乳哺育をしない場合は、およそ二四カ月で、母乳哺育期間が長い場合は、およそ三九カ月というように、差があるらしいことを示した[28]。乳母による授乳に関しては、ウィルソンが、「母乳哺育をしないフランドル地方やバイエルン地方のような地域では、妊娠しにくい期間は三、四カ月と短く、母親の出生力は非常に高かった」と書いている[29]。乳母にまかせず母乳で育てるのが一般的であった地域では、妊娠しにくい期間は、一〇～一二カ月であった[30]。「世界の数多くの国々を研究した結果から、出産による無月経期間の下限と上限は、それぞれ、二カ月と一八カ月であることが示されている。貧しく、発展途上の国々の平均は、約一〇カ月である。この一〇カ月のうちの二カ月は、母乳哺育をするか否かに関係なく、産後に通常見られるものである」[31]。一般的にこの範囲は前述のものより狭い。「母乳哺育期間が長いことによる正味の受胎調節効果は、人々の栄養摂取レベルが低い低開発国では通常六カ月から一〇カ月であり、出生間隔はおよそ三〇カ月となる」[32]。

母乳哺育期間の長さが、人口規模を自然環境とのバランスに合わせてたくみに維持してきた狩猟採集民の集団に典型的なことはよく知られている。「世界の狩猟採集民の生活の大きな特徴は、乳児の養育が母乳哺育に極度に依存していることであった。狩猟採集社会では赤ん坊はいつも母親に裸の胸のわきに抱えられ、昼夜を通じて絶えず乳を飲んでいることが多い」。母乳哺育は次の子が生まれるまで続く。「狩猟採集民社会で、母親が次の子を妊娠する前に離乳することはほとんどない。母親は赤ん坊に授乳し続け、次の妊娠初期にはじめて離乳させるのが典型的なパターンだ」と言われている。これは、受胎調節装置として意識的に行われていることではない[33]。しかし、その意図せざる帰結として、出産力が低下するのである。

日本では、乳児は、ほぼ例外なく母乳で育てられたと数多くの観察者が証言している。「一般に、日本では母親が子供のための十分な滋養源であり、子供が二歳から五歳になって自分で離乳するまで母親は授乳し続ける……母乳哺育期間がなぜこんなに長いかというと、子供に適した、動物のミルクなどの栄養源が他になかったことも理由かもしれない」[34]。

日本では母乳哺育期間が他に例を見ないほど長かったことを示す資料もある。世界各国の母乳哺育期間に関する調査では、二五カ月（ネパール）とか、二八カ月（バングラデシュ）までという社会もなかにはあるが、通常は、一二カ月であることが示唆されている[35]。日本はおそらくバングラデシュよりも長かった。「二十世紀の中葉まで、三歳以上の子供に授乳するのはとくに農村の女性にとっては普通だった」[36]。ある研究者は、十九世紀中期には、「母親は子供が六歳か七歳になるまで母乳を与えていた」ことを示唆しており[37]、これは外国人による記録によっても裏づけられている。「彼女の男の子は、五歳だというのに、まだ乳離れしていないのである」[38]。モースは、人力車に乗った女性が、「大きな子供を膝にのせ、子供は手に半分喰った薩摩芋を持ち、その味をよくするつもりで母の乳房を吸っている」ところを回想し、「門歯が著しくつき出した人もいるが、この不格好は子供があまり遅くまで母乳を飲む習慣によるものとされる。すなわち子供は六、七歳になるまでも乳を飲むので、その結果歯が前方に引き出されるのである」と述べている[39]。「幼児は二、三歳まで離乳しない。五歳になるまで離乳しないこともある」という記述もある[40]。ポンペの述べる年齢はそれより低く、「子供たちは母親か、少なくとも人の乳を、ヨーロッパのどこよりも、はるかに長い期間与えられる。平均的な母乳哺育期間は二年である。……母親は乳が出る限り、子供に自分で授乳し、母乳が出なくて困るという声は滅多に耳にしなかった」と書いている[41]。

授乳間隔が長い場合には、授乳による妊娠の抑制効果は格段に低下した。一見すると、日本は母親が乳児を家に置いたまま働きに出てしまうような社会の典型ではないかと考えるかもしれない。日本の農業は、世界的に見てもっとも労働集約的なものであるだけでなく、女性が農業生産のほとんどすべての段階に大きな役割を果たしていた。田畑で重労働をしていないときは、副業の糸紡ぎや織物などに非常に忙しく立ち働いていたのである。

日本への来訪者は、人々がどこに行くにも乳児を連れていくという習慣を見て驚いている。さらには、母親はどこででも子供に授乳した。モースは、「往来や、店さきや、乗っている人力車の上でさえも、子供に乳をやる女」に目を留めている。「歩きながら赤ん坊に乳房をふくませる女が来る。間もなくもう一人、両肌ぬぎで日にやけた上半身をあらわし、駄馬を牽きながら片手で赤ん坊を荷物のようにかかえ、その赤ん坊がこんなふうなぎこちない位置にいながら、乳を吸っているというのが来る」[42]。正午になると、「人々が床に横たわって昼寝をしているのを見た。……子供が眠っている母親の乳房を口にふくんでいる……」[43]。「……しばしば妻子をつれた漁師集団に出会った——妻は赤ん坊に乳をふくませながら魚をはこんで」いた。また、「ほとんどの女は、すくなくともひとりの子供を胸に、そして往々にしてもうひとりの子供を背中につれている」とも書かれている[44]。

どこにでも乳児を連れていく日本のこの習慣は、注目に値すべきものであると同時に、ありふれた光景でもあった。赤ん坊を母親が働く野良に連れていったのは、母親自身か年上の兄弟であったようだ。「赤ん坊だけを家へ置いていくようなことは決してない。いつも母親か、年上の子供の背中にくくりつけられて」いる。「私は今までに揺籃《ゆりかご》を見たことがない。また一人放り出されて、目玉の出るほど泣き叫んでいる赤ん坊も見たことがない。事実、赤ん坊の叫び声を耳にするのは、日本ではきわめて稀である」。乳児は、「しょっ中、お母さんなり他の人なりに背負われている」[45]。日本で死亡率や出生率に大きく関わった慣習については、他にも数多くが書き残されている[46]。

以上のような習慣がどのような効果をもっていたかについて、人口学者は次のように見ている。ハンレーとヤマムラは、三年間も母親が授乳していたことに注目し、「それほど長い間授乳すれば、彼女らは長期の産後の無月経期間を経験したであろう。そのことが、なぜそれぞれ子供が一年以内に生まれることが非常に少なかったかを説明するのだろう」と書いている[47]。より近年では、斎藤が「徳川時代の日本は、……母乳哺育が行われた社会であり、そのことによって、自然出生力のレベルは理論的に推測されるより低く抑えられたに違いない」と述べている[48]。

ここで西洋に目を向けてみよう。ヨーロッパ大陸の大部分では、少なくとも都市部、そして、中流階級以上の人々の間では、遅くとも十六世紀以降は乳母による授乳が多かった。フランスやイタリア、ドイツ、フランドル地方に関する証拠は現在では豊富にある[49]。主な例外はオランダで、シャーマが記録したようにそこでは十六世紀から十八世紀に至るまでは母乳哺育が一般的であった[50]。

イングランドもまた、多少なりとも例外的なケースだった。一二三〇年頃にバルトロマイス・アングリカスは、子供は母乳哺育で育てられていると書いている[51]。十四世紀の文献からも母乳哺育が行われていたことがうかがえる[52]。十六世紀以降には、より豊富な証拠が蓄積されており、これらについてはヴァレリー・フィルズが綿密な分析をしている。フィルズは、十六世紀から十八世紀に、とりわけロンドンの富裕な家庭の一部では乳母が授乳していたことを明らかにしている。その一方で、フィルズは、一般的な結論としては「これまでの研究結果から、イギリスでは乳児の圧倒的大部分は家庭内で母乳で育てられたことが言えそうだ」としている[53]。乳母が授乳する傾向のもっとも強かった、十七世紀ロンドンの富裕な市民層に関してさえも、ロジャー・フィンレイの研究から、「そうした行いは、一握りのとくに豊かな教区に限られていた」ことが示唆されている[54]。人口の復元方法にもとづく人口学的な研究からは、母乳哺育と整合性の高いパターンが示唆されている[55]。近代初期の時代には、乳母に育てられたのは、「都市の一握りの幼児であり、……わずかな数の家庭で乳母が育児をまかせられたにすぎず、典型的とは言えなかった」。「幼児はほとんどが家庭内で母親に育てられた」[56]。

フィルズによると、医療関連の文献や残された日記などで良いとされている母乳哺育期間は、十六世紀から十七世紀では二一〜二四カ月であるが、十八世紀後期には一〇カ月と短くなっている。実際の平均期間の平均値は、十六世紀では一四・五カ月で、十七世紀では一三・七五カ月、そして、十八世紀では八カ月であった(57)。こうしたフィルズの見解を支持する証拠は、イングランドで母乳哺育期間について書かれた手引き書や日記の文面に多く存在する(58)。結婚と洗礼を結びつけて行われた研究が示唆するように、これらの数値は、それに関する近年の分析とも合致する。ウィルソンは、十六世紀から十八世紀の間の一六の教区を調べ、生児の出生間隔から考えられる母乳哺育期間は、「授乳頻度や、乳児に与える補充的な食品の量」などの要因にもよるが、一四〜一八カ月だったことを示した。そして、母乳哺育期間が「一年未満だったとは考えにくく、おそらくはそれよりいくぶん長かっただろう」と結論づけている(59)。

次のように、授乳頻度については、赤ん坊がミルクを欲しがるときにはいつでも与えるように、というのが専門家たちのだいたいの意見であった。

> 授乳時間帯をきちんと決めておくべきだとする専門家はほとんどない。子供が空腹になれば与えてやるべきである。専門家たちはほとんどが赤ん坊に同情的な態度を示し、大人は子の泣き声に注意するよう求めている。もっとも、泣けばすぐに授乳されるなら、赤ん坊は「いつでも乳を吸い続けて、決して満足することはない」とする厳しい意見もある。しかし、主流は母親は赤ん坊が心ゆくまで飲ませてやるように、と指導するものだった(60)。

フィルズは、これらの史料を調べ、「十八世紀中期以前では、イギリス、フランスなどのヨーロッパのいくつかの地域では、乳児は欲しがるときはだいたいいつでも授乳されていた」と結論づけている(61)。

イングランドは出生率が比較的低かったので、人口学者たちは何らかの家族制限が行われていたに違いないと考えるようになった(62)。受胎調節という考えが知識としてあったようだとする史料もある。プレイスは、『アリストテレスの完全読本』という、有名な指南書を重要なものとしてあげているが、この本は、受胎調節を含む、女性の秘事に関する知識を盛り込んだものであった(63)。十八世紀中期によく読まれた『人のすべての本分』では、読者に「妊娠を防止したり、流産を起こすような手段を何かとった」ことがあるか否かを尋ねている(64)。十六世紀後期に、ある副牧師が訴えられた理由の一つは、未婚者に避妊について教えたことであった(65)。同様の実践に関しては、十五世紀のロラード派の冊子や、もっと古い文献にも遡っていくことができる(66)。それらが正確にどんな方法であったのか、また、どのくらいの頻度で避妊法が行われたかはそれほど簡単にはわからない。

近代初期のイングランドで実際に避妊が行われたことを明

示する文献はそう多くはないが、古典的とも言えるハイムズの研究には、さまざまな薬草や薬があげられている(67)。ある催吐剤は、性交への欲望を消すようにつくられ、ハッカダイコンの根、ハラタケ、サラームといった植物を成分とし、大麦のせんじ汁で煮立て、冷まして飲むものであった。材料としては他に、「ヘンルーダ［ハーブの一種］、ひまし油［下剤の一つ］」、エンダイブ、サルヤナギの花、スイカズラ、キュウリ」などがあった(68)。リリーの養子は避妊用として占星術の印を使用人の若い女性たちに一個四シリングで売ったと言われている。しかし、出産に関連する療法はそのほとんどが出生力を低下させるよりむしろ向上させるためのものだった(69)。

避妊用具の存在を示す証拠もいくつかある。女性用のタンポンやペッサリーが知られていたらしく、これは一五六四年にファロピウスが梅毒の予防用としてあげているのが最初のようだ。「膣に挿入するタイプの典型的ペッサリーは、ビターアーモンドの甘皮をとって粉にしてつくったものだった。また、ヘンルーダやユリ、スイレンの根を混ぜあわせたカストリウム［ビーバーの皮からつくられる香料物質］を使ったペッサリーもあった」という説明がある(70)。しかし、こうしたペッサリーは、医療目的に使われた可能性もあり、出生力を上げるために使われたとさえ考えられる。たとえば、十七世紀中期にカルペパーは、「野ウサギの胃の内膜と綿の小切れを混ぜ合わせて、ペッサリーとして子宮に挿入し、一日置くと効き目があらわれる。しかし、これは月経が終わった直後に行い、リネンの布で縛り、それに紐をつけて後で取り出せるようにしておくように」と述べている(71)。また、ペニスに塗布する軟膏も多種あった。それらには直接的な避妊効果はほとんどなかっただろうが、シュナッカーの指摘するように、「こうした汁やオイル、軟膏はある程度の効果はあっただろう。というのも、ペニスが、とくに軽い麻痺効果ももつような冷たい液体に覆われている間は、勃起の維持は困難だろうからである」(72)。

鞘状の避妊用具である男性用コンドームの目的さえも完全に明らかではない。おそらく、コンドームについての記述は、それが性病を予防するためのリネンの防具であると書いたファロピウスが最初であり、十七世紀にその使用例がある(73)。コンドームは、リネンではなく動物の皮（おそらく、乾燥させた羊の腸）を使うようになったことで改良された。カサノヴァはコンドームを「イギリス人が婦人たちの心配を取り除くために発明した小さい防具」と説明している(74)。ジェイムズ・ボズウェルは、これをパートナーを保護するためだけでなく、自分自身も性病から予防する目的で使用した(75)。十八世紀後期のロンドンではコンドームの広告もあった(76)。十八世紀の使用に関しては、マクラレンによる詳しい記述がある(77)。一八五〇年代になってようやく「ゴムの基本的な製造工程が整備され、『いかがわしいゴム製品』の製造が少なくとも米国で盛んになった」ようである(78)。以上のような薬草や道具を使ったさまざまな方法を考え合わせると、十九世紀末期以前には、それらはほとんど使用されておらず、効果も限られたものだったと言えそうである。

同じく日本でも効果的な避妊法はなかったことが証拠から示唆されている。主に、トイバー、ハンレーとヤマムラ、斎藤、スミスなどによる研究があるが、避妊法が幅広く使用されていたことを示すものはない。ハンレーとヤマムラによると、「子供が産まれた後や堕胎の後に、女子はしばしば再び妊娠しないような工夫をした。寝る前に毎晩茶碗いっぱいの塩水を飲むと効果があるものと考えられていた。性交直後の排尿は妊娠を防ぐものと思われていた」(79)。後者の方法はイングランドでも効果があると考えられていた(80)。また他に、真偽のほどは定かでないが、「中国と日本の売春宿の若い女性たちは単に、油を染み込ませた絹紙を球状にしたものを、子宮に挿入して子宮頚管の頭部を塞いでおくという方法を使っていた」という記述もある(81)。ある種の周期法に頼ることもあったようだ。「ある一定期間、性交を避ければ子供はできないと民間で言われていた。荻野という男性は、この考えにもとづいて調査をし、それが正しいことを示した。荻野法とはこうしてできたものである。それとは、月経開始から一五日間を避けるもので、それ以降は性交を避ける必要はなかった。私の母の世代は、この方法を使用した」(82)。また、一九二六年には、「ハンセン病患者同志の結婚は許可される——精管切除により生殖能力を失わせる措置が要請によりとられる」という記述があり、示唆的である。その手術は、「出血を伴わず、二〇分で終わる」ものであった(83)。日本でそういう手術はどのくらい最近のもので、また、どのくらい普及していたものだろうか。日本でもイングランドでも、効果的な避妊法はほとんどなかったように見受けられるのである。では、夫婦は避妊するためにどんな方法を使ったのであろうか。

もっとも極端ともいえる方法は、夫婦間の性交を避けるか、回数を抑えることだった。その方法は中世のイタリアで農民が行っていたとされるが、実際にそうした人々がいたことを示す逸話が残されている(84)。「ボンハム氏は妻が初産で一度に双子を出産したことに頭を抱え、旅に出て七年家を留守にした」のだが、帰ってきたときに「妻は今度は一度に七人の子を産んだ」という失敗談がそれである(85)。出産を回避する方法としては他に、別居や予防策があった。たとえば、医者が性欲抑制剤として薦めた飲み物など、薬草を使った療法が存在した(86)。あるいは、「不満足な花嫁、または、毎晩寝るときになると、家族が増えないようにと自分を布団のなかに縫い込んでしまったパン屋のウィルの短い話」と題された、サミュエル・ピープスの草稿集のなかのバラッドの詩にあるように、誘惑を避けるために布団を縫い付けるという手もあった(87)。

しかしながら、こうした極端な節制は、「夫婦間の義務」に関するキリスト教の教えに完全に反するということもあって、広く行われていたとは考えにくい。たとえば、ドイツの神学者ブリンガーは、一部の人々は余計な子をつくりたくないがために、「つとめを果たそうとしない」と訓戒している(88)。それは、欲望や「両性間の情念」にも反することであった。しかしながら、こうした方法は、結婚生活も後半になると使われたかもしれない。デンマークの副牧師が一七七二年に述べているように、「さらには、これ以上子を増やしたくないという理由で禁欲生活をしている夫婦もいる」(89)。また、妻が死亡した場合の選択肢には、年配の女性との結婚があった。十八世紀にトマス・ライトは最初の妻が七人の子を残して死亡した後、「もう子を産みそうにもない、年のいった女性との結婚を薦める人が何人かいた」と書いている(90)。

一九五〇年代のフランスの人口学者たちは過去の人口で避妊法がどれほど普及し、また、どの程度効果的なものだったかを調べる方法を考案した。それは、子供の出生間隔、とりわけ最後の何人かの子供の出生間隔を調べ、それが「自然」出生率とどのくらい差があるかを見るといったものだった。現在ではこの方法によって、ヨーロッパには、十七世紀後期以降には何らかの避妊法が使用され始めていた社会もあったことが明らかにされている。その最初がジュネーブの市民で、フランスの貴族階級もほぼ同時期であった(91)。続いて十八世紀には、デンマークやノルウェー、スペインの一部や、フランスのほとんどの地域で、というように他の地域でも避妊法がとられ始めた(92)。その方法は、性交中断だったらしい。これは、もっとも単純な社会も含めて多くの社会で知られている方法である(93)。「十四世紀初頭までの西ヨーロッパでは、夫婦間で性交中断がかなり一般的に行われていた地域もあったらしい……ことが数少ない史料に示されている」との記述がある(94)。それは、十六世紀にはドイツである程度用いられ(95)、イングランドでは知識としてあったことは明らかである(96)。実際にこの方法がかなり一般的と考える者もいた。十七世紀中期にカルペパーは、性交中断(「オナンの罪」)が普及していることを示唆し、「この罪によって神は彼を滅ぼしたが、同じことをしたイングランドの多くの人々に対しては、もっと寛大であられてきたに違いない」と述べている(97)。十八世紀の史料には性交中断を示すものがいくつかある(98)。また、十九世紀にはヨーロッパの大部分で、性交中断が出生率を下げるものとして広く知られ、効果も上げていたことは確かである。「西洋では、出生率の転換はほぼ完全に、性交中断のような以前からあった方法によって起こった。実際に、西洋の多くの地域では避妊用品の流通や広告は第二次世界大戦後まで非合法であった」(99)。

しかしながら、イングランドの人口に関する研究をいろいろと検討してみると、一八五〇年以前には、性交中断は、出生率に目立った効果をもたらすほど広くは行われていなかったらしいことがわかる。家族復元法を早くからとりいれたものにデボン州のコリトンに関する研究があるが、その結果には、産児制限が行われていたことを示す明らかなパターンがあらわれているようだ[100]。その他の二、三の地域の研究結果からも何らかのかたちでの産児制限が行われていたらしいことがうかがえる[101]。しかしながら、それ以降にイングランドの教区についてなされた調査からはこうしたパターンは認められないのだ[102]。リグリィとスコフィールドの『イングランド人口史』では、性交中断に一度ざっと触れてあるだけであり、十九世紀末期以前の産児制限についてはほとんど検討されていない。十七世紀の後期以降、貴族の間では一部、避妊法が用いられることもあったが[103]、十九世紀以前には一般的に見て、その使用は非常に限られていたと言えそうだ。おそらくほとんどの人々は、トマス・ライトがそうしたように、子供が多いことで苦労が増えても、「これは世に共通した運命なのだから仕方がないし、できるだけ不平不満を言わぬよう努めることだ」と自分に言い聞かせていたのだろう[104]。

日本ではどうであっただろうか。これまで蓄積されてきた家族復元法による研究の結果からは、イングランドに関する研究と同様の方向が見てとれる。スミスは、年齢別にみた婚姻出生率を研究し、「ルイ・アンリの考案による家族制限に関するテストからは、肯定的な結果は出なかった」としている。なぜかというと、通常、家族制限を行っていない場合に出るような出生力曲線の形が結果としてあらわれたからである[105]。ハンレーとヤマムラもまた、「日本では性交中断についての記述を見い出すことはできなかった」と述べ、「間引きと堕胎以外に効果的な出生制限方法にかんして広く知識が行きわたっていたという証拠は何もない」と結論づけている[106]。避妊法を無視または避けるこの傾向が日本においてなおも強いことは注目に値いする。コールマンが指摘するように、日本は現代的な避妊技術をほとんど利用しない唯一の先進産業国である[107]。

性的関係が結ばれた後に女性が妊娠するかどうかを規定する諸要因について検討してきたが、イングランドでは、母乳哺育の期間の長さと授乳頻度の高さが大きく左右し、日本ではより一層それが言えそうなことが示唆された。これらの要因が、出生間隔を長くし、そのことによって出生率がかなり引き下げられた。また、イングランドでも日本でも、十九世紀後期までは、避妊法は重要な要素ではなかったらしいことも確認された。こうなると、われわれに残されているのは、出生率に影響を与える最後の領域、つまりは、女性が妊娠した後の状況である。

19
中絶と嬰児殺し

イングランドで出生率が特異なパターンを見せたことについては、自然出生率が低く押さえられたこと、晩婚および、女性が未婚のままでいる可能性があったことを合わせて考慮すれば十分に説明できる。しかし、日本の場合はまだ釈然としない。日本では結婚は多かれ少なかれ、あらゆる女性がするものであり、また、結婚年齢もいくぶん低めであった。それにもかかわらず、日本ではイングランドと比べても出生率が低い時代があったのである。「性的接触の発生可能性」、そして、「妊娠の発生可能性」の変数をここまで検討してきたが、人がコントロールできるもので唯一残された領域が、「懐胎・分娩」変数である。この変数とは、妊娠から出産を無事迎えるまでの期間に影響を与えるような諸行為を指しており、ここからわれわれは、中絶と嬰児殺しという論議の多い領域へと入っていくことになる。

中絶は、研究対象としては論争が多く、また、扱いも難しい領域である。問題の一つには、法的に見ても道徳的に見ても、中絶に対する態度はさまざまに分かれるということがある。多くの社会で、中絶は悪いことと見られておらず、広く行われてきたことを一連の研究が示してきた(1)。プラトンもアリストテレスも、特定の状況下での中絶を容認した。古代ゲルマン法では、中絶処置は他者に対して行うと犯罪であったが、自分に対して行う場合には罪ではなかった(2)。

イングランドの中絶に関する法的、道義的な状況は、長く、また、入り組んだ歴史から生まれてきた。ユダヤ教では伝統的に中絶と嬰児殺しを「異教徒による忌まわしい行為」と見なしている(3)。この見方がキリスト教に吸収され、その後、ゲルマンやギリシャの伝統に起源をもつ、より寛大な姿勢と混じり合っていったのであろう。その結果、一連の矛盾が交錯する状況ができあがった。ウェスターマークがこうした複雑な歴史の一端を次のように要約している。

テルトゥリアヌスいわく、「出生の阻止」は「早急な殺人である。生命が形成された段階で消去するか、形成の途中で駆逐してしまうかは関係ない。そうした生命もまた、まさに形成されようとしている人間なのである。いかなる果実も種子の段階からすでに存在するのだ」。アウグスティヌスは、……形成し終えた胎児と、未形成の胎児を区別した。彼はアダムの創造から考えて、身体は魂以前につくられるようだと言う。胎児に魂が与えられるまでは、その存在は、「未形成の胎児」であり、中絶しても罰金だけで処せられるが、「形成された胎児」は、命の吹き込まれた存在であり、中絶は殺人にほかならず、死刑に値する犯罪である。このように、命のある胎児とそうでない胎児という区別の仕方は、教会法とユスティニアヌス法典のいずれにも見ることができ、その後のさまざまな法律書に受け継がれている。こうして、身ごもって、命のある胎児を中絶した女性は死刑をもって罰せられたのである。

こうした状況をさらに複雑化させたのが、胎児はいったん形成されたら永遠の魂をもった人格であり、洗礼を必要とするという考え方である。フルゲンティウスは、中絶された胎児たちは、自らの犯す罪ではなく、原罪によって「永遠の炎のなかで、永続的に罰せられる」であろうと言った。しかしながら、その後に、出生前に死亡した幼子には救済の可能性があることをトマス・アクィナスが示唆している(4)。

これに関して英国法は、複雑であり、変化も遂げてきた。本書で検討するほとんどの時代については、中絶はそれを試みようとした母親がそのために死亡する場合でなければ、重罪ではなかった。子宮の胎児が死亡しても、意図的な中絶で死亡したか否かは明らかではなかったし、いずれにしても、それはこの世のことではなかったのである。このことから、中絶は犯罪ではなく、教会裁判所で非嫡出子の事件との関連で取り扱われるにとどまった(5)。

これで、イングランドの一般裁判所の記録で中絶のケースがなぜ事実上見られないのかがわかりやすくなっただろう。さらに、中絶の裁判が稀有であったもう一つの説明として、中絶が人為的に行われたか否かの証明が難しかったことがあげられる。その理由の一つは、どんな社会でも「自然」中絶の率が、非常に高いことである。イングランドにおける人工妊娠中絶の史料を検討する前に、われわれはこの「自然」中絶の率に関してある程度その意味を探っておく必要がある。

衛生環境と生活水準が十分に良い近代の諸社会では、妊娠数のうち、自然発生的な流産で終わるのは、全体のおよそ一〇～一五パーセントと考えられてきた(6)。それと比較して「発展途上」社会では、その割合は似ていることもあるものの(7)、より高いことが多いようだ。近代初期のイングランドでどのくらいがふつうの割合であったかを把握するのは不可能である。ある歴史研究者は、「過去の世紀では一〇パーセントを大きく越えて」いたであろうと推測し、その根拠として、一九五〇年のイングランドでは妊娠数全体の自然流産による途絶率は七～一一パーセントで、死産率は二・三パーセントであり、過去にはこれらの数値をかなり上回ったに違いないことをあげている(8)。信頼性は高くないが、これに関する二つの資料があるので見てみよう。その一つは、死亡原因を示した死亡表である。グラントは、これらの統計表から、「流産や死産は、洗礼を受けた者のおよそ二〇分の一に該当する〔千人当たり五〇人〕」と推測した(9)。これらは、やがて十分に発育するであろう胎児だけに関するものであり、この点は、もう一つの資料である、死産と流産の数を記した少数の教区簿冊にも関連しそうな問題点である。

「流産数」を記録した簿冊の一つに、一五八一～一七一〇年のランカシャー地方のホークスヘッドのものがある。そこでは出生数のおよそ二〇件に一件が死産で、この率には、千人当たり一六～九六人の幅があったことが推測される。それに対し、一九六七年のイングランドとウェールズでは、千人当たり一五人であった(10)。アシュトン-アンダー-ラインでは、教区簿冊に流産の埋葬数が示されており、一六二三年にはその数は最高の七パーセントに達している(11)。カンバーランド地方の教区であるグレイストークの集落のいくつかでは、十六世紀末期から十七世紀初期にかけて、死産率は出生数全体の九パーセント前後であった(12)。これらの値もまた、十分に発育した胎児の死産のみに関わるものである。十七世紀末にセリアー夫人は病院設立計画書のなかで、助産婦の腕が確かでないために命を落とす胎児が多く、「週刊の死亡表によると、過去二〇年の間で、産褥で死亡した女性は六千人を越え、流産した胎児は一万三千人を上回り、生後一カ月以内で死亡した新生児の埋葬数はおよそ五千人にのぼる」と述べている(13)。

ここで実際に問題となるのは、妊娠の最初の数カ月での自然流産は記録されていないことである。にもかかわらず、その時期は往々にして流産の危険性がとくに高い時期である。ランダーズは、「おそらく、八パーセントが最初の四週から七週目で流産したもので、二〇週目以降の流産は一パーセント未満であろう」ことを示唆するレリドンのデータをあげている(14)。「アリストテレス」という仮名のもとで匿名の助言を掲載して人気を博したある指南書では、この問題について次のように述べている。「質問：女性が妊娠初期の、一、二、三カ月目に流産しがちなのはどうしてですか？」「回答：リンゴやナシの実り始めには、枝から出た節や果軸が弱いために落ちてしまいがちなように、子宮の子にもそれが言えるのです」「質問：三、四、五、六カ月目に流産しにくいのはどうしてですか？」「回答：その時期になると、軸が強くなり、十分に補強されているからです」(15)。これは、助産婦や医者も認めていたことであった。たとえば、カルペパーは「女性は、受胎後、最初の二カ月間に流産するおそれが大きい」と述べている。とくにふだんから月経の量の多い女性は「ほんの些細なきっかけで流産してしまう」(16)。

　女性は妊娠すると、多かれ少なかれ、流産のおそれがあり、そうならないよう、細心の注意をする必要がある。というのも、流産は体質を虚弱にするだけでなく、流産を経験すると、その後も同じ不幸に見舞われる可能性が大きくなるからである。妊娠期間を通じてつねに流産の可能性はあるが、二カ月目か三カ月目にもっとも多い。しかし、ときには四、五カ月目に起こることもある。流産が一カ月以内に起きた場合は、通常、見せかけだけの受胎と呼ばれ、七カ月目以降に起これば、胎児はきちんと手当てを施せば助かる場合も多い(17)。

歴史研究者に頭を抱えさせ、同時に示唆的である問題がもう一つある。それは、「自然な」流産と「人為的な」流産との間に用語上の区別がなかったことである。ウェスターマークが、意図した中絶を示すために「堕胎（feticide）」という用語を使ったのはこのためでもあろう(18)。十七世紀のある著述家が書いているように、「すでに形成され、生きている胎児が、その後完全な発達を遂げる前に突然除去されることは、中絶（abortion）と呼ばれる」(19)。これは、「女性が産み月前に分娩する場合」を意味する流産（miscarriage）と同義であった(20)。自然の流産率が高い上に、このような用語上の混乱があるがために、近代初期イングランドの人工妊娠中絶の割合を推測することはきわめて難しいのである。われわれにはじれったいような手掛かりだけが残されている。十七世紀の教会裁判所の訴訟記録のなかで、「性的関係をもった女性の妊娠の事実を隠匿しようとした男性の五人に一人」は、何らかの中絶手段を使ったことを示唆している(21)。明らかにこれは非常に偏りのあるサンプルである。ジョン・グラントは、姦通の場合、女性は中絶手段をとるのがふつうであったと推測している(22)。十八世紀にはスウィフトが、余計な子供は食べてしまうことを示唆した風刺文を書いている。その利点の一つとは、「それによって、女性が自発的に流産したり、生んだ非嫡出子を自ら殺してしまうといった、われわれの間にあまりに頻繁に見られる悲惨な行為を防ぐことができる」ということのようだった(23)。バカンは、そうした行為は危険だが、わりとよくあると考えた。「女性は、自らの命の危険を冒して堕胎するのだが、出産や育児の苦労を避けるためだけの目的で、そうした危険を冒す者も少なくないのだ」(24)。

現在のわれわれにできることは、中絶が行われていた状況とその目的について、だいたいの感触を得ることだろう(25)。まず最初に、遅くとも十八世紀には、専門の堕胎施術者、または助言者がいたらしいことが言える。女性を「楽にする」ための「怪しげな広告」が新聞に掲載され、「セント・ポールズ・チャーチヤードに住む、ホワイト何某は、なりわいとして中絶を執り行っていた」ことがわかっている(26)。バカンは、「そんな事で女性に手を貸す広告を連日出している、これらの卑劣な人々」は、「人に与えられる罰のなかでももっとも厳しいもの」を受けるに値すると述べている(27)。

イングランドの法では古くから、女性が「身ごもった子を絶命させる」目的で「劇薬」を与えられる可能性があるという前提があった。カルペパーは、月経促進剤としてさまざまな薬草を処方していたが、助産婦に「これらを妊婦には処方してはならぬ。さもなくば、汝は殺人者となってしまうであろう」と警告している(28)。ボードも、「流産」を誘発するいくつかの緩下剤があり、それらは「軽薄な女」、つまり、不道徳な女性が用いると述べている(29)。その危険性は、助産婦の免許証にも明記されており、一七二二年のものには、「汝は、妊婦が胎児を産み月前に絶命、または、流してしまうための指導を行ってはならぬ。また、その目的で薬草、薬剤、劇薬その他を決して処方してはならぬ」という一節がある(30)。

堕胎薬は多く知られていたようだ。大麻が「東部地方で広く栽培されており、『悪魔の花』と呼ばれ、流産を誘発するために使われていた」ことが最近の研究から示唆されている(31)。しかし、もっとも重要なのは、サビナビャクシン、または、ビャクシン［柏槙］であったらしい。ブロックがあげている中絶専門家によると、「イングランドの女性は主に、イチイの針葉、サビナビャクシンを使っている」(32)、そして「サビナビャクシンは毒性が強く、月経を促進する成分を包含するため、堕胎法としてよく使われた」(33)。この薬は、月経不順の療法としても有効であったが、妊婦が多量に服用すると流産を誘発した。一六九三年にドライデンは、「その女性に人殺しさせたいのなら、出血するにまかせよ。そして、サビナビャクシンを切らさないようにせよ」と書いている(34)。「サビナビャクシン」は、十九世紀に入っても引き続き使用された(35)。ブラックストンは、「サビナビャクシンの煎じ汁」と「サビナビャクシンの油」が使用されたという申し立てが、十九世紀初期の中絶に関するもっとも重要な裁判訴訟の二件に見られることをあげている(36)。

もう一つの方法は、教会裁判所での非嫡出子出産の訴訟二件で述べられているように、体を殴打することであったようだ。その一件で、ある若い女性は「子供を絶命させるために自分の体を叩く」よう懇願されている(37)。十六世紀の裁判記録によると、ある僧侶の子を身ごもった女性が、「胎児を絶命させるために、ガードルを締め付け、のし棒を使って処置をした」(38)。その他にも、ペッサリーや座薬が多く存在し、これらは「胎児が子宮から流出するほどの膣外出血を誘発する目的で使われたらしい」(39)。

効果的な避妊法が普及する以前のこの時代に、中絶は社会的に認知されない性的関係の表面化を避けるためにかなり広く行われていた。しかしながら、夫婦間でも中絶が一般的に見られたとする証拠はない。女性向けに書かれた読本を見てみると、その大半では、家族を制限する必要性よりむしろ、不妊を克服する手段のほうに関心が高かったことが強調されている。

日本での中絶に関してはトイバーが論じている。それによると、本庄栄治郎教授は「堕胎は江戸、大阪、京都では家族制限のために役立った」が、農民の間では間引きがより多く用いられたと考えた。トイバーは、以下のような徳川時代後期の記述も引用している。

妊娠しても子供たちを育てることができない女性が多くいる。彼女たちは、赤ん坊を殺すか、堕胎する。私は国をほうぼう旅してまわるので、この慣習が広く行われていることを知っている。一〇軒から成る一村で毎年、始末される赤ん坊が二人を超えるというのはまったく耐えがたき状況である。……中国、四国、九州では堕胎はここかしこに見られる。出羽や奥州地方だけでも、毎年およそ六、七万人の赤ん坊が始末されているのである。

トイバーは、一六六七年の、「堕胎施設の所在を示す標識の使用を禁じた」徳川四代将軍による発布をあげている。「違反に対する処罰はその市からの追放であった。この規定は江戸にのみ関するもので、その他のところでは処罰は地方的なものかあるいはまったく存在しなかった」。トイバーは、史料から、堕胎は「数えきれぬほど」行われていたと考えた。「多くの薬剤が一六六七年までかなり大っぴらに売られていたが」、それは、「堕ろし薬や自由丸といった堕胎剤が主であった。……古代も徳川時代も、器具を使う堕胎方法が、薬剤を用いるよりも普通だった」(40)。

このテーマについて、より近年ではハンレーとヤマムラが次のように書き加えている。「堕胎の方法にかんする数多くの書物が徳川時代に出版されており、もっとも古いものは一六九二年にさかのぼる。一般的な方法は、腹部に絶えず圧迫を加えるか、ないしは腹部を堕胎をもよおすまで揺すり続けることであったようである、子宮の先に棒上の物体を挿入する方法は一七世紀中葉にはすでに完成されており、それ以降専門家――通常、産婆――によって利用された」。また、そのための薬も手に入るようになった。「流産をひき起すために用いられた薬にはいろいろな名称があり、それらは月経薬として売られていた。一般的な薬は水銀複合薬であり、……月経を促すという評判でもっともしばしばあげられる植物に『牛膝《ごしつ》』があり、ゴボウ科の一種である『いのこずち』としても知られている」(41)。トゥーンベリは、「コンニャクイモの根茎は、自堕落な女性が堕胎するのに使う」と述べている(42)。他にも、ハンレーとヤマムラによると、流産を誘発しようとした「岡山の女性は、堕胎をおこそうと、よくへそに灸をし、白朝顔の種を煎じ、その茶を飲んだりした。彼女らは妊娠二カ月になる前に鯉を食べようともしたし、また強く腹部を揉んだりもした」。十九世紀初期には、「賀川満定は堕胎を行う方法についてきわめて詳細な指導書を出版し、……とくに妊娠三カ月以上の女子について堕胎を行ってはならないことを詳しく述べている」(43)。より最近になって、ハンレーは、「堕胎や堕胎施術者、そしてその処置の効果に関する記述は豊富に残っており、この形態の産児制限が日本各地で幅広く行われてきたことが知られている。堕胎は好ましい行いではなかったが、『罪(sin)』ではなかった」と書いている(44)。

オールコックによると、「たしかな筋によると、未婚者間の堕胎はけっして珍しいことではなくて、女性の専門の技術者がいるとのことである」(45)。また、それより少し前にウィリスも、「遊女が妊娠したばあい、薬品を用いるか、その道の専門家が子宮のなかへ器具を挿入するかして、妊娠五カ月ぐらいで堕胎させられるのである」(46)と述べている。堕胎方法に関してはポンペが次のように詳しく説明している。

長崎には、鉗子《かんし》を巧みに使った堕胎方法で悪名高い年配の女性が二人いた。日本では、堕胎をこうした者に依頼することがあり、しかも、依頼者は、十分に子供を育てられる割と経済力のある人々が多いのである。活性の水銀を使って同じことをする女性も一人いたが、いつも成功するとは限らなかったためにそれほど手広くは行っていなかった(47)。

長塚節の小説のなかには別の堕胎法が記されている。お品が自ら施した堕胎処置が失敗したために死亡する場面がそれである。「卵膜を破る手術に[…中略…]挿入したホウズキの根が[…中略…]黴菌《ばいきん》を移植したのであったろうか」(48)。

ポンペは、日本とヨーロッパの考え方の違いを以下のように説明している。

私は、これらの犯罪が実際に行われていることを示す十分な確証を得ると、直ちに担当の官吏とそれについて話し合った。しかし、私の訴えは大げさと見なされた。この国では殺人は確かに違法だが、その場合は、犠牲者が最初に生存していなければ成り立たない。そして、まだ生まれていない胎児は生存している個人とは見なされていないのだ。官吏たちの言うことには、胎児は母親に身体の一部分として属しており、母親は自分の体を自由にできる。私には少しなりともこの現状を変えることはできず、悪評高い女たちはみな「有名な堕胎施術者」として仕事を続け、繁盛している(49)。

近年の日本の家族計画の歴史を見ても中絶が重要な位置にあったことがわかる。キングズレー・デイヴィスは、ヨーロッパでは避妊、とりわけ性交中絶によって人口転換が遂げられたのに対して、「国としておそらくもっとも急速な出生率低下を遂げたそのケースにおいて、その原因は主に中絶によるものであった」と述べている(50)。ある村落研究の結果によると、たとえば一九五二年には、登録されている病院のケースで見ると、少なくとも「その地域の妊娠数の四三パーセントは中絶で終わっている」(51)。現在では、「日本人は、米国人ほど中絶を是認しない」にもかかわらず、中絶は、日本の「家族計画」の主な方法の一つである。一九七〇年代では、出産可能年齢にある女性が中絶する割合は、千人当たり約八四人で、これは、世界的にも最高レベルにある。妊娠が、「生児出産よりも中絶で終わる可能性のほうが高かった」年もあった(52)。日本人が出生力を中絶によってどれほど操作できるかは、一九六六年の例に示されている。その年は、出産は縁起が悪い(丙午の年)とされ、出生数は二五パーセント下降した。これは「主に人工妊娠中絶によって」行われた(53)。近年の日本と米国の中絶率の比較を見ると、妊娠数のうち中絶で終わるものが日本では半数を超えるのに対し、米国ではおおむね四分の一となっている(54)。

これまでの文献では堕胎が強調されすぎてきた可能性はある。しかし、間引きと堕胎によって粗出生率が千人当たり二〜五人の割合で引き下げられたと見てまず間違いはないだろう。堕胎がどれほど重要な位置を占めたかは、時代や地域によって異なり、都市の一部や、職人、商人といった中間層の間で多かった。一方、村落地域では、それほど多くなかったようで、とくに重労働を担う農民の妻たちは産まれるまでお腹の子をそのままにし、その後、間引きという最後の手段をとったことが考えられる。堕胎が主流であった都市地域と、間引きのほうが多かった村落地域の差異については、高橋梵仙が論じている(55)。

地域的にも日本のなかでかなりの差があったようだ。ビアズリらによる共同研究が、隣り合う四つの村落に関して示したように、近い村落でさえもその率には大きな開きがあったらしい(56)。また、時代による変動もあった。十七世紀および十九世紀後期から二十世紀初期に急激に人口が増加した時期には、堕胎ははるかに少なかった。後期になると、堕胎は間引きと並んで明治以降の政府に厳しく禁止された。日本人のように法律を遵守する人々の間では、そうした禁止が堕胎の急激な減少につながった。中絶は、日本の出生率が著しく減少した一九四〇年代以降、再び急増した。こうして、中絶・堕胎は日本で出生率調整の主な方法の一つであったことが一般的に言えるのである。

中絶と同じく、嬰児殺しは現在、過去を通じて、世界の数多くの地域で非常に広く見られてきた。このテーマを調査研究するなかで、ウェスターマークは、あらゆるタイプの文明の例を示している。彼は、二十世紀の初期のその動機のいくつかを次のようにまとめている。「未開社会の多くでは、非嫡出子が産まれたり、母親が死亡したり、産まれた子供に身体障害や病気があったり、あるいは何らかの理由から縁起の悪い子供と見なされた場合には始末するのが普通である」。「もし双子を出産した場合には、そのうちの一人かまたは両方を始末するのが慣習」の社会もある。あるいはまた、「母親が育児が大変だとか、そのために容貌が損なわれるという理由で新生児を始末すると言われている社会もある」。ウェスターマークは続けて、「また他方では、母乳哺育期間が長いことが嬰児殺しの誘因となっているとも言える。オーストラリアでは、子供が生まれても、『母親にまだ授乳中の乳幼児がいるために育てられない、または母親がそう考える場合』、出生直後に始末する部族もある」と述べている(57)。

バーゼルによると、「嬰児殺しは、人間社会で出生間隔を空けるための方法として組織的に行われた。それは、おそらく人類が二本足で歩くという生態的地位を獲得した後に始まり、農業が高度に発達するまで続いた。出生数全体の一五パーセントから五〇パーセントに対してこの行為が行われた」らしい(58)。その割合はもっと高いとする研究者もいる。ハウェルは、「嬰児殺しは、狩猟採集民社会では例外なく見られるか、あるいはそれに近い特徴であるということで研究者間の見解は一致している」と述べている(59)。たとえば、エイポ（Eipo）と呼ばれる集団では、「きわめて緻密な研究の結果、生児出生数全体の四分の一から三分の一が間引かれ、とくに女児が産まれた場合にその傾向が強いことが示されている」(60)。

多くの集団の間では、「嬰児殺しは、例外的な場合だけでなく、はるかに大きな規模で行われている。各家族で育てる子供の数は慣習で決まっていることが多く、子供の大多数が始末されることも珍しくない」。とりわけ、嬰児殺しは、資源の乏しさと関係すると考えられている。「専門家は困窮した状況を嬰児殺しの主な原因にあげることが多い。貧しい部族や、資源が限られた小さい島々で生活する人々の間で嬰児殺しの慣習が目立って広まっていることにも、そうした専門家たちの見解が裏づけられている」[61]。

人類学的な研究は、嬰児殺しの程度によって、子供に注ぐ愛情の強弱を推察してしまうことのないよう警告している。「古代ギリシャではすでに生まれている子供たちへの愛情ゆえに乳児を遺棄することが多かった。つまり、すでにいる子たちにある生活水準を確保してやることが、子供が増えると不可能になってしまうからである」[62]。ネーデルは、エスキモーや中国人の間で、「子供を愛し、また子孫を残したいという願望があるにも関わらず」、嬰児殺しが広く行われていることを観察した[63]。「嬰児殺しがふつうは新生児だけを対象としたらしいことは、そうした行為が広く見られた社会で人々が子をどのくらい可愛がったかについて書かれた記述の数々からもうかがえる。フィジーでは、『始末されなかった子供たちは、愚かとも言えるほどに溺愛された』。ナリンエリ族（Narrinyeri）の間では、『新生児の命は、ただ自然にまかせられ、生き残った場合、その子には際限なく愛情がかけられ、また、甘やかされる』」[64]。デイヴィッド・ヒュームが書いたように、「人間の本性にとって耐えられないこと」で[65]、そしてわれわれがほとんど経験していないような制度について考察する場合には、以上のようなことを認識しておかなければならないだろう。

それではまず最初に、ヨーロッパ、とくにイングランドに目を向けてみよう。そこでは、当局が嬰児殺しを強く非難したことは確かである。プラトンやアリストテレスといったギリシャの思想家たちは、嬰児殺しは正当で、ある特定の状況下では必須だと見なしたが、キリスト教会は、これを激しく非難した[66]。それがどの程度まで一般の人々の切迫した必要を押さえ込んだかはわれわれはわからない。嬰児殺しが実際にどれほど行われたかは確定できないからである。近代初期のヨーロッパの都市で乳児遺棄が広く見られたことから、直接的なものにせよ、または、「捨て」子の驚くような死亡率から見るにせよ、嬰児殺しが一般的であったらしいことがわかる。「十八世紀の第三・四半紀の終わりまでに、パリで生まれた全産児の約三分の一」は、捨て子養育院に入ることになったと推測されている。その三分の一までが一年以内に死亡した[67]。この生存率をさらに低く見積もる研究者らもおり、それによると、捨て子のうちで二〇歳まで生存するのは一〇人に一人から、五〇人に一人の間であった[68]。またもう一方では、とくにオランダのように、捨て子が少なかった国々もあったことは確かである[69]。

ウィリアム・ランガーは何年か前に、「イングランドでは嬰児殺しが頻繁に行われていた」と論じた研究を発表して大きな反響を呼んだ。それは、十九世紀中期の史料によるものだった。一世紀前にチェンバーズが述べたところによると、「ロンドンで連日のように、路上に子が置き去りにされたり、親が子を見捨てたり、教区当局が乳児を故意に死なせるといったことが起こっており、こうしたことはとくに十八世紀前半に顕著であったようだ」(70)。

しかしながら、嬰児殺しは、ほぼ例外なく非嫡出子が産まれた場合に限られたようだ。ライトソンは、「嬰児殺しが実際にどのようなものであったかに関する当時の記述を検討することで、議論の範囲はかなり絞り込まれた。嬰児殺しは、広く行われていた慣習ではない。それは本来、非嫡出子を生んだ親が自らの罪を隠蔽するか、望まれない子供を始末しようとするために及んだ犯罪を指していた」という結論を出している。ライトソンは、一六〇一～六五年にエセックス州の巡回裁判で取り上げられた嬰児殺し事件のうち、「六二人の子供のうち五三人が非嫡出子として明記されていた」ことをあげている(71)。そこには、未婚の母親がとても子供を養っていけそうにもないという経済的な動機があった。セリアー夫人は、「嬰児殺しの多くは、自分の恥を隠したり、すでにいる子供たちを養っていこうとした挙句になされた」と考えた(72)。しかし、それにはつねに非嫡出子が関わっていた。「これまで非嫡出子の出生が嬰児殺しの一般的な原因であったが、近代ヨーロッパではそれが事実上、唯一の原因として残ってきた……」(73)。

このことは別の点からも示唆されている。嬰児殺しが夫婦間の産児制限の一形態として広く行われている社会では、大半は産まれた子供の性別が重要な問題であった。

ローマ、ギリシャ、アラビア、インド、中国の上流階層において女性は、若さを保ち、階層の指標ともなるよう、男性が女性に重労働をさせないようにしたために、経済的な負担になった。結果として、嬰児殺しは主に女児に降りかかることになった。娘の結婚の持参金を工面する必要性も、中国とインドでは嬰児殺しの対象に女児を選ぶことにつながった。ギリシャ、ローマ、インド、中国において、男系のみで継承された祖先祭祀もまた、女児を間引く原因となった(74)。

イングランドに関するこれまでの研究からは、男女別の偏りは見られない。ホッファーの研究結果によると、「犠牲となった子供について比較可能な統計を見てみると、一五六〇年から一六〇三年では、女児一二人に対し、男児一一人で、一六三六年から一六五〇年では、女児九人に対し、男児八人であった」(75)。エセックス州の巡回裁判記録をもとに、ライトソンは、「訴えのなかで、殺されたとされた子供は、男児二九人と女児三三人で、そこに性差はとくに認められない」

という結果を出している(76)。マルカムソンは「他の一部の社会の場合と異なって、イングランドの嬰児殺しでは、赤ん坊の性別は考慮されていない」と結論づけている。男児が生存する可能性は女児と変らず、嬰児殺しの理由は基本的に、母親の置かれた状況によるものであり、子供の性別ではなかった(77)。

　ホッファーは、「嬰児殺しが産児制限の一形態であった可能性があるか否か」という設問をし、「否」という結論を出している。彼女は、主に性別割合をその根拠としている(78)。ライトソンはこれに同意し、「過去に嬰児殺しが人口抑制手段として重要な役割を果した……という可能性は非常に低い。嬰児殺しが行われたことを示す史料に示唆されているのは、それが例外的な状況で犯された犯罪であり、そのほとんどは、非嫡出子を隠したり、始末することに関連したということである」と結論づけている(79)。

　夫婦間に産まれた子供の嬰児殺しに関して明らかにすることはできそうにもないが、マルカムソンはどうやら「嬰児殺しと人口抑制の間に重要な関連性があったとは言えそうにもない」としている。彼は、J・D・チェンバースの「生まれ落ちた瞬間から人々の身辺に絶えず漂っていた自然の諸要因と比較すると、人の手による死はそれが直接的か間接的なものであったかを問わず、そう重要なものではなかった。それはいく世代にもわたって襲いかかった大量死亡の潮流からすると、ほんの小さな渦にすぎない」という見解を引用している(80)。「捨て子」現象を考慮に入れるとしても、そして、乳母に送られた上層階級の子供の死亡率が高かったことが何らかの意味で間接的、無意識的な形態の嬰児殺しであったと仮定しても、その被害を受けた子の数は、出生数全体、および、イングランドにおける「自然な」原因による乳児死亡の全体数と比べると、無視し得るものだったと言えるだろう。ここで日本の場合に目を向けてみよう。大きく異なる状況がそこには見られ、そのことから逆に、イングランドでは嬰児殺しは一般的でなかったことが鮮明化するのである。

　最初に注目を集めたのは、間引きに関する文献史料や法的記録であり、その多くはトイバーの研究に集められている。そこであげられている徳川時代末期の報告書によると、「僻地には、子供たちを育てない貧しい農民たちが多くいる。彼らの情愛は動物以下である。その〔嬰児殺しの〕実践は、筆舌に尽くしがたいものであるが、それは慣習となり、人々はそれを奇異と見なさない。その〔嬰児殺しの〕慣習は、格の高い人々の間にさえも浸透しているとの報告がたびたびなされている」。「この行いは、〔九州の〕日向地方に非常によく見られる。そこでは、格の高い人の家で出産があり、その子を育てるという決定がなされた場合には〔人々は〕その家にお祝いを述べる。もし、〔人々が〕子供は育てられないと知ると、そ知らぬふりをし、〔そのような場合には〕お祝いはしない、と言われている。一般的には、長子のみを育て、その他は育てない。二人も三人も育てると、その家は未練がましいと言われ笑いものになる。なんとも耐え難き状況である」[81]。

トイバーは続けて、「文献によると、九州の多くの地域では五人の子供のうち二人は殺され、四国の土佐では、男の子一人と女の子二人が、生き残ることを許された最大数だった」と述べている。「日向では長男を除いては全部殺された。届けられた出生の一〇人当たり九人が男児で占められているという地区もあった。このことからおそらく、九人の女子のうち七人ないし八人は殺されたようである。武士は最初に生まれたものだけを残したと伝えられている」。「家族制限についての各種の記事の出た場所からみて、嬰児殺しの風習は日本全国にわたっていたことが知られる。堕胎と幼児殺しは幕府の天領や皇室御領に非常に流行したようで、このため土地の耕作も米の生産、したがって米の上納も危くなった」。「南海地方では制限は広く行われ、武士の間でも行われた。家族は二人の息子と一人の娘を育てたと伝えられ、他に赤子が生まれるとなると、その赤子の性別が家にとって希望外のものとわかれば、産婆は処置するように指示された」[82]。

トイバーの引用文献を確認した日本人研究者が示唆するように、これらの記述には誤解や誤訳があると言えるかもしれない[83]。しかし、大幅に差し引いても、間引きがある特定の時期と地域に行われていたという証拠は十分に残っているように考えられる。十八世紀に本多利明が述べているところによると、「もし子供が生まれたら、ひそかに葬りさってそしらぬ体《てい》にしているのを、名づけて間引きという。それは関東から奥羽に至る一〇カ国でもっとも多く行われている。治平が続くとかならずこの悪習が起こるのは、これまたなんの教示制度（宗教教育）もないためである」[84]。

西川求林斎の次のような言葉も引用されている。「貧しい人々の間では子供が多く生まれるが、最初の一人か二人は育て、あとは生まれてくる子供を『間引く』といって殺してしまうことが多い」。ハンレーとヤマムラは、「間引き」を、「苗を間引くことから来ている」と説明している[85]。

このような文献資料には、家族復元法にもとづく詳細な村落研究による裏づけもある。もっとも詳細な分析の一つに、トマス・スミスによるナカハラ村に関するものがある。主に、出生時の性比を分析するという方法を通じて、スミスは「この村では間引きが広く行われて」いたという結論に達した。その根拠とは次のようなものである。

……われわれは次子の性別はある程度選択の問題であり、それは間引きを通じて行われ、家族は自家族内ですでにより多い性別を避けようとし、男子よりもいく分か女子を多く排除しようとした、と考えねばならないのである。そうでなければ、男子の子供の多い家族は通常よりかなり高い比率で次に女子を得ること、女子が多い家族は通常よりずいぶん異なった比率で次に男子を得ること、男女同数の家族は、女子より男子を得る傾向はあるが、それほど大きな違いではないこと、これらは説明できなくなるであろう(86)。

ここでは日本で出生率が押さえられたことのほんの一部分を説明しようとしているにすぎないので、間引きの程度や均一性を強調しすぎないように注意する必要がある。近年の研究が指摘するように、「スミスがナカハラ村の調査結果から見い出したような性別選択は他では見つかっていない。速水はスミスの方法を、西条村というナカハラ村から北東にわずか五キロメートルの村に応用した……が、その結果には、性比について一貫した差は出ていない」。「家族制限が行われていた様子のまったくない村もいくつか存在した」という見解もある(87)。研究が進むに従って、地域間だけでなく近隣の村落の間でも、かなりの差が出てきそうである。しかしながら、近代初期の日本では間引きが他に見られないほど広く行われていたということは史料から確実に言えるだろう。それは二十世紀初期に入ってさえ、広範に見られたようである。[佐賀純一の]『田舎町の肖像』では、村の鍛冶屋が次のように語っている。

暮らしが苦しいから、間引きなんぞもいくらもあったんだな。そんで、赴任して来る巡査次第で間引きの具合が違ったなんて話があるぐれえだ……ゆるい巡査が来るっつうと、どんどん間引いちまうなんて具合で、学校の生徒の数が巡査が変わったときを境に、急に増えたり減ったりしたなんてことがあったんだ(88)。

間引きの方法と、それに対する態度という二点から間引きがどのくらい行われたかが見えてくる。「昔話によると、貧乏な家の女が出産する場合、産婆は家族に『置きますか』『戻しますか』とたずねたという。産婆は赤ん坊が生かされる場合はその世話を手伝い、生存の余地が残されていない場合は、赤ん坊の死を処理したわけである」(89)。しかし、その「処置」がいかになされたかは説明されておらず、これについては、ハンレーとヤマムラが、「日本人は通常、出生のときに産ぶ声を止めるか、生後できる限りすぐに窒息死させた」と簡単に述べているだけである。「したがって、不可能ではないとしても、多くの場合、母親と産婆以外の者が死産かそうでないかを知ることは困難であったろう」(90)。

[佐賀による]『ちじらんかんぷん——庶民の生きた明治・大正・昭和』にはその方法が説明されている。「お日帰

りさまにすん［間引く］のは造作もないことだった。……半紙を……ツバで濡らして、そいつを鼻にのっけておくと赤ん坊はだんだん息が出来なくなって死んじまう」(91)。この目的で紙を使うという発想は、西洋の読者には信じ難いかもしれない。しかし、日本の紙（和紙）は非常に強いことを考慮に入れる必要がある。和紙は通常の目的のみならず、かばんや、傘、提灯、ふすまなどにも使われた。油を染み込ませて雨合羽にも使われたり、また、他の装身具や、花火、縄にも使用されたり、第二次世界大戦中には風船爆弾にも使われたのである。そして特殊なケースとして、紙は殺人の目的にも使われたのだ。

> 和紙は古くから、痕跡をまったく残さずに人を窒息死させる目的にも使われてきた……殺人を企てる者は、相手が息をはいた直後に、その口と鼻にしめらせた和紙をかぶせ……その紙を取り払わないようにして……最後には、しめったその紙を剥がせばよいだけである。殺された者の体に犯行を示す痕跡は残らず、しかも、いったん乾けば、和紙は非常に強い耐性をもっているため、手紙を送ったり、歌を詠んだりするのに何の支障もなく使うことができるのだ(92)。

紙でうまくいかない場合には、「うすごろ」（「臼を使った殺人」）という最後の手を使うことがあった。「一人で物置に入って、ムシロの上でこどもを生むと、それから生んだこどもを二枚の俵ボッチ［米俵の両脇のふたとして藁《わら》で編まれた円盤状のもの。儀礼などにも使われる］の間にはさんで縄で縛るんだ。これをムシロの上に置いてその上に臼をゴロゴロと転がすわけだ。そのあとムシロにくるんで墓に運んで埋めちまう」(93)。

これといった行動を起こさずに間引きするには、乳児をほったらかしにしておく方法があった。ある女性は、母親が野良で出産した後、赤子を薪と一緒に家に抱えて帰ったときの様子を述べている。「家さ着くつうと赤ん坊を釜場の前の土間にムシロをしいてその上さ転がしとく。蒲団だの着物なんぞはかけない。［……中略……］ムシロの上で赤ん坊があんまり泣くもんで、わたしが屈み込んで見ていたら、『これぐれえで死ぐなら死んだ方がいいんだ』っておっかさんは言ったっけね」。同じ語り手は、別の赤ん坊についても次のように述懐している。「見に行ってみると、ムシロの上に産まれたばかりの赤ん坊が、一二月も半ばっていうのにまったく裸のまんまで釜場の前に置かれていた。生まれてそのまま死んじまったこどもも一人二人あったような気がするが、よくは覚えていない」(94)。こうした場合、当局にとっては間引きかどうかの判断はきわめて難しかったであろう。

妊娠したお腹を苦労して抱え、苦しんで産み終えたその後で、生まれた赤ん坊を始末すべきかどうかという判断は、その対象をいかなるものと認識するかで大きく違ってきたであろう。それをすでに別個の存在である人間と見なすのか、そして、死んでしまった後はそれがどうなるのか。この点について、ドーアは次のように述べている。「各々の魂には、贖罪の機会が一回しか与えられておらず、それを奪うのは罪だとするキリスト教の国々と比べ、霊魂は転生し、究極的には絶対的なるものとの融和によって、その本性はやがて消滅する、という信仰があるがために、間引きは、それほど罪とはされていないようである」(95)。ハンレーは、「間引きは、赤ん坊が個人として社会の一部となる前に、出生した時点で『戻す』手段である、という婉曲的な言い回しによって容認されてさえいる」と指摘している。こうして、間引きは、産後に行う産児制限の一形態として考えられたのである(96)。

　仏教では人々に圧力をかけて堕胎を禁じるようなことはしないことが言われてきた。堕ろされた胎児は、仏教用語で「水子」と呼ばれ、また、「江戸時代の、未出生者の霊に関する信仰によると、彼らは『送り帰された』が、永遠にではないとされていた。女性は堕ろした子が将来再びその家に生まれてくるようにと祈り、そうした願いは、赤ん坊の遺体をその家の縁側か床下に葬る習慣に表われていた」と言われている。それまでの間、これらの霊は「賽の河原」に留まるのである(97)。間引きに関しては、「男が欲しいと思ってるときに女が生まれたりすると、昔言ったみたいに、『お日帰りさま』にしたもんだ」という記述がある(98)。子供の魂が通常住まう、ある種の池、あるいは煉獄とも言えるような場があるとされてきたようである。赤ん坊や子供が死んでしまうと、殺されたか否かに関わらず皆そこに行くとされる。こうした場所に関して、ケンペルは次のように記している。

　人々は、この湖水の底に七歳以下で死んだ子供が呵責を受けている地獄があり、その子供らは罪が浄められるまで、懺悔し贖罪しなければならないと信じ込んでいる。仏僧の教えに従えば、紙に記した名前と経文が水に浸されると、その子供らの霊魂は浄罪されないまでも苦行を軽くしてもらえるのである(99)。

賽の河原に「戻る」こと、および、再生するという考えは、子宮内の胎児にのみ当てはまるのではない。産まれ落ちてまもない赤ん坊はまだ、安全に「戻され」うるような、後で必要な場合の「予備」としてとっておかれることのできる状態にいる。西洋では、子供は誕生し、生存の兆候さえ示せば、その生命を奪うことは殺人とされるのに対し、日本では必ずしもそうではないことをハンレーとヤマムラが示唆している。「日本人の子供は、伝統的に、出生のときには社会の真の構成員ではないとされてきた。そのため、農村社会の構成員になる前に赤子を死亡させることは——あるいは殺すことは——殺人罪ではなかった」(100)。一九三〇年代に、ジョン・エンブリーが記したところによると、「生れて三〇日ないしその前後の間は、魂は子供の身体に十分固定せず——危険で不安定な時期である」。名づけの儀式である、「忌明」は、「したがって、産の忌が明けたことを示し、……その子は次の段階に進み、これ以降は背負われ、無事に川を渡ることが許される。その子はもう、神々および現世の人々から承認されたからである」(101)。

「間引く」プロセスは、受胎から、こうした名づけの儀式までの間に起こるものとして扱うべきである。つまり、西洋の倫理体系が示唆するような、中絶と嬰児殺しの間の絶対的な線引きは行うべきでない。また、同様に、積極的に殺す行為と、とりたてて何もせずに赤ん坊を死に至らせる方法を区別することに関しても再検討する必要がある。こうした曖昧な部分は、現代の生殖技術が再び子宮の内側と外側の子供の境界線を混乱させている世界では、理解しやすくなってきている。かつて自分の子供を何人も始末した、ある老女の次のような語りのなかに、そうした行為に関わる相反する感情や、罪悪感、さまざまな圧力、「送り帰す」という発想など、あらゆることが見事に言い尽くされている。

生きていくために他に道はなかった。先にできた子供たちを養っていくために、あとの子は送り帰すしかなかった。今でも、赤ん坊たちを葬った家の床下の場所は置いた石でわかる。夜はいつも、あの子らの眠る真上で寝るんだ。もちろん、送り帰した赤ん坊たちはいとおしいし、不憫でならない。自分が死んだら地獄に落ちるのも承知だ。どうもあの子らもそこにいる気がする。死んだら地獄に行って、そこで精一杯あの子らを守ってやりたい(102)。

日本で死亡率が比較的低かったことは、海で囲まれ、また、地理的に不利な他の諸条件も重なって、非常に大きな問題を生み出した。日本人の面前には、マルサスの理論が予測するような大規模な飢餓がつねに差し迫っていた。効果的な避妊法がなかった上に、結婚制度に関しても、ほとんどの女性が二〇代初期で結婚していったなかで、その危機を食い止めていたのは、母乳哺育期間が長いことと、婚内子の堕胎と間引きの率が周期的に高くなったことの組み合わせだけだった。イングランドでは、晩婚で選択的という特異な婚姻パターンが母乳哺育と組み合わされたことから、選択的な中絶と嬰児殺しで出生力を抑制する必要性はなかった。中絶や嬰児殺しのほとんどは、未婚女性が妊娠で生じる体面上の問題や経済的負担を解決できない場合に限られたのである。しかしながら、以上のことを踏まえてさえ、われわれは、ある謎に行き当たる。というのも、イングランドでも日本でも、人々は惨害が直前に差し迫るまで手をこまねいて待っていたのではなかった。彼らは、先制的な行動をとり、ときには、物質的な富が増加の一途にあったときでさえ、出生率を低く押さえた。

次章は、それがどうして起こったかを探ろうとする試みである。

20 後継者戦略

マルサスの最後の罠がどのように切り抜けられたかという問題への解決に次第に近づきつつあるようだ。イングランドの結婚年齢と有配偶率は、「それだけで、前工業化期社会に見られる人口増加率を、最大限まで押し動かすに十分な規模のものだった」(1)。「自然」出生率は千人当たりおよそ五〇人とされているが、その率は(栄養摂取や、病気、母乳哺育などの)生物学的な要因が、晩婚および選択的な結婚という婚姻パターンと組み合わされたことで、千人当たり三〇〜三五人へと低下したのである。

日本では、結婚年齢が中位程度であること、出産が早期に停止されること、生涯未婚者がある程度いて、さらに、再婚を妨げるような圧力も存在したこと、などが組み合わされたことが大きく影響したようである。これらと、授乳、堕胎、間引きの諸習慣が重なり合い、出生率はイングランドよりもさらに低くなり、「自然」出生率の約半分である、千人当たり約二五人まで下がった時期もあった。

このように、出生率がいかに調節されたかはわかってきたが、その率が通常のレベル以下に押さえられることが多かったのはなぜか、という難問はまだ解けていない。これら二つの農業社会では、富が増大する一方で出生率は抑制される、というきわめて特異な状況が見られたのだ。人々は、いったいどのような諸条件に促されて、結婚や他の手段を使って生物学的作用の先手を打ち、出生率を抑制する方向へと向かったのか、とわれわれは首をかしげざるを得ない。日本とイングランドはいずれも、全体的に豊かになりつつあったのに、マルサス理論が予見した出生率急増には直結しなかった。こうしたパターンはどのように出現したのだろうか。

前工業化期社会ではふつう、子供は経済的に見て利益であり、その他多くの点においても望ましいとされ、人々は神（または神々）が授ける限り多く産もうとする(2)。近代初期のイングランドの社会では、子供はたいてい「負担」とコストのかかるものと考えられ、結婚はそれを「賄える」ようになるまで延期すべきという雰囲気があった。しかし、そのように非常に抑制的な風潮のなかでさえ、いったん結婚したとなれば、子供は最大限何人までという議論はほとんどなかったようだ。それ以上越えるべきでない、「通常の」家族規模ともいうべきような一般的な基準は存在しなかったといえる(3)。

日本の状況は違ったようである。日本で十八世紀から十九世紀初期の家族規模は、子供数がふつう三〜六人の間で、平均値が三・五人ほどの低いときも多かった。これに関連して、日本人は意識的にこのぐらいの値を目標としたのではないか、という感じを強く受ける。日本で子供の上限数についての規範が広く行きわたっていたことを示す証拠を見ると、出生率を資源と釣り合わせようとしていた、とさえ言えるかもしれない。もちろん、上限値が低いのは人口転換後の社会の主な特徴で、そこでは子供は二、三人あれば「十分」だとする通念が強く見られる。

ドーアは日本の出生率に関する初期の論文で、「日本国内の異なる地域の四つの村からとられた五〇〇近くの農家のサンプル調査」で、「理想的とされた平均子供数は三・八人であった」と報告している。三・二人から、それよりやや高い値の間にかなりのばらつきも見られたが、数値はおしなべて低かった。一九五〇年代に行われた調査から読み取れるこうした考えは、近年になって出てきたもので、また、人口転換が起こりつつあったことを示すものだと言えるかもしれない。しかし、ドーアは、一九三四年のある論文をあげており、そこでは筆者が北部のある村で、「ここでは古くから、子供数が各世代で五人を越えることはまずない」と言われたことが記されている(4)。トイバーは、「九州では、……三人以上の子供をもつことはいくらか面目ないことだとされていた」と報告している(5)。

数と年齢に上限があった一方で、下限もまた存在した。結婚は豊穣であることが重要とされた。イングランドでは不妊が理由の離縁は許されなかったのに対し、日本では、「とりわけ村落地帯で広く見られた慣行の一つに、妻が生児を出産するまで入籍しないというものがあった。今でもよく引き合いに出される諺に、『三年にして子なきは去る』というのがある」(6)。その期間は、多くの社会では一年か二年だったと考えられるので、これほどの長期間がおかれていたとは興味深い。この諺には統計的な裏づけがある。トマス・スミスが報告するところによると、「この村の一三の離婚例のうち一〇は、平均三年間の夫婦生活の後、子供がない場合である……言い換えれば、子供のない婚姻は決して完結した婚姻にならないのである」(7)。

こうした上限と下限は、親たちが自分たちの家族規模と構成を意識的に計画していたことを示唆しており、それはトマス・スミスの研究からも確認できる。そこには、ハンレーとヤマムラが述べるように、「親は三、四人の子供を育てようとしていた」ことが示唆されている(8)。

ヨーロッパでは、意識的な家族制限は大きく分けて次の二つの理由から行われたようだ。一つは、望まれない子――それは往々にして非摘出の子であったが――を持つ不面目とそれに対する制裁を回避するためで、もう一つの理由としてたまに見られたのが、家族に子供の負担がかかりすぎないようにするためである。日本の場合は、その原因を次のような二つに区別して考える必要がある。一つは、なぜ特定の子供たちが生かされ、それ以外の子供たちは死亡するよう仕向けられたかを説明する類いのものである。もう一つは、なぜ家族は生児出産の上限を設定したかを説明するものである。前者については、鈴木［注(9)の訳註参照］という女性が、二十世紀初頭の状況を以下のように語っている。

たとえば、双子が生まれると、畜生腹っていって昔はとても嫌ったから、村の人に知られないうちに始末した。……オラの場合は体はまっとうだったんだが、顔が恐ろしくまずいんで、おっかさんもおとっつぁんも、おじいさんらもみんなびっくりして「こんなにイシコイ（醜い）女ではとっても嫁にはいがんねえ」と思って……おっかさんはオラに何度も話した。……「おめえが生まれたときはほんとにがっかりした」。

こうした状況で、赤ん坊の息を止めようという試みがなされたのである(9)。

働き手にもならず、あるいは結婚できそうもない身体的障害をもって生まれた子が始末されたことについては、外国人がそれぞれ次のように観察している。モースは、「第一は、身体障害者のいないことも著しい」と述べ、それは、「第一は、子供の身体に気をつけること、第二にはほとんど一般的に家屋が一階建てで、階段が無いから、子供が墜落したりしない」からだと考えた(10)。グリフィスは次のように考えたようだが、そうした関係をモースは想定しなかったようである。「日本人が幼児を育てる方法では、のざらしの状態にして置いて丈夫な子だけが生きのびていける。身体障害者は驚くほどまれである」。「必ずしも特別に骨を折って不具の子供を育てることはしないだろう」(11)。

出生率が非常に低く抑制されていたことやあらゆるさまざまな方法の組み合わせについて考察してきたが、これからの議論では、その体系的な理由が何かということに焦点を当てる必要がある。それらによって、日本では人口の均衡が保たれ、死亡率が比較的低かったにもかかわらず、一世紀半にわたって人口増加が押さえられてきたのである。

キングズレー・デイヴィスは、日本のケースをもとに、多くの社会で出生率を押さえる要因とは主に、貧困ではなく、豊かになろうとする欲望だと論じた。彼は十九世紀後期以降に焦点を当て、「工業化に伴う死亡率低下が長びくなかで、北西ヨーロッパと日本の人々は、それまでの人口再生産［生殖］にかかわる行動では、新たに出現しつつあった経済が差し出す好機を十分に活かせないと気づいた」ことを示唆した。それまでに死亡率が順調に抑制されたために自然増加率が高いまま持続するという状況に直面し、家族としては新たな機会を最大限に活かし、また、地位が相対的に落ちて苦々しい思いをするようなことを避けるためにも、傾向として、利用できる人口再生産的手段は何でも使うようになったようだ、とデイヴィスは論じる。西ヨーロッパと日本の人口を悪循環から脱出させたのは、絶対的な貧困ではなく、マルサスが示唆したように、豊かさへの欲望であったというのが彼の主な論点である。「社会が混乱した極端な段階にある場合には、飢餓に対する恐れが主な動機と言えることもありそうだ……が、私のよく知っている社会、とくに西ヨーロッパと日本の先進的な人々の間ではそうではないことは確かである。地位の剥奪への恐れのほうが、どうやら大きい力をもっていたのだ」。驚くべきことに、人口転換を引き起こしたのは貧困ではなく、富であった。「人の先に立ち尊敬を受けたい、という個人の欲望に目を向けるなら、人の人口再生産行動に修正を強いたのは、ある意味で、生じつつある繁栄そのものであった」[12]。デイヴィスのこうした主張は、「人的な人口規制に関与しているのは、食料の供給よりむしろ、威信の供給なのだ」[13]という他の研究者らの見解に通じるものであった。

前工業期の日本とイングランドのパターンが、ようやく隅々まで見えてきたので、ここで、デイヴィスの理論を検証することができる。死亡率は、日本でもイングランドでも工業化の数百年以前に、部分的に抑制されるようになったことがわかっている。いずれの国も、工業化以前の経済のなかで人口急増の危機に直面しており、実際に、イングランドでは十六世紀に、日本では十七世紀に、しばらくは人口が急激に上昇したこともわかっている。そして、通常のようにマルサスの「積極的」制限に屈するよりもむしろ、「予防的」行動に出たことが史料から明らかなのである。

日本で人々を動機づけたものは、現存の貧困と同時に、豊かさへの欲望でもあったらしいことに、当時の研究者たちは早くから気づいていた。家族規模が小さいことに関連して、ある文書ではまず最初に、「これはすべて彼らの貧困から説明できる。彼らは、子だくさんから飢餓や窮乏に陥るような厄介は避けて、できる限り良い生活を送りたいと望み、子供の数を二人か三人に制限する」と論じられている。しかし、これを書いた者は続いて、「裕福な家族でさえ、この悪しき習慣に毒されており、意図的に子供の数を制限している」と認めている。一七五四年に提出されたこの文書には、五〇年前には農民は、「男女五、六人も七、八人も」育てたが、「近年、農民には、一人か二人以上は育てない夫婦が増えてきた」と述べられている。そして、これが「農民の間に広がっている贅沢な習慣のためめか、その他の原因によるもの」か定かではないが、「赤ん坊が生まれるとすぐに親が始末」することは確かだとされている(14)。

間引きが、家格の高い家々の間でも産児制限の一形態であり、生産と再生産を調整する方法であったことを示す証拠を、トマス・スミスが提示している。スミスはじつに優れた人口学的史料をもとに、ある村の人口を詳しく復元したが、そこからは意外な結果がいくつか示された。まず第一に、間引きは主として貧困から引き起こされたのではなかったこと、そして、最貧層の世帯だけが間引きを実践していたのではなかったことが明らかになり始めたのである。「そこでは、間引きは、社会のもっとも尊敬すべき安定した人々によって、広く行われていた」(15)。そして、「驚くことに、この行いは主として貧困への反応ではなかったようで、つまり、大土地保有者も小土地保有者と同様に、それを行ったのであり、しかも、登録出生数は経済的に不振な年にも良好な年と同じくらいであった」のだ(16)。あるいは、また「大土地保有者層は小保有層より多少大家族であるが、このバランスをとる傾向は両グループに見られ、したがって間引きはもっぱら貧困のためであったとはいえないように思えた」(17)。

親たちは、家族の規模や構成を調整するべく、非常に意識的に計画し、選択的な間引きの方法を使っていた。「ナカハラ村の間引きの明らかな目的は次のごとくであった。全体的な家族規模の制限、家族規模と農業経営規模のある種の均衡、子供の性別の有利な配分と母親の便宜のための出生間隔、次子に縁起の悪い性別を防ぐこと、である」。よって、間引きは「生存のために余儀なくされた行為ではなく、性別構成、性別順序、子供の間隔、最終的な子供の数を計画する手段として行われて」いた(18)。間引きの理由としては、トマス・スミスは、「土地台帳にも反映されている、当時の農業における競争の熾烈さや、家族の規模や構成と耕地規模や農業の効率性との間の関係、といったことにあるのではないか」と述べている(19)。

スミスはこの推論を先に進める。「男子は労働力となり、また、男性後継者や代わりの後継者にもなるという理由から、家庭ではどこでも最低一人ないし二人の男子が望まれたと推測される。したがって、小規模家族では子供が男なら受け入れ、女なら排除し、また、生殖を早期に停止するという理由から、男子が多くなった」。しかし、一旦、ある一定の最低男児数が確保されると、「将来、家長の地位の奪い合いが生じたり、財産の分割や相続しない息子に何をしてやるかといった問題が出てくることを恐れ」、家族はそれ以上の息子を欲しがらなかった。このことから、二、三人の男児が生まれると、「女子は男子同様ないしそれ以上に望ましかった。……女子は……男子の跡継ぎが欠如したときには相続することができたし、結婚によって養子の跡継ぎを迎え入れるために使うことができた。したがって、子供の数が多いほど、女子の比率が高くなりがちであった」(20)。

経済的効率を最大限まで押し上げようとする欲望について、ハンレーとヤマムラが次のように述べている。「経済の繁栄期においても生産年齢人口の比率がこのように一貫して高かったことが、経済的な景気の谷の時期に被扶養者をいっそう減ずる努力と相まって……人々が積極的に経済生産に適した年齢構成を達成しようとしていた、という結論にわれわれを導く」。たとえば、「次三男は、通常は家を離れるか独身のままでいたのだろうが、経済が拡張しているときには、結婚を許され、村内に留まることができた」。地域の経済が発展するにつれて、出生率は上昇し、その後、経済成長が横バイ状態に向かうにつれて低下した(21)。

スミスは明確な関連づけはしていないが、以上のことから、嬰児殺しと同義で使われた「間引き」が論理的に考えて行き着くところと考え、子供の出生が農業経営の全般的戦略の範囲内に組み込まれるようになったと言えるだろう。まさに、稲の苗や水、そして、ときおり使う家畜などを細心の注意をもって操作しなければならないのと同じように、家内労働力について、適切な数の子供を「栽培(cultivation)」することを通して、微妙な均衡をとっていく必要があったのである。ここまで見てきたように、人の労働力にほぼ完全に依存していた経済で、労働力の剰余は不足と同じくらい都合が悪かった。田んぼに入れる水やし尿と同じく、まさに適量のみを投入する必要があったのだ。計算を誤ると、家族の事業全体が破綻してしまいかねなかった。トマス・スミスはきわめて不安定で競争の激しい日本の農業の世界をかくも見事に描写したが、そこでは子供の数が増えすぎると、すでに産まれている兄弟やその他の家族を危機に陥れ入れることになったのである。

日本の親の状況について、十八世紀後期に、思想家である本多利明が次のように明確に述べている。「治平が続くと、夫婦は生計を立ててゆくのがますます難しくなるのを恐れ、また子供を多く持てばなにも残してやるべき財産がなくなることに気づいて、子供を育てあげた末に路頭にまよわせるよりは、生まれでる以前に予防手段を講じ、穀潰しの口が増えぬようにすることこそ道にかなっている、と夫婦相談の上で決めてしまう」(22)。とくに次のような二つの要素が、親たちの危惧を強めた。まず、日本では人口密度がきわめて高かった。耕地面積は、国土のほんの一部に限られていたために、日本の密度は中国と比べても、はるかに高かった。「徳川時代末期の日本の人口は、約三、五〇〇万人で、人口密度は一平方キロ当たり一〇〇人であった。清朝末期の中国の人口はおそらく、四億人を超え、日本の一一倍以上であったが、その人口密度は一平方キロ当たり四〇人にすぎなかった」。また、日本人には「開かれた未墾の地」がなかった。「中国では、村に人があふれると、密度の低い地域や外国に移動するという可能性があったため、人口制限は日本ほど差し迫ったことではなかったのだろう」(23)。

第二には、日本では組織的な単位が小規模であるとともに、強固なものであった。つまり、かの有名な「小集団」社会の在り方が強く働いていた。波平博士が説明するように、「日本はすべて、責任と相互規制の非常に細かい単位に分割されており、あらゆることに制限があった。境界は非常に明確で、たとえば、村の境界は非常にはっきりしていた。小さい子供も皆、自分の村と外部との見えない境がどこに引かれているかを知っていた。こうして、家族レベルでも村レベルでも内からの制限が存在した」。これら二つの要因が重なり、とくに水田耕作による生態的制約がさらに重なり合ったとき、個人に強い圧力がかかったのである。

米は、象徴的な意味と生態的な制約を合わせもっている。米は雨量の少ない時期に栽培されるため、つねに水不足の問題があった。一ヘクタールの田で一家族が維持できるとされている。家族数と家族規模は、水量がどのくらい利用できるかによって制限される。田の面積で、村における家族の地位が決定した。しかも、各村落はそれぞれに地位をもっていた。この村落の地位は、十四世紀から十五世紀に決定され、ほとんど変化しなかった。村落の地位によってどれほどの水量を確保できるかが決まったのである(24)。

このことは、間引きが、個々の家の意思というより、村社会からの圧力によって起こることが多かったらしいとするダニエル・スコット・スミスの次の議論とも一致する。「たとえ子供が余計にいることで家の財産が減らなかったとしても、村は、家族規模を制限することで、土地なし人口が膨れ上がり、潜在的な破壊力とならないようにした」(25)。さらには、「日本人は、一定の生活水準を維持したいと願った。子供の数が多すぎると、生活水準が下がることになる。村落内での家の地位は非常に重要であった。多くの子供たちの間で土地を分割することは、地位の下降につながったのである」(26)。あるいは、ナカムラとミヤモトの述べるように、「日本では、どの家族でも、村落内のヒエラルキーにおける自らの地位を維持するべく、子供の数を低く押さえる傾向があった」(27)。

こうした圧力が個人の上にどのように働いたかに関する記述は稀少だが、十九世紀末のある小説の一節にはそれが如実に表われている。そこからは貧困への恐れが豊かさへの欲望と不可分であることが読み取れる。お品は、一九歳で第一子の娘を産んだ。翌年、再び妊娠するが、「そのときは彼らは窮迫の極度に達していた」。このため、お品の母親が、お品に堕胎の処置をした。その後、一三年間、子に恵まれなかったため、この夫婦は次の子の誕生を心待ちにし、やがて男の子が生まれた。その後、お品はまた妊娠した。夫婦が娘を奉公に出し、稼がせようと決めた後のことであった。しかしそうなると、母親であるお品は二人の子を抱えて、「これまでのように働くことができない」。お品の稼ぎを失うことは、「非常な打撃」となる。お品は夫とこれについて話し合った。「どうでもおめえの腹だから」、「好きにしたほうがええやな」と夫は言った。夫は心配したが、妻にどうせよと命令することができなかったのだ。お品は決心できないまま、日はたっていった。ついに、四カ月目になって彼女は自分で堕胎の処置をし、そのために起きた炎症がもとで死亡したのである(28)。

大多数の社会では、高い死亡率が予測され、家内労働力が求められたことから、できるだけ多くの子供が必要とされた。日本の場合は、子供の数を計画せざるを得ない状況がすでに存在していた。子供の数を最適数に近づけるための、生物学的、婚姻・性的関係の諸パターンは存在したが、効果的な避妊法がなかった。このために、最終的な調節は、もっとも直接的な産児制限の形態である堕胎と間引きによらなければならなかった。この二つで間引きのほうが多くの点で好都合だった。

その理由は、長きにわたって産児制限のために嬰児殺しの方法をとってきた狩猟採集民などを例に説明されてきた。「人口制限の手段としての嬰児殺しが妊娠自体を防ぐ方法に対してもつ利点とは、決断を下す前にまず赤ん坊を見ることができ、赤ん坊の性別や健康状態、見かけも、決定要素に加えることができるという点である」。このように、事後的な避妊の一形態である嬰児殺しは、中絶と比べて有利な点がいくつかあった。「この見方ですると、嬰児殺しは合理的かつ優生学的であり、親、とくに母親の赤ん坊への投資は、投資のなかでももっとも『高価な』部分である授乳期が始まる直前で停止される。妊娠と出産という埋没原価の支払いを済ませた時点で、母親は決定を下す前に、赤ん坊の生育可能性を見て判断できるという利点がある」(29)。日本の場合に見たように、母親は赤ん坊に生存の障害物を設けてみることで、ダーウィンの自然淘汰を早めた方法をとることもできる。それでも赤ん坊が生き延びるなら、その子は、数世紀にわたったいていの日本人がこなさねばならなかった驚くべき重労働に耐えるだけの強靭な身体をもっている可能性が高いのである。

出生力に対してとりわけ打算的な態度がとられる場合に、その背後にもっと一般的な原因としてどのようなものがあるかをこれから考察したい。その分析を通して、最大限の生殖へと向かう自然の傾向に対してしっかりと抗《あらが》い、マルサス理論の出生率の罠をも脱した二つの大規模な農村社会が、史上初めて出現した要因のいくつかが明らかになるだろう。その結果は驚異的なもので、われわれの生きる現代世界もそれに拠っている。しかし、それはかなりの代価を要するものであった。まず基本的に、繁殖しようとする生物学的な衝動に抗うに十分な強い力が立ち起こってくる必要があった。生物学的なるものと、社会的なるものとの間に楔が打ち込まれる必要があったのである。出生力に関しては、さまざまな方法がとられたことがわかっている。十九世紀後期までのイングランドでとられた、そのための制限とは、ほぼ全面的に、さまざまな婚姻戦略を通して「生殖の危険にさらされている」人口を制限することにあった。よって、社会における結婚の位置を分析することに解明の鍵はあるだろう。日本の場合は、そうした制限の力には生物学的な面があった。また、結婚、とりわけ夫婦間の性的関係にも関連していた。そしてさらには、意図的な堕胎と間引きの実践による部分もあった。出生率を規定する体制（fertility regime）を検討したとき、長期的なものとしては一部の狩猟採集民社会にしか前例が見られない、こうした特異な状況がどんな環境から生み出されたかを簡単に見ておく必要がある。

一つには次のような説明が可能だろう。本格的な市場経済が発展してきた時点で、今日のように、子供も他の利益との間で秤にかけられる。たとえば、日本では、「経済が発展し、農業はますます商業的となり、農村は徐々に高度に貨幣経済化されて、消費指向型の社会に組み込まれるようになった。こうしたなかで、人々は子供の増加と、生活水準や村落内での地位の上昇・維持に必要な財貨・サービス、もしくは富の蓄積との間で『選択（trade off）』をしようとする道をとりはじめたのである」(30)。こうして、生産と再生産の間にあった密接なつながりは切り離された。これが、われわれの知る限り、日本とイングランドを他のあらゆる大規模な農業社会から分かつ最大の特異性であり、また、その二つの国を結ぶ主な類似点であった。その原因は、純粋に人口学的な見地からだけでは見出せないため、ここでさらに考察を進める必要がある。

私は、イングランドの結婚と出産に関する研究において、そこで出産が規制されたのは主に、社会が資本主義的で金銭に意識的な社会になるなかで、子供たちが商品に変換され、状況次第で「賄え」られたり、そうでなかったりする、「商品」として捉えられたからではないかという議論を提示した。子供は、「便益」と同様に「費用」も同時発生させるものだったのである(31)。日本に目を向けると、そこにほとんど同じような態度が見られることに驚かされる。たとえば、ハンレーは、「世帯内で非生産的な成員の数を最小に押さえる手段がとられたことを考えると、日本人は人口を経済生産に有利な構成にしようとしていたと結論できる」と述べている(32)。ロズマンによると、「子供が余分に産まれるということは、できるなら避けるべき負担が増えることだとする見方が広がっていたようである。財は分散してはならず、地位は維持されねばならない」。イングランド人のように日本人もまた、非常に特異なやり方で、注意深く必要な労働力を計算していた。「少数の村落を対象にしたものではあるが、世帯登録データの分析から、日本の世帯が意図的に子供数を制限し、生きのびる子の出生時期と性別配分をコントロールしたことがはっきりと示されている」(33)。

これこそはまさに、マルサスがヨーロッパに広げようとした姿勢であり、現在、東南アジアの一部などに見られる急速な出生率低下の中心にあると思われる動機である。人々は、[生物学的に可能な]最大出生力に向かって躊躇なく突き進むよりむしろ、資源と人口の間の均衡を維持しようとしたのである。しかし、そうした態度はあまりにも他に例を見ないものであり、何がそれを引き起こしたのか、あるいは何がそうした姿勢をもたらしたのかについては、まだ釈然としない。解答を探す一つの手始めとして、後継者の数が少なすぎた場合の危険性を検討してみるという方法がある。

後継者を一人確保しつつ、残りの子供たちを適確に配分するにはどうしたら良いのだろうか。この課題があるがために、しかも高死亡率の問題もあったことから、多くの社会では、実際に必要な数や、望ましいとする数さえも超えた高い出生率が見られてきた。目標を超えた数の子供を産む理由は、子供の数が少なすぎるとやがては直面する窮状——つまり、年老いた自分を養い、死ぬと葬儀の積み薪をとりしきってくれるような後継ぎがいない惨めな老年期を迎えるような状態——は、大家族を抱えて苦労を背負い込むよりも深刻な問題だとされているためである。少なすぎるか、多すぎるかの間の選択に迫られたとき、ほとんどの人々は過去に見てきた経験をふまえて、「多すぎる」ほうを選ぶ。もっとも、子供がもつ、政治的、経済的、宗教的利点を考えると、「多すぎる」という概念そのものも当てはまりそうにもない。子供を多く持つほど、富は増すのである(34)。

それでは問題の二国の場合では、後継者問題はいかに解決されただろうか。イングランドでは、その解決法とは、あまり気にかけない、という一種独特のものであった。非常に早い時期から、少なくとも貴族階級より下のレベルでは後継者の必要性への関心がほとんど見られない。これは、イングランドの数ある特異性のなかでも際立った点の一つである。市場経済が発達し、病気のときや老年期には家族以外の制度を通して労働や介護の手を雇用できたため、子供がいないことは精神的、経済的のいずれの苦境も意味しなかった。これは、多くの人々が独身のままであったこと、また、男児を好むという性別選択の証拠がないこと、そして、「祖先祭祀」が存在しなかったことに見てとることができる(35)。後継者問題はイングランドの大多数の人々にとって比較的些細な問題だった。

このような関心の欠如を示す一つの指標が、養子をめぐる状況であった。人類学者がこれまで指摘してきたことだが、大多数の農業社会では、後継者がいない場合に、家族の保有地や他の資産を維持しようとする圧力から、じつに多種多様な「養子縁組」方策が生まれてきた(36)。ジャック・グディがさまざまな「後継者戦略」を概観しているが、それを見ると、インド、中国、古代ローマなどでは養子縁組が主な手段であった(37)。グディは、生産様式が家内労働力と所有地の後継にもとづくことから子供を強く望む地域では例外なく養子縁組が重要であることを示唆している。しかしながら、近代初期の西ヨーロッパでは養子縁組の重要性ははるかに低く、興味深いことに、その極端なケースがイングランドだとグディは指摘している(38)。

グディの述べるように、イングランドのコモン・ローには、二十世紀になるまで法的な養子縁組はまったく存在しない(39)。これは遠い過去の時代に法律家らが指摘したところでもあり、たとえば十六世紀にトマス・スミス卿は、「われわれには結婚以外によって子供を法的なものとする方法はない。そのため、『養子』なるものもわれわれは知らない」と記している(40)。アングロ・サクソン期以降、十九世紀に至るまでの養子の法的位置については、メイトランドが、「イングランドには養子縁組はない」と明言している(41)。もちろん、たとえば遺言などのさまざまな方法によって、誰かを自分の相続者にすることはできたが、法的に養子にすることはできなかったのである。

イングランドとインドを両極に置くとすると、日本の歴史は、そのどちらの極にもあてはまらず、これまでにない特異なやり方でその両者の要素を組み合わせた例だといえる。日本では、遅くとも十四世紀以降には貨幣経済が発達しており、奉公のかたちをとった非家族的な労働力の使用が広がっていた。しかし、日本人はイングランド人と比べると家内労働力に大きく依存していたことを考えると、通常見られるように多くの子供を持つ必要が厳然とあったと想定してもおかしくない。年老いたときに養ってもらうために最低でも子供が一人は必要とされたことと、「イエ」の存続が非常に強調されたことから、後継者の確保は必要不可欠となった。日本はこうしてイングランドとは大きく異なり、インドや中国にはるかに近かったようだ。しかし、日本には特別とも言える、ある社会的装置が存在した。それは、何世紀にもわたって発展してきたもので、必要な家内労働力を供給しつつ、偶発的で規制のきかない死亡率や自然出生力からの影響には制約を受けない、という二重の意味で的確なメカニズムを提供するものであった。それが、事後的な産児制限のもっとも強力な形態ともいえる日本の養子縁組であった。これは、日本の出生力パターンを理解するためのジグゾー・パズルの最後にはめ込まれる、必要不可欠なピースである。

養子縁組が、「日本では、子供のない場合には統治者にも被統治者にも、等しく見られる慣行である」ことにシーボルトは注目した(42)。ポンペは、「日本では簡単に養子縁組ができる。子だくさんで、その子たちが将来きちんと職につけるようにしてやりたい場合には、親はまわりの親戚を見渡して息子の誰かを養子にとってくれそうな人がいないか探すのだ。このためにいくらかの金額を支払うこともある。こうして、その子は完全に養親に面倒を見られることになる。その子は、養親の名前をもらい、将来は養父の職業を継ぐことになろう」(43)。実際、養子縁組は強制的なものでもあった。「老齢で、子供のないままで、寡婦がその家族の最後にのこった代表者になった場合、世嗣がないままでいることは許されない。彼女は、できれば養子を迎えなければならないのである。けれども、貧しいとかその他の理由があって、彼女にそれができない場合には、地方当局が彼女のために養嗣子《ようし》を世話することになろう。――すなわち家族の祭祀を維持するために跡とり息子を考えてやるのである」。もしそれができない場合は、家財は没収されることとなっていた。「子のないものは養子を迎えなければならなかった。『遺訓』の第四七条は、子がなくて死んだ人あるいは養子を迎えずに死んだ人の財産は、『その人の親類や縁者などとは関係なしに没収されるべきことを命じている』」(44)。

いったん養子縁組がなされると、その後にどんなに近い血縁者が出てきても、養子を押し退けてその位置におさまることはできなかった。「委員たちは、大君には子がないので、数日前に養子を迎えたと報道した［六月二五日、将軍の継嗣を徳川慶福（家茂）に決定することが公表された*］。この若者が彼の跡を継ぐことになっている。もし後になって彼自身の息子が生まれた場合には、彼は養子を放逐せず、むしろその実子を人手に渡さなければならないことになっている」(45)。ここに、養子縁組で結ばれる関係の密接さが表われており、それは他の文献からも確認できる。ロングフォードは、「一親等――両親、養親、夫、子、養子。二親等――祖父母、継母、叔父・叔母、兄弟姉妹、夫の両親、妻、妾、甥、孫、義理の娘、等」というような関係の在り方について述べている(46)。養子は、祖父母や兄弟姉妹より近い関係にあり、つまり、養子縁組はもっとも近い血縁者と同じくらい強い絆をつくり出したのである。これは近親者が亡くなったときの服喪の期間にも表われていた。チェンバレンはこれについて、「実父母……一三カ月（着物）……五〇日（食物）。養父母……一三カ月……五〇日」と説明している(47)。

養子縁組に見られるこうした緊密性は、それに関連する以下二つの特徴がないとしたら、それ自体、さして重要なものではなかっただろう。その一つ目の特徴とは、養子縁組の行われた規模と種類の膨大さである。チェンバレンは、十九世紀後期にその頻度の高さと複雑さを指摘している。「養子縁組は国民生活のまったく重要な部分となっているので、この問題に関する日本の最高権威である重野安繹氏は、養子の種類を一〇も数えている」。そして、「ゴールトン［英国の遺伝学者*］も日本では本を書くことはできなかったであろう。というのは、家系図は注意深く保存されてはいるが、少なくとも科学的見地から見て、それらは何の意味もなさないからである。社会の上層から下層に至るまで、養子縁組の風習があまりにも広くゆきわたっている」とし、チェンバレンは、こうした広がりについて二、三の理由を示唆している。「子どもが多すぎる人は、一人も子どものない友人に一人以上の子どもをくれてやる。日本では遺産相続人として他人を指名することは、普通行われていないから、養子に取ることが遺産を分けるもっとも簡単な方法である」(48)。

二つ目の特徴とは、養子にとられた者が血縁者である必要はなかったし、ふつうはそうでなかった、ということである。チェンバレンは、これに関して次のように述べている。「日本の家族を訪れると、六、七人もの人々が互いに親と呼び子と呼び、兄、妹、叔父、甥と呼び合うが、お互いにまったく血のつながりがないか、もしくはそれらの呼び方から通常想定される関係とはかなり違った関係にあることを発見することがあって奇異に思うが、しかし真実なのである」(49)。こうして血縁で結ばれた家族の在り方がくつがえされ、家族が人為的な機能的集団（corporation）へと転換されることについては、ラッツェルが次のように論じている。「家族としての結束がきわめて重要視されたことが、養子縁組の広がりにつながったのであり、とくに日本ではそうだった。……この習慣は時とともに驚くほど行きわたり、家族の在り方に破壊的な影響を及ぼした。養子縁組が慣習的なものとなると、家族は機能的集団へとなり下がった。そして、新たに他人を迎え入れることで、本来の親族といっても実際そうではなくなっていった」(50)。ラインは、「さらには、もとからいた家族成員を追い出して、他人を迎え入れることができるようになったこと」に着目し、続けて「このようにして、日本の家族はその本来の性格の多くを失い、機能的集団としての側面をもつようになった」と述べている(51)。より最近になって、ロバート・スミスも、同様の指摘をしている。「養子縁組がしばしば生じるということは、日本の家族が血縁組織ではなく本質的に事業集団」であり、出自にもとづく組織ではないことを明確に示している。そして、商人、職人、芸術家の間では、長になるために採用された後継者に支持を与えるため［実の］息子が無視されることがある。これは、普遍主義的要素によって家族の長の役割が定義されることのあらわれである(52)。

非血縁者を養子縁組するという日本の特異な性格は、中国と比べたときに鮮明になる。「男系出自をたどらない養子縁組は、実の父‐息子関係への、親不幸な侵犯行為だと見なす儒者は多かった」(53)。実践と理論には大きな開きがあった。「血のつながりに重きをおく中国ふうの考え方は、少なくとも建て前として尊重されているため、養子は父方の縁者でなければならないと主張はされるが、実際は、家族を形式的に永続させるために血のつながりが不可欠とは考えられていない」(54)。また、養子を同一の社会階層から取るよう努力はなされたが、これも同様に、実際上は守られなかった。「家々は、男性後継者の養子縁組は、同じ階級からしか行ってはならず、違反すれば国が家財を没収する、と定めた一六一五年の布告に従うことを拒否し、この布告は一六五一年に廃止された。実の後継者が能力不足のために外された場合、その後継者を除外して、他の男性を養子に迎えることが実際に可能となったのである」(55)。中根千枝が指摘するように、「まったく血のつながりのない他人を後継者、相続者として迎えるばかりでなく、奉公人や番頭が『家』成員を堂々と構成し、家長の家族成員同様の取り扱いを受ける場合が非常に多かったのである」(56)。徳川時代の農業に関するトマス・スミスの山村の研究にも奉公人について同じようなことが書かれており、そこでスミスは「その奉公人の多くは、貧乏な両親から通常一〇歳ぐらいで文字どおり養子になってきたものたちであった」と述べている(57)。

もう一つの習慣とは、婿入りしてくる義理の息子を養子にすることだった。こうして、「男性の後継者のいない家長は、自分の娘と婚約した男性を『婿養子』とすることがある。そうして養子となった息子には、実の後継者の場合とまったく同等の権利と責務が与えられた。しかし離婚する際には、これらの権利はすぐにもとの世帯へと戻された」(58)。乳児や幼児は養子にとらない傾向があった。というのも、「子供よりも成人した若い人を養子にするほうが一般的であり、養子になるのは息子のいない家に婿入りする男性か、または、自身でその家の後継者となろうと考える若い男性かのいずれかだった」(59)。養子縁組は社会的流動性を促すメカニズムとなった。「武家への養子縁組も、公開市場に出された商品のようなものであり、その価格は、それぞれの時代によって変動した」(60)。「困窮の度を増しつつあった武士たちは自分たち自身の跡継ぎは脇におき、代わりに裕福な商人の息子を養子に取ることで資力を求めたのである」(61)。

養子縁組は、後継者不在と資力の窮乏という両方の問題に対処する柔軟な機会を家に与えるという点で、婚姻戦略と部分的に重なり合う。一見「出自集団」のように見えるこうした親族集団、あるいは「イエ」は一般的に、出生（血縁）ではなく、選択（契約）にもとづくという特徴をもっていた。「養子縁組は途方もなく多様な形態で、広く実践されている。そこにはもう一つの原理が含まれている。ふつう人々がまとまって集団をつくるのではなく、集団から人々が受け入れられるのである。家族さえ、その例外ではない」。ロバート・スミスによれば、そこでの主な選考基準とは、「能力およびメンバーとして使えるかどうかといった、高度に実用的な」ものである(62)。

ここには、家族としての感情的な形態と力を残しながらも、業績主義（メリトクラシー）のもつ選択性や現実主義をも組み合わせ、柔軟さと効率性を求める強い実用的な志向が見られる。これが血縁でなく才能に基礎を置きながら疑似的家族形態の企業を擁した、現代日本の成功の主な理由の一つであることは言うまでもない。W・J・グードは、このように二つの原則が混じり合った特徴的な性格を、再び中国との対比において次のように述べている。

> おそらく、中国と日本の家族構造で、その差異を示すもっとも対照的な違いは、日本で父親はいかなる階層でも、養子に取ることで、自らの後継者をより有能な者に差し替えることができ、そうすることで、そのイエの繁栄をより確かなものとし、もとの家族への忠誠を放棄した者を自らの庇護下に置くことができることだ。これに対して、中国では養子縁組はきわめて困難かつ稀有であり、養入した若い男性は、どうしても実の家族のほうに忠誠心を感じるだろうという理由で、実際的でないと見られていたのである(63)。

もちろん、これらがどれほどの影響を及ぼしたかは、実際に養子縁組がどの程度広く、また頻繁に行われていたかによるであろう。ハンレーとヤマムラがその点について非常に詳しく記述している。彼らが研究した四ヵ村では、「あらゆる年齢の者が養子となっており、一八三〇年代の天保飢饉後には、何人かの年をとった婦人までもがそうであった」。その統計は注目に値する。「記録が少なくとも二世代もしくはそれ以上にわたって存在する一〇五家族のうち五六家族、つまり五三パーセントは……養子息子を取るか、それ以外の親族として、……養子にしている」。下の息子が家を離れてよそに養子に入ることを許可した後に、上の息子が死亡してしまった場合には、よそへ行った下の息子を呼び戻すよりむしろ、別の人を養子にすることとさえしている。実際のところ、「養子縁組が非常に一般的に行われたため、一八六〇～一八七一年期の沼村では、結婚よりも養子が記録されることの方が多かった」のである(64)。

出生率に関して重要なのは、以上のように、頻繁に、しかも公然と行われた養子縁組の実践が、子供の数を非常に少なくしながらも、いかにして一家の存続を確保するかという問題に解決策をもたらしたことである。養子縁組がいかに機能し、また、大家族を持たなければならないとする圧力を解消したかに関しては、トマス・スミスが明快に記述している。そうした文化は、後継者不在の問題からの「都合のよい逃げ道」を提供するのである。「日本では、相続すべき財産さえあれば、娘の夫として、あるいは新規に、男子の跡継ぎを、成人の年齢においても、養子として迎えることがいつでもできたのである。……さらに、養子はあらゆる意味において、つまり法的、社会的、宗教的、家系の点からでさえ、実子の跡継ぎと変わりなかった。唯一の例外は感情面であるが、おそらくいつも例外であったわけではない。養子には、もしうまく行かなければ、相続させなかったり取り替えたりすることができる、という特典もあった」(65)。子供の代わりとして奉公人を雇用できたことがイングランドのパターンで必要不可欠な一部分だったと同じく、養子に出したり入れたりできたことや、「余計な子」は移住という手段でわりと簡単に送り出してしまえたことが、日本のパターンの基本的特徴だった。他の大規模な農業社会ではどこでも、生産と再生産、血縁と労働力のつながりが見られたのに対し、イングランドと日本の両国はそうしたつながりを分断したのである。

こうして、年老いたときや病気の場合にいかに介護してもらうかという問題そのものが、先例を見ないような方法で解決された。ふつうは、この大きな問題は、血縁の親族間の共同扶助というかたちで解決されている。これに対し、われわれの取り扱っている二つのケースでは、非血縁者による援助を受けられるような、二つの代替戦略が編み出されたのである。イングランドでは、奉公人を雇用して、賃金を支払って援助を受けるという方法がとられた。日本では、イングランドと同じく、貨幣や奉公人の雇用という機構を利用するのと並行して、必要となれば「疑似的な」血縁者をつくり出すという方法がとられたのである。

こうなると、親族関係と経済の関係や、とりわけ財産の性格に関する問題の中核へと考察の範囲は広がってくる。何が起こったかというと、生産が再生産より重要性をおびるようになり、実の親族が究極の目的のために犠牲になったのである。ここでもまた、二つの事例の間で、事態の進展状況は異なっていた。イングランドでは、私的、個人的財産の所有権が崇拝され、その他のものは、親子のつながりも含めすべて犠牲にされるというかたちをとった。所有が血縁に優先されたのである。日本では、理想は、家族、つまり、「イエ」であった。しかし、皮肉なことに、それは血縁で結ばれた家族ではなく、人為的に構築された連続体であった。必要とあらば、実の子供は究極の目的の犠牲とならなければならなかったのだ。こうしておのおの異なる道をたどって、非‐家内生産様式の形態が発展した。ウェーバーが論じた、社会的なるものと経済的なるものの間に深い分裂が生じたのである(66)。

これについては、相続制度と人口成長がいかに関係しているかという別の観点から考えることができる。キングズリー・デイヴィスはかなり前に、特定の相続パターンが、結婚年齢の上昇や低下を招くことがあることを示唆した(67)。この指摘は、とりわけ日本についてなされてきた。ジェイコブズは、中国では分割相続の制度が、出生率上昇に寄与したと述べている。「人口過密は中国で古くからつねに言われてきたことであり、……村落地域は人口過密に絶えず悩まされてきた」(68)。これは、単独相続の行われた日本の状況と対照的である。ほぼ同時期に、ドーアによって、相続制度が、結婚年齢への影響なども含め、いかに日本の出生率に影響を与えたかが示された(69)。同様に、トマス・スミスも日本の相続慣習が人口成長にいかに関与したかについて論じている(70)。ロバート・スミスと中根千枝は、出生率と明確に関連づけてはいないが、「息子一人」による継承と工業化の間に、ある種の密接な関連があることを示唆していた(71)。

われわれは、分割の可能な財と不可能な財との区別を越えて考察を進める必要がある。これら二つの島国では、複数の要因が作用した結果として、家族規模と子供数が、経済的な圧力に敏感に反応したようだ。しかし、これが日本とイングランドをともに、たいていの「農民」文明とは異なるものにした一方、そのメカニズムはこの二国間では違っていたことに注意しなければならない。日本の場合には、「生活の場(slot)」、すなわち生態的空間が非常に固定されていた、というとらえ方が適切だろう。つまり、土地、とりわけ田の用地不足や、組織や税金面からくる制約などもあったことから、これらの空間は簡単に拡張できるものではなかった。十七世紀以降に、副業としての雇用の発展によって、かなり豊かになりつつあったときでさえ、家族規模の拡大にはつながらなかった。この理由については、スミスが、「非農業部門の仕事が主に家族農業と結びついて行われ続けた」ためだと論じている(72)。

家族は豊かになることはあっても、その規模が拡大することはない。単独相続の制度が、こうした生態的な制限を反映している。これは他に例を見ず、あまりに特異なものだが、日本では広く行われていた。各世代で後継者は一人であり、残りの子供たちが問題となる。「長子相続とそれに関連する諸制度が、徳川時代の日本で家族規模を制限する大きな要因だった。なぜなら、後継者の存在と優遇は必然的に家族内での不和と葛藤というイエ構造内部の耐えがたい状況へ結びついたからである」(73)。もちろん、速水の指摘するように、単独相続は普遍的に行われていたわけではなかったものの、もっともよく見られた形態であり、長子相続は「長男以外の息子による家族の形成」を容認しなかった。末子相続の場合もあり、また、日本の東北部の一部で見られたように、性別に関係なく長子相続が行われていることもあった(74)。重要な点は、「狭い農地に子だくさんというのは、子供がまったくいないに等しいくらい悲惨だ」(75)という言い方に表されているように、生活の場、すなわち繁殖領域の範囲なるものが存在し、それらには制限があったということだった。日本の場合には、空間は主に農業資源によって固定されているという、「農民」モデルに特徴的な考え方の一要素が見られる。しかしその一方では、日本はそうした土地を一人の後継者にのみ継がせ、――しかも、そうした「ニッチ［生態的地位、生息場所］」を継承する者に非血縁者が選ばれることが多いという点で、他社会とは大きく異なるのである。

一時は、イングランドにも似たようなモデルが当てはまるだろうと考えられていた。つまり、埋めるべき「ニッチ」があり、結婚年齢や有配偶率、子供数などといった事柄は、それを動物の生息数や繁殖領域との類推からもっとも明快に説明できると考えられていたのである。こうしたアプローチが有効ではないことは、次第に明らかになってきた。重要なのは、後継者戦略によって「ニッチ」を埋めるという問題ではなく、市場経済のなかで生計を立てていくという、もっと広範囲に及ぶ問題なのである。ランダーズは、「しかしながら、近代初期イングランドに関する近年の研究から、人口学的には、相続はそれほど重要ではなく、代わって、規範的な生活水準、つまり、『文化的に規定されるモラル・エコノミー』の方が重視されるようになってきた」と述べている。子供にかかる費用については、「そのモデルは、相続や『後継者』問題に対する懸念よりもむしろ、独り立ちするまでの一定期間に子供にかかる時価を最小化しようとする人々の高い関心に根拠を置いている」(76)。リチャード・スミスは次のように述べている。「ヨーロッパ型の結婚の特徴や、それに関連する出生率状況に関して、財産所有や、その相続形態と社会的分配に大きく依存したモデルを通して理解しようとする試みが見られてきたが、十分に説得力のあるものではなかった」。そして、「個人主義的な社会では、出生率は、国の内外市場や、国内移動や海外への移出入などによって生じる諸々の要因に規定される可能性が高い。また、福祉政策や、福祉制度の資金調達や管理をする側の政策変更からの影響も受けやすい」(77)。

このように強調点がシフトしてきたことは、ゴールドストーンの考え方によく表われている。彼は、出生率の変動は、空いている「生態的ニッチ」の個数というよりむしろ、雇用機会や実質賃金の動向に規定されると強調する。たとえば、「結婚性向が、短期的な収穫や死亡率の変動に呼応していかに変化したかを示す経験的証拠から、近代初期イングランドでは、人々は、福祉従属型で結婚性向をコントロールする傾向があったことが示されている。つまり、結婚性向は、作物の出来高や小麦価格の変動に対応して変動し、その一方で、死亡率は変動しても、新世帯形成の増加には繋がらなかったようなのだ」。ゴールドストーンが、十八世紀の中期以降、成長しつつあった工業化が、結婚と世帯創出の新たな機会を人々に与えていったことを示唆しているという意味で言えば、ある程度までこれを「生態的ニッチ」論に重ね合せることも可能かもしれない[78]。しかし、人々は、土地や伝統的な手工業の継承よりむしろ、賃金や雇用機会の変動のほうに左右されるようになったことを考えると、それは、通常の農業社会の環境とは大きく異なるといえるのである。

　イングランドと日本の間の多くの比較と同じように、両国は同じ結果へと導かれながら、その原因は異なっていたことにわれわれは気づかされる。この場合、いずれの島国でも生産と再生産が他に例を見ないほど早くに切り離された。生殖可能な夫婦は、順調に生活していくためにはできるだけ子だくさんでなければならない、という圧力を重要な意思決定の段階で、感じなかったのである。それどころか、彼らは逆の考え方をした。彼らが気がついたのは、子供たちは便益であると同時に費用がかかるものでもあるということだった。イングランドでは、それは、もはや所有と生産の主な単位をより大きな家族に求めないような、非常に流動性の高い、個人主義的なシステムから立ち起こった。日本では、逆説的ではあるが、非常に限られた空間内で「家族（family）」を存続させていこうとする、確固たる理念そのもののために、土地と労働力の間に正しい均衡を計り、自らの出生力を制限する必要が生じた。いずれのケースにおいても、マルサスの罠の最後の部分は切り抜けられた。もっとも、それら解決策は、欲求不満や孤独をもたらし、日本の場合には女性の身体にも負担がかかるという点で、莫大なる代価を要するものではあったのだが。

Ⅶ

結　論

21
意図と偶然

　通常の「マルサス的」な人口の推移が、イングランドと日本ではどうして起こらなかったかが次第に明らかになってきた。十九世紀まで高死亡率・高出生率が続き、その後、低死亡率・低出生率に移行するという、お決まりの人口転換の図式にこの二国の事例は当てはまらない。むしろ、遅くとも十五世紀までに、この二つの国で粗出生率・死亡率は、ふつう農業社会で見られるよりも低いレベルに安定したようだ。次に、イングランドでは十八世紀に死亡率がさらに下がって出生率は上昇するという新たな段階を迎えた。「人口転換」と言えばふつう十九世紀末期から二十世紀初期に起こった死亡率と出生率の急激な低下を思い浮かべるのだが、じつのところ、それは、何度かにわたって押し寄せた波のなかの最後のうねりであったにすぎないのである。

　何が起きたのかはだいたい見えてきたが、それが起こった理由を、より深いレベルで理解するのはなおも難しい。その諸々の結果や、過去のパターンについてはわかったが、それらの原因について、結果から原因へと逆方向に論理立てて分析していくのは、ずっと難しい。死亡率低下についてなされた推論をとってみても、そうした作業がどんなに難しいものかが多少なりとも見えてくる。

　トマス・マキューンは、なぜイングランドで十八世紀に死亡率が低下したかという問いに取り組んできた(1)。彼はまず、その解答を探し出せそうな領域として、伝染性の微生物と宿主の両者、またはそのいずれかの性質の変化、医学知識および医療のあり方の変化、環境(衛生、下水、住居、衣類)の全般的な変化、食料供給の変化による栄養面の改善、という四つを提示した。続いてマキューンは、最初の三領域では、この死亡率低下は説明できないことを示した。消去法で彼の手元に唯一可能性のある原因として残ったのが栄養水準であり、これが「どんなに可能性が低そうに見えても」真実にちがいないと考えられた。問題は、十八世紀のイングランドの大多数の人口について、栄養状態の向上が持続したことを示す証拠がなく、むしろその逆だということである。それでマキューンの理論自体を支える基礎は弱まってしまったが、これまでのところ、それに替わる答えをきちんと提示できた歴史家はいない。

　ここで、マキューンが示した四つの可能性について、時間枠を拡大したうえで再検討して見るのも良いかもしれない。伝染性の微生物と宿主の変化が、数々の病気が突如として奇妙にも消失したことを説明する手掛かりになるかもしれない。たとえば、ハンセン病やペストは、かつては広く注目されたものである。数々の病気のこうした不可解な後退について論じた研究者には、クライトンなどがあげられる。より最近ではグリーンウッドが、結核と猩紅熱《しょうこうねつ》が十九世紀後期に奇妙にも後退したことを論じている(2)。また、腺ペストに関してはそれが突然消滅したのは、ネズミやノミの行動が変化したためであったらしく、人間による介入とはまったく無関係であったとされている。「もし、そうであるならば、おそらく、記録の残る人類史上に起こった最大の幸運といえるだろう。自由に飛び回るノミの食生活の特性が、どうやら産業革命の進展を可能にしたらしいのだから」(3)。

　こうしてみると、「流行病の性格がそれぞれに変化してきたのは疑う余地がないが、そのことだけから高死亡率が何世紀にもわたって続いた後、流行病全体の死亡率が徐々に低下したことを説明するのは妥当ではない」ようだ(4)。クニッツは、「確かに寄生生物と宿主との関係は刻々と変化してきたが、寄生生物の毒力の低下や、宿主の側に急速な淘汰の結果残った高い耐性は、いずれもヨーロッパで見られた死亡率低下をきちんと説明するものではなさそうだ」と論じている。遺伝した耐性に関しては、「異常ヘモグロビン症とマラリアの関係という例外を除くと、遺伝した耐性が流行病において重要だという確証は最近の疫学分野の研究からはほとんど出されていない」(5)。クニッツの議論は、(一〇〇年くらいの)短期間について言うなら正しいかもしれない。人間の免疫システムがペストのような病気の衰退を説明できるほど急速に変化することを示す有力な証拠は(まだ)ない。しかしながら、人間の免疫システムに、長期的な変化が起こってきたのは確かなようだ。

　反対に、もう一方の極端へと走り、それらの病気の原因となる微生物の変容の度合を完全に排除してしまうのも誤りだろう。本書でさまざまな病気を検討してきた結果、時代の経過とともに、細菌やウイルスの毒力は、かなり大きく変化してきたらしいことが示唆された。種々の病気が相互に影響し合うだけでない。病気と他の環境条件である人口密度や栄養状況などとの関わり合いも視野に入れるならば、細菌やウイルスの毒性が関与する相互作用が見えてきて、そこから多くの流行病の盛衰も部分的に説明できるだろう。病気が相互に作用した結果、ある病気が増えると他の病気が増減することがあるとクライトンは何度か指摘している。彼は、発疹チフスが後退すると、腸チフスが増えたり、また、ハシカが増えると、天然痘が後退するといったことを示した(6)。近年、コーエンは、こうした病気の相乗作用に注目し、マラリアと十二指腸虫症の蔓延が、ハシカの発生と関連していることを示している(7)。

ここで言えることは、主な病気についてはすべて、相互に関連性を見ながら検討すべきだということだ。さらに、そのパターンを探るためには長期的視野が必要となる。クライトンはその著書の結論で、「以上に見た長い歴史のなかで、数多くの流行病が到来し、退行した。そのなかには、突発的に始まったり、終わったりしたものもあれば、ゆっくりと、よく認識されないうちに交代した現象もあった」と述べている。こうした疑問から、クライトンは、粟粒熱《ぞくりゅうねつ》やペストなどの病気がなぜ不可解なかたちで消滅していったかを説明する、次のような基本的理論を導き出した。「われわれのもつ限られた知識から、病気の種の絶滅についてただ一つ言えそうなことは、流行病は、ある型を別の型が引き継いだり、入れ替わったり、押しのけたりという形で交代していくという法則があるということだ」(8)。

病気の毒力の変化については、死亡率低下にほとんど関係ないとして大きく無視してしまうよりむしろ、相互作用する一連の原因と結果を部分的に構成するものとして捉え直すことができるだろう。それだけですべてが説明できないとしても、われわれを理解へと導く鎖を成す重要な一部分なのである。たとえば、毒力が低下すると人口密度が高くなる可能性があり、次いで、病気を起こす生物の在り方にも影響を与えることになろう。

マキューンが検討した第二の領域に目を向けてみよう。十九世紀後期以前に起こった死亡率低下の説明において、当時主流だった医学知識や医療実践は重要な要素ではないというマキューンの結論には同意できるだろう。医学の進歩がほとんど何の役割も果たさなかったという点で、歴史家たちの見解は、ほぼ一致している(9)。重要であったと推測されるのは天然痘治療における進歩だけであり、接種の重要性を強く主張したラッツェルでさえも、あとで見解をあらためている(10)。イングランドでも日本でも、十九世紀後期以前の全般的な死亡率の変動を、医療実践の側面から説明することはできない。「二十世紀に至るまで医学および医療の諸制度が死亡率低下にたいして貢献しなかったというのは、近代の人間には受け入れがたい事実である」[11]。しかし、実際にはそうだったのである。ここで因果関係は逆方向へ向かう。寿命が伸びた結果、人口が産業革命を呼び込むような状況へと推移し、そうした産業革命から、富と技術（とくに顕微鏡）がもたらされ、それらによって医学は、ようやく流行病に対する闘いで何らかの価値をもつようになったのだ。

病気についての理解が深まったのはつい最近のことでしかない。これは、われわれが考察してきた急激な死亡率変化がすでに起こってからかなり時代を経た一八九〇年代中葉のイングランドの状況を見れば明らかだ。クライトンの『流行病の歴史』を読むと、当時の医学史の第一人者も、主要な流行病の原因についてほとんど理解していなかったことがうかがえる。クライトンは、インフルエンザは地震が原因で、また、ペストやコレラ、腸チフスは、腐敗する屍から発散される瘴気が、発疹チフスは寒さと貧困が、赤痢は糞便から出る瘴気が、ハンセン病は塩気の強い肉の食べ過ぎと、粗末な衣服が原因なのだと考えていた[12]。

一八九五年版の『チェンバーズ百科辞典』のなかでさまざまな病気の項目を担当した著述家たちも、ほとんどの病気の原因はあまり把握していなかった。天然痘は、「一般的にある種の流行病だと認められているが、その性格に関してはまったく知られていない」。ハシカは、「血液の病気」に類するものであったが、その原因についてはまったく説明されていない。インフルエンザは、「空気中のある特定の状態に関連するが、それが具体的にどのようなものかは不明である」。ペストは、衣類や寝具類を通して、あるいはじかに接触することで感染するらしいとされていたが、その原因はわかっていなかった。発疹チフスに関しては、「この病気に特徴的な生物は見つかっていない」。マラリアは瘴気から引き起こされ、「土壌に生成され、土を通じて感染する毒で……それが、実際にいかなる病原体かははっきりとわからない」。コレラの原因については当時まだ論争されていたが、おそらくコッホが論じたように、腸チフスに似て、水や牛乳のなかの菌から引き起こされるものとされた。赤痢は、低湿地に見られる血液の病気とされていた。「専門家のなかには……赤痢をそれ自体マラリア性の病気であると見る者もいるが、これについては確かではない」[13]。以上のように、ほとんどの病気について、その原因がまったくわかっていなかったという状況を見れば、医療専門家が治療らしきことはまずできなかったとしても驚くにあたらない。

その一方で、当時の主流だった医療を検討するときに忘れてはならないことがある。それは、医療の潮流に起こってきた、もう一つのきわめて重要な変化の方は見過ごされがちだということである。たしかに、個々の病気の原因に関する知識や、特定の治療方法なくしては、医師も病院も直接的、即効的な役割は果たせそうにない。しかし、それと区別して考えなければいけないのが、それよりずっと広い範囲で起こった変化のうねりであり、それは二五〇〇年前には起こり始め、ギリシャの医学で明示された。その変化とは、苦痛の原因が次第に超自然的なものと物質的なものに分けられるようになったことである。

時代を経るにつれ、超自然的な原因を軽視して、物質的な原因により注目し、それらを重要視する社会がでてきたようである。人々はまだ正確な原因については無知なままではあったものの、次第に、病気の根源は物質的な環境にあると考えるようになった。こうして、家を清潔にしたり、きれいな水を求めるか、もしくは飲水自体を避けたり、または身体の衛生を心がけたり、下水設備を促進したり、病気発生時には検疫処置を設ける、といった予防的措置を取り始めたのである。本書を通じて、われわれはイングランドと日本の両国で、これらの予防的措置が数多くとられてきたことを見てきた。

こうした変化を説明しようとするときに意識されているのは、主流の医学知識そのものというより、苦痛の原因を、こうした超自然的ではない現実的なところに求めようとする関心が社会のより広い範囲で高まってきたことであり、その結果として、人々は「数多の災厄に立ち向かうべく、手に手をとって」それらを打ち負かし始めたことである。それはまさに、ものの見方、あるいは世界観における変化であった。それはライフスタイルを変えれば、生活に満ちている苦痛が軽減されることに人々は気づき始めたのである。魔術的な説明が誤りとして証明されたわけではなかったが、それらは「脇に押しやられ」、つまりは次第に重要性が低くなっていったのである。病気について有効な知識や観察が蓄積されていき、人々はできるだけ危険な状況を避けるようになっていった。汚れは不快であるばかりか危険でもあり、そのどこかに病気も潜んでいるのだという見方が強くなっていったのだ。

これについて考える一つの手だてとして、エドワード・エヴァンス－プリチャードが提示した、かの有名な「なぜ(why)の原因」と「いかに(how)の原因」との区別を援用することができる[14]。一二〇〇〜一八八〇年頃まで西ヨーロッパで流行病の発生メカニズムを正しく理解するうえで大きな進展はなかったが、これは主に、それらの微生物が微視的なサイズであるため、裸眼では見えなかったからである。しかしながら、「なぜ」という質問に対する答えの説明原理に、ある変化が見られた。それまでは、(儀礼や魔術以外には)対抗の余地がなく、成功もまずは見込めないような、遠い「第一原因」(神、偶然)に理由が求められていたのが、やがて、「なぜ」に対する説明の位置づけが、確実に物質的環境の範囲内にある第二原因へと向かうようになったのだ。それでも病気の理由づけは、「他の人々」「汚れ」「瘴気」などの非常に漠然とした域にとどまってはいたが、説明原理における、この変化は重要だった。病気の感染経路を正確に把握した人はいなかったが、「なぜ」をこの新たなレベルに置くことが、他のいくつかの進展にもつながっていったのである。

人々は、災厄の原因と疑われる領域に対して自衛を強化していくために、環境をコントロールしようとし始めた。ペストには検疫を設け、水や食品の質の向上をはかり、また、排水路や衛生設備によって「瘴気」や臭気の軽減に努め、住居や空気を「清潔に」しておこうとした。言い換えれば、本書であげてきたような、さまざまな変化のうちの多くが積極的に推し進められたのだ。こうした人々の行動の多くは、単に「まったくの偶然」の結果や、あるいは、生活水準改善の副産物として出てきたのではない。他の人々や環境などといった、漠然としていながらも病気の原因だろうと認識されたものとの間に距離をとることを促す、人々の世界観の変化も、そこに反映されているである。人々は、病気の根源は、超自然的な世界よりむしろ、物質的・外的な世界にあると確信するようになったがために、社会的、自然的環境をコントロールしようとしたのである。これは多くの意味において、病いのほとんどは土、空気、水にあるとするギリシャの医学的観点を学び直していくことであった。これは、部分的に科学的な文脈に組み込まれていく変化でもあったが、本書で見てきたような日常的実践のなかにもっとも明確に見てとることができる。

首尾よく、偶然に起こる発見の数々を「選択保持」するプロセスを通じて、古代ギリシャですでにわかっていて、中国でも独自に発見されていたことではあるが、流行病が起こる主として物質的な根本原理が理解されるようになっていった。西洋医学は、ほぼ完全に、病気の物質的、非‐超自然的原因の重要性への認識が高まったことに基礎づけられて始まったことを私たちは見てきた。この流れはその後も発展を続け、今日では、流行病はついに、病原体の原子の特定パターンと宿主の原子の特定パターンが、原子および電子のレベルで相互作用するものとして研究される域に達している。これは物質的な説明原理の究極と言えるだろう。

物質的な病因と思われるものから距離をとったり、煮沸した水やお茶を飲むといった例に見てとれるように、確定されていないが、こうすれば病因の働きを押さえるのではないかとされた行動の数々に、人々が次第に順応し、認知するようになったことで、現在の説明体系への長い道程が踏み固められていった。これを、「選択保持」が、非常に長い期間にわたり、おびただしい数の個々人の決定や文化的変容を通じて作用していった例と見ることができるだろう(15)。

この説明は、マキューンが検討した第三の領域である、全般的な環境変化に関連する。マキューンは、病気がいかに、水や食物、媒介昆虫に媒介されたかを調べたが、これらの領域では、十九世紀後期以前に死亡率を低下させるような大きな進歩は見出せなかった。唯一の例外として、衛生水準が向上し、それが発疹チフスの発生の仕方に影響したであろうことが考えられた。しかし、この変化は十八世紀末期に富裕層に起こり、十九世紀に入ってようやく社会の大部分に広がったのであり、それはマキューンが解析しようとしていた諸々の事象が起きた後のことであった。

その後の研究も、マキューンのこの否定的見解を支持する傾向にあった。十九世紀後期に人々の健康状況に起きた変化について、サイモン・シュレーターは、衛生設備の改革や公衆衛生の広がりが要因ではないかと考えたが(16)、それよりさらに古い、一八四〇年以前に人々の健康に起きた大きな転換についてはそれでは十分に説明できないだろうというのが一般的見方であった。イングランドで都市が成長し、劣悪な環境が生まれていたことを考慮すると、その説明は妥当でないと人口史の研究者らは考えた。ピーターセンは、「マルサスが生きた時代に衛生環境はおそらく悪化したであろうし、改善されたとしても、その変化は非常にゆるやかだったので、一七六〇年頃から一八四〇年頃までに起こった死亡率低下の説明にはならない」と述べている(17)。スコフィールドとリーハーは、「この時期に衛生設備と公衆衛生に関する方策が大部分の地域で改善されたことを示す証拠はほとんどない」ため、「十九世紀後半以前のヨーロッパで公衆衛生が大きな重要性をもった、とするのは難しい」と結論づけた(18)。

ヘレイナーも、こうした多くの奇妙な矛盾の一つに目を向けた。十六世紀以降の都市の成長について論じるなかで、「人間の大規模な密集地域ができたことで、食料、水、燃料の供給、下水やごみ処理、住居、舗道などの問題が数多く生み出されたことは想像を働かせるまでもない」と述べている。にもかかわらず、「大規模な都市に人々がかつてないほど密集し、流行病の発生しやすい環境がつくられていったこの時期に、大変矛盾したことに、やがてペストの消滅をもって終了するような進展が同時に芽生え始めたのである」(19)。

本書のこれまでの主な関心は、健康と環境の複雑な絡み合いをもっと詳しく検討することで、こうした図を捉え直そうとすることだった。そして、戦争の不在や、物質的環境の性格、行動パターンの変化などを含む、環境のなかのじつに多くの要因が組み合わされて、人々の健康に影響を与えたことが明らかになってきた。十八世紀にイングランドで死亡率が低下してくるにつれて、当時の研究者たちの多くは、それが環境の変化によるという見解で一致するようになった(20)。とくに、衣服や換気、人々や住居や通りの清潔さに目が向けられた。病気が連鎖的に引き起こされていく様態までは正確にわからず、その間の関連性が示されるにとどまったが、結局のところ、彼らは正しかった。

もっとも妥当性の高い解答が出るのではないかとマキューンが考えた最後の領域が栄養であった。原因と結果という単純なレベルで、食物資源の変化だけが十八世紀イングランドの死亡率低下の主な理由にはなりえない、としてマキューンを批判するのは難しいことではない。歴史学者たちは、栄養面での改善を示す証拠は見つけていないし、身長や体重について研究が行われた結果、栄養レベルは悪化したらしいことが示唆されてもいる[21]。死亡率が下降し始めた十八世紀前半にこの面で改善があったことを示す証拠はない。一七五〇年頃〜九〇年頃の間に死亡率は急速に下降しているが、まさにその時期に身長は低下したらしく、また、十九世紀後半まではとくに伸びていないことは確かである[22]。「イングランドでは、産業革命が始まってから少なくとも半世紀を経るまでは、労働階級の身長や栄養状態はたいして向上しなかったようだ」という、さらに慎重な見解をフォーゲルなどが出している。こうなると、クニッツが示唆したように、「身長のデータから見て栄養面が大きく改善されたらしい時期の、少なくとも半世紀前に死亡率は低下し始めていた」という謎が残るのである[23]。または、ドラモンドが少し前に指摘したように、「十八世紀後半には社会の大部分で生活水準が下降したにもかかわらず、全般的に見て人々の健康が大幅に改善されたというのは驚くべき事実だ」[24]。

こうしたパラドックスは、本書で検討してきた一連の相関する諸要素から部分的に解きほぐすことができる。たとえば、食物だけでなく飲物についても考える必要がある。そうすると、身長や体重が伸びなくとも、お茶を飲んだ結果として人々の健康状態はかなり良くなることを理解することができる。また、もっと広く見るなら、食物を無視しすぎるのも良くない。栄養の変化で死亡率の変化は引き起こされなかったかもしれないが、その一方で、栄養的な水準や食品の性格は、その他のあらゆることを理解するのに不可欠である。どんな病気でもだいたいは、栄養と相互に影響し合っていることをわれわれは知っている。日本人とイングランド人はどちらも比較的良い食事をしており、全体としては早くから周期的な飢饉の発生をなんとか回避していたという事実は、問題の理解に中心的な位置を占めるものである。食料は、それだけではほとんど何も説明しないものの、因果関係の一部分を構成するものとして重要なのだ。誤りは、原因となる各要素を切り離したままで個別に取り扱うことである。複雑な相互作用を構成する側面をすべて考慮したときに初めてわれわれは、個々の部分を理解し始めることができる。イングランド人は肉を、日本人は海産物をよく食べたという事実は、それだけでは中立的で、とくに意味を成さない。それを他のあらゆる要素との文脈において見たときに初めて、われわれはその重要性を判断する作業にとりかかれる。われわれの前にあるのは、数年前にマシアスが表現したように、「諸々の作用が組み合わせられて健康や病気、死亡率に影響を及ぼしていくのだが、それらの作用とは、……多くの部分から成る複合的なものであり、その間の相互作用のほとんどは今だに解きほぐされていない」というような状況である(25)。

こうした「解きほぐしていく作業」を進めるためには、因果関係の問題を、鎖という観点から、つまり、さまざまな原因と結果が連なり合ったものとして考えると良いようだ。因果関係の流れは、紐のように連続的なものではなく、各々の要素が次のものにつながるというかたちで成り立っている。このように問題を捉えるならば、マルサスの罠からの回避の謎を解き明かすのがこれまでなぜ難しかったのかが少なくとも理解できるだろう。

そうした鎖について論じる前にまず、原因は二つに区別できることを確認しておこう。それなくしては何ごとかが起こり得ないというのが、必要原因である。たとえば、最低でも一〇〇年の間は内戦がないというのは、最初の産業革命が起こる必要原因である、と論じることができよう。しかし、平和はそれ自体では産業革命を引き起こさない。平和は、産業主義が起こるために不可欠な「肥沃な土壌」の一要素にすぎない。それと異なり、必要かつ十分な原因とは、それなくしては何ごとかが起こり得ず、かつ、それ自体でその帰結が導かれた理由を説明するに十分なものである。その一例として、ミルクの低温殺菌が始まった後にはウシ型結核は必ず減少に向かったことがあげられる。

こうした「因果関係の鎖」から分析を進める際に注意すべきは、鎖は環の個数が少ないこともあれば、多いこともあり、そのために、鎖が短くも長くもなることである。結び目が一個しかない鎖は往々にして、一見適切な「説明」を提供するかのように見える。たとえば、十七世紀イングランドで出生率がそう高くなかったことを「説明」しようとして、われわれは出生率が抑制された原因は、初婚年齢が高かったからだと仮定するかもしれない。死亡率に関しては、木綿の衣服と発疹チフスの不在、島国であったことと戦争の不在、火山性の温泉と衛生的な温浴の間のつながりをあげるかもしれない。しかし、たいていの場合、もう少し詳しく検討していくと、これらの因果関係は、もっと長くて複雑な鎖の一部分であるにすぎず、それらは決して十分原因ではなく、一連の必要原因として見たほうがよく理解できることが明らかとなってくる。

本書で展開してきた議論の多くは、二個の結び目から成る鎖であった。たとえば、喫茶が煮沸した水の使用につながり、そのことが赤痢発生を最低限に押さえることにつながった。また、大きな家畜がいなかったためにハエが少なく、それが、特定の病気が発生しないことにつながった。他には、強い紙があったためにハンカチとして使え、そのために、鼻孔を通じて感染する病気が少なかった。こうした二個の結び目から成る連鎖の場合は、最初の結び目が明白で、意図的なものであることが多い。人々は、お茶を入れるために水を煮沸する必要があるし、身体から排泄されるものが見苦しくないようにと塵紙を使うのである。二個目の結び目は、偶発的で、人々がさして注意しないことが多い。最初の結び目でさえも、意図しないものであることは多い。日本で人々はさまざまな理由から家畜を飼わなかったのだが、それらの理由のなかに基本的にハエの問題に結びつくものは何もない。イングランドでは人々は、より衛生的であったからではなく、主として、暖かい飲み物、とりわけ紅茶への熱望に駆られたから、陶滋器を使用するようになった[26]。人々が自分たち自身ではつながりを認識しないことが、分析の作業を一層難しいものとし、分析する側は、つながりを発見するためには思考実験を行わなければならないのである。

三、四、五個、あるいはもっと長い連鎖を見てとるのはもっと難しい[27]。死亡率については、四個の結び目から成る連鎖の例として、次のようなものがあげられる。地震の起こりやすい地質が、柔軟で軽量の家屋の建築につながり、そうした建造物が重量壁の不在へとつながり、そのために家屋に動かせる［引戸式の］壁面部を多くとることができ、そのために最大限の換気が可能になって特定の病気が減少した。五つの結び目の連鎖には次のようなものがある。動物を食することを罪とする仏教の教えが、大きな家畜の不在へとつながり、そのために動物のこやしが使用できず、そのことによって、下肥を使わざるを得なくなり、その結果、都市は清潔であり、そのために、腸管感染症の発生が押さえられた。

これらの場合には、鎖があまりに長いため、因果関係の最初と最後を結ぶ意図的なつながりはありそうもない。人々は地震を観察する、軽量の家屋を建てる必要がある、などと続いていく。しかし、各段階では通常、制約があると同時に選択もなされている。壁面はたしかに重いものを支えるものではなかったが、他の一連の諸要因も入り込んでくる。日本にはきわめて上質の紙や竹があったので、動かせる［引戸式の］壁面を取り入れた家屋の建築が可能となった。気温の高い風土も、それを望ましいものにした。

こうしてだんだんと説明が複雑になってくるのは、鎖上の各結び目には、ふつう複数個の原因と結果があるからである。よって、それは、AがBを可能にし、あるいは引き起こし、BがCを可能にし、あるいは引き起こす、というように順番をたどっていく単純な作業ではない。これは次のように二つの側面から見ることができる。

それぞれの結び目がもつ結果の数は、場合によってさまざまであろう。鎖上の一個の結び目が、少なくとも二個の結果をもっている例から始めよう。お茶を飲むことは、人々に水を煮沸させ、また、胃を強力な殺菌剤で満たすという二重の結果をもっていたといえる。木綿の服は、熱い湯で頻繁に洗濯することを可能にし、その必要も生じさせたとともに、羊毛とは対照的に、植物繊維でできていたために、シラミにとってはそれほど居心地が良くなかった。ガラスは、日光を屋内に取り込んで、ある種の細菌を殺菌する作用があるだけでなく、屋内の「汚れ」を目立たせ、掃除をしやすくもする。

一個の結び目しかないと思われる鎖が、じつは複数の結果をもっていることは、大規模な数の家畜がいるか否かという問題を見ても明らかだ。イングランドでは、乳牛、羊、馬、豚の家畜が非常に広く利用されていたことは、正、負双方の数多くの結果をもたらした。それによって、上質の靴や衣服を着用できるようになり、動物性蛋白質、動物のし尿、人間以外の労働力もふんだんに供給された。また一方では、それによって、動物の死体の腐敗や、家畜からの大量の排泄物といった公衆衛生上の問題が引き起こされた。逆に、日本では家畜が比較的少なかったことが蛋白質不足や長時間労働、肥やし不足を引き起こした。しかし、それはまた、条虫類感染や、家畜からの排泄物やハエの蔓延、そして動物と関連づけられるインフルエンザなどといった、他の諸々の病気などの問題を軽減した。こうして、鎖上の一個の結び目も、通常、正負両方の結果を併せもつ、数多くの帰結へとつながっていることが考えられる。

またさらに、通常、鎖上の一個の結び目は、複数の原因から導かれる結果である。単一の原因と単一の結果だけから成る鎖は滅多にない。二つの原因をあげた説明でさえ、不当に単純化されすぎたような場合が多い。たとえば、日本人の清潔さは、お湯がふんだんに使えることと、神道の浄・不浄の概念、という二つの原因のみから生じた結果と考えられるかもしれないが、一方では、それらは、そうした状況が生まれることを可能にしただけであり、完全に原因となるものではなかったように感じられる。あるいはまた、イングランドへのホップ導入が人々の健康状態を前進させたか否かを考える場合、他の「原因」の数々も考慮に加える必要がある。ビールを飲むのが広く普及したのがイングランドであり、たとえばスコットランドやフランスではなかった理由は何かと問う必要があるのである。それは部分的に生態的側面から説明できる。ビールには大麦が必要であり、イングランドのような湿潤な気候は大麦栽培に最適であり、ぶどうの栽培地帯にはまた別の飲み物があった。しかし、これだけでは十分ではない。ビールを飲むことがこれといった大きな結果を及ぼすためには、イングランドは大麦の穀物収穫量の半分近くをビール製造に当てられるほど豊かである必要があった。工業化以前でそれほど豊かな国はほとんどない。こうした結果を招くためには、それを可能とするような原因が少なくとも三つは必要である。

そうした原因は、部分的に物質的なもので、部分的に文化的なものであることが非常に多い。温泉が豊富にあるという地理的な現象から、公衆浴場を通じて、身体の衛生へとつながっていく連鎖は、身なりを整えるべきとする人々の認識や、身体を清浄にし、身体の汚れを洗い流す必要を説く神道の教えにも強く影響されている。きわめて物質的な「事実」自体も、より深いレベルでは、人々の認識の在り方にかたちづけられているのである。多くの社会には藁があるが、それを使って履物をつくるという例は珍しい。それは、快適さを求めてのことだけではなく、土や「ソトの」世界には危険や汚れが存在するという考え方と関係しており、そのことがまた、家の中には「ソトの」履物を脱いで入って、家の内部を清浄な領域とすることへとつながっている。

イングランドの事例で言えば、原因を最低三つあげる必要があるのは、次のように、イングランドの家屋を説明する場合であろう。地理と地質（石、木材、地震が起こらないこと）、経済的豊かさと治安の向上、建物と土地の私的所有を許すような法制、というすべてが、その最終的な解答に到達するのに必要となるのである。あるいはまた、イングランドの衣服の在り方は、羊毛や皮革がふんだんにあったこと、富、そして職人技術が広がっていたことの結果としてもたらされた。十九世紀末期までの日本史上で腺ペストは不在であったが、その説明には、周りを広く海に囲まれていたこと、港に検疫があったこと、穀物輸入の必要性がなかったこと、をあげる必要がある。

原因を四つあげる必要がある例も数多い。日本の堕胎については、避妊具が普及していなかったことと、資源の不足が認識されていたこと、子宮内の胎児に対する考え方、女性の身体に対する態度、を同時に考える必要がある。死亡率との関連においても、このように原因が四つつながっている場合が多い。日本の蚊帳の発達を説明するためには、部屋の形、調度、蚊帳づくりに適した素材の有無、必要とされる職人技術、を考慮にいれる必要がある。

同時に数多くの原因が働いていることに気づかされることは多い。ここで最低六つの原因が働いている例を二つあげることができる。たとえば、母乳哺育の割合とその実践について理解するためには、女性の身体に対する態度、女性の地位、女性の労働の性格、人間と動物の関係に対する考え方、何が適切な食品かについての考え方、代替的な栄養素（たとえば、動物のミルク）の利用可能性、について考える必要がある。飢饉の研究でも、複数の原因がつながる例を一つあげることができる。ある国で飢饉がどの程度深刻化するかは、少なくとも次のような事柄による。海からの食料供給の可能性、狭い地域的範囲での気候の可変性、流行病、とりわけマラリアの有無、安価な大量輸送手段の利用可能性、農業の生産性、富がどの程度一般の人々に残され、あるいは、有力者層に吸い上げられているか、市場統合と貨幣経済の程度、どのくらい紛争があるか、である。

考え得る因果関係の鎖の分析がどれほど複雑かを考える

と、予想しただけで気力をくじかれそうになる。もし、われわれの前にあるのが、七個の結び目からなる鎖で、そのおのおのの結び目が四つの結果をもっているとしよう。この鎖には、最初から最後の結び目まで、全部で二万一八四四個の可能な「道筋」があるだろうと計算される(28)。じつはこれさえも、分析の複雑さを十分に捉えるものではない。その複雑さにはさらに二つの特徴があり、それも考慮に入れる必要があるからである。

その第一の特徴とは、原因と結果の間にはさまざまな、円環および共生関係が存在することである。たとえば、戦争は飢餓と病気を引き起こし、病気がさらに飢餓の拡大を引き起こす。本書では主に、栄養、病気、労働、動物の間の複雑な諸関係を取り上げてきた。それらの間でさえ、複数の相互作用が存在するのである。病気は相互に影響し合い、たとえば、マラリアは体力を低下させ、その結果、人々は他の病気にも感染しやすくなる。結果はフィードバックし、より長い鎖上で原因にもなる。たとえば、日本ではマラリアは他地域と比べるとあまり蔓延しなかったが、これが、人々の体力や効率性、そして、おそらく楽天的な姿勢をより強化し、それが、農業の進展に結びつき、その結果、人々の食生活の向上、健康状態の改善、農業技術の効率化がもたらされ、これらはすべて、マラリアの脅威を軽減しただろうと考えられる。このようなプロセスは累積的なものであることが多く、そう考えると、日本と近隣の大陸の諸国との間に差が拡がっていったことが理解しやすくなり、日本ほどではなかったにせよ、イングランドについても同じことが言えるのである。

こうした円環関係は、悪循環にも結びつくことが多い。高出生率は、乳児死亡率や産婦死亡率につながることが多く、それがより多くの子供を持ちたいという願いを生み、そうした願いが母乳哺育期間の短縮や結婚年齢の低下に結びつき、それが出生率をよりいっそう上昇させる、といった具合にである。マルサスの公式についてわれわれが手始めに検討したのは、こうした悪循環、とりわけ、富の増加が人口増大へつながり、それが、死亡率の上昇につながり、それが今度は富の減少を引き起こす、という連鎖だった。しかし、良循環も同様に存在する。われわれはそれが数多く起こったのを見てきた。たとえば、富の増大が、生活水準の改善と衛生状態の向上につながり、それが、人間に対する病気の負荷を軽減し、それによって人々はより前向きで、精力的になり、さらに富を増やす力をつけるようになった。——何らかの理由でイングランドと日本で出現し始めたのが、こうした良循環であった(29)。

理論家たちの注意を強く惹きつけてきたのは、経済成長と人口パターンの間にこの種の共生関係が見られることである。こうした議論をいくつか簡単に要約するとフィードバックのなす円環の複雑さがよくわかるだろう。クラウゼは、ヨーロッパに見られた人口パターンが産業革命の重要な一因であったこと、つまり、ある特定時期に人口が緩やかに増加し資本の蓄積を可能にしたことを一九五九年の時点ですでに示唆していた(30)。ジョン・ヘイナルも一九六五年に、より最近では、リグリィとスコフィールドも、類似した示唆をしている(31)。イングランドの事例に関しては、三個の因果関係の結びつきが示唆されてきた。工業化に先立つ三世代の間に人口上昇が比較的緩やかであったことが、資本の貯蓄とインフラの改善を可能にした(32)。経済は、人口より速く成長し、富が蓄積された。その後、十八世紀中期から経済が急速に加速し始めたとき、フィードバックのメカニズムが微妙に反対方向へと作用し、拡張した経済が人口の急速な成長を促進した。この時点で起きた急速な人口成長は、規模の経済、市場の拡大、労働力の需要をもたらし、それに先立つ時代の、抑制された人口成長と同様に重要なものとなった。

人口パターンと経済成長は他のかたちでも相互に作用してきたようだ。死亡率と出生率が中程度であったということは、人口を年齢構造で見たとき、まだ年少で働いていない被扶養者の割合が高くないことを意味した(33)。戦争や飢饉がないこともあって、死亡率が比較的低いと、人々の意気も上がり、計画や投資をする能力が向上し、それがまた、経済活動の促進に結びついたとも言えるかもしれない(34)。

イングランドが成し遂げた例外的な経済発展は、その特異な人口パターンと関係していたのではないかとする理論は、日本に関する同様の議論からも裏づけを得てきた。人口と経済に、ある特異な関係があったようである。資本が蓄積されている間に人口が緩やかに成長し、労働力が必要とされていた時期および地域に人口が急増するという、よく似た組み合わせが重要だったようなのだ(35)。このような共生関係に関しては、ハンレーとヤマムラがとくに詳しく分析し、イングランドの事例と似たような因果関係のつながりを提示している。日本の工業化に先立つ一〇〇年以上にわたって、技術が向上し、人口は変化しなかったことが、資本の蓄積とインフラの改善に結びついた。同様に、好適な年齢構造と被扶養者の割合の低さが大きな利点となった(36)。

この二つのケースを合わせて検討すると、因果関係の連鎖がもつ複雑さが見えてくる。工業化が起こるには、適切な人口パターンがあるだけでは十分でなかった。日本が内発的な産業革命に向かって発達していたことを示すものはほとんどない。その他多くの材料が必要とされていた。人口が停滞しているだけでは十分ではなく、ときには急速に増加する必要があった。人口パターンを原因とし、経済成長を結果として見るだけでは十分ではないのである。すでに見たように、因果関係の鎖は円環を成していることが多い。有利な人口状況が経済成長を促し、経済成長が生活条件を改善し、その改善が死亡率を低下させた。マルサスが良循環が破綻するであろうと恐れたのは、この段階だった。そこに不可欠であったのが、出生率の急増を遅らせるメカニズムの存在であった。そして、われわれが見てきたように、両方の国にはその数々が存在したのである。明らかに、そうした因果関係の円環を理解するには、その鎖のすべての部分を同時に検討しなければならない。その作業をするときにわれわれは、鎖のもつ別の複雑さを検討しておく必要がある。

連鎖を最終的に複雑なものにしているのは、個々の環の結びつきの順序やタイミング、そして一つの環のもつ「重さ」である。タイミングに関する非常に簡単な例をあげるなら、紅茶がイングランドに持ち込まれたのが、十七世紀ではなく、十三世紀であったとしたら、その影響は違ってきただろう。また、「重さ」、すなわち規模の面で言うなら、十八世紀のアジアからの輸送システムの能力が少量の紅茶を運び込むだけのものだったとするなら、その影響は最小限にとどまっていたであろう。また、人口と経済成長の相互作用から例を取るとすると、各々の性格だけではなく、物ごとが生起するタイミングと順序が重要だった。イングランドで重要だったのは、人口と資源の間の自己調整的な関係ではなく、「経済的変化（実質賃金）と人口面での変化（出生率）の間の反応の驚くべき緩慢さ」であったことをリグリィは明らかにした[37]。そのフィードバック・メカニズムの間に五〇年の開きがあったことが肝要だったのである。

これらの比較的簡単な例を、十九世紀に至るまでの一千年にわたってイングランドと日本に数々の技術や思想が導入されたことを考慮に入れて、幾重にも拡大していくと、こうした因果関係の鎖がどのようにして、よりいっそう、無作為で複雑なものになってきたかを垣間見ることができる。AからB、BからCの進行には何ら必要性も必然性も存在しないのである。むしろ、そのプロセスは、進化生物学が寵愛する「盲目的変異と選択保持」の方にはるかに近い[38]。そうした鎖の多くは、一時期は「成功」をおさめて、かなりの影響を及ぼし、やがて途絶えた。日本人が、下肥、あるいは、襖に紙を利用したことは、一時は非常に大きな「成功」を収めた。しかし、結局はそれらは、それぞれ、英国式の水洗便所と、板ガラスにとってかわられた。こうした過去の出来事を図にしてみると、ある原因が他の原因を跳ね飛ばしたり、ある結果が他の原因を呼び込んだり、あるいは戻って円環を成すなどして、まるで渉禽［ツルやサギなど脚の長く浅瀬をわたって餌をあさる鳥］の群れが、時という砂の上を渡ってきた足跡でもあるかのような様相を呈するであろう。

この種の因果関係の連鎖分析には、方法論的に見て示唆的な点がいくつかある。第一点は、一見狭い範囲の問題に見えるものに対しても、総体的または全体的なアプローチをとる必要があるということである。日本にマラリアがなかったり、腸管感染症が拡がっていなかったこと、あるいは、イングランドでは母乳哺育が一般的であったことを理解するためには、その文化全体を検討する必要がある。因果関係の連鎖は、異なる領域の間をジグザグ型に行きつ戻りつすることが予想される。それらが医学や生物の領域内にとどまらないのは確かであろう。それらは、しばしば、宗教、法律、経済その他の予想もしないような方向へと進むのである。

第二点は、連鎖が長く、複雑きわまるものであることが多いため、結果は、意図せざるものであり、その影響を受ける当事者の人々にもふつう意識されないということである。それがいかなるものかを見出すには、絶えず直感を働かせながら、その一方で、つながりを検証する技能も駆使することが求められる。それは推理小説家が用いる「遡及的な」分析方法とも非常に似ている。意識的で、論理的なステップを踏む方法では進んでいくことはできない。「論理は、真理の発見のためには信頼性の低い道具である。なぜなら、その道具を使うことは、まず議論に関わるすべての部分について知識があることを意味するのであり、――ほとんどの場合、そうした前提は正当化できないからだ」(39)。こうした遡及的な分析技術の一部は、比較法を使うことにある。たとえばイングランドのことであれ、日本のことであれ、一つの事例を検討するだけでは、そこにある諸々のつながりの多くは、当の行為者たちにも、また、後でそれを分析する者にも見えてこない。二つか、もっと良いのは三つの事例を検討して始めて、結び目や連鎖が見えてくるのである。

ここで、本書を貫く中心的な課題、すなわち、イングランドと日本が部分的にであれ、いかにマルサスの罠を切り抜けたか、という問いに正面から立ち戻ってみよう。そこでわれわれが気づくのは、原因と結果の連鎖関係は意図せざるもので、また、明らかに無作為のものらしいと捉えれば、あまりに予期しえぬことがいかに起り得たかが理解しやすくなることである。

説明するという難題は、死亡率をとりあげる場合、とりわけ難しい。そこには難局が予想される。どんなに進んだ社会でも、数学や、ガラス製造、精密工学などにおける幾多の進展があってようやく、細菌を見ることのできる強力な顕微鏡が発明される。そこに行き着くまでには、多くの一連の相関する発達が必要であり、それらは最初の産業革命が達成されて初めて次々と起こったものであった。医学が実際に有効なものとなったのは、産業革命が起こってからのことであるが、そうした産業革命は、死亡率の抑制によるものであった。もし、病気の発生がかなり穏やかになった後でようやく問題の機器が発明され、それによって数多くの病気を克服する知見をもたらされたのならば、そもそも病気の発生は、適切な知見なしに、いかにおさまったのだろうか。

その答えは、意図せざる帰結あるいは偶然性の理論のなかに求めることができるようだ。人はしばしば間違った理由で正しいことをする。というよりむしろ、ある理由のために、あることをし、結果的にそれが他の諸結果をも招くことに気づくのである。お茶を飲むことが、その好例である。中国と日本では、喫茶は健康のために導入された。西洋では、その健康面の利点は非常に大きかったが、一握りの熱狂的な支持者を除いては、お茶は主に、一息ついて気力を回復させる効果があるために飲まれた。木綿についても同じようなことが言える。また、イングランドと日本で、そのなかに、死亡率と出生率を下げようとする意識的なものはほとんどなかった。

ほんの微々たる変化で十分であることも多い。これは、ハンセン病に関してクライトンが指摘したところでもある。ハンセン病はだいたいは、貧困が引き起こすものであったため、「状況がほんのわずかに改善されただけで、国民生活から簡単に消え失せた」とクライトンは述べている[40]。同じように、均衡をかすかに崩すようなことは多くの病気に当てはまるだろう。「医学知識が乏しく、医療従事者もほとんどおらず、また、いたとしても無知であったにもかかわらず、栄養レベルがまずまずで、許容できる範囲のきれいな水が供給され、深刻な流行病との接触頻度がかなり低く、病気を媒介する生物［とくに昆虫を指すと思われる］が急速に繁殖するような機会がない……ならば、五〇年という平均寿命が可能になるかもしれない」[41]。シュレーターもまた、イギリスの事例はさまざまな教訓を示しているがその一つは、医療技術の進歩がなくとも公衆衛生の改善によって寿命は伸び得ることだ、と強調している[42]。これをいっそうはっきりと示しているのが、日本の例である。日本人の社会的、身体的な諸習慣は、近代医学が到来するかなり前に、主な流行病をほとんど消し去ったのである。

したがって、このような変化と医学との関係性は、ほんの偶然のものにすぎなかった。「ヨーロッパにおいて、人口を規定する体制（demographic regime）は、人々の寿命が伸び、急性の病気よりむしろ慢性の病気で死亡するようなものへと変換を遂げた」。これは部分的には「人々が手や身体全体、そして住居を清潔にし、公衆の場で唾をはかないよう心がけ、ハエを駆逐し、食べ物の腐敗を防いだから」である[43]。人々がこうした行動をとるようになった主な理由は、健康それ自体とはほとんど関連性がなく、その多くは社会的に条件づけられたものであった。人間のプライドや気取り、地位欲がじつにさまざまなかたちで、数多の意図せざる帰結に結びつき、衣服や身体装飾、食料、住居に関わる諸々の変化へとつながり、それらが積み重なってかなり顕著な結果がいろいろと生まれたのである。その理由が何であれ、「十八世紀末に医学の革新があったとすれば、……それは、個々の［症例に関する］医療（the medicine of the individual）の革新であり、［社会的な］集団レベルでの医療（the medicine of groups）の革新はそれ以前に起こっていた」とする、ライリーその他の研究者の議論が正しいことは確かである(44)。

そのような集団レベルの医療における革新は、日本の事例に非常に明確に見てとることができる。また、日本の例をもってこそ、イングランドでそれがどのように起こったかを部分的に解きほぐすことが可能なのである。イングランドの事例では、最初の産業革命で死亡率と出生率のパターンが原因と結果の両方として深く絡み合っているがために、因果関係の連鎖はとくに複雑なものとなっている。日本の場合には、技術をかなり一定したものと捉えたうえで、社会の組織や文化的な価値観が、驚くほど抑制された死亡率と出生率へと結びついていった様子を観察することができるのだ。

また、この二国の事例から、異なる道筋をたどって、ほぼ同じような結果に結びつき得ることが鮮明に浮かび上がる。日本とイングランドでは、ほぼすべての点で、おのおのの戦略は異なっており、まったく異なる文化的、環境的な基盤から出発していながら、最終的な結果は多くの点でそれほど違わなかった。別々の場所で始まり、著しく異なる結び目を辿って進んだ鎖も、同じような結果で終わることがある。

さらに本書で示唆できるのは、変化が、ほぼ例外なく正負双方の結果を併せもつということである。「進歩」にはほとんどつねに、矛盾または緊張が存在する。出生率の抑制は、イングランド人と日本人が過度に悲惨な飢饉を避けることに役立った。しかし、それは同時に、イングランドでは、欲求不満の鬱積《うっせき》や、婚期を遅らせたり結婚しないことによる不幸という代価を伴い、日本では、堕胎や間引きで女性の心身への重い代価を伴った。家畜を多く飼うか否かは、すでに見たように、そのどちらにも代価があった。そして、日本で人々が入念に洗ったり、身ぎれいにしたことは、ある特定の種々の病気を回避するに役立ったが、その代わりに、他の病気の発生を促し、とりわけ、皮膚や眼の病気があった。喫茶は、健康改善につながったが、ビールと比べて栄養価は低かった。日本の農業で下肥を使ったことは、腸管感染症の軽減を促進したが、住血吸虫症を増加させた。イングランドでは木綿を着るようになって、発疹チフスの発生が押さえられたが、羊毛の衣類に比べ保温性と快適さは劣っていた。また、イングランドで石炭の使用が急速に伸びたことで、「暖かい住居や、より良い調理方法が可能になり」、汲み上げられた水の供給によって「清潔さも向上」したのだが(45)、同時に、大気汚染を悪化させ、そのために肺疾患の増加を招いた。これら、相反する帰結は数え切れないほどある。現在の産業資本主義の「進歩」を観察するときに、いつも思い起こさせられる教訓ではあるが、それらを見ると、ある方向に二歩前進するごとに、ほとんどつねに、別の方向へ一歩後退することを再認識させられる。

方法論的に見て言えそうなことがさらにもう一点あり、これは、ソローキンによって論じられている。ソローキンは、重層的因果関係の理論と長い連鎖の分析が、漠然とした結果に終わってしまいがちなことを指摘した。瞬くまに、重要な事柄を些細な事柄から取り分けることができなくなるのである。カオス理論が近年あらためて強調したように、どんな事柄もほとんどは、ある程度の重要性がある(46)。こうした分析の難しさを多少なりとも解消するためにソローキンが提示するのが、「これらの現象のなかで何が主要かつ必要な原因かを、それら主要原因の諸結果を促したり、妨げたりするような補足的要因をより分けながら、明らかにしていくのが生産的な方法だろう」ということである(47)。

本書の場合、唯一の中心的な必要原因とは島国性であった。私は、日本とイングランドが、他の島国と比べても例外的とも言えるような発展につながっていくために、補足的ながらも同様に必要とされた数多くの原因もいくつか考慮してきた。とはいえ、島国であったことが、実際に起こった出来事の十分条件ではないにしても、必要条件であったことは確かのようだ。もし、イングランドと日本が大きな島国でなかったとしたら、この二国が、これほどまでにも特異な仕方で発展したことは想像も及ばない。これは、島国性と戦争のつながりとの関連で簡単に示すことができる。

国際間の戦争で見ると、イングランドは、何世紀にもわたって理想的な位置にあった。イングランドは、ヨーロッパ大陸で勢力争いが起こっている間に技術的な進歩、とくに金属加工の進歩を遂げ、その利を享受できた。また、近隣諸国の富を襲撃することもできた。その一方で、イングランド自体は、何百年にもわたって、略奪を受けることもなく、深刻な脅威にさらされることすらなかった。それはあたかも、この狭い一画の肥沃な土地の周囲に、たまたま防風壁が形成されたかのようであった。この保護的覆いこそが疑いなく、後の経済的奇蹟の鍵となる要因であった。ネフの言を借りるなら、その位置ゆえの多くの利点によってこそ、「イギリスは、戦争で疲弊を引き起こすこともなく、長く休息していられた」のであり、このような利点を、「大陸のほとんどのヨーロッパ諸国は共有しなかった」(48)。オランダも、一五八〇年以降の一世紀間は、運河の防壁に守られ、その利点のいくつかを享受した。しかし、これらはフランスの勢力が増強するに従って弱まり、これらの堤防による防御の貧弱さが目立ち始めた。

イングランド人はそれとは対照的に良循環を発展させていった。保護された位置にあるために、税金を比較的低く押さえることが可能となって、商人や貿易に有利に働き、そのことがまた、艦隊を築き上げ、それによって防衛力が増強されていった。ヨーロッパや、日本を除くアジアの大国はおしなべて他国に征服され、支配下に置かれて致命的な損壊を被って苦しんだが、イングランドにはそうした経験は一度もなかった。マルク・ブロック、E・L・ジョーンズ、ジョエル・モキールは一様に、「ユーラシアのなかで、モンゴルの征服を免れた地域――日本と西ヨーロッパ――だけが、技術的進歩を持続させていくことができた」という、いかにも興味深い事実を指摘している(49)。われわれはこの議論をさらに一歩押し進め、そうして恵まれた地域であった西ヨーロッパのなかでもとくにイングランドは、他国からの侵略や領内での戦争を免れられたという点で、他に抜きん出て幸運だったと言うことができるだろう。

とは言うものの、現代のスリランカなどの例にも明確に見てとれるように、島国は他国からの侵略を逃れても内戦によって簡単に惨害を被ることはもちろんある。よって、陸続きの国境で有力な国々に面していなかったことが非常に大きな利点ではあったにしても、イングランドに比較的内戦が少なかったことを地理的側面からだけで説明することはできない。内戦を長く回避できたのは、間断なく政治的努力が払われ、また、十二世紀以降、軍事的手段によらず紛争を解消するための法制度が発展してきたためであった。こうしたシステムは、多大な損害を及ぼす内戦を防ぐためにきわめて有効だった。「ばら戦争」、「恩寵の巡礼」、「モンマスの乱」の場合のように、紛争が実際に起こったときでさえ、通常、それによる被害はほとんどなかった。

こうして二重の意味で戦争がなかったので、今もイングランド各地を旅行すると、中世の教会や建造物が多く現存し、かつての繁栄を示す風景が色濃く残されているのである。世界中のほとんどの国々と異なり、イングランドは外敵や内戦によって周期的に破壊されることがなかった。富がゆっくりと、しかも平穏に蓄積されていき、やがて十八世紀に起こる、かつてない生産性上昇を可能とする肥沃な土壌が徐々に培われていったことを、これら歴史的建造物の数々が歴然と示している。

イングランドだけを例に取って考えると、島国であることと戦争がなかったこととの関連性は偶然のように見えるかもしれないが、日本もまた、島国という位置から同じような利益を享受してきたことをわれわれは見てきた。これら二国の場合には、平和や繁栄、政治勢力の均衡と、島国であることの間には関連性があるように見受けられる。

過去にあるパターンをむりやり見出し、諸々の出来事のなかに必然性を想定しようとする強い傾向は常に存在する。意図、必然性、あるいは計算さえもがそこにあるかのように見えるのである。しかしながら、チェンバーズがかなり前に指摘したように、「人口の長期的な動向に見られる変化は、経済的に見ると、偶発的な力の数々から生じてきたように思われる」(50)。しかし、それは経済的観点をとった場合に限らない。われわれが見てきた出来事は、巨大なる偶然であっただけでなく、稀有な例外でもあった。それは起こるべくもなく、ほとんど起こることがなかった、にもかかわらず、一連のめぐり合わせや偶然が重なり合うことで、奇しくも——二度——実際に発生したのである。この点については、モキールが次のように適確に指摘した。「よって、技術的進歩の研究とは、例外論、つまり、稀有な諸環境の結果として、通常は静止および平衡状態へと向かいがちな社会の傾向が破られた事例を研究することなのである。今日、人類の大半が享受している先例のない繁栄とは、一般的に考えられているより、はるかに偶発的な諸要因から発生したものである」(51)。

こうして一連の興味深い偶然を検討していくと、およそ二〇〇年前に小さい島国に生きたもっとも聡明な観察者たちの多くが、すでに進行していた大いなる変容を察知しなかったとしても驚くにあたらない。アダム・スミス、エドワード・ギボン、トマス・マルサスには、後世のわれわれが観察して得た知見を共有することはできなかった。初めて生産と再生産の諸条件を逆転させ、その結果、数億という人々に、まずまずの衣・食・住を可能とし、一時的にせよ、戦争・飢饉・流行病への日常的恐れから解放した、驚くほど複雑で、通常は偶然のものであったつながりと連鎖について、現在でこそわれわれは、そのいくぶんかを理解することができるのである。

注

（参考にした文献は省略名）

まえがき

（1）Hajnal, *Marriage Patterns.*

（2）ネパール社会に関する私の一般的記述は、Macfarlane, *Resources.* 医療状況に関する予備的な記述は、Macfarlane, *Disease* にある。

（3）De Tocqueville, *Memoir,* I, 359.

（4）Macfarlane et al., *Reconstructing Historical Communities.* 史料そのものに関しては、アールズ・コーン・マイクロフィルムにおいて完全なかたちで索引をつけ、公表されている。

（5）Macfarlane, *Culture,* 155-6.（マクファーレン『資本主義の文化』）

（6）Burnett バーネット『伝染病の生態学』第八章

I　罠

1　マルサスの罠

（1）マタイによる福音書第二四章七～八節。

（2）Gibbon ギボン『ギボン自叙伝』二五六頁。

（3）Malthus マルサス『人口の原理』［中央大学出版部版、以下同］三五八頁。

（4）Malthus マルサス『人口の原理』四二一頁。

（5）Sauvy, *Population,* 410.（ソーヴィ『人口の一般理論』）

（6）Sauvy ソーヴィ『人口の一般理論』五二五頁。

（7）Malthus マルサス『人口論』二三、一三三、一九七～八頁。

（8）Malthus マルサス『人口論綱要』四六～七頁。

（9）Malthus マルサス『人口論』九一頁。

（10）Malthus マルサス『人口の原理』六四二頁。

（11）Malthus マルサス『人口の原理』五六四、五六三頁。

（12）Malthus, *Population,* 47（マルサス『人口論』他）に引用されている Kenneth Boulding.

（13）Malthus マルサス『人口の原理』五六二頁。

（14）Malthus, *Population,* II, 179.（マルサス『人口論』他）

（15）Malthus マルサス『人口論』一九八頁。

（16）Hume ヒューム『ヒューム政治経済論集』一一三頁。

（17） Ferguson, *Essay*, 142.（ファーガソン『市民社会史』）
（18） Smith スミス『国富論』一三五、一三八頁ほか。
（19） Wrigley, *Two Kinds*, 99, 101, 103, 103.
（20） Wrigley リグリィ『人口と歴史』一二三頁。
（21） Chambers, *Population* 10 に引用されている（傍点はチェンバーズによる）。
（22） Wrigley and Schofield, *Population*, xxiv.「積極的制限」はもちろん死亡率である。これはリグリィにより「高圧レジーム（high-pressure regime）」と名づけられている。
（23） Macfarlane, *Resources and Population*, 305. この「古典的」モデルは、西アフリカで観察されたため、より最近になってリグリィにより「西アフリカ型」モデルと名づけられている。
（24） Wrigley and Schofield, *Population*, xxiv-v.
（25） Harrison and Boyce, *Structure*, 315 所収。リグリィはこれを「中国型」モデルと名づけた。
（26） Wrigley and Schofield, *Population*, xxiv.
（27） Cipolla チポラ『経済発展と世界人口』八六頁。
（28） Cipolla チポラ『経済発展と世界人口』八七頁。また、Glass and Eversley (eds), *Population*, 573 所収の Cipolla も参照。
（29） Needham et al., *Science and Civilization*.
（30） Nakamura and Miyamoto, *Population*, 247.; Fairbank, *Paradox*, 168.
（31） Fairbank, *Paradox*, 170.
（32） Malthus マルサス『人口の原理』一五三頁。
（33） Nakamura and Miyamoto, *Population*, 264.
（34） Spence, *China*, 170-84.
（35） Braudel, *Capitalism*, 53, 3.
（36） De Vries, *Economy*, 6-7, 184.
（37） Livi-Bacci, *Population*, 81.
（38） Glass and Eversley (eds), *Population*, 574 所収の Cipolla.
（39） De Vries, *Economy*, 4-5.
（40） Glass and Eversley (eds), *Population*, 473 所収の Goubert.
（41） Daedalus, *Fertility*, 610ff 所収の Van Bath.
（42） Bynum and Porter (eds), *Companion Encyclopaedia*, 1675 所収の Richard Smith.
（43） Glass and Eversley (eds), *Population*, 79.
（44） McKeown, *Modern Rise*, 79. もちろん、マラリアのようなある種の病気は、人類の進化の非常に初期に発見された。
（45） Crosby クロスビー『ヨーロッパ帝国主義の謎』三六〜七頁。三八頁も参照。
（46） Bynum and Porter (eds), *Companion Encyclopaedia*, 358-9 所収の Kiple.
（47） Cohen コーエン『健康と文明の人類史』六〇頁。人口密度の上昇が病気の増加に至った過程についての優れた説明は四章、とくに八三頁。九三〜四頁を参照。
（48） McKeown, *Modern Rise*, 162.
（49） Bynum and Porter (eds), *Companion Encyclopaedia*, 360, 362 所収の Kiple.
（50） Herr (ed.), *Readings*, 55 所収の Davis and Golden を参照。
（51） De Vries, *Economy*, 155, 151. ランドスタッドは、アムステルダム周辺のオランダ中央部地域である。
（52） Riley, *Sickness*, 122.
（53） Malthus マルサス『人口の原理』二八二頁。
（54） Wrigley and Schofield, *Population*, 169, 472.
（55） Kaempfer ケンペル『日本誌』［一九九六年版］下・四四一、

四四二頁参照。
(56) Jansen and Rozman (eds), *Japan*, 193所収。
(57) Hanley and Yamamura ハンレー・ヤマムラ『前工業化期日本の経済と人口』二八〇頁。
(58) Cohen コーエン『健康と文明の人類史』[参照箇所は随所にあるが、とくに九三～四、一八四～五、二〇九～一二二頁などを参照。]
(59) Bynum and Porter (eds), *Companion Encyclopaedia*, 358-62所収。以下も参照。Polgar, *Evolution*; Crosby クロスビー『ヨーロッパ帝国主義の謎』三七、三八頁。
(60) Braudel, *Afterthoughts*, 9.
(61) Coleman and Schofield (eds), *Population*, 122.
(62) Coleman and Schofield (eds), *Population*, 122, 122, 123, 128所収。
(63) Coleman and Schofield (eds), *Population*, 123の図表に巧みに描かれている。

2 二つの島

(1) Wrigley and Schofield, *Population*, xxix.
(2) Wrigley and Schofield, *Population*, 247, 248, 451.
(3) Malthus マルサス『人口の原理』二八一頁。この数字、すなわち、性別や年齢を考慮に入れない一般的な人口の千人当たりの年間死亡数は、「粗死亡率(crude death rate)」とされているものである。[なお、本書ではおおむね fertility, mortality という語に対して、人口学で用いられる「出生力」「死亡力」という用語ではなく、より一般的な「出生率」「死亡率」という語を当てた。また、「粗再生産率」などの人口学用語については訳者の調べられる範囲において一般読者用の訳注を設けたが、それらの用語のより厳密な語義、用法などについては人口学関連の文献を参照されたい。]
(4) Malthus マルサス『人口の原理』二七八頁。
(5) Malthus マルサス『人口の原理』二九一頁、二八三頁。
(6) Malthus マルサス『人口の原理』二八九頁。
(7) Malthus マルサス『人口の原理』五六六頁。
(8) Blane, *Dissertations*, 180, 122, 123, 172.
(9) Place, *Illustrations*, 248-9, 253.
(10) Buer, *Health*, 89に引用されている。ファー(Farr)やフィンレイソン(Finlaison)などの十九世紀中期の統計学者も、これらの研究者に同意しており、彼らの見解については、Chadwick, *Report*, 14, 12.(チャドウィック『大英帝国』)
(11) Wrigley and Schofield, *Population*, 182, 234, 236, 453, 479, 452, 479, 451, 453, 342, 341を参照。
(12) 南ヨーロッパで見られた人口学的な惨状については、たとえば Kamen, Iron, 44-6および、Kunitz, *Speculations*, 355-63などを参照。
(13) Buer, *Health*, 237に引用されている。
(14) Schofield et al. (eds), *Decline*, 23-4所収。
(15) Wrigley, *Death*, 137-8.
(16) Petersen, *Malthus*, 158.
(17) Loschky and Childers, *Early*, 85.
(18) *Review Symposium*, 165所収。
(19) Guha, *Decline*, 90-1を参照。
(20) Schofield et al. (eds), *Decline*, 33所収。ラッツェルはこの変化は主に十八世紀前半に起こったと考えている(Razzell, *Essays*, 199, 206)。

（21）Beaver, *Milk*, 245-7.
（22）Landers, *Death*, 192. 詳しくはとくに、95, 139, 228 および 99, 103, 147, 170 のグラフを参照。
（23）Smith, *People's Health*, 66, 113.
（24）Riley, *Insects*, 844.
（25）Guha, *Decline*, 113, 106.
（26）Malthus, *Population*, I, ch.xii.
（27）Taeuber トイバー『日本の人口』。Mosk, *Patriarchy*.
（28）Jannetta, *Epidemics*, 41. note 16. Farris, *Population* があげられている。
（29）Farris, *Population*, 43, 45-6.
（30）Kiple (ed.), *Disease*, 380所収の Farrisを参照。
（31）Jannetta, *Epidemics*, 69.
（32）Taeuber, *Population of Japan*, 20.（トイバー『日本の人口』）
（33）*Cambridge History*, 4, 664所収の Hanley.
（34）Livi-Bacci, *Population*, 66 に引用されている。もとの推計については Hayami, *population Growth*を参照。
（35）*Cambridge History*, 4, 539所収の Nakai Nobuhikoを参照。
（36）Jansen and Rozman (eds), *Japan*, 287 所収の Hayami（速水）を参照。
（37）Laslett and Wall (eds), *Household*, 477所収。
（38）Kalland and Pedersen, *Famine*, 71.
（39）Nakamura and Miyamoto, *Population*, 233.
（40）Jansen and Rozman (eds), *Japan*, 291, 301所収。
（41）Taeuberトイバー『日本の人口』三二頁所収。
（42）*Cambridge History*, 4, 699所収の Hanleyを参照。
（43）Hanley and Yamamura, *Economic*, 297（ハンレー・ヤマムラ『前工業化期日本の経済と人口』）にあげられている。
（44）Smith, *Nakahara*, 39.［「ナカハラ」が仮名であることに関してはトマス・スミス著、大島真理夫訳『日本社会における伝統と創造』の訳注、一三七～一三八頁参照］
（45）Hanley and Yamamura ハンレー・ヤマムラ『前工業化期日本の経済と人口』三〇〇、一八九頁。
（46）Hanley, *Fertility*, 139.
（47）Smith, *Nakahara*, table 4.4, 56.
（48）Hanley and Wolf (eds), *Family*, 137所収の Yoichiro Sasaki（佐々木陽一郎）を参照。
（49）Jannetta and Preston, *Two Centuries*, 426.
（50）Kiple (ed.), *Disease*, 377, 381, 384所収の Farrisを参照。
（51）Hayami, *Myth*, 7.
（52）Hayami, *Class Differences*, 11-12.
（53）Saito, *Famines*, 12.
（54）Spencer, *Asia - East by South*, 383.
（55）Hollingsworth, *Historical Demography*, 76.
（56）Smith, *Nakahara*, 8.
（57）Kalland and Pedersen, *Famine*, 34.
（58）Jansen and Rozman (eds), *Japan*, 315所収の Hayami（速水）を参照。
（59）*Cambridge History*, 5, 560所収の Gilbert Rozmanを参照。
（60）Jansen and Rozman (eds), *Japan*, 315所収の Hayami（速水）を参照。
（61）Hanley, *Fertility*, 127.
（62）Hanley and Yamamura ハンレー・ヤマムラ『前工業化期日本の経済と人口』二八七頁。

（63）Coleman, *Family Planning*, 34.

Ⅱ　平和時の戦略

3　自然環境・文化・人の労働

（1）Kaempfer, *History*, I, 100.
（2）Kingキング『東亜四千年の農民』三一四頁。
（3）Lane-Claypon, *Hygiene*, 64.
（4）Crosbyクロスビー『ヨーロッパ帝国主義の謎』参照。
（5）Dobson, *Hiccup*, 419. 420-1も参照。
（6）Burnett, *Infectious*, 118.（バーネット『伝染病の生態学』）
（7）Flinn, *European*, 60.
（8）Fortescue, *Commendation*, 66.
（9）Rye, *Foreigners*, 70.
（10）Appleby, *Diet*, 102に引用されている。
（11）Humeヒューム『政治経済論集』一六頁。
（12）Wilson (ed.), *Strange Island*, 165.
（13）Malthusマルサス『人口の原理』二五六頁。
（14）Birdバード『日本奥地紀行』五二、五二、一四一、一四五頁。
（15）Purchas, *Pilgrims*, 147. これは横浜在住の外国人に対する特別措置であったかもしれない。
（16）Kaempferケンペル『日本誌』、上・一六〇頁ほか。
（17）Thunbergツュンベリー『江戸参府随行記』三〇二、三二二頁。Alcockオールコック『大君の都』上・一三六頁に非常に似た部分がある。
（18）Kingキング『東亜四千年の農民』一〇一、九九～一〇〇頁。
（19）Beardsley, *Village*, 177.
（20）Boserup, *Technology*, 49.
（21）この禁止に関する議論については本書六章を参照。
（22）Kingキング『東亜四千年の農民』一八一頁。
（23）Frederic, *Daily Life*, 129.
（24）Chamberlainチェンバレン『日本事物誌』1・一一～一三頁。
（25）たとえば下記を参照。Kaempferケンペル『江戸参府旅行日記』Ⅲ, 202；Thunbergツュンベリー『江戸参府随行記』一〇六、一三一頁。Oliphantオリファント『エルギン卿遣日使節録』一二六頁。Alcock, *Tycoon*, Ⅱ, 477.（オールコック『大君の都』）；Morseモース『その日』2・六三、一三五頁を参照。
（26）Macfarlane, *Resources*, 33.
（27）Saitoの、たとえば*Gender*を参照。
（28）Smithスミス『日本社会史における伝統と創造』二一二頁。
（29）Beardsley, *Village*, 177-8.
（30）Kingキング『東亜四千年の農民』三一〇、二〇一、一一一頁。
（31）たとえば、井原西鶴『日本永代蔵』一四三～六頁やInouye, *Home*, 151を参照。
（32）Kaempferケンペル『日本誌』下・四四五頁。
（33）Thunbergツュンベリー『江戸参府随行記』二二三、三〇四頁。
（34）Alcockオールコック『大君の都』中、四九頁。
（35）Morseモース『その日』1・一〇～一一、2・一九五頁。
（36）Smithスミス『日本社会史における伝統と創造』第三章。
（37）Morseモース『その日』2・一九五頁。
（38）Saga, *Silk and Straw*, 141, 142-3.
（39）Hane, *Rebels*, 105.

（40） Hane, *Rebels*, 90に引用されている。
（41）「人口史・社会構造史に関するケンブリッジ・グループ」における「農家の世帯経済における性・仕事・時間」に関する一九九四年三月三日の発表による。
（42） Birdバード『日本奥地紀行』一一〇～一頁。
（43） Bacon, *Japanese Girls*, 101.
（44） Hayami, *Transformation*, 6; Hayami, *Population Growth*, 37.

4　戦争による破壊

（1） Sahlinsサーリンズ『部族民』九～一〇頁。
（2） Hollingsworth, *Historical Demography*, 311 (diagram).
（3） Landesランデス『西ヨーロッパ工業史』四三～四頁。
（4） Clarkクラーク『人口増加と土地利用』八三頁。［ただしこちらでは「約三〇年のあいだに」となっている。］
（5） Jones, *Miracle*, 36.
（6） *Encyclopaedia Social Science*, 2nd edn「戦争（War）」の項目所収のWright. Dumond, *Population Growth* 304における引用中で、Hoは死者の数を約三千万としている。
（7） Landesランデス『西ヨーロッパ工業史』四三頁。
（8） Jones, *Miracle*, 37, 38.
（9） Mokyr, *Lever*, 186.
（10） Russell, *Violence*, 182.
（11） Kamen, *Iron*, 43.
（12） Mokyr, *Lever*, 76.
（13） Cipolla, *Before*, 133-4.
（14） Winter (ed.), *War*, 66所収。
（15） Malthusマルサス『人口論綱要』五二頁、『人口の原理』三五二頁。
（16） Sorokin, *Society*, 512.
（17） Nef, *War*, 115, 117.
（18） Hirschmanハーシュマン『情念の政治経済学』一五～六頁。
（19） McNeill, *Pursuit*, 139, 117.
（20） Wrigley and Schofield, *Population*, 234.
（21） Reynolds and Orwell, *British Pamphleteers*, 29-33.
（22） Fortescue, *Commendation*, 180.
（23） Creighton, *Epidemics*, Ⅰ 37-8, 38, 13. また547も参照。
（24） Clarkson, *Disease*, 119.
（25） たとえばDe Tocqueville, *Memoir*, Ⅱ, 378を参照。
（26） Creighton, *Epidemics*, Ⅰ, 547, 556.
（27） Sorokin, *Sociological Theories*, 324-5.
（28） Mokyr (ed.), *Industrial*, 219所収のC.N. Harleyを参照。
（29） Kaempferケンペル『日本誌』上・一三六頁、下・四四一頁、下・四四三頁。
（30） Thunbergツゥンベリー『江戸参府随行記』一四頁。
（31） Kaempferケンペル『日本誌』上・一四三頁。Thunberg, *Travels*, Ⅲ, 261.（ツゥンベリー『江戸参府随行期』）
（32） 詳しくは、*Cambridge History*, 3, 411-23のShoji Kawazoeを参照。
（33） Thunbergツゥンベリー『江戸参府随行記』二二四頁。
（34） Sempleセンプル『環境と人間』上・四一八頁。
（35） Malthusマルサス『人口の原理』一六二頁。
（36） 福沢諭吉「文明論之概略」『福沢諭吉全集』第四巻　一七八頁。
（37） Sansom, *History*, Ⅱ, 181.
（38） Frederic, *Daily Life*, 177, 175, 179.

(39) Cleary, *Art of War* を参照。
(40) Frederic, *Daily Life*, 179.
(41) Perrin, *The Gun* を参照。
(42) Kaempfer ケンペル『日本誌』下・一六三頁。

5 飢饉の性質・原因とその排除

(1) *Encyclopaedia Social Sciences*, 1st edn「飢饉（Famine）」の項目所収の Southard.
(2) Malthus マルサス『人口の原理』三五三頁。
(3) Braudel ブローデル『物質文明・経済・資本主義』八一頁。
(4) Malthus マルサス『人口の原理』一五四、一五八頁。
(5) Jones, *Miracle*, 19. Ehrlich, *Population*, 13-15 には一九一一年以前の二〇一九年間における一八二八回の中国の飢饉の記述がある。他方、ワトキンスとメンケンは、中国の飢饉の厳しさを最小限に見積もっている。(Watkins and Menken, *Famines*, 653.)
(6) Spence, *China*, 21.
(7) *Encyclopaedia Social Sciences*, 1st edn「飢饉（Famine）」の項目所収の Southard.
(8) Spence, *China*, 309.
(9) Arnold, *Famine*, 20.
(10) Spence, *China*, 583.
(11) Malthus マルサス『人口の原理』一四〇頁。
(12) *Encyclopaedia Britannica* の「飢饉（Femine）」167 を参照。古い時代のインドにおける飢饉の歴史については、Aykroyd, *Conquest*, 50ff.
(13) Braudel ブローデル『物質文明・経済・資本主義』八四頁。
(14) Jones, *Miracle*, 29 に引用されている Berg を参照。
(15) Seavoy, *Famine*, 242.
(16) Cassen, *India*, 80.
(17) *Encyclopaedia Social Sciences*, 1st edn「飢饉（Famine）」の項目所収の Southard.
(18) Cassen, *India*, 80. 一九〇一年の人口調査を引用している。Hunter, *Annals of Bengal*, 28-55 にはベンガルの飢饉についての卓越した記述と分析がある。インドにおける飢饉の衰退については、McAlpin, *Subject to Famine* を参照。
(19) Cassen, *India*, 79; Sen, *Famines*, ch.6; Aykroyd, *Conquest*, ch.7.
(20) Cassen, *Population*, 214.
(21) Seavoy, *Famine*, 263.
(22) *Encyclopaedia Social Sciences*, 1st edn「飢饉（Famine）」の項目所収の Southard を参照。
(23) Aykroyd, *Conquest*, 89-93.
(24) 具体的描写は、*Encyclopaedia of the Social Sciences*, 2nd edn 所収の「飢饉（Famine）」の項目所収の Bennett を参照。
(25) Appleby, *Famine*, 133 に引用されている。
(26) Braudel ブローデル『物質文明・経済・資本主義』八五〜六頁。また、Flinn, *European*, 50 も参照。
(27) United Nations, *Determinants*, 51.
(28) Malthus マルサス『人口の原理』三一七頁。
(29) Flinn, *European*, 51 に引用されている。
(30) Martin, *Western Islands*, 95.
(31) Smith, *Great Hunger*.
(32) Braudel ブローデル『物質文明・経済・資本主義』八一〜二、八七頁の注［訳注はこの頁から］。八六、八七頁。

(33) Jones, *Miracle*, 30.
(34) Le Roy Ladurie, *Feast*, 68. フランスの飢饉の絵画的記述については、Le Roy Ladurie, *Peasants*, 135, 198-9, 244を参照。
(35) Jones, *Miracle*, 29.
(36) Braudelブローデル『物質文明・経済・資本主義』八二頁。
(37) Cipolla, *Before*, 159. 一五二七～九年の飢饉は、Flinn, *European*, 53において言及されている。
(38) Jones, *Miracle*, 30.
(39) Petersen, *Malthus*, 164.
(40) Walter and Schofield (eds), *Famine*, ch.1, とくに5-9.
(41) Creighton, *Epidemics*, I, ch.1.
(42) Rogers, *Industrial*, I, 59-60.
(43) Rogers, *Six Centuries*, 62.
(44) Creighton, *Epidemics*, I 49.
(45) 年代記については、Kershaw, *Great Famine*, 26を参照。
(46) Seavoy, *Famine*, 72.
(47) Le Roy Ladurie, *Feasts*, 45-7.
(48) Seavoy, *Famine*, 73. 五百万人という概数については、Kershaw, *Great Famine*, 3を参照。
(49) Hollingsworth, *Historical Demography*, 384-5.
(50) Walter and Schofield (eds), *Famine*, 29.
(51) Kershaw, *Great Famine*, 11.
(52) Creighton, *Epidemics*, I, 48.
(53) Seavoy, *Famine*, 74.
(54) Walter and Schofield (eds), *Famine*, 30.
(55) Walter and Schofield (eds), *Famine*, 59 および Appleby, *Diet*, 115を参照。
(56) Appleby, *Famine*, 1.
(57) Appleby, *Diet*, 114.
(58) Wrightsonライトソン『イギリス社会史』二四〇頁。
(59) Appleby, *Famine*, 135.
(60) Laslettラスレット『われら失いし世界』一六六、一七五、一七五頁。
(61) Wrigley and Schofield, *Population*, 415, 416, 354.
(62) Walter and Schofield (eds), *Famine*, 36, 34, 3.
(63) Slack, *Dearth*, 8. 同様の結論については、Palliser, *Tawney's Century* とくに345を参照。
(64) Clarkson, *Disease*, 36. 全体的な記述については、この文献の第二章を参照。
(65) De Vries, *Economy*, 8.
(66) Slack, *Dearth*, 17.
(67) Chambers, *Vale of Trent*, 26-7; Chambers, *Population*, 90; Chambers, *Population*, 55, 92.
(68) Porterポーター『イングランド十八世紀の社会』一七頁ほか。
(69) Smithスミス『国富論』一四一頁。
(70) Chalkin, *Kent*, 254. 一六一六～二五年におけるスタフォードシャーの窮乏の証拠については、Palliser, *Death*, 64を参照。
(71) Gough, *Myddle*, 33.
(72) Outhwaite, *Dearth*.
(73) たとえば、Burnett, *Plenty and Want*, 66や Arch, *From Ploughtail*, 10.
(74) Thomasトマス『宗教と魔術の衰退』上・八頁。
(75) Bayne-Powell, *Travellers*, 113. Wrigleyリグリィ『人口と歴史』七四頁。

(76) George, *London*, 194に引用されている。
(77) Thompson, *Working Class*, 316.
(78) Laslett ラスレット『われら失いし世界』一七一頁に引用されている。
(79) Wells, *Wretched Faces*, とくに 1, 59-71, 318.
(80) Post, *Food Shortage*, 61, 62, 90, 202, 218, 221, 273.
(81) Malthus マルサス『人口の原理』一六二頁。
(82) Thunberg ツゥンベリー『江戸参府随行記』三一二頁。
(83) Alcock オールコック『大君の都』上・一一七頁。
(84) Kaempfer ケンペル『日本誌』上・二四一～七三頁。
(85) Kiple (ed.), *Disease*, 382所収の Farris を参照。
(86) Sansom, *History*, I, 393; III, 184-5.
(87) 日本における飢饉の歴史に関する最近の有益な概説は、Saito, *Famine* を参照。
(88) *Cambridge History*, 4, 451所収の Tatsuya Tsuji.
(89) Kalland and Pedersen, *Famine*, 40.
(90) Kalland and Pedersen, *Famine*, 40, 47, 51, 32.
(91) Sansom, *History*, iii, 184-5.
(92) *Cambridge History*, 4, 496所収の Furushima Toshio.
(93) *Cambridge History*, 4, 466所収の Tatsuya Tsuji.
(94) Hane, *Rebels*, 8に引用されている［内田武・宮本常一訳『菅江真澄遊覧記』1、東洋文庫、平凡社、一九六五年、一五七頁］。
(95) Hanley and Yamamura ハンレー・ヤマムラ『前工業化期日本の経済と人口』一三一頁。
(96) *Cambridge History*, 5, 118所収の Harold Bolitho.
(97) Griffis グリフィス『明治日本体験記』二一九頁。
(98) *Cambridge History*, 5, 119-20所収の Harold Bolitho.
(99) *Cambridge History*, 5, 119.
(100) *Cambridge History*, 5, 119.
(101) Hanley and Yamamura ハンレー・ヤマムラ『前工業化期日本の経済と人口』一六〇頁。
(102) *Cambridge History*, 4, 496所収の Furushima Toshio.
(103) Hane, *Rebels*, 114-36を参照。
(104) 長塚節『土』九六～八頁。
(105) 飢饉の原因のいくつかとその克服法に関する有益な概説については、McAlpin, *Subject to Famine*, ch.1, 7を参照。
(106) Kaempfer ケンペル『江戸参府旅行日記』上・一七二頁。
(107) Smith スミス『国富論』八一三頁。
(108) Kaempfer ケンペル『江戸参府旅行日記』上・八八頁、下・四四六頁。
(109) たとえば、*Encyclopaedia Britannica* の「飢饉（Famine）」の項目。Hunter, *Annals of Bengal*, 44, 52; Aykroyd, *Conquest*, 56, 82を参照。
(110) Walter and Schofield (eds), *Famine*, 199所収の Dupaquier を参照。
(111) Kershaw, *Great Famine*, 9.
(112) Walter and Schofield (eds), *Famine*, 10.
(113) Smith スミス『国富論』八一一、八一二～三頁、八一三～四頁。
(114) Stewart, *Collected Works*, IX, 51ff.
(115) Arnold, *Famine*, 113は、スミスの見解がインドにまったく当てはまらないことのいくつかの例を示している。
(116) Sen, *Famines*, 154, 159, 161.
(117) Arnold, *Famine*, 45.
(118) 十四世紀以降、日本に持ち込まれた米の新種に関する適切な説明は Saito, *Famine*, 5ff にある。

(119) Palliser, *Tawney's Century*, 346に引用されている。
(120) Blane, *Dissertations*, 163-4.
(121) Walter and Schofield (eds), *Famine*, 2.
(122) Malthus, *Principle*, 115.
(123) Malthusマルサス『人口の原理』六一九頁。
(124) Walter and Schofield (eds), *Famine*, 90所収の Walter.
(125) Walter and Schofield (eds), *Famine*, 86に引用されている。
(126) Hollingsworth, *Historical Demography*, 165-6.
(127) Creighton, *Epidemics*, Ⅰ, 222-3, 68.
(128) *Cambridge History*, 4, 682所収の Hanleyを参照。
(129) Hanley and Yamamura ハンレー・ヤマムラ『前工業化期日本の経済と人口』一五一〜二頁。
(130) De Vries, *Economy*, 7-8.
(131) Slack, *Dearth*, 12.
(132) Walter and Schofield (eds), *Famine*, 117ff.
(133) Keeneキーン『日本人の西洋再発見』一六〇〜一頁所収。
(134) Kaempferケンペル『日本誌』上・二七二頁。
(135) Kalland and Pedersen, *Famine*, 63, 65. 政府による措置のもう一つの例については、Sansom, *History*, Ⅲ, 185を参照。
(136) Walter and Schofield (eds), *Famine*, ch.2を参照。
(137) 奉公制度や養子（縁組み）に関する事実証拠については、本書二〇章を参照。
(138) Seavoy, *Famine*. この研究方法に対する厳しい批判については、Arnold, *Famine*, 57-61を参照。
(139) Macfarlane, *Population*, 308に引用されている。
(140) *Cambridge History*, とくに vol.3, ch. 8と vol.4, chs. 3, 10, 11.
(141) Macfarlane, マクファーレン『イギリス個人主義の起源』とくに第六章。
(142) Scheper-Hughes, *Death Without Weeping*.
(143) Walter and Schofield (eds), *Famine*, 42.
(144) Walter and Schofield (eds), *Famine*, 199所収の Dupaquier.
(145) Walter and Schofield (eds), *Famine*, 9.
(146) Walter and Schofield (eds), *Famine*, 9, 32.

6 食物と栄養

(1) Poston, *Immunity*, 190.
(2) Roberts, *Hygiene*, 344. 栄養、病気、労働の間の複雑な共同作用に関する議論について、さらに詳しくは、Newman (ed.), *Hunger in History*, 356-8所収の Nevin Scrimshaw や *Hunter, Tropical Medicine*, 870-2所収の Neumann ほか、Mascie-Taylor (ed.), *Disease*, 44-56を参照。
(3) *Characters and Observations*, 230にある十九世紀の格言。
(4) Buchan, *Domestic*, 62.
(5) Cortazzi, Willis, 182.（コータッツィ『ある英人医師の幕末維新』）
(6) Griffisグリフィス『明治日本体験記』二一一頁。
(7) Appleby, *Diet*, 3に引用されている Orwell, *The Road to Wigan Pier*.
(8) Krause, *Neglected Factors*, 535. また、Hajnal, *Marriage Patterns*, 131. も参照。
(9) Hall, *Powers and Liberties*, 123.
(10) Braudelブローデル『物質文明・経済・資本主義』第二章、とくに、*Capitalism*, 133-5（前掲書）、また、Flinn, *Europian*, 97も参

照。
(11) Braudelブローデル『物質文明・経済・資本主義』[地図は]一六四頁、[引用は]一六五頁。
(12) オランダについては、Schama, *Embarrassment*, 169-74を参照。
(13) たとえば、Anglicus, *Properties*, ii, 734; Fortescue, *Commendation*, 65v, 66, 81-81v, 85-85v; Reynolds, *British Pamphleteers*, 29-33を参照。
(14) Moryson, *Itinerary*, Ⅳ, 24, 59, 67, 93, 125, 140-1, 183.
(15) Moryson, *Itinerary*, Ⅳ, 171-4.
(16) Duffy, *Englishman and Foreigner*, 39, 47, 48, 74, 75, 95.
(17) Malthusマルサス『人口の原理』二六八頁。
(18) De Saussure, *Foreign*, 171, 220-1, 133, 222, 137.
(19) Rochefoucauld, *Frenchman*, 204.
(20) たとえば、Drummond, *Food*, ch.3や Rogers, *Six Centuries*, 59を参照。
(21) Dyer, *Everyday Life*, chs. 5-7.
(22) Dyer, *Diet*, 93.
(23) Dyer, *Everyday Life*, 86, 87. および 91も参照。
(24) Dyer, *Diet*, 210.
(25) Dyer, *Everyday Life*, ch.7.
(26) Drummond, *Food*, 56.
(27) Marshall, *English People*, 171に引用されている。hindとは農場で雇われた奉公人を指す[本書では「作男」とした]。
(28) Cobbett, *Progress*, 9.
(29) Marshall, *English People*, 173.
(30) Krause, *Neglected Factors*, 535.
(31) Appleby, *Diet*, 98, 101.
(32) Thomas, *Religion*, 6-7.(トマス『宗教と魔術の衰退』)
(33) Appleby, *Diet*, 110, 104.
(34) Thirsk, *Cambridge Agrarian History*, Ⅳ, 450-3所収の Everitt.
(35) Harrison, *Description*, 126.
(36) Mokyr, *Lever*, 70.
(37) Appleby, *Diet*, 102.
(38) Macaulay, *History*, Ⅰ, 316n(マコーリ『英国史摘要』)にあげられている。
(39) Kames, *Sketches*, Ⅰ, 245.
(40) Malthusマルサス『人口の原理』三〇九頁。
(41) Shammas, *Consumer*, 123 and table 5. 1, 128 and table 5. 2, 124 and table 5. 1
(42) Buchan, *Domestic*, 65.
(43) Braudel, *Capitalism*, 131(ブローデル『物質文明・経済・資本主義』)に引用されている。
(44) Shammas, *Consumer*, 137ff, 140, 134ff, 146.
(45) これらの数値およびネパールに関する数値の典拠としては、Macfarlane, *Resources*, 174を参照。
(46) Mokyr (ed.), *Industrial*, 258所収の Gregory Clark.
(47) Chamberlainチェンバレン『日本事物誌』1・一二頁。
(48) Griffisグリフィス『明治日本体験記』一四八頁。
(49) Morseモース『その日』1・四八頁。
(50) Hearn, *Interpretation*, 263.(後掲書)、ハーン『神国日本』一六四頁。
(51) Kaempfer, *History*, Ⅰ, 187, 194.(ケンペル『日本誌』他)
(52) Purchas, *Pilgrims*, 146.
(53) Thunbergツゥンベリー『江戸参府随行記』二六〇頁。
(54) Wittermans, *Pompe*, 53.(『ポンペ日本滞在見聞記』)

(55) Bird バード『日本奥地紀行』一四七頁。
(56) Cortazzi コータッツィ『ある英人医師の幕末維新』二四六頁。
(57) Morse モース『その日』1・一一四頁。
(58) Hane, *Rebels*, 40.
(59) Jansen and Rozman (eds), *Japan*, 455所収の Hanley.
(60) Beardsley et al., *Village*, 107.
(61) Kaempfer ケンペル『日本誌』上・二三五頁。
(62) Morse モース『その日』1：七八頁。
(63) Von Siebold, *Manners*, 132.
(64) Geoffrey ジョフリー『横浜物語』一五九～六〇、一四四頁。
(65) Davidson, *Nutrition*, 185.
(66) Kaempfer ケンペル『日本誌』上・二五二、二五三～四、二五三頁。
(67) Bird バード『日本奥地紀行』一一〇頁。
(68) Hane, *Rebels*, 40.
(69) Kaempfer ケンペル『日本誌』上・二三四、二三四～五頁。
(70) Thunberg ツゥンベリー『江戸参府随行記』三〇八頁。
(71) Thunberg ツゥンベリー『江戸参府随行記』三〇九頁。
(72) Oliphant, *Elgin's Mission*, 197-8.（オリファント『エルギン卿遣日使節録』）
(73) Hane, *Rebels*, 40.
(74) Kaempfer ケンペル『日本誌』上・二二九、二三〇、二三〇、二三〇頁。
(75) Siebold, *Manners*, 229.
(76) Kaempfer ケンペル『日本誌』上・二三四頁。
(77) Thunberg ツゥンベリー『江戸参府随行記』三〇七頁。
(78) Siebold, *Manners*, 234.
(79) Inouye, *Home*, 59.
(80) Inouye, *Home*, 71. 大根がいたるところで利用されていることは、Moose, *Day*, I, 36-7にもよく説明されている。
(81) Geoffrey ジョフリー『横浜物語』一六〇頁。
(82) Thunberg ツゥンベリー『江戸参府随行記』三〇七頁。
(83) Alcock オールコック『大君の都』中・五一頁。
(84) Kaempfer ケンペル『日本誌』上・二三四頁。
(85) Inouye, *Home*, 58.
(86) Thunberg ツゥンベリー『江戸参府随行記』二七二頁。
(87) Beardsley et al., *Village*, 106.
(88) King キング『東亜四千年の農民』九八頁。
(89) Dubos デュボス『人間と適応』五一頁。
(90) Davidson, *Nutrition*, 179.
(91) Alcock オールコック『大君の都』中・五一頁。
(92) King キング『東亜四千年の農民』一三九～四〇頁。
(93) Jansen and Rozman (eds), *Japan*, 437 所収の Shunsaku Nishikawa（西川俊作）。
(94) Jansen and Rozman (eds), *Japan*, 455所収の Hanley.
(95) Chamberlain チェンバレン『日本事物誌』1・一四頁。
(96) King キング『東亜四千年の農民』二八四頁。
(97) Kaempfer ケンペル『日本誌』上・二三三頁。
(98) Thunberg ツゥンベリー『江戸参府随行記』三〇五頁。
(99) Griffis グリフィス『明治日本体験記』一〇三～四頁。
(100) Scidmore, *Jinrikisha*, 142, 254.（シッドモア『人力車旅情』）
(101) Inouye, *Home*, 75.
(102) Thunberg ツゥンベリー『江戸参府随行記』二七一頁。
(103) Morse モース『その日』3・一六五頁。［「東京に関する覚書」

の章]
(104) Arnold, *Seas*, 402.
(105) Scidmore, *Jinrikisha*, 194.(シッドモア『人力車旅情』)
(106) Chamberlainチェンバレン『日本事物誌』1・一四頁。
(107) Davidson, *Nutrition*, 212.
(108) *Cambridge History*, 4, 686所収。
(109) Cortazzi, *Willis*, 181.(コータッツィ『ある英人医師の幕末維新』)
(110) Birdバード『日本奥地紀行』一四一頁。
(111) Hane, *Rebels*, 41.
(112) Morseモース『その日』1・三六頁。
(113) Chamberlainチェンバレン『日本事物誌』1・一〇二頁。
(114) これに関しては、Guggenheim, *Nutrition*, ch.9が参考になる。
(115) Jansen and Rozman (eds), *Japan*, 455所収の Hanley.
(116) *Cambridge History*, 4, 683所収の Hanley.
(117) Kiple(ed.), *Disease*, 607.
(118) Jansen and Rozman (eds), *Japan*, 436, 445, 492, 446所収。
(119) *Cambridge History*, 4, 681所収。
(120) Chamberlainチェンバレン『日本事物誌』1・一三二頁。
(121) Dubos, *Writings*, 183.

Ⅲ　体のなかで

7　赤痢、腸チフス、コレラと水の供給

(1) Crosbyクロスビー『ヨーロッパ帝国主義の謎』二五七〜八頁。
(2) Merckメルク『メルクマニュアル』二一九頁。
(3) Kiple (ed.), *Disease*, 569所収の K. David Patteerson.
(4) Harding et al., *Epidemiology*, 146に引用されている。
(5) Kunitz, *Speculations*, 352.
(6) 数字は、Dasgupta, *Inquiry*, 405に引用されているもの。
(7) Schofield et al. (eds), *Decline*, 134, 136, 134所収の Peter Lunn.
(8) Wrigley and Schofield, *Population*, 659.
(9) Clarkson, *Disease*, 51.
(10) Creighton, *Epidemics*, Ⅰ, 412-3. イングランドにおける赤痢の説明は、Ⅱの第八章を参照。
(11) Black, *Arithmetical*, 157.
(12) Clarkson, *Disease*, 51-2.
(13) Landers, *Age Patterns*, 58.
(14) Black, *Arithmetical*, 164.
(15) Heberden, *Observations*, 34-5, 40-1.
(16) George, *London*, 70, 330, n112に引用されている。
(17) Place, *Illustraiions*, 250.
(18) Kunitz, *Speculations*, 353.
(19) Roberts, *Hygine*, 358.
(20) Kiple (ed.), *Disease*, 1071, 1073所収の Charles W. LeBaron and David W. Taylor.
(21)『瘴気』は、OED(『オックスフォード英和辞典』)では、「腐敗した有機物から生じる、伝染性のある、有毒な発散物。空中を浮遊し大気を汚染する有毒な分子」と定義されている。
(22) Kiple (ed.), *Disease*, 1075, 1074所収の LaBaron and Taylor.
(23) Guha, *Decline*, 106.
(24) Merckメルク『メルクマニュアル』一〇七〜八頁。

(25) Burnett バーネット『伝染病の生態学』二二四頁。
(26) Schofield et al. (eds), *Decline*, 118, 124 所収の Patrice Bourdelais および Ewald, *Infectious*, 72.
(27) Smith, *People's Health*, 230, 233, 237. すべての数字は非常に大まかな概数である。
(28) 十九世紀のコレラの見事な記述については、Creighton, *Epidemics*, II, ch.9を参照。
(29) Jannetta, *Epidemics*, 148.
(30) Kiple (ed.), *Disease*, 379, 382, 387 に引用されている Jannetta.
(31) Griffis グリフィス『明治日本体験記』。
(32) Kiple (ed.), *Disease*, 606.
(33) Wittermans ポンペ『ポンペ日本滞在見聞記』三三〇～一頁。
(34) Morse モース『その日』1・二二、1・二二、1・三六頁。
(35) *Cambridge History*, 4, 698 所収の Hanley.
(36) Jannetta, *Epidemics*, 151.
(37) Jannetta, *Epidemics*, 154-5.
(38) *Cambridge History*, 4, 698 所収の Hanley.
(39) Morse モース『その日』1・三六頁。
(40) Jannetta, *Epidemics*, 149, 155.
(41) Ewald, *Infectious*, 78.
(42) Jannetta, *Epidemics*, 157.
(43) Jannetta, *Epidemics*, 159. ただし Alcock オールコック『大君の都』上・二八八～九頁は、一八一八年の大流行の思い出を述べている。
(44) Jannetta, *Epidemics*, 161, 163, 172.
(45) Morse モース『その日』1・二二頁。
(46) 富士川游『日本疾病史』二一三～七四頁［「虎列剌」の章］。
(47) Wittermans ポンペ『ポンペ日本滞在見聞記』二八八、二八九頁。
(48) Morse モース『その日』2・五五頁。
(49) Arnold, *Seas*, 539.
(50) Hearn ハーン『心』二四七頁。
(51) Arnold, *Seas*, 257.
(52) *Cambridge History*, 4, 698 所収の Hanley.
(53) Burnett バーネット『伝染病の生態学』一三八頁。
(54) Chadwick, *Report*, 137, 141-2.（チャドウィック『大英帝国』）
(55) Buchan, *Domestic*, 68.
(56) Pounds, *Culture*, 161.
(57) Hibbert, *The English*, 103.
(58) Hardy, *Water*, 251.
(59) Nicoll (ed.), *Shakespeare*, 162 所収の Wilson.
(60) Hardy, *Water*, 251.
(61) De Saussure, *Foreign*, 83.
(62) Quennell, *Things*, III, 93.
(63) Blane, *Dissertations*, 127. また Heberden, Obsevations, 71 も参照。［訳注は、ライト『風呂トイレ讃歌』九七頁より］
(64) De Saussure, *Foreign*, 155-6, 156-7.
(65) Houghton, *Husbandry*, II, 103, 112.
(66) De Saussure, *Foreign*, 157.
(67) いずれも、Hardy, *Water*, 255 所収のものであるが、第一の引用はルーカス、第二は、ハーディからのものである。
(68) Wright ライト『風呂トイレ讃歌』一三〇頁に引用されている。
(69) Blane, *Dissertations*, 127-8.
(70) Hardy, *Water*, 252. Smith, *People's Health*, 215ff に十九世紀の水の

供給についての有益な記述がある。また Landers, *Death*, 70ffは、十八世紀ロンドンの水の供給について論じている。

（71）Glass and Eversley (eds), *Population*, 340所収の Chambers.

（72）Houghton, *Husbandry*, I, 38.

（73）Morseモース『日本人の住まい』下・一一〇、一一一頁。

（74）Kaempferケンペル『日本誌』下・一五頁。

（75）Morseモース『日本人の住まい』上・七三頁。

（76）Cortazziコータッツィ『ある英人医師の幕末維新』一九九頁。

（77）Geoffreyジョフリー『横浜物語』三〇頁。

（78）Hanley, *Sanitation*, 6, 7, 8.

（79）Needhamニーダム『東と西の学者と工匠』二七五頁。

（80）Hanley, *Sanitation*, 16-17, 8.

（81）Purchas, *Pilgrims*, 153所収。

（82）Hearnハーン『東の国から』一四一～三頁。

（83）Inouye, *Home*, 69.

（84）Cortazziコータッツィ『ある英人医師の幕末維新』三五六～七頁。

（85）Morseモース『日本人の住まい』下・一〇九～一〇頁。

（86）Goubert, *Conquest of Water*.

8 飲み物――ミルク、水、ビール、お茶

（1）McKeown, *Food*, 232.

（2）Cobbett, *Cottage*, 112.

（3）Clegg and Clegg, *Man*, 125.

（4）Lane-Claypon, *Hygiene*, 240.

（5）Clegg and Clegg, *Man*, 125-6.

（6）Ferguson, *Drink*, 46-7に引用されている。

（7）Beaver, *Milk*.

（8）Drummond, *Food*, 301.

（9）ミルクの危険性に関するより詳しい説明については、Drummond, *Food*, 72, 193; Smith, *People's Health*, 212ffを参照。

（10）一六九五年におけるロンドンのミルクの消費量の概算の一つについては、Houghton, *Hasbandry*, II, 156を参照。

（11）Thirsk (ed.), *Agrarian History*, IV, 452-3所収の Everitt.

（12）Houghton, *Husbandry*, II, 147を参照。

（13）Ferguson, *Drink*, 46.

（14）Drummond, *Food*, 72.

（15）Cobbett, *Cottage*, 91.

（16）Beaver, *Milk*.

（17）乳糖アレルギーについては、L・ロマヌッチ‐ロス『医療の人類学』二六二～三頁における Pelo and Pelo, また Tannahill, *Food in History*, 124-7や Kiple (ed.), *Diseases*, 813-6を参照。日本と中国に見られる乳糖アレルギーについての概説は、Paige and Bayliss, *Lactose Digestion*を参照。乳糖への適応性については、クロスビー『ヨーロッパ帝国主義の謎』六〇～一頁を参照。

（18）Von Siebold, *Manners*, 121.

（19）Clegg and Clegg, *Man*, 131, 135.

（20）Fortescue, *Commendation*, 81, 85.

（21）Macfarlaneマクファーレン『イギリス個人主義の起源』二九四頁に引用されている。

（22）De Saussure, *Foreign*, 158.

（23）Buer, *Health*, 109.

（24）Shrewsbury, *Philistines*, 69.

(25) Boorde, *Regment*, 253.
(26) Wear (ed.), *Medicine*, 143.
(27) Short, *A Rational Discourse* や Curteis, *Essays*, 52を参照。
(28) 深い井戸が良質の水を与えることは、たとえば、Murphy, *Our Homes*, 767において議論されている。
(29) Dyer, *Diet*, 204, 193, 202. また、Dyer, *Everyday Life*, 84-5も参照。
(30) *Chamber's Encyclopedia* の「ビール（beer）」の項目。
(31) ホップの導入については、Drummond *Food*, 44を参照。
(32) Harrison, *Description*, 135, 138.
(33) Moryson, *Itinerary*, Ⅳ, 166.
(34) Drummond, *Food*, 114.
(35) Davidson, *Nutrition*, 206.
(36) Drummond, *Food*, 114.
(37) トマス『宗教と魔術の衰退』上・二五頁。Houghton, *Husbandry*, Ⅳ, 299. ここには、一六八四～九四年に税金の対象となった樽数があげられているが、それによると一人当たりの量は〇・六リットルとなるので、残りの約〇・六リットルは物品税の対象外であったエールと思われる。また Clark, *Alehouse* も参照。
(38) Clark, *Alehouse*, 209.
(39) Drummond, *Food*, 114.
(40) Boswell, ボズウェル『サミュエル・ジョンソン伝』1・三八三頁の注。
(41) Drummond, *Food*, 224.
(42) Rochefoucauld, *Frenchman*, 230.
(43) Clark, *Alehouse*, 109.
(44) Clark, *Alehouse* を参照。
(45) Stubbes, *Anatomie*, 113.
(46) Drummond, *Food*, 44.
(47) Ferguson, *Drink*, 10.
(48) Curteis, *Essays*, 70.（傍点はマクファーレンによる）
(49) Stewart, *Collected Works*, Ⅸ, 319.
(50) *Chamber's Encyclopedia* の「ビール（beer）」の項目。
(51) Davidson, *Nutrition*, 206.
(52) Stewart, *Collected Works*, Ⅸ, 320, 320に引用されている。
(53) Morse モース『その日』3・七四頁ほか。
(54) ケンブリッジ大学生化学科のドレク・ベンダール博士とH・B・F・ディキソン博士が、この章を読み、お茶の生化学的詳細に関して非常に有益な多くの示唆を与えてくださったことに対して、心より感謝したい。
(55) Hobhouse ホブハウス『歴史を変えた種』二一二頁。
(56) Browne, *Tea*, 4, 5, 87.
(57) 岡倉『茶の本』[岩波文庫、一九六一] 三〇頁。
(58) Needham ニーダム『東と西の学者と工匠』二七六頁。
(59) Tanaka, *Tea Ceremony*, 23.
(60) Chamberlain チェンバレン『日本事物誌』2・二三八頁。
(61) Frederic, *Daily life*, 75.
(62) これについての優れた説明は、岡倉覚三『茶の本』を参照。
(63) Frederic, *Daily Life*, 75.
(64) 井口『茶道入門』一〇三頁。
(65) Frederic, *Daily Life*, 75.
(66) Tanaka, *Tea Ceremony*, 25.
(67) *Cambridge History*, 3, 460 所収の Paul Varley.
(68) Bowers バワーズ『日本における西洋医学の先駆者たち』三五頁。

(69) Kaempferケンペル『日本誌』下・五一〇、下・五一〇頁。
(70) Kaempferケンペル『日本誌』下・一七六～七、上・一四八～九頁。
(71) Notter and Firth, *Hygiene*, 166.
(72) Kaempferケンペル『日本誌』下・五〇三頁。
(73) Von Siebold, *Manners*, 232.
(74) Kaempferケンペル『日本誌』下・五〇三、五〇五頁。
(75) Chamberlainチェンバレン『日本事物誌』2・二三九～四〇頁。
(76) Kaempfer, *History*, Ⅲ, 237-8.（ケンペル『日本誌』他）
(77) Inouye, *Home*, 62.
(78) Kaempferケンペル『日本誌』下・五〇九頁。
(79) Thunberg ツゥンベリー『江戸参府随行記』二七四頁。Oliphantオリファント『エルギン卿遣日使録』一五四頁も参照。
(80) Kaempfer, *History*, Ⅰ, 179.（ケンペル『日本誌』他）
(81) Morseモース『その日』3・二八～九頁。
(82) Wittermans, *Pompe*, 53.（ポンペ『ポンペ日本滞在見聞記』）
(83) Morseモース『その日』1・四六～七頁。
(84) Morseモース『その日』3・二九頁。
(85) Von Siebold, *Manners*, 232, 133, 232.
(86) Brand, *Les Grandes Cultures*, 224.
(87) Bacon, *Japanese Girls*, 278.
(88) Morseモース『その日』3・二八頁。
(89) Arnold, *Seas*, 543.
(90) Kingキング『東亜四千年の農民』二三七、二三七、五九頁。
(91) Kingキング『東亜四千年の農民』二三七～八頁。
(92) Morseモース『その日』3・二九頁。
(93) Morse, *Latrines*, 172.
(94) Morseモース『その日』1・二四頁。
(95) Jannetta, *Epidemics*, 202.
(96) Scidmoreシッドモア『人力車旅情』九〇頁。
(97) Marks, *Clinical Effects*, 709, 711.
(98) 一六八五年、ハーグで出版された。
(99) Brand, *Les Grandes Cultures*, 216. この茶碗はごく小ぶりのものであったと思われる。
(100) Kames, *Sketches*, Ⅰ, 245.
(101) Griffisグリフィス『明治日本体験記』一〇四頁。
(102) Marks, *Clinical Effects*, 711.
(103) Morseモース『その日』1・二五頁。
(104) Saitoからの私信による。
(105) 微生物の増加と発酵過程については、Ukers, *Tea*, Ⅰ, 526-36を参照。
(106) *Encyclopaedia Britannica*, 1911 edn の「タンニン（tannin）」の項目。
(107) Ukers, Tea, Ⅰ, 516ff.
(108) *Chamber's Encyclopaedia*, 1966 edn の「タンニン（tannin）」の項目。
(109) Marks, *Clinical Effects*, 729.
(110) Clegg and Clegg, *Man*, 174.
(111) *Encyclopaedia Britannica* の「ジョゼフ・リスター（Lister）」［英国の外科医で、殺菌消毒法の完成者。（一八二七～一九一二）］の項目。
(112) *Encyclopaedia Britannica* の「石炭酸（carbolic acid）」の項目。
(113) Marks, *Clinical Effects*, 730. さらに Stagg and Millin, *Tea*, 1447も参照。
(114) Marks, *Clinical Effects*, 723.
(115) Kingdon-Ward, *Manipur*, 196.

(116) Brand, *Les Grandes Cultures*, 218.
(117) Goodwin, *Gunpowder Gardens*, 60-1.
(118) Stagg and Millin, *Tea*, 1451, 1453, 1451.
(119) Murphy, *Our Homes*, 797-8.
(120) Ukers, *Tea*, I, 557.
(121) King キング『東亜四千年の農民』二三七頁。ニーダムは、「庶民は旅行しているときでさえ、沸かした水しか飲まないように気をつける」という一二二六年頃の中国の言葉に注目していた（ニーダム『東と西の学者と工匠』二七六頁）。
(122) Marks, *Clinical Effects*, 707.
(123) Ukers, *Tea*, I, chs. Ⅲ, Ⅳ.
(124) Braudel ブローデル『物質文明・経済・資本主義』三三六～七頁。
(125) Ferguson, *Drink*, 24.
(126) Scott Thompson, *Noble Household*, 169-70.
(127) Shammas, *Consumer*, 183.
(128) Schama, *Embarrassment*, 171-2.
(129) Drummond, *Food*, 203.
(130) Braudel, *Structures*, 251所収。
(131) *Chamber's Encyclopaedia*, 1895 edn の「茶（tea）」の項目。ここにあげた数字と異なってはいるが、かなり一致した別の数字が Forrest, *Tea*, 284 に見られる。またさらに詳しいことは、同著者による *World Tea Trade* を参照。Shammas, *Consumer*, 297 は、一七四〇年代まで、紅茶は庶民が消費するものだったことを表す数値を示している。
(132) Braudel, *Structures*, 251 に引用されている。
(133) Drummond, *Food*, 203.
(134) Hobhouse ホブハウス『歴史を変えた種』一九五頁。
(135) Tannahill, *Food in History*, 268.
(136) Kames, *Sketches*, Ⅲ, 83.
(137) Braudel ブローデル『物質文明・経済・資本主義』三三九、三三七頁。
(138) Schama, *Embarrassment*, 171.
(139) Ferguson, *Drink*, 241.
(140) Porter and Porter, *In Sickness*, 220.
(141) Ukers, *Tea*, I, 31-2, 39-40 は多くの記事を引用している。
(142) Curteis, *Essays*, 100.
(143) Short, *Dissertation*, 40-61.
(144) Lettsom, *Natural History*, 39ff.
(145) Ukers, *Tea*, I, 47-8; Cobbett, *Cottage Economy*, 20-9.
(146) Drummond, *Food*, 204.
(147) George (ed.), *England in Johnson's day*, 15 に引用されている。
(148) Marshall, *English People*, 172 に引用されている。
(149) Rochefoucauld, *Frenchman*, 23, 26.
(150) Wilson, *Strange Island*, 154 に引用されている。
(151) Drummond, *Food*, 104, 210, 204, 204 に引用されている。
(152) Hanway, *Essay on Tea*, 243-5.
(153) Boswel, ボズウェル『サミュエル・ジョンソン伝』1・二二九頁におけるハンウェイの回顧談。
(154) Johnson, *Works*, Ⅱ, 390.
(155) Ukers, *Tea*, I, 48 に引用がある。
(156) Buchan, *Domestic*, 66, 67.
(157) Drummond, *Food*, 205.
(158) Hann, *Tea*, 78. Wolf, *People*, 333 も同様の示唆をしている。

(159) George, *Some Causes*, 333-5.

(160) George, *London*, 329-30, n103に引用されている。

(161) George, *London*, 329-30, n103に引用された一八三〇年の人口統計表委員会議事録より。

(162) Tryon, *Cleanliness*, 16.

(163) Clark, *Working Women*, 223.

(164) Thomasトマス『宗教と魔術の衰退』上・二五頁。

(165) Pullar, *Consuming Passions*, 155.

(166) Drummond, *Food*, 114.

(167) これらの数字については、ロジャー・スコフィールド博士に心より感謝する。

(168) Benedicow, *Milky*, 28.

(169) Fildes, *Breasts*, 87-9.

(170) Fildes, *Breasts*, 86-7.

(171) Landers, *Death*, 357, n9.

(172) この発見に関する情報を著者に与えて下さったジム・オッペン博士に心より感謝する。この内容は、E・A・リグリィとR・S・デイヴィーズ、J・オッペン、R・S・スコフィールドによる『教区復元から見たイングランド人口史』（発行予定）についての著作のなかで論じられる。

9 人糞処理の二つの方法

(1) Douglas ダグラス『汚穢と禁忌』第七章。Thomas, *Cleanliness*, 81.

(2) Kaempfer ケンペル『日本誌』上・一三七頁。

(3) Von Siebold, *Manners*, 231.

(4) Morseモース『その日』1・一二二頁。

(5) Chamberlainチェンバレン『日本事物誌』1・一三頁。

(6) Kingキング『東亜四千年の農民』一五六頁。

(7) Thunbergツゥンベリー『江戸参府随行記』三〇三頁。

(8) Morseモース『その日』1・一三六頁。

(9) Thunbergツゥンベリー『江戸参府随行記』三〇三頁。

(10) Kaempfer, *History*, I, 186.（ケンペル『日本誌』他）

(11) Alcock, *Tycoon*, II, 143, 476.（オールコック『大君の都』）

(12) Kingキング『東亜四千年の農民』一五四頁。

(13) Griffisグリフィス『明治日本体験記』二五七頁。

(14) Morseモース『その日』1・二二頁。

(15) Hayami, *Transformation*, 5.

(16) Totman, *Peasants*, 466.

(17) Kingキング『東亜四千年の農民』一四一頁。

(18) Morseモース『日本人の住まい』下・四五頁。

(19) Kaempferケンペル『江戸参府旅行日記』一九頁。［『日本誌』下・一五五頁でも言及されている］

(20) Thunbergツゥンベリー『江戸参府随行記』三〇三頁。

(21) Thunbergツゥンベリー『江戸参府随行記』一三八頁。

(22) 佐賀『田舎町の肖像』一三頁。

(23) Morseモース『日本人の住まい』下・四四〜五頁。

(24) Hanley, *Sanitation*, 9.

(25) Hanley, *Sanitation*, 9, 10.

(26) Embree, *Suye Mura*, 35.

(27) Hane, *Rebels*, 88.

(28) Dore, *Shinohata*, 74.

(29) King キング『東亜四千年の農民』一四二、一四三頁。新しい数字では、大人一人一日当たり、糞便約二〇グラム、尿約一・四キロ (Roberts, *Hygiene*, 459)、また子供を含めた全人口の平均値として、固形排泄物約七〇グラム、液体排泄物約一・一キロ (Notter and Firth, *Hygiene*, 227) としているものもある。

(30) King キング『東亜四千年の農民』五六頁。

(31) Lock ロック『都市文化と東洋医学』八一頁。

(32) Gorer, *Themes*, 111.

(33) Beardsley et al., *Village*, 88.

(34) Cornell, *Two Villages*, 130. 訪問者にとっての臭いの強烈さについては、ツゥンベリー『江戸参府随行記』一三八頁を参照。

(35) Kaempfer ケンペル『日本誌』下・一七三～四頁。[四二頁でも言及されている]

(36) Hanley, *Sanitation*, 11, 19 に引用されている。

(37) Needham ニーダム『東と西の学者と工匠』下・二八八頁。

(38) Frederic, *Daily Life*, 87.

(39) Thunberg ツゥンベリー『江戸参府随行記』二四三頁。

(40) Morse, *Latrines*, 173.

(41) 谷崎『陰翳礼讃』一一頁。日本の便所に関するより新しい記述については、Engel, *The Japanese House*, 239-40 および、Ohnuki-Tierney, *Illness*, 30-1 を参照。

(42) Morse モース『その日』1・二二頁。

(43) Morse モース『日本人の住まい』下・四五頁。

(44) Alcock オールコック『大君の都』上・二〇〇頁。

(45) King キング『東亜四千年の農民』二九六～七頁。

(46) Hanley, *Sanitation*, 9.

(47) Geoffrey ジョフリー『横浜物語』三〇頁。

(48) Chamberlain チェンバレン『日本事物誌』1・一四頁。

(49) Morse モース『その日』1・二二頁。

(50) Kaempfer ケンペル『日本誌』下・一五五頁、一九頁。[『江戸参府旅行日記』一九頁でも言及されている]

(51) King キング『東亜四千年の農民』一四五～六頁。

(52) King キング『東西四千年の農民』二〇～一頁。

(53) Roberts, *Hygiene*, 240.

(54) Thunberg ツゥンベリー『江戸参府随行記』三〇三頁。

(55) Dubos デュボス『人間と適応』一五八頁。

(56) King キング『東亜四千年の農民』一四五頁。土の浄化作用に関する初期の資料については、Murphy, *Our Homes*, 755 を参照。

(57) King キング『東亜四千年の農民』一九一頁。

(58) Bird バード『日本奥地紀行』九八頁。

(59) Thunberg ツゥンベリー『江戸参府随行記』三〇三頁。

(60) Morse モース『その日』1・一一頁。

(61) Alcock, *Tycoon*, II, 476.（オールコック『大君の都』）

(62) Thunberg ツゥンベリー『江戸参府随行記』三〇三、三〇四、三〇六頁ほか。

(63) Chadwick チャドウィック『大英帝国』一四四頁。

(64) Alcock オールコック『大君の都』中・二二頁。

(65) Cornell, *Two Villages*, 130. これは、Thunberg, *Travels*, IV, 83（ツゥンベリー『江戸参府随行記』）で描写された方法と同じものと思われる。

(66) King キング『東亜四千年の農民』一四八頁。

(67) Morse モース『その日』1・五五頁。

(68) Morse モース『日本人の住まい』下・四五～六頁ほか。

(69) Morse, *Latrines*, 172.

(70) Tames, *Encounters*, 89 に引用されている。

(71) Jones, *Miracle*, 6.
(72) この部分についてのコメントに対して、ニコラス・マーシー－テイラー博士に感謝したい。
(73) Thunberg ツゥンベリー『江戸参府随行記』二九九頁。
(74) Kaempfer ケンペル『日本誌』下・四七〇、四七〇～一、四七〇、四七〇頁。
(75) Kiple (ed.), *Disease*, 996所収の John Farley.
(76) Mascie-Taylor (ed.), *Anthropology of Disease*, 23.
(77) これらに関する優れた記述、およびこの病気についての概説は、Farley, *Bilharzia* を参照。また別の信頼できる記述については、Basch, *Schistosomes* を参照。
(78) Mascie-Taylor (ed.), *Anthropology of Disease*, 23.
(79) Hunter, *Tropical Medicine*, 715所収。
(80) Kiple (ed.), *Disease*, 996所収の John Farley.
(81) Merck メルク『メルクマニュアル』二四二頁。
(82) Hunter, *Tropical Medicine*, 709.
(83) Feachem et al. (eds), *Water*, 26-7所収。
(84) Mascie-Taylor (ed.), *Anthropology of Disease*, 25.
(85) Farley, *Bilharzia*, 7. Hunter, *Tropical Medicine*, 714 における地図は、さらにいっそう地域を限定している。
(86) Hunter, *Tropical Medicine*, 723.
(87) Feachem et al. (eds), *Water*, 26所収。
(88) Hunter, *Tropical Medicine*, 711.
(89) Wellington, *Report*, 33.
(90) Cornell, *Two Village*, 130.
(91) Braudel ブローデル『物質文明・経済・資本主義』一四四～五頁。
(92) Chadwick, *Report*, 123 ; Van Bath, *Agriculture*, 256-7
(93) Chadwick チャドウィック『大英帝国』一五六頁。
(94) *Rural Cyclopedia*, Ⅲ, 347.
(95) Chadwick チャドウィック『大英帝国』一一四頁。
(96) Campbell, *English Yeoman*, 175.
(97) Ernle, *Farming*, 94, 97, 109.
(98) Loder, *Farm Accounts*, xviii.「馬や牛の囲い」と訳出された語は Pound で、迷子になって捕獲された動物を拘留しておく場所をさす。
(99) Blundell (ed.), *Letter Book*, 135.
(100) Ruston and Witney, *Agricultural*, 106.
(101) Tusser, *Five Hundred Points*, 51.
(102) Young, *Farmer's Kalendar*, 43, 224.
(103) Houghton, *Husbandry*, Ⅱ, nos. 158-65.
(104) *Rural Cyclopedia*, Ⅲ, 347.
(105) *Rural Cyclopedia*, Ⅲ, 347 はリービヒを引用している。
(106) *Rural Cyclopedia*, 347.
(107) Chadwick チャドウィック『大英帝国』一四一頁。
(108) たとえば、Murphy (ed.), *Our Homes*, 758を参照。
(109) Chadwick チャドウィック『大英帝国』一四一、一四一、一四一頁。
(110) Drummond and Wilbraham, *Food*, 310.
(111) Smith, *People's Health*, 220.
(112) Beckman, *Inventions*, Ⅱ, 97.
(113) Chadwick チャドウィック『大英帝国』一三九～四〇頁。
(114) Wood, *English House*, 377.
(115) Wright ライト『風呂トイレ讃歌』七九、八二、八三頁。また

Pounds, *Culture*, 162も参照。

(116) Furnivall (ed.), *Meals*, 64.

(117) Pudney, *Smallest*, 122.

(118) Sabine, *Latrines*, 307, 309, 307, 306.

(119) Hibbert, *The English*, 103.

(120) Boorde, *Regyment*, 236-7, 248.

(121) Harrison, *Description*, 199.

(122) Rye, *Foreigners*, 78.

(123) Comenius コメニウス『世界図絵』八一、八二頁。

(124) Watkins, *Puritan Experience*, 94.

(125) Petty, *Papers*, II, 166.

(126) Forbes (ed.), *Aldgate*, 140.

(127) Thomas トマス『宗教と魔術の衰退』下・七九七頁。

(128) Forbes (ed.), *Aldgate*, 95.

(129) Chadwick チャドウィック『大英帝国』一三八、一三三、一一一頁。

(130) Marshall, *English People*, 168.

(131) Chadwick チャドウィック『大英帝国』一三九頁。

(132) Kames, *Sketches*, I, 248.

(133) Creighton, *Epidemics*, I, 322ffは中世の状況への有益な紹介文を提供してくれる。

(134) Chadwick チャドウィック『大英帝国』四一一～二頁。

(135) Franklin, *Works*, VI, 320.

(136) Short, *Increase*, 35-6.

(137) Chadwick チャドウィック『大英帝国』一四三頁。

(138) Pudney, *Smallest*, 115.

(139) Sabine, *Latrines*, 312-8, 313.

(140) Wright ライト『風呂トイレ讃歌』一四八、一〇三頁。

(141) Grigson and Gibbs-Smith (eds), *Things*, 425-6.

(142) Wright ライト『風呂トイレ讃歌』一四八頁。

(143) Quennell and Quennell, *Things*, III, 97.

(144) Hardy, *Water*, 262-3.

(145) Smith, *People's Health*, 222 および Murphy (ed.), *Our Homes*, 662は、下水本管に接続されていない初期の水洗便所によって引き起こされた危険事態のいくつかを描写している。

(146) Goubert, *Conquest*, 97.

(147) Pudney, *Smallest*, 30.

Ⅳ　体の上で

10　病原媒介生物による病気——ペスト、発疹チフス、マラリア

(1) 一般的説明は以下を参照。Braudel, *Capitalism*, 46ff; Shrewsbury, *Bubonic Plague*; Creighton, *Epidemics*; Slack, *Plague*; Hollingsworth, *Historical Demography*, appdx 2.

(2) Burnett バーネット『伝染病の生態学』二七二頁。

(3) Flinn, *European*, 57.

(4) Ewald, *Infectious*, 37.

(5) Davis, *Scarcity*, 459-67.

(6) Slack, *Plague*, 11, 314.

(7) Coleman and Schofield (eds), *Population Theory*, 281所収の Kunitz.

(8) Glass and Eversley (eds), *Population*, 573所収の Cipolla.

(9) *Chamber's Encyclopedia* の「ペスト（plague）」の項目。

(10) United Nations, *Determinants*, 144.
(11) Slack, *Plague*, 322.
(12) Post, *Modernization*, 34.
(13) Zinsserジンサー『ねずみ・しらみ・文明』二一七頁。
(14) Kames, *Sketches*, Ⅱ, 89.
(15) Black, *Arithmetical*, 65-6.
(16) Malthusマルサス『人口の原理』五三三頁。
(17) Creighton, *Epidemics*, Ⅱ, 43, 39.
(18) Zinsserジンサー『ねずみ・しらみ・文明』一〇五頁。
(19) Creighton, *Epidemics*, Ⅰ, 233; Ⅱ, 42.
(20) Saltmarsh, *Plague and Economic Decline*, 31.
(21) Slack, *Plague*, 322, 322-3.
(22) Walter and Schofield (eds), *Famine*, 62.
(23) Slack, *Plague*, 313, 14, 13.
(24) Post, *Modernization*, 34.
(25) Kiple (ed.), *Disease*, 282所収の Ann Carmichael.
(26) McKeown, *Modern Rise*, 88に引用されている。
(27) Slack, *Plague*, 315.
(28) Flinn, *European*, 61.
(29) Black, *Arithmetical*, 66-7, 66.
(30) 検疫の歴史に関しては、十四世紀のイタリアにおいて発明されたとされている。Kiple (ed.), *Disease*, 615を参照。
(31) Glass and Eversley (eds), *Population*, 574所収の Cipolla.
(32) Slack, *Plague*, 312.
(33) Zinsserジンサー『ねずみ・しらみ・文明』一〇四頁。
(34) Livi-Bacci, *Population*, 49.また以下のものと比較せよ。Coleman and Schofield (eds), *Population Theory*, 281 所収の Kunitz. Flinn, *European*, 58.
(35) Roberts, *Hygiene*, 120.
(36) McAlpin, *Famines*, 362参照。
(37) Kiple (ed.), *Disease*, 377 所収の Farris による。McNeill, *Plagues*, 134はこれは「推測にすぎない」と述べている。
(38) Kiple (ed.), *Disease*, 378所収の Farris.
(39) Kiple (ed.), *Disease*, 383所収の Farris.
(40) Kiple (ed.), *Disease*, 388所収の Jannetta.
(41) Jannetta, *Epidemics*, xix.
(42) Griffis, *Mikado*, 662.（グリフィス『明治日本体験記』）
(43) Zinsserジンサー『ねずみ・しらみ・文明』二〇五頁。
(44) Creighton, *Epidemics*, Ⅰ, 168-9, 173. 土壌、あるいはとくに死体から発生する病原体、あるいは毒気（瘴気）としてのペストについては Creighton, *Epidemics*, Ⅰ, 176, 337; Ⅱ, 35.
(45) Kaempferケンペル『日本誌』上・二四一頁。
(46) Birdバード『日本奥地紀行』一六〇頁。
(47) Morseモース『その日』1・二二六頁。
(48) Hearn 小泉八雲『日本瞥見記』[恒文社、一九七五] 下・四七頁。ほかに鼠が遍在したこと、鼠に対する態度についての記述は Rein, *Travels*, 414. Scidmore, *Jinrikisha*, 325.（シッドモア『人力車旅情』）
(49) Kodansha, *Encyclopedia*, Ⅱ, 1248.
(50) Merckメルク『メルクマニュアル』一六七頁。
(51) Burnettバーネット『伝染病の生態学』一五七頁。
(52) Burnettバーネット『伝染病の生態学』一五八、一五八頁。［参照］
(53) Zinsserジンサー『ねずみ・しらみ・文明』二三一、二三四〜

五、二六八、二八一、二八四頁。
(54) Burnett バーネット『伝染病の生態学』一五八頁。
(55) Zinsser ジンサー『ねずみ・しらみ・文明』三〇六頁ほか。
(56) Jannetta, *Epidemics*, 194.
(57) Nikiforuk, *Fourth*, 61.
(58) Merck メルク『メルクマニュアル』一六七頁。
(59) Post, *Modernization*, 30.
(60) Clarkson, *Disease*, 45, 46.
(61) Zinsser ジンサー『ねずみ・しらみ・文明』三〇五頁。説明は Creighton, *Epidemics*, Ⅰ, 549, 553を見よ。
(62) Chambers, *Population*, 102.
(63) Landers, *Death*, 347.
(64) Creighton, *Epidemics*, Ⅱ, 133ff, 215.
(65) Post, *Modernization*, 31.
(66) Kiple (ed.), *Disease*, 1082所収の Victoria Harden.
(67) Mercer, *Disease*, 89.
(68) Creighton, *Epidemics*, Ⅱ, 214.
(69) Busvine, *Insects*, 11.
(70) Appleby, *Famine*, 103. また Kiple (ed.), *Disease*, 1080と比べよ。
(71) *Chamber's Encyclopedia* の「チフス（typhus）」の項目。
(72) Kiple (ed.), *Disease*, 1082所収の Harden.
(73) Jannetta, *Epidemics*, 191, 195.
(74) Nikiforuk, *Fourth*, 14.
(75) Burnett バーネット『伝染病の生態学』二八三頁。また Boserup, *Scarcity*, 393と比べよ。
(76) Burnett バーネット『伝染病の生態学』二八三頁。
(77) Myrdal, *Asian Drama*, Ⅲ, 1569.
(78) Burnett バーネット『伝染病の生態学』二八三頁。
(79) Kiple (ed.), *Disease*, 860所収の Frederick Dunn.
(80) Ewald, *Infactions*, 51.
(81) Kiple (ed.), *Disease*, 856所収の Frederick Dunn.
(82) Nikiforuk, *Fourth*, 15のなかに引用されている Angelo Celli.
(83) Nikiforuk, *Fourth*, 20.
(84) Kiple (ed.), *Disease*, 861.
(85) Dobson, *Hiccup*, 413. また、Dobson, *Marsh Fever*, 382も参照。
(86) Riley, *Insects*, 846.
(87) Greenhow, *Papers*, 105.
(88) Dobson, *Hiccup*, 411-12, 418.
(89) Howe, *Environmet*, 109と比較せよ。
(90) Chadwick, *Report*, 94.（チャドウィック『大英帝国』）
(91) Riley, *Insects*, 846-7.
(92) Bruce-Chwatt, *Malaria*, 136.
(93) Riley, *Insects*, 847.
(94) Burnett バーネット『伝染病の生態学』二八七頁。
(95) Burnett バーネット『伝染病の生態学』二八七頁。
(96) Place, *Illustrations*, 251.
(97) Creighton, *Epidemics*, Ⅱ, 378.
(98) Dobson, *Marsh Fever*, 386. および、387の図・数値を参照。
(99) Nikiforuk, *Fourth*, 17.
(100) Merck, *Manual*, 834.（メルク『メルクマニュアル』）
(101) Kiple (ed.), *Disease*, 380.
(102) Bird バード『日本奥地紀行』一三〇頁。
(103) Griffis グリフィス『明治日本体験記』一三五頁。
(104) Morse, *Day*, Ⅰ, 131,160.（モース『その日』1）

(105) Chamberlainチェンバレン『日本事物誌』2・三二六～七頁。
(106) Kiple (ed.), *Disease*, 811-2; Busvine, *Insects*, 156.
(107) Kiple (ed.), *Disease*, 374所収の Shoji Tatsukawa.
(108) Kiple (ed.), *Disease*, 860.
(109) Kiple (ed.), *Disease*, 374所収の Tatsukawa.
(110) Kiple (ed.), *Disease*, 380, 384, 380所収の Farris.
(111) Birdバード『日本奥地紀行』一一六頁。
(112) Morseモース『その日』1・一二頁。
(113) Scidmoreシッドモア『人力車旅情』六八頁。
(114) Wellington, *Hygiene*, 34. 隔日性マラリアは穏和型で、四日周期のマラリアは病的症状を伴い、準隔日性マラリアは非常に激しい型である。
(115) Corazziコータッツィ『ある英人医師の幕末維新』一〇三、二九七、二九九頁。
(116) Dunn, *Everyday*, 160-1.
(117) Hunter, *Tropical Medicine*, 517.
(118) Dubosデュボス『人間と適応』一二六頁。
(119) *Chamber's Encyclopaedia*の「マラリア（malaria）」の項目。
(120) Clegg and Clegg, *Man*, 204.
(121) Busvine, *Insects*, 157.
(122) Ewald, *Infectious*, 52.
(123) Ewald, *Infectious*, 53-4.
(124) Ewald, *Infectious*, 54.
(125) Clegg and Clegg, *Man*, 211.
(126) Bynum and Porter (eds), *Companion Encyclopedia*, 386所収の Wilson.
(127) Dobson, *Marsh Fever*, 380-1.
(128) Cohenコーエン『健康と文明の人類史』七六頁。
(129) Burnettバーネット『伝染病の生態学』二八八頁。
(130) Riley, *Insects*, 849.
(131) Busvine, *Insects*, 7.
(132) Crosby, *Ecological*, 142.（クロスビー『ヨーロッパ帝国主義の謎』）
(133) Burnettバーネット『伝染病の生態学』二八七頁。
(134) Greenhow, *Papers*, 105.
(135) Chadwick, *Report*, 93.（チャドウィック『大英帝国』）
(136) Nikiforuk, *Fourth*, 20; Razzell, *Essays*, 160; Dubosデュボス『人間と適応』三一頁、Bruce-Chwatt, *Malaria*, 139; Creighton, *Epidemics*, II, 373; Cohenコーエン『健康と文明の人類史』七六頁。
(137) Riley, *Insects*, 840.
(138) Kiple (ed.), *Disease*, 860所収の Dunn.
(139) 「ペルーの樹皮」の一般的説明とそれに関する議論については Creighton, *Epidics*, II, 320-5を見よ。
(140) Burnettバーネット『伝染病の生態学』五四頁。
(141) Ewald, *Infectious*, 53.
(142) Burnettバーネット『伝染病の生態学』二八九頁。
(143) Dobson, *Marsh Fever*, 384-6.
(144) Brand (ed.), *Les Grande Cultures*, 216に引用されている。

11　公共空間——道路、田畑、市

(1) Morseモース『その日』1・三八、三九頁。『その日』2・二八七頁。
(2) Morseモース『その日』1・一八二頁。『その日』2・二八一頁。『その日』3・九六頁。

(3) Alcock オールコック『大君の都』下・三九五［原著の付録部分、邦訳書では省略されている］、中・四九頁。
(4) Morse モース『その日』1・四九頁。
(5) Bird バード『日本奥地紀行』五七〜八頁。
(6) Morse モース『日本人の住まい』［八坂書房版］上・一六頁。
(7) Arnold, *Seas*, 382.
(8) Hanley, *Living*, 189.
(9) Alcock オールコック『大君の都』上・二〇九頁。
(10) Fraser, *Letters*, I, 6.
(11) Hearn ハーン『東の国から・心』三六九頁。
(12) Morse モース『その日』3・一八〇頁。
(13) Hanley, *Living*, 189.
(14) Kaempfer ケンペル『日本誌』
(15) Alcock オールコック『大君の都』上・一九九〜二〇〇、二八八、一五一〜二頁。
(16) Lane-Claypon, *Hygiene*, 77.
(17) Morse モース『その日』1・二三頁、図一八。『その日』2・二六一、二六一頁。『その日』1・三八頁。『その日』2・六七頁。
(18) Morse モース『その日』1・二三二頁。
(19) Morse モース『その日』2・二二一頁。
(20) Morse モース『その日』1・三八頁。
(21) Wittermans ポンペ『日本滞在見聞記』三二三、三二六頁。
(22) Chamberlain チェンバレン『日本事物誌』1・一三六頁。
(23) Morse モース『その日』1・一九頁。『その日』3・一五〇頁。
(24) Wittermans ポンペ『日本滞在見聞記』三二四頁。
(25) Kaempfer ケンペル『日本誌』下・三七頁。
(26) Hanley, *Living*, 191.
(27) Dubos デュボス『人間と適応』二八〇〜三頁。
(28) Wittermans, ポンペ『日本滞在見聞記』二九六頁。
(29) Marshall, *English People*, 168.
(30) Dubos デュボス『人間と適応』一六〇頁に引用されている。
(31) Dubos デュボス『人間と適応』一六〇頁。
(32) Buchan, *Domestic*, 101.
(33) Chambers, *Population*, 104.
(34) De Saussure, *Foreign*, 67-8.
(35) Franklin, *Works*, VI, 320.
(36) Heberden, *Observations*, 77.
(37) Blane, *Dissertations*, 129.
(38) Schama, *Embarrassment*, 3.
(39) 十八世紀のイングランドの都市改善に関する興味深い初期の概括で、当時見られた多くの証拠を引用しているのは、Buer, *Health*, ch. vii.
(40) Goubert, *Conquest*, 90に引用されている。
(41) Kames, *Sketches*, I, 248.
(42) Short, *Increase*, 20.
(43) West, *Housefly*, 265.
(44) Busvine, *Insects*, 191.
(45) May, *Ecology*, 166, 166に引用されている。
(46) Busvine, *Insects*, 192, 379.
(47) Roberts, *Hygiene*, 240.
(48) Riley, *Insects*, 850, 851.
(49) Busvine, *Insects*, 197.
(50) Wrigley, *Urban Growth*, 721, n28.
(51) Wrigley and Schofield, *Population*, 656, n27.

(52) Walter and Schofield (eds), *Famine*, 65-6.
(53) De Saussure, *Foreign*, 293.
(54) Riley, *Insects*, 858, 841, 854, 853.
(55) Lock, *Review of Jannetta*, 525.
(56) Chamberlainチェンバレン『日本事物誌』2・三三六頁。
(57) Griffisグリフィス『明治日本体験記』二三五頁。
(58) Geoffreyジョフリー『横浜物語』四一頁。
(59) Morseモース『その日』1・一八二、四六頁。
(60) Chadwickチャドウィック『大英帝国』四一四、四一五、四一九頁。

12 住居と健康

(1) Dubosデュボス『人間と適応』二九二頁。
(2) Nikiforuk, *Fourth*, 141.
(3) Cohenコーエン『健康と文明の人類史』七二頁。
(4) Lane-Claypon, *Hygiene*, 71.
(5) Buchan, *Domestic*, 79, 101, 78.
(6) Buchan, *Domestic*, 77.
(7) Franklin, *Works*, VI, 314, 315.
(8) Dyer, *Everyday*, ch.8, 140, 153, 164.
(9) Harrison, *Description*, 195.
(10) Harrison, *Description*, 195, 199, 200.
(11) Harrison, *Description*, 200, 201, 197. たとえば、十六世紀後半のオックスフォードシャーの商品目録のなかのガラスについては、Havinden (ed.), *Household*, 151,304を参照のこと。
(12) Mumford, *Technics*, 128.
(13) Harrison, *Description*, 200.
(14) エラスムスの手紙と、何がなされるべきかについての彼の見解についてはRazzell, *Essays*, 224を参照。
(15) Rye, *Foreigners*, 78に引用されている。
(16) Barley, *English Farmhouse*.
(17) Shammas, *Consumer*, 158-63.
(18) Campbell, *English Yeoman*, 240.
(19) Porter, *Eighteenth*, 318に引用されている。
(20) Razzell, *Essays*, 203, 203-4, 225-6.
(21) De Saussure, *Foreign*, 68, 222, 219-20, 157.
(22) Rochefoucauld, *Frenchman*, 213, 203, 158.
(23) Thomas, *Cleanliness*, 73.
(24) Short, *Increase*, 20.
(25) Malthusマルサス『人口の原理』三六一頁ほか。
(26) Blane, *Dissertations*, 127.
(27) 蔦やバラに覆われたイングランド農村のコテッジの背後に潜んだ恐怖についての一記述として、以下のものを参照。Arch, *From Ploughtail*, 44.
(28) Chadwickチャドウィック『大英帝国』三八七頁。
(29) Razzell, *Essays*, 205-6.
(30) Slack, *Plague*, 322.
(31) Chadwickチャドウィック『大英帝国』二二七、二一三頁。
(32) たとえば Taine, *Notes*, 225-6. 地下室に住む人々（cellar population）の恐ろしい状況についてはさらに以下のものに描写されている。Burnett, *Housing*, 58-60.
(33) Kaempferケンペル『日本誌』［一九九六年版］下・一四頁。［一九七三年版］下・一七三頁。
(34) Morseモース『日本の住まい』上・七〇、六九頁。

(35) Hearn ハーン『日本瞥見記』下・三頁。
(36) Morse モース『日本の住まい』上・七〇頁。
(37) Alcock オールコック『大君の都』下・一七六頁。
(38) Singer, *Sword and Jewel*, 145-6,147.（ジンガー『三種の神器』）
(39) Maraini, *Meeting*, 75.
(40) Alcock オールコック『大君の都』上・三三五頁。
(41) Hearn ハーン『東の国から・心』三七五、三七三、三六九頁。
(42) Thunberg ツゥンベリー『江戸参府随行記』二四三。Oliphant オリファント『エルギン卿遣日使節録』一二〇頁。
(43) ワタナベヒロシ教授にこのことを指摘していただいたことを感謝したい。
(44) *Cambridge History*, 4, 666所収の Hanley.
(45) Frederic, *Daily Life*, 105.
(46) Morse モース『日本の住まい』上・三四頁。
(47) *Cambridge History*, 4, 666所収の Hanley.
(48) Hearn ハーン『日本瞥見記』上・三〇一頁。
(49) Morse モース『その日』1・四五、六〇頁。
(50) Wittermans, *Pompe*, 41.（ポンペ『ポンペ日本滞在見聞記』）
(51) Chamberlain チェンバレン『日本事物誌』1・三三三頁。
(52) Kaempfer ケンペル『日本誌』下・一七一頁。
(53) Morse モース『日本の住まい』上・三〇頁。
(54) Chamberlain チェンバレン『日本事物誌』1・三四頁。
(55) Bird バード『日本奥地紀行』一〇九頁。
(56) Thunberg ツゥンベリー『江戸参府随行記』二四五頁。
(57) King, *Farmers*, 138.
(58) Morse モース『その日』2・五五、二二四頁。
(59) Arnold, *Seas*, 384.
(60) *Cambridge History*, 4, 675所収。
(61) Morse モース『日本の住まい』下・一頁。
(62) *Cambridge History*, 4, 667所収。
(63) Frederic, *Daily Life*, 105. 斉藤修によれば、源氏の時代には「畳」は折り畳み式だった。
(64) Hearn ハーン『東の国から・心』二一五頁。
(65) Regamey, *Art and Industry*, 238.
(66) Oliphant オリファント『エルギン卿遣日使節録』一〇九頁。
(67) Thunberg ツゥンベリー『江戸参府随行記』二三七頁。
(68) Bird, *Tracks*, 99-100.
(69) Hearn ハーン『東の国から・心』二一五頁。
(70) Hearn, *Glimpses*, 174-5.
(71) Morse モース『日本の住まい』下・一二一頁。
(72) Thunberg ツゥンベリー『江戸参府随行記』二四五頁。
(73) Kaempfer ケンペル『日本誌』上・二二七頁。
(74) Alcock オールコック『大君の都』中・二六頁。
(75) Scidmore, *Jinrikisha*, 143.（シッドモア『人力車旅情』）
(76) Alcock オールコック『大君の都』中・二六～七頁。
(77) Inouye, *Home*, 142.
(78) Bacon, *Japanese Girls*, 282-3.
(79) Wellington, *Report*, 21.
(80) Inouye, *Home*, 29.
(81) Morse モース『その日』1・一二〇～一頁。『その日』2・七二頁。
(82) Alcock オールコック『大君の都』上・二〇四頁。
(83) Fraser, *Letters*, 1, 315.
(84) Morse モース『その日』2・二三九、二六二～三頁。Silver, Sketch-

es, 7.

（85）Hearn ハーン『東の国から・心』三七五頁。

（86）Inouye, *Home*, 30.

（87）Fraser, *Letters*, I, 319.

（88）Kaempfer ケンペル『日本誌』［一九九六年版］下・一六三頁。さらに証拠として Griffis グリフィス『明治日本体験記』四二頁。Arnold, *Seas*, 401. Morse モース『その日』1・四〇、五五頁。Morse モース『日本の住まい』上・二〇頁を参照。

（89）Hearn ハーン『東の国から・心』一三九頁。

（90）Hearn ハーン『日本瞥見記』下・三〇頁。

（91）Geoffrey ジョフリー『横浜物語』四〇頁。

（92）Winslow, *Conquest*, 84.

（93）Needham et al., *Science and Civilazation*, VI, 1,328.

（94）Chamberlain チェンバレン『日本事物誌』1・一九六頁。

（95）小川光暘の『昔からあった日本のベッド』［Edition Wacoal］（東京、一九九〇年）一五二〜七頁の一部を要約したかたちで翻訳してくれたアシカリミキコに深く感謝する。

（96）Leonard, *Early Japan*, 37.

（97）たとえば、Takahashi, *Traditional Woodblock Prints*, 25, 67, 130 や Clark, *Ukiyo-e Paintings*, no.21, 30 を参照。歌麿によるいくつかの有名な作品がある。たとえば「蚊帳の内外」。

（98）長塚『土』［岩波文庫版、一九九二］一七三、一六一頁。

（99）小川『昔からあった日本のベッド』一五七頁。

（100）Chamberlain チェンバレン『日本事物誌』1・一三三頁。

（101）Roberts, *Hygiene*, 238.

（102）Morse モース『その日』1・五一、一一七、一四二頁。

（103）Hearn ハーン『日本瞥見記』上・二五三頁。

（104）Scidmore, *Jinrikisha*, 323-4.（シッドモア『人力車旅情』）

（105）Scidmore, *Jinrikisha*, 143.（シッドモア『人力車旅情』）

（106）Geoffrey ジョフリー『横浜物語』四〇頁。

（107）Thunberg ツュンベリー『江戸参府随行記』一九九頁。

（108）Chamberlain チェンバレン『日本事物誌』2・三二七頁。

（109）ここではヨーロッパ大陸の住宅の状況との比較は行われていないが、ヨーロッパにおいては、少なくとも、ある特定の時期のある国々において非常に裕福な層に限ってみると、イングランドよりもはるかにぜいたくな状況が見られた。

13　織物、衣服、履き物

（1）Lane-Claypon, *Hygiene*, 90.

（2）Fortescue, *Commendation*, 81-81v, 85-85v.

（3）Reynolds, *British Pamphleteers*, 29-33.

（4）Moryson, *Itinerary*, IV, 231.

（5）Malthus マルサス『人口の原理』二六八頁。

（6）Marshall, *English People*, 160 に引用されている。

（7）Rochfoucauld, *Frenchman*, 4.

（8）De Saussure, *Foreign*, 112-3, 204, 113.

（9）Braudel, *Capitalism*, 227.

（10）Graham, *Scotland*, 15; Wright, *Autobiography*, 80.

（11）Stubbes, *Anatomie*, 17, 41, 42ff.

（12）Lamond (ed.), *Discourse*, 82.

（13）Campbell, *English Yeoman*, 251ff; Alan Everitt in Thirsk (ed.), *Agrarian History*, 449-50 と比較せよ。

（14）De Saussure, *Foreign*, 324.

(15) Buchan, *Domestic*, 100, 93.
(16) たとえば、Ramsey, *Woollen Industry* を参照。
(17) Fussell and Fussell, *Countrywoman*, 37-8, 41.
(18) Havinden (ed.), *Household* の、たとえば 142, 208 を参照。
(19) Tryon, *Cleanliness*, 6.
(20) 麻のシーツについては、たとえば Havinden (ed.), *Household*, 174 を参照のこと。
(21) Marshall, *English People*, 177-8 と比較せよ。
(22) Mokyr, *Lever*, 100.
(23) Lane-Claypon, *Hygiene*, 95.
(24) Chambers, *Population*, 104.
(25) George, *London*, 72.
(26) Marshall, *London*, 72 に引用されている。
(27) Mokyr (ed.), *Industrial Revolution*, 161, n. 25 所収。
(28) Landers, *Death*, 356.
(29) Harrison, *Description*, 201.
(30) Shammas, *Consumer*, 169, 171, table 6. 3.
(31) Emmison, *Elizabethan Life*, 12-16.
(32) Havinden (ed.), *Household*, 63. 他の良い例としては、p.75.
(33) Tryon, *Cleanliness*, 5, 7, 8, 11.
(34) Houghton, *Husbandry*, II, 133.
(35) Pepys, *Diary*, 12 August 1667.（ピープス『日記』）
(36) Fussell and Fussell, *Countrywoman*, Plate 11 を参照。
(37) イングランドにおける石鹸の製造に関する簡便な記述については、以下を参照。Grigson and Gibbs-Smith (eds), *Things* の「石鹸（soap）」の項目を、また、Fussell and Fussell, *Countrywoman*, 26, 19-20, 122 を参照。
(38) *Cambridge History*, 3, 313 所収の Nagahara Keiji.
(39) Smith スミス『伝統と創造』八〇頁。
(40) *Cambridge History*, 4, 512.
(41) Morse モース『その日』1・一四九頁。
(42) Griffis グリフィス『明治日本体験記』二五七頁。
(43) Bird バード『奥地紀行』一〇九、一〇八、九七頁。
(44) Griffis グリフィス『明治日本体験記』四二頁。
(45) 井原西鶴『日本永代蔵』。
(46) Kroeber, *Anthropology*, 332.
(47) Morse モース『その日』1・四〇頁。
(48) Wittermans, *Pompe*, 41.（ポンペ『ポンペ日本滞在見聞記』）
(49) Siebold, *Manners*, 126.
(50) Alcock オールコック『大君の都』上・二〇〇頁。
(51) 冬の、より暖かい衣服については、Morse モース『その日』2・二三四頁。
(52) Hearn ハーン『東の国から・心』三八二頁。
(53) Jansen and Rozman (eds), *Japan*, 461 所収の Hanley.
(54) Alcock オールコック『大君の都』中・二五～六頁。
(55) Chamberlain チェンバレン『日本事物誌』1・一五三頁。
(56) Mumford, *Technics*, 289.
(57) Thunberg ツゥンベリー『江戸参府随行記』二四〇頁。
(58) Siebold, *Manners*, 24.
(59) Lane-Claypon, *Hygiene*, 117, 104.
(60) Griffis グリフィス『明治日本体験記』四三頁。
(61) *Cambridge History*, 4, 691 所収の Hanley 馬に関しては Thunberg ツゥンベリー『江戸参府随行記』一六一頁、Oliphant オリファント『エルギン卿遣日使節録』一〇一頁を参照。

（62）*Cambridge History*, 4, 691所収の Hanley.
（63）Griffisグリフィス『明治日本体験記』四三、一一二、一二三頁。
（64）*Cambridge History*, 5, 79所収の Jansen に引用されている。
（65）Geoffreyジョフリー『横浜物語』一四九頁。
（66）Hearn ハーン『東の国から・心』三八三頁。
（67）Morse モース『日本人の住まい』下・二四頁。『その日』1・七八頁も比較参照。
（68）Jansen and Rozman (eds), *Japan*, 453所収の Hanley.
（69）Bird バード『日本奥地紀行』一〇九頁。Scidmore, *Jinrikisha*, 145.（シッドモア『人力車旅情』）
（70）Scidmore, *Jinrikisha*, 161.（シッドモア『人力車旅情』）
（71）Morseモース『その日』1・二一〇頁。また五二頁も参照。

14 身体衛生——入浴と洗濯

（1）McKeown, *Food*, 244.
（2）Razzell, *Essays*, 164.
（3）McKeown, *Modern Rise*, 124.
（4）Bushman, *Cleanliness*, 1225.
（5）Wright, *Clean*, 138に引用されている。
（6）Chadwick, *Report*, 135.（後掲書）チャドウィック『大英帝国』三七一頁。
（7）Chadwickチャドウィック『大英帝国』三七二頁。
（8）Goubert, *Conquest*, 86.
（9）Lane-Claypon, *Hygiene*, 84.
（10）Chadwickチャドウィック『大英帝国』三七二頁。
（11）Quennell and Quennell, *Things*, I, 168.
（12）Eyre, Diary, 48, 50, 57.
（13）Pepysピープス『日記』6・六三頁。
（14）Turner, *Taking the Cure* と Mullett, *Public Baths* を参照。
（15）Comenius, *Orbis*, 153.
（16）Nikiforuk, *Fourth*, 34.
（17）Byrne, *Elizabethan Life*, 28-9. 家庭で作られた石鹸に関する他の証拠については Fussell, *Countrywoman*, 119-20を参照。
（18）Goubert, *Conquest*, 84.
（19）Vigarelloヴィガレロ『清潔になる「私」』四〇、四六頁。
（20）Thomas, *Cleanliness*, 61, 59, 58.
（21）Thomas, *Cleanliness*, 75.
（22）Mullet, *Public Baths*, 19, 19-20.
（23）Thomas, *Cleanliness*, 75, 76に引用されている。
（24）Buchan, *Domestic*, 104, 103, 103-4, 100, 100.「Sordes」は汚物、不潔さを意味する。
（25）Vigarelloヴィガレロ『清潔になる「私」』一五〇頁。
（26）Grilli, *Bath*, 15, 46, 47.
（27）Chamberlainチェンバレン『日本事物誌』1・六〇頁。
（28）Maraini, *Tokyo*, 57.（マライニ『東京』）
（29）Grilli, *Bath*, 21, 124.
（30）Kaempfer ケンペル『日本誌』［一九九六版］下・四四八頁。［一九七三版］下・二二三、上・二一九頁。
（31）Thunbergツュンベリー『江戸参府随行記』一〇二頁。
（32）Grilli, *Bath*, 132.
（33）Morseモース『その日』1・八八頁。
（34）Grilli, *Bath*, 136.
（35）Rein, *Travels*, 413.

（36）Wittermans ポンペ『日本滞在見聞記』三〇四頁。
（37）Kaempfer ケンペル『日本誌』下・一八二頁。
（38）Alcock オールコック『大君の都』中・二七頁。
（39）長塚『土』二三、一二三頁。
（40）Grilli, *Bath*, 22.
（41）Lane-Claypon, *Hygiene*, 84.
（42）Maraini, *Meetings*, 25.
（43）Morse モース『住まい』下・一七頁。
（44）Yanagita (ed.), *Manners and Customs*, 287.
（45）Griffis グリフィス『明治日本体験記』一四五頁。
（46）Wellington, *Report*, 8, 21.
（47）Maraini, *Meeting*, 25.
（48）Morse モース『その日』1・三八頁。
（49）Wittermans ポンペ『日本滞在見聞記』三〇五頁。
（50）Grilli, *Bath*, 16, 94.
（51）Scidmore, *Jinrikisha*, 169.（シッドモア『人力車旅情』）
（52）Grilli, *Bath*, 34.
（53）Chamberlain チェンバレン『日本事物誌』1・六〇頁。
（54）Chamberlain チェンバレン『日本事物誌』1・六一～二頁。
（55）Inouye, *Home*, 54.
（56）Bird バード『日本奥地紀行』一〇九頁。
（57）Griffis, *Mikado*, 356.（グリフィス『明治日本体験記』）
（58）Inouye, *Home*, 120.
（59）Chamberlain チェンバレン『日本事物誌』1・六一～二頁。Scidmore, *Jinrikisha*, 173.（シッドモア『人力車旅情』）もまたこれらの糠袋についてふれている。
（60）Needham, *Clerks*, 396ff. 明治時代に石鹸として用いられたさまざまな物質に関しては Shibusawa (ed.), *Japanese Society*, 45-6 を参照。
（61）Wittermans ポンペ『日本滞在見聞記』三〇五～六頁。
（62）Chamberlain チェンバレン『日本事物誌』1・六〇頁。
（63）Alcock オールコック『大君の都』上・三七二、中・三三四、上・三七二頁。
（64）Morse モース『その日』1・八六頁。
（65）Morse モース『その日』1・八六～七頁、『家』下・一四頁、『日本人の住まい』下・一五、四六頁。
（66）Shibusawa (ed.), *Japanese Society*, 159 に引用されている。
（67）Wittermans ポンペ『日本滞在見聞記』三〇五頁。
（68）Geoffrey ジョフリー『横浜物語』三三、一七一頁。
（69）Morse モース『日本人の住まい』下・一六頁。
（70）Chamberlain チェンバレン『日本事物誌』1・六二頁。
（71）Bird バード『日本奥地紀行』一〇三頁。
（72）Hearn ハーン『日本瞥見記』上・四三七頁。
（73）Alcock オールコック『大君の都』中・三三六頁。
（74）Bowers バワーズ『日本における西洋医学の先駆者たち』一〇二頁。
（75）Wittermans ポンペ『日本滞在見聞記』三〇四～五頁。
（76）Bacon, *Japanese Girls*, 8, 9.
（77）たとえば、Tames, *Encounters*, facing 66 に描かれた絵を参照。
（78）Hearn ハーン『日本瞥見記』上・四三七頁。
（79）Bacon, *Japanese Girls*, 19.
（80）講談社 *Encyclopedia (Illustrated)* の「髪型（Hair Styles）」の項目を参照。
（81）Inouye, *Home*, 113.

(82) Oliphantオリファント『エルギン卿遣日使節録』一四三頁。
(83) Inouye, *Home*, 119.
(84) Inouye, *Home*, 130.
(85) Morseモース『その日』2・一一〇～一頁。
(86) Alcockオールコック『大君の都』上・二八九頁。
(87) Morseモース『その日』1・三六頁。
(88) Cortazziコータッツィ『ある英人医師の幕末維新』三五七［アダムズの覚え書きより引用］、三〇九、三五七［アダムズの覚え書きより引用］。
(90) Cortazziコータッツィ『ある英人医師の幕末維新』三四四頁。
(91) Alcockオールコック『大君の都』上・二八九～九〇、中・四二五頁。
(92) Merck, *Manual*, 1424.（メルク『メルクマニュアル』）
(93) Chamberlain, *Things*, 93.（チェンバレン『日本事物誌』）
(94) Bacon, *Japanese Girls*, 10.
(95) Busvine, *Insects*, 281, 178.
(96) Wittermansポンペ『日本滞在見聞記』三二九～三〇頁。
(97) Wittermansポンペ『日本滞在見聞記』三二九～三〇頁。
(98) Alcockオールコック『大君の都』中・四二五頁。
(99) May, *Ecology*, 289を参照。
(100) Merckメルク『メルクマニュアル』一二六六頁。
(101) Kiple (ed.), *Desease*, 898-9所収の Mary C. Karasch.
(102) Morseモース『その日』1・四八頁。
(103) Alcockオールコック『大君の都』中・一三〇頁。
(104) Geoffreyジョフリー『横浜物語』三二頁。

15 汚れ・清潔に関する概念の変化

(1) Douglasダグラス『汚穢と禁忌』。または「偉大な哲学者」がかつて言ったように「汚れとは単に、不適切な場にあるものにすぎなかった」(Murphy, *Our Homes*, 894.)
(2) Kames, *Sketches*, I, 242-6.
(3) Kames, *Sketches*, I, 242.
(4) Douglasダグラス『汚穢と禁忌』。
(5) Westermarck, *Moral*, II, 349.
(6) Westermarck, *Moral*, II, 349.
(7) Westermarck, *Moral*, II, 350.
(8) Kames, *Sketches*, I, 247.
(9) Kames, *Sketches*, I, 247.
(10) Kames, *Sketches*, I, 249, 247, 244.
(11) Thomas, *Cleanliness*, 80に引用されている。
(12) Wilson (ed.), *Strange Island*, 139に引用されている。
(13) Westermarck, *Moral*, II, 352.
(14) Westermarck, *Moral*, II, 351.
(15) Lane-Claypon, *Hygiene*, 73.
(16) Foucaultフーコー『監獄の誕生』。Eliasエリアス『社会の変遷』。
(17) たとえば、Thomas, *Cleanliness*, 69-70, 80; Bushman, *Cleanliness*, 1220, 1222, 1231を参照。
(18) Cooley, *Toilet*, 359-60.
(19) Westermarck, *Moral*, II, 352.
(20) 多くの文献は Douglasダグラス『汚穢と禁忌』において論じられている。
(21) Westermarck, *Moral*, II, 354, 355-6.
(22) Thomas, *Cleanliness*, 60.

(23) Singer, *Sword and Jewel*, 114.（ジンガー『三種の神器』）
(24) Hearn ハーン『神国日本』一二三、一二二頁。
(25) Hearn, *Glimpses*, 14.（ハーン『日本瞥見記』）
(26) Lock ロック『都市文化と東洋医学』三〇頁。
(27) Thunberg ツゥンベリー『江戸参府随行記』二六一頁。
(28) Maraini, *Meeting*, 148.
(29) Lock ロック『都市文化と東洋医学』二九頁。
(30) Von Siebold, *Manners*, 106.
(31) Hearn ハーン『神国日本』一二三頁。
(32) Morse モース『日本の住まい』下・一六頁。
(33) Grilli, *Bath*, 24, 24, 24.
(34) Grilli, *Bath*, 24, 44.
(35) Chamberlain チェンバレン『日本事物誌』1・三二九頁。
(36) Keene, *Discovery*, 170.（キーン『日本人の西洋発見』）
(37) Kaempfer, *History*, I, 108.（ケンペル『日本誌』他）
(38) Rein, *Travels*, 411. Alcock オールコック『大君の都』上・二八八、中・二六〜七頁。
(39) 同様の記述は Ohnuki-Tierney, *Illness*, 21-37, 49, 57 に見られる。
(40) Lock ロック『都市文化と東洋医学』九六頁。
(41) Maraini, *Meeting*, 223.
(42) Lock ロック『都市文化と東洋医学』九八頁。
(43) Lock ロック『都市文化と東洋医学』九七、九九頁。
(44) Lock ロック『都市文化と東洋医学』二九、九九、三〇頁。
(45) Lock ロック『都市文化と東洋医学』二九頁。
(46) Bynum and Porter (eds), *Companion Encyclopaedia* 所収の Wear による「個人衛生史 (History of Personal Hygiene)」の項目（p.1292)。
(47) Thomas, *Cleanliness*, 78, 61.
(48) Dodds, *Greeks*, 154.（ドッズ『ギリシア人と非理性』）
(49) たとえば、Thomas, *Religion*, 38.（トマス『宗教と魔術の衰退』）を参照。
(50) John Wesley, '*On Dress*.' (various editions).
(51) Thomas, *Cleanliness*, 65 に引用されている。
(52) Bynum and Porter (eds), *Companion Encyclopaedia* 所収の Wear による「個人衛生史 (History of Personal Hygiene)」の項目（p.1296)。
(53) Fukuyama, *End of History*, 227.（フクヤマ『歴史の終わり』）
(54) Bynum and Porter (eds), *Companion Encyclopaedia* 所収の Wear による「個人衛生史 (History of Personal Hygiene)」の項目（p.1283)。
(55) Smith, *Prescribing*, 281.
(56) Smith, *Tryon*, 58, 59.
(57) Vigarello ヴィガレロ『清潔になる「私」』に引用されている Clerget (1843).
(58) Thomas, *Cleanliness*, 66, 62.
(59) Rochefoucauld, *Frenchman*, 43.
(60) Bushman, *Cleanliness*, 1224.
(61) Cooley, *Toilet*, 186.
(62) 興味深い対照をなす事例として、儀礼と身体的汚れの扱いが異なるインドについては、Khare, *Ritual*, 244-8を参照。

V 空気中で

16 空気で感染する病気——天然痘、ハシカ、結核

(1) Burnett, *Infectious*, 107, 109.（バーネット『伝染病の生態学』）

(2) Schofield et al. (eds), *Decline*, 171.
(3) Burnett バーネット『伝染病の生態学』一四〇、一四一頁。
(4) もちろん、このほかにも、より長きにわたって論じうるものとして、とくに肺ペストやインフルエンザのような重要な空気感染の病気が数多く存在する。
(5) Ewald, *Infectious*, 63.
(6) Nikiforuk, *Fourth*, 66.
(7) 第三世界の人々が被った凄惨な影響については、Crosby, *Ecological*, 200ffを参照。
(8) Landers, *Age Patterns*, 55.
(9) Malthusマルサス『人口の原理』五六七頁。
(10) Creighton, *Epidemics*, I, 456.
(11) Creighton, *Epidemics*, II, ch.iv.
(12) Drake (ed.), *Industrialization*, 146所収の Razzell.
(13) Landers, *Metropolis*, 72.
(14) Shrewsbury, *Philistines*, 124.
(15) Montagu, *Letters*, I, 303.
(16) Wright, *Autobiography*, 152, 21.
(17) Petersen, *Malthus*, 160.
(18) *Chambers's Encyclopaedia* の「天然痘（smallpox）」の項参照。
(19) Heberden, *Observations*, 35-6.
(20) 接種のように、天然痘にかかった者からのウイルスを移植する代わりに、種痘では感染した牛から、より軽い形態の病気を用いたが、それはより効果的であると同時に危険性も低かった。
(21) Black, *Arithmetical*, 61, 265.
(22) Creighton, *Epidemics*, II, 504ff, esp. 511.
(23) Drake (ed.), *Industrialization*, 154.
(24) Razzell, *Essays*, 3, 150, 220.
(25) Blane, *Dissertations*, 172.
(26) Creighton, *Epidemics*, II, 556; Chambers, *Population*, 102.
(27) Jannetta, *Epidemics*, 70.
(28) Kiple (ed.), *Disease*, 375所収の Tastukawa.
(29) 富士川『日本疾病史』。富士川によるこれらの資料の翻訳の労をとって下さった斎藤修氏に感謝する。
(30) 十八世紀の流行病に関してより詳しくは、Farris, *Population*, 53ffを参照。
(31) Kiple (ed.), *Disease*, 378所収の Farris.
(32) Jannetta, *Epidemics*, 67, 67, 104.
(33) Jannetta, *Epidemics*, 73, 86, 104, 106.
(34) Kiple (ed.), *Disease*, 381所収の Farris.
(35) Jannetta, *Epidemics*, 76, 77, 91, 92.
(36) Kiple (ed.), *Disease*, 383所収の Farris.
(37) Thunbergツュンベリー『江戸参府随行記』二九九頁。
(38) Oliphantオリファント『エルギン卿遣日使節録』一八五頁。
(39) Griffis, *Mikado*, 662.（グリフィス『明治日本体験記』）
(40) Birdバード『日本奥地紀行』八七頁。
(41) Farris, *Population*, 60-1.
(42) Bowersバワーズ『日本における西洋医学の先駆者たち』九六頁。中国では、西暦一〇〇〇年頃以降から接種の方法が用いられており、それは、鼻から採取した天然痘の膿疱《のうほう》を使用したものであった（Needham, *Clerks*, 375.（ニーダム『東と西の学者と工匠』)）。
(43) Bowersバワーズ『日本における西洋医学の先駆者たち』九六頁。

(44) Veith, *Mutual Indebtedness*, 397.
(45) Wittermansポンペ『ポンペ日本滞在見聞記』三三四、三三一頁。
(46) Hane, *Rebels*, 45. に引用されているBaelzを参照。
(47) Wittermansポンペ『ポンペ日本滞在見聞記』三三二頁。
(48) Cortazziコータッツィ『ある英人医師の幕末維新』九九頁。
(49) Griffis, *Mikado*, 662.（グリフィス『明治日本体験記』）
(50) Morseモース『その日』1・二〇、一九四頁。
(51) Jannetta, *Epidemics*, 112.
(52) たとえば、Shrewsbury, *Philistines*, 93を参照。
(53) Jannetta, *Epidemics*, 109.
(54) Burnettバーネット『伝染病の生態学』一七二頁。
(55) Cohen, *Health*, 49.（コーエン『健康と文明の人類史』）
(56) 概略として参考になるものとしては、Creighton, *Epidemics*, II, ch.v. がある。
(57) Dubosデュボス『人間と適応』一三四頁。
(58) Black, *Arithmetical*, 64.
(59) Creighton, *Epidemics*, II, 647.
(60) Dubosデュボス『人間と適応』一三四頁。
(61) Zinsserジンサー『ねずみ・しらみ・文明』七七頁。
(62) Jannetta, *Epidemics*, 109.
(63) Kiple (ed.), *Disease*, 379所収の Farris.［「アカモガサ」の名称および漢字については、富士川『日本疾病史』一六九〜一七一頁に記載がある。］
(64) 富士川『日本疾病史』を参照。
(65) Jannetta, *Epidemics*, 115-7, 133.
(66) Jannetta, *Epidemics*, 139, 144.
(67) Jannetta, *Epidemics*, 144, 112.
(68) Merckメルク『メルクマニュアル』一二九頁。
(69) Kiple (ed.), *Disease*, 379所収の Farris.
(70) Howe, *Environment*, 103.
(71) Clarkson, *Disease*, 39.
(72) Kiple (ed.), *Disease*, 1061所収の William D. Johnston.
(73) Black, *Arithmetical*, 93.
(74) Black, *Arithmetical*, 92.
(75) Greenhow, *Papers*, 47.
(76) Chadwickチャドウィック『大英帝国』一三頁。
(77) Flinn, *European*, 62.
(78) Kiple (ed.), *Disease*, 1059所収の Johonston.
(79) Black, *Arithmetical*, 93.
(80) Place, *Illustrations*, 251.
(81) Chadwickチャドウィック『大英帝国』の序章（一三頁）にあるM. W. Flinnを参照。
(82) Black, *Arithmetical*, 94.
(83) Greenhow, *Papers*, 74.
(84) Kiple (ed.), *Disease*, 1061所収の Johonston.
(85) Mercer, *Disease*, 104.
(86) Kiple (ed.), *Disease*, 1061所収の Johonston.
(87) Dubosデュボス『人間と適応』一八七頁。
(88) Burnettバーネット『伝染病の生態学』二六四、二六四〜五頁。また、Dubos, *Writings*, 109-10も参照。
(89) Greenwood, *Epidemics*, 360.
(90) *New Internationalist* 272 (Oct. 1965) 15に掲載されているWHO, 1994. を参照。現在、世界に蔓延している結核に重大な関心が寄せられており、一九九五年には、三百万人を超える人々が結核で死亡したと報告されている。

(91) Kiple (ed.), *Disease*, 374所収の Tatsukawa.

(92) Cortazziコータッツィ『ある英人医師の幕末維新』三五六頁。

(93) Morseモース『その日』1・三六頁。

(94) Wittermans, *Pompe*, 109.（ポンペ『ポンペ日本滞在見聞記』）

(95) 夏目『吾輩は猫である』[岩波文庫版、一九九〇年] 六一頁。

(96) Kiple(ed.), *Disease*, 1063所収の Johnston.

(97) Jannetta, *Two Centuries*, 432-3.

(98) Chamberlainチェンバレン『日本事物誌』1・三一四頁。

(99) Hane, *Rebels*, 46.

(100) Wellington, *Report*, 27.

(101) 他のデータとしては、Kiple (ed.), *Disease*, 1066所収の Johonstonを参照。

(102) Lane-Claypon, *Hygiene*, 235.

(103) Zinsserジンサー『ねずみ・しらみ・文明』九九頁。

(104) Kunitz, *Speculations*, 352.

(105) Coleman and Schofield (eds), *Population*, 285所収の Kunitz.

(106) より早い時期からこのアプローチをとった意見として興味深いものとしては Schofield, *Review of McKeown*, 180を参照。

(107) Cohen, *Health*, 54.（コーエン『健康と文明の人類史』）

(108) Bynum and Porter (eds), *Companion Encyclopedia*, 364-5所収の Kipleを参照。

(109) Burnettバーネット『伝染病の生態学』一三三、二〇四頁。

(110) Dubos, *Writings*, 123.

VI 胎内で

17 出生率と結婚・性的関係

(1) Malthusマルサス『人口の原理』五五五頁。

(2) これは、人口の性別、年齢別、配偶関係別による構成を考慮に入れていないため、「粗出生率」と呼ばれるものである。これは、当該人口中の年間千人当たりの生児出生数を計算したものである。

(3) Nag, *Human Fertility*, 174; Clarkクラーク『人口増加と土地利用』第一章

(4) Coale, *Malthus*, 8.

(5) Wrigley and Schofield, *Population*, 479.

(6) 以下の著作には関連する数値と議論がおさめられている。Hollingsworth, *Historical Demography*, 148-52; Jones and Mingay (eds), *Land, Labour and Population*, 195-200; Deane and Cole, *British Economic Growth*, 127; Chambers, *Population*, ch.3.

(7) Taeuberトイバー『日本の人口』三六頁。

(8) Smith, Nakahara, 39, 40. 宗門改帳からとられた、補正されてない値では、出生数があまりに低く記録されている。

(9) Hanley and Yamamuraハンレー・ヤマムラ『前工業化期日本の経済と人口』一八九頁。

(10) Smithスミス『日本社会史における伝統と創造』表四・一と図四・一、一〇九頁。ヨーロッパのデータに関しては、Flinn, *European*, table 3.3, 31を参照。

(11) Glass and Eversley (eds), *Population*, 617.
(12) Wrigley, *Population and History*, 124.（リグリィ『人口と歴史』）
(13) Flinn, *European*, 33, table 3. 5.
(14) Feeney and Hamano, *Rice*, 24.
(15) Kalland and Pedersen, *Famine*, 54.
(16) Smith, *Native Sources*, 106, table 4. 1.（スミス『日本社会史における伝統と創造』）
(17) Wrigley, 'Family Limitation', 97.
(18) Smith, *Native Sources*, table 4. 1, 106.（スミス『日本社会史における伝統と創造』）
(19) Hanley and Yamamura ハンレー・ヤマムラ『前工業化期日本の経済と人口』二〇五頁。
(20) Hayami, *Class Differences*, 13. しかし、これらの値は記録外の出生数は含まない。
(21) Davis and Blake, *Analytic Framework*.
(22) Malthus マルサス『人口の原理』三六一、二七三頁。
(23) Malthus マルサス『人口の原理』三六〇頁。
(24) Malthus マルサス『マルサス人口論綱要』五三頁。
(25) Hajnal, *Marriage Patterns*. ヨーロッパ一般に関しては、Flinn, *European*, 28, table 3. 1を参照。
(26) たとえば、Landers and Reynolds(eds), *Fertility*, 173 所収の Richard Smith を参照。
(27) Wrigley, *Population and History*, 256.（リグリィ『人口と歴史』）［粗再生産率とは、女性が置き換わる率で、母親が生涯、娘を何人生むかという指標。ただし、その娘が母親の年齢まで生存する確率は含まれない。］
(28) Goldstone, *Demographic*, 10, 19, 29.
(29) Laslett and Wall (eds), *Household*, 502, 508. 速水の数字は日本式の数え年（歳）であるため、最低一歳は差し引かれる必要がある（詳しくは注（35）を参照）。
(30) Smith, Nakahara, 93 and 94 (table). Smith, *Native Sources*, 121.（スミス『日本社会史における伝統と創造』）
(31) Smith, Nakahara, 93, 11, 100.
(32) Hanley and Yamamura ハンレー・ヤマムラ『前工業化期日本の経済と人口』二六二、二三二頁。
(33) Hanley and Wolf (eds), *Family*, 216 所収の Hanley.
(34) Hanley and Yamamura ハンレー・ヤマムラ『前工業化期日本の経済と人口』二三二、二二四、二二一頁。
(35) Hayami, *Class Differences*, 15.「歳」は日本式の年齢を指す用語で、この数え方では出生時を一歳とし、正月の元旦に二歳になる。階層Ⅰが経済的にもっとも豊かな層で、階層Ⅲは、最貧層である。
(36) Hayami, *Fossa*, 59, 70, 70-1.
(37) 佐賀『田舎町の肖像』八九頁。
(38) Bird バード『日本奥地紀行』八七頁。
(39) Taeuber トイバー『日本の人口』三二頁。
(40) Smith, *Nakahara*, 91.
(41) Menken et al., *Nutrition*, 433.
(42) Flinn, *European*, 29.
(43) Glass and Eversley (eds), *Population*, 616 所収の Deprez.
(44) Hanley and Yamamura ハンレー・ヤマムラ『前工業化期日本の経済と人口』二二三、二九九、二一五頁。
(45) Smith スミス『日本社会史における伝統と創造』二二二頁。
(46) Hanley and Yamamura ハンレー・ヤマムラ『前工業化期日本の経済と人口』二三〇頁。

(47) Hanley and Wolf (eds), *Family*, 140所収の Sasaki（佐々木）。
(48) Hanley and Yamamura ハンレー・ヤマムラ『前工業化期日本の経済と人口』二二五〜六頁。
(49) 有吉『恍惚の人』一九〇頁。
(50) 佐賀『ちぢらんかんぷん』二九二〜四頁。
(51) Hanley and Yamamura ハンレー・ヤマムラ『前工業化期日本の経済と人口』二三八頁。
(52) Taeuber トイバー『日本の人口』三二頁。
(53) Coleman, *Family Planning*, 173.
(54) Coleman, *Family Planning*, 175.
(55) たとえば、Laslett et al. (eds), *Bastardy* を参照。
(56) Kaempfer ケンペル『江戸参府旅行日記』六一頁。
(57) Thunberg ツゥンベリー『江戸参府随行記』八二、二八三、一二二頁。
(58) Wittermans ポンペ『ポンペ日本滞在見聞記』三四三、三三六〜七、三三九、三三六〜七頁。
(59) Wittermans, *Pompe*, 40.（後掲書）ポンペ『ポンペ日本滞在見聞記』三四四、三三九〜四〇頁。
(60) Cortazzi コータッツィ『ある英人医師の幕末維新』二一七、三四三、一九九、二四七、三四四頁。
(61) Cortazzi コータッツィ『ある英人医師の幕末維新』三四四、三四三、三四五、三四三、三四一、三四二頁。
(62) Coleman, *Family Planning*, 175.
(63) Hearn ハーン『東の国から・心』四九四頁。
(64) Short, *Increase*, 28.
(65) Wrigley and Schofield, *Reconstitution*, 176.
(66) Wrigley and Schofield, *Population* のグラフ、および262を参照。
(67) Wrigley and Schofield, *Reconstitution*, 176.
(68) *Cambridge History* 所収の Rozman.
(69) *Cambridge History* 所収の Hanley.
(70) *Cambridge History* 所収の Rozman.
(71) Laslett and Wall, (eds) *Household*, 501所収の Hayami（速水）。
(72) Hanley and Yamamura ハンレー・ヤマムラ『前工業化期日本の経済と人口』二二四頁。速水の値も同様に、その時点で結婚している者を示すものである。
(73)『前工業化期日本の経済と人口』二二五頁。
(74) Hanley and Wolf (eds), *Family*, 140-1, 213-6.
(75) Kalland and Pedersen, *Famine*, 54.
(76) Feeny and Hamano, *Rice*, 29.
(77) Cornell, *Spinsters*. 全体を通して散見されるが、とくに 338, 335.
(78) Hayami, *Fossa*, 61.
(79) Laslett ラスレット『われら失いし世界』一五四頁。
(80) Burn, *Ecclesiastical Law*, II, 416.
(81) Smith, *Nakahara*, 14, 100.
(82) Inouye, *Home*, 218.

18 生物学と受胎調節

(1) Smith, *Nakahara*, 11.
(2) Saito, *Infanticide*, 378-9.
(3) Saito, *Gender*, 23-4.
(4) Saito, *Gender*, 24.
(5) Wittermans, *Pompe*, 42.（ポンペ『ポンペ日本滞在見聞記』）
(6) 十九世紀日本に関する民俗学的研究では、産後の三日間は働いてはいけないという禁忌があったことが示唆されている。これは、女性がその場合、不浄とされたからであった。もし労働したならば、その女性は田に災厄をもたらすであろうとされた。さらに労働に対する三〇日間のより軽い禁忌も存在した。もし、女性がこれより前に外に出る必要がある場合には、自らの不浄が神聖なる太陽に影響を与えないよう、小さい傘をさすか、頭に布を被った。これは波平博士による教示であり、ここに記して感謝する。

(7) 佐賀『ちじらんかんぷん』二八三〜四頁。

(8) Hane, *Rebels*, 89. に引用されている。

(9) Wrigleyリグリィ『人口と歴史』

(10) Saito, *Gender*, 24. また、Laslett, *Illicit Love*, 229も参照。

(11) Menken et al., *Nutrition*, 439, 437. また、425も参照。さらに、Diggory et al. (eds), *Natural Human Fertility*, 137.

(12) Jannetta, *Epidemics*, 189. また、Mercer, *Disease*, 154も参照。

(13) McLaren, *Breast Feeding*, 383.

(14) 十六世紀から十九世紀の日本における性病の流行については、Kiple (ed.), *Disease*, 388所収の Jannettaや Thunberg, *Travels*, Ⅲ, 142, 199（ツゥンベリー『江戸参府随行期』）; Wittermans, *Pompe*, 116（ポンペ『ポンペ日本滞在見聞記』）; Cortazzi, *Willis*, 60, 141, 144, 185, 244-5, 257, 259（コータッツィ『ある英人医師の幕末維新』）を参照。

(15) Nag, *Human Fertility*, 105.

(16) Laslett *World*, 91-2.（ラスレット『われら失いし世界』）

(17) Jorden, *Weaknesses*, 57.

(18) Sharp, *Midwives Book*, 289.

(19) Culpeper, *Midwives*, 71.

(20) Jorden, *Weaknesses*, 1.

(21) Sharp, *Midwives Book*, 84.

(22) Burn, *Ecclesiastical Law*, Ⅰ, 110.

(23) Howard, *Matrimontal*, Ⅰ, 357.

(24) Wilson, *Proximate*, 219.

(25) Benedictow, *Milky*, 36. n57.

(26) Landers and Reynolds (eds), *Fertility*, 25所収の Jones.

(27) Myrdal, *Asian*, Ⅱ, 1429, n1; Nag, *Factors Affecting*, 78-9.

(28) Wrigley, *Population and History*, 347, n112.（リグリィ『人口と歴史』）

(29) Bynum and Porter, *Companion Encyclopedia*, 1684において、Richard Smithが引用している。

(30) Wilson, *Proximate*, 220.

(31) Benedictow, *Milky*, 32.

(32) Benedictow, *Milky*, 37. Diggory et al. (eds), *Natural Human Fertility*, 105にも有益なデータがいくつか収められている。

(33) Coleman and Schofield (eds), *Population*, 178, 179所収の Nancy Howell.

(34) Rein, *Travels*, 426. 同じく Bacon, *Japanese Girls*, 9も参照。

(35) Dyson and Murphy, *Fertility Transition*, 426, table 5.

(36) Hanley and Yamamura ハンレー・ヤマムラ『前工業化期日本の経済と人口』二一九頁。

(37) Shibusawa (ed.), *Japanese Society*, 57.

(38) Bird バード『日本奥地紀行』一一一頁。

(39) Morse モース『その日』1・二三二、三六頁。

(40) Chamberlain チェンバレン『日本事物誌』1・一一八頁。

(41) Wittermans, *Pompe*, 43.（ポンペ『ポンペ日本滞在見聞記』）

(42) Morse モース『その日』1・二三二、八四頁。
(43) Morse モース『その日』1・五四頁。一五六頁にこの様子を描いた絵がある。
(44) Alcock オールコック『大君の都』中・二二〇、上・一五二頁。
(45) Morse モース『その日』2・六五〜六頁。1・一〇三、三七頁。
(46) 乳児をどこにでも一緒に連れていくこの習慣に関しては、他に、Morse モース『その日』1・八、一五六頁や Bacon, *Japanese Girls*; 6.; Alcock, *Tycoon*, I, 122（オールコック『大君の都』）; Griffis, *Mikado*, 356（グリフィス『明治日本体験記』）の記述を参照。
(47) Hanley and Yamamura ハンレー・ヤマムラ『前工業化期日本の経済と人口』二一九頁。
(48) Saito, *Infanticide*, 380, n3.
(49) たとえば、Ariès, *Centuries*, 374（アリエス『〈子供〉の誕生』）や Hunt, *Parents*, 100-1.; Flandrin, *Families*, 203ff（フランドラン『フランスの家族』）; Fildes, *Wet Nursing*, 122; Flinn, *European*, 40; Stone, *Sex and Marriage*, 426ff（ストーン『家族・性・結婚の社会史』）; De Mause (ed.), *Childhood*, 185; Goody, *Family*; Bynum and Porter (eds), *Companion Encyclopedia*, 1684 所収の Richard Smith を参照。
(50) Schama, *Embarrassment*, 538-40.
(51) Anglicus, *Properties*, I, 303.
(52) たとえば、Chaucer, *Works*, 57 所収の「リーヴズ物語（Reeves Tale）」を参照。
(53) Fildes, *Wet Nursing*, 98.
(54) Wilson, *Proximate*, 205.
(55) Wilson, *Proximate*, 223. McLaren, *Breast Feeding*, 381, 387.
(56) Wrightson ライトソン『イギリス社会史』一七八頁。
(57) Fildes, *Breasts*, 325ff. ほかの証拠としては、Flinn, *European*, 32 を参照。
(58) たとえば、Culpeper, *Midwives*, 214-5 や Sharp, *The Midwives Book*, 367, 174-5 を参照。
(59) Wilson, *Proximate*, 224.
(60) Crawford, *Suckling*, 31.
(61) Diggory et al. (eds), *Natural Human Fertility*, 123 所収の Filds. Fildes, *Wet Nursing*, 118-20.
(62) たとえば、Wrigley, 'Family Limitation' を参照。
(63) Place, *Autobiography*, 45.
(64) *Whole Duty of Man*, 496.
(65) Marchant, *Church Under Law*, 222, n4.
(66) Du Boulay, *Ambition*, 106. Himes, *Contraception*, 161, 163, 172.（ハイムズ『避妊の歴史』）
(67) Himes ハイムズ『避妊の歴史』。
(68) Schnucker, *Elizabethan*, 657.
(69) Thomas トマス『宗教と魔術の衰退』。
(70) Schnucker, *Elizabethan*, 657.
(71) Culpeper, *Midwives*, 97.
(72) Schnucker, *Elizabethan*, 657.
(73) Himes, *Contraception*, 188ff（ハイムズ『避妊の歴史』）; Bloch, *Sexual Life*, 312.
(74) Bloch, *Sexual Life*, 313 に引用されている。
(75) Boswell, *London Journal*, 49; Boswell, *in Search of a Wife*, 150, 152, 153.
(76) Hibbert, *The English*, 398.

(77) McLaren, *Birth Control,* 21ff.

(78) Petersen, *Malthus,* 204. また、Mumford, *Technics,* 260（マンフォード『技術と文明』）も参照。

(79) Hanley and Yamamura ハンレー・ヤマムラ『前工業化期日本の経済と人口』二一〇頁。

(80) Garfield, *Wandering Whore,* 12ff.

(81) *Untrodden Fields of Anthropology,* 101.

(82) 波平恵美子氏からの私信による。また、斎藤修氏からは、「荻野法は、一九二〇年代末期に女性雑誌上で初めて［一般に広く］唱道された」という教示を得た。

(83) Wellington, *Report,* 29.

(84) Coulton, *Medieval Village,* 244.

(85) Aubrey, *Natural History,* 71.

(86) Cogan, *Haven,* 246.

(87) Pepys Ballad Collection, vol.iv, 119 (Magdalene College, Cambridge).［マクファーレンによると、これはピープスの未刊の草稿から成り、右記のケンブリッジにある Magdalene College の Pepys Library に保存されている。］

(88) Coverdale, *Matrimony,* 26 に翻訳されている。

(89) Steensberg, *Fertility and Esteem,* 43.

(90) Wright, *Autobiography,* 144.

(91) Laslett *World,* 237.（ラスレット『われら失いし世界』）；Hawthorn, *Fertility,* 36, 38.

(92) Lofgren, *Family,* 36; Daedalus, *Historical,* 531; Dake, *Norway,* 70.

(93) Nag, *Human Fertility,* 216, table 70 を参照。

(94) Biller, *Birth-Control,* 20.

(95) Wrigley, 'Family Limitation', 105, n1, でヘライナーをあげている。

(96) 十六世紀初頭の「抜出法（withdrawal）」に関して参考になるものとしては、*Camden Society* (1843), 97 所収の T. Wright がある。

(97) Culpeper, *Midwives,* 70.

(98) McLaren, *Birth Control,* 25ff.

(99) Livi-Bacci, *Population,* 169, n32.

(100) Wrigley, 'Family Limitation', 169, n32.

(101) たとえば、Jones, *Population,* 20, 23 を参照。

(102) Flinn, *European,* 45-6. Wilson, *Proximate,* 206 も参照。

(103) Stone, *Sex and Marriage,* 415ff（ストーン『家族・性・結婚の社会史』）; Flinn, *European,* 45.

(104) Wright, *Autobiography,* 146.

(105) Smith, *Nakahara,* 14.

(106) Hanley and Yamamura ハンレー・ヤマムラ『前工業化期日本の経済と人口』二八九、一九二頁。

(107) Coleman, *Family Planning,* 3.

19　中絶と嬰児殺し

(1) Westermarck, *Moral,* Ⅰ, 414; Davis and Blake, *Analytic Framework,* 229; Nag, *Human Fertility,* 129ff (table 73); Hawthorn, *Fertility,* 47.

(2) Summer, *Folkways,* 315.

(3) Summer, *Folkways,* 315.

(4) Westermarck, *Moral,* Ⅰ, 416, 417.

(5) Hale, *Pleas,* Ⅰ, 429-30, 433; Burn, *Justice,* Ⅱ, 592; Burn, *Ecclesiastical Law,* Ⅰ, 122; Blackstone, *Commentaries,* Ⅳ, pt.1, 198, n42 も参照。

(6) Myrdal, *Asian,* Ⅱ, 1437; Roberts, *Hygiene,* 272 に紹介されている諸研究による。

（7）Ardener, *Divorce*, 51参照。
（8）Hair, *Bridal Pregnancy*, 235, n10.
（9）Forbes (ed.), *Aldgate*, 64に引用されている。
（10）Schofield, *Perinatal Mortality*, 13.
（11）Laslett, *World*, 130.（ラスレット『われら失いし世界』）
（12）Armstrong, *Birth*, 36.
（13）Clark, *Working Women*, 274に引用されている。
（14）Landers and Reynolds (eds), *Fertility*, 154所収の A.G. Hill.
（15）Aristotle, *Works*, 264-5.（アリストテレス『全集』）
（16）Culpeper, *Midwives*, 111, 79.
（17）Buchan, *Domestic*, 531.
（18）Westermarck, *Moral*, I, 413.
（19）Willoughby, *Midwifery*, 263.
（20）Boorde, *Breviarie*, fols.7v-8. また、Culpeper, *Midwives*, 79も参照。
（21）Quaife, *Wanton*, 118.
（22）Graunt, *Natural Observations*, 103.
（23）Reynolds, *British Pamphleteers*, 228.
（24）Buchan, *Domestic*, 531.
（25）十八世紀に関する一般的な見解や文献史料については、McLaren, *Birth Control*, 31-6参照。
（26）Bloch, *Sexual Life*, 313にあげられている。
（27）Buchan, *Domestic*, 531.
（28）Culpeper, *Midwives*, 78.
（29）Boorde, *Breviarie*, 8.
（30）*Local Population Studies*, 4, (Spring 1970).
（31）*Country Fair*, March 1970, 29. ヒルダ・マーティンが著者に教示してくれたところによると、もう一種類、よく使われたものとして、「ペニー・ロイヤル（penny royal）」［ミントの一種］があった。
（32）Bloch, *Sexual Life*, 313.
（33）オックスフォード英語辞典の「サビナビャクシン（savin）」の項目。
（34）オックスフォード英語辞典の「サビナビャクシン（savin）」の項目に引用されている。
（35）Smith, *People's Health*, 75. ヒバートによると、サビナビャクシンは一般に「面目をつくろうもの（Cover Shame）」としても知られていた（Hibbert, *The English*, 398.）。
（36）Blackstone, *Commentaries*, Ⅳ, pt.1, 198, n42.
（37）Quaife, *Wanton*, 118.
（38）Houlbrook, *Church*, 160.
（39）Schnucker, *Elizabethan*, 658, 659.
（40）Taeuberトイバー『日本の人口』三一、三五、三一、三五頁。
（41）Hanley and Yamamuraハンレー・ヤマムラ『前工業化期日本の経済と人口』二〇九頁。
（42）Thunbergツゥンベリー『江戸参府随行記』一五四頁。
（43）Hanley and Yamamuraハンレー・ヤマムラ『前工業化期日本の経済と人口』二〇九～一〇頁。
（44）*Cambridge History*, 4, 700所収の Hanley. このほかに、徳川時代の村落に関する研究に散見される、堕胎の広まりに関する根拠を要約しているものとしては、Hanley and Wolf(eds), *Family*, 5-6を参照。
（45）Alcockオールコック『大君の都』上・二〇二頁。
（46）Cortazziコータッツィ『ある英人医師の幕末維新』三四四頁。
（47）Wittermans, *Pompe*, 39, n4.（ポンペ『ポンペ日本滞在見聞記』）

(48) 長塚『土』六三頁。
(49) Wittermans, *Pompe*, 39, n4.（ポンペ『ポンペ日本滞在見聞記』）
(50) Davis, *Change*, 345.
(51) Beardsley, *Village*, 335.
(52) Coleman, *Family Planning*, 68, 4.
(53) Kodansha, *Encyclopaedia* の D. Eleanor Westney and Samuel Coleman 執筆の「人口（population）」の項目、p.225.
(54) Diggory et al. (eds), *Natural Human Fertility*, 21 所収の Roger V. Short.
(55) Nakamura and Miyamoto, *Population*, 250 にあげられている。
(56) Beardsley et al. *Village*, 335.
(57) Westermarck, *Moral*, I, 394, 395, 398-9, 399.
(58) Birdsell, *Some Predictions*, 236.
(59) Coleman and Schofield (eds), *Population Theory*, 182 所収の Howell.
(60) Coleman and Schofield (eds), *Population Theory*, 30 所収の Coleman.
(61) Westermarck, *Moral*, I, 396, 400-1.
(62) *Encyclopaedia of Social Sciences* の Hocart 執筆による「嬰児殺し（Infanti-cide）」の項目。
(63) Nadel, *Foundation*, 271.
(64) Westermarck, *Moral*, I, 404-5.
(65) Hume ヒューム『政治経済論集』一六三頁。
(66) Westermarck, *Moral*, I, 408-9, 411-2.
(67) Wrigley リグリィ『人口と歴史』一三八頁。
(68) Sauvy, *Population*, 342.（ソーヴィ『人口の一般理論』）や Heer (ed.), *Readings*, 7ff 所収の Langer を参照。これ以外のフランスに関する数値は、Tilly et al., *Abandonment* も参照。
(69) Schama, *Embarrassment*, 522.

(70) Chambers, *Population*, 78.
(71) Wrightson, *Infanticide*, 11-2.
(72) Cellier, *Royal Hospital*, 191.
(73) *Encyclopaedia of Social Sciences* の Hocart 執筆の「嬰児殺し（Infanti-cide）」の項目。
(74) *Encyclopaedia of Social Sciences* の Hocart 執筆の「嬰児殺し（Infanti-cide）」の項目。
(75) Hoffer, *Mothers*, 114.
(76) Wrightson, *Infanticide*, 12.
(77) Cockburn (ed.), *Crime*, 192 所収。
(78) Hoffer, *Mothers*, 114.
(79) Wrightson, *Infanticide*, 19.
(80) Cockburn (ed.), *Crime*, 207 所収。
(81) Taeuber トイバー『日本の人口』三二頁。[「この邦訳書の註：「『日本経済大典』 Vol. XXIIIpp. 495-496」]
(82) Taeuber トイバー『日本の人口』三三頁。[この邦訳書には、一、二番目の引用カッコは、「本庄栄治郎「人口及人口問題……」七七頁とあり、また、三番目の引用カッコの第一文に関しては、「ここに述べた出来事の調査は、高橋梵仙『日本人口史之研究』の資料による」との注がある]。
(83) 波平博士から受けた教示によると、千葉徳爾がトイバーによる引用について確認作業を行い、その正確さについて疑問を呈している。
(84) Keene キーン『日本人の西洋発見』[三陽社版] 一七四頁より抜粋。[右記の邦訳書には、「それは関東から奥羽に至る十三カ国にもっとも多く行われて」とあるが、キーンの引用した本多利明の原書では「十カ国」であるため、本書でも修正した。]

(85) Hanley and Yamamura ハンレー・ヤマムラ『前工業化期日本の経済と人口』二〇九～一三頁。
(86) Smith スミス『日本社会史における伝統と創造』一一三、一一六頁。
(87) Saito, *Infanticide*, 374.
(88) 佐賀『田舎町の肖像』三七六頁。
(89) Taeuber トイバー『日本の人口』三二頁。
(90) Hanley and Yamamura ハンレー・ヤマムラ『前工業化期日本の経済と人口』二八九頁。
(91) 佐賀『ちじらんかんぷん』七二～三頁。
(92) Barrett, *Japanese Papermaking*, 8.
(93) 佐賀『ちじらんかんぷん』二九四頁。
(94) 佐賀『ちじらんかんぷん』二九五頁。［引用されている英訳テクストと原著の和文は、微妙に異なるため、一部訳者が和文を変更した。］
(95) Dore, *Fertility*, 82.
(96) *Cambridge History*, 4, 700. シェパー - ヒューズが、ブラジル人カトリック教徒について次のように記している。「少なくとも、これらの小さい『天使』たちの何人かが、イエスと聖母に惜しげなく「捧げられ（offered up）」た。もっとも、彼らがもと来たところへ「戻される（returned）」というのが、一般的な慣用表現に、より近い」（Scheper-Hughes, *Death Without Weeping*, 343.）。
(97) Coleman, *Family Planning*, 60.
(98) 佐賀『ちじらんかんぷん』七一頁。
(99) Kaempfer ケンペル『日本誌』下・二七七頁。
(100) Hanley and Yamamura ハンレー・ヤマムラ『前工業化期日本の経済と人口』二九〇頁。
(101) Embree エンブリー『須恵村』136-7. Hanley and Yamamura ハンレー・ヤマムラ『前工業化期日本の経済と人口』二九〇頁に引用されている。
(102) Hane, *Rebels*, 82. に引用されている。

20 後継者戦略

(1) Wrigley, *Population and History*, 216.（リグリィ『人口と歴史』）
(2) 子どもを授かりたいとする強い期待、およびその理由のいくつかに関しては、Macfarlane, *Population* を参照。
(3) Macfarlane, *Marriage*, part II and ch. 8 参照。
(4) Dore, *Fertility*, 80, 81.
(5) Taeuber トイバー『日本の人口』三二頁。［本訳書の該当部には、「Droppers Garrett. *The Population of Japan in the Tokugawa Period*. T. A. S. J., 22 : 253-284. 1894.」の注がある。］
(6) Coleman, *Family Planning*, 175.
(7) Smith スミス『日本社会史における伝統と創造』一一九頁。
(8) Hanley and Yamamura ハンレー・ヤマムラ『前工業化期日本の経済と人口』二〇四頁。
(9) 佐賀『ちじらんかんぷん』［「第二話　お日帰りさまの村」（七一、七二頁）でこの引用部とほぼ一致する話しが「大島」という女性によって語られているが、前掲書の英文版で本書で引用されている *Silk and Straw*（*Smothered at Birth* の章、203.）では語り手の名前は Suzuki となっている。］
(10) Morse モース『その日』1・三一、一〇四頁。
(11) Griffis グリフィス『明治日本体験記』二八九頁。
(12) Davis, *Change*, 352, 362, 352.

(13) Allison (ed.), *Population Control*, 178所収の Burton Benedict.
(14) 蘆東山［藩当局に「上言」書を提出した。仙台藩］によるもので、Taeuberトイバー『日本の人口』三三頁に引用されている。
(15) Smithスミス『日本社会史における伝統と創造』一三〇頁。
(16) Smith, *Nakahara*, 147.
(17) Smithスミス『日本社会史における伝統と創造』一〇頁。
(18) Smithスミス『日本社会史における伝統と創造』一〇、一三〇〜一、一一三〜四頁。
(19) Smith, *Nakahara*, 14.
(20) Smithスミス『日本社会史における伝統と創造』一一七頁。
(21) Hanley and Yamamuraハンレー・ヤマムラ『前工業化期日本の経済と人口』一三五、二〇四頁。一八九頁も参照。
(22) Keeneキーン『日本人の西洋発見』［三陽社版］一七四頁に引用されている。［原典（本多による）は、横川四郎編『本多利明集（巻下）』（『西域物語』）一八三頁に所収。］
(23) Nakamura, *Population*, 235, 248.
(24) 波平、私信。
(25) Smith, *Nakahara*, 194.
(26) 波平、私信。
(27) Nakamura, *Population*, 265.
(28) 長塚『土』五九〜六〇頁。
(29) Coleman and Schofield (eds), *Population Theory*, 182所収の Howell.
(30) Hanley and Yamamuraハンレー・ヤマムラ『前工業化期日本の経済と人口』三四頁。
(31) Macfarlane, *Marriage*, ch.4.
(32) *Cambridge History*, 4, 700所収の Hanley.
(33) *Cambridge History*, 5, 554-5所収の Rozmanで、ハンレーとヤマムラの研究を引用している。
(34) たとえば、Mamdani, *Myth*, *passim*（マンダニ『反「人口抑制の論理」』）中に散見されるが、とくに77, 130-1.
(35) Macfarlane, *Marriage*, ch.4参照。
(36) たとえば、Maine, *Dissertations*, 96ffおよび、Lowieによる「養子縁組と里子育て（Adoption and Fostering）」の項目（*Encyclopedia of Social Sciences*, 1st edn.）。
(37) Goody, *adoption*に散見される。Goody, *Production and Reproduction*, 49, 55, 66ff; Goody, *Family*, 72-3.
(38) Goody, *Production and Reproduction*, 75.
(39) Goody, *Family*, 73.
(40) Smith, *De Republica*, 134.
(41) Pollock and Maitland, *History of English Law*, II, 399.
(42) Von Siebold, *Manners*, 177.
(43) Wittermans, *Pompe*, 49.（ポンペ『ポンペ日本滞在見聞記』）
(44) Hearnハーン『神国日本』二九三、三二五〜六頁。
(45) Oliphantオリファント『エルギン卿遣日使節録』一四四頁。
(46) Longford, *Japan*, 202-3.
(47) Chamberlainチェンバレン『日本事物誌』2・九六〜七頁。
(48) Chamberlainチェンバレン『日本事物誌』1・一〇〜一頁。
(49) Chamberlainチェンバレン『日本事物誌』1・一〇〜一頁。
(50) Ratzell, *History*, III, 497.
(51) Rein, *Travels*, 422.
(52) Smithスミス『日本社会』一三一〜二頁。
(53) McMullen, *Rulers*, 89.
(54) Doreドーア『都市の日本人』一〇四頁。
(55) Jacobs, *Capitalism*, 159.

(56) 中根『タテ社会の人間関係』三三頁。
(57) Smith スミス『近代日本の農村的起源』二二頁。
(58) Jacobs, *Capitalism*, 154.
(59) Hanley and Wolf (eds), *Family*, 219 所収の Hanley.
(60) Bellah ベラー『徳川時代の宗教』[岩波文庫版] 八五頁。
(61) Jacobs, *Capitalism*, 159.
(62) Smith スミス『日本社会』一三二頁。
(63) Goode, *World*, 325.
(64) Hanley and Yamamura ハンレー・ヤマムラ『前工業化期日本の経済と人口』二〇六、二〇七、二〇六～七頁。
(65) Smith スミス『日本社会史における伝統と創造』三三三頁。
(66) これに関するさらに詳しい議論は、Macfarlane マクファーレン『イギリス個人主義の起源』を参照。
(67) Davis and Blake, *Analytic Framework*, 217-8.
(68) Jacobs, *Capitalism*, 156-7.
(69) Dore, *Fertility*, 66.
(70) Smith, *Pre-Modern Growth*, 150.
(71) Laslett and Wall (eds), *Family*, 441, 517 所収。より詳しい議論としては、Macfarlane マクファーレン『イギリス個人主義の起源』参照。
(72) Smith スミス『日本社会史における伝統と創造』三二一頁。九六頁も参照。
(73) Nakamura, *Population*, 256.
(74) Hayami, *Myth*, 3-4, 3, 28.
(75) Hanley and Wolf (eds), *Family*, 197.
(76) Landers and Reynolds (eds), *Fertility*, 112.
(77) Landers and Reynolds (eds), *Fertility*, 107, 112, 178, 181.
(78) Goldstone, *Demographic*, 16, 25-9.

Ⅶ 結論

21 意図と偶然

(1) マキューンの主な研究には、McKeown, *Modern Rise* がある。
(2) Creighton, *Epidemics*, Ⅰ, 280; Greenwood, *Crowd Diseases*, 65.
(3) Chambers, *Population*, 151.
(4) McKeown and Brown, *Medical Evidence*, 306.
(5) Kunitz, *Speculations*, 364, 350.
(6) Creighton, *Epidemics*, Ⅱ, 202, 629, 659.
(7) Cohen, *Health*, 54.（コーエン『健康と文明の人類史』）
(8) Creighton, *Epidemics*, Ⅱ, 631; Ⅰ, 280.
(9) たとえば、Nikiforuk, *Fourth*, 138 や Dubos, *Adapting*, 236（デュボス『人間と適応』）; Szreter, *Mortality*, 3; Flinn, *European*, 99-100, 336, 368-9; Porter, *Disease*, 62-3 参照。
(10) Razzell, *Essays*, 3, 222 and ch.6.
(11) Petersen, *Malthus*, 160.
(12) Creighton, *Epidemics*, Ⅱ, 415; Ⅰ, 176, 337; Ⅰ, 162; Ⅱ, 214; Ⅱ, 217-8; Ⅰ, 111.
(13) *Chamber's Encyclopaedia* 中のこれらの病名の項目参照。
(14) Evans-Pritchard, *Witchcraft and Magic*.
(15) ダーウィンの盲目的変異（blind variation）と選択保持（selective retention）の概念をより詳しく論じたものとしては、Campbell, *Selective Retention* を参照。これに関しては、ゲリー・マーティン氏から有益な示唆を得た。ここに記して謝する。

(16) Szreter, *Importance*, 17, 26. この見解を攻撃したり、その誤りを指摘したものには、Guha, *Decline* や Szreter, *Mortality* がある。

(17) Petersen, *Malthus*, 159.

(18) Schofield et al. (eds), *Decline*, 5, 9.

(19) Helleiner, *Vital Revolution*, 83, 84.

(20) Black, *Arithmetical*, 234; Place, *Illustrations*, 253, 257-8; Malthus, *Population*, II, 182 ; Heberden, *Observations*, 95-6; Blane, *Dissertations*, 122, 173, 181.

(21) Mercer, *Disease*, 35, 152, 169; Razzell, *Essays*, 152, 157; Schofield et al. (eds), *Decline*, 9, 21所収の Schofield and Rehr 参照。

(22) Steckel, *Heights*, 185-6; Fogel et al., *Stature*, 466; Razzell, *Essays*, 220; Shammas, *Consumer*, 122 参照。

(23) Fogel et al., *Stature*, 480; Kunitz, *Height*, 278.

(24) Drummond, *Food*, 250.

(25) Mathias, *Transformation*, 283.

(26) 陶滋器の使用が及ぼした影響については Buer, Health, 60 参照。

(27) 因果関係の鎖はもちろん、もっと長くもなる。鎖の結び目が九個ある面白い一例として、十八世紀の日本の旅人が、その道中にある男から聞いた次のような噺《はなし》がある。男は、桶屋商売で金儲けをしてやろうと思いついたのだが、その言い分とは次のような因果関係の繋がりであった。お江戸にひどい風がふく→砂ぼこりがたつ→目に吹き込む→眼玉《まなこだま》がつぶれる→稼ぐために三味線を習う→三味線屋が繁昌して、胴に張る皮が必要になる→猫が打殺される→鼠が増える→鼠がものをみんな噛ってしまう→桶が飛ぶように売れる。(十辺舎一九『東海道中膝栗毛』一一三頁参照)

この種の分析の典型的な例として、マルク・ブロックがいく分興味本位に提示した、有名な因果関係の連鎖がある。これは、フランスの南部と北部の差異を説明するためのもので、重量の［有輪の］犁→長形耕地→居住形態（housing patterns）→社会構造、という連鎖から成る。（Bloch, *French Rural History*, 52-6.（ブロック『フランス農村史の基本性格』））

(28) Campbell, *Selective Retention*, 394, n4.

(29) 富 - 健康 - 富の循環関係について早くから記述されたものとしては、Buer, *Health* とくに 59-62 が参考になる。

(30) Krause, *Neglected Factors* とくに 536-7.

(31) Glass and Eversley, *Population*, 132 所収の Hajnal. Wrigley and Schofield, *Population*, 439.

(32) Spengler, *Demographic*, 92 参照。

(33) Wrigley and Schofield, *Population*, 444-9.

(34) Livi-Bacci, *Population*, 107 では Helleiner が引用されており、Mokyr, Lever, 155 では Boulding が引用されている。Slack, *Plague*, 19.

(35) Hayami, *Population, Growth.* Smith, *Native Sources*, 16, 96（スミス『日本社会史における伝統と創造』）を参照。

(36) Hanley and Yamamura, *Economic*（ハンレー・ヤマムラ『前工業化期日本の経済と人口』）。とくに 310 以降。

(37) Wrigley and Schofield, *Population*, 451.

(38) 概説としては、Campbell, *Selective Retention* が参考になる。

(39) Bynum and Porter (eds), *Companion Encyclopedia*, 473 に引用されている Dubos より。

(40) Creighton, *Epidemics*, II, 112.

(41) Wrigley, *Death*, 144.

(42) Szreter, *Importance*, 37.
(43) Bynum and Porter (eds), *Companion Encyclopaedia*, 1305所収の Wear.
(44) Rileyを要約している Ramsey, *Environment*, 613参照。
(45) Buer, *Health*, 60.
(46) Sorokin, *Sociological Theories*, 103; Sorokin, *Society*, 505.
(47) Sorokin, *Society*, 507.
(48) Nef, *War*, 116.
(49) Mokyr, *Lever*, 186.
(50) Chambers, *Population*, 59, 151.
(51) Mokyr, *Lever*, 16.

監訳者あとがき

船曳　建夫

この本は、Macfarlane, Alan, 1997, *The Savage Wars of Peace: England, Japan and the Malthusian Trap*, Blackwell. の全訳です。産業革命がなぜ、それもどうしてイングランドで始まったのか、という問いは、近代史における最大の難問の一つです。若年の頃から、これに答えることを生涯の仕事としてきた、ケンブリッジ大学のマクファーレン教授が、日本との比較という思いがけない角度からの切り込みでこの問いを解き明かしたのが本書です。

私はいくつかの保留を付けながらも――たとえば、植民地による富の蓄積が日英の相違をもたらすことへの言及の薄さなど――彼の議論を支持します。とりわけ、人々の生活における文化と社会の慣習が、二つの島国の政治・経済システムに、より深いところで影響を与え、そうした産業革命と資本主義の成立を促した因果の連鎖の、多くの強力な結節点となっていることについて、執拗なまでの探索と考察を行った努力に、文化人類学者として感嘆しました。私がこの翻訳にとりくもうと考えたのも、そうした同教授への尊敬に発しています。

ただ、読者には、後に述べる同教授の「ハリネズミ」的性格による、六〇〇にのぼる文献を駆使し、二〇〇〇を越す引用と注を付したこの大作を読み通すのは重荷かも知れません。とりわけ最初の数十ページが関門となるかもしれませんが、そこは辛抱していただきたいのです。ことは、現在の日本がこのようにできあがったのはなにゆえか、という、これ以上私たちにとって重要なことはない問題に関わるのですから。しかし、こうした心配は無益かもしれません。その膨大な引用自体が、二つの社会の過去のありようを活写して、じつに興味深く、読者はおそらくそこを楽しまれるだろうと考えるからです。このあとがきでは、そうした同教授の人と学風、本書が成立した理論的な背景、そして、本書の主張していること、とりわけ日本に関する部分が私たち日本人にとってもつ意味、を述べようと思います。

アラン・マクファーレン教授は、一九四一年にインドで生まれ、現在ケンブリッジ大学、社会人類学科の教授です。彼を説明するのに、二つの博士号をもち、二九歳のときに出版された、英国チューダー朝とスチュアート朝のウィッチクラフト（妖術）の研究ですでに広く注目され、四五歳の若さで英国学士院（British Academy）の会員となった、と述べても、彼の俊秀ぶりと世評の高さを伝えるだけで、本書にはあまり関係ありません。しかし、その博士号が歴史学と社会人類学であること、イングランドの歴史研究で学的経歴を開始したのち、ネパールでの人類学的フィールドワークを行い、近年は日本を数回訪れ、その経験と多量の資料によって、両国の比較を行っている、と書けば、彼の経歴とこの本の成り立ちがそのまま重なることがわかります。

すなわち、若きマクファーレン氏は、イングランド近代の歴史を研究するには、文献に依拠して政治と経済の過程だけを解析しているのでは足りない、と思い至り、別のディシプリン、社会人類学を学び、ネパール農村で近代化の現場に立ち会い、取り巻く環境こそ異なれ、そこで現実に進行する産業化のプロセスの理解を深め、イングランドに戻った後、一九七〇年代から、イングランドの小さな教区の膨大な資料に取り組むことを開始したのです。そして幸運にも、遠く離れていながら、近代化の経験としてはネパールよりはるかに近似し、興味深い相同性をもつ日本と出会うこととなります。学問（ディシプリン）としては歴史学と人類学の二枚看板、方法としてはイングランド、ネパール、日本の「三角測量」（これは日本の文化人類学者川田順造さんの使う言葉です）が、彼の特徴です。三角測量、すなわちある二点の比較にもう一つ別の視点を入れることで、比較されている二点の相違と類似を、相対的に見ることができるのです。もっとも本書では、ネパールは、隠れた点として働き、表には出てきません。しかし、この本の献辞は、彼がフィールドで妹のように可愛がっていた、早世したネパール女性に送られています。その死に、農村の女性の厳しい生活を感じ取ってのことですが、それはまた彼の日本の伝統的な農村に生きた女性に向けられた、同情と慈愛のまなざしとも重なることは、本書を読み進むうちにわかるでしょう。

私自身がアラン・マクファーレン教授を知ったのは、彼が、前述の教区のデータをコンピューターで解析することを精力的に行っていた一九七〇年代の後半でしたが、端で見ていてその徹底さと持続力に、異様な感すらもちました。ことに、ケンブリッジ大学は、一九六〇年代に、フォーテスとリーチ、という世界的に著名な社会人類学者二人が教授として学科を率い、同時に二人は互いに激しい論戦を行っているという、世界の学界が注目する華やかな場でしたから、そこで歴史出身の、当時の人類学ではあまりはやっていなかった、文字資料や記録に統計的手法を用いて仕事をしている彼の姿は、少々、傍流の頑固者のように見えました。しかし、時代の流れは次第に彼の方に傾いていきました。フォーテス、リーチの両巨頭が引退するころから、学科の主任はジャック・グディ教授でしたが、同教授もそれまでのアフリカ研究から、ヨーロッパ、ユーラシアに軸足を移し、親族や政治過程の研究を歴史的な枠組みのなかに置いて、総称すれば同じ「歴史人類学」と呼べる仕事をするようになっていたのです。

こうしたことの背景には、ケンブリッジ大学における、たんなる人口論でも歴史学でもない分野を切り開いた研究者集団、「人口史・社会構造史に関するケンブリッジ・グループ（Cambridge Group for the History of Population and Social Structure）」の存在がありました。一九六四年にピーター・ラスレットとE・A・リグリィによって旗揚げされたこのグループは、その後、現在に至るまで、人口動態と社会構造とを有機的に関連づけて理解する、さまざまな論考を発表してきました。その代表作は、その両者による、一九八一年の *The Population History of England 1541-1871, a Reconstruction*（未邦訳）です。そこでは、イングランド社会の過去のデータのなかに、マルサスが『人口論』で定立した「公理」に反する事実の発見がなされたのです。マルサスの公理とはよく知られているように、農業文明では、人はよりよい生存を求めてなるべく多くの子供を産もうとし、人口は増大の傾向にあるが、それに対して農業による食料生産は人口増大のペースに決して追いつくことはないので、遅かれ早かれそのギャップは、戦争と飢饉と病気とによる死亡率の急激な増大によって埋められるしかなく、そのことでやっと人口は減少に転じる、というものです。しかし、イングランドでは死亡率を低く抑えることを達成し、それだけではなく、結婚を操作することで、出生率をも抑えていたことが膨大な記録の読み取りと統計的処理によって判明したのです。

　マクファーレン教授が本書でしたことは、そうしたケンブリッジ・グループの強い影響下にあると言えましょう。両者のあいだには、同じ方向性をもつ方法論と、互いに補強しあう結論があります。しかし、同時にその違いも明らかです。すなわち、ケンブリッジ・グループの仕事が、統計的な手法を真骨頂とする、量的な調査と分析であるのに対し、彼の仕事は、量的のみならず、文献を人類学の「民族誌」のように読み込んで、過ぎ去った時間をフィールドワークする、質的な研究でもあるのです。言ってみれば、ケンブリッジ・グループが提出した骨組みに、歴史家として、また民族誌家として肉付けを行っているのです。じつはマルサスの『人口論』から二〇〇年後の同じ一九九七年に、マクファーレン教授の本書と、前掲書の続編（*English Population History from Family Reconstitution 1580-1837*. 未邦訳）が相次いで出版されているのですが、両書のあいだには、その違いが明瞭に見てとれます。

　またもう一つの違い、それは、ケンブリッジ・グループの方法をイングランドやヨーロッパの外に広げ、そして、そこに比較という視点を入れたことです。日本の研究者を中心とする、日本に関するケンブリッジ・グループの流れを汲む人口論的研究は、本書にも数多くの引用があるように、すでに量、質共に高い達成を見せています。マクファーレン教授はその二つを用いて日本とイングランドを比較することを試みたのです。

そのことによって、本書が達成したことが私たちにもたらす意味は多々あります。しかし、何よりも、日本がアジアで最初に産業革命を経験し、近代化を成し遂げた理由を、これほどまでに明解に説明してくれた研究はなかったでしょう。私たちが、これまで「西欧の影響」という曖昧な言い方で済ませていた答えの多くは、「ではなぜそうした影響を受け入れることができたのか」という反問で、意味を失っていたのですが、ここにその理由が明かされたのです。しかし、マクファーレン教授の議論は、単純な「日本特殊論」ではまったくないのです。圧倒的多数の「日本特殊論」は、日本は特殊であるから特殊である、という、循環論に陥り、その特殊性を、たんに他と違っているから、ということに還元するだけに終わっています。本書は、文化・社会のさまざまな特殊な要素――もちろん、どんな文化・社会も「特殊な要素」で溢れていることは文化人類学の初歩として明らかです――が、どのようにして、ある地理・歴史的条件の下に、大いなる差異、たとえば産業革命、を生み出すような因果の連鎖を構成する（可能性がある）かを見事なまでに証明しました。私たちがその結果を受け入れることは決して、ある種の独善的な日本観をもつことにはなりません。むしろその逆で、日本を、この地球と人類が生んだ、一つの興味深い「傑作」として客観的にとらえることになるのです。

おそらく、こうした日本とイングランドの比較、ということは多くの人が思いついていたであろうし、人口論の蓄積からもそのことが可能なことはわかっていたのです。しかし、それを正面切ってやることには、誰もがためらいを覚えたでしょう。ある程度まではすぐにできる、しかし、本格的にやるとなると……、と、研究を遂行するときしばしば突き当たる見えない壁のようなものが立ちはだかったはずです。それをマクファーレン教授がなぜあえてやろうとしたか、といえば、もちろん彼自身が書いているように、そのことがイングランド理解に有益であるから、ということですが、そうした、学問上の必要だけではなく、そこには同教授の個性があります。

研究者のタイプとして、よく狐型とハリネズミ型に分けることがありますが、マクファーレン教授は自他共に許す、後者の典型です。前者の、意表をついた発想、巧みなレトリックをともなった推論、に対し、後者からは、難問に取り組む執拗さ、事実の積み上げによる実証的な論証がイメージされます。日本とイングランドの比較、という、どこまで深めればある結論に達するかわからないこの企図に踏み出すのは、若年の頃からの学問的モチベーションを堅持し続け、事実の膨大さに圧倒されず、実証的で、しかも大胆な推論を行うマクファーレン教授にしてできる、希有のことです。この、おだやかに見えて、不用意に近づくと、体を覆っている針によって、攻撃するものは痛手を負う、といったハリネズミは、おかしいほどマクファーレン教授にぴったりで、彼自身、このことを気に入っていて、ハリネズミグッズを集めさえしているのです！


そのような成り立ちをもつ本書を翻訳するのには、多くの困難が生まれました。とりわけ、日本語文献で英訳されているものが資料として使われているとき、それを再び翻訳し直す、というのが難物でした。日本語の原書がわかるものはできる限り、そこにある本文を使おうとしたのですが、その日本語文献が見つからない場合、文献はあっても該当個所がはっきりしない場合、また、欧文訳に不明な、また疑義がある場合、等々、頭を悩ませました。そこで原則としては、日本語の文献に当たり、そこの文章を本書の訳とし、それが前述の理由でそのままには使えない場合は訳者の判断を加えることにしました。日本語訳の存在する欧文の文献にも似たような問題が発生しましたが、それも同様で、端的に言えば、邦訳がおかしい、と考えたときは、私たち訳者が補うこととしました。

もう一つの大きな困難は、私たち訳者のなかに、人口論の学的訓練を受けたものがいないことでした。疫病、植物、またロンドンの古い町並み、などの知識の欠如も、翻訳を滞らせました。しかし、これらの問題には、著者自身に加え、多くの専門家や友人、知人の強力を得ることで、困難を軽減することができました。そのなかでも、前国立医薬品食品衛生研究所・副所長の三瀬勝利様、土浦市立博物館・学芸員の塩谷修様、早稲田大学大学院社会科学研究科の高濱美保子様、そして私の同僚でもある、東京大学大学院総合文化研究科の岩本通弥助教授から、多くの有益なご教示、ご指摘を受けました。ここに訳者一同より深く感謝いたします。

翻訳作業は分担して行われました。謝辞から一章までを北川文美、二章と六章を工藤正子、三章～五章、七章～九章（第Ⅲ部）は山下淑美、一〇章～一五章（第Ⅳ部）を北川文美、一六章から二一章（第Ⅴ～Ⅶ部）は工藤正子がそれぞれ訳し、その初訳全部に船曳が手を入れ、その後、訳者三人と、監訳者のあいだですべてにわたる手直しが二往復あり、三回の校正を経ました。その間、マクファーレン教授と、電子メールで、また直接に会い、数百ヶ所の疑問点の確認作業を行いました。また、引用、注などの確認訂正の作業には新曜社の担当編集者、吉田昌代さんに加わっていただき、索引は吉田さんの作成によるものです。なお題名は、原著名をパラフレーズして訳せば、「平和時において人間がその生存のために行う猛烈なる闘い」とでもなりますが、キップリングの詩から取られた、私たちになじみの薄いそのフレーズを避けて、副題の「――イングランド、日本そしてマルサスの罠」から『イギリスと日本――マルサスの罠から近代への跳躍』としました。「イングランド」を題名では「イギリス」としたのも言葉のなじみからです。

初めて新曜社の堀江洪社長とお会いして、翻訳出版の話をしてから、約三年が経ちました。たまたま私自身がマクファーレン教授とは旧知の間柄であったことからスムースに始まったこの仕事が、前述の困難があったとはいえ、予想より遅い出版となったのは、監訳者の私に責任があり、お詫びいたします。そして、この翻訳の仕事にお声をかけてくださったこと、ならびに翻訳の過程で、読みやすい日本語訳にご協力下さったことについて堀江洪社長に御礼を申し上げます。

またこの仕事のあいだ、私の仕事を支えてくれた三人の秘書、大石香織さん、小林圭子さん、近藤友紀子さん、ありがとうございました。

最後になりますが、すでに述べた翻訳上の難所のすべてに手を貸してくれ、あらゆる箇所の間違いも見逃さず、最後に残った索引等、仕上げの仕事すべてを引き受けてくれた共同作業者として、吉田昌代さんに、訳者全員から心からの感謝の気持ちを申し上げるとともに、編集者としてのその責任感に敬意を表します。

新曜社 イギリスと日本
マルサスの罠から近代への跳躍

初版第1刷発行 2001年6月25日©

著　者 アラン・マクファーレン
監訳者 船曳建夫
訳　者 北川文美／工藤正子／山下淑美
発行者 堀江　洪
発行所 株式会社 新曜社
〒101-0051 東京都千代田区神田神保町2-10
電話(03)3264-4973・Fax(03)3239-2958
e-mail info@shin-yo-sha.co.jp
URL http://www.shin-yo-sha.co.jp/
印刷 光明社 Printed in Japan
製本 光明社

ISBN4-7885-0767-6 C1036

著者紹介

アラン・マクファーレン（Alan Macfarlane）

1941年，インド生まれ。現在，ケンブリッジ大学社会人類学科教授。歴史学と社会人類学の博士号を取得。英国学士院会員（a fellow of the British Academy）。主な著書に『再生産の歴史人類学 ——1300～1840年英国の恋愛・結婚・家族戦略』（勁草書房），『イギリス個人主義の起源——家族・財産・社会変化』（南風社），『資本主義の文化——歴史人類学的考察』（岩波書店）がある。

監訳者紹介

船曳建夫（ふなびき　たけお）

1948年，東京都生まれ。1972年東京大学教養学部教養学科卒。1982年ケンブリッジ大学大学院社会人類学博士課程にて博士号取得。現在，東京大学大学院総合文化研究科教授。専攻は文化人類学。主な編著書に『国民文化が生れる時』（共編，リブロポート），『知の技法』（共編，東京大学出版会），『新たな人間の発見』（共著，岩波書店），『柳田国男』（筑摩書房）がある。

訳者紹介

北川文美（きたがわ　ふみ）

1970年，東京都生まれ。1996年東京大学大学院総合文化研究科修士課程（文化人類学）修了。1996年オックスフォード大学修士課程（社会人類学）修了。現在，英・バーミンガム大学 Centre for Urban and Regional Studies, Ph. D student, research assistant. 専攻は地域都市学。著書に，「観光をデータでみてみよう」（山下晋司編『観光人類学』新曜社），「難民」（山下晋司編『移動の民族誌』岩波書店）がある。

工藤正子（くどう　まさこ）

1963年，徳島県生まれ。1997年東京大学大学院総合文化研究科修士課程修了。現在，同博士課程在学中。専攻は文化人類学。主な著書に，「パキスタン人ムスリムの妻となった日本人女性の家族形成——夫方親族との相互訪問の旅から構築されていく現代日本の異文化家族」（『研究報告』No.9，旅の文化研究所）がある。

山下淑美（やました　よしみ）

1949年，山口県生まれ。1972年津田塾大学学芸学部卒。1982年東京都立大学博士課程単位取得退学。現在，法政大学，専修大学，中央大学，東京都立大学にて非常勤講師。専攻は英文学。主な訳書に，『ローカル・ノレッジ』（クリフォード・ギアーツ，共訳，岩波書店）がある。

人名索引

▶さ

xiii, 265
ジェフリー夫人 Geoffrey, Mrs.　98, 122, 234
ジェンナー，エドワード Jenner, Edward　287
志賀　潔　113
重野安繹　361
シッドモア，イザベラ（エライザ） Scidmore, Isabella (Eliza)　xiv, 101, 195, 233
シーボルト博士，フィリップ・フランツ・フォン， von Siebold, Dr. Philipp Franz　xiv, 127, 154, 196, 245, 261, 274, 289, 360
シャーマ Schama, Simon　325
ジャネッタ，アン・ボウマン Jannetta, Ann Bowman　7, 35, 113, 114, 139, 187, 191, 196, 288, 289, 291, 292, 295, 321
シャープ夫人 Sharp, Mrs. Jane　322
シャーマス，カロル Shammas, Carole　80, 93, 94, 150, 241
シュナッカー Schnucker, Robert V.　327
シュルーズベリ Shrewsbury, J. F. D.　185
シュレーター，サイモン Szreter, Simon　377, 387
ジョージ，ドロシー George, Dorothy　149
ジョーダン Jorden, E.　322
ショート，トマス Short, Thomas　61, 69, 146, 175, 210, 221, 315
ジョーンズ Jones, E. L.　52, 64, 65, 164, 241, 390
ジョンソン，サミュエル Johnson, Samuel　148
ジョンソン博士 Johonson, Dr.　69
シンガー Singer, Kurt　223
ジンサー，ハンス Zinsser, Hans　183, 186

スウィフト Swift, Jonathan　334
菅江真澄　72
スコフィールド，ロジャー Schofield, Roger　7, 24, 27, 29-32, 65, 66, 68, 83-85, 110, 212, 330, 377, 384
鈴木　稔　165
スタッグ，ジェフリ Stagg, Geoffrey V.　143
スタッブズ，フィリップ Stubbes, Philip　xv, 131, 238, 239
スタンダール Stendhal　45
スチュアート，デューゴルド Stewart, Dugald　77, 132
ストーントン，ジョージ Staunton, George　145
スペンサー，ジョセフ Spencer, Joseph E.　37
スミス Smith, F. B.　170
スミス，アダム Smith, Adam　14, 17, 18, 65, 69, 75-78, 81, 391
スミス，シドニー Smith, Sydney　87, 148
スミス，ジニー Smith, Ginnie　279
スミス，ジョン Smith, John　79
スミス，ダニエル・スコット Smith, Daniel Scott　355
スミス，トマス Smith, Thomas　7, 35-37, 47, 48, 304, 305, 308-310, 317, 319, 328, 330, 343, 344, 350, 351, 353, 354, 359, 362, 364, 365
スミス，リチャード Smith, Richard　366
スミス，ロバート Smith, Robert　361, 363, 365
スモレット，トビアス Smollett, Tobias　126
スラック，ポール Slack, Paul　68, 69, 81, 184-186, 222

セリアー夫人 Cellier, Mrs. Elizabeth　333, 341
セン，アマルティア Sen, Amartya　77

ソーヴィ，アルフレッド Sauvy, Alfred　14
ソルトマーシュ，ジョン Saltmarsh, John　184
ソローキン，ピティリム Sorokin, Pitirim　53, 56, 389

▶た

ダイヤー，クリストファー Dyer, Christopher　90, 129, 217
ダーウィン，チャールズ Darwin, Charles　9, 356
高橋梵仙　338
ダグラス，メアリー Douglas, Mary　267, 269, 275
タッカー，ジョサイア Tucker, Josiah　219
タッサー，トマス Tusser, Thomas　168
谷崎潤一郎　160
ダン Dunn, C. J.　196

チェンバーズ Chambers, J. D.　69, 190, 240, 241, 288, 341, 342, 390
チェンバレン，バジル・ホール Chamberlain, Basil Hall　xiii, 94, 104, 136, 161, 195, 212, 225, 226, 232, 234, 260, 263, 296, 361
チポラ，カルロ Cipolla, Carlo　19, 20, 65
チャドウィック，エドウィン Chadwick, Edwin　xv, 31, 117, 121, 170, 174, 193, 199, 221, 225, 249, 250, 253

チョーサー，ジェフリー Chaucer, Geoffrey 172
チルダース，ベン Childers, Ben 31

ツュンベリー →トゥーンベリ

デイヴィス，キングズレー Davis, Kingsley 306, 338, 352, 365
デイヴィス，デイヴィッド Davies, David 132, 133
デイヴィッドソン Davidson 102
ディーリング，チャールズ Deering, Charles 146
デッカー，コルネリス →ボンテクー
デュボス，ルネ Dubos, Rene 104
デュルケーム Durkheim 257
テルトゥリアヌス Terutullian 332

ドーア，ロナルド Dore, Ronald 157, 346, 350, 365
トイバー，アイリーン Taeuber, Irene 32, 34, 311, 328, 336, 342, 343, 350
トゥーンベリ，カール・ピーター Thunberg, Carl Pieter xiv, 46, 48, 57, 58, 70, 95, 98, 100, 154, 156, 159, 162, 164, 196, 234, 255, 289, 313, 337
トクヴィル De Tocqueville, Alexis 3
徳川家康 58
ド・ソシュール，セザール De Saussure, Cesar xv, 119, 128, 133, 208, 212, 220, 238, 239
ドッズ Dodds, E. R. 278
ドブソン，メアリー Dobson, Mary 31, 43, 192, 193, 200
トマス，キース Thomas, Keith 69, 92, 151, 220, 252, 280
豊臣秀吉 57, 58, 60
トライオン，トマス Tryon, Thomas 150, 221, 239, 242, 279
ドライデン Dryden, John 335
トラッセル Trussell, James 321
ドラモンド Drummond, J. C. 126, 130, 147, 148, 151, 378
トロッター，トマス Trotter, Thomas 145

▶な

長塚　節 74, 233, 337
中根千枝 362, 365
ナカムラ，ジェームズ Nakamura, James 21, 355
夏目漱石 295
波平恵美子 311, 355

ニキフォルク，アンドリュー Nikiforuk, Andrew 189, 191
西川求林斎 343
西川俊作 104
ニーダム，ジョセフ Needham, Joseph 20, 123, 134, 159, 232

ネーデル Nadel, S. F. 340
ネフ Nef, John U. 53, 54, 389

▶は

バイアン Byrne, M. 251
ハイムズ Himes, Norman 327
ハーヴェイ，ウィリアム Harvey, William 253
ハウエル Howell 339
パーカー，ジェフリ Parker, Geoffrey 53
バカン，ウィリアム Buchan, William xv, 87, 93, 117, 148, 215, 225, 239, 253, 334, 335
バスヴァイン Busvine, James R. 263
ハズリット，ウィリアム Hazlitt, William 271
バーゼル Birdsell, Joseph 339
ハックルート，リチャード Hakluyt, Richard 54
バッド，ウィリアム Budd, William 111
服部 113
バード，イザベラ Bird, Isabella xiii, 45, 49, 95, 162, 188, 202, 226, 228, 243, 247, 258, 260, 262, 289
パドニー，ジョン Pudney, John 172, 177
バートン，ロバート Burton, Robert 128
バーネット，マクファーレン Burnett, Macfarlane 7, 43, 117, 191-194, 198, 288, 298
浜野　潔 305, 317
速水　融 7, 24, 33-36, 50, 155, 306, 308, 309, 316, 344, 366
バーリー Barley, M. W. 219
ハリソン，ウィリアム Harrison, William 93, 129, 173, 217-219, 222, 241, 242
ハリントン，ジョン Harrington, Sir John 176
パール Pearl 321
晴山吉三郎 72
ハン，クリストファー Hann, Christopher 149

ハーン，フビライ Khan, Kublai　57
ハーン，ラフカディオ（小泉八雲） Hearn, Lafcadio　xiii, 95, 116, 124, 188, 224, 227, 228, 230, 233, 245, 246, 273, 274
バーン Burn, Richard　317
ハンウェイ，ジョナス Hanway, Jonas　146, 148
ハンター Hunter, W. W.　151
ハンレー，スーザン Hanley, Susan　7, 24, 35-37, 72, 73, 104, 122, 123, 224, 227, 304, 306, 308-311, 316, 325, 328, 330, 336, 337, 343, 344, 346, 351, 354, 358, 363, 384

ビアズリ，リチャード Beardsley, Richard　46, 48, 96, 158, 338
ビーヴァー Beaver, M. W.　32, 127
ピーターセン，ウィリアム Petersen, William　31, 65, 377
ピープス，サミュエル Pepys, Samuel　144, 251, 328
ピープス夫人 Pepys, Mrs.　144, 242
ヒューム，デイヴィッド Hume, David　17, 44, 340

ブーア Buer, M. C.　128
ファーガソン Ferguson, Adam　17
ファーガソン Ferguson, Sheila　127
ファーニヴァル Furnivall, F. J.　172
ファリス，W・ウェイン Farris, W. Wayne　33, 36
ファロピウス Fallopius　327
フィーニー，グリフィス Feeney, Griffith　305, 317
フィルズ，ヴァレリー Fildes, Valerie　151, 152, 325, 326
フィールディング，ヘンリー Fielding, Henry　69
フィンレイ，ロジャー Finlay, Roger　325
フォーゲル Fogel, Robert W.　378
フォーテスキュー，ジョン Fortescue, Sir John　xv, 44, 55, 128, 237
フォーブズ，ダンカン Forbes, Duncan　146
福沢諭吉　58
フクヤマ，フランシス Fukuyama, Francis　279
フーコー Foucault　272
富士川　游　113-115, 191, 196, 291, 295
ブッシュマン夫妻 Bushman, Richard L. and Claudio L.　249
プーラー Pullar, Philippa　151
ブライトフィールド，トマス Brightfield, Thomas　175
ブラック，ウィリアム Black, William　xv, 111, 183, 186, 287, 291, 293
プラット，ヒュー Platt, Sir Hugh　251
プラトン Plato　331, 340
ブラマ，ジョウゼフ Bramah, Joseph　176
フランクリン，ベンジャミン Franklin, Benjamin　xv, 176, 216
フリース，ヤン・ド De Vries, Jan　21, 23, 69, 80
フリッシュ Frisch　310
フリン Flinn, Michael W.　293, 305, 310
ブリンガー Bullinger　329
フルゲンティウス St. Fulgentius　332
ブレイク，ジュディス Blake, Judith　306
プレイス，フランシス Place, Francis　xv, 29, 111, 194, 240, 241, 294, 326
ブレイン，ギルバート Blane, Sir Gilbert　xv, 28, 79, 119, 121, 150, 209, 221, 288
フレーザー夫人，ヒュー Fraser, Mrs. Hugh　230
フレデリック，ルイ Frederic, Louis　59, 60, 159, 225
フロイス，ルイス Frois, Luis　289
フロイヤー，ジョン Floyer, Sir John　252
ブロック，マルク Bloch, Marc　335, 390
ブローデル，フェルナンド Braudel, Fernand　21, 61, 62, 64, 88, 167, 238

ヘイスティングズ，ウォーレン Hastings, Warren　62
ベイトマン，トマス Bateman, Thomas　29
ヘイナル，ジョン Hajnal, John　2, 5, 6, 307, 384
ヘイン Hane　296
ベーコン，アリス Bacon, Alice　xiii, 49, 261, 263
ペダーセン，ジョン Pedersen, Jon　34, 37, 71, 305, 316
ベネディクトー，オル Benedictow, Ole J.　151
ヘバーデン，ウィリアム Heberden, William　xv, 16, 111, 209, 287, 291
ベルツ博士 Balz, Dr.　255
ペルノウド，アルフレッド Perrenoud, Alfred

32
ヘルモント，ヨハン・ファン Helmont, Johannes van　145
ヘレイナー Helleiner, K. F.　22, 377
ヴェンナー Venner　128

ポアンダー Powander　110
ポインター Poynter, F. N. L.　118
ホーキンズ，ビセット Hawkins, Bisset　30
ボズウェル，ジェイムズ Boswell, James　327
ホスキンズ Hoskins, W. G.　219
ポスト Post, J. D.　70
ボズラップ，エスター Boserup, Ester　46
ポーター，ロイ Porter, Roy　69
ホッファー Hoffer, Peter C.　341, 342
ボード，アンドリュー Boorde, Andrew　xv, 128, 173, 335
ホートン，ジョン Houghton, John　120, 130, 169, 242
ホブハウス，ヘンリー Hobhouse, Henry　145
ボライソー，ハロルド Bolitho, Harold　73
ホリングスワース Hollingsworth, T. H.　20, 37, 66, 80
ホール，ジョン Hall, John　88
ボールディング Boulding, Kenneth　16
ホワイト，ギルバート White, Gilbert　91
本庄栄治郎　336
本田利明　81, 343, 354
ボンテクー，コルネリス Bontekoe(Dekker), Cornelis　139, 200
ポンペ Pompe van Meerdevort　xiv, 95, 96, 113, 115, 196, 207, 263, 289, 295, 313, 314, 320, 324, 337, 360

▶ま

マイスター，ヘンリー Meister, Henry　238, 271
マーカム Markham, Gervase　220
マキューン，トマス McKeown, Thomas　22, 125, 249, 371-373, 376-378
マクダーナ McDonough　165
マクニール，ウィリアム McNeill, William　54, 186
マクノート McNaught, Major J. G.　143
マクラレン McLaren, Angus　327
マシアス Mathias　378
マーシャル，ドロシー Marshall, Dorothy　91, 174, 207, 240
マスキー - テイラー，ニコラス Mascie-Taylor, Nicholas　165
マーティン，マーティン Martin, Martin　64
マルカムソン Malcolmson　342
マルサス，トマス Malthus, Thomas　xv, 5, 9, 14ff, 28, 30, 32, 45, 51, 53, 54, 56, 58, 61, 62, 65, 68, 70, 77, 85, 89, 93, 111, 149, 183, 184, 194, 221, 286, 287, 291, 299, 304, 306, 307, 318, 352, 358, 371, 377, 383, 385, 391
マレイニ，フォスコ Maraini, Fosco　254, 256
マレット，チャールズ Mullet, Charles F.　252
マンフォード，ルイス Mumford, Lewis　218

宮入慶之助　165
ミヤモト，マタオ Miyamoto, Matao　21, 355
ミラー Millar　17
ミリン，デイヴィッド Millin, David J.　143

夢窓国師（夢窓疎石）　195
ムーディ，エルスペス Moodie, Elspeth　31

メテレン van Meteren　44
メイトランド Maitland, Frederick W.　359
メンケン Menken, Jane　321

モキール，ジョエル Mokyr, Joel　93, 390, 391
モース，エドワード Morse, Edward L.　xiv, 48, 94, 113-115, 124, 133, 137, 139, 140, 154-156, 159, 163, 188, 195, 201, 202, 204-206, 213, 222, 223, 226, 227, 230, 233, 243-245, 247, 255, 259, 260, 262, 265, 274, 290, 295, 324, 351
モスク，カール Mosk, Carl　33
モーナイク Mohnike　264
モーリス，ペーター Maurice, Peter　118
モリソン，ファインズ Moryson, Fynes　xv, 79, 88, 89, 130, 238
モンタギュー，ワートリー Montagu, Lady Mary Wortley　287

▶や

柳田国男　247
山崎　佐　113, 292
ヤマムラ，コーゾー Yamamura, Kozo　7, 24, 35-37, 72, 73, 304, 306, 308-311, 316, 325, 328, 330, 336, 337, 343, 344, 346, 351, 354, 363,

384
ヤング，アーサー Young, Arthur　45, 89, 146, 147, 169, 209, 238

ユーカーズ，ウィリアム Ukers, William　141, 144

▶ら

ライト，トマス Wright, Thomas　287, 329, 330
ライトソン，キース Wrightson, Keith　67, 341, 342
ライネ，ウィレム・テン Rhijne, Willem Ten　135
ライリー，ジェイムズ Riley, James C.　32, 193, 199, 211, 212, 388
ラスキン Ruskin　31
ラストン，アーサー Ruston, Arthur G.　168
ラスレット，ピーター Laslett, Peter　2, 4, 27, 67, 68, 317
ラッツェル Ratzell, Friedrich　361
ラッツェル Razzell, Peter　219, 249, 288, 373
ラフリン，ラリー Laughlin, Larry　165
ラ・ロシュフーコー，フランソワ・ド la Rochefoucauld, Francçois de　xv, 90, 131, 147, 220, 238, 280
ラン，ピーター Lunn, Peter　110
ランガー，ウィリアム Langer, William　340
ランダース，ジョン Landers, John　32, 152, 241, 333, 366
ランデス，デイヴィッド Landes, David　19, 52

リー，ロナルド Lee, Ronald　25
リヴィ - バッチ，マッシモ Livi-Bacci, Massimo　21, 186
利休　135
リグリィ Wrigley, E. A.　2-5, 7, 18, 19, 24, 27, 29-32, 68, 110, 307, 330, 384, 385
リスター，ジョセフ Lister, Joseph　141
リックマン Rickman　150
リッチ Rich　64
リーハー，デイヴィッド Reher, David　30, 377
リー博士 Lee, Dr.　28
リービヒ，ユストゥス・フォン Liebig, Justus von　163, 170

ルーカス Lucas　120, 121
ルブラン Le Blanc　146

レイン Rein, J. J.　255, 361
レトソン Lettsom, John Croakley　146
レムニウス Lemnius, Levinus　173, 219
レリドン Leridon　333
レン，クリストファー Wren, Sir Christopher　175
レーン - クレイポン，ジャネット Lane-Claypon, Janet E.　246, 296

ロウシュキー，デイヴィッド Loschky, David　31
ロジャーズ，ソロルド Rogers, Thorold　65, 66, 80
ロズマン Rozman　358
ローダー，ロバート Loder, Robert　168
ロック，マーガレット Lock, Margaret　157, 212, 275
ロドリゲス Rodrigues　158
ロバーツ Roberts, Llywelyin A.　161, 210
ロバートソン Robertson　17
ローレンス Lawrence　148
ロングフォード Longford, Joseph M.　360

▶わ

ワトキンズ Watkins, Susan　321

事項索引

▶さ

▶ま

▶や

▶ら

▶わ

文　献

ここには，本書で参照されたすべての文献が含まれている。とくに指摘のないもの以外，これらはすべてロンドンで出版されたものである。

【略語一覧】

Am.	American	pt.	part
Econ.	Economic	Proc.	Proceedings
ed.	edited or editor	Pub.	Publications
edn	edition	Rev.	Review
eds	editors	Soc.	Society
Hist.	Historical	tr.	translated by
Jnl.	Journal	Trans.	Transactions
n.d.	no date	Univ.	University
n. s.	new series	vol.	volume
no.	number		

Aberle, S.B.D., 'Child Mortality among Pueblo Indians', *American Jnl. of Physical Anthropology,* vol.xvi, no.3, 1932.

Alcock, Sir Rutherford, *The Capital of the Tycoon: A Narrative of a Three Years' Residence in Japan,* 1863.（ラザフォード・オールコック，山口光朔訳『大君の都――幕末日本滞在記』上・中・下，岩波文庫，1997）

Allison, A., (ed.), *Population Control,* 1970.

Anglicus, Bartholomaeus, *On the Properties of Things [De Proprietatibus Rerum, C. 1230].* tr. John Trevisa, 1975 reprint.

Appleby, Andrew, 'Diet in Sixteenth-century England: Sources, Problems, Possibilities' in Charles Webster (ed.), *Health, Medicine and Mortality in the Sixteenth Century,* 1979.

Appleby, Andrew, *Famine in Tudor and Stuart England,* 1978.

Arch, Joseph, *From Ploughtail to Parliament, An Autobiography,* (originally written 1892-1893), reprinted, 1986.

Ardener, Edwin, *Divorce and Fertility, an African Study,* 1962.

Armstrong, David, 'Birth, Marriage and Death in Elizabethan Cumbria', *Local Population Studies,* no.53, Autumn 1994.

Ariès, Philippe, *Centuries of Childhood,* tr. Robert Baldick, 1962.（フィリップ・アリエス，杉山光信／杉山

恵美子訳『〈子供〉の誕生——アンシャン・レジーム期の子供と家族生活』みすず書房，1980）
Aristotle, *The Works of Aristotle.* New improved edn no date (early nineteenth century; published by Miller, Law and Cater).（アリストテレス，今道友信／村川堅太郎／宮内璋／松本厚訳『アリストテレス全集』1～17，岩波書店，1988-1994ほか。ただしこの邦訳はこの英訳からの翻訳ではない）
Ariyoshi, Sawako, *The Twilight Years,* tr. Mildred Tahara, 1984.（有吉佐和子『恍惚の人』新潮文庫，1982，ほか）
Arnold, David, *Famine, Social Crisis and Historical Change,* 1988.
Arnold, Sir Edwin, *Seas and Lands,* 1895.
Aubrey, John, *The Natural History of Wiltshire,* John Britton (ed.), Wilts. Topographical Society Pub., 1847.
Aykroyd, W.R., *The Conquest of Famine,* 1974.
Bacon, Alice M., *Japanese Girls and Women,* 1902.
Bairoch, Paul, *Cities and Economic Development, from the Dawn of History to the Present,* 1988.
Barley, M.W., *The English Farmhouse and Cottage,* 1961.
Barrett, Timothy, *Japanese Papermaking, Traditions, Tools, and Techniques,* New York, 1983.
Basch, Paul F., *Schistosomes: Development, Reproduction and Host Relations,* Oxford, 1991.
Bayne-Powell, Rosamond, *Travellers in Eighteenth-Century England,* 1951.
Beardsley, Richard K., Hall, John W., and Ward, Robert E., *Village Japan,* Chicago, 1959.
Beaver, M.W., 'Population, Infant Mortalitiy and Milk', *Population Studies,* vol.xxvii, no.2, 1973.
Beckmann, John A., *A History of Inventions, Discoveries and Origins.* tr. William Johnston, revised and enlarged by William Francis and J.W.Griffith, 1846.
Behn, Aphra, (attr.), *The Ten Pleasures of Marriage, and the second part, The Confessions of the New Married Couple* (1682-1683), reprint, 1922.
Bellah, Robert N., *Tokugawa Religion, the Values of Pre-Industrial Japan,* Illinois, 1957.（R・N・ベラー，池田昭訳『徳川時代の宗教』岩波文庫，1996；R・N・ベラー，堀一郎／池田昭共訳『日本近代化と宗教倫理——日本近世宗教論』未来社，1966）
Benedictow, Ole J., 'The Milky Way in History: Breast Feeding, Antagonism Between the Sexes and Infant Mortality in Medieval Norway', *Scandinavian Jnl. of History,* vol.10, no.1, 1985.
Bennett, H.S., *The Pastons and their England,* 1968.
Biller, P.P.A., 'Birth-Control in the Medieval West', *Past and Present,* no.94, Feb. 1982.
Bird, Isabella, *Unbeaten Tracks in Japan* (1880), reprint 1984.（イサベラ・バード，高梨健吉訳『日本奥地紀行』〈東洋文庫 240〉平凡社，1973；イサベラ・エル・バード，神成利男訳『コタン探訪記——日本の知られざる辺境　北海道編』〈北海道ライブラリー 7〉北海道出版企画センター，1977）
Birdsell, Joseph, 'Some Predictions for the Pleistocene Based on Equilibrium Systems Among Recent Hunter-Gatherers' in Richard Lee and Irven DeVore (eds), *Man the Hunter,* Chicago, 1968.
Black, William, *An Arithmetical and Medical Analysis of the Diseases and Mortality of the Human Species,* 1789.
Blackstone, William, *Commentaries on the Laws of England, with an Analysis of the Work,* 1829.
Blane, Sir Gilbert, *Select Dissertations on Several Subjects of Medical Science,* 1822.
Bloch, Ivan, *Sexual Life in England Past and Present.* tr. William H. Forstern, 1938.
Bloch, Marc, *French Rural History, An Essay on its Basic Characteristics.* tr. Janet Sondheimer, 1966.（マルク・ブロック，河野健二／飯沼二郎訳『フランス農村史の基本性格』〈名著翻訳叢書〉創文社，1959）
Blundell, Margaret, (ed.), *Blundell's Diary and Letter Book, 1702-1728,* 1952.
Boorde, Andrew, *A Compendyous Regyment or a Dyetary of Health* (1542), F.J.Furnivall (ed.), 1870.
Boorde, Andrew, *The Breviarie of Health,* 1575.

Boserup, Ester, *Population and Technology,* 1981.

Boserup, Ester, 'The Impact of Scarcity and Plenty on Development', *Jnl. of Interdisciplinary History,* vol.xiv, no.2, Autumn 1983.

Boswell, James, *Boswell in Search of a Wife 1766-1769.* James Brady, Frank Pottle and Frederick Pottle, (eds), 1957.

Boswell, James, *Life of Johnson,* George B. Hill (ed.), Oxford, 1887.（ボズウェル，神吉三郎訳『サミュエル・ヂョンスン伝』上・中・下，岩波文庫，1941-1948；J・ボズウェル，中野好之訳『サミュエル・ジョンソン伝』みすず書房，1981-1983）

Boswell, James, *London Journal 1762-3,* Frederick Pottle (ed.), 1951.

Bowers, John Z., *Western Medical Pioneers in Feudal Japan,* Baltimore, 1970.（ジョン・Z・バワーズ，金久卓也／鹿島友義訳『日本における西洋医学の先駆者たち』慶應義塾大学出版会，1998）

Brand, van Someran, (ed.), *Les Grandes Cultures du Monde,* Paris, n.d.c. 1900.

Braudel, Fernand, *Afterthoughts on Material Civilization and Capitalism,* tr. Patricia M. Ranum, 1977.（フェルナン・ブローデル，金塚貞文訳『歴史入門』太田出版，1995）

Braudel, Fernand, *Capitalism and Material Life 1400-1800,* 1967.

Braudel, Fernand, *Civilization and Capitalism 15th-18th Century,* 1981-1984.（フェルナン・ブローデル『物質文明・経済・資本主義　15〜18世紀』みすず書房，1985）

Browne, Edith A., *Tea,* 1917.

Bruce-Chwatt, Leonard J., and De Zulueta, Julian, *The Rise and Fall of Malaria in Europe,* Oxford, 1980.

Buchan, William, *Domestic Medicine: or, A Treatise on the Prevention and Cure of Diseases,* 11th edn, 1790.

Buer, M.C., *Health, Wealth, and Population in the Early Days of the Industrial Revolution,* 1926.

Burn, Richard, *Ecclesiastical Law,* 5th edn, 1788.

Burn, Richard, *The Justice of the Peace and Parish Officer,* 16th edn, 1788.

Burnett, John, *Plenty and Want,* 1979.

Burnett, John, *Social History of Housing 1815-1970,* Newton Abbott, 1978.

Burnett, Macfarlane, and White, David, *Natural History of Infectious Disease,* 1972.（F・M・バーネットほか，新井浩訳『伝染病の生態学』紀伊国屋書店，1966）

Bushman, Richard L., and Bushman, Claudio L., 'The Early History of Cleanliness in America', *The Jnl. of Am. History,* vol.74, no.4, March 1988.

Busvine, James R, *Insects and Hygiene,* 1980.

Bynum, W.F., and Porter, R., (eds), *Companion Encyclopaedia of the History of Medicine,* 1993.

Byrne, M., St. Clare, *Elizabethan Life In Town and Country,* 1934.

Cambridge History of Japan, vol.1. Ancient Japan, Delmer M. Brown (ed.), 1993.

Cambridge History of Japan, vol.3. Medieval Japan, Kozo Yamamura (ed.), 1990.

Cambridge History of Japan, vol.4. Early Modern Japan, John Whitney Hall (ed.), 1991.

Cambridge History of Japan, vol.5. The Nineteenth Century, Marius B. Jansen (ed.), 1989.

Cambridge History of Japan, vol.6. The Twentieth Century, Peter Duus, (ed.), 1988.

Campbell, Donald T., 'Blind Variation and Selective Retention in Creative thought as in Other Knowledge Processes', *Psychological Review,* no.67, 1960.

Campbell, Mildred, *The English Yeoman under Elizabeth and the Early Stuarts,* New Haven, 1942.

Cassen, R.H., *India: Population, Economy, Society,* 1978.

Cellier, Mrs. Elizabeth, 'A Scheme for the Foundation of a Royal Hospital', *Harleian Miscellany,* vol.ix, 1810.

Chadwick, Edwin, *Report on the Sanitary Condition of the Labouring Population of Gt. Britain* (1842), ed. with

intro. by M.W. Flinn, 1965.（エドウィン・チャドウィック，橋本正己訳『大英帝国における労働人口集団の衛生状態に関する報告書』日本公衆衛生協会，1990）
Chalkin, C.W., *Seventeenth Century Kent. A Social and Economic History,* 1965.
Chamberlain, Basil Hall, *Japanese, Things, Being Notes on Various Subjects Connected with Japan,* (originally published as 'Things Japanese', in 1904), Tokyo, 1990.（バジル・ホール・チェンバレン，高梨健吉訳『日本事物誌』１・２〈東洋文庫 131，147〉平凡社，1969）
Chamber's Encyclopaedia, New Edition, 1895.
Chambers, J.D., *Population, Economy, and Society in Pre-Industrial England,* 1972.
Chambers, J.D., 'The Vale of Trent, 1670-1800', *Economic Hist. Rev. Supplement,* 3, 1957.
Characters and Observations, an 18th Century Manuscript, 1930.
Chaucer, Geoffrey, *The Works,* Alfred W. Pollard (ed.), 1965.
Cipolla, Carlo, *Before the Industrial Revolution, European Society and Economy 1000-1700,* 1981.
Cipolla, Carlo, *The Economic History of World Population,* 1962.（カルロ・M・チポラ，川久保公夫／堀内一徳共訳『経済発展と世界人口』ミネルヴァ書房，1972）
Clark, Alice, *Working Life of Women in the Seventeenth Century,* New York, 1919.
Clark, Colin, *Population Growth and Land Use,* 1968.（コーリン・クラーク，馬場啓之助監修，杉崎真一訳『人口増加と土地利用』農政調査委員会，発売：大明堂，1969）
Clark, Timothy, *Ukiyo-e Paintings in the British Museum,* 1992.
Clark, Peter, *The English Alehouse, a Social History 1200-1830,* 1983.
Clarkson, Leslie, *Death, Disease and Famine in Pre-Industrial England,* Dublin, 1975.
Clearly, Thomas, *The Japanese Art of War, Understanding the Culture of Strategy,* 1991.
Clegg, A.G., and Clegg, P.C., *Man Against Disease,* 1980.
Coale, Ansley J., 'T.R. Malthus and the Population Trends of His Day and Ours', *Encyclopaedia Britannica Lecture,* Edinburgh, 1978.
Cobbett, William, *Cottage Economy,* 1823.
Cobbett, William, *The Progress of a Plough-boy to a Seat in Parliament,* William Reitzel (ed.), 1933.
Cockburn, J.S., (ed.), *Crime in England 1550-1800,* 1977.
Cogan, Thomas, *The Haven of Health,* 1589.
Cohen, Mark Nathan, *Health and the Rise of Civilization,* New Haven, 1989.（マーク・N・コーエン，中元藤茂／戸澤由美子訳『健康と文明の人類史——狩猟，農耕，都市文明と感染症』人文書院，1994）
Coleman, David, and Schofield, Roger, (eds), *The State of Population Theory, forward from Malthus,* 1986.
Coleman, Samuel, *Family Planning in Japanese Society. Traditional Birth Control in a Modern Urban Culture,* Princeton, 1983.
Comenius, Johannes Amos, *Orbis Sensualium Pictus,* 1672.（J・A・コメニウス，井ノ口淳三訳『世界図絵』〈平凡社ライブラリー 129〉平凡社，1995）
Conder, Joseph, *Landscape Gardening in Japan* (1912), New York, 1964.
Cooley, Arnold J., *The Toilet in Ancient and Modern Times with a Review of the Different Theories of Beauty and Copious Allied Information Social, Hygienic, and Medical* (1866), New York, 1970.
Cornell, J.B., and Smith, R.J., *Two Japanese Villages. Matsunagi, a Japanese Mountain Community and Kurusu, a Japanese Agricultural Community,* New York, 1969.
Cornell, Laurel L., 'Why Are There No Spinsters in Japan?,' *Jnl.of Family History,* Winter, 1984.
Cortazzi, Hugh, *Dr Willis in Japan, British Medical Pioneer 1862-1877,* 1985.（ヒュー・コータッツィ，中

須賀哲朗訳『ある英人医師の幕末維新――W・ウィリスの生涯』中央公論社，1985）
Coulton, G.G., *Medieval Village, Manor, and Monastery,* New York, 1960.
Coverdale, Myles, *The Christian State of Matrimony,* (translation of Bullinger), 1575.
Crawford, Patricia, '"The Suckling Child": Adult Attitudes to Child Care in the First Year of Life in Seventeenth-century England', *Continuity and Change,* vol. 1, 23-51, 1986.
Creighton, Charles, *A History of Epidemics in Britain, 2* vols, 1891 and 1894.
Crosby, Alfred W., *Ecological Imperialism, the biological expansion of Europe, 900-1900,* 1994.（アルフレッド・W・クロスビー，佐々木昭夫訳『ヨーロッパ帝国主義の謎――エコロジーから見た10～20世紀』岩波書店，1998）
Culpeper, Nicholas, *A Directory of Midwives,* 1656.
Curteis, Thomas, *Essays on the Preservation and Recovery of Health,* 1704.
Curtis, Donald, Hubbard, Michael, and Shepherd, Andrew, *Preventing Famine, Policies and Prospects for Africa,* 1988.
Daedalus, Historical Population Studies, *Jnl. of the American Academy of Arts and Sciences,* Spring 1968.
Dasgupta, Partha, *An Inquiry into Well-Being and Destitution,* Oxford, 1993.
Davidson, Stanley, Passmore, R., and Brock, J.F., *Human Nutrition and Dietetics,* 1973.
Davies, Maude F., *Life in an English Village,* 1909.
Davis, David E., 'The Scarcity of Rats and the Black Death: An Ecological History', *Jnl. of Interdisciplinary History,* vol.xvi, no.3, Winter 1986.
Davis, K., and Blake, J., 'Social Structure and Fertility: An Analytic Framework', *Economic Development and Social Change,* vol.4, no.3, 1956.
Davis, Kingsley, 'The Theory of Change and Response in Modern Demographic History', *Population Index,* vol.xxix, 1963.
De Mause, Lloyd, (ed.), *The History of Childhood, the Evolution of Parent-Child Relationships as a Factor in History,* 1976.
De Saussure, Cesar, *A Foreign View of England in the Reigns of George I and George II, the Letters of Monsieur Cesar de Saussure to his Family,* Madame van Muyden (ed.), 1902.
De Tocqueville, Alexis, *Memoir, Letters, and Remains of Alexis de Tocqueville,* 1861.
De Vries, Jan, *The Economy of Europe in an Age of Crisis, 1600-1750,* 1976.
Deane, Phyllis, and Cole, W.A., *British Economic Growth 1688-1959. Trends and Structure,* 1962.
Diggory, Peter, Potts, Malcolm, and Teper, Sue, (eds), *Natural Human Fertility, Social and Biological Determinants. Proceedings of the Twenty-third Annual Symposium of the Eugenic Society,* London, 1986, 1988.
Dobson, Mary J., '"Marsh Fever" - the geography of malaria in England', *Jnl. of Historical Geography,* vol.6, no.4, 1980.
Dobson, Mary J., 'The Last Hiccup of the Old Demographic Regime: Population Stagnation and Decline in Late Seventeenth and Early Eighteenth-century South-east England', *Continuity and Change* 4, vol.3, 1989.
Dodds, E.R., *The Greeks and the Irrational,* California, 1966.（E・R・ドッズ，岩田靖夫／水野一共訳『ギリシァ人と非理性』みすず書房，1972）
Dore, R.P., *City Life in Japan, a Study of a Tokyo Ward,* California, 1971.（R・P・ドーア，青井和夫／塚本哲人訳『都市の日本人』岩波書店，1962）
Dore, R.P., 'Japanese Rural Fertility; some Social and Economic Factors', *Population Studies,* vol.vii, no.1, July 1953.
Dore, Ronald, *Shinohata, a Portrait of a Japanese Village,* 1978.

Douglas, Mary, *Purity and Danger, an Analysis of Concepts of Pollution and Taboo,* 1966.（メアリ・ダグラス，塚本利明訳『汚穢と禁忌』〈再版〉思潮社，1985）

Drake, Michael, *Population and Society in Norway 1735-1865,* 1969.

Drake, Michael, (ed.), *Population in Industrialization,* 1969.

Drummond, J.C., and Wilbraham, Anne, *The Englishman's Food, a History of Five Centuries of English Diet,* revised with a new chapter by Dorothy Hollingsworth, 1969.

Du Boulay, F.R.H., *An Age of Ambition. English Society in the Late Middle Ages,* 1970.

Dubos, Rene, *Man Adapting,* New Haven, 1968.（ルネ・デュボス，木原弘二訳『人間と適応――生物学と医療』〈第二版〉みすず書房，1985）

Dubos, Rene, *The World of Rene Dubos: A Collection from his Writings,* Gerard Piel and Osborn Segerberg (eds), New York, 1990.

Duffy, Michael, *The Englishman and the Foreigner, The English Satirical Print 1600-1832,* 1986.

Dumond, D.F., 'Population Growth and Cultural Change', *Southwestern Jnl. of Anthropology,* vol.21, 1965.

Dunn, C.J., *Everyday Life in Traditional Japan,* 1969.

Dyer, Christopher, 'English Diet in the Later Middle Ages', in *Social Relations and Ideas: Essays in Honour of R.H. Hilton,* T.H. Aston et al. (eds), 1983.

Dyer, Christopher, *Everyday Life in Medieval England,* 1994.

Dyson, Tim, 'On the Demography of South Asian Famines Part 1', *Population Studies,* no.45, 1991.

Dyson, Tim, and Murray, Mike, 'The Onset of Fertility Transition', *Population and Development Review,* vol.11, no.3, 1985.

Earle, Peter, *The Making of the English Middle Class,* 1989.

Ehrlich, Paul, and Ehrlich, Anne, *Population, Resources, Environment: Issues in Human Ecology,* San Francisco, 1970.（ポール・R・エールリッヒ／アン・E・エールリッヒ，合田周平訳『ヒューマン・エコロジーの世界――人口と資源と環境と』講談社，1974）

Elias, Norbert, *The Civilizing Process, The History of Manners,* 1978.（ノルベルト・エリアス，波田節夫ほか訳『社会の変遷／文明化の理論のための見取り図』〈叢書・ウニベルシタス 76：文明化の過程〉法政大学出版局，1978）

Embree, John F., *A Japanese Village, Suye Mura,* 1946.（ジョン・F・エンブリー，植村元覚訳『日本の村――須恵村』日本経済評論社，1978，ほか）

Emerson, Ralph Waldo, *English Traits,* Boston, 1884.（R・W・エマソン，加納秀夫訳『英国の印象』〈アメリカ文学選集〉研究者出版，1957，ほか）

Emmison, F.G., *Elizabethan Life; Home, Work and Land,* Chelmsford, 1976.

Encyclopaedia Britannica, 11th edn., 1910-1.

Encyclopaedia of the Social Sciences, Edwin R. Seligman (ed.), 1st edn, New York, 1935. David L. Sills (ed.) 2nd edn, 1968.

Engel, Heinrich, *The Japanese House, a Tradition for Contemporary Architecture,* Vermont, 1974.

Ernle, Lord, *English Farming Past and Present,* new edition, Sir A.D. Hall (ed.), 1936.

Evans-Pritchard, E.E., *Witchcraft, Oracles and Magic among the Azande,* Oxford, 1937.

Ewald, Paul W., *Evolution of Infectious Disease,* Oxford, 1994.

Eyre, Adam, 'Diary', in *Yorkshire Diaries and Autobiographies in the 17th and 18th Centuries,* H.J.Morehouse (ed.), Surtees Society, vol.xv, 1875.

Fairbank, John King, 'The Paradox of Growth without Development' in *China A New History,* Harvard, 1992.（J・K・フェアバンク，大谷敏夫／太田秀夫訳『中国の歴史――古代から現代まで』〈Minerva

21世紀ライブラリー 23〉ミネルヴァ書房，1996）

Farley, John, *Bilharzia, a History of Imperial Tropical Medicine,* 1991.

Farris, William Wayne, *Population, Disease and Land in Early Japan,* Harvard 1985.

Feachem, Richard, et al.(eds), *Water, Wastes and Health in Hot Climates,* New York, 1977.

Feeney, Griffith, and Kiyoshi, Hamano, 'Rice Price Fluctuations and Fertility in Late Tokugawa Japan', *Jnl. of Japanese Studies,* vol.16, no.1, 1990.

Ferguson, Adam, *An Essay, on the History of Civil Society,* 1767, Duncan Forbes (ed.), 1966.（ファーガスン，大道安次郎訳『市民社会史』上・下，河出文庫，1954，ほか）

Ferguson, Sheila, *Drink,* 1975.

Fildes, Valerie, *Breasts, Bottles and Babies. A History of lnfant Feeding,* Edinburgh, 1986.

Fildes, Valerie, *Wet Nursing, A History from Antiquity to the Present,* 1988.

Fisher, F.J., 'Development of the London Food Market, 1540-1640', *Economic Hist. Rev.*, vol.v, 1935.

Flandrin, Jean-Louis, *Families in Former Times, Kinship, Household and Sexuality,* 1979.（J・L・フランドラン，森田伸子／小林亜子訳『フランスの家族――アンシャン・レジーム下の親族・家・性』勁草書房，1993）

Flinn, Michael W., *The European Demographic System 1500-1820,* Baltimore, I981.

Fogel, Robert W., et al, 'Secular Changes in American and British Stature and Nutrition', *Jnl. of Interdisciplinary History,* vol.xiv, no.2, Autumn 1983.

Forbes, Thomas Roger, (ed.), *Chronicle from Aldgate, Life and Death in Shakespeare's London,* New Haven, 1971.

Forrest, Denys, *Tea for the British: The Social and Economic History of a Famous Trade,* 1973.

Forrest, Denys, *The World Tea Trade: A Survey of the Production, Distribution and Consumption of Tea,* Cambridge, 1985.

Fortescue, John, *Learned Commendation of the Politique Laws of England,* 1567. (originally written in 1461-1471).

Foucault, Michel, *Discipline and Punish, the Birth of the Prison,* 1977.（ミシェル・フーコー，田村俶訳『監獄の誕生――監視と処罰』新潮社，1977）

Franklin, Benjamin, *The Works of Benjamin Franklin,* Jared Sparks (ed.), Boston, 1840.

Fraser, Hugh (Mrs), *Letters from Japan, a Record of Modern Life in the Island Empire,* 1899.

Frederic, Louis, *Daily Life in Japan, at the time of the Samurai, 1185-1603,* 1972.

Fujikawa, Y., *History of Diseases in Japan,* Tokyo, 1912 (in Japanese).（富士川游『日本疾病史』〈東洋文庫 133〉平凡社，1969）

Fukuyama, Francis, *The End of History and the Last Man,* 1992.（フランシス・フクヤマ，渡部昇一訳・特別解説『歴史の終わり』上・中・下〈知的生きかた文庫〉三笠書房，1992）

Fukuzawa, Yukichi, *An Outline of a Theory of Civilization,* tr. D.Dilworth and G. Cameron, Tokyo, 1973.（福沢諭吉「文明論の概略」永井道雄責任編集『福沢諭吉』〈中公バックス　日本の名著〉中央公論社，1984，ほか）

Furnivall, F.J., (ed.), *Early English Meals and Manners,* Early English Text Society, 1931.

Fussell, G.E., *The Classical Tradition in West European Farming,* 1972.

Fussell, G.E., and Fussell, K.R., *The English Countrywoman, Her life in Farmhouse and Field,* 1953.

Fussell, G.E., and Fussell, K.R., *The English Countryman, His Life and Work from Tudor Times to the Victorian Age,* 1985.

Galloway, P.R., 'Annual Variations in Deaths by Age, Deaths by Cause, Prices, and Weather in London 1670 to 1830', *Population Studies,* vol.39, 1985.

Gardiner, Robert S., *Japan as We Saw It,* Boston, 1892.

Garfield, John, *The Wandering Whore: A Dialogue.* Numbers 1-5, 1660-1, reprinted, The Rota, Exeter Univ. 1977.

Geoffrey, Theodate, *An Immigrant in Japan,* 1926.（セオダテ・ジョフリー，中西道子訳『横浜物語――アメリカ女性が見た大正期の日本』〈東西交流叢書　9〉雄松堂出版，1998）

George, M. Dorothy, (ed.), *England in Johnson's Day,* 1942.

George, M. Dorothy, *London Life in the Eighteenth Century,* 1965.

George, M. Dorothy, 'Some Causes of the Increase of Population in the Eighteenth Century as Illustrated by London', *Economic Jnl.*, vol.xxxii, 1922.

Geyl, Pieter, *Encounters in History,* 1967.

Gibbon, Edward, *Autobiography,* Lord Sheffield (ed.), World Classics edn, 1959, (originally published in 1796).（エドワード・ギボン，村上至孝訳『ギボン自叙伝――わが生涯と著作との思ひ出』岩波文庫，1997）

Glass, D.V., and Eversley, D.E.C., (eds), *Population in History,* 1965.

Goldstone, J.A., 'The Demographic Revolution in England: a Re-examination', *Population Studies,* vol.49, 1986.

Goode, William J., *World Revolution and Family Patterns,* New York, 1968.

Goodwin, Jason, *The Gunpowder Gardens. Travels through India and China in search of Tea,* Vintage edn, 1993.

Goody, Jack, 'Adoption in Cross-Cultural Perspective', *Comparative Studies in Society and History,* vol.11, no.1, Jan. 1969.

Goody, Jack, *Production and Reproduction. A Comparative Study of the Domestic Domain,* 1976.

Goody, Jack, *The Development of the Family and Marriage in Europe,* 1983.

Goody, Jack, Thirsk, Joan, and Thompson, E.P., (eds), *Family and Inheritance, Rural Society in Western Europe 1200-1800,* 1976.

Gorer, Geoffrey, 'Themes in Japanese Culture', *Trans. New York Academy of Sciences,* series ii, vol.5, 1943.

Goubert, Jean-Pierre, *The Conquest of Water, the Advent of Health in the Industrial Age,* Cambridge, 1989.

Gouge, William, *Of Domesticall Duties,* 1622.

Gough, Richard, *Antiquities and Memoirs of the Parish of Myddle,* (n.d., seventeenth century), 1875.

Graham, H.G., *The Social Life of Scotland in the Eighteenth Century,* 1909.

Graunt, John, *Natural and Political Observations mentioned in a following index and made upon the Bills of Mortality,* 1665.

Greenhow, E.H., *Papers Relating to the Sanitary State of the People of England,* 1858.

Greenwood, Major, *Epidemics and Crowd-diseases, an Introduction to the Study of Epidemiology,* 1935.

Griffis, W.E., *The Mikado's Empire,* 10th edn, New York, 1903.（W・E・グリフィス，山下英一訳『明治日本体験記』〈東洋文庫　430〉，平凡社，1984は *The Mikado's Empire* の第二部「日本における個人的体験，観察，研究　1870-1874」の全訳）

Grigson, Geoffrey, and Gibbs-Smith, C.H., (eds), *Things, A Volume about the Origin and Early History of Many Things,* n.d., c. 1950.

Grilli, Peter, *Pleasures of the Japanese Bath,* 1992.

Guggenheim, Karl Y., *Nutrition and Nutritional Diseases, the Evolution of Concepts,* Lexington, 1981.

Guha, Sumit, 'The Importance of Social Intervention in England's Mortality Decline: The Evidence Reviewed', *Social History of Medicine,* vol.7, no.1, 1994.

Hair, P.E.H., 'Bridal Pregnancy in Rural England in Earlier Centuries', *Population Studies,* vol.xx, no.2, Nov. 1966.

Hajnal, John, 'European Marriage Patterns in Perspective', in D.V. Glass and D.E.C. Eversley (eds), *Population in*

History, Essays in Historical Demography, 1965.
Hale, Matthew, *The History of the Pleas of the Crown,* 1736, (Professional Books reprint, 1971).
Hale, Matthew, *Pleas of the Crown: or, a Methodical Summary of the principal matters relating to that Subject,* 1678.
Hall, John A., *Powers and Liberties. The Causes and Consequences of the Rise of the West,* 1985.
Hane, Mikiso, *Peasants, Rebels and Outcastes, the Underside of Modern Japan,* New York, 1982.
Hanley, Susan B., 'Fertility, Mortality and Life Expectancy in Pre-Modern Japan', *Population Studies,* vol.28, no.1, March 1974.
Hanley, Susan B., 'A High Standard of Living in Nineteenth-Century Japan: Fact or Fantasy?' *Jnl. Economic History,* vol.43, no.1, March 1983.
Hanley, Susan B., 'Urban Sanitation in Pre-Industrial Japan', *Jnl. of Interdisciplinary History,* vol.xviii, no.1, Summer 1987.
Hanley, Susan B., and Wolf, Arthur P., (eds), *Family and Population in East Asian History,* Stanford, 1985.
Hanley, Susan B., and Yamamura, Kozo, *Economic and Demographic Change in Pre-Industrial Japan 1600-1868,* Princeton, 1977.（S・B・ハンレー／K・ヤマムラ（山村耕三），速水融／穐本洋哉訳『前工業化期日本の経済と人口』ミネルヴァ書房，1982）
Hann, C.M., *Tea and the Domestication of the Turkish State,* Modern Turkish Studies Programme, Occasional Papers 1, 1990.
Hanway, Joseph, *A Journal of Eight Day Journey .... To which is added an Essay on Tea,* 1756.
Hardy, Anne, 'Water and the Search for Public Health in London in the Eighteenth and Nineteenth Centuries', *Medical History,* no.28, 1984.
Harrison, G.A., and Boyce, A.J., (eds), *The Structure of Human Populations,* 1972.
Harrison, William, *The Description of England (1587),* Georges Edelen (ed.), Cornell, 1968.
Havinden, M.A., (ed.), *Household and Farm Inventories in Oxfordshire, 1550-1590,* 1965.
Hawthorn, Geoffrey, *The Sociology of Fertility,* 1970.
Hayami, Akira, 'A Great Transformation: Social and Economic Change in Sixteenth and Seventeenth Century Japan', *Bonner Zeitschrift fur Japanologie,* vol.8, Bonn, 1986.
Hayami, Akira, 'Another Fossa Magna: Proportion Marrying in Late Nineteenth-Century Japan', *Jnl. of Family History,* vol.12, nos 1-3, 1987.
Hayami, Akira, 'Class Differences in Marriage and Fertility among Tokugawa Villages in Mino Province', *Keio Economic Studies,* vol.17, no.1, 1980.
Hayami, Akira, 'Labor Migration in a Pre-Industrial Society: a Study Tracing the Life Histories of the Inhabitants of a Village', *Keio Economic Studies,* vol.10, no.2, 1973.
Hayami, Akira, 'The Myth of Primogeniture and Impartible Inheritance in Tokugawa Japan' *Jnl. of Family History,* Spring 1983.
Hayami, Akira, 'Population Growth in Pre-Industrial Japan', in *Evolution Agraire et Croissance Demographique,* Antoinette Fauve-Chamoux (ed.), Liege, 1987.
Hearn, Lafcadio, *Glimpses of Unfamiliar Japan* (1894), Tokyo, 1991.（小泉八雲，平井呈一訳『日本瞥見記』〈第二版〉恒文社，1986）
Hearn, Lafcadio, *Japan, an Attempt at Interpretation,* New York, 1910.（ラフカディオ・ハーン，柏倉俊三訳注『神国日本——解明への一試論』〈東洋文庫 292〉平凡社，1976，ほか）
Hearn, Lafcadio, *Kokoro, Hints and Echoes of Japanese Inner Life (1896),* Tokyo, 1991.（ラフカディオ・ハーン，平井呈一訳『心——日本の内面生活の暗示と影響』岩波文庫，1977，ほか）
Hearn, Lafcadio, *Out of the East. Reveries and Studies in New Japan,* 1927.（ラフカディオ・ヘルン，平井呈

一訳『東の国から――新しい日本における幻想と研究』上・下，岩波文庫，1952；小泉八雲，平井呈一訳『東の国から・心』恒文社，1975）

Heberden, William, *Observations on the Increase and Decrease of Different Diseases, and Particularly the Plague,* 1801.

Heer, M. David, (ed.), *Readings on Population,* New Jersey, 1968.

Helleiner, K.F., 'The Population of Europe from the Black Death to the Eve of the Vital Revolution', in *The Cambridge Economic History of Europe,* vol.IV, E.E. Rich and C.H. Wilson (eds), 1967.

Hibbert, Christopher, *The English, a Social History 1066-1945,* 1989.

Himes, Norman, *Medical History of Contraception,* 1936.（ノーマン・E・ハイムズ，現代性科学研究会訳『避妊の歴史』〈新版世界性医科学全集　4〉美学館，発売：ヒューマンライフ社，1981）

Hirschman, Albert O., *The Passions and the Interests, Political Arguments for Capitalism Before its Triumph,* Princeton, 1968.（アルバート・O・ハーシュマン，佐々木毅／旦祐介訳『情念の政治経済学』〈叢書・ウニベルシタス　165〉法政大学出版局，1985）

Hobhouse, Henry, *Seeds of Change,* 1985.（ヘンリー・ホブハウス，阿部三樹夫／森仁史訳『歴史を変えた種――人間の歴史を創った５つの植物』パーソナルメディア，1987）

Hoffer, Peter C., and Hull, N.E.H., *Murdering Mothers: Infanticide in England and New England 1558-1803,* 1981.

Hollingsworth, T.H., *Historical Demography. The Sources of History: Studies in the Uses of Historical Evidence,* 1969.

Hopkins, Keith, 'Contraception in the Roman Empire', *Comparative Studies in Society and History,* vol.viii, no.1, Oct. 1965.

Hoskins, W.G., *Essays in Leicestershire History,* Liverpool, 1950.

Hoskins, W.G., 'The Rebuilding of Rural England, 1570-1640', in W.G. Hoskins, *Provincial England,* 1964.

Houghton, John, *A Collection for Improvement of Husbandry and Trade (1692),* 1969.

Houlbrook, Ralph, *Church Courts and People in the Diocese of Norwich, 1519-1570,* Oxford University, D. Phil. thesis, 1970.

Howard, George Elliott, *A History of Matrimonial Institutions,* Chicago, 1904.

Howe, G. Melvyn, Man, *Environment and Disease in Britain, a Medical Geography of Britain through the Ages,* 1972.

Hume, David, *Essays, Literary, Moral and Political,* 1873 reprint.（デイヴィッド・ヒューム，田中敏弘訳『ヒューム政治経済論集』御茶の水書房，1983）

Hunt, Daivd, *Parents and Children in History, The Psychology of Family Life in Early Modern France,* 1970.

Hunter, W.W., *Statistical Account of Assam,* (1879), Delhi, 1982.

Hunter, W.W., *The Annals of Rural Bengal,* 1871.

Hunter, W.W., *The Indian Empire: its people, history, and products,* 1886.

Hunter, *Hunter's Tropical Medicine,* revised by Thomas G.Strickland, 6th edn, Washington, 1984.

Iguch, Kaisen, *Tea Ceremony,* Osaka, 1990.（井口海仙ほか『茶の湯』保育社，1978）

Inouye, Jukichi, *Home Life in Japan,* Tokyo, 1910.（井上十吉）

Jacobs, Norman, *The Origin of Modern Capitalism and Eastern Asia,* Hong Kong, 1958, reprinted, Conneticut, 1990.

Jannetta, Ann Bowman, *Epidemics and Mortality in Early Modern Japan,* Princeton, 1986.

Jannetta, Ann Bowman, and Preston, Samuel H., 'Two Centuries of Mortality Change in Central Japan: The Evidence from a Temple Death Register', *Population Studies,* vol.45, 1991.

Jansen, Marius B, and Rozman, Gilbert, (eds), *Japan in Transition from Tokugawa to Meiji,* Princeton, 1988.

Jippensha, Ikku, *Shank's Mare. Being a translation of the Tokaido volumes of Hizakurige,* Tokyo, 1988.（十返舎一九，中村幸彦校注『東海道中膝栗毛』〈新編日本古典文学全集 81〉小学館，1995；十辺舎一九，麻生磯次校注『東海道中膝栗毛』岩波文庫，1973，ほか）

Johnson, Samuel, *Works,* new edn by Arthur Murphy, 1810.

Jones, E.L., and Mingay, G.E., (eds), *Land, Labour and Population in the Industrial Revolution,* 1967.

Jones, E.L., *The European Miracle, Environments, Economies, and Geopolitics in the History of Europe and Asia,* 1983.

Jones, R.E., 'Population and Agrarian Change in an Eighteenth century Shropshire Parish', *Local Population Studies,* no.1, Autumn 1968.

Jorden, E., *A Rational Account of the Naturall Weaknesses of Women,* 2nd edn, 1716.

Kaempfer, Engelbert, *The History of Japan, together with a Description of the Kingdom of Siam, 1690-1692,* (1727), tr. J.G. Scheuchzer, 1906.（エンゲルベルト・ケンペル，今井正訳『日本誌――日本の歴史と紀行』〈改訂・増補〉加藤敏雄，発売：霞ヶ関出版，1996；ケンペル，斎藤信訳『江戸参府旅行日記』〈東洋文庫 303〉平凡社，1977。邦訳は独語である原著 *Geschichte und Beschreibung von Japan* による，後者は原著第２巻５章のみの翻訳）

Kalland, Arne, and Pedersen, Jon, 'Famine and Population in Fukuoka Domain During the Tokugawa Period', *Jnl. of Japanese Studies,* vol.10, no.1, 1984.

Kamen, Henry, *The Iron Century, Social Change in Europe 1550-1660,* 1971.

Kames, (Lord), *Sketches of the History of Man,* Basil (Basle), 1796.

Keene, Donald, *The Japanese Discovery of Europe, 1720-1830,* Stanford, 1989.（ドナルド・キーン，芳賀徹訳『日本人の西洋発見』中公文庫，1982）

Kershaw, Ian, 'The Great Famine and Agrarian Crisis in England 1315-1322', *Past and Present,* no.59, 1973.

Khare, R.S., 'Ritual Purity and Pollution in Relation to Domestic Sanitation', in *Culture, Disease and Healing,* David Landy (ed.), New York, 1977.

King, F.H., *Farmers of Forty Centuries, or Permanent Agriculture in China, Korea and Japan,* 1911.（Ｆ・Ｈ・キング，杉本俊朗訳『東亜四千年の農民』栗田書店，1944）

King-Hall, Magdalen, *The Story of the Nursery,* 1958.

Kingdon-Ward, F., *Plant Hunter in Manipur,* 1952.

Kiple, Kenneth F., (ed.), *The Cambridge World History of Human Disease,* 1994.

Kodansha, *Japan. An Illustrated Encyclopaedia,* Kodansha, Tokyo, 1993.（『英文日本大事典』講談社，1993，英文）

Kodansha, *Kodansha Encyclopaedia of Japan,* Tokyo, 1983.（『英文日本大百科事典』１～９・補遺，講談社，1983，補遺は1986，英文）

Krause, J.T., 'Some Neglected Factors in the English Industrial Revolution' *Jnl. Ec. History,* vol.xix, Dec. 1959.

Kroeber, A.L., *Anthropology,* New ,York, 1948.

Kunitz, Stephen, 'Speculations on the European Mortality Decline', *Ec. History Rev,* 2nd series, vol.36, no.3, 1983.

Kunitz, Stephen, 'Making a Long Story Short: A Note on Men's Height and Mortality in England from the First through the Nineteenth Centuri, *Medical History,* vol.31, 1987.

Lamond, Elizabeth, (ed.), *A Discourse of the Common Weal of this Realm of England,* (first printed in 1581 and commonly attributed to W.S.), 1954.（出口勇蔵監修『近世ヒューマニズムの経済思想――イギリス絶対主義の一政策体系』〈京都大学総合経済研究所研究叢書 6〉有斐閣，1957）

Landers, John, 'Age Patterns of Mortality in London During the "Long Eighteenth Century": a Test of the "High Potential" Model of Metropolitan Mortality', *Soc. Hist. Medicine,* vol.3, no.1, April 1990.

Landers, John, *Death and the Metropolis. Studies in the Demographic History of London 1670-1830,* 1993.

Landers, John, and Reynolds, Vernon, (eds), *Fertility and Resources,* Cambridge, 1990.

Landers, John, 'Mortality and Metropolis: the Case of London 1675-1825', *Population Studies,* no.41, 1987.

Landes, David S., *The Unbound Prometheus, Technological Change and Industrial Development in Western Europe from 1750 to the Present,* 1975.（D・S・ランデス，石坂明雄／富岡庄一訳『西ヨーロッパ工業史——産業革命とその後 1750-1968』1・2，みすず書房，1980，1982）

Lane-Claypon, Janet E., *Hygiene of Women and Children,* 1921.

Laslett, Peter, *Family Life and Illicit Love in Earlier Generations. Essays in Historical Sociology,* 1977.

Laslett, Peter, *The World we have Lost,* 2nd edn, 1971.（P・ラスレット，川北稔／指昭博／山本正訳『われら失いし世界——近代イギリス社会史』三嶺書房，1986）

Laslett, Peter, Oosterveen, Karla, and Smith, Richard M., (eds), *Bastardy and its Comparative History,* 1980.

Laslett, Peter, with Wall, Richard, (eds), *Household and Family in Past Time,* 1972.

Le Riche, W. Harding, and Milner, Jean, *A Short History of Epidemiology,* 1971.

Le Riche, W. Harding, and Milner, Jean, *Epidemiology as Medical Ecology,* 1971.

Le Roy Ladurie, Emmanuel, *The Peasants of Languedoc,* tr. with an introduction by John Day, 1974.

Le Roy Ladurie, Emmanuel, Times of Feast, *Times of Famine, a History of Climate Since the Year 1000,* 1972.

Leach, Edmund, *Culture and Communication, the Logic by which Symbols are Connected,* 1976.（エドマンド・リーチ，青木保／宮坂敬造訳『文化とコミュニケーション——構造人類学入門』〈文化人類学叢書〉紀伊國屋書店，1981）

Lee, Richard B., and Devore, Irven, (eds), *Man the Hunter,* New York, 1968.

Leonard, Jonathon N., *Early Japan,* Netherlands, 1974.（ジョナサン・N・レオナード，ライムライフ編集部編『日本』〈ライフ人間世界史 20〉ライムライフブックス，1976）

Lettsom, John Coakley, *The Natural History of the Tea-Trea, with Observations on the Medical Qualities of Tea...,* 1772.

Lisle, Edward, *Observations in Husbandry,* 1757.

Livi-Bacci, Massimo, *A Concise History of World Population,* 1992.

Lock, Margaret, *East Asian Medicine in Urban Japan, Varieties of Medical Experience,* California, 1980.（マーガレット・ロック，中川米造訳『都市文化と東洋医学』思文閣出版，1990）

Lock, Margaret, 'Epidemics and Mortality in Early Japan', Review of Jannetta in *Jnl. of Japanese Studies,* vol.14, no.2, 1988.

Loder, Robert, *Farm Accounts 1610-1620,* G.E. Fussell (ed.), Camden Society, vol.53, 1936.

Lofgren, Orvar, 'Family and Household among Scandinavian Peasantry', *Ethnologia Scandinavica,* 1974.

Lofgren, Orvar, 'Historical Perspectives on Scandinavian Peasantries', *Annual Review of Anthropology,* vol.9, 187-216, 1980.

Longford, Joseph M., *Japan of the Japanese,* 1915.

Loschky, David, and Childers, Ben D., 'Early English Mortality', *Jnl. of lnterdisciplinary History,* vol.xxiv, no.1, 85-97, Summer 1993.

Macaulay, Thomas Babington, *A History of England,* Everyman edn, 1957.（マコーリ卿，山崎宗直編註『英国史摘要』中大出版社，1952；マコーレー，中村経一訳『英国民主革命史』前田出版社，1947）

Macfarlane, Alan, 'Death, Disease and Curing in a Himalayan Village', in C. von Furer-Haimendorf (ed.), *Asian Highland Society in Anthropological Perspective,* New Delhi, 1984.

Macfarlane, Alan, *Marriage and Love in England, Modes of Reproduction 1300-1840,* Oxford, 1986.

Macfarlane, Alan, 'Modes of Reproduction' in *Population and Development,* Geoffrey Hawthorn (ed.), 1978.

Macfarlane, Alan, 'On Individualism', *Proceedings of the British Academy,* vol.82, 1993.

Macfarlane, Alan, in collaboration with Sarah Harrison and Charles Jardine, *Reconstructing Historical Communities,* Cambridge, 1977.

Macfarlane, Alan, *Resources and Population, a Study of the Gurungs of Nepal,* Cambridge, 1976.

Macfarlane, Alan, *The Culture of Capitalism,* Oxford, 1987.（アラン・マクファーレン，常行敏夫／堀江洋文訳『資本主義の文化――歴史人類学的考察』岩波書店，1992）

Macfarlane, Alan, *The Origins of English Individualism,* Oxford, 1978.（アラン・マクファーレン，酒田利夫訳『イギリス個人主義の起源――家族・財産・社会文化』南風社，1997）

Mackenzie, W.C., *History of the Outer Hebrides,* 1903.

Maher, Vanessa, (ed.), *Breast-Feeding in Cross-Cultural Perspective: Paradoxes and Proposals,* 1992.

Maine, Henry Sumner, *Dissertations on Early Law and Custom,* 1901.

Malthus, T.R., *An Essay on Population,* 2nd edn, 1803. Everyman edition, two volumes, no date.

Malthus, Thomas Robert, *An Essay on the Principle of Population and A Summary View of the Principle of Population,* Anthony Flew (ed.), 1982. (An essay originally published in 1798).（マルサス，永井義雄訳『人口論』中公文庫，1973；ロバート・マルサス，高野岩三郎／大内兵衛訳『人口の原理』〈改装〉岩波文庫，1962；マルサス，大淵寛ほか訳『マルサス・人口の原理　第６版』〈人口論名著選集１〉中央大学出版部，1985，ほか。*A Summary View of the Principle of Population* については，マルサス，小林時三郎訳『マルサス人口論綱要』〈社会科学ゼミナール　23〉未来社，1959）

Mamdani, Mahmood, *The Myth of Population Control, Family, Caste and Class in an Indian village,* New York, 1972.（マフモード・マンダニ，自主講座人口論グループ訳『反「人口抑制の論理」』風涛社，1976）

Maraini, Fosco, *Meeting with Japan,* 1959.

Maraini, Fosco, *Tokyo,* Amsterdam, 1978.（フォスコ・マライニ，ハロルド・サンド撮影，沢田繁春ほか日本語版編集『東京』〈ライフ世界の大都市〉タイムライフブックス，1978）

Marchant, Ronald A., *The Church Under the Law, Justice, Administration and Discipline in the Diocese of York 1560-1640,* 1969.

Marks, V., 'Physiological and Clinical Effects of Tea', in K.C. Willson and M.N. Clifford (eds), *Tea: Cultivation and Consumption,* 1992.

Marshall, Dorothy, *English People in the Eighteenth Century,* 1956.

Martin, M., *Description of the Western Islands of Scotland circa 1695,* Donald J. Macleod (ed.), 1934.

Mascie-Taylor, C.G.N., (ed.), *The Anthropology of Disease,* 1993.

Mathias, Peter, *The Brewing Industry in England,* 1700-1830, Cambridge, 1959.

Mathias, Peter, *The Transformation of England,* 1979.

May, Jacques M., *The Ecology of Human Disease,* New York, 1958.

McAlpin, Michelle B., 'Famines, Epidemics, and Population Growth: The Case of India', *Jnl. of Interdisciplinary History,* vol.xiv, no.2, Autumn 1983.

McAlpin, Michelle B., *Subject to Famine: Food Crises and Economic Change in Western India, 1860-1920,* Princeton, 1983.

McKeown, Thomas, 'Food, Infection and Population', *Jnl. of Interdisciplinary History,* vol.xiv, no.2, Autumn 1983.

McKeown, Thomas, *Medicine in Modern Society,* 1965.

McKeown, Thomas, *The Modern Rise of Population,* 1976.
McKeown, Thomas, and Brown, R.G., 'Medical Evidence Relation to English Population Change in the Eighteenth Century' in David Glass and D.E.C. Eversley (eds), *Population in History,* 1965.
McLaren, Angus, *Birth Control in Nineteenth-Century England,* New York, 1978.
McLaren, Dorothy, 'Fertility, Infant Mortality, and Breast Feeding in the Seventeenth Century', *Medical History,* no.22, 1978.
McMullen, I.F., 'Rulers or Fathers? A Casuistical Problem in Early Modern Japanese Thought', *Past and Present,* no. 116, Aug. 1987.
McNeill, William H., *Plagues and Peoples,* 1961.（W・H・マクニール，佐々木昭夫訳『疾病と世界史』新潮社，1985）
McNeill, William H., *The Pursuit of Power, Technology, Armed Force and Society Since AD 1000,* 1983.
Menken, Jane, Trussell, James, and Watkins, Susan, 'The Nutrition Fertility Link: An Evaluation of the Evidence', *Jnl. of Interdisciplinary History,* vol.xi, no.3, Winter 1981.
Mercer, Alex, *Disease, Mortality and Population in Transition, Epidemiological-Demographic Change in England Since the Eighteenth Century as Part of a Global Phenomenon,* 1990.
Merck, *The Merck Manual of Diagnosis and Therapy,* 11th edn, 1966.（高久史麿／井村裕夫監修，福島雅典編集『メルクマニュアル――診断と治療』〈第16版，日本語版第１版〉メディカルブックサービス，1994）
Mokyr, Joel, (ed.), *The British Industrial Revolution, an Economic Perspective,* Oxford, 1993.
Mokyr, Joel, *The Lever of Riches, Technological Creativity and Economic Progress,* 1992.
Montagu, Mary Wortley, *The Letters and Works,* Lord Wharncliffe (ed.), 1837.
Morioka, Heinz, and Sasaki, Miyoko, *Rakugo: the Popular Narrative Art of Japan,* 1990.（佐々木みよ子／森岡ハインツ『笑いの世界旅行――落語・オイレンシュピーゲル・アメリカ法螺』平凡社，1989）
Morris, Ivan, *The World of the Shining Prince, Court life in Ancient Japan,* 1969.（Ｉ・モリス，斎藤和明訳『光源氏の世界』〈筑摩叢書　154〉筑摩書房，1969）
Morse, Edward S., *Japan Day by Day. 1877, 1878-79, 1882-83,* 2 vols, Tokyo, 1936.（Ｅ・Ｓ・モース，石川欣一訳『日本その日その日』１・２・３〈東洋文庫 171，172，179〉平凡社，1970～1971，ほか）
Morse, Edward S., *Japanese Homes and Their Surroundings,* 1886, New York, 1961.（Ｅ・Ｓ・モース，斎藤正二／藤本周一共訳『日本人の住まい』〈新装版〉八坂書房，1991；エドワード・Ｓ・モース，上田篤／加藤晃規／柳美代子訳『日本のすまい――内と外』鹿島出版会，1979）
Morse, Edward S., 'Latrines of the East', *American Architect and Building News,* vol.xxxix, no.899, 170-174, 1893.
Moryson, Fynes, *An Itinerary, containing his Ten Yeeres Travell through the Twelve Dominions...(1617),* 1907-1908.
Mosk, Carl, *Patriarchy and Fertility: Japan and Sweden, 1880-1960,* 1983.
Mousnier, Roland, *Peasant Uprisings in Seventeenth Century France, Russia and China,* 1971.
Mullett, Charles F., 'Public Baths and Health in England, 16th-18th Century', Supplement to the *Bulletin of the History of Medicine,* no.5, Baltimore, 1946.
Mumford, Lewis, *Technics and Civilization,* 1947.（ルイス・マンフォード，生田勉訳『技術と文明』〈新版〉美術出版社，1972，ほか）
Murphy, Shirley Foster, (ed.), *Our Homes, and How to make them Healthy,* 1885.
Myrdal, Gunnar, *Asian Drama, an Enquiry into the Poverty of Nations,* 1968.
Nadel, S.F., *The Foundations of Social Anthropology,* 1963.

Nag, Moni, *Factors Affecting Human Fertility in Non-Industrial Societies,* New Haven, 1962.

Nagatsuka, Takashi, *The Soil, a Portrait of Rural Life in Meiji Japan,* tr. Ann Waswo, California, 1993.（長塚節『土』岩波文庫，1992；長塚節『土』中公文庫，1993，ほか）

Nakamura, James I., and Miyamoto, Matao, 'Social Structure and Population Change: A Comparative Study of Tokugawa Japan and Chi'ing China.' *Econ. Development and Cultural Change,* vol.30, no.2, 1982.

Nakane, Chie, *Japanese Society,* 1970.（中根千枝『タテ社会の人間関係』講談社現代新書，1967）

Natsume, Soseki, *I am a Cat,* Tokyo, 1992.（夏目漱石『吾輩は猫である』〈改版〉岩波文庫，1990；夏目漱石『吾輩は猫である』〈改版〉新潮文庫，1985，ほか）

Needham, Joseph, *Clerks and Craftsmen in China and the West,* Cambridge, 1970.（ジョセフ・ニーダム，山田慶児訳『東と西の学者と工匠――中国道科学技術史講演集』上・下，河出書房新社，1974～1977）

Needham, Joseph, *The Shorter Science and Civilisation in China,* 2 vols, 1980.

Needham, Joseph, et al., *Science and Civilization in China,* various volumes, Cambridge, 1962 on.（ジョセフ・ニーダム，礪波護ほか訳『中国の科学と文明』１～８〈新版〉思索社，1991，ほか）

Nef, John U., *Industry and Government in France and England 1540-1640,* 1957.（Ｊ・Ｕ・ネフ，紀藤信義／隈田哲司訳『十六・七世紀の産業と政治――フランスとイギリス』〈第二版〉〈社会科学ゼミナール 19〉未来社，1977）

Nef, John U., *Western Civilization Since the Renaissance. Peace, War, Industry and the Arts,* New York 1963.

Newman, Lucille F., (ed.), *Hunger in History,* 1990.

Nicoll, Allardyce, (ed.), *Shakespeare in his Own Age,* 1964.

Nikiforuk, Andrew, *The Fourth Horseman, a Short History of Epidemics, Plagues and other Scourges,* 1991.

Notter, J. Lane, and Firth, R.H., *Hygiene,* 1895.

Ohnuki-Tierney, Emiko, *Illness and Culture in Contemporary Japan, an Anthropological View,* 1984.

Okakura, Kakuzo, *The Book of Tea,* Tokyo, 1991.（岡倉天心，桶谷秀昭訳『茶の本』講談社学術文庫，1994；岡倉覚三，村岡博訳『茶の本』岩波文庫，1961，ほか）

Oliphant, Laurence, *Narrative of The Earl of Elgin's Mission to China and Japan in the years 1857, '58, '59,* 1859.（ローレンス・オリファント，岡田章雄訳『エルギン卿遣日使節録』〈新異国叢書 9〉雄松堂書店，1968）

Origo, Iris, *The Merchant of Prato, Francesco di Marco Datini,* 1963.（イリス・オリーゴ，篠田綾子訳『プラートの商人――中世イタリアの日常生活』白水社，1997）

Outhwaite, R.B., *Dearth, Public Policy and Social Disturbance in England, 1550-1800,* 1981.

Paige, David, and Bayliss, T.M., (eds), *Lactose Digestion. Clinical and Nutritional Implications,* Baltimore, 1981.

Palliser, David, 'Death and Disease in Staffordshire, 1540-1670' in C.W. Chalkin, and M.A. Havinden (eds), *Rural Change and Urban Growth 1500-1800,* 1974.

Palliser, D.M.,'Tawney's Century: Brave New World or Malthusian Trap?' *Economic History Review,* 2nd Series, vol.xxxv, no.3, Aug. 1982.

Pepys, Samuel, *Diary,* (ed.), by Robert Latham and William Matthews, 1971-1983.（サミュエル・ピープス，臼田昭訳『サミュエル・ピープスの日記』１～７，国文社，1987～1991）

Perrin, Noel, *Giving up the Gun; Japan's Reversion to the Sword 1543-1879,* New York, 1979.（ノエル・ペリン，川勝平太訳『鉄砲をすてた日本人――日本史に学ぶ軍縮』中公文庫，1991，ほか）

Petersen, William, *Malthus,* Harvard, 1979.

Petty, William, *The Petty Papers, Some Unpublished Writings,* edited from the Bowood Papers by the Marquis of Lansdowne, 1927.

Place, Francis, *Illustrations and Proofs of the Principle of Population,* 1967.
Place, Francis, *The Autobiography of Francis Place (1771-1854),* Mary Thrale (ed.), Cambridge, 1972.
Polgar, Steven, 'Evolution and the Ills of Mankind' in Sol Tax (ed.), *Horizons of Anthropology,* 1965.
Pollock, Frederick, and Maitland, Frederick William, *The History of English Law, befbre the Time of Edward I,* 2nd edn, Cambridge, 1968.
Porter, Roy, *Disease, Medicine and Society in England, 1550-1860,* 2nd edn, 1993.
Porter, Roy, *English Society in the Eighteenth Century,* 1990.（ロイ・ポーター，目羅公和訳『イングランド18世紀の社会』〈叢書・ウニベルシタス 529〉法政大学出版局，1996）
Porter, Roy, and Porter, Dorothy, *In Sickness and in Health. The British Experience 1650-1850,* 1988.
Post, John D., 'Famine, Mortality, and Epidemic Disease in the Process of Modernization', *Economic History Review,* 2nd Series, vol.xxix, no.1, Feb. 1976.
Post, John D., *Food Shortage, Climatic Variability, and Epidemic Disease in Preindustrial Europe. The Mortality Peak in the Early 1740s,* Cornell, 1985.
Poston, R.N., 'Nutrition and Immunity', in R.J. Jarrett (ed.), *Nutrition and Disease,* 1979.
Pounds, N.J.G., *The Culture of the English People, Iron Age to the Industrial Revolution,* 1994.
Pudney, John, *The Smallest Room, a Discreet Survey through the Ages,* 1954.
Pullar, Philippa, Consuming Passions, *A History of English Food and Appetite,* 1972.
Purchas, Samuel, *Purchas His Pilgrims in Japan, extracted from Hakluyts Posthumus...,* ed. by Cyril Wild, Kobe, Japan, c.1938.
Quaife, G.R., *Wanton Wenches and Wayward Wives,* New York, 1979.
Quennell, Marjorie, and Quennell, C.H.B., *A History of Everyday Things in England 1066-1942,* 1937-1942.
R.C. *The Compleat Midwife's Practice Enlarged,* 1659.
Ramsay, G.D., *The English Woollen Industry 1500-1750,* 1982.
Ramsey, Matthew, 'Environment, Health, and Medicine in the Old Regime', *Jnl. Interdisciplinary History,* vol.xix, no.4, Spring 1989.
Ratzel, Friedrich, *The History of Mankind,* 3 vols, trans. A.J. Butler, 1896.
Razzell, Peter, *Essays in English Population History,* 1994.
Razzell, Peter, *The Conquest of Smallpox,* 1977.
Regamey, Felix, *Japan in Art and Industry, with a Glance at Japanese Manners and Customs,* 1892.
Rein, J.J., *Travels and Researches,* 1884.
Review Symposium, 'The Population History of England 1541-1871': A review symposium', *Social History,* vol.8. no.1, May 1983.
Reynolds, Reginald, and Orwell, George, (eds), *British Pamphleteers. Vol.1. From the Sixteenth Century to the French Revolution,* 1948.
Richards, Audrey I., *Land, Labour and Diet in Northern Rhodesia, an Economic Study of the Bemba tribe,* 1969.
Riley, James C., 'Insects and the European Mortality Decline', *American Historical Review,* vol.91, no.4, Oct. 1986.
Riley, James C., *Sickness, Recovery and Death,* 1989.
Roberts, Llywelyn A. assisted by Kathleen Shaw, *Synopsis of Hygiene,* 1958.
Rochefoucauld, Francois de la, *A Frenchman in England 1784, Being the Melanges sur L'Angleterre of Francois de la Rochefoucauld,* Jean Marchand (ed.), 1933.
Rogers, James E. Thorold, *Industrial and Commercial History of England,* 1902.
Rogers, James E. Thorold, *Six Centuries of Work and Wages, a History of English labour,* 1917.

Rollins, H.E., (ed.), *A Pepysian Garland, Black-letter Broadside Ballads of the Years 1595-1639, chiefly from the collection of Samuel Pepys,* 1922.

Romanucci-Ross, Lola, Moerman, Daniel E., and Tancredi, Laurence R., *The Anthropology of Medicine, from Culture to Method,* Massachusetts, 1983.（L・ロマヌッチ－ロスほか，波平恵美子監訳『医療の人類学——新しいパラダイムに向けて』海鳴社，1989）

Russell, Claire, and Russell, W.M.S., *Violence, Monkeys and Man,* 1968.

Ruston, Arthur G., and Witney, Denis, *Hooton Pagnell, The Agricultural Evolution of a Yorkshire Village,* 1934.

Rye, William, *England as seen by Foreigners in the Days of Elizabeth and James the First,* 1865.

Sabine, Ernest L., 'Latrines and Cesspools of Mediaeval London', *Speculum,* vol.IX, 1934.

Saga, Junichi, *Memories of Silk and Straw, a Self-Portrait of Small-Town Japan,* Tokyo, 1990.（佐賀純一。本書は，『土浦の里』私家本，1981と『ちじらん・かんぷん——庶民の生きた明治・大正・昭和』図書出版社，1992，の二冊に収められた話の英語版。なお『土浦の里』はその後『田舎町の肖像』図書出版社，1993，として改訂・出版されている。）

Sahlins, Marshall D., *Tribesmen,* New Jersey, 1968.（M・D・サーリンズ，青木保『部族民』〈現代文化人類学　5〉鹿島出版会，1972）

Saikaku, Ihara, *The Japanese Family Storehouse, or the Millionaires Gospel Modernised,* tr. G.W. Sargent. from 'Nippon Eitai-gura 1688', 1969.（井原西鶴，東明雅校訂『日本永代蔵』岩波文庫，1984，ほか）

Saito, Osamu, 'Famine and Mortality in the Japanese Past: with Special Reference to the Eighteenth and Nineteenth Centuries', Paper prepared for the IUSSP Conference on Asian Population History, Taipei, January, 1996.

Saito, Osamu, *Gender, Workload and Agricultural Progress: Japan's Historical Progress in Perspective,* Discussion Paper A., no.268, Institute of Economic Research, Hitotsubashi Univ. Tokyo, 1993.

Saito, Osamu, 'Infanticide, Fertility and "Population Stagnation": The State of Tokugawa Historical Demography', *Japan Forum,* vol.4, no.2, October 1992.

Saito, Osamu, 'Population and the Peasant Family Economy in Proto-Industrial Japan', *Keio Economic Society Discussion Paper Series,* no.3, June 1981.

Saltmarsh, John, 'Plague and Economic Decline in England', *Cambridge Hist. Jnl.,* vol.vii, no.1, 1941.

Sansom, George, *A History of Japan, 1334-1615,* 3 vols, 1961.

Sauvy, Alfred, *General Theory of Population,* 1974.（ソーヴィ，岡田實ほか訳『人口の一般理論』〈人口論名著選集　3〉中央大学出版部，1985）

Schama, Simon, *The Embarrassment of Riches, an Interpretation of Dutch Culture in the Golden Age,* 1988.

Scheper-Hughes, Nancy, *Death Without Weeping, the Violence of Everyday Life in Brazil,* California, 1992.

Schnucker, Robert V., 'Elizabethan Birth Control and Puritan Attitudes', *Jnl. of lnterdisciplinary History,* vol.v, no.4, Spring 1975.

Schofield, R.S., 'Perinatal Mortality in Hawkshead, Lancashire 1581-1710', *Local Population Studies,* no.4, Spring 1970.

Schofield, Roger, 'Review of Thomas McKeown's "The Modern Rise of Population"', *Population Studies,* no.37, 1977.

Schofield, R., Reher, D., and Bideau, A., (eds), *The Decline of Mortality in Europe,* Oxford, 1991.

Scidmore, Eliza R., *Jinrikisha Days in Japan,* New York, 1891.（エライザ・ルアマー・シッドモア，恩地光夫訳『日本・人力車旅情』〈有隣新書 32〉有隣堂，1986）

Searoy, Ronald E., *Famine in Peasant Societies,* New York, 1986.

Semple, Ellen Churchill, *Influences of Geographic Environment on the Basis of Ratzel's System of Anthropo-*

Geography, New York, 1911.（E・C・センプル，金崎肇訳『環境と人間――ラッツェルの人類地理学の体系に基づく』上・下，古今書院，1979）
Sen, Amartya, *Poverty and Famines, an Essay on Entitlement and Deprivation,* 1982.
Shammas, Carole, *The Pre-Industrial Consumer in England and America,* Oxford, 1990.
Sharp, Mrs Jane, *The Midwives Book,* 1671.
Shibusawa, Keizo, (ed.), *Japanese Society in the Meiji Era,* Tokyo, 1958.（澁沢敬三）
Short, Thomas, *Comparative History of the Increase and Decrease of Mankind,* 1767.
Short, Thomas, *A Rational Discourse of the Inward Use of Water,* 1725.
Shrewsbury, J.F.D., *A History of Bubonic Plague in the British Isles,* 1970.
Shrewsbury, J.F.D., *The Plague of the Philistines,* 1964.
Silver, J.M.W., *Sketches of Japanese Manners and Customs,* 1867.
Singer, Kurt, *Mirror, Sword and Jewel, the Geometry of Japanese life,* 1973, Tokyo, 1990 edn.（クルト・ジンガー，鯖田豊之訳『三種の神器――西洋人の日本文化史観』講談社学術文庫，1994，ほか）
Slack, Paul, 'Dearth and Social Policy in Early Modern England', *Social History of Medicine,* vol.5, no.1, April 1992.
Slack, Paul, *The Impact of Plague in Tudor and Stuart England,* 1990.
Smith, Adam, *An Inquiry into the Nature and Causes of the Wealth of Nations (1776),* edited Edwin Cannon, with new preface by George J. Stigler, Chicago, 1976.（アダム・スミス，大内兵衛訳『諸国民の富』１～５，岩波文庫，1992；アダム・スミス，大河内一男監訳『国富論』１～３，中公文庫，1978，ほか）
Smith, C. Woodham, *The Great Hunger: Ireland 1845-9,* 1962.
Smith, Daniel Scott, 'Review of "Nakahara" ', *Jnl. of Japanese Studies,* vol.5, no.1, 1979.
Smith, F.B., *The People's Health, 1830-1910,* Canberra, 1979.
Smith, Ginnie, 'Prescribing the Rules of Health: Self-help and advice in the Late Eighteenth Century', in Roy Porter (ed.), *Patients and Practitioners,* Cambridge, 1985.
Smith, Ginnie, 'Thomas Tryon's Regiment for Women: Sectarian Health in the Seventeenth Century', in *The Sexual Dynamics of History,* London Feminist History Group, 1983.
Smith, Richard, 'Demographic Developments in Rural England, 1300-48: a Survey', in Bruce Campbell (ed.), *Before the Black Death,* Manchester, 1991.
Smith, Robert J., *Japanese Society, Tradition, Self and the Social Order,* New York, 1985.（ロバート・J・スミス，村上健／草津攻訳『日本社会――その曖昧さの解明』紀伊國屋書店，1995）
Smith, Thomas Sir, *De Republica Anglorum (1583),* ed. by Mary Dewar, 1982.
Smith, Thomas C., *Nakahara, Family farming and Population in a Japanese village, 1717-1830,* Stanford, 1977.
Smith, Thomas C., *Native Sources of Japanese Industrialization 1750-1920,* California, 1988.（トマス・C・スミス，大島真理夫訳『日本社会史における伝統と創造――工業化の内在的諸要因　1750-1920年』〈MINERVA日本史ライブラリー　１〉ミネルヴァ書房，1995）
Smith, Thomas C., 'Pre-Modern Economic Growth: Japan and the West', *Past and Present,* no.60, August 1973.
Smith, Thomas C., *The Agrarian Origins of Modern Japan,* Stanford, 1965.（トマス・C・スミス，大塚久雄監訳『近代日本の農村的起源』岩波書店，1970）
Sneyd, C.A., (tr.) *A Relation, or Rather a True Account of the Islands of England....About the Year 1500,* Camden Society, 1848.
Sorokin, Pitirim, *Contemporary Sociological Theories,* New York, 1928.
Sorokin, Pitirim, *Society, Culture and Personality: their Structure and Dynamics, a System of General Sociology,* New York, 1947.

Spence, Jonathan D., *The Search for Modern China,* 1990.

Spencer, Joseph E., *Asia, East by South, a Cultural Geography,* New York, 1954.あ

Spengler, Joseph J., 'Demographic factors and early modern economic development', in D.V. Glass, and Roger Revelle (eds), *Population and Social Change,* 1972.

Stagg, Geoffrey V., and Millin, David J., 'The Nutritional and Therapeutic Value of Tea - a Review', *Jnl. Sci. Food and Agriculture,* no. 26, 1975.

Steckel, Richard H., 'Heights, Living Standards, and History. A Review Essay', *Historical Methods,* vol.24, no.4, Fall 1991.

Steensberg, Axel, 'Economy, Fertility and Esteem in a Zealand Village 1675-1754', in J. Szabadfalvi and J. Ujvary (eds), *Studia Ethnographica et Folkloristica in Honorem Bela Gunda,* 1971.

Steiner, Franz, *Taboo,* 1967.（フランツ・シュタイナー，井上兼行訳『タブー』せりか書房，1970）

Stewart, Dugald, *Collected Works,* Sir William Hamilton (ed.), 1856.

Stone, Lawrence, *The Family, Sex and Marriage in England 1500-1800,* 1977.（L・ストーン，北本正章訳『家族・性・結婚の社会史――1500年－1800年のイギリス』勁草書房，1991）

Stubbes, Philip, *The Anatomie of Abuses (1585),* reprinted 1836.

Summer, William, Graham, *Folkways, a Study of the Sociological Importance of Usages, Manners, Customs, Mores and Morals,* 1934.

Szreter, Simon, 'Mortality in England in the Eighteenth and Nineteenth Centuries: A Reply to Sumit Guha', *Social History of Medicine,* vol.7, no.2, 1994.

Szreter, Simon, 'The Importance of Social Intervention in Britain's Mortality Decline c.1850-1914: a Re-Interpretation of the Role of Public Health', *Social History of Medicine,* vol.l, no.1, April 1988.

Taeuber, Irene B., *The Population of Japan,* Princeton, 1958.（アイリーン・B・トイバー，毎日新聞社人口問題調査会訳『日本の人口』毎日新聞社人口問題調査会，1964）

Takahashi, Seiichiro, *Traditional Woodblock Prints of Japan,* New York, 1972.（高橋誠一郎『江戸の浮世絵師』〈日本の美術 22〉平凡社，1964）

Taine, Hippolyte, *Notes on England,* 1957.

Tames, Richard, *Encounters with Japan,* 1991.

Tanaka, Sen'o, *The Tea Ceremony,* Tokyo, 1982.（田中仙翁）

Tanizaki, Junichiro, *In Praise of Shadows,* Tokyo, 1992.（谷崎潤一郎『陰翳礼讃』〈改版〉中公文庫，1995）

Tannahill, Reay, *Food in History,* 1988.（レイ・タナヒル，小野村正敏訳『食物と歴史』評論社，1980）

Taylor, G. Rattray, *Sex in History,* 1953.（G・ラットレー・テイラー，岸田秀訳『歴史におけるエロス』〈改訂新装版〉〈河出・現代の名著〉河出書房新社，1996）

Thirsk, Joan, (ed.), *The Agrarian History of England and Wales,* vol.iv, 1500-1640, 1967.

Thomas, Keith, 'Cleanliness and godliness in early modern England', in Anthony Fletcher and Peter Roberts (eds), *Religion, Culture and Society in Early Modern Britain,* Cambridge, 1995.

Thomas, Keith, *Religion and the Decline of Magic, Studies in Popular Beliefs in Sixteenth and Seventeenth Century England,* 1970, 2nd impression, 1971.（キース・トマス，荒木正純訳『宗教と魔術の衰退』上・下〈叢書・ウニベルシタス 350〉法政大学出版局，1993）

Thompson, E.P., *The Making of the English Working Class,* 1968.

Thompson, Gladys Scott, *Life in a Noble Household 1641-1700,* 1940.

Thunberg, Charles Peter, *Travels in Europe, Africa and Asia,* 3rd edn, 1796, (originally published in 1793).（C・P・ツゥンベリー，高橋文訳『江戸参府随行記』〈東洋文庫 583〉平凡社，1994，ただし日

本に関する部分のみ邦訳）
Tilly, Louise, A. et al., 'Child Abandonment in European History: A Symposium', *Jnl. of Family History,* vol.17, no.1, 1992.
Totman, Conrad, 'Tokugawa Peasants: Win, Lose or Draw?, *Monumenta Nipponica,* vol.41, no.4, 1986.（上智大学より刊行，英文）
Tryon, Thomas, *A Treatise of Cleanliness,* 1682.
Turner, E.S., *Taking the Cure,* 1967.
Tusser, Thomas, *Five Hundred Points of Good Husbandry,* 1984.
Ukers, William H., *All About Tea,* New York, 1935.
Untrodden Fields of Anthropology, Observations on the Esoteric Manners and Customs of Semi-Civilized Peoples..., by a French Army Surgeon, New York, 1931.
United Nations, *Determinants and Consequences of Population Trends,* 1973.
United Nations, 'The Determinants and Consequences of Population Trends', *Population Studies,* no.17, 1953.
Van Bath, B.H. Slicker, *The Agrarian History of Western Europe, AD 500–1850,* 1966.（B・H・スリッヘル・ファン・バート，速水融訳『西ヨーロッパ農業発達史』〈慶応義塾経済学会経済学研究叢書 9〉日本評論社，1969）
Veith, Ilza, 'On the Mutual Indebtedness of Japanese and Western Medicine', *Bulletin of History of Medicine,* vo1.52, no.3, Fall 1978.
Vigarello, Georges, *Concept of Cleanliness, Changing Attitudes in France since the Middle Ages,* 1988.（ジョルジュ・ヴィガレロ，見市雅俊監訳『清潔（きれい）になる「私」——身体管理の文化誌』同文舘出版，1994）
Von Siebold, Philipp Franz, *Manners and Customs of the Japanese in the 19th Century, from the Accounts of Dutch Residents in Japan,* Tokyo, 1985.
Walter, John, and Schofield, Roger, (eds), *Famine, Disease and Crisis Mortality in Early Modern Society,* 1989.
Watkins, Owen C., *The Puritan Experience,* 1972.
Watkins, Susan, and Menken, Jane, 'Famines in Historical Perspective', *Population and Development Review,* vol.ll, no.4, December 1985.
Wear, Andrew, (ed.), *Medicine in Society. Historical Essays,* Cambridge, 1992.
Weir, David R., 'Life Under Pressure: France and England, 1670-1870', *Jnl. Economic History,* vol.xliv, no.1, March 1984.
Wellington, A.R., *Hygiene and Public Health in Japan, Chosen and Manchuria: Report on Conditions Met with During the Tour of the League of Nations Interchange of Health Officers,* Kuala Lumpur, 1927.
Wells, Roger, *Wretched Faces. Famine in Wartime England: 1793-1801,* 1988.
West, Luther S., *The Housefly: Its Natural History, Medical Importance and Control,* New York, 1951.
Westermarck, Edward, *The Origin and Development of the Moral Ideas,* 1906.
Whole Duty of Man, *The New Whole Duty of Man,* 22nd edn, 1750.
Willoughby, Percivall, *Observations of Midwifery,* ed. by Henry Blenkinsop, 1863.
Wilson, Charles, *England's Apprenticeship 1603-1763,* 1971.
Wilson, Chris, 'The Proximate Determinants of Marital Fertility in England 1600-1799', in Lloyd Bonfield, Richard M. Smith, and Keith Wrightson (eds), *The World we Have Gained. Histories of Population and Social Structure,* 1986.
Wilson, Francesca M., (ed.), *Strange Island. Britain through Foreign Eyes 1395-1940,* 1955.
Wilson, John M. (ed.), *Rural Cyclopedia or a General Dictionary of Agriculture,* 1848.

Winslow, Charles-Edward Amory, *The Conquest of Epidemic Disease, a Chapter in the History of Ideas,* Wisconsin, 1980.

Winter, J.M., (ed.), *War and Economic Development. Essays in Memory of David Joslin,* 1975.

Wittermans, Elizabeth P., (tr.), *Doctor on Desima, Selected Chapters from JHR J.L.C. Pompe van Meerdervoort's Vijf Jaren in Japan [Five Years in Japan] (1857-1863),* Tokyo, 1970.（上智大学より刊行，英文，ただし *Vijf Jaren in Japan [Five Years in Japan] (1857-1863)*の邦訳は，ポンペ，沼田次郎／荒瀬進共訳『ポンペ日本滞在見聞記――日本における五年間』〈新異国叢書 10〉雄松堂書店，1968）

Wolf, Eric R., *Europe and the People without History,* 1990.

Wood, Margaret, *The English Medieval House,* 1965.

Wright, Lawrence, *Clean and Decent, the Fascinating History of the Bathroom and the WC,* 1960.（ローレンス・ライト，高島平吾訳『風呂トイレ讃歌』晶文社，1989）

Wright, Thomas, *Autobiography of Thomas Wright of Birkenshaw in the County of York, 1736-1797,* ed. by his grandson, 1864.

Wrightson, Keith, *English Society 1580-1680,* 1982.（キース・ライトソン，中野忠訳『イギリス社会史 1580-1680』〈社会科学の冒険 11〉リブロポート，1991）

Wrightson, Keith, 'Infanticide in Earlier Seventeenth-Century England', *Local Population Studies,* no.15, Autumn 1975.

Wrigley, E.A., 'Family Limitation in Pre-Industrial England', *Economic History Review,* 2nd series, vol.xix, no.1, Apr. 1966.

Wrigley, E.A., 'No Death Without Birth: The Implications of English Mortality in the Early Modern Period', in Roy Porter and Andrew Wear (eds), *Problems and Methods in the History of Medicine,* 1987.

Wrigley, E.A., *Population and History,* 1969.（E・A・リグリィ，速水融訳『人口と歴史』〈筑摩叢書 275〉筑摩書房，1982）

Wrigley, E.A., 'Two Kinds of Capitalism, Two Kinds of Growth', *LSE Quarterly,* vol.2, no.2, Summer 1988.

Wrigley, E.A., 'Urban Growth and Agricultural Change: England and the Continent in the Early Modern Period.' *Jnl. of Interdisciplinary History,* vol.xv, no.4, Spring, 1985.

Wrigley, E.A., and Schofield, R.S., 'English Population History from Family Reconstitution: Summary Results 1600-1799', *Population Studies,* no.37, 1983.

Wrigley, E.A., and Schofield, R.S., *The Population History of England 1541-1871, a Reconstruction,* 1981. The 1989 paper edn with a new introduction is used.

Yamamoto, Hirofumi, (ed.), *Technological Innovation and the Development of Transportation in Japan,* Tokyo, 1993.（山本弘文編『交通・運輸の発達と技術革新――歴史的考察』〈国連大学プロジェクト［日本の経験］シリーズ〉国際連合大学，発売：東京大学出版会，1986）

Yanagita, Kunio, (ed.), *Japanese Manners and Customs in the Meiji Era,* Tokyo, 1957.（柳田国男）

Young, Arthur, *The Farmer's Kalendar (1771),* reprinted, 1973.

Young, Arthur, *Travels in France during the Years 1787, 1788, 1789,* reprinted, 1889.

Zinsser, Hans, *Rats, Lice and History, The Life History of Typhus Fever,* Boston, 1935.（H・ジンサー，橋本雅一訳『ねずみ・しらみ・文明――伝染病の歴史的伝記』みすず書房，1966）